Willkommen!

YOU'LL NEVER WALK ALONE
* AT ITS BEST *

Name / Adresse: ______________________

____

____

Saison: ______________________

Im Verlustfall bitte an o.g. Adresse zurück. Danke!

Wenn Gott sogar das Gras
so schön wachsen lässt, das heute im
Stadion grünt, morgen aber schon zertreten
wird, wie könnte er euch dann vergessen?
Vertraut ihr Gott so wenig?

Nach Lukas 12,28

‚Anstoß'
1. Korinther 9,24

Nach 1. Korinther 9,24

Von allen Spielern, die im Stadion zum Wettkampf antreten, gewinnt nur einer den Pokal. Lauft so, dass ihr ihn gewinnt.

Unsere Heimat ist die Kurve ...

Ist Fußball so alt wie die Menschheit? Man weiß es nicht. Es scheint aber so. Dieses einfache Spiel, das weltweit Menschenmassen in seinen Bann zieht, ist aus unserem Leben jedenfalls nicht wegzudenken.

Immerhin schuf Gott den Menschen in einem Garten. Genug Rasen war somit auf jeden Fall vorhanden.

Das Leben und der Fußball – da gibt es viele Gemeinsamkeiten: harte Spiele, Torchancen, gelbe Karten, Fouls, Mitspieler und Gegner und Pokalgewinne ...

Was Fußball mit Gott und der Welt und unserem Leben im Besonderen zu tun hat, wird auf den folgenden Seiten aus verschiedenen Richtungen beleuchtet.

Eins steht dabei immer fest: You'll never walk alone!

Spielerpositionen – wie und wo bin ich unterwegs?

1. Torwart
2. Rechter Außenverteidiger
3. Linker Außenverteidiger
4. Innenverteidiger
5. Innenverteidiger
6. Defensiver Mittelfeldspieler
7. Zentraler Mittelfeldspieler
8. Zentraler Mittelfeldspieler
9. Stürmer
10. Spielmacher
11. Stürmer

Meine Position – (bitte markieren ...)

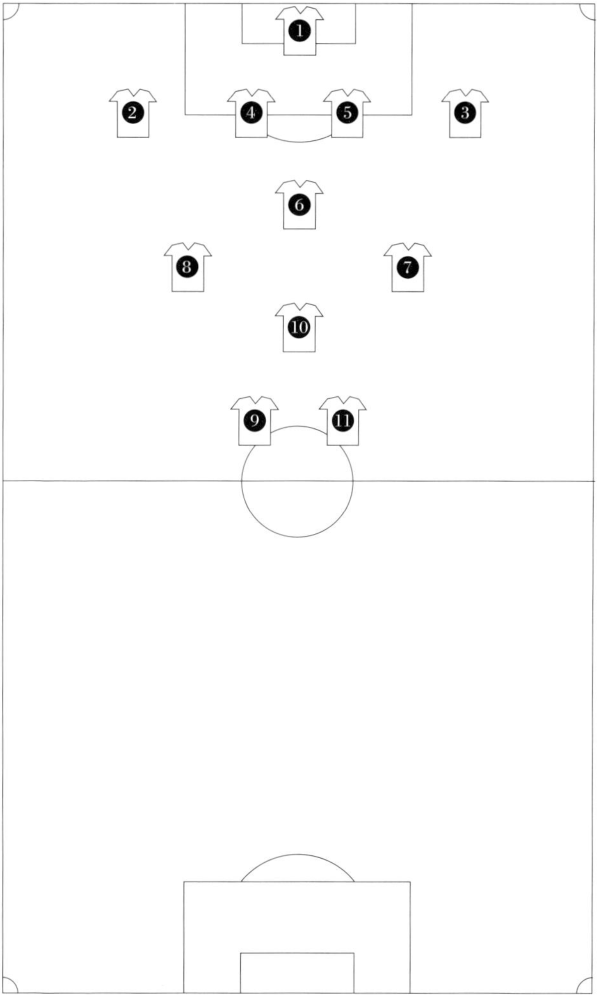

Der Kapitän – wer trägt die Verantwortung?

Der Kapitän wird im Fußball auch Spiel- oder Mannschaftsführer genannt. Er trägt auf dem Spielfeld die Verantwortung für seine Mannschaft und ist Ansprechpartner für den Schiedsrichter.

Kein Fußballspiel ohne diese Position. Egal, ob in Jugendmannschaften, im Amateur- oder im Profibereich – überall muss ein Kapitän aktiv sein.

Wer ist in meinem Leben der Spielführer?

‚Mannschaft'

Philipper 2,2

Nach Philipper 2,2
Meine größte Freude ist, wenn ihr euch ganz einig seid, miteinander in meiner Liebe verbunden bleibt und als Team gut zusammenspielt.

Ich bin nicht allein auf dem Feld – Fotos und gute Wünsche von Freunden

Name:

Gutes Wort für dich:

Name:

Gutes Wort für dich:

Name:

Gutes Wort für dich:

Vier gute Anstöße – Lieblingstexte, die ins Herz treffen

,Pass
Offenbarung 3,3

Nach Offenbarung 3,3
Wenn du nicht aufwachst, werde ich
pfeilschnell und völlig überraschend da sein.
Und du wirst nicht ahnen, wann ich komme.

Spielzeit – meine schönsten Erlebnisse bis heute

Jahr:

Mitspieler:

Erlebnis:

Jahr:

Mitspieler:

Erlebnis:

Jahr:

Mitspieler:

Erlebnis:

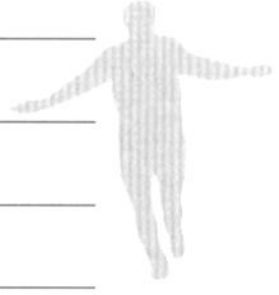

Jahr:

Mitspieler:

Erlebnis:

Das Leben kann nicht nur aus Laufen und Jagen bestehen. Alles hat seine Zeit: Auspowern und wieder Auftanken. Reif für die Insel? Ein paar Fragen für die Auszeit:

Ein guter Ort zum Entspannen:

Das macht mir Freude:

Menschen, mit denen ich gerne zusammen bin:

Texte, die mich weiterbringen:

Musik, die ich liebe:

Das darf auf keinen Fall fehlen:

Und das wollte ich immer schon mal machen:

'Halbzeit'
Matthäus 11,28

Nach Matthäus 11,28

Ihr lauft euch die Hacken ab und steht unter enormem Druck – kommt zu mir, hier könnt ihr durchatmen und neue Kräfte sammeln.

Lukas 12,48

Nach Lukas 12,48
Wer ohne böse Absichten eine Fehler macht, wird mit einer leichteren Strafe davonkommen.

Verletzungsliste – wo habe ich anderen wehgetan?

Geklärt am:

Geklärt am:

Geklärt am:

Geklärt am:

Torstatistik – wo habe ich Treffer abbekommen?

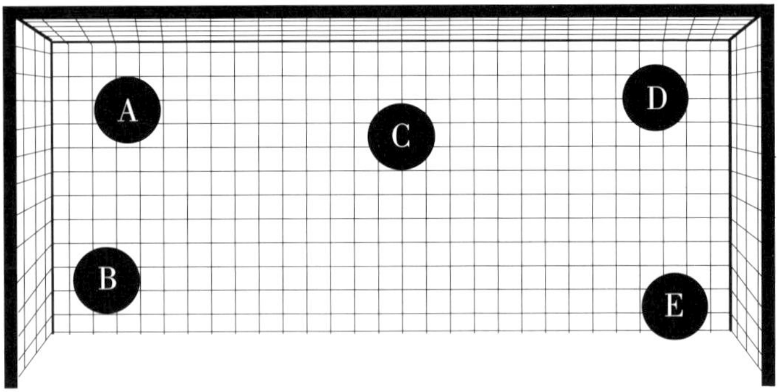

Spielort:

Gegner:

Spielstand:

Fouls:

Spielort:

Gegner:

Spielstand:

Fouls:

Spielort:

Gegner:

Spielstand:

Fouls:

‚Schiri'

Lukas 18,7

Nach Lukas 18,7

Denkt ihr, Gott wird seinem Team nicht zum Recht verhelfen, wenn es ihn fortwährend bittet? Nein, er wird es nicht lange warten lassen.

Recht und Unrecht – meine Erfahrungen

Verstöße

Fouls

Nächste Saison – darauf hoffe ich

Ziel: ____________________

Mitspieler: ____________________

Ziel: ____________________

Mitspieler: ____________________

Ziel: ____________________

Mitspieler: ____________________

‚Manndeckung'
Matthäus 28,20

Nach Matthäus 28,20

Eins ist sicher: Ich bin immer und überall
an eurer Seite. Bis zum Schlusspfiff.

Jetzt geht's lo-ooos!

Auch zu Zeiten des Neuen Testamentes wurde sicherlich schon Fußball gespielt. Man findet darin einige Textpassagen zum Thema „Sport“ und „Wettkampf“. Der Begriff „Fußball“ kommt allerdings nicht vor. Zumindest nicht direkt.

Zwischen den Zeilen gibt es zu besagtem Thema aber einiges zu lesen. Die vorangehenden Seiten schaffen bereits viele Verbindungen zum Fußballthema. Und es geht gut weiter. Das Neue Testament ist eine Einladung zum besten Spiel von allen. Es hat zu jedem Aspekt unseres Lebens etwas zu sagen. Und es beschreibt einen Gott, der alles im Blick hat, mit uns unterwegs ist und mit dem es nach dem Schlusspfiff erst richtig losgeht. Willkommen!

‚Anstoß'

YOU'LL NEVER WALK ALONE
* AT ITS BEST *

‚Anstoß'

Das Neue Testament für Freunde des Heiligen Rasens

Eine Übertragung der biblischen Texte,
die den Verstand überrascht
und das Herz berührt

adeo

FSC
Mix
Produktgruppe aus vorbildlich bewirtschafteten Wäldern und anderen kontrollierten Herkünften
Zert.-Nr. SGS-COC-1940
www.fsc.org

Verlagsgruppe Random House FSC-DEU-0100
Das FSC-zertifizierte Papier *EOS* für dieses Buch
liefert Salzer, St. Pölten.

1. Auflage der Sonderausgabe 2010
Bestell-Nr. 814 215
ISBN 978-3-942208-15-4

Übertragung aus dem Griechischen: Fred Ritzhaupt
Überarbeitung: PD Dr. theol. habil. Marco Frenschkowski,
Klaus Schönberg, Kai S. Scheunemann
Sonderteil ‚Anstoß'
Konzeption, Text und Gestaltung: Eva Jung
Lektorat: Nicole Schol
Umschlaggestaltung: Eva Jung
Satz: Die Feder GmbH, Wetzlar
Druck und Verarbeitung: GGP Media GmbH, Pößneck
Printed in Germany

Inhalt

Einführung 7

Die Frohe Botschaft nach Matthäus 9
Die Frohe Botschaft nach Markus 103
Die Frohe Botschaft nach Lukas 159
Die Frohe Botschaft nach Johannes 257

Die Apostelgeschichte 331

Eine Sammlung von Briefen 429

Der Brief an die Gemeinde in Rom 431
Der erste Brief an die Gemeinde in Korinth 475
Der zweite Brief an die Gemeinde in Korinth 519
Der Brief an die Gemeinden in Galatien 549
Der Brief an die Gemeinde in Ephesus 567
Der Brief an die Gemeinde in Philippi 583
Der Brief an die Gemeinde in Kolossä 595
Der erste Brief an die Gemeinde in Thessalonich 605
Der zweite Brief an die Gemeinde in Thessalonich 615

Der erste Brief an Timotheus 621
Der zweite Brief an Timotheus 633
Der Brief an Titus 643
Der Brief an Philemon 649
Der Brief an die Hebräer 653
Der Brief von Jakobus 683
Der erste Brief von Petrus 695
Der zweite Brief von Petrus 707
Der erste Brief von Johannes 715
Der zweite Brief von Johannes 727
Der dritte Brief von Johannes 731
Der Brief von Judas 735

Die Offenbarung des Johannes 741

Einführung

Wie? Noch eine Übersetzung des Neuen Testaments?!

Gibt es nicht schon genügend Übersetzungen in gehobener, volxtümlicher, ja sogar gerechter Sprache? Warum also noch eins draufsetzen? Steht ja doch überall das Gleiche drin ...

Da wurde jemand eingeladen, mit in ein großes Konzert zu gehen. Die Antwort kam für den Einladenden etwas überraschend: „Nein, danke, ich war schon mal in einem."

Ein expressionistischer Maler des 20. Jahrhunderts sagte einmal sinngemäß: „Das eigentliche Thema der Kunst ist und bleibt das Leben von Jesus Christus." Wenn man die Malerei des christlichen Abendlandes über die Jahrhunderte anschaut, muss man zugeben: Der Mann hatte recht. Es gibt keine Szene aus dem Leben Jesu, die nicht immer und immer wieder auf die unterschiedlichste Weise dargestellt worden wäre. Durch die unterschiedlichsten Epochen hindurch konnten Menschen durch die Darstellungen zeitgenössischer Künstler Motivation und Hilfe für ihren Glauben finden.

Und genau darum gibt es auch immer wieder neue Übersetzungen des einen großen Geschehens um den Mann aus Nazaret. Jede versucht, einen besonderen Akzent zu setzen, vor allem aber dem Empfinden der Menschen der jeweiligen Zeit entgegenzukommen, damit eine Begegnung mit der Person Jesu ihnen leichter fällt, ja manchmal erst möglich wird.

Nichts anderes versucht auch diese Übertragung zu leisten. Wie viele andere Übersetzungen hat sie ein ganz eigenes Profil. Zum einen: Dieses Neue Testament soll sich lesen lassen wie ein ganz normales Buch, weshalb nicht nur auf die Verszählung verzichtet wurde, sondern um des besseren Verständnisses willen, manchmal auch ein oder zwei Sätze eingefügt wurden (meistens in Klammern gesetzt). Das Neue Testament lesen und gleichzeitig verstehen zu können, ohne nebenbei einen Kommentar befragen zu müssen, war das erklärte Ziel dieser Übertragung. Dabei wurde nur der griechische Urtext (Nestle) verwendet, der an entscheidenden Stellen wortwörtlich übersetzt wurde.

Zum anderen wurden alle neutestamentlichen Texte unter einem besonderen Aspekt übertragen, nämlich dem völlig neuen Verhältnis zu Gott, unserem Vater, das Jesus uns durch seine Lehre, sein Leben und Sterben eröffnet hat und das in dem kleinen aramäischen Wörtchen „Abba" („Vati", „Papa" o. Ä.) seinen geradezu revolutionären Ausdruck findet. Wer dieses Verhältnis zu Gott für sich entdeckt, ist angekommen, endlich „daheim".

Unser Wunsch und Gebet ist es, dass diese Übertragung ein Wegbegleiter auf dem Weg nach Hause sein kann.

Fred Ritzhaupt

Die Frohe Botschaft nach Matthäus

Das Matthäus-Evangelium hatte in der Christenheit schon sehr früh eine herausragende Bedeutung, weil man es für den ersten Bericht hielt, der über das Leben und Sterben Jesu verfasst wurde. Heute nimmt man allgemein an, dass dem Verfasser bereits das Markus-Evangelium vorgelegen haben muss. Demnach wurde das vorliegende Evangelium etwa zwischen 70 und 80 nach Christus geschrieben und vor allem den Judenchristen in die Hand gegeben. So finden sich in diesem Evangelium nicht nur ein – für jüdische Ohren vielsagender – Stammbaum Jesu, sondern auch etwa 60 Hinweise auf alttestamentliche Prophetien, die mithalfen, die Berechtigung ihres Glaubens an Jesus anhand der alten Schriften zu belegen. Das ist jedoch nicht das Einzige, was Matthäus im Vergleich mit Markus und Lukas so besonders macht. Es sind vor allem die Reden Jesu, besonders natürlich die Bergpredigt, die in ihrer Sprachgewalt, aber auch Radikalität zu allen Zeiten Menschen begeistert und bewegt hat.

Die Abstammung Jesu (1,1–17)

1 Jesus wird als Sohn Abrahams und Sohn Davids bezeichnet, was mit der folgenden Generationenliste belegt wird: Abraham war der Vater von Isaak, dieser der Vater von Jakob (der später Israel genannt wurde), dieser der Vater von Juda und seinen Brüdern. Von Juda und ihrer Mutter Tamar stammten Perez und Serach ab. Perez war der Vater von Hezron, dieser der von Ram. Dieser wiederum war der Vater von Nachschon, von dem Salmon abstammte. Salmon zeugte mit der Hure Rahab Boas, der wiederum Rut, eine Frau aus einem nichtjüdischen Volk, heiratete. Mit ihr bekam er Obed, der der Vater von Isai wurde, von dem David, der König, abstammte.

Davids Sohn aus seiner Verbindung mit der Frau von Urija war Salomo. Einer der Söhne Salomos war Rehabeam. Auf ihn folgten Abija, Asa, Joschafat, Joram, Usija, Jotam, Ahas, Hiskija, Manasse, Amon, Joschija. Joschija hatte eine Reihe von Söhnen, unter ihnen auch Jojachin. Sie und alle Bewohner Jerusalems wurden als Gefangene nach Babylon verschleppt.

Nach der Zeit des Babylonischen Exils gab es noch folgende Geschlechterfolge: Schealtiël, Serubbabel, Abihud, Eljakim, Asor, Zadok, Achim, Eliud, Eleasar, Mattan und Jakob. Jakob war der Vater Josefs, der mit Maria verlobt war. Sie brachte Jesus zur Welt, den langersehnten Messias Israels. Nimmt man alle Generationen zusammen, so sind es von Abraham bis David vierzehn, von David bis zum Babylonischen Exil wieder vierzehn und schließlich vom Exil bis zu Christus noch einmal vierzehn Generationen.

Die Geburt Jesu (1,18–25)

Wie kam es nun zur Geburt Jesu? Josef war bereits mit Maria verlobt, als sie schwanger wurde, obwohl sie noch nicht miteinander geschlafen hatten. Bislang wusste nur Maria, dass ihre Schwangerschaft durch die Kraft des Heiligen Geistes hervorgerufen worden war.

Josef nun wollte ihr die Möglichkeit geben, sich – wie er vermutete – mit dem unbekannten anderen Mann zu verloben. Darum war er entschlossen, die Verlobung ohne großes Aufsehen zu lösen, um Maria die unausweichlichen Peinlichkeiten beziehungsweise eine öffentliche Verurteilung zu ersparen. Während der Zeit, in der dieser Entschluss in ihm reifte, sah er nachts im Traum einen Engel, der ihn ansprach: „Josef, Sohn von David, du brauchst keine Bedenken zu haben, Maria als deine Frau zu dir zu nehmen. Denn da gibt es keinen anderen Mann, sondern Gott selbst hat durch seinen Heiligen Geist das neue Leben in ihr geweckt. Sie wird einen Sohn zur Welt bringen, dem du den Namen Jesus geben sollst. Dieser Name besagt, dass er es ist, der sein Volk von seiner Schuld befreien wird. All dies ist nichts anderes als die Erfüllung dessen, was der Prophet Jesaja Jahrhunderte vorher bereits angekündigt hat: ‚Ihr werdet es sehen: Die Jungfrau wird schwanger werden und einen Sohn zur Welt bringen. Ihn wird man Immanuel nennen, was so viel heißt wie »Gott ist mit uns«.'"

Als Josef aufwachte, tat er genau das, was der Engel ihm gesagt hatte, und er nahm Maria als seine Frau zu sich. Bis zur Geburt ihres Sohnes, dem er den Namen „Jesus" gab, hatte er allerdings keinen Verkehr mit ihr.

Ein Herrscher fürchtet um seine Macht (2,1–23)

2 Jesus wurde in Betlehem in Judäa zu der Zeit geboren, als Herodes der Große noch König war. Da kamen Sterndeuter aus einem Land weit östlich von Judäa nach Jerusalem, die sich nach einem neugeborenen König der Juden erkundigten. Sie hätten einen Stern aufgehen sehen und seien gekommen, um sich vor ihm niederzuwerfen. Für die Bewohner Jerusalems war diese Nachricht eine echte Sensation. Den machtbesessenen Herodes versetzte sie allerdings in Panik. Sofort rief er die führenden Schriftgelehrten und die Priester zu sich und versuchte, von ihnen zu erfahren, wo dieser Messiaskönig den Aussagen der Schrift nach geboren werden sollte. Sie konnten ihm

eine Schriftstelle nennen, die auch den Ort angab: „Du Betlehem im Land Juda, du bist keineswegs der unbedeutendste Ort unter allen Städten und Dörfern Judas, denn aus dir wird der Mann hervorgehen, der sich wie ein Hirte um mein Volk kümmern wird."

Mehr brauchte Herodes nicht zu wissen. Sofort ließ er heimlich die Sterndeuter kommen und erkundigte sich nach dem genauen Zeitpunkt, an dem ihnen der Stern erschienen war. Dann schickte er sie nach Betlehem und ermutigte sie: „Tut alles, um das Kind zu finden, und sobald ihr es gefunden habt, gebt mir Bescheid, damit auch ich ihm meine Aufwartung machen kann."

Nachdem sie von Herodes erfahren hatten, was sie wissen wollten, gab es für die Sterndeuter kein Halten mehr. Sie brachen auf und stellten fest, dass der Stern genau über dem Ort stand, in dem sie das Kind zu finden hofften. Und tatsächlich brachte man sie zu einem Haus, in dem sie Maria mit ihrem Kind antrafen. Wie es im Orient üblich war, warfen sie sich vor ihm nieder und überreichten anschließend ihre Geschenke: Gold, Weihrauch und Myrrhe (Gaben, die man im Vorderen Orient sowohl Göttern als auch Königen darbrachte). Nach dieser Begegnung kehrten sie in ihr Land zurück, allerdings auf einem anderen Weg, da ihnen Gott in einem Traum aufgetragen hatte, auf keinen Fall noch einmal mit Herodes zusammenzukommen.

Kaum waren die Sterndeuter abgereist, erhielt auch Josef einen neuen Auftrag von Gott: Ein Engel erschien ihm im Traum und forderte ihn auf, sofort aufzustehen, seine Frau und das Kind zu nehmen und nach Ägypten zu fliehen, um dort so lange zu bleiben, bis er eine neuerliche Weisung erhielte. Der Grund war klar: Herodes würde mit allen Mitteln versuchen, das Kind umzubringen. Josef zögerte keinen Augenblick. Noch in derselben Nacht nahm er Maria mit ihrem Kind und floh mit beiden nach Ägypten. Er blieb dort, bis Herodes tot war. So wird auch verständlich, warum der Prophet Hosea voraussagen konnte: „Aus Ägypten habe ich meinen Sohn gerufen."*

---

* Hosea 11,1 (Prophet im Alten Testament)

Doch zurück zu Herodes. Kaum hatte dieser gemerkt, dass er von den Fremden hintergangen worden war, wurde er wütend und gab den schrecklichen Befehl, alle männlichen Babys und Kleinkinder bis zu einem Alter von zwei Jahren in Betlehem und Umgebung umzubringen. Auf dieses Alter war er nämlich durch die Angaben der Sterndeuter gekommen. Und auch dieses furchtbare Ereignis ist von einem Propheten bereits vorausgesagt worden. Jeremia beschreibt das Elend so: „Ein Schreien wird in Rama gehört, ein einziges Weinen und Wehklagen. Rahel beweint ihre Kinder und lässt sich durch nichts mehr trösten, denn sie sind alle nicht mehr am Leben."*

Wie angekündigt, erschien nach dem Tod von Herodes der Engel Josef wieder im Traum und ermutigte ihn: „Auf, du kannst jetzt mit deiner Frau und dem Kind wieder zurück nach Israel! Derjenige, der dem Kind nach dem Leben trachtete, ist nun selbst tot." Da brach Josef sofort auf und zog mit dem Kind und dessen Mutter zurück nach Israel.

Als er sich der Heimat näherte, erfuhr er, dass Archelaos in jeder Hinsicht in die Fußstapfen seines Vaters Herodes getreten war. Er musste also in dessen Herrschaftsbereich das Schlimmste befürchten. Wieder gab ihm Gott durch einen Traum eine Hilfe und forderte ihn auf, nach Galiläa auszuweichen. Dort ließ er sich in einem kleinen Ort nieder, der Nazaret hieß, was für schriftkundige Juden wie eine Bestätigung alttestamentlicher Prophetien klang, in denen ein „Nesir" angekündigt wurde. Jesus war der Nazoräer.**

---

* Jeremia 31,15

** Nazoräer ist eine alte, etwas rätselhafte Bezeichnung Jesu. Lange dachte man, sie bedeute „Mann aus Nazareth" (Nazarener), aber das ist aus sprachlichen Gründen unwahrscheinlich. Auch mit den Nasiräern (den „Gottgeweihten") Israels hat das Wort nichts zu tun. Es meint ursprünglich „Bewahrer, Beobachter (des göttlichen Willens)" und bezieht sich vielleicht auf Jesus als Anhänger Johannes' des Täufers (die sich selbst wohl so nannten). Im Orient ist „Nazoräer" u. ä. in vielen Sprachen bis heute eine Bezeichnung der Christen.

Johannes der Täufer (3,1–17)

3 Während Jesus noch im Hügelland von Galiläa lebte, predigte in der Wüstenlandschaft von Judäa ein Mann namens Johannes, den man den „Täufer" nannte. Er rief zu einer radikalen Umkehr auf: „Ändert euer Leben. Gottes Herrschaft ist da." Viele ahnten, dass er der Mann war, auf den der Prophet Jesaja schon Jahrhunderte zuvor hingewiesen hatte: „In der Wüste hört man eine laute Stimme: Bereitet euch auf die Ankunft Gottes vor! Macht die Straßen für ihn eben und gerade!"

Johannes war in ein Kamelhaargewand gekleidet, das mit einem Ledergürtel zusammengehalten wurde und jeden gläubigen Juden sofort an den großen Propheten Elija erinnerte, der ähnlich gekleidet gewesen war. Er lebte von dem, was Nomaden in der Wüste vorfinden: Heuschrecken und wilden Honig. Unzählige Menschen strömten aus Jerusalem, Judäa und aus den Gebieten um den Jordan zu ihm hinaus, um ihn zu hören. Viele wurden sich bewusst, wie schuldbeladen ihr Leben war, und sie ließen sich als Zeichen ihrer Umkehr von Johannes im Jordan taufen.

Als Johannes erfuhr, dass eine ganze Reihe von Pharisäern und Sadduzäern nur deshalb bei ihm auftauchte, um auch einmal eine solche „Tauferfahrung" zu machen, packte ihn heiliger Zorn: „Ihr Schlangenbrut! Meint ihr vielleicht, ihr könnt mit ein bisschen zur Schau gestellter Frömmigkeit das Urteil Gottes über euch abwenden? Es nützt euch nichts, wenn ihr irgendwelche frommen Handlungen über euch ergehen lasst. Euer Herz ist es, das sich ändern muss! Und glaubt ja nicht, ihr könntet irgendeinen Vorteil daraus ziehen, dass ihr Abraham euren Vater nennt. Wenn Gott will, dann kann er aus den Steinen hier wirkliche Nachkommen Abrahams hervorbringen. Es ist höchste Zeit! Schon sind die Bäume markiert, die demnächst umgehauen werden, weil sie keine Früchte bringen. Man wird sie nur noch als Brennholz verwenden. Ich taufe hier in diesem Fluss, damit wirklich so etwas wie eine Umkehr geschieht und die Menschen sich auf das Kommen der Herrschaft Gottes vorbereiten. Und diese steht unmittelbar bevor, weil der Mann schon mitten unter uns ist, dem ich nicht einmal wagen würde, die Sandalen nachzutragen. Er selbst wird euch zeigen, was es heißt, unter der Herrschaft Gottes zu leben. Er wird euch durch den Heiligen Geist wie in einem Feuer reinigen. Euer Leben wird eine ganz neue Klarheit bekommen. Er wird alles wirklich Gute an seinen passenden Platz vor Gott bringen, alles Falsche dagegen wird er wie Abfall behandeln und verbrennen."

Eines Tages kam auch Jesus von Galiläa herunter an den Jordan. Er wollte, dass Johannes ihn taufte. Doch Johannes entgegnete ihm: „Ich bin derjenige, der es nötig hätte, getauft zu werden, nicht du!"

Aber Jesus bestand darauf: „Tu es ruhig. Gott will damit deutlich machen, wie er in Zukunft Menschen von ihrer Schuld befreien und annehmen möchte." Da taufte Johannes Jesus im Jordan.

In dem Augenblick, als Jesus nach der Taufe aus dem Wasser stieg, öffnete sich der Himmel, und er sah den Geist Gottes wie eine Taube auf sich herabschweben. Gleichzeitig war eine Stimme zu hören: „Dies ist mein Sohn, den ich über alles liebe."

Der Widersacher fordert Jesus heraus (4,1–11)

4 Kurz darauf wurde Jesus vom Geist Gottes in die Wüste geführt. Dort wurde er durch den Widersacher Gottes auf eine harte Probe gestellt. Jesus hatte sich vorgenommen, eine längere Zeit mit Fasten und Gebet zu verbringen. Nach etwa vierzig Tagen wurde sein Hunger fast unerträglich. Darin lag die Chance für den Widersacher Gottes, der ihm einflüsterte: „Also, wenn du schon Gottes Sohn bist, dann brauchst du doch nur etwas zu sagen und diese Steine hier verwandeln sich in Brotlaibe."

Jesus antwortete ihm mit einem Wort aus der Heiligen Schrift: „Es braucht mehr als Brot, um lebendig zu bleiben. Unser Leben hängt von dem ab, was Gott zu uns sagt."*

---

* 5. Mose 8,3

(Die zweite Probe stellte eine gefährliche Versuchung dar: die Macht, derer sich Jesus jederzeit hätte bedienen können, zu seinen Gunsten auszunutzen.) Der Widersacher brachte Jesus nach Jerusalem zum höchsten Punkt des Tempels und forderte ihn auf: „Wenn du schon Gottes Sohn bist, dann los, spring hier hinunter! Schließlich heißt es doch so schön im Psalm: ‚Er hat dich der Sorge der Engel anvertraut. Sie werden dich auffangen, sodass du nicht einmal mit einem Zeh an einen Stein stößt.'"*

Jesus hielt ihm wiederum ein Schriftwort entgegen: „Wage es nicht, den Herrn, deinen Gott, auf die Probe zu stellen."**

Eine letzte große Versuchung stand noch aus. Was wäre, wenn Jesus sich demjenigen unterordnete, der überzeugt war, er beherrsche die ganze Welt? So nahm ihn der Widersacher mit auf den Gipfel eines gewaltigen Berges. Mit einer weit ausladenden Geste deutete er auf alle Königreiche der Erde mit all ihrer Herrlichkeit. Dann sagte er: „Das gehört alles dir – stell dir vor: die Länder, die Menschen, die Reichtümer –, wenn du auf deine Knie gehst und mich anbetest."

Jesus ließ sich nicht beirren und fuhr den Versucher an: „Aus den Augen, Satan! Die Schrift selbst entlarvt dich, denn sie sagt: ‚Bete den Herrn, deinen Gott an, und nur ihn allein. Diene ihm mit einem ungeteilten Herzen.'"***

Im gleichen Augenblick verließ ihn der Widersacher. An seine Stelle traten Engel! Sie waren gekommen, um sich um alles zu kümmern, was er brauchte.

---

* Psalm 91,11.12
** 5. Mose 6,16
*** 5. Mose 6,13

Beginn des öffentlichen Wirkens Jesu (4,12–25)

Herodes ließ Johannes gefangen nehmen. Als Jesus davon erfuhr, kehrte er nach Galiläa zurück. Er zog von seinem Heimatort Nazaret in ein Dorf am Ufer des Sees Gennesaret mit Namen Kafarnaum, das am Fuß der beiden Hügel Sebulon und Naftali eingebettet lag. Dieser Ortswechsel erfüllte eine alte Prophetie Jesajas, die folgendermaßen lautet:

„Land von Sebulon, Land von Naftali,
das sich bis zum See erstreckt,
Land jenseits des Jordan,
Galiläa mit seinen verschiedenen Völkern,
voll von Menschen, die in Finsternis leben
und die plötzlich ein strahlendes Licht sehen;
Leute, die im Dunkeln sitzen, ja im dunklen Land des Todes,
erleben mit einem Mal, wie es um sie herum hell wird."*

Für Jesus war nun der Zeitpunkt gekommen, öffentlich seine Botschaft zu verkünden: „Ändert euer Leben. Die Herrschaft Gottes ist greifbar nah gekommen."

Als er am Ufer des Galiläischen Sees entlangging, sah Jesus zwei Brüder: Simon (der später Petrus genannt wurde) und Andreas. Sie waren gerade dabei, von ihrem Boot aus die Netze auszuwerfen, denn sie waren Fischer von Beruf. Jesus rief ihnen zu: „Kommt mit mir! Ich werde euch zeigen, wie man Menschenfischer wird." Jesus muss auf sie einen unglaublichen Eindruck gemacht haben, denn sie ließen ihre Netze einfach liegen und folgten ihm.

Sie waren nur ein kurzes Stück am Ufer entlanggegangen, als sie bei zwei anderen Brüdern vorbeikamen. Es handelte sich um Jakobus und Johannes, die Söhne von Zebedäus. Diese beiden saßen mit ihrem Vater im Boot und waren gerade dabei, ihre Fischernetze wieder

* Jesaja 8,23; 9,1

in Ordnung zu bringen. Jesus machte ihnen das gleiche Angebot, und sie waren genauso schnell dabei, ihm zu folgen, wie zuvor Simon und Andreas. Ihren Vater ließen sie mitsamt dem Boot zurück.

Von dort zog Jesus durch ganz Galiläa. Er besuchte die Synagogen, um den dort Versammelten die frohmachende Wahrheit über Gott nahezubringen. Den Menschen zu sagen, wie gut es ist, unter der Herrschaft Gottes zu leben, war sein Hauptanliegen. Diese Botschaft unterstrich er immer wieder durch Zeichen seiner Vollmacht: Er heilte die Krankheiten und Gebrechen der Leute. In der gesamten römischen Provinz Syrien wurde von ihm gesprochen. Die Menschen brachten jeden zu ihm, der ein Leiden hatte, sei es geistiger, seelischer oder körperlicher Natur. Jesus heilte tatsächlich jeden. (Mit einer Ausnahme: als er in Nazaret auf den Unglauben der Einwohner seiner Vaterstadt traf.) Kein Wunder, dass außer den Bewohnern von Galiläa noch viele Menschen aus dem Gebiet der Zehn Städte jenseits des Sees kamen; andere zogen von Jerusalem und Judäa zu ihm herauf, wieder andere aus dem Gebiet jenseits des Jordan.

Die Bergpredigt (5,1–48)

5 Als Jesus sah, welch gewaltige Menschenmassen durch sein Wirken angezogen wurden, stieg er zusammen mit seinen Jüngern auf einen Hügel. Dort setzte er sich und lehrte die Menschen. Er zeigte ihnen, woran man erkennt, dass jemand sich unter die Herrschaft Gottes begeben hat:

„Ihr seid gesegnet, wenn ihr wisst, dass ihr wie Bettler vor Gott steht. Es ist das sicherste Zeichen, dass ihr unter seiner Herrschaft lebt.

Ihr seid gesegnet, wenn ihr in Leid und Traurigkeit daran festhaltet, dass Gott selbst einmal alle eure Tränen trocknen wird.

Ihr seid gesegnet, wenn ihr nicht versucht, lautstark und verbissen zu eurem Recht zu kommen. Gott wird euch mehr geben, als ihr jemals erstreiten könntet.

Ihr seid gesegnet, wenn ihr in euch einen großen Hunger nach Gott wachhaltet. Diese Sehnsucht geht nie ins Leere, denn Gott selbst will nichts mehr, als sie zu stillen.

Ihr seid gesegnet, wenn ihr im Umgang mit euch selbst und anderen Erbarmen kennt. Gott möchte euch mit seinem Erbarmen überhäufen.

Ihr seid gesegnet, wenn ihr im Herzen aufrichtig und klar seid. Nur so könnt ihr Gott in allem entdecken.

Ihr seid gesegnet, wenn ihr den Menschen zeigt, wie man ohne Kampf und Streitigkeiten miteinander leben kann. Sie werden sehr schnell merken, zu welcher Familie ihr gehört.

Ihr seid gesegnet, wenn eure Hingabe an Gott euch Nachteile und sogar Verfolgung einbringt. Näher könnt ihr Gott nicht kommen.

Und nicht nur das. Haltet euch jedes Mal für gesegnet, wenn euch Leute niedermachen oder benachteiligen, wenn sie Lügen über euch verbreiten, um mich in Misskredit zu bringen. Ihr werdet – so unwahrscheinlich das jetzt noch für euch klingen mag – in solchen Situationen eine ganz tiefe Freude empfinden, ja regelrecht fröhlich sein. Und das ist erst der Anfang der Belohnung. Gott wird den Himmel weit für euch öffnen. Und denkt daran, dass ihr in bester Gesellschaft seid. Meine Propheten und Zeugen sind in allen Jahrhunderten drangsaliert worden.

Ihr seid in dieser Welt so etwas wie Salz, durch das die Menschen wieder Geschmack an Gott finden sollen. Wenn ihr aber eure ‚Salzigkeit' verliert, wie soll dann jemand noch Geschmack am Leben mit Gott finden? Dann seid ihr zu nichts mehr nütze und werdet im Abfall landen.

Oder anders ausgedrückt: Ihr seid hier, um Licht zu sein, um die Farben Gottes in dieser Welt hervorzubringen. Was Gott in eurem Leben getan hat, sollte von allen Menschen so erkannt werden können, wie man schon von ferne eine Stadt wahrnimmt, die auf einem Hügel liegt. Eine Lampe stellt man mit Sicherheit nicht unter einen Eimer, sondern an einen Platz, von dem alle im Raum das meiste haben. Mit euch ist es nicht anders. Habt kein Problem damit, andere in euer Leben hineinschauen zu lassen. Nur so können sie an eurem Verhalten etwas von Gott entdecken, das sie begeistert.

Manche meinen, der Inhalt meiner Botschaft sei etwas völlig anderes als all das, was sie aus den alten Schriften kennen und was schon die Propheten angekündigt haben. Wer so etwas denkt, hat mich nicht verstanden. Nein, ich bin nicht gekommen, um alles aufzulösen, sondern, um es zu erfüllen. Eher vergeht das ganze Universum, als dass das Wort Gottes irgendwann einmal seine Gültigkeit verliert oder nicht seine Erfüllung findet.

Macht etwas von dem, was Gott uns aufträgt, lächerlich, und ihr werdet selbst letztlich von niemandem mehr ernst genommen. Wenn euch aber auch das scheinbar Nebensächliche wichtig ist und Menschen euch das anmerken, dann dürft ihr sicher sein, dass Gott große Stücke auf euch hält. Das hat mit Perfektionismus, wie ihn die Pharisäer zu leben versuchen, nichts zu tun, sondern ist Ausdruck eures völlig veränderten Verhältnisses zu Gott. Ohne diese Liebe zu allem, was Gott wichtig ist, werdet ihr niemals erfahren, was es heißt, unter der liebevollen Herrschaft Gottes leben zu dürfen.

Ein Beispiel: Ihr wisst, welches Gebot man unseren Vorfahren gegeben hat: ‚Du sollst niemanden umbringen. Wer es tut, soll vor Gericht gestellt werden.' Ernst nehmen, was Gott wichtig ist, heißt hier: Jeder, der richtig wütend auf jemanden ist, müsste eigentlich wie ein Mörder vor Gericht gestellt werden. Wer einen anderen ‚Idiot' nennt, sollte sofort ins Gefängnis gehen müssen. Und wenn einer, ohne sich groß etwas dabei zu denken, jemanden anschreit und ihn als ‚beschränkt' bezeichnet, steht er mit einem Fuß bereits in der Hölle. Warum? Ganz einfach: weil Worte töten können.

Eure Beziehung zu Gott wird euer Verhalten verändern. Nehmen wir an, ihr geht zu einem Gottesdienst. Plötzlich fällt euch ein Bekannter ein, der sich über euch geärgert hat. Meint ihr, Gott würde euch in aller Ruhe singen und beten lassen? Mit Sicherheit nicht. Darum rate ich euch, lieber sofort den Gottesdienst zu verlassen, um die Sache mit dem Freund oder Bekannten in Ordnung zu bringen. Danach wird euer Singen und Beten eine ganz andere Qualität haben.

Oder nehmen wir an, ihr trefft auf der Straße mit jemandem zusammen, der euch wegen irgendetwas so böse ist, dass er euch angezeigt hat. Es ist nur vernünftig, wenn ihr keine Minute verliert, um mit ihm die Sache irgendwie gütlich zu regeln. Ihr tut euch selbst etwas Gutes, wenn ihr immer und überall den ersten Schritt zur Versöhnung unternehmt. Viele beharren auf ihrem vermeintlichen Recht und bringen sich selbst immer tiefer in Schwierigkeiten. Der Preis dafür ist unendlich viel höher als alles, was man in eine Versöhnung investiert hat.

Doch schauen wir uns noch ein anderes Gebot näher an. Ihr kennt es gut: ‚Hände weg von der Frau eines anderen.' Manche meinen nun, das beziehe sich allein auf den körperlichen Kontakt. Wenn ihr mit Gott verbunden lebt, werdet ihr merken, dass der Unterschied zwischen manchen Fantasien und den entsprechenden Handlungen eigentlich oft gar nicht so groß ist. Es braucht nicht erst die eindeutige Tat, um die Treue gegenüber seiner Partnerin oder seinem Partner zu brechen. Da wir in diesem Bereich sehr angreifbar sind, sollten wir schon den ersten Gedanken mit wirklicher Radikalität begegnen. Euch müsste es lieber sein, euch ein Auge auszureißen, als damit ständig nach Abenteuern außerhalb eurer Ehe zu schielen. Es muss euch besser erscheinen, einäugig zu leben, als ständig in der Gefahr zu stehen, das Glück eures Lebens zu verlieren. Oder wenn ihr mit eurer Hand ständig Unheil anrichtet, müsstet ihr sie nicht eigentlich abschlagen, um nicht weiter auch euer ewiges Heil zu gefährden?

Erinnert euch an die Vorschrift von Mose, die besagt: ‚Wenn jemand sich von seiner Frau scheiden lassen will, soll er sie mit einem offiziellen Scheidungsbrief entlassen.' Was als Schutz für die Frau gedacht war, habt ihr zum Deckmantel eurer Ichsucht gemacht. Vor Gott ist noch lange nicht richtig, was Menschen als ‚legal' bezeichnen. Wer seine Frau entlässt, um eine andere zu heiraten, lebt nicht nur selbst im Ehebruch, sondern ist auch dafür verantwortlich zu machen, dass seine Frau im Ehebruch leben muss, falls sie eine neue Beziehung eingeht. Anders ist es natürlich, wenn sie selbst bewusst außereheliche Kontakte gesucht hat. Dann ist sie dafür verantwortlich und macht dadurch jeden zum Ehebrecher, der sich mit ihr einlässt.

Es gibt noch mehr solche missverständlichen Verhaltensregeln. Es gehört zu den ethischen Grundsätzen einer Gesellschaft, dass niemand einen Meineid schwören darf, zumal ja bekanntlich bei jedem Eid Gott als höchste Instanz angerufen wird. Ihr macht eure Worte nicht dadurch wahrer, dass ihr sie mit einer frommen Floskel verseht. Ihr braucht also nicht bei Gott zu schwören, wenn euer sonstiges Reden und Handeln zuverlässig ist. Sagt doch einfach ‚Ja' oder ‚Nein'. Alles andere würde nur zeigen, dass es zwischen euch und Gott noch keine wirkliche Beziehung gibt.

Hier ist noch eine andere Regel aus alten Zeiten (die verhindern sollte, dass ihr euch unverhältnismäßig hart an jemandem rächt, der euch Schaden zugefügt hat): ‚Auge um Auge, Zahn um Zahn.' Heute versteht ihr diesen Satz eher als Aufforderung, Gleiches mit Gleichem zu vergelten. Ich sage euch, wenn ihr wirklich wollt, dass es zwischen euch anders zugeht, dann müsst ihr zu ungewöhnlichem Verhalten bereit sein. Würdet ihr zum Beispiel stillhalten und nicht zurückschlagen, wenn euch jemand eine Ohrfeige gegeben hat? Oder würdet ihr jemandem, der euch wegen eines Hemdes vor Gericht bringt, auch noch euren besten Mantel schenken? Das aber wird jemand fertigbringen, der von Gottes Liebe ergriffen wurde. Er wird geben, wenn man ihn bittet, und ausleihen, wenn er darum angegangen wird. Und das alles nur, weil etwas von der Großzügigkeit Gottes in sein Leben gekommen ist.

Ganz ähnlich verhält es sich mit dem bekannten Gebot: ‚Liebe deinen Nächsten.' Für die meisten Menschen ist jeder Mensch ein Nächster, nur nicht die persönlichen Feinde. Diese zu hassen halten sie für ihr selbstverständliches Recht. Auch hier möchte ich euch herausfordern: Fangt an, eure Feinde zu lieben. Ja, betet selbst für die, die euch das Leben schwer machen, nur weil ihr zu mir gehört. Lebt etwas von der unbegreiflichen Güte Gottes, der die Sonne, die uns wärmt, und den Regen, der alles wachsen lässt, allen gewährt – ganz gleich, ob jemand gut ist oder schlecht, voller Liebe oder undankbar. Wenn ihr es nur fertigbringt, die zu lieben, die liebenswert sind, erwartet ihr da wirklich eine besondere Anerkennung von Gott? Jeder Mensch verhält sich so. Wenn ihr einfach nur zu denen ‚Hallo' sagt, die auch euch grüßen, dann macht ihr nicht mehr als alle anderen auch. Daran kann man wirklich noch nicht erkennen, dass ihr in einer Beziehung mit Gott lebt. Seine Wesensart sollte immer mehr euer alltägliches Verhalten bestimmen."

Leben als Kind eines liebevollen Vaters (6,1–7,29)

6 „Wenn ihr versucht, gut zu sein, dann vermeidet bitte eines: den Leuten etwas vorzuspielen. Vielleicht lassen sich Menschen von eurem Theater beeindrucken, aber Gott, der euch durch und durch kennt, wird euer Bedürfnis nach Anerkennung ins Leere laufen lassen.

Wenn ihr also irgendetwas für irgendjemanden tut, dann hängt es nicht an die große Glocke. Menschen, die alles nur deshalb machen, damit man Respekt vor ihnen hat und sie bewundert werden, müssen sich mit dem Applaus ihrer Mitmenschen zufriedengeben. Wenn ihr jemandem helft, dann denkt nicht darüber nach, wie beachtenswert andere das finden könnten. Macht kein Aufheben davon, wenn ihr für andere etwas tut. Es muss euch genügen zu wissen, dass eurem Vater im Himmel nichts von alledem entgeht, was ihr tut.

Das gilt auch für die Art und Weise, wie ihr eure Beziehung zu Gott nach außen hin darstellt. Macht daraus keine fromme Selbstdarstellung. Manche Leute meinen, andere Menschen dadurch beeindrucken zu können, dass sie ihre Frömmigkeitsrituale in aller Öffentlichkeit praktizieren. Sie nehmen oft einige Mühen auf sich, nur weil es ihnen schmeichelt, dass die Leute sie achten. Eines aber ist sicher: Ihre Gebete werden den nicht erreichen, an den sie eigentlich gerichtet sind.

Hier ist das, was ich von euch erwarte: Sucht euch einen ruhigen, abgeschiedenen Ort, sodass ihr nicht in die Gefahr geratet, vor Gott irgendeine Rolle zu spielen. Seid lediglich vor ihm da, so einfach und ehrlich, wie es euch möglich ist. Eure Aufmerksamkeit wird sich von euch weg zu Gott hinbewegen und ihr werdet mehr und mehr seine Gnade erfahren.

Das bedeutet auch, dass ihr nicht versuchen solltet, Gott durch viele wortreiche Gebete zu beeinflussen. Das versuchen immer wieder Menschen, die von Gebet keine Ahnung haben. Ihr wisst, dass ihr mit eurem Vater im Himmel redet, und der weiß besser als ihr selbst, was ihr braucht. Mit einem Gott, der euch liebt, könnt ihr sehr einfach sprechen. Etwa so:

Unser Vater im Himmel,
offenbare uns immer mehr, wer du bist.
Errichte deine Herrschaft in unserer Welt;
denn wo du herrschst, da ist der Himmel.
Versorge uns mit allem,
was wir Tag für Tag zum Leben brauchen.
Vergib uns, wo wir schuldig wurden,
so wie auch wir anderen vergeben haben.
Hilf uns, wenn wir durch Versuchungen hindurchmüssen,
und sei bei uns im Kampf gegen das Böse.

Im Gebet gibt es eine Verbindung zwischen dem, was Gott tut, und dem, was ihr tut. Zum Beispiel könnt ihr keine Vergebung von Gott erfahren, wenn ihr selbst nicht bereit seid, anderen zu vergeben. Wenn ihr euch weigert, euren Teil beizutragen, dann verschließt ihr euch auch gegenüber dem, was Gott für euch tun könnte.

Manche von euch fasten scheinbar aus religiösen Beweggründen. In Wirklichkeit möchten sie nur gewisse fromme Kreise beeindrucken. Wenn dann nach einem beiläufigen Hinweis auf die Dauer ihres Fastens ein Raunen durch die Reihen geht, sind sie restlos zufrieden. Ich sage euch: Wenn ihr fastet, vergesst eure säuerliche Miene. Macht euch frisch und begegnet den Menschen wie sonst auch. Versagt es euch, mit irgendeinem Wort anzudeuten, was ihr gerade aus Liebe zu Gott tut. Er wird mit Sicherheit nicht übersehen, wie ernst ihr es meint, wenn ihr mit Fasten eurem Gebet mehr Nachdruck verleihen wollt.

Sammelt hier auf Erden keine Schätze, die ja doch nur von Motten oder Rost zerfressen werden oder jederzeit von Dieben gestohlen werden können. Stapelt eure Schätze im Himmel, wo sie vor Motten, Rost und Dieben sicher sind. Ist das nicht einleuchtend? Der Platz, an dem euer Schatz ist, ist der Ort, an dem ihr euch am liebsten aufhalten möchtet. Ihr werdet nicht ruhen, bis ihr eines Tages für immer dort sein werdet.

Eure Augen sind die Fenster eures Körpers. Sind die Fenster klar, kann das helle Licht des Tages ungehindert ins Haus strömen. Sind sie dagegen völlig verschmutzt oder sogar durch Läden verschlossen, dann machen sie aus jedem Haus ein dunkles Verlies. Wie dunkel muss es in euch sein, wenn in eure Wahrnehmung das klare Licht Gottes nicht mehr vordringen kann!

Ihr könnt nicht zwei Götter auf einmal verehren. Wenn ihr den einen Gott liebt, werdet ihr irgendwann den anderen für unwichtig halten. Ich will damit sagen: Ihr könnt nicht Gott verehren und gleichzeitig Geld als das Wichtigste in eurem Leben ansehen.

Wenn ihr euch für ein Leben mit Gott entschieden habt, dann wisst ihr ja bereits, was das alles an Gutem mit sich bringt: Ihr werdet euch nicht dauernd den Kopf darüber zerbrechen, ob euer Einkommen für alle Lebenshaltungskosten ausreicht und für das, was darüber hinaus noch angeschafft werden muss. Es gibt weitaus Wichtigeres im Leben als all das, was scheinbar so furchtbar notwendig ist.

Schaut euch die Spatzen an, die geradezu als Symbol für ein sorgloses Leben gelten könnten. Habt ihr nicht das Gefühl, dass Gott sich auch um sie sorgt, obwohl sie sich offensichtlich nicht abmühen, um ihr Dasein zu sichern? Wie viel mehr gilt das für euch, die ihr doch mehr Wert habt als alle Spatzen auf dieser Welt zusammen!

Überlegt selbst: Kann jemand von euch allein dadurch, dass er sich Sorgen macht, sein Leben auch nur um ein paar Jahre verlängern? Ist nicht eher das Gegenteil der Fall? Gott möchte nicht, dass ihr euer Leben durch unnötige Sorgen erschwert oder gar verkürzt. Schaut euch doch einmal den Reichtum Gottes an, mit dem er euch umgibt! Aus der Nähe betrachtet, stellt selbst eine wild wachsende Lilie alles in den Schatten, was Menschen je an Schönheit und Pracht hervorgebracht haben.

Wenn Gott schon dem Äußeren einfacher Blumen so viel Aufmerksamkeit schenkt, Pflanzen, die heute blühen und morgen verwelkt sind, glaubt ihr nicht, dass er dann erst recht auf euch achtgibt und sich um euch sorgt? Was ich hier versuche, ist nichts anderes, als euch dazu zu bringen, endlich eure Sorgen loszulassen, nicht ständig damit beschäftigt zu sein, irgendetwas zu bekommen, zu erreichen, zu werden. Menschen, die Gott nicht kennen, machen sich mit alldem Probleme. Ihr aber kennt euren Vater im Himmel und wisst, wie sehr er euch liebt. Unterstellt euer Leben seiner liebevollen Herrschaft, alles andere überlasst seiner väterlichen Sorge. Ihr werdet herausfinden, dass an alle eure täglichen Bedürfnisse gedacht ist. Darum braucht und sollt ihr euch keine Sorgen machen. Es reichen schon die großen und kleinen Probleme, die ihr tagtäglich zu bewältigen habt.“

7 „Erschreckt es euch, wenn ich euch sage, dass ihr eure ewige Zukunft selbst in der Hand habt? Euer Vater im Himmel wird an euch keinen anderen Maßstab anlegen als den, mit dem ihr andere Menschen beurteilt habt. Je härter und unbarmherziger ihr mit anderen umgegangen seid, desto härter und unbarmherziger wird auch mit euch umgegangen werden, wenn ihr einmal vor Gott stehen wer-

det. Wenn ihr zeitlebens an eure Mitmenschen einen hohen Maßstab angelegt habt, dann stellt euch darauf ein, dass ihr nach dem gleichen Maßstab beurteilt werdet.

Das gilt auch für alle Formen der Kritik. Wenn ihr bei einem anderen etwas findet, das ihr meint, unbedingt kritisieren zu müssen, dann erinnert euch daran, wie viel eigentlich an euch selbst auszusetzen wäre. Wenn euch klar geworden ist, dass ihr Tag für Tag vom Erbarmen Gottes und auch anderer Menschen abhängig seid, dann dürft ihr vorsichtig versuchen, einen anderen zu korrigieren.

Geht mit dem, was Gott wichtig ist, nicht lässig um. Lasst nicht zu, dass Gott in eurer Gegenwart lächerlich gemacht wird, denn wer vor Gott keine Achtung hat, der achtet letztlich auch nicht die Würde des Menschen. So haben sich gottlose Systeme von jeher dadurch ausgezeichnet, dass Menschenleben ihnen nichts bedeuten.

Habt Vertrauen! Wenn ihr Gott um etwas bittet, sagt ihm mit einfachen Worten, was ihr nötig braucht. Er weiß, wie er euren Bitten und Fragen am besten begegnet. Nehmt zum Vergleich eine normale Familie. Wenn eure Kinder euch als Eltern um Brot bitten, werdet ihr ihnen dann einen Stein in den Mund schieben? Oder wenn sie euch um einen Fisch bitten, werdet ihr ihnen dann Angst einjagen, indem ihr ihnen einen gefährlichen Skorpion vorsetzt? Selbst bei all eurer Neigung zur Bosheit: Ihr würdet nicht einmal im Traum an so etwas denken. Kurz gesagt: Ihr verhaltet euch gegenüber euren Kindern wie normale Eltern. Meint ihr nicht, dass Gott, der euch aus Liebe erschaffen hat, nicht doch noch um ein Vielfaches besser ist als ihr?

Ich möchte für euch das ganze Gesetz und die Aussagen der Propheten in der einen Regel zusammenfassen: Fragt euch selbst, wie ihr von anderen behandelt werden wollt, und verhaltet euch dann ihnen gegenüber genauso.

Wenn ihr all das bedenkt, werdet ihr zustimmen, dass der Weg mit Gott schmal ist und man ihn deshalb sehr gut im Auge behalten muss. Das ist umso wichtiger, weil um euch herum alle möglichen ‚Heilswege' angeboten werden, die – gemessen an dem Weg zum Leben – wie breite, sichere Straßen aussehen. Lasst euch nicht täuschen: Alle diese Straßen enden im Nichts. Darum hütet euch vor falschen Predigern, die dauernd lächeln und es angeblich nur gut mit euch meinen. Nicht selten sind sie es, die euch von dem schmalen Weg abbringen und auf die bequemere Straße locken. Achtet auf die Früchte ihrer Arbeit. Man kann nun mal von Dornensträuchern keine Trauben ernten und von Disteln keine Beeren. Wenn ein Baum gut ist, erntet man auch gute Früchte. Wenn die Früchte ausbleiben oder ungenießbar sind, besteht kein Zweifel, dass der Baum schlecht ist. Solche Bäume lässt man nicht lange stehen – als Brennholz sind sie gerade noch zu gebrauchen.

Manche rufen zu Gott: ‚Herr, Herr!', und denken, dass eine solch fromme Anrede schon ausreichend ist für ein Leben mit Gott. Ihr redet viel, wenn der Tag lang ist, und Worte sagen nichts darüber aus, wie es wirklich in euch aussieht. Die Nagelprobe ist, ob ihr wirklich tut, was euer Vater im Himmel von euch erwartet. Ich kann mir jetzt schon vorstellen, wie beim Letzten Gericht Tausende aufstehen und behaupten werden: ‚Herr, wir haben doch deine Botschaft verkündet, haben Dämonen vertrieben, und über unsere vollmächtigen Dienste im Reich Gottes hat jedermann gesprochen.' Wisst ihr, was ich ihnen entgegnen werde? ‚Tut mir leid, ich bin euch noch nie begegnet. (Ihr habt meinen Namen nur benutzt, um euch selbst wichtig zu machen.) Ihr habt einfach nicht das getan, worauf es mir ankommt. Geht mir aus den Augen.'

Ich denke, ihr spürt, dass alles, was ich euch gesagt habe, ein Fundament ist, auf das ihr euer gesamtes Leben aufbauen könnt. Wenn ihr meine Worte beherzigt und danach handelt, dann gleicht ihr einem intelligenten Zimmermann, der sein Haus auf einen richtigen Felsen baut. Regen strömt herab, der Fluss tritt über die Ufer, ein Wirbelsturm rast vorüber – aber nichts kann das Haus erschüttern. Es ist fest mit dem Felsen verbunden.

Wenn ihr jedoch meine Worte nur anregend und bestenfalls diskussionswürdig findet, sie aber euer Leben nicht beeinflussen lasst, dann seid ihr wie ein dummer Bauherr, der sein Haus mitten auf einen sandigen Strand am Flussufer baut. Kaum zieht der erste Sturm auf, und die Wellen schlagen gegen das Haus, da bricht es mit lautem Krachen in sich zusammen."

Als Jesus seine Lehre beendet hatte, brach die Menschenmenge in lauten Beifall aus. Sie hatte noch nie eine Unterweisung wie diese erlebt. Es war ganz offensichtlich, dass Jesus auch all das lebte, wovon er sprach. Was für ein Unterschied zu all denen, die ihnen bisher nur „Religion" beigebracht hatten!

Zeichen und Wunder (8,1–17)

8 Jesus erhob sich und verließ den Platz auf dem Hügel, von dem aus er zu den Menschen gesprochen hatte. Doch die Leute wollten noch mehr hören und so folgten sie ihm in großen Scharen. Da tauchte zu ihrem Entsetzen ein Leprakranker vor ihnen auf, warf sich vor Jesus auf die Knie und flehte: „Herr, wenn du willst, kannst du meinen Körper heilen." Jesus beugte sich nieder und berührte vor aller Augen den Aussätzigen, wobei er sagte: „Ich will es, sei rein!" Auf der Stelle waren alle Anzeichen von Lepra verschwunden. (Jesus wusste, dass er sich selbst durch die Berührung in den Augen der Menschen zumindest für eine Zeitlang zu einem Aussätzigen gemacht hatte.) Darum schärfte er dem Geheilten ein: „Sag nichts von deiner Heilung, wenn du in die Stadt kommst. Zeige dich einfach den Vorschriften entsprechend den Priestern, und bring Gott das Dankopfer dar, das für den Fall einer Heilung vorgesehen ist."

So kehrte Jesus nach Kafarnaum zurück. Da kam ihm ein römischer Offizier aufgeregt entgegen und redete auf ihn ein: „Meister, mein Diener ist krank. Er kann nicht mehr gehen und außerdem hat er furchtbare Schmerzen."

Jesus entgegnete ihm: „Ich werde mitkommen und ihn heilen."

„Oh nein", wehrte der Offizier ab, „ich möchte nicht, dass Ihr Euch deswegen irgendwelche Umstände macht. Ihr braucht doch nur einen Befehl zu geben und der Diener wird wieder auf die Beine kommen. Ich bin ein Mann, der Befehle empfängt und Befehle erteilt. Ich sage zu einem Soldaten: ‚Geh!', und er geht; zu einem anderen: ‚Komm!', und er kommt; zu meinem Sklaven: ‚Tu dies!', und er wird es tun."

Jesus war verblüfft und wandte sich an die Leute, die ihm folgten: „Ich bin in ganz Israel nirgendwo diesem bedingungslosen Vertrauen begegnet. Ist Israel nicht das Volk, von dem man annehmen darf, dass es alles über Gott und seine Möglichkeiten weiß? Dieser Mann ist der erste unter all den vielen Außenstehenden, die schon bald aus allen Richtungen kommen werden, um mit Abraham, Isaak und Jakob am Festmahlstisch Gottes zu sitzen. Alle anderen, die zwar ‚im Glauben' aufgewachsen sind, aber kein Vertrauen auf Gott haben, werden sich einmal selbst sehr weit von Gott entfernt vorfinden und verzweifelt darüber sein, dass sie sich nie wirklich auf die Liebe Gottes eingelassen haben."

Dann wandte Jesus sich wieder dem Offizier zu und sagte: „Geh nur; worauf du vertraut hast, das ist eingetreten." Genau zu diesem Zeitpunkt wurde der Diener völlig gesund.

Mittlerweile waren sie am Haus von Petrus angekommen. Sie traten ein und sahen sofort, dass die Schwiegermutter von Petrus schwer krank war. Sie lag glühend vor Fieber auf ihrem Lager. Jesus berührte ihre Hand – und das Fieber verschwand. Und schon stand sie auf den Beinen und bereitete ihnen ein Abendessen zu.

An diesem Abend wurden unzählige Menschen zu ihm gebracht, die unter dämonischen Einflüssen litten. Er befreite alle, die innerlich gequält wurden. Er heilte auch die körperlich Kranken. Kurzum, er erfüllte das bekannte Wort des Propheten Jesaja:

> „Er nahm unsere Krankheiten auf sich,
> er trug alle unsere Gebrechen."

Keine Nachfolge ohne Hingabe (8,18–34)

Als Jesus sah, dass die Menge der Neugierigen ständig anwuchs, sagte er zu seinen Jüngern, sie sollten mit ihm auf die andere Seite des Sees übersetzen. Während er zum Ufer ging, fragte ihn ein Schriftgelehrter, ob er ihn begleiten dürfe, denn er war von seinen Worten begeistert. Darum fügte er noch hinzu: „Ich werde mit dir gehen, egal, wohin."

Jesus entgegnete kurz angebunden: „Bist du dir im Klaren, was das heißt? Füchse haben ihre Höhlen und Vögel ihre Nester, ich aber weiß nicht einmal, wo ich heute übernachten kann."

Ein anderer, der schon zu den Jüngern Jesu gezählt wurde, wollte sich abmelden: „Meister, ich komme zurück, sobald mein Vater gestorben ist und ich alles erledigt habe." Doch Jesus war damit nicht einverstanden: „Lass andere sich darum kümmern. Bleib du bei mir."

Endlich konnte er zusammen mit seinen Jüngern ins Boot steigen. Er legte sich ins Heck und schlief sofort ein. Mitten auf dem See erfasste sie ein Sturm, der die Wellen wie bei einem Erdbeben auftürmte. Solchen Gewalten war das kleine Schiff nicht gewachsen. In Panik weckten die Jünger Jesus und flehten ihn an: „Herr, rette uns! Wir gehen unter!"

Jesus wies sie zurecht: „Was seid ihr doch für Angsthasen, ohne jegliches Vertrauen!" Dann stand er auf und befahl dem Wind, er solle sich legen, und dem See, er solle sich beruhigen. Auf der Stelle wurde der See glatt wie ein Spiegel.

Die Männer waren zutiefst erschrocken und fragten sich verwundert: „Wer ist er denn, dass ihm sogar Wind und Wellen gehorchen?!"

Sie legten im Gebiet von Gadara an und trafen auf zwei Verrückte, die gerade einen Friedhof verließen. Diese offensichtlich von Dämonen beherrschten Männer hatten die Gegend schon so lange terrorisiert, dass niemand mehr die Straße in der Nähe des Friedhofs zu benutzen wagte. Als sie Jesus sahen, schrien beide laut auf: „Bist du gekommen, um uns anzugreifen? Du bist der Sohn Gottes! Du solltest dich besser noch nicht hier blicken lassen!" In einiger Entfernung graste und wühlte eine Herde von Schweinen. Die bösen Geister baten Jesus: „Wenn du uns schon aus diesen Männern verjagst, dann lass uns wenigstens in den Schweinen leben."

Jesus befahl: „Meinetwegen, aber verschwindet auf der Stelle!" Mit einem Mal gebärdeten sich die Schweine wie verrückt, rasten über die felsige Uferböschung hinab und ertranken im See. Die Schweinehirten waren zu Tode erschrocken und liefen Hals über Kopf weg. Sobald sie in der Stadt waren, erzählten sie allen Leuten, was mit den beiden Verrückten und der Schweineherde passiert war. Da strömte eine große Menge zusammen und ging Jesus entgegen, um ihn aufzufordern, sofort ihr Gebiet zu verlassen und nie mehr zurückzukommen.*

Der Widerstand wächst (9,1–17)

9 Als sie wieder im Boot waren, überquerten sie noch einmal den See und kamen nach Kafarnaum, dem Ort, in dem Jesus sich häufig aufhielt. Als sie an Land waren, kamen einige Männer, die einen Gelähmten auf einer Bahre trugen, und setzten diesen direkt vor Jesus ab. Jesus sah ihren starken Glauben und sagte zu dem Gelähmten: „Du kannst dich freuen, mein Sohn, alles, was zwischen dir und Gott steht**, ist dir vergeben." Einige Schriftgelehrte besprachen sich untereinander: „Wie kann er so etwas behaupten? Er sagt etwas, das alleine Gott zusteht! Er ist ein Gotteslästerer!"

---

* Auch wenn sich als Erklärung dieser Aufforderung vordergründig anbietet, dass durch den Verlust der riesigen Herde das Einkommen der nichtjüdischen Bewohner dieser Gegend vernichtet wurde, so ist wohl doch eher das fassungslose Erschaudern vor der offensichtlichen Vollmacht Jesu der eigentliche Grund, ihn aus ihrem Gebiet zu weisen.

** Im Sprachgebrauch der Bibel: deine Sünden.

Weil Jesus wusste, was sie dachten, sagte er: „Warum seid ihr so voller Misstrauen? Was, glaubt ihr wohl, ist einfacher: zu sagen: ‚Ich vergebe dir deine Sünden', oder: ‚Steh auf und geh umher!'? Begreift doch, dass ich die Vollmacht habe, beides zu tun ..." In diesem Moment wandte er sich wieder dem Gelähmten zu und sagte: „Steh auf, nimm deine Bahre und geh nach Hause!" Und der Mann tat es! Die umstehende Menschenmenge war von Ehrfurcht ergriffen, sie staunte und dankte Gott, dass er Jesus die Macht gegeben hatte, solche Dinge bei ihnen zu tun.

Als er weiterging, sah Jesus einen Mann, der gerade dabei war, Steuern einzutreiben. Sein Name war Matthäus. Jesus sagte zu ihm: „Komm, geh mit mir." Matthäus stand auf und schloss sich ihm an.

Später, als Jesus im Haus von Matthäus zusammen mit dem engsten Kreis seiner Jünger zu Abend aß, kam eine ganze Reihe von Leuten, die einen üblen Ruf hatten, und setzten sich mit ihnen zu Tisch. Kaum hatten die Pharisäer mitbekommen, in welcher Gesellschaft Jesus sich befand, regten sie sich auf und machten den Jüngern Vorhaltungen: „Könnt ihr uns erklären, warum euer Meister sich mit einem solchen Gesindel an einen Tisch setzt?"

Das bekam Jesus mit, darum gab er selbst die Antwort: „Wer braucht denn nun den Arzt: der Gesunde oder der Kranke? Geht und fragt euch einmal, was das Schriftwort bedeutet: ‚Erbarmen erwarte ich von euch, nicht religiöses Getue.' Ich bin gekommen, um Menschen für Gott zu gewinnen, die weit weg von ihm sind. Alle anderen haben den Weg nach Hause ja schon gefunden."

Wenig später kamen die Jünger von Johannes und fragten ihn: „Wir und die Jünger der Pharisäer legen uns ein strenges Fasten auf. Warum machen deine Jünger das nicht?"

Was Jesus ihnen darauf antwortete, war einleuchtend: „Wenn ihr eine Hochzeit feiert, werdet ihr doch nicht Trübsal blasen, solange ihr mit dem Bräutigam zusammen seid, oder? Später, wenn der Bräutigam nicht mehr unter euch ist, habt ihr nichts mehr zu feiern. Dann werdet ihr ganz von alleine fasten.

Niemand wird ein neues Stück Tuch auf ein altes Gewand nähen, denn durch den Flicken bekäme der alte Stoff nur noch mehr Risse. Und ihr füllt auch keinen jungen Wein in Weinschläuche, die schon spröde sind, denn es würde sie unweigerlich zerreißen. Nein, jungen Wein muss man in gute, neue Weinschläuche abfüllen.“

Begegnungen mit Jesus schenken Leben (9,18–38)

Kurz nachdem er das gesagt hatte, drängte sich ein Vorsteher der örtlichen Synagoge an ihn heran und flehte ihn an: „Meine Tochter ist gerade gestorben; wenn du aber kommst und sie berührst, wird sie leben.“ Sofort stand Jesus auf und ging, begleitet von seinen Jüngern, mit ihm.

In diesem Augenblick schlich eine Frau, die seit zwölf Jahren an Blutungen litt, von hinten an Jesus heran und berührte nur ganz leicht seinen Umhang. Sie dachte bei sich selbst: „Ich brauche nur meine Finger an sein Gewand zu legen und werde gesund werden.“ Da drehte Jesus sich um und blickte sie an. „Nur Mut, liebe Frau, dein Vertrauen war groß, darum bist du jetzt auch geheilt.“ Von diesem Moment an war die Frau von ihrem Leiden erlöst.

Mittlerweile hatten sie das Haus des Synagogenvorstehers erreicht und bahnten sich ihren Weg durch die zahlreichen Flötenspieler und Klageweiber. Jesus befahl kurzerhand: „Geht alle raus! Das Mädchen ist nicht tot, es schläft nur!“ Sie machten sich über ihn lustig, weil sie es besser wussten als er. Erst als die Menschenmenge hinausgedrängt worden war, ging Jesus hinein. Er nahm das Mädchen bei der Hand. Da erhob es sich und stand auf. Die Nachricht davon verbreitete sich wie ein Lauffeuer in der ganzen Gegend.

Als Jesus das Haus verließ, liefen ihm zwei blinde Männer nach, die laut riefen: „Erbarmen! Sohn Davids, hab Erbarmen mit uns!“ Als Jesus nach Hause kam, gingen die beiden blinden Männer mit ihm hinein. Jesus wandte sich ihnen zu: „Glaubt ihr wirklich, dass ich das tun kann?“ Sie entgegneten wie aus einem Mund: „Ganz sicher, Meister!“

Er berührte ihre Augen und sagte dabei: „Was mit euch geschieht, entspricht eurem Glauben." Und es geschah wirklich: Sie konnten wieder sehen! Aber Jesus beschwor sie geradezu: „Lasst niemanden erfahren, wie das passiert ist." Doch wen wundert es: Kaum waren sie zur Tür hinaus, sorgten sie dafür, dass er in der ganzen Gegend noch bekannter wurde.

Kurz nachdem die beiden Männer das Haus verlassen hatten, brachte man einen Mann zu ihm, der von einem bösen Geist mit Stummheit geschlagen worden war. Sobald Jesus den üblen Quälgeist ausgetrieben hatte, konnte der Mann vollkommen normal reden. Alle, die das miterlebten, waren ihrerseits sprachlos vor Staunen: „So etwas hat es tatsächlich noch nie in Israel gegeben!"

Die Pharisäer hatten jedoch eine völlig andere Erklärung für dieses Wunder: „Dämonen gehorchen nur ihrem Befehlshaber. Mit dem wird er sich wohl verbündet haben."

Jesus ließ sie stehen und begann eine Wanderung durch eine Reihe von Städten und Dörfern. Er sprach in den Synagogen, berichtete den Menschen von der liebevollen Herrschaft Gottes, heilte ihre kranken Körper und ihr verletztes Leben. Jedes Mal, wenn er die vielen Menschen sah, hatte er großes Erbarmen mit ihnen. Sie waren so erschöpft und ruhelos wie Schafe, die keinen Hirten haben. „Was für eine gewaltige Ernte!", sagte er zu seinen Jüngern. „Und es gibt nur wenige Arbeiter! Es ist an euch, den Herrn der Ernte um Erntehelfer zu bitten!"

Mitarbeiter Jesu (10,1–31)

10 Die ersten Erntehelfer wählte Jesus selbst aus. Er berief zwölf Jünger für diesen Dienst. Er gab ihnen die Vollmacht, böse Geister auszutreiben und Menschen von Krankheiten und Gebrechen zu befreien. Hier die Namen der Zwölf:

Simon (sie nannten ihn Petrus oder „Fels"),
Andreas, sein Bruder,

Jakobus, der Sohn von Zebedäus,
Johannes, der Bruder von Jakobus,
Philippus,
Bartholomäus,
Thomas,
Matthäus, der Zolleintreiber,
Jakobus, der Sohn von Alphäus,
Thaddäus,
Simon, der Kanaanäer, und
Judas Iskariot (der ihn später verriet).

Jesus sandte diese zwölf „Erntehelfer" mit dem folgenden Auftrag aus:

„Fangt nicht damit an, die Frohe Botschaft zu vollkommen Ungläubigen zu bringen, und geht in keine Stadt der Samaritaner, sondern denkt zunächst an euer eigenes Volk, das in Gefahr ist, für immer verloren zu gehen. Sagt denen, die zum Volk Israel gehören, dass Gott dabei ist, seine Herrschaft unter ihnen aufzurichten. Bringt den Kranken Gesundheit. Macht Tote wieder lebendig. Berührt die, die niemand mehr anfasst. Vertreibt die dämonischen Mächte. Ihr wurdet großzügig behandelt, also seid auch anderen gegenüber großzügig. Macht keine großen Umstände, wenn ihr loszieht, denn ihr braucht wirklich nicht viel Ausrüstung. Ihr werdet alles Lebensnotwendige bekommen, denn der Arbeiter ist es wert, dass man anständig für ihn sorgt.

Wenn ihr in eine Stadt oder in ein Dorf kommt, dann steigt nicht einfach irgendwo ab. Erkundigt euch nach Menschen, die dankbar wären, euch Unterkunft zu geben. Sie sind es auch wert, dass sie euch aufnehmen. Bleibt bei ihnen, bis ihr weiterzieht.

Wenn ihr in ein Haus kommt, wünscht seinen Bewohnern Frieden. Wenn die Leute offen sind, wird euer Friede wirklich in ein solches Haus einkehren. Wenn die Bewohner an dem, was ihr zu bringen habt, nicht interessiert sind, wird euer Besuch für sie kein Segen sein. Verlasst ein solches Haus oder einen solchen Ort und setzt euren

Weg unbeirrt fort. Ihr könnt sicher sein, dass solche Menschen beim Jüngsten Gericht ihre ablehnende Haltung verzweifelt bereuen werden – doch das ist jetzt nicht eure Angelegenheit.

Seid hellwach! Ich vertraue euch eine gefährliche Aufgabe an. Euch wird es so vorkommen, als würdet ihr wie Schafe mitten durch ein Wolfsrudel laufen. Seid so schlau wie die Schlangen und so wenig auf Kampf aus wie die Tauben.

Nehmt euch vor den Menschen in Acht! Es wird immer wieder Leute geben, die alles, was ihr sagt und tut, unerträglich finden. Sie werden euch vor weltlichen Autoritäten verklagen, und wenn das zu nichts führt, werden sie euch in den eigenen Synagogen auspeitschen lassen. Ja, manche von euch werden sogar vor Königen Rede und Antwort stehen müssen. Doch damit werden sie euch ungewollt eine Möglichkeit geben, vor aller Welt die Botschaft von der liebevollen Herrschaft Gottes bekannt zu machen. Wenn es so weit ist, macht euch keine Gedanken über das, was ihr sagen sollt. Ihr werdet die richtigen Worte parat haben, denn der Geist eures Vaters im Himmel wird euch das ins Herz legen, was ihr sagen sollt.

Ich lasse euch nicht im Ungewissen über das, was euch begegnen kann, wenn ihr für die Frohe Botschaft eintretet. Eure engsten Familienmitglieder werden sich plötzlich gegen euch stellen. Sie werden euch an Machthaber ausliefern, selbst wenn es für euch den sicheren Tod bedeuten wird. Ihr werdet gehasst werden, nur weil ihr zu mir gehört. Aber verliert nie den Mut! Haltet auch in schlimmen Zeiten durch, denn am Ende werdet ihr auf der Seite des Siegers stehen.

Wenn ihr verfolgt werdet, weicht aus, flieht, wann immer es möglich ist. Es gibt so viele Städte, in denen ihr wirken könnt, bis der Tag meines Sieges anbricht.

Ein Lehrling gilt doch nicht mehr als sein Meister. Und ein Arbeiter verdient sicher nicht mehr als sein Lohnherr. Seid also zufrieden, wenn ihr genau die gleiche Behandlung erfahrt wie ich. Wenn sie mich, den Herrn und Meister, ‚Handlanger des Teufels' nennen, was haben dann wohl meine Freunde zu erwarten?

Lasst euch also nicht einschüchtern. Schließlich wird ja doch alles an die Öffentlichkeit kommen, und jeder wird wissen, wie die Dinge wirklich sind. Zögert darum nicht, schon jetzt von all dem zu reden, was ich euch im kleinen Kreis gesagt habe.

Lasst euch nicht einmal durch die gewalttätigen Drohungen irgendwelcher Tyrannen zum Schweigen bringen. Sie können eurer Seele und all dem, was in euren Herzen ist, nichts anhaben. Hebt euch eure Furcht für Gott auf. Er allein hält euer gesamtes Leben – Körper und Seele – in seiner Hand.

Wie wertvoll ist ein Spatz? Was würde wohl jemand für ein solches Vögelchen bezahlen? Und doch sorgt Gott sich um alles, was diesen Vogel betrifft – mehr, als ihr es je tun würdet. Wie wird es dann erst mit euch Menschen sein? Glaubt ihr nicht, dass Gott sich um euch noch ganz anders kümmert? Ein einzelner Mensch ist Gott unvergleichlich mehr wert als ein riesiger Schwarm Vögel. Er kümmert sich so sehr um jeden von euch, dass er sogar die Haare auf eurem Kopf gezählt hat."

Jesus nennt den Preis (10,32–42)

„Wer vor den Menschen zu mir hält, für den werde auch ich vor meinem Vater im Himmel eintreten. Wie aber soll ich zu jemandem stehen, der vorgibt, mit mir nichts zu tun zu haben? Wie kann ich für ihn eintreten, wenn er überhaupt keine Beziehung mit mir wollte?

Lebt nicht in der falschen Vorstellung, ich sei gekommen, um das Leben bequem und ungefährlich zu machen. Nein, an mir werden sich die Geister scheiden und dieser Bruch wird mitten durch Familien hindurchgehen. Da wird ein Sohn gegen seinen Vater aussagen, eine Tochter ihre Mutter ins Gefängnis bringen, eine Schwiegertochter von der Schwiegermutter an Gerichte ausgeliefert werden. Wohlmeinende Familienmitglieder können eure ärgsten Feinde werden. Darum gilt: Wenn ihr Vater oder Mutter den Vorzug vor mir gebt, dann habt ihr mich nicht verdient. Wenn ihr euren Sohn oder eure Tochter mir vorzieht, verdient ihr mich nicht.

Wenn ihr mich allein lasst, sobald es schwierig wird, wisst ihr noch nicht, was ihr an der Beziehung zu mir habt. Oft soll ich euch nur zur eigenen Selbstverwirklichung dienen, doch genau dann werdet ihr weder mich noch euch selbst finden. Doch wenn ihr euch einfach vergesst und auf mich schaut, werdet ihr beides finden: euch selbst und mich.

Wenn die Verbindung zwischen euch und mir lebendig ist, dann erreicht letztlich alles, was man euch Gutes tut, unmittelbar das Vaterherz Gottes. Wer euch also aufnimmt, weil ihr die Frohe Botschaft von Gottes Liebe bringt, der nimmt Gott selbst in sein Haus auf. Ja, Gott übersieht nicht die geringste Freundlichkeit, wenn sie einem einfachen Menschen allein deswegen erwiesen wird, weil er zu mir gehört."

Die Frage von Johannes (11,1–15)

11 Damit beendete Jesus die Unterweisung der zwölf Jünger, zog von dort weiter und fuhr fort, in den Städten und Dörfern des Landes zu lehren und zu predigen.

Johannes war in der Zwischenzeit ins Gefängnis gebracht worden. Als er erfuhr, was Jesus alles tat, sandte er seine eigenen Jünger, um Jesus folgende Frage zu stellen: „Bist du es, auf den wir warten sollten, oder müssen wir auf einen anderen warten?"

Jesus gab ihnen zur Antwort: „Geht zurück und berichtet Johannes, was alles geschieht:

Blinde sehen,
Lahme gehen,
Leprakranke werden rein,
Taube hören,
Tote werden wieder lebendig,
und die Menschen auf der Schattenseite des Lebens hören davon,
dass Gott auf ihrer Seite steht.

Wenn es das ist, wonach ihr euch gesehnt habt, dann habt ihr jetzt allen Grund, glücklich zu sein!“

Als die Jünger von Johannes gegangen waren, um ihm alles zu berichten, fing Jesus vor der Menschenmenge an, über Johannes selbst zu sprechen. „Was habt ihr erwartet, als ihr hinausgepilgert seid, um ihn in der Wüste zu sehen? Einen unzuverlässigen, schwachen Menschen? Oder jemanden in vornehmen Kleidern? Nein, solche Leute findet ihr in den Palästen der Könige. Was also wolltet ihr erleben, als ihr zu ihm hinaus in die Wüste gezogen seid? Einen Propheten? Richtig, einen Propheten! Ja, mehr noch als einen Propheten. Er ist der Mann, den ein Prophet angekündigt hat, als er schrieb: ‚Ich sende meinen Propheten direkt vor dir her, um dir den Weg zu ebnen.‘*

Lasst es mich euch in aller Deutlichkeit sagen: Kein sterblicher Mensch wird jemals die Größe eines Johannes erreichen, aber unter der Herrschaft Gottes, für die er euch vorbereiten wollte, ist auch der Unscheinbarste bedeutender als er.

Doch hat sich, seit Johannes aufgetreten ist, bis heute etwas geändert? Wird nicht weiterhin ständig versucht, die Herrschaft Gottes geradezu mit Gewalt herbeizuführen und das ‚Paradies auf Erden‘ zu erzwingen? Ganz anders Johannes. In seiner Person haben sich die Prophetien der Heiligen Schrift erfüllt. Johannes ist – wenn ihr so wollt – der ‚Elija‘, dessen Ankunft ihr alle erwartet habt, weil er es sein würde, der dem Messias unmittelbar vorausgeht. Habt ihr das verstanden?“

Worte Jesu mit Ewigkeitswert (11,16–30)

„Viele hatten schon immer etwas gegen Johannes und auch mich lehnen sie völlig ab. Sie verhalten sich wie Kinder, die sich grundsätzlich

---

* Maleachi 3, 1.

aus allem heraushalten: Wenn andere etwas Lustiges spielen, ist es ihnen zu ausgelassen; wollen sie sich mit ihnen unterhalten, ist es ihnen zu anstrengend.

Johannes kam, lebte asketisch in der Wüste, und schon nannten sie ihn ‚völlig abgehoben'. Ich kam und erschien auch auf euren Festen, schon nannte man mich einen Fresser und Trinker, einen Kumpel von allem möglichen Gesindel. Nein, wer sich nicht auf das einlassen will, was Gott ihm anbietet, wird dafür immer einen Grund finden. Wirklich weise ist dagegen der, der sieht, was geschieht, und sich darauf einlässt."

Damit bezog sich Jesus vor allem auch auf die Städte, in denen er durch zahlreiche Wundertaten den Beweis seiner Vollmacht erbracht hatte und deren Bewohner am allerwenigsten bereit waren, ihn zu akzeptieren.

„Gericht über dich, Chorazin! Gericht auch über dich, Betsaida! Wenn die heidnischen Städte Tyros und Sidon auch nur die Hälfte all dieser machtvollen Wunder gesehen hätten, ihre Bewohner wären sofort auf die Knie gegangen. Im Jüngsten Gericht wird es ihnen geradezu gut ergehen im Vergleich zu euch. Und du, Kafarnaum! Meinst du ernsthaft, du wärst ein Kandidat für den Himmel? Du wirst dich im Totenreich wiederfinden! Wenn die Leute von Sodom auch nur einige der Wundertaten gesehen hätten, die in deinen Mauern geschehen sind, ihre Stadt wäre immer noch da. Am Tag des Gerichts wird es Sodom verglichen mit dir unbestreitbar besser gehen."

Unvermittelt brach Jesus ab und betete: „Danke, Vater, Herr des Himmels und der Erde. Du hast deine Wege vor Leuten, die sich für intelligent und gebildet halten, verborgen, aber sie ganz einfachen Menschen mitgeteilt. Ja, Vater, das ist die Art und Weise, wie du gerne handelst."

Wieder seinen Zuhörern zugewandt, fuhr er fort: „Alles ist mir von meinem Vater anvertraut worden. Niemand kennt den Sohn so, wie der Vater ihn kennt. Und niemand kennt den Vater so, wie der Sohn ihn kennt. Aber dieses Wissen behalte ich nicht für mich. Ich möchte es mit allen teilen, die es hören wollen.

Kommt her zu mir, die ihr euch mit so vielem abmüht und oft bedrückt seid. Bei mir werdet ihr Ruhe finden. Sucht die Gemeinschaft mit mir und arbeitet mit mir zusammen. Dann werdet ihr von mir lernen können, denn ich bin ruhig und alles andere als herrisch. Ich werde euch nicht irgendetwas Schweres aufbürden oder etwas, das nicht zu euch passt. Solange wir miteinander Gemeinschaft haben, wird euch alles leicht vorkommen, was ihr in meinem Namen in dieser Welt unternehmt."

Pharisäer und Schriftgelehrte (12,1–50)

12 An einem Sabbat kam Jesus mit seinen Jüngern an einem Getreidefeld mit reifen Ähren vorüber. Die Jünger waren hungrig und rupften sich einige Ähren ab, um die Körner zu essen. Einige Pharisäer mussten diese Gesetzesübertretung sofort Jesus mitteilen: „Deine Jünger brechen die Sabbatvorschriften!"

Jesus fragte erstaunt: „Wirklich, tun sie das? Habt ihr nie gelesen, was David und seine Gefährten taten, als sie hungrig waren? Dass er ins Heiligtum ging und die frischen Brote aß, die schon auf dem Altar als Opfergabe lagen und die als heilige Brote nur von den Priestern gegessen werden durften? Und habt ihr nicht im Gesetz Gottes gelesen, dass die Priester bei der Ausübung ihres Dienstes im Tempel immer wieder die Sabbatvorschriften brechen, ihnen dies jedoch niemand zum Vorwurf macht?

Hier geht es um weitaus mehr als nur um ein paar religiöse Vorschriften. Letztlich habt ihr mit euren Vorwürfen gezeigt, dass ihr nichts von dem Wort Gottes begriffen habt, das sagt: ‚Barmherzigkeit will ich, nicht tote Rituale'! Darum bin ich gekommen, um euch zu zeigen, was in den Augen Gottes wirklich wichtig ist!"

Mittlerweile hatten sie eine Synagoge erreicht, in der Jesus Platz nahm. Unter den Anwesenden war auch ein Mann mit einer verkrüppelten Hand. Da fragten sie Jesus: „Ist es mit dem Gesetz vereinbar, am Sabbat zu heilen?" Damit wollten sie ihm eine Falle stellen.

Jesus antwortete mit einer Gegenfrage: „Gibt es einen unter euch, der nicht eines seiner Lämmer, wenn es in eine Grube gefallen wäre, sofort herausziehen würde, obwohl es Sabbat ist? Jeder von euch würde ohne Zögern das Nächstliegende tun. Und das für ein kleines Schaf. Doch wie viel mehr wert als ein solches Tier ist ein Mensch?!" Dann wandte er sich an den Mann: „Heb deine Hand hoch!" Er streckte seine Hand hoch und im selben Moment war sie geheilt.

Die Pharisäer verließen wütend den Raum und hatten nur noch ein Thema: Dieser Mann musste sterben, bevor er ihre heilige Religion noch mehr untergraben konnte. Jesus wusste, dass sie ihn am liebsten tot sehen würden. Darum zog er weiter, und eine Menge Menschen folgte ihm, und er heilte jeden, der irgendein Gebrechen hatte. Immer wieder schärfte er ihnen ein, Schweigen zu bewahren. Viele erkannten darin die Erfüllung des Prophetenwortes, das Jesaja vor Jahrhunderten über den Messias niedergeschrieben hatte:

„Schaut ganz genau auf meinen Diener,
den ich mir ausgewählt habe,
ich liebe ihn so und habe solche Freude an ihm!
Ich habe meinen Geist auf ihn gelegt;
er wird Recht sprechen über die Nationen.
Doch er wird nicht herumschreien,
noch seine Stimme laut erheben.
Es wird keinen Aufruhr in den Straßen geben.
Er wird das geknickte Schilfrohr nicht abbrechen und
den glimmenden Docht nicht gänzlich auslöschen.
Am Ende wird durch ihn die Gerechtigkeit siegen.
Und alle Völker werden neue Hoffnung schöpfen,
wenn sie nur schon seinen Namen hören."*

---

* Jesaja 42,1–4

Bald darauf wurde ein Mann vor ihn hingesetzt, der von einem Dämon besessen war, welcher ihn in Blindheit und Taubheit gefangen hielt. Jesus heilte den Mann und gab ihm seine Sehkraft und das Gehör wieder.

Die Menschen, die das miterlebten, fragten sich betroffen: „Könnte das nicht der Messias sein, der Sohn Davids?"

Doch den Pharisäern lag viel daran, diesem Gerede ein Ende zu bereiten. Darum behaupteten sie einfach: „Das ist alles nur schwarze Magie, wahrscheinlich treibt er mit dem obersten der Teufel die Dämonen aus."

Jesus musste auf diese Unterstellung reagieren: „Ein Reich, in dem keine Einigkeit herrscht, wird früher oder später besiegt werden; eine Familie, die durch ständige Streitereien zerrissen wird, verliert nicht nur ihre Stärke, sondern auch noch ihren Besitz; wenn Satan seinesgleichen vertreibt, wie sollte er noch sein Reich aufrechterhalten können? Wenn ihr mich schon der Zusammenarbeit mit dem Teufel bezichtigt, muss ich euch die Frage stellen, womit denn eure eigenen Söhne Dämonen austreiben? Sie selbst könnten euch sagen, dass eure Unterstellung nichts mit der geistlichen Wirklichkeit zu tun hat. Nein, wenn das alles durch die Kraft Gottes geschieht, Menschen befreit und geheilt werden, dann ist das ein sicheres Zeichen dafür, dass Gott selbst den Menschen nahegekommen ist.

Man kann nicht einfach in die Höhle eines Räubers eindringen und vor seinen Augen das Diebesgut herausholen. Er muss erst außer Gefecht gesetzt werden, damit er seinen Raub nicht verteidigen kann. Nichts anderes versuche ich zu tun. Um mit dem Bösen fertig zu werden, bin ich auf jeden angewiesen. Entweder kämpft jemand mit mir oder er steht auf der Gegenseite; entweder hilft jemand, Menschen um mich zu sammeln, oder er treibt sie von mir weg.

Es gibt nichts, weder in Worten noch in Taten, das nicht vergeben werden könnte. Aber wenn ihr ganz bewusst nicht aufhört, den Heiligen Geist anzugreifen, dann weist ihr den Einzigen zurück, der euch vergeben kann. Wenn ihr aufgrund irgendwelcher Missverständnisse den Menschensohn ablehnt, kann euch der Heilige Geist vergeben. Wenn ihr aber den Heiligen Geist ablehnt, dann weist ihr die Vergebung selbst zurück, und das in alle Zeit und Ewigkeit.

Von einem guten, gesunden Baum erntet man gute Früchte. Ist der Baum krank, werdet ihr an ihm nur schlechte Früchte finden. Die Frucht sagt also etwas über den Baum aus.

Euer Herz ist die reinste Schlangengrube! Was aus euch herauskommt, ist schlecht und wird auch durch viele Worte nicht besser. Denn es ist euer Herz, das euren Worten die Bedeutung gibt. Im Leben eines guten Menschen findet sich immer wieder viel Gutes in dem, was er sagt und tut. Aus einem schlechten Menschen kommt letztlich nichts Gutes heraus. Darum warne ich euch: Alles, was ihr aus der Bosheit eures Herzens heraus sagt, wird auf euch selbst zurückfallen. Ihr werdet Rechenschaft für alles ablegen müssen, was ihr mit euren Worten angerichtet habt. Worte sind nicht belanglos; nehmt sie ernst. Eure eigenen Worte können für euch eure Erlösung bedeuten. Sie können euch aber auch für alle Ewigkeit verurteilen."

Um von dem für sie peinlichen Thema abzulenken, machten einige Schriftgelehrte und Pharisäer einen neuen Vorschlag: „Rabbi, wir möchten, dass du deine Worte mit etwas Außergewöhnlichem bestätigst. Vollbringe hier in unserer Gegenwart ein Wunder."

Jesus erwiderte ihnen: „Ausgerechnet ihr fragt nach einem Beweis der Kraft Gottes, obwohl euch Gott völlig egal ist und es euch nur um eure Religion geht?! Der einzige Beweis, den ihr bekommen werdet, hat etwas mit Jona zu tun. Genau wie Jona drei Tage und drei Nächte im Bauch des Fisches war, so wird der Menschensohn drei Tage und drei Nächte in einer Grabeshöhle liegen. Jona kehrte zurück und auch der Menschensohn wird es tun. Aber selbst dann werdet ihr nicht bereit sein, ihm zu vertrauen.

Deshalb werden am Jüngsten Tag die Bewohner von Ninive aufstehen und das Urteil über diese Generation fällen. Denn als Jona ihnen predigte, haben sie ihr Leben geändert. Und hier habt ihr es mit jemandem zu tun, der eine ganz andere Bedeutung als Jona hat. Am Tage des Gerichts wird die Königin von Saba auftreten und euch vor aller Augen verurteilen. Denn sie reiste von weit her an, um dem weisen Salomo zuzuhören. Hier vor euch steht jemand, mit dem Salomo nicht verglichen werden kann, und ihr denkt nicht einmal daran, euch auf seine Worte einzulassen.

Fragt euch, woher eure Verstocktheit und Bosheit kommen. Ich will euch sogar erklären, wie sie sich zu solchem Ausmaß steigern konnten. Wenn ein böser Geist von irgendjemandem ausgetrieben wird, dann streift er durch die Wüste auf der Suche nach einer ahnungslosen Seele, die er beherrschen kann. Wenn er niemanden findet, sagt er zu sich selbst: ‚Ich werde zu meiner alten Behausung zurückkehren.' Bei seiner Rückkehr findet er die Person vor, schön herausgeputzt, aber leer. Sofort macht er sich auf den Weg und holt noch sieben andere Geister, die weitaus schlimmer sind als er, und zieht mit ihnen in die leere Wohnung ein. So steigert sich die Bosheit dieses Menschen um ein Vielfaches. Mit dieser Generation ist es nicht anders: Ihr denkt, dass ihr als religiöse Menschen frei von bösen Einflüssen seid. In Wirklichkeit habt ihr ihnen Tür und Tor geöffnet."

Während er noch zu der Menge sprach, trafen seine Mutter und seine Brüder ein. Sie standen draußen vor dem Haus und versuchten, ihm eine Nachricht zukommen zu lassen. Irgendjemand sagte schließlich zu Jesus: „Deine Mutter und deine Brüder stehen draußen und möchten mit dir sprechen."

Jesus entgegnete dem, der ihm die Nachricht zukommen ließ: „Wer, glaubst du, sind meine Mutter und meine Brüder?" Dann wies er mit seiner Hand auf seine Jünger. „Schau genau hin. Das sind meine Mutter und meine Brüder. Denn wer in seinem Leben den Willen meines Vaters tut, der ist mein Bruder, meine Schwester und meine Mutter."

Alltägliche Geschichten mit Ewigkeitswert (13,1–36)

13 Unmittelbar danach verließ Jesus das Haus und setzte sich an das Ufer des Sees. Doch in kürzester Zeit drängten sich so viele Leute um ihn, dass er gezwungen war, in ein Boot zu steigen. Er sprach

zu den Menschen vom Boot aus, das er wie eine Kanzel benutzte. So erzählte er ihnen auch das Gleichnis von den unterschiedlichen Bodensorten, die das Saatgut aufnehmen.

„Stellt euch einen Bauern vor, der Saatgut auf seinem Acker ausstreute. Als er die Körner verstreute, fielen manche davon auf die Straße, wo sie von den Vögeln aufgepickt wurden. Einige fielen auf Kies; sie sprossten zwar schnell, konnten aber nicht tief genug wurzeln. Als dann die Sonne aufging, vertrockneten sie sofort. Einige fielen unter das Unkraut und wurden regelrecht von ihm erstickt. Etliche Körner fielen jedoch auf gutes Erdreich. Und jedes einzelne brachte hundert, sechzig oder dreißig neue Körner hervor.

Habt ihr verstanden, was ich euch damit sagen will?"

Später drängten sich die Jünger um ihn und fragten ihn: „Warum erzählst du eigentlich solche Geschichten?"

Er antwortete ihnen: „Euch wurde Einsicht in das geschenkt, was Gottes Herrschaft ist. Ihr wisst, wie er zu euch steht. Doch es gibt viele Menschen, die das gar nicht wissen wollen. Sie können durch meine Worte auch nicht beschenkt werden. So kommt es dazu, dass die einen, die schon haben, immer noch mehr empfangen können und die anderen, die meinen, auch ohne meine Worte schon reich genug zu sein, am Ende völlig leer ausgehen. Das ist der Grund, warum ich Geschichten erzähle: um die Menschen dahin zu bringen, dass sie für das offen sind, was ich ihnen sagen möchte. Die meisten hören mir zwar zu, wollen aber irgendwie nicht verstehen. Selbst wenn sie sehen, was ich tue, begreifen sie es nicht. Jetzt erfüllt sich alles, was Jesaja über dieses Volk vorausgesagt hat:

‚Eure Ohren sind zwar offen, aber ihr hört nichts.
Eure Augen habt ihr weit geöffnet, aber ihr seht nichts.
Denn das Herz dieses Volkes ist völlig verhärtet!
Sie stecken sich die Finger in die Ohren,
damit sie nicht zu hören brauchen;
sie verkleben sich die Augen, so brauchen sie nichts zu sehen,
und das nur, um mir nicht von Angesicht

zu Angesicht zu begegnen,
was ihre Heilung wäre.‘

Aber ihr habt Augen, die von Gott gesegnet sind, Augen, die sehen. Und gottgesegnete Ohren, die hören! Eine große Zahl von frommen Menschen, darunter auch Propheten früherer Jahrhunderte, hätten alles dafür gegeben, um zu sehen, was ihr gerade seht, und zu hören, was ihr gerade hört, aber sie hatten nicht die Möglichkeit dazu.

Schaut euch die Geschichte vom Bauern und seiner Saat genau an. Wenn jemand die Frohe Botschaft von der liebevollen Herrschaft Gottes hört, aber nicht in sich aufnimmt, bleibt sie an der Oberfläche, und der Widersacher hat es leicht, sie direkt wieder aus seinem Kopf herauszunehmen. Solche Leute sind wie die Straße, auf die der Bauer sein Saatgut gestreut hat.

Der Kiesboden steht für solche, die auf die Botschaft spontan und enthusiastisch reagieren. Aber da ist kein guter Boden, weil der Charakter zu labil ist. Sobald dieses Hochgefühl abnimmt und die ersten Schwierigkeiten auftauchen, ist von der guten Saat nicht mehr viel zu sehen.

Der mit Unkraut bedeckte Boden symbolisiert Personen, die zwar die Botschaft hören, in deren Leben aber jeder gute Ansatz regelrecht abgewürgt wird. Das ständige Kreisen um das eigene Wohlergehen und die Sucht, immer noch mehr aus dem Leben herauszuholen, überwuchern alles.

Die gute Erde schließlich steht für einen Menschen, der die Botschaft hört und in sich aufnimmt, dann aber Frucht bringt, die selbst seine eigenen kühnsten Erwartungen übertrifft.“

Nachdem die Jünger offensichtlich diese Geschichte verstanden hatten, wandte sich Jesus wieder der großen Menge am Ufer zu. Für sie hatte er ein weiteres Gleichnis: „Die Herrschaft Gottes kann man mit einem Bauern vergleichen, der guten Samen auf sein Feld streute. Eines Nachts, als seine Landarbeiter schliefen, kam sein Feind und säte Unkraut mitten unter den Weizen und verschwand. Als sich die ersten grünen Sprossen zeigten und emporschossen, zeigte sich auch das Unkraut.*

Die Landarbeiter gingen zu dem Bauern und sagten: ‚Meister, war es nicht ausgezeichnetes, reines Saatgut, das Ihr aussäen ließet? Wo kommt denn jetzt das Unkraut her?'

Er entgegnete ihnen: ‚Das hat ein Feind von mir getan.'

Die Landarbeiter fragten weiter: ‚Sollen wir das Feld jäten?'

Er sagte ihnen darauf: ‚Nein, denn wenn ihr das Unkraut jätet, werdet ihr auch den Weizen mit herausreißen. Lasst sie bis zur Erntezeit zusammen heranwachsen. Dann werde ich den Erntearbeitern die Anweisung geben, das Unkraut auszusondern und in Bündeln für das Feuer zusammenzubinden. Den Weizen aber sollen sie in meine Scheune bringen.'"

Und noch ein Beispiel nannte er ihnen: „Man kann die Herrschaft Gottes auch mit einem winzigen Samenkorn vergleichen, das jemand in die Erde steckt. Aber dieses Samenkorn wird wachsen, und eines Tages steht dort ein mächtiger Busch oder Baum, in dessen Zweige die Vögel nisten."

Zum Abschluss gab er den Menschen noch etwas mit auf den Weg: „Die Herrschaft Gottes ist wie ein Sauerteig, den eine Frau unter den Teig für einige Dutzend Weizenbrote mengt. Irgendwann ist der ganze Trog durchsäuert und der Teig beginnt aufzugehen."

Was Jesus an diesem wie an vielen anderen Tagen auch tat, war nichts anderes, als Gleichnisse zu erzählen. Das war seine Art, den Menschen seine Botschaft nahezubringen. Selbst diese Eigenart Jesu hatte eine Prophetie im Voraus beschrieben:

„Ich werde meinen Mund öffnen und Gleichnisse erzählen;
ich werde Dinge bekannt machen,
die seit den ersten Tagen der Welt verborgen waren."**

---

* Gemeint ist hier höchstwahrscheinlich der Taumelloch, den man im Anfangsstadium kaum vom echten Weizen unterscheiden kann, dessen Körner aber giftig sind.

** Psalm 78,2

Langsam löste sich die Versammlung am Ufer auf und auch Jesus ging wieder in das Haus zurück. Und erneut traten seine Jünger an ihn heran und baten: „Erkläre uns doch die Geschichte mit dem Unkraut auf dem Feld."

Also erklärte er es ihnen: „Der Bauer, der die gute Saat aussät, ist der Menschensohn. Das Feld ist die Welt; der reine Samen ist alles, was Menschen für ein Leben mit Gott brauchen; das Unkraut steht für das, was der Teufel an Schlechtem in die Herzen der Menschen säen kann. Die Ernte ist nichts anderes als ein Symbol für das Ende der Welt, wenn der Vorhang der Geschichte fällt. Die Erntearbeiter sind Engel.

Das Bild von dem ausgerissenen Unkraut und seinem Ende im Feuer ist eine Szene aus dem letzten Akt der Menschheitsgeschichte. Der Menschensohn wird seine Engel senden, um alle Menschen, die sich der Liebe Gottes verweigert haben und zutiefst böse sein wollten, aus seinem Reich zu entfernen. Diese Menschen werden dann fluchen und sich fürchterlich beklagen, doch es wird sie niemand mehr hören.

Dann wird an denen, die sich von ganzem Herzen Gott zugewandt haben, eine Herrlichkeit sichtbar werden, die sich kein Mensch jemals ausdenken kann. Habt ihr verstanden, was ich euch mit alldem sagen möchte?

Die Herrschaft Gottes ist wie ein Schatz, der seit vielen Jahren in einem Feld verborgen ist und zufällig von jemandem entdeckt wird. Der glückliche Finder ist völlig außer sich: Was für ein Fund! Kurzerhand verkauft er alles, was er besitzt, um genügend Geld für den Kauf des Grundstücks zu haben. Dann erwirbt er es.

Man könnte die Herrschaft Gottes auch mit einer außergewöhnlich großen, makellosen Perle vergleichen, die ein Juwelenhändler irgendwo entdeckt. Da er sein Leben lang nach einzigartigen Perlen gesucht hat, verkauft er sofort alles und bezahlt mit dem Erlös das seltene Exemplar.

Aber auch das ist ein Bild für die Herrschaft Gottes: Man könnte sie mit einem Schleppnetz vergleichen, das in einem See ausgeworfen wird und alle Arten von Fischen einfängt. Wenn es sich gefüllt hat, schleppt man es zum Ufer. Dort zieht man es an den Strand. Die guten Fische werden herausgenommen und in Körbe gelegt, die ungenießbaren weggeworfen. Genau so wird es sein, wenn der Vorhang der Geschichte fällt. Die Engel werden kommen und die schlechten Fische aussortieren und sie in den Abfall werfen. Dort wird es ein verzweifeltes Gejammer geben, das jedoch nichts mehr nützen wird."

Jesus fragte sie: „Habt ihr das alles verstanden?"

Sie antworteten: „Ja."

Darauf sagte er: „Dann versteht ihr auch, dass jeder, der wirklich weiß, was es mit der liebevollen Herrschaft Gottes auf sich hat, aus diesem Schatz immer wieder alte und neue Gleichnisse hervorholen kann."

Für dieses Mal hörte Jesus auf, weitere Geschichten zu erzählen. Er verließ die Gegend am See und kehrte in seinen Heimatort zurück. Dort lehrte er in der Synagoge, und die Menschen konnten es nicht fassen, dass dies derselbe Mann sein sollte, den sie doch so gut kannten. „Woher hat er nur diese Weisheit und solche außergewöhnlichen Fähigkeiten? Wir kennen ihn doch schon seit seiner Kindheit; er ist doch der Sohn des Zimmermanns. Wir kennen seine Mutter, Maria. Wir kennen seine Brüder Jakobus und Josef, Simon und Judas. Alle seine Schwestern leben hier. Was glaubt er eigentlich, wer er ist?" Unverständnis, Neid und Ärger brachten sie gegen ihn auf.

Jesus musste eingestehen: „Nirgendwo wird ein Prophet so verachtet wie in seiner Vaterstadt und in seiner Familie." Er konnte dort wegen ihrer ablehnenden Haltung nur wenige Wunder tun.

Der Tod von Johannes (14,1–12)

14 In diesen Tagen hörte Herodes, der das Gebiet um Judäa beherrschte, was man sich über Jesus erzählte. Er sagte zu seinen Dienern: „Das muss Johannes der Täufer sein, der von den Toten auferstanden ist. Daher ist er auch in der Lage, Wunder zu vollbringen."

Herodes hatte Johannes in Ketten legen und ins Gefängnis werfen lassen, nur um Herodias, die Frau seines Bruders Philippus, zu beschwichtigen. Johannes hatte Herodes herausgefordert, indem er sein Verhältnis zu Herodias „ehebrecherisch“ nannte. Herodes wollte ihn umbringen lassen, aber er fürchtete die Folgen, weil so viele Leute Johannes für einen Propheten Gottes hielten.

Doch darauf nahm er dann anlässlich seiner Geburtstagsfeier keine Rücksicht mehr. Die Tochter von Herodias hatte für eine großartige Unterhaltung gesorgt, indem sie vor den Gästen tanzte. Sie bezauberte Herodes förmlich, und in seiner überschwänglichen Begeisterung versprach er ihr unter Eid alles, was sie sich wünschen würde. Sofort wusste sie – gut vorbereitet von ihrer Mutter –, was sie wollte: „Gib mir auf einem Tablett den Kopf Johannes des Täufers.“ Das ernüchterte den König sehr schnell. Da er aber vor den Gästen sein Gesicht nicht verlieren wollte, tat er, was sie wollte. Er befahl, Johannes den Kopf abzuschlagen und ihn dem Mädchen auf einem Tablett zu bringen. Kaum hatte sie ihn erhalten, gab sie ihn an ihre Mutter weiter.

Später erhielten die Jünger von Johannes seinen Leichnam und gaben ihm ein würdiges Begräbnis. Dann berichteten sie Jesus alles darüber.

Jesu Taten sprengen mehr und mehr alles Vorstellbare (14,13–36)

Als Jesus diese Nachricht erhalten hatte, wollte er alleine sein und ließ sich mit einem Boot an einen schwer zugänglichen Ort bringen. Doch irgendjemand hatte das mitbekommen und schon war die einsame Gegend nicht mehr einsam. Scharen von Menschen kamen zu Fuß aus den nahe gelegenen Ortschaften zu dem Platz, an dem er an Land gehen würde. Als er endlich dort ankam und die vielen Menschen sah, hatte er Mitleid mit ihnen, und er heilte ihre Kranken.

Gegen Abend sprachen ihn die Jünger an: „Wir sind hier mitten in einem unbewohnten Gebiet und es wird langsam spät. Schick doch die Leute weg, damit sie in die umliegenden Dörfer gehen können und etwas zu essen bekommen."

Doch Jesus erwiderte ihnen: „Es gibt überhaupt keine Notwendigkeit, sie wegzuschicken. Gebt ihr ihnen doch etwas zu essen."

„Alles, was wir haben, sind fünf Laibe Brot und zwei Fische", entgegneten sie ratlos.

Jesus aber befahl: „Bringt alles her!" Dann sorgte er dafür, dass sich die Leute im Gras niederließen. Er nahm die fünf Laibe Brot und die beiden Fische, schaute im Gebet zum Himmel auf, segnete das Brot, brach es und gab es an seine Jünger weiter. Die Jünger ihrerseits reichten das Brot und die Fische an die versammelten Menschen weiter. Alle aßen, bis sie satt waren. Sie sammelten dann noch zwölf Körbe mit Resten ein. Es waren allein an die 5.000 Männer, die an dem Mahl teilgenommen hatten – Frauen und Kinder nicht mitgerechnet!

Sobald das Essen beendet war, drängte Jesus die Jünger, schon einmal ins Boot zu steigen und auf die andere Seite des Sees überzusetzen. Inzwischen wollte er sich von den Leuten verabschieden. Nachdem sich die Menschenmenge zerstreut hatte, stieg er auf einen Berg. Auf diese Weise konnte er für sich sein und beten. Dort blieb er allein bis tief in die Nacht.

Unterdessen war das Boot bereits weit draußen auf dem See. Wind kam auf, der den Jüngern schwer zu schaffen machte. Auch die Wellen schlugen immer heftiger gegen das Boot. Es war gegen vier Uhr morgens, als sie Jesus direkt auf sich zukommen sahen – auf dem Wasser! Sie waren außer sich vor Angst und schrien in ihrem Schrecken: „Ein Geist!"

Doch Jesus beeilte sich, sie zu beruhigen: „Keine Angst, ich bin es! Ihr braucht euch nicht zu fürchten."

Da wurde Petrus plötzlich mutig und rief: „Herr, wenn du es wirklich bist, dann sag, dass ich auf dem Wasser zu dir kommen soll."

Jesus erwiderte darauf: „Na los, dann komm!"

Petrus sprang über die Bordwand und ging auf Jesus zu. Aber als er auf die Wellen hinabsah, die unter seinen Füßen schäumten, bekam er Angst und begann zu sinken. Jetzt schrie er: „Herr, rette mich!“

Jesus zögerte keine Sekunde, er beugte sich nieder und ergriff seine Hand. Dann sagte er: „Du Glaubensheld, warum hast du nur plötzlich gezweifelt?“

Beide kletterten in das Boot und sofort legte sich der Wind. Die Jünger, die das alles mit angesehen hatten, fielen vor Jesus auf die Knie und stammelten: „Das ist es! Kein Zweifel: Du bist Gottes Sohn.“

Bald hatten sie den See überquert und zogen das Boot bei Gennesaret an Land. Als einige mitbekamen, wer da bei ihnen an Land gegangen war, benachrichtigten sie alle Leute in der weiteren Umgebung. Daraufhin brachten diese ihre Kranken zu ihm. Dann baten sie Jesus um Erlaubnis, den Saum seines Gewandes berühren zu dürfen. Und wer immer ihn berührte, der wurde auch geheilt.

Mehr als Antworten (15,1–16,12)

15 Da kamen einige Schriftgelehrte und Pharisäer von Jerusalem zu ihm herunter, nur um ihre Kritik an ihm loszuwerden: „Warum kümmern sich deine Jünger nicht im Geringsten um die altehrwürdigen Vorschriften? Sie waschen sich zum Beispiel nicht die Hände, bevor sie essen.“

Als Antwort zeigte ihnen Jesus, wie sie selbst um ihrer Überlieferungen willen Gottes Gebote außer Kraft setzten: „Warum benutzt ihr eure Tradition, um Gottes Gesetz zu hintergehen? Gott sagt eindeutig: ‚Achte deinen Vater und deine Mutter‘, und: ‚Jeder, der Vater oder Mutter öffentlich bloßstellt, der soll hingerichtet werden.‘ Aber ihr kehrt dieses Gebot in sein Gegenteil, indem ihr sagt: ‚Wer immer es möchte, der kann zu seinem Vater oder zu seiner Mutter sagen: »Ich habe das, was ich euch eigentlich schuldig wäre, Gott gegeben.«‘

So hebt ihr einfach durch eure Vorschriften Gottes Gebot auf! Ihr Betrüger! Auf euch trifft die Prophetie von Jesaja haargenau zu:

‚Diese Leute gehen rein äußerlich vor, sie würden mich verehren, innerlich aber sind sie weit von mir entfernt. Sie tun so, als würden sie mich anbeten, aber sie meinen es nicht so. Sie benutzen mich nur als Aushängeschild, damit sie lehren können, was immer ihnen in den Sinn kommt.'"

Und jeden Einzelnen in der Menge anschauend, sagte er eindringlich: „Hört zu und nehmt es euch zu Herzen. Nicht das, was ihr hinunterschluckt, verdirbt euer Leben, sondern das, was an Bösem aus euch herauskommt."

Da drängten sich seine Jünger an ihn heran und fragten ihn leise: „Weißt du eigentlich, wie sehr sich die Pharisäer über das aufgeregt haben, was du eben gesagt hast?"

Jesus antwortete ihnen laut: „Jeder Baum, der nicht von meinem Vater im Himmel gepflanzt worden ist, wird mitsamt der Wurzel ausgerissen. Kümmert euch nicht um die Pharisäer! Sie sind Blinde, die Blinde führen. Wenn ein Blinder einen Blinden führt, landen beide irgendwann in einer Grube."

Petrus war immer noch mit dem Satz beschäftigt, bei dem es um das Hinunterschlucken ging: „Kannst du uns das noch einmal erklären?"

Jesus entgegnete ihm: „Du auch? Stellt ihr euch wirklich absichtlich so dumm? Wisst ihr denn nicht, dass alles, was ihr hinunterschluckt, seinen Weg durch die Eingeweide geht und schließlich ausgeschieden wird? Doch was aus eurem Mund herauskommt, das hat seinen Ursprung in eurem Herzen. Aus eurem Herzen kommen Streitlust, Mord, Ehebruch, Götzendienst, Diebstahl, Lüge und Verfluchung. Das verdirbt euer Leben von innen heraus. Ob ihr esst oder nicht esst, eure Hände wascht oder nicht wascht, ist demgegenüber völlig belanglos."

Jesus verließ diese Gegend und zog sich in das Gebiet von Tyrus und Sidon zurück. Als er dort unterwegs war, näherte sich ihm eine kanaanäische Frau, die ihn mit lauter Stimme anflehte: „Erbarmen, Meister, Sohn Davids! Meine Tochter wird fürchterlich von einem bösen Geist gequält!“

Jesus schien sie nicht zu hören. Da beschwerten sich seine eigenen Jünger: „Kannst du dich nicht um sie kümmern?! Ihr Geschrei macht uns noch ganz verrückt.“

Aber Jesus lehnte es ab: „Ich habe alle Hände voll damit zu tun, mich um die verlorenen Schafe Israels zu kümmern.“

Da kam die Frau wieder auf Jesus zu, warf sich vor ihm auf die Knie und bat ihn: „Meister, helft mir!“

Jesus erwiderte darauf: „Es ist nicht in Ordnung, den Kindern das Brot wieder aus dem Mund zu nehmen und es den Hunden vorzuwerfen.“

Doch die Frau ließ nicht locker: „Ihr habt recht, Meister, aber selbst bettelnde Hunde bekommen Happen vom Tisch des Hausherrn.“

Da blieb Jesus stehen. „Oh Frau, dein Glaube ist tatsächlich etwas Besonderes. Du sollst bekommen, wonach du dich gesehnt hast!“ Und von diesem Moment an war ihre Tochter geheilt.

Jesus zog daraufhin mit seinen Jüngern weiter und kam so wieder an das Ufer des Sees Gennesaret. Dort stieg er auf einen Hügel und setzte sich, um die vielen Menschen willkommen zu heißen. Und sie kamen in Scharen, brachten ihre Gelähmten, ihre Blinden, die Verkrüppelten, die Stummen – Menschen mit allen nur erdenklichen Nöten – und legten sie alle vor ihm nieder. Jesus heilte sie alle. Als die Menschen sahen, wie die Stummen anfingen zu sprechen, die Verkrüppelten sich gesund aufrichteten, die Gelähmten herumliefen, die Blinden plötzlich sehen konnten, waren sie überwältigt und ließen jeden wissen, dass ganz offensichtlich Gott unter ihnen lebte und wirkte.

Doch Jesus sah noch eine andere Not. Er rief seine Jünger zu sich und sagte zu ihnen: „Ich mache mir große Sorgen um diese Menschen. Seit drei Tagen sind sie nun schon bei mir und jetzt haben sie nichts mehr zu essen. Ich kann sie nicht einfach mit leerem Magen wegschicken – es ist doch möglich, dass viele von ihnen auf dem Weg zusammenbrechen."

Seine Jünger entgegneten ihm: „Aber wie willst du denn hier in dieser verlassenen Gegend so viel Brot beschaffen, um eine solche Menge von Leuten halbwegs satt zu bekommen?"

Jesus fragte sie daraufhin: „Wie viel Brot habt ihr denn noch dabei?"

„Sieben Laibe", sagten sie, „dazu noch ein paar Fische." Da bedeutete Jesus den Menschen, sich zu setzen. Er nahm die sieben Laibe Brot und die Fische, und nachdem er ein Dankgebet gesprochen hatte, brach er sie und ließ sie an die Leute austeilen. Alle aßen und alle hatten mehr als genug, ja, man brauchte sogar noch sieben große Körbe, um die Reste einzusammeln. Über 4.000 waren an diesem Abend satt geworden, Frauen und Kinder nicht mitgerechnet. Nachdem Jesus sie fortgeschickt hatte, stieg er in das Boot und fuhr auf die andere Seite des Sees in die Gegend von Magadan.

16 Wieder einmal versuchten einige Pharisäer und Sadduzäer, aus ihm eine Aussage über sich selbst herauszulocken. Er ließ sie mit dieser Antwort stehen: „Ihr habt doch so wunderbare Wetterregeln wie: ‚Roter Himmel zur Nacht dem Seemann Freude macht, roter Himmel am Morgen macht ihm dagegen Sorgen.' Offensichtlich habt ihr überhaupt keine Probleme damit, das Wetter ziemlich genau vorauszusagen – warum nur ist eure Fähigkeit, die Zeichen der Zeit richtig zu deuten, so schwach entwickelt? Eine charakterlose und oberflächliche Generation möchte immer Zeichen und Wunder erleben. Aber sie bekommt kein anderes Zeichen als das von Jona."

Bei ihrer Überfahrt zum gegenüberliegenden Ufer des Sees stellten die Jünger fest, dass sie vergessen hatten, Brot mitzunehmen. Gerade in diesem Moment sprach Jesus davon, dass sie sehr genau auf den Sauerteig der Sadduzäer und Pharisäer achten sollten. Natürlich dachten sie, dass er ihnen damit indirekt einen Vorwurf machen wollte, weil sie das Brot vergessen hatten. Flüsternd berieten sie, was zu tun sei. Jesus wusste genau, worüber sie sich den Kopf zerbrachen, und sprach es direkt an: „Warum flüstert ihr so aufgeregt herum, nur weil ihr das Brot vergessen habt? Ihr Glaubenshelden! Habt ihr immer noch nicht begriffen? Alles schon wieder vergessen – die fünf Brote für fünftausend Leute? Und wie viele Körbe an übrig gebliebenen Brotstücken musstet ihr einsammeln? Oder wie war das mit den sieben Broten, die viertausend satt gemacht haben? Wie viele Körbe an Reststücken musstet ihr da einsammeln? Habt ihr noch nicht gemerkt, dass Brot nicht das eigentliche Problem ist? Das Problem ist der Sauerteig der Pharisäer und Sadduzäer." Da verstanden sie, dass er nicht ans Essen gedacht hatte, sondern ans Lehren – an diese alles durchsäuernde Art und Weise, mit der Pharisäer und Sadduzäer aus dem Wort Gottes eine ungenießbare Lehre machten.

Was Petrus weiß und doch nicht versteht (16,13–28)

Als Jesus in das Gebiet um Cäsarea Philippi kam, fragte er seine Jünger: „Was sagen eigentlich die Leute darüber, wer der Menschensohn ist?"

Sie antworteten ihm: „Einige denken, er sei Johannes der Täufer, andere halten ihn für Elija, wieder andere für Jeremia oder einen der großen Propheten."

Jesus wollte mehr aus ihnen herausbekommen, darum fragte er sie direkt: „Und wie steht es mit euch? Wer bin ich eurer Meinung nach?"

Simon Petrus sagte: „Du bist Christus, der Messias, der Sohn des lebendigen Gottes."

Jesus antwortete ihm spontan darauf: „Gott segne dich, Simon, Sohn von Jona! Niemand kann dir das beigebracht haben außer meinem Vater im Himmel. Gott selbst hat dich in das Geheimnis eingeweiht, wer ich wirklich bin. Und jetzt möchte ich dir sagen, wer du in meinen Augen bist: Du bist Petrus, ein Fels. Das ist der Fels, auf den ich meine Kirche bauen möchte; eine Kirche, die unüberwindbar ist, weil sie sich zu mir bekennt, auch wenn sich die Tore der Hölle öffnen sollten, um sie zu verschlingen.

Doch das ist noch nicht alles. Ich werde dir die Schlüssel des Himmelreiches geben; was du hier auf der Erde bindest, wird auch im Himmel gebunden sein; was du löst, wird auch im Himmel gelöst sein."

Aber dann schärfte er seinen Jüngern ein, niemandem zu sagen, dass er der Messias sei.

Von diesem Augenblick an machte Jesus seinen Jüngern bewusst, dass es für ihn notwendig sei, nach Jerusalem hinaufzugehen. Dort würde er unter den Ältesten, Hohepriestern und Schriftgelehrten viel zu erleiden haben. Schlussendlich würde man ihn töten, doch am dritten Tage würde er lebendig das Grab wieder verlassen. Da nahm Petrus Jesus beiseite und protestierte energisch: „Alles, was recht ist, aber das wäre das Letzte, was dir zustoßen darf!" Jesus aber wandte sich Petrus zu und fuhr ihn an: „Geh mir aus dem Weg, Petrus! Verschwinde, Satan! Du willst mich zu Fall bringen, weil du überhaupt nicht weißt, was Gott vorhat, sondern nur an das denkst, was dir passt."

Dann forderte Jesus auch die übrigen Jünger heraus: „Jeder, der vorhat, mit mir zu kommen, muss damit rechnen, dass es ihm genauso ergehen wird wie mir. Weicht den Leiden nicht aus, die euch in meiner Nachfolge widerfahren! Bleibt ganz nahe bei mir, dann werdet ihr verstehen, dass derjenige sein Leben verliert, der es mit aller Kraft festhalten will. Wenn ihr euer Leben aus Liebe zu mir in die Waagschale werft, werdet ihr es jedoch gewinnen.

Was habt ihr davon, wenn ihr alles bekommt, was ihr wollt, euch dabei aber das Leben zwischen den Fingern zerrinnt? Wenn eure Seele krank wird, was könnt ihr für sie eintauschen? Behaltet also immer das wirklich Wertvolle im Auge.

Denn bevor ihr euch verseht, wird der Menschensohn in der

Herrlichkeit des Vaters kommen, begleitet von einer Armee von Engeln. In diesem Augenblick wird jeder erfahren, auf was er in seinem Leben letztlich gesetzt hat. Einige von euch, die hier stehen, werden selbst erleben, wie das geschieht, und werden den Menschensohn in der Herrlichkeit Gottes sehen."

Die Herrlichkeit Gottes (17,1–13)

17 Sechs Tage später sahen drei von ihnen diese Herrlichkeit. Jesus nahm Petrus, Jakobus und dessen Bruder Johannes und führte sie auf einen hohen Berg. Direkt vor ihren Augen veränderte sich sein Äußeres von innen nach außen. Sein Gesicht begann zu strahlen – hell wie die Sonne. Sein Gewand leuchtete wie das Licht selbst. Dann bemerkten sie, dass auch Mose und Elija da waren und sich mit Jesus unterhielten.

Petrus unterbrach das Gespräch: „Herr, wie gut, dass wir hier sind. Möchtest du, dass wir dir hier so etwas wie eine Hütte errichten, natürlich auch eine für Mose und eine für Elija?"

Während Petrus völlig durcheinander weiterredete, hüllte sie eine lichterfüllte Wolke ein, und aus ihrem Inneren ertönte eine Stimme: „Dies ist mein geliebter Sohn, meine ganze Freude. Achtet auf alles, was er euch sagt."

Als die Jünger das hörten, fielen sie zu Tode erschrocken zu Boden. Doch Jesus ging zu ihnen und berührte sie. „Ihr braucht keine Angst zu haben." Als sie es endlich wagten, ihre Augen wieder zu öffnen, sahen sie nur noch Jesus, ihn ganz allein.

Beim Abstieg verpflichtete Jesus sie zum Schweigen: „Sagt kein Sterbenswort zu irgendjemandem über das, was ihr gesehen habt. Erst wenn der Menschensohn von den Toten auferstanden ist, seid ihr frei, darüber zu reden."

Nun stellten die Jünger ihm eine Frage: „Warum behaupten die Schriftgelehrten, Elija müsse zuerst kommen, bevor der Messias erscheint?"

Jesus gab ihnen zur Antwort: „Es ist richtig, dass Elija zuvor kommt und alles vorbereitet. Ich sage euch aber: Elija ist schon längst gekommen, aber sie erkannten ihn nicht, als sie ihn sahen. Sie behandelten ihn wie Dreck, genauso, wie sie es auch mit dem Menschensohn machen werden." Da erst begriffen die Jünger, dass er mit Elija Johannes den Täufer meinte.

Die Macht des Vertrauens (17,14–27)

Am Fuße des Berges trafen sie auf eine große Zahl wartender Menschen. Als sie sich ihnen näherten, kam ihnen ein Mann aus der Menge entgegen und warf sich vor Jesus nieder: „Meister, hab Erbarmen mit meinem Sohn. Er ist mondsüchtig und musste deswegen schon einiges durchmachen. Er ist schon öfter ins Feuer gefallen und nicht selten sogar ins Wasser. Ich brachte ihn zu deinen Jüngern, aber die konnten nichts für ihn tun."

Jesus seufzte: „Was für eine Generation! Kein Gespür für Gott! Wie oft muss ich mit euch noch diese Dinge durchgehen? Wie lange muss ich das alles noch mitmachen? Bringt den Jungen zu mir her." Er befahl dem Quälgeist zu gehen – und dieser verschwand einfach. Von diesem Moment an war der Junge gesund.

Als die Jünger mit Jesus alleine waren, fragten sie ihn: „Warum haben wir ihn nicht hinauswerfen können?"

„Weil ihr Gott immer noch nicht ernst genug nehmt", sagte Jesus. „Die einfache Wahrheit ist: Wenn ihr auch nur ein Körnchen Glauben, so groß wie ein winziges Samenkorn, hättet, dann könntet ihr zu diesem Berg sagen: ‚Komm, beweg dich!', und er würde sich bewegen. Es gäbe nichts, womit ihr nicht fertig werden könntet."

Als sie wieder in Galiläa waren, sagte Jesus zu ihnen: „Der Menschensohn wird bald an Menschen verraten werden, die nichts mit Gott zu tun haben. Sie werden ihn umbringen – und drei Tage später wird er wiederauferstehen." Die Jünger fühlten sich bei diesen Gedanken elend.

Als sie in Kafarnaum ankamen, ging ein Steuereintreiber auf Petrus zu und fragte ihn: „Zahlt euer Rabbi eigentlich Steuern?"

„Natürlich", antwortete Petrus.

Aber sobald sie zu Hause waren, sprach Jesus ihn direkt darauf an. „Simon, was denkst du? Wenn ein König Steuern einfordert, wer zahlt die dann: seine Kinder oder seine Untergebenen?"

„Klar, seine Untergebenen."

Jesus war noch nicht fertig: „Dann sind also seine Kinder frei von dieser Verpflichtung, richtig? Aber wir wollen sie nicht unnötig aufregen, darum geh hinunter zum See, häng eine Angel aus, und zieh den ersten Fisch heraus, der anbeißt. Öffne sein Maul und du wirst darin eine Münze finden. Nimm sie und gib sie dem Steuereintreiber. Sie reicht für uns beide."

Kinder in den Augen Jesu (18,1–11)

18 Etwa zur selben Zeit kamen die Jünger mit der Frage zu Jesus: „Wer bekommt den höchsten Rang, wenn Gott seine Königsherrschaft antritt?"

Für seine Antwort rief Jesus ein Kind herbei, stellte es in ihre Mitte und sagte: „Ich sage euch ein für alle Mal: Falls ihr euch nicht auf dieselbe Ebene begebt und noch einmal wie Kinder anfangt, dann habt ihr nicht einmal die Gelegenheit, auch nur einen Blick in das Reich Gottes zu werfen, geschweige denn, hineinzukommen. Wer wieder so einfach und natürlich wie dieses Kind werden kann, der wird im Reich Gottes einen hohen Rang einnehmen. Und was noch größer ist: Wenn einer ein solches Kind um meinetwillen aufnimmt, dann ist das dasselbe, als würde er mich selbst aufnehmen.

Aber wenn ihr Menschen mit einem kindlichen Herzen das Leben schwer macht, indem ihr sie bedrängt oder Vorteile aus ihrem einfachen Vertrauen zieht, dann werdet ihr bald wünschen, so etwas nie getan zu haben. Denn ihr wärt noch gut daran, wenn ihr mit einem Mühlstein am Hals in die Tiefe des Meeres versenkt würdet. Tod der Welt, die diesen Kleinen, die auf Gott vertrauen, etwas antut und ihnen das Leben schwer macht! So etwas lässt sich oft nicht verhindern, aber ich kann die Menschen nur warnen, die andere verführen. Das ist etwas wirklich Schlimmes. Darum sage ich jedem von euch: Wenn deine Hand dich zum Bösen verleitet, dann hau sie ab und wirf sie weg. Du bist besser dran, verstümmelt dein Leben zu bewahren, als gottverlassen mit zwei Händen in der Glut des ewigen Feuers zu sitzen. Und wenn dein Auge dich von Gott wegbringt, dann reiß es heraus, und wirf es weg. Es ist doch besser, einäugig in das Leben einzugehen, als mit voller Sehkraft ins Feuer der Hölle zu blicken.

Achtet also darauf, dass ihr kein Kind wie eine wertlose Sache behandelt. Seid euch bewusst, dass ihre persönlichen Engel in ständigem Kontakt mit meinem Vater im Himmel stehen."

Erbarmen und Vergebung (18,12–35)

„Was denkt ihr? Wenn einer hundert Schafe hat und eines von ihnen sich verirrt, lässt er dann nicht die neunundneunzig anderen zurück und geht dem einen nach? Und wenn er es endlich findet, hat er dann nicht viel mehr Freude an dem einen als an den neunundneunzig anderen, die an Ort und Stelle blieben? Euer Vater im Himmel fühlt in ähnlicher Weise. Er möchte nicht ein einziges noch so schwaches Glied seiner Familie verlieren.

Wenn jemand, der wie du gläubig ist, dich verletzt, dann geh hin, und sag es ihm. So etwas soll zwischen euch beiden ausgemacht werden. Wenn er auf dich hört, hast du einen Freund gewonnen. Wenn er nicht auf dich hören will, dann versuch es noch einmal, nimm aber ein, zwei andere mit, damit die Gegenwart von Zeugen dafür sorgt, dass es ehrlich zugeht. Wenn er dann immer noch nicht hören will, dann sag es der Gemeinde. Wenn er nicht einmal auf die Gemeinde hört, dann musst du mit ihm noch einmal bei Punkt null anfangen, ihn mit der Notwendigkeit der Umkehr konfrontieren, ihm aber gleichzeitig Gottes vergebende Liebe anbieten.

Nehmt das wirklich äußerst ernst: Ein Ja auf der Erde ist auch ein Ja im Himmel; ein Nein auf der Erde ist auch ein Nein im Himmel. Was ihr zueinander sagt, hat Bedeutung für die Ewigkeit. Das meine ich ernst. Wenn zwei von euch einmütig im Gebet ein Anliegen vor Gott bringen, wird mein Vater im Himmel dementsprechend handeln. Denn wo zwei oder drei in meinem Namen versammelt sind, da bin ich mitten unter ihnen."

Petrus war immer noch mit der Frage beschäftigt, wie das nun ist, wenn man immer wieder von jemandem verletzt wird: „Herr, wie viele Male muss ich denn einem Bruder vergeben, der mich ständig verletzt? Etwa siebenmal?"

Jesus erwiderte ihm: „Siebenmal? Denk eher an siebenundsiebzigmal. Ich sage dir auch, warum.

Stell dir vor, ein König hatte sich eines Tages entschieden, mit seinen Dienern und Verwaltern abzurechnen. Als er gerade mitten in dieser Arbeit war, brachte man einen Verwalter vor ihn, der Schulden in Höhe von 10.000 Talenten* gemacht hatte. Es war unmöglich für ihn, diese Summe jemals zurückzuzahlen. Folglich ordnete der König an, ihn, seine Frau und seine Kinder auf dem Sklavenmarkt zu versteigern. Der Mann warf sich dem König zu Füßen und bettelte: ‚Gib mir noch einmal eine Chance und ich werde dir alles zurückzahlen.' Der König war von seiner Bitte sichtlich berührt; er gab ihm nicht nur seine Freiheit zurück, sondern er erließ ihm auch die gesamten Schulden.

Der Verwalter war noch gar nicht ganz aus dem Raum hinausgegangen, als er einen Untergebenen traf, der ihm hundert Denare schuldete. Er packte diesen am Kragen und forderte von ihm, die Summe zurückzuzahlen – und zwar sofort.

---

* Nach der Aussage im 20. Kapitel verdiente ein Tagelöhner etwa 1 Denar pro Tag. 1 Talent dagegen (6.000 Denare) ist eine riesige Summe, die ein normaler Mensch damals kaum je zu Gesicht bekommen hat: Das gesamte Steueraufkommen der Provinzen Galiläa und Peräa betrug im Jahr 4 n. Chr. nur 200 Talente. Jesus spricht also von einer sehr kleinen und einer fantastisch großen Summe.

Der verzweifelte Mann flehte ihn an: ‚Gib mir noch eine Chance, ich werde dir alles zurückzahlen.‘ Aber der Verwalter gab ihm keine mehr. Er ließ ihn verhaften und ins Gefängnis werfen, bis die Schuld beglichen wäre. Als die anderen Diener des Königs davon erfuhren, waren sie zutiefst betroffen und traurig. Sie konnten nicht anders, als dem König den ganzen Vorfall zu schildern.

Da ließ der König den Mann wieder zu sich bringen und sagte zu ihm: ‚Du erbärmlicher Mensch! Ich habe dir deine gesamte Schuld erlassen, nachdem du mich um Erbarmen angefleht hast. Hast du nicht einen Moment daran gedacht, Erbarmen mit deinem Mitarbeiter zu haben, der dir einen lächerlichen Betrag schuldete und dich um Gnade bat?‘ Der König war wütend und übergab den Mann den Folterknechten, und zwar für so lange, bis er die gesamte Schuld abbezahlt habe. Genau das aber wird mein Vater im Himmel mit jedem von euch tun, der nicht von ganzem Herzen jedem vergibt, der ihn um Erbarmen angeht."

Wie Jesus die Ehe sieht (19,1–12)

19 Als Jesus diese Lehren beendet hatte, verließ er Galiläa und durchquerte das Gebiet von Juda, um auf die andere Seite des Jordan zu gelangen. Eine große Menschenmenge folgte ihm dorthin, und er heilte die Kranken, die man zu ihm brachte.

Eines Tages belästigten ihn wieder einmal die Pharisäer: „Darf ein Mann sich, egal, aus welchem Grund, von seiner Frau scheiden lassen?"

Er gab ihnen zur Antwort: „Habt ihr nicht in eurer Heiligen Schrift gelesen, dass der Schöpfer ursprünglich Mann und Frau füreinander geschaffen hat? Deswegen verlässt der Mann ja Vater und Mutter und bindet sich fest an seine Frau; er wird eins mit ihr. Es sind also nicht mehr zwei Körper, sondern einer. Gott schuf diese organische Einheit zweier Geschlechter, deshalb sollte auch niemand sein Werk zerstören, indem er beide voneinander trennt."

Sofort hielten sie dagegen: „Wenn das so ist, warum gab dann Mose Anweisungen, wie man Scheidungspapiere ausstellt und eine Scheidung durchführt?"

Jesus entgegnete: „Mose hat nur als Zugeständnis an eure Herzenshärte eine Scheidung vorgesehen, aber das hat nichts mit Gottes ursprünglichem Plan zu tun. Ich möchte, dass ihr euch nach diesem grundlegenden Entwurf richtet, darum macht ihr euch auch des Ehebruchs schuldig, wenn ihr euch von eurer treuen Frau scheiden lasst, um irgendeine andere zu heiraten. Ich kenne nur eine Ausnahme, nämlich wenn euer Ehepartner selbst ständig die Ehe bricht."

Das war selbst für seine Jünger zu rigoros: „Wenn es so um die Ehe steht, bleiben wir lieber ledig. Warum dann noch heiraten?"

Jesus ging darauf ein: „Wäre das wirklich so tragisch? Nicht jeder ist in der Lage, eine Ehe zu führen. Manche sind von Geburt an unfähig dazu. Andere bekommen einfach keinen Partner. Und manche entscheiden sich, nicht verheiratet zu sein, um für den Dienst im Reich Gottes ganz frei zu sein. Ich weiß, das ist für euch wohl sehr schwer zu begreifen."

Bewegende Begegnungen (19,13–30)

Sie wurden unterbrochen, weil Eltern ihre Kinder in der Erwartung zu Jesus brachten, dass er ihnen die Hände auflegen und für sie beten würde. Die Jünger wollten weiterreden und wiesen sie deshalb schroff ab. Da wurde Jesus ungehalten: „Lasst die Kinder in Ruhe. Hindert sie niemals daran, zu mir zu kommen. Denn Menschen wie sie haben es leicht, sich unter die liebevolle Herrschaft Gottes zu begeben." Nachdem er ihnen die Hände aufgelegt hatte, verließ er den Ort.

Unterwegs hielt ein Mann Jesus an und fragte ihn: „Rabbi, was ist das Gute, das ich tun muss, um ewiges Leben zu gewinnen?"

Jesus entgegnete ihm: „Warum fragst du mich nach dem Guten? Gott ist der Einzige, der gut ist. Wenn du mit Gott leben willst, dann tu einfach, was er dir sagt."

Der Mann setzte nach: „Und das wäre im Einzelnen?“

Jesus zählte ihm auf: „Bring niemanden um, begeh keinen Ehebruch, stiehl nicht, lüge nicht, ehre deinen Vater und deine Mutter, und liebe deinen Mitmenschen wie dich selbst.“

Daraufhin sagte der Mann: „Das alles habe ich bisher eingehalten. Was fehlt mir dann noch?“

„Wenn du wirklich mit deinem Leben mit Gott ernst machen möchtest“, erwiderte Jesus, „dann verkaufe deinen gesamten Besitz; gib alles den Armen. Dadurch hast du einen Schatz im Himmel. Dann komm und folge mir nach.“

Der junge Mann hörte zwar noch, was Jesus sagte, aber er hatte sich schon zum Gehen gewandt. Auf seinen ganzen Besitz verzichten? Das war zu viel verlangt.

Als Jesus sah, wie er wegging, sagte er zu seinen Jüngern: „Habt ihr eine Vorstellung, wie schwierig es für Leute ist, die alles haben, sich unter die Herrschaft Gottes zu begeben? Leichter zwängt sich ein Kamel durch ein Nadelöhr, als dass jemand, der alles hat, sich ganz auf Gott einlässt.“

Die Jünger konnten nicht glauben, was sie da hörten: „Wer hat denn dann überhaupt noch irgendeine Chance, zu Gott zu kommen?“

Jesus blickte sie ernst an und entgegnete: „Es gibt tatsächlich keine Chance, solange ihr meint, es aus eigener Anstrengung zu schaffen. Ihr habt aber alle Chancen der Welt, wenn ihr darauf vertraut, dass Gott es fertigbringt.“

Das veranlasste Petrus dazu, seine Frage loszuwerden: „Wir haben doch alles verlassen und sind dir nachgefolgt. Was bekommen wir denn dafür?“

Jesus ging darauf ein: „Ja, ihr seid mir nachgefolgt. Bei der Neuerschaffung der Welt, wenn der Menschensohn sich auf den Thron der Herrlichkeit gesetzt hat, werdet auch ihr auf zwölf Thronen sitzen und die zwölf Stämme Israels regieren. Und nicht nur ihr. Jeder, der um meinetwillen Haus, Familie, Felder – was auch immer – aufgegeben hat, wird das Hundertfache von allem zurückerhalten und dazu noch das Geschenk des ewigen Lebens. Das ist die große Umkehrung: Viele, die am Anfang alles hatten, werden zum Schluss nichts mehr haben, und die, die nichts für sich behalten haben, werden am Ende alles besitzen."

Gott denkt anders (20,1–34)

20 Damit sich unter seinen Jüngern kein falsches Anspruchsdenken entwickeln konnte, erzählte Jesus ihnen folgende Geschichte: „Gottes Herrschaft ist vergleichbar mit einem Gutsverwalter, der früh am Morgen hinausging, um Arbeiter für seinen Weinberg anzuheuern. Er machte mit ihnen einen Lohn von einem Denar* pro Tag aus. Später, gegen neun Uhr, sah der Verwalter noch einige andere Männer, die auf dem Marktplatz herumstanden, weil sie keine Arbeit hatten. Er sagte ihnen, dass sie in seinem Weinberg arbeiten könnten, er würde sie fair bezahlen. Sie gingen darauf ein.

Er tat das Gleiche am Mittag und dann noch einmal um drei Uhr. Um fünf Uhr ging er ein letztes Mal auf den Platz und fand wieder andere, die gelangweilt herumstanden. Er sprach sie an: ‚Warum steht ihr hier den ganzen Tag herum und arbeitet nicht?'

Sie erwiderten ihm: ‚Weil uns niemand angeheuert hat.'

Daraufhin schickte er auch diese Leute noch in seinen Weinberg.

Als der Abend kam, gab der Besitzer des Weinbergs seinem Verwalter den Auftrag: ‚Ruf die Arbeiter zusammen und zahle ihnen den Lohn aus. Fang mit denen an, die ich zuletzt angeheuert habe, bis du zu denen kommst, die seit heute Morgen arbeiten.'

Die Männer, die zuletzt im Weinberg eingetroffen waren, traten nach vorne, und jeder von ihnen erhielt einen Denar. Als nun die, welche schon in der Frühe angefangen hatten, das sahen, nahmen sie

---

* 1 Denar ist der Tageslohn eines Tagelöhners, mit der dieser gerade sich selbst und vielleicht seine Familie ernähren kann.

an, sie würden mit Sicherheit weitaus mehr bekommen. Aber jeder von ihnen erhielt auch nur einen Denar. Während sie das Geld einsteckten, machten sie ihrem Ärger Luft: ‚Das gibt es ja wohl nicht: Wir haben den ganzen Tag wie Sklaven unter der sengenden Sonne geschuftet, die anderen da nur eine lockere Stunde, und Ihr gebt denen genauso viel wie uns!'

Er antwortete dem, der für die Übrigen sprach: ‚Freund, ich bin zu dir nicht unfair gewesen. Hatten wir uns nicht auf einen Lohn von einem Denar geeinigt? So nimm dein Geld und geh. Ich habe mich entschieden, denen, die zuallerletzt kamen, das Gleiche zu geben wie dir. Kann ich mit meinem Geld nicht machen, was ich will? Ärgert es dich vielleicht, dass ich großzügig bin?'

Gewöhnt euch also daran, dass Gott eure Maßstäbe umkehrt: Viele von den Ersten werden als Letzte enden und von den Letzten werden viele Erste sein."

Nun machte Jesus sich auf den Weg nach Jerusalem. Während sie unterwegs waren, nahm er die Zwölf beiseite und offenbarte ihnen: „Ihr habt gemerkt, dass wir uns auf dem Weg nach Jerusalem befinden. Sobald wir dort ankommen, wird der Menschensohn den Hohepriestern und Schriftgelehrten ausgeliefert werden. Sie werden ihn zum Tode verurteilen und den Römern übergeben, die ihn dann foltern und kreuzigen werden. Aber am dritten Tag wird er auferstehen."

Die Mutter der beiden Zebedäussöhne hatte offenbar diese furchtbare Ankündigung nicht gehört, denn sie kniete sich vor Jesus nieder, um etwas für ihre Söhne zu erreichen.

„Was möchtest du?", fragte Jesus sie.

Sie sagte: „Gib mir dein Wort, dass diese meine Söhne mit dem höchsten Ehrenplatz in deinem Reich belohnt werden, einer zu deiner Rechten, der andere zu deiner Linken."

Jesus entgegnete ihr: „Du hast wirklich keine Ahnung von dem, was du da verlangst." Und an Jakobus und Johannes gewandt, sagte er: „Seid ihr in der Lage, den Kelch zu trinken, den ich schon bald trinken muss?"

Sie meinten: „Sicher, warum nicht?"

Jesus sagte darauf: „Es ist sogar so; ihr werdet tatsächlich meinen Kelch trinken. Aber die Ehrenplätze habe nicht ich zu vergeben. Das ist nicht meine Aufgabe. Mein Vater kümmert sich darum."

Als die übrigen zehn hörten, worum es in diesem Gespräch ging, wurden sie sehr ungehalten über die beiden Brüder. Jesus nutzte die Gelegenheit, um seinen Jüngern noch einmal etwas Grundsätzliches mitzugeben: „Ihr habt doch oft genug beobachtet, wie gottlose Herrscher ihre Macht gebrauchen, wie schnell ihnen ein wenig Macht zu Kopf steigt. Unter euch kann und darf es so etwas nicht geben. Wer immer von euch wirklich groß sein will, muss erst der Diener aller werden. Und wer unter euch der Erste sein will, muss erst einmal der Sklave aller werden. Denn genau das hat der Menschensohn getan. Er kam, um zu dienen, nicht, um bedient zu werden – und um dann sein Leben im Austausch für die vielen hinzugeben, die noch in Gefangenschaft leben."

Dieses Gespräch hatte in Jericho stattgefunden. Als sie die Stadt verließen, begleitete sie eine große Menschenmenge. So kam der Zug auch an zwei blinden Männern vorbei, die am Straßenrand saßen. Als sie hörten, es sei Jesus, der da vorbeiging, schrien sie laut: „Hab Erbarmen mit uns! Erbarmen, Sohn Davids!" Die Leute versuchten, sie mit Schimpfen und Drohen zum Schweigen zu bringen, aber sie schrien nur umso lauter: „Hab Erbarmen mit uns! Erbarmen, Sohn Davids!"

Jesus hielt an und sprach mit ihnen: „Was wollt ihr von mir?"

Sie riefen wie aus einem Mund: „Meister, wir wünschen uns, dass sich unsere Augen öffnen. Wir möchten sehen können!"

Jesus war tief bewegt und er berührte ihre Augen. Da erhielten sie im selben Augenblick ihre volle Sehkraft zurück und schlossen sich der Gruppe um Jesus an.

Prophetenworte erfüllen sich (21,1–22)

21 Als sie sich Jerusalem näherten, kamen sie zunächst nach Betfage am Ölberg. Jesus sandte zwei Jünger mit folgenden Anweisungen voraus: „Geht hinüber in das Dorf direkt vor euch. Ihr werdet dort eine Eselin mit ihrem Füllen angebunden finden. Bindet sie los und bringt sie mir. Wenn euch irgendjemand fragt, was ihr da macht, antwortet einfach: ‚Der Meister braucht sie!' Er wird euch dann die Tiere mitgeben."

Mit diesen Worten begann etwas, das der Prophet Sacharja (mehr als ein halbes Jahrtausend zuvor) bereits gesehen hatte:

> „Sagt es der Tochter Zion:
> ‚Schau, dein König ist auf dem Weg zu dir,
> friedfertig sitzt er auf einem Esel,
> dem Füllen eines Lasttiers.'"*

Die Jünger gingen los und machten es genau so, wie Jesus es ihnen gesagt hatte. Sie führten die Eselin mit ihrem Jungen hinaus, legten einige ihrer Kleider auf sie, und Jesus setzte sich darauf. Fast alle in der Menge legten ihre Oberkleider auf die Straße und bereiteten ihm so einen königlichen Empfang. Andere schnitten Zweige von den Bäumen und legten sie als Empfangsteppich vor ihm nieder. Unzählige Leute liefen voraus und noch mehr gingen hinter ihm. Alle riefen laut: „Heil dem Sohn Davids!" – „Gesegnet ist, der da im Namen Gottes kommt!" – „Hosanna bis in die höchsten Himmel!"

Als sie so in Jerusalem einzogen, war die ganze Stadt in heller Aufregung. Gereizt fragten die Menschen: „Was soll das Ganze? Wer ist denn der da?"

Die Menge, die mit Jesus zog, antwortete: „Das ist der Prophet Jesus, der aus Nazaret in Galiläa kommt."

---

* Zwei Zitate aus dem Alten Testament sind hier zusammengefügt: Jesaja 62,11 und Sacharja 9,9. Mit „Tochter Zion" wird im Alten Testament Jerusalem umschrieben.

Jesus ging direkt in den Tempel und warf jeden hinaus, der sich dort niedergelassen hatte, um zu kaufen und zu verkaufen. Er warf die Tische der Geldwechsler und die Käfige der Taubenhändler um. Dabei zitierte er den Text:

> „Mein Haus war dazu bestimmt, ein Haus des Gebetes zu sein;
> ihr habt daraus eine Räuberhöhle gemacht."*

Nun war Platz für die Blinden und die Verkrüppelten, damit diese ebenfalls den Tempel betreten konnten. Sie kamen zu Jesus und er heilte sie.

Als die Hohenpriester und Schriftgelehrten sahen, wie Jesus Menschen heilte, und mit anhören mussten, wie alle Kinder herumliefen und durch den Tempel laut „Heil dem Sohn Davids!" schrien, traten sie Jesus empört entgegen, um ihn zur Rede zu stellen: „Hörst du eigentlich nicht, was diese Kinder da schreien?"

Jesus entgegnete: „Natürlich höre ich sie. Aber habt ihr nicht in Gottes Wort gelesen: ‚Aus dem Mund der Kinder und Säuglinge hast du dir Lob bereitet'?"**

Mehr hatte er ihnen nicht zu sagen. Er drehte sich um und verließ die Stadt in Richtung Betanien, wo er die Nacht verbrachte.

Früh am nächsten Morgen kehrte Jesus in die Stadt zurück. Er war hungrig, und als er einen einzelnen Feigenbaum an der Straße sah, näherte er sich ihm in der Hoffnung, ein paar Früchte daran zu finden. Als er bei dem Baum ankam, fand er allerdings nichts als Blätter. Ungewöhnlich scharf war seine Reaktion: „Du wirst in alle Ewigkeit keine Früchte mehr hervorbringen!" Im selben Moment verdorrte der Feigenbaum zu einem dürren Gehölz. (Die Jünger wussten, dass der Feigenbaum immer wieder auch als Symbol für das Volk Israel diente und Jesus mit dessen Verdorren ein prophetisches Zeichen gesetzt

---

* Jesaja 56,7 und Jeremia 7,11
** Psalm 8,3

hatte.) Trotzdem waren sie außer sich über das, was sie gerade erlebt hatten. „Haben wir das wirklich gesehen? Ein lebendiger Baum – und im nächsten Augenblick ein vertrockneter Stamm?"

Jesus erklärte ihnen, dass dies unter der Herrschaft Gottes nichts Außergewöhnliches darstellt: „Ja, wenn ihr wirklich Vertrauen habt und nicht an Gott zweifelt, werdet ihr nicht nur so etwas wie das mit dem Feigenbaum vollbringen, sondern ihr werdet zum Beispiel zu einem Berg sagen können: ‚Los, spring in den See!', und er wird springen. Alles werdet ihr erhalten, wenn ihr es in meinem Namen vor den Vater bringt und euch ganz auf Gott verlasst."

Jesus hält einen Spiegel vor (21,23–22,46)

Sie setzten ihren Weg fort und kamen zum Tempel. Jesus begann, dort zu lehren. Sofort traten ihm die Hohenpriester und Ältesten entgegen und forderten: „Zeig uns deine Bevollmächtigung. Wer gibt dir die Autorität, hier zu lehren?"

Jesus antwortete ihnen mit einer Gegenfrage: „Lasst mich erst einmal euch eine Frage stellen. Wenn ihr mir diese Frage beantwortet, bin ich gerne bereit, euch zu sagen, wer mich bevollmächtigt hat. Es betrifft die Taufe von Johannes: Wer autorisierte diese? Der Himmel oder nur Menschen?" Sie steckten die Köpfe zusammen und flüsterten: „Wenn wir ‚Himmel' sagen, wird er uns fragen, warum wir Johannes nicht geglaubt haben. Wenn wir aber ‚Menschen' sagen, werden wir mit dem Volk große Schwierigkeiten bekommen, denn alle halten Johannes für einen großen Propheten." Sie merkten zähneknirschend, dass sie nur noch eine Antwort geben konnten: „Wir wissen es nicht", gestanden sie ein.

Jesus erwiderte: „Wenn das so ist, dann werde ich auch eure Frage nicht beantworten. Doch nun zu euch. Sagt mir, was ihr über die folgende Geschichte denkt: Ein Mann hatte zwei Söhne. Er ging zu dem ersten und sagte: ‚Sohn, geh heute hinaus und arbeite im Weinberg.'

Der Sohn antwortete: ‚Ich mag heute nicht.' Später, nachdem er sich die Sache durch den Kopf hatte gehen lassen, änderte er seine Meinung und ging hinaus.

Inzwischen war der Vater zu dem anderen Sohn gegangen und hatte ihm den gleichen Auftrag gegeben. Dieser antwortete: ‚Sicher, gerne!' Aber er ging einfach nicht.

Wer von den beiden Söhnen hat denn nun das getan, worum ihn der Vater gebeten hatte?"

Die Hohenpriester und Ältesten antworteten: „Der erste natürlich." Sie merkten gar nicht, welches Urteil sie in diesem Augenblick über sich gesprochen hatten. Jesus machte es deutlich: „Richtig, und ich versichere euch, dass Gauner und Huren noch vor euch ins Reich Gottes gelangen. Johannes kam zu euch, um euch den richtigen Weg zu zeigen. Ihr aber habt ihn abgelehnt, die Gauner und Huren jedoch haben ihm geglaubt. Selbst als ihr gesehen habt, wie sich das Leben dieser Menschen von Grund auf änderte, habt ihr euch in keiner Weise auf seine Botschaft eingelassen.

Macht euch das, was ich sage, nachdenklich? Dann hört euch doch einmal dieses Gleichnis an. (Ihr werdet darin die ganze Geschichte Israels mit seinem Gott wiederfinden.)

Es war einmal ein Mann, ein reicher Bauer, der einen Weinberg pflanzte. Er zäunte ihn ein, grub eine Kelter, errichtete einen Wachturm, übergab alles in die Hände von Landarbeitern und verreiste. Als es Zeit war, die Trauben zu ernten, sandte er seine Diener zu den Pächtern, um seinen Ertrag abholen zu lassen.

Die aber schnappten sich den ersten der Diener und verprügelten ihn. Den nächsten brachten sie um. Sie warfen Steine auf den dritten, doch er konnte entkommen. Der Besitzer versuchte es wieder und sandte noch mehr Diener. Sie erfuhren die gleiche Behandlung.

Der Besitzer war nun mit seiner Geduld am Ende. Er beschloss, seinen Sohn zu schicken, weil er sich dachte: ‚Vor ihm werden sie mit Sicherheit Respekt haben.'

Doch als die Landarbeiter den Sohn ankommen sahen, rieben sie sich gierig die Hände: ‚Das ist doch der Erbe! Wir brauchen ihn nur umzubringen, dann gehört das alles uns alleine.' Sie ergriffen ihn, brachten ihn um und warfen seinen Leichnam über den Zaun des Weinbergs hinaus.

Was glaubt ihr wohl, was der Besitzer des Weinbergs mit den Landarbeitern tun wird, sobald er von seiner Reise zurück ist?"

„Er wird sie umbringen lassen und den Weinberg solchen Landarbeitern übertragen, die ihm den Ertrag abliefern, wenn es Zeit dafür ist."

„Richtig", entgegnete Jesus, „ich frage mich nur, ob ihr überhaupt begreift, worum es hier eigentlich geht. Denn schließlich könnt ihr das alles in euren Schriften nachlesen:

‚Der Stein, den die Maurer weggeworfen haben, ist nun der Eckstein geworden. Das ist Gottes Werk; wir stehen mit ungläubigem Staunen davor.'

Wisst ihr, was mit euch geschehen wird? Das Geschenk der Herrschaft Gottes wird euch weggenommen und Leuten übergeben werden, die für den Besitzer des Weinbergs wirklich Ertrag bringen wollen. Für alle anderen gilt: Wer auch immer an diesen Eckstein stößt, wird stürzen, und auf wen dieser Stein fällt, der wird erdrückt werden."

Als die Hohenpriester und Pharisäer diese Geschichte hörten, wussten sie, dass sie damit gemeint waren. Sie hätten Jesus am liebsten sofort verhaften und ins Gefängnis werfen lassen, fürchteten aber die öffentliche Meinung, was sie letztlich zurückhielt. Die meisten Menschen hielten ihn nun einmal für einen Propheten Gottes.

22 Doch Jesus war noch nicht fertig. Noch einmal hielt er ihnen mit einem Gleichnis einen Spiegel vor: „Gottes Herrschaft", sagte er, „kann man mit einem König vergleichen, der anlässlich der Hochzeit seines Sohnes ein Festessen veranstaltete. Er schickte seine Diener los, um die geladenen Gäste zu Tisch zu bitten. Doch die hatten keine Lust zu kommen!

Er sandte eine weitere Gruppe seiner Diener aus mit der genauen

Anweisung, den Gästen zu sagen: ‚Schaut, es steht schon alles auf dem Tisch, der Braten ist schon fertig. Kommt jetzt zu dem Fest!'

Doch sie zuckten nur mit den Schultern und gingen weg; der eine, weil er seinen Garten jäten wollte, der andere, um in seinem Geschäft zu arbeiten. Die Übrigen hatten nichts Besseres zu tun, als die Diener, die ihnen die Einladung brachten, zusammenzuschlagen und zu töten. Der König war außer sich vor Zorn. Er sandte seine Soldaten und ließ diese brutalen Menschen hinrichten. Ihre Häuser wurden ein Raub der Flammen.

Dann trug er seinen Knechten auf: ‚Wir haben ein Hochzeitsessen, aber keine Gäste. Keiner, den ich eingeladen habe, ist gekommen. Geht nun an die belebtesten Straßenkreuzungen der Stadt, und ladet jeden ein, den ihr finden könnt.' Die Diener schwärmten aus und luden jeden, der ihnen begegnete, ein, ganz egal, ob es gute oder schlechte Menschen waren. Und so konnte das Festessen beginnen, denn jetzt war jeder Platz besetzt.

Als der König den Saal betrat und die Gesellschaft betrachtete, fiel sein Blick auf einen Mann, der sich nicht einmal die Mühe gemacht hatte, die für alle Gäste vorgesehene Festbekleidung anzuziehen. Daher sprach er ihn an: ‚Sag mal, Freund, wie kannst du es wagen, den anderen einen solchen Anblick zu bieten?' Der Mann wusste darauf nichts zu erwidern. Daraufhin befahl der König seinen Dienern: ‚Schnell, seht zu, dass der Mann hier sofort verschwindet. Bindet ihn und werft ihn hinaus. Versichert euch, dass er nicht wieder hereinkommen kann, auch wenn sein Heulen und Jammern groß ist.'

Versteht ihr: Viele sind eingeladen; aber nur wenige kommen wirklich zu dem Fest."

Diese Geschichte war mehr als deutlich. Darum suchten die Pharisäer nach einer Möglichkeit, um ihm eine Falle stellen zu können. Sie hofften immer noch, er würde etwas sagen, aufgrund dessen man ihn anklagen könnte. Sie sandten ihre Schüler, unter die sich ein paar Anhänger von Herodes gemischt hatten, mit der Frage zu ihm: „Rabbi, wir wissen, dass du Charakter genug hast, dich nicht um die öffentliche Meinung zu scheren. Auch lehrst du deine Jünger sorgfältig den Weg, wie man mit Gott leben soll. Sag uns nun: Ist es nach dem göttlichen Gesetz erlaubt, an den Kaiser – einen Heiden – Steuern zu zahlen, oder nicht?"

Er wusste, dass sie alles andere als etwas Gutes im Schilde führten, und entgegnete ihnen: „Warum versucht ihr, mich in eine Falle zu locken? Gebt mir eine Münze und lasst mich einen Blick darauf werfen." Sie reichten ihm ein Silberstück.

„Diese Prägung – wen stellt sie dar? Und die Beschriftung – wessen Name ist das?"

„Des Kaisers natürlich", sagten sie.

Darauf entgegnete Jesus: „Also, dann gebt dem Kaiser, was ihm gehört, und Gott, was Gott gehört."

Sie waren so überrascht darüber, dass ihnen nichts mehr dazu einfiel, und sie entfernten sich lautlos und eilig.

Jetzt witterten die Sadduzäer ihre Chance. Anders als die Pharisäer glaubten sie nicht an die Auferstehung. Da sie wussten, dass Jesus eine andere Auffassung vertrat, fragten sie ihn: „Rabbi, Mose schrieb uns vor, dass im Falle des Todes eines Mannes, der zwar eine Frau, aber keine Kinder zurücklässt, dessen Bruder verpflichtet ist, die Witwe zu heiraten und ihm auf diese Weise doch noch Nachkommen zu verschaffen. Also, hier ist ein Fall, bei dem es sich um sieben Brüder handelt. Der erste nahm sich eine Frau, starb aber schon bald kinderlos. Daraufhin heiratete sie der zweite. Aber auch er starb und hinterließ keine Kinder. Das Gleiche geschah mit dem dritten. Alle sieben kamen an die Reihe, aber keiner hinterließ Kinder. Schließlich starb auch die Frau. Falls sie nun auferstehen, wessen Frau wird sie dann sein? Sie war doch die Frau von jedem von ihnen?"

Jesus entgegnete ihnen: „Ihr liegt völlig falsch, und zwar aus zwei Gründen. Zum einen kennt ihr nicht einmal die Heiligen Schriften, zweitens habt ihr keine Ahnung, wie Gott handelt. Wenn wir nach dem Tod auferstehen, gibt es so etwas wie Heirat und Ehe nicht mehr.

Wir sind dann eher vergleichbar mit Engeln, die sich nur danach sehnen, Gott zu lieben und eine Beziehung zu ihm zu haben. Und was den Tod anbelangt, ob die Toten nun auferstehen oder nicht, habt ihr noch nie die Heiligen Schriften gelesen? Sie sagt doch eindeutig, dass Gott der Gott Abrahams, Isaaks und Jakobs ist. Gott ist doch kein Gott von toten Männern, sondern von lebendigen." Die Menschen, die das Streitgespräch verfolgt hatten, staunten über die Art und Weise, wie Jesus argumentierte.

Als die Pharisäer mitbekamen, wie Jesus die Sadduzäer zum Schweigen gebracht hatte, sammelten sie noch einmal alle Kräfte für einen Angriff. Einer ihrer Schriftgelehrten sprach für sie, als er eine Frage stellte, von der alle hofften, dass sie Jesus bloßstellen würde: „Rabbi, welches Gebot ist in Gottes Gesetz das wichtigste?"

Jesus gab ihm zur Antwort: „Das bedeutendste Gebot ist: ‚Liebe den Herrn, deinen Gott, von ganzem Herzen, mit deiner ganzen Seele und mit deinem ganzen Denken!' Das ist das wichtigste, doch ein zweites hat nicht weniger Bedeutung: ‚Liebe andere genauso, wie du dich liebst.' Alles, was Gott seinem Volk durch sein Gesetz und die Propheten mitgeteilt hat, findet ihr in diesen beiden Geboten zusammengefasst."

Doch nun stellte Jesus seinerseits den Pharisäern eine Frage: „Was denkt ihr über den Messias? Wessen Sohn ist er?"

Sie antworteten: „Davids Sohn."

Jesus erwiderte: „Gut, wenn also der Messias der Sohn Davids ist, wie könnt ihr mir dann erklären, dass David, vom Geist Gottes inspiriert, den Messias seinen ‚Herrn' nennt?

‚Gott sagte zu meinem Herrn:
»Setze dich hier zu meiner Rechten,
bis ich dir deine Feinde unter die Füße lege.«'

Also, wenn David ihn ‚Herr' nennt, wie kann er dann zur gleichen Zeit sein Sohn sein?"

Auf diese Frage wussten sie, die großen Kenner der Heiligen Schriften, keine Antwort. Weil sie nun aber keine Lust hatten, bei weiteren Streitgesprächen in der Öffentlichkeit vollends ihr Gesicht zu verlieren, hörten sie auf, ihm Fragen zu stellen.

Jesus und die Nutznießer der Religion (23,1–39)

23 Nun wandte Jesus sich wieder den Leuten zu, die sich mit seinen Jüngern um ihn versammelt hatten. „Die Schriftgelehrten und die Pharisäer sind kompetente Lehrer von Gottes Gesetz. Ihr werdet nicht in die Irre gehen, wenn ihr ihren Lehren folgt. Aber seid vorsichtig, wenn es darum geht, ihrem Beispiel zu folgen. Sie reden nur, handeln aber nicht entsprechend.

Sie sammeln alle möglichen religiösen Vorschriften, bündeln sie und laden sie den Menschen auf. Wenn diese dann unter den Lasten fast zusammenbrechen, soll das deutlich machen, wie großartig sie selbst sind. Darum fällt ihnen auch nicht im Traum ein, auch nur einen Finger zu rühren, um den Menschen zu helfen. Sie leben ihre Religion nun mal in erster Linie nur, um von den Leuten respektvoll behandelt zu werden. Deshalb tragen sie auch extrabreite Gebetsriemen und an ihren Obergewändern besonders auffällige Quasten. Sie lieben es, bei den Festessen die besten Plätze einzunehmen, so wie sie auch ganz selbstverständlich die ersten Sitze in der Synagoge für sich in Anspruch nehmen. Darüber hinaus ist es ihnen unendlich wichtig, in der Öffentlichkeit mit einem Titel wie ‚Rabbi' oder ‚Meister' angeredet zu werden.

Vergesst unter euch dieses Theater! Redet euch nicht mit irgendwelchen Titeln an, denn unter euch gibt es nur einen Meister, ihr aber seid untereinander wie Geschwister. Hebt euch alle Ehrentitel für einen Einzigen auf, euren Vater im Himmel, denn durch ihn allein habt ihr das Leben. Darum sollt ihr auch niemandem den Ehrentitel ‚Vater' geben, denn dieser gebührt nur ihm. Euch muss auch niemand mehr belehren, weil ihr in Christus den gefunden habt, der euch lehrt, wie man leben kann.

Möchtet ihr in irgendeiner Weise herausragend sein? Dann nehmt ohne Zögern einen bescheidenen Platz ein und dient den Menschen. Denn wer sich selbst für großartig hält, wird das Gegenteil erfahren. Wer sich aber selbst ehrlich einschätzt, dessen Leben wird an Bedeutung gewinnen.

Ich warne euch, ihr Schriftgelehrten, ihr Pharisäer! Ihr Betrüger! Ihr verhindert mit allen Mitteln, dass Menschen sich unter die Herrschaft Gottes begeben. Für euch selbst kommt es nicht infrage und anderen stellt ihr euch auch noch in den Weg.

Ich warne euch, ihr Schriftgelehrten und Pharisäer! Ihr Betrüger! Ihr reist um die halbe Welt, um einen einzigen Konvertiten zu gewinnen; und wenn ihr ihn endlich habt, dann macht ihr ihn zu einer Nachbildung von euch selbst, einzig mit dem Unterschied, dass er noch schlimmer ist als ihr.

Ich warne euch, ihr blinden Führer! Merkt ihr nicht, wie verdreht euer Denken ist? Ihr sagt: ‚Wenn jemand beim Tempel schwört, dann ist der Schwur nichts wert. Aber wenn jemand beim Schatz des Tempels schwört, dann ist der Schwur verpflichtend.' Was für eine Ignoranz! Als ob der Schatz mehr bedeuten würde als der Tempel, der ihm erst seine eigentliche Würde gibt. Das Gleiche gilt für das Schwören beim Altar. Für euch ist ein Schwur nur gültig, wenn man beim Opfer schwört, das auf dem Altar verbrannt wird. Bezieht nun der Altar seine Bedeutung von der Ziege, die auf ihm dargebracht wird, oder ist es nicht genau umgekehrt? Ihr habt das Wesentliche aus den Augen verloren, darum kommt ihr zu immer unsinnigeren Regelungen und Vorschriften.

Ich warne euch, ihr Schriftgelehrten und Pharisäer! Ihr Betrüger! Ihr wiegt sogar eure Gewürze ab, um auch von ihnen den Zehnten zu geben – selbst wenn es nur ein Löffel voll ist –, aber mit dem, was Gott wichtig ist, nämlich Gerechtigkeit, Barmherzigkeit und Treue, geht ihr ausgesprochen nachlässig um. Darum solltet ihr euch eigentlich kümmern, das andere könnt ihr dann immer noch tun. Ihr seid wirklich mit Blindheit geschlagen. Beim Fasten seiht ihr eure Getränke, um nur ja keine Mücke zu verschlucken, merkt dabei aber nicht, dass ihr gerade einen Braten verzehrt.

Ich warne euch, ihr Schriftgelehrten und Pharisäer! Ihr Betrüger! Ihr poliert die Oberfläche eurer Becher und Schüsseln, bis sie in der Sonne glänzen, während in ihnen die Maden eurer Gefräßigkeit und Gier herumkriechen. Ihr verblendeten Pharisäer! Reinigt doch erst einmal das Innere eurer Gefäße, dann hat auch die Außenpolitur ihren Sinn.

Ich warne euch, ihr Schriftgelehrten und Pharisäer! Ihr Betrüger! Ihr seht aus wie ein Sarkophag, der mit glänzendem Marmor verkleidet ist. Doch in ihm sind nur Knochen und vermodertes Fleisch. Die Leute schauen auf euch und halten euch für Vorbilder, doch in Wirklichkeit ist in euch nichts als Heuchelei und Widerstand gegen Gott.

Ich warne euch, ihr Schriftgelehrten und Pharisäer! Ihr Betrüger! Ihr errichtet Grabmäler aus Granit für eure Propheten und Monumente aus Marmor für eure Heiligen. Und dann sagt ihr noch: ‚Ach, hätten wir doch nur in den Tagen unserer Vorfahren gelebt, dann hätten wir niemals ihr Blut vergossen.‘ Hier belügt ihr euch selbst, denn ihr seid aus dem gleichen Holz geschnitzt wie die Mörder von damals. Nein, ihr werdet das Maß der Morde an Unschuldigen sogar noch vollmachen.

Ihr Schlangen voller Gift! Glaubt ihr wirklich, ihr könntet bei alldem noch ungestraft davonkommen? Um euch vor eurem Untergang zu bewahren, werden euch Propheten, weise Führer und Gelehrte geschickt. Doch ihr werdet sie genauso behandeln, wie eure Väter es getan haben: Die einen werdet ihr töten oder sogar kreuzigen lassen, die anderen in euren Synagogen auspeitschen. Wo es euch möglich ist, werdet ihr diese Männer von Stadt zu Stadt verfolgen.

Für all diese Gräueltaten werdet ihr euch zu verantworten haben. Jeder Tropfen Blut dieser Gerechten, der jemals auf diese Erde fiel und fällt, angefangen bei dem Blut von Abel bis hin zum Blut von Secharja, dem Sohn von Berechja, den ihr ermordet habt, während er im Tempel betete: All dieses Blut wird über euch kommen, über euch und eure Generation!

Jerusalem! Jerusalem! Du Mörderin der Propheten! Du tötest die, durch die Gott dir so viel Gutes zukommen lassen wollte. Wie oft habe ich mich danach gesehnt, deine Kinder in die Arme zu nehmen, genauso, wie eine Henne ihre Küken unter ihren Flügeln versammelt, und du hast es einfach nicht gewollt. Soll ich dir sagen, was mit dir passieren wird? Du gehst unvorstellbar schlimmen Zeiten entgegen. Aber genug der Worte. Von jetzt an werdet ihr mich nicht mehr sehen, bis zu dem Tag, an dem ihr bekennt: ‚Gepriesen sei der, der da kommt im Namen des Herrn!'"

Jesus weiß, wie alles endet (24,1–25,46)

24 Daraufhin verließ Jesus den Tempel. Als sie schon ein Stück weit gegangen waren, drehten sich seine Jünger um und zeigten auf die beeindruckenden Bauten des Tempels. Jesus erinnerte an das, was er gerade den Pharisäern gesagt hatte: „Ja, schaut euch das alles gut an. Die schlimmen Zeiten betreffen auch diesen Tempel. Er wird dem Erdboden gleichgemacht werden."

Die Jünger waren so sprachlos, dass sie nichts entgegneten. Erst als sie später auf dem Ölberg saßen, wagten sie es, Jesus zu fragen: „Sag uns, wann wird das passieren? Wird es irgendwelche Zeichen geben, an denen wir erkennen können, dass du wiederkommst und das Ende nah ist?"

Jesus gab ihnen darauf eine Antwort, die aber völlig anders ausfiel, als sie es erwartet hatten: „Fallt nicht auf Leute herein, die vorgeben, sie wüssten ganz genau, wann das alles passiert. Es wird zu allen Zeiten Betrüger geben, die vorgeben, von Gott gesandt zu sein, und viele durch ihre sogenannten Prophetien in die Irre führen. Sie werden jeden Krieg und jedes Kriegsgerücht dazu benutzen, den Menschen Angst einzujagen. Aber auch wenn ihr von solchen Ereignissen wie auch von Erdbeben, Hungersnöten und anderen Katastrophen hört: Das alles bedeutet nicht das Ende, sondern man könnte es eher mit Geburtsschmerzen vergleichen.

Und die werden vor allem auch für euch, die ihr mir nachfolgt, sehr schwer sein. Jeder wird euch hassen, nur weil ihr meinen Namen tragt. Man wird euch drangsalieren, ja töten. Schlimm dabei ist, dass es oft die eigenen Leute sind, die sich gegen euch wenden und euch vor lauter Hass euren Verfolgern ausliefern. Viele von denen werden durch falsche Propheten irregeführt; für sie gilt nichts mehr, was Gott wichtig ist. Vor allem werdet ihr bei ihnen kaum noch eine Spur von Liebe finden.

In dieser Zeit bleibt für euch nur noch eines: durchhalten. Haltet durch bis zum Ende, und ihr werdet erleben, wie Gott euch rettet. Während dieser ganzen Zeit wird die Gute Nachricht – die Botschaft von der liebevollen Herrschaft Gottes – in der ganzen Welt verkündet werden und in jedem Land werden Menschen für diese Botschaft eintreten. Erst dann wird das Ende kommen.

Der Prophet Daniel hat genau beschrieben, dass sich etwas Furchtbares im Tempel abspielen wird. Ihr könnt es selber nachlesen.* Wenn ihr also davon hört und in Judäa lebt, dann flüchtet auf die Hügel; wenn ihr draußen arbeitet, dann geht nicht zurück ins Haus, um noch irgendetwas zu holen; wenn ihr auf dem Feld arbeitet, dann geht nicht einmal zurück, um eure Jacke mitzunehmen. Für Schwangere und für stillende Mütter wird diese Zeit besonders hart sein. Hofft und betet darum, dass dies alles nicht ausgerechnet mitten im Winter oder an einem Sabbat geschieht.

Das werden schlimme Tage sein, schlimmer als alles, was die Welt bis dahin je erlebt hat. Und es wird auch nie wieder Ähnliches geben. Wenn Gott diese fürchterlichen Tage nicht abkürzen würde, gäbe es keinen Überlebenden. Aber um des Volkes Gottes willen werden diese furchtbaren Tage abgekürzt.

Wenn in diesen Tagen irgendjemand herumschreit: ‚Hier ist der Messias!', oder auf jemanden hinweist: ‚Dort ist er!', dann fallt nicht

---

* Daniel 9,26 f.; 11,31; 12,11

darauf herein. In solchen Zeiten schießen falsche Messiasse und verlogene Prediger wie Pilze aus dem Boden. Manche vollbringen außergewöhnliche Zeichen und Wunder, sodass selbst standhafte Gläubige ins Wanken geraten. Haltet die Augen offen, und erinnert euch an das, was ich euch hiermit anvertraut habe.

Wenn sie also sagen: ‚Geht hinaus in die Wüste, dort werdet ihr den Christus sehen!' oder: ‚Geht in dieses Gebäude, dort trefft ihr ihn!', dann lasst sie reden. Die Ankunft des Menschensohnes wird nicht etwas sein, das man sich in Ruhe anschauen kann. Er wird auftauchen – so schnell wie ein Blitz, der von Ost nach West über den Himmel zuckt. Merkt euch: Menschen sind wie Geier. Die sammeln sich auch nur um etwas, das tot ist. Wo sich also Menschenmengen versammeln und verkünden, in ihrer Mitte sei der Messias leibhaftig gegenwärtig, wisst ihr, was ihr davon zu halten habt.

Nach diesen schlimmen Tagen wird Folgendes passieren:

‚Die Sonne wird ihre Leuchtkraft verlieren,
der Mond verdunkelt sein.
Die Sterne werden vom Himmel fallen,
ja, das ganze Universum wird erschüttert werden.'

Dann wird am Himmel das Zeichen des Menschensohnes erscheinen. Jeder auf der Welt wird es sehen können und eine gewaltige Erschütterung wird durch die Menschheit gehen. Dann werden alle den Menschensohn in unvorstellbarer Herrlichkeit auf den Wolken des Himmels kommen sehen. Unter gewaltigem Posaunengeschmetter wird er seine Engel aussenden; sie werden die von Gott Erwählten aus allen vier Himmelsrichtungen zusammenholen.

Nehmt eine Lehre an, die euch die Feigenbäume geben. Sobald ihr an ihren Knospen das satte Grün seht, wisst ihr, dass es bald Sommer wird. Und so ist es auch mit euch. Wenn ihr alle diese Dinge erlebt, dann dürft ihr wissen: Die Wiederkunft des Menschensohnes steht unmittelbar bevor. Ich sage euch mit allem Ernst: Dieses Zeitalter wird nicht vergehen, bevor all das geschieht. Himmel und Erde werden einmal ausgedient haben; meine Worte werden jedoch nie ihre Bedeutung verlieren.

Was ist nun mit dem genauen Datum; wann wird das alles eintreffen? Niemand weiß es, nicht einmal die Engel des Himmels, ja, nicht einmal der Sohn. Nur der Vater kennt die Stunde.

Bei der Ankunft des Menschensohnes wird es auf Erden ähnlich zugehen wie zu den Zeiten Noahs. Vor der großen Flut hat sich jeder nur noch um das gekümmert, was ihn selbst interessierte: ordentliches Essen und Trinken, Heiraten und Verheiratetwerden. Kurz, alles war ganz normal bis zu dem Tag, an dem Noah in die Arche stieg. Sie machten sich auch darüber nicht die geringsten Gedanken – doch dann traf sie die Flut und schwemmte alles fort.

Nicht anders wird es bei der Ankunft des Menschensohnes sein: Da arbeiten zwei Männer auf einem Feld – einer wird mitgenommen, der andere zurückgelassen. Zwei Frauen drehen die Getreidemühle – die eine wird mitgenommen, die andere bleibt da. So haltet eure Augen wachsam offen, denn ihr habt keinen Anhaltspunkt dafür, an welchem Tag der Herr sich zeigen wird. Ich hoffe, ihr habt verstanden. Wenn ein Hausbesitzer einen Hinweis hätte, zu welcher Zeit in der Nacht jemand in sein Haus einbrechen würde, wüsste er den Einbruch zu verhindern. Seid auf diese Art wachsam, denn ihr wisst nicht, wann genau der Menschensohn erscheinen wird.

Denkt einmal an jemanden, der für die Versorgung der Arbeiter eingesetzt wurde. Wenn der Mann zuverlässig ist und sich wirklich um die Belange der Leute kümmert, kann sein Chef zu jeder Zeit unangemeldet auftauchen, er wird ihn immer auf seinem Posten finden.

Ich sage euch, so jemand kann sich glücklich schätzen, denn es wird nicht lange dauern, und der Chef wird einer solchen Person die Verantwortung über den ganzen Betrieb anvertrauen.

Aber wenn so jemand nur auf sich selbst schaut und kaum, dass der Chef ihm den Rücken zugewandt hat, macht, was ihm gefällt – seine Untergebenen schikanieren und Saufgelage mit seinen Freunden veranstalten –, dann wird der Chef in einem Moment auftauchen, in dem man ihn am allerwenigsten erwartet hat, und er wird seinen Angestellten in der Luft zerreißen. Er wird ihn hinauswerfen, und der Mann wird bei all denen landen, die ähnlich unzuverlässig waren und ihre Rolle nur gespielt haben. Dort wird er vor Wut mit den Zähnen knirschen und vor Selbstmitleid zerfließen."

25 „Wie sollt ihr euch auf das Kommen des Menschensohnes einstellen? Ich möchte es euch an einer Geschichte deutlich machen. Da hatten sich zehn Brautjungfern auf den Weg gemacht, um den Bräutigam zu begrüßen. Jede von ihnen hatte eine Öllampe dabei. Fünf von ihnen waren gedankenlos, fünf dagegen hatten weitergedacht. Erstere hatten zwar ihre Lampen dabei, aber kein weiteres Öl. Die anderen hatten noch kleine Gefäße dabei, um immer wieder Öl in ihre Lampen nachzugießen. Leider kam der Bräutigam nicht zu dem Zeitpunkt, zu dem sie ihn erwartet hatten. Irgendwann schliefen alle ein.

Mitten in der Nacht schrie plötzlich jemand laut: ‚Er ist da! Der Bräutigam ist da! Auf, beeilt euch, ihn zu begrüßen.'

Die Brautjungfern sprangen auf und machten ihre Lampen zurecht. Doch die einen hatten fast kein Öl mehr in den ihren. Sie baten daher die anderen: ‚Unsere Lampen gehen aus; leiht uns etwas von eurem Öl.'

Diese erwiderten: ‚Dann reicht es weder für euch noch für uns. Geht schnell und kauft euch noch Öl!'

Das taten sie, doch während sie noch unterwegs waren, um Öl zu kaufen, fand der Empfang des Bräutigams statt. Als nun jeder, der anwesend war, ihn begrüßt hatte, gingen sie zum Hochzeitsfest in das Gebäude, und die Tore wurden verschlossen.

Kurze Zeit darauf kamen dann auch die übrigen fünf Brautjungfern und klopften an das Tor: ‚Herr, wir sind hier. Lass uns bitte hinein!'

Er antwortete: ‚Ich soll euch kennen? Ich denke nicht, dass wir uns schon einmal gesehen haben.'

So bleibt einfach wachsam und denkt voraus. Ihr könnt nicht wissen, an welchem Tag und zu welcher Stunde der Menschensohn kommt."

„Die Herrschaft Gottes ist auch vergleichbar mit dem Verhalten eines Unternehmers, der auf eine längere Reise ging. Er rief seine Angestellten zusammen und verteilte die verschiedenen Verantwortlichkeiten. Dem einen gab er fünf Talente*, dem anderen zwei, einem dritten eines – jedem entsprechend der jeweiligen Fähigkeiten. Dann reiste er ab. Kaum war er weg, begann der erste Angestellte, mit dem Geld zu wirtschaften, und verdoppelte die Investition seines Chefs. Der zweite machte es ganz genauso. Nur der dritte, dem ein Talent anvertraut worden war, packte das Geld sorgfältig ein und vergrub es an einem geheimen Ort.

Nach langer Abwesenheit kam der Chef endlich zurück und rechnete mit ihnen ab. Der eine, dem fünf Talente anvertraut worden waren, erklärte ihm, wie es ihm gelungen war, die Investition zu verdoppeln. Der Chef sprach ihm seine Anerkennung aus: ‚Ausgezeichnete Arbeit. Du hast wirklich Großartiges geleistet. Du bist mit wenigem verantwortungsvoll umgegangen, darum kann ich dir jetzt auch einen Großteil meines Besitzes anvertrauen. Komm, lass uns ein Fest feiern!'

Auch der zweite Angestellte konnte zeigen, was er aus den zwei Talenten gemacht hatte. Seinen Chef schien das nicht weniger zu beeindrucken: ‚Sehr gute Arbeit. Du bist sehr gut mit dem umgegangen, was ich dir anvertraut habe. Du wirst jetzt die Verantwortung für einen großen Bereich übertragen bekommen. Vorher aber wollen wir deinen Erfolg ausgiebig feiern!'

Der Angestellte, dem das eine Talent anvertraut worden war, sagte: ‚Chef, ich weiß, dass Ihr in jeden hohe Erwartungen setzt und nachlässigen Umgang mit den Dingen hasst. Ich weiß auch, dass Ihr

---

* Um sich eine bessere Vorstellung von dieser Währungseinheit zu machen: siehe die Anmerkung auf Seite 64.

immer nur das Beste fordert und keine Fehler duldet. Ich hatte Angst davor, Euch zu enttäuschen, also suchte ich ein absolut sicheres Versteck für Euer Geld und habe es darin aufbewahrt. Hier ist es wieder, wohlbehalten und vollzählig bis auf den letzten Denar.‘

Da wurde der Chef ernst: ‚Du hast nicht begriffen, worum es im Leben geht! Wenn du schon wusstest, dass ich Gewinn machen will, warum hast du dir nicht einmal die Mühe gemacht zu überlegen, was man mit diesem einen Talent anfangen könnte? Du hättest es zum Beispiel auf die Bank bringen können, dann würde ich jetzt wenigstens die Zinsen erhalten.‘ An die Umstehenden gewandt, befahl er: ‚Nehmt ihm das Talent ab, und gebt es dem, der jetzt die zehn hat. Denn wer hat, dem wird noch gegeben, wer aber nichts hat, dem wird auch das noch genommen werden, was er zu haben glaubt. Und schafft mir diesen risikoscheuen Mann aus den Augen. Setzt ihn noch heute Abend auf die Straße. Da wird er aus Wut über sich selbst nur noch heulen.‘“

„Habt ihr verstanden, dass ich in all den Geschichten von der Wiederkunft des Menschensohnes gesprochen habe? Wenn es also so weit ist und er in seiner ganzen Herrlichkeit mit allen seinen Engeln kommt, dann wird er auf seinem Thron Platz nehmen. Dann werden alle Nationen vor ihm versammelt werden, und er wird die Menschen voneinander trennen, so wie ein Hirte die Schafe von den Ziegen trennt. Er wird die Schafe zu seiner Rechten versammeln, die Ziegen zu seiner Linken.

Dann wird er zu denen auf der rechten Seite sagen: ‚Tretet herein, mein Vater heißt euch willkommen! Nehmt entgegen, was seit Erschaffung der Welt schon für euch bereitsteht. Denn:

Ich war hungrig, und ihr habt mir zu essen geben,
ich war durstig, und ihr habt mir zu trinken gegeben,
ich war obdachlos, und ihr habt mich bei euch aufgenommen,
ich habe vor Kälte gezittert, und ihr habt mich
mit Kleidung versorgt,

ich war krank, und ihr habt euch die Zeit genommen,
um mich zu besuchen,
ich war im Gefängnis, und ihr seid zu mir gekommen.‘

Dann werden die Angesprochenen verblüfft fragen: ‚Herr, worüber redest du denn da? Wann haben wir dich jemals hungrig gesehen und dir zu essen gegeben? Wann kamst du durstig zu uns und wir gaben dir zu trinken? Wann haben wir dich jemals krank oder im Gefängnis gesehen und sind zu dir gekommen?‘ Da wird der Menschensohn ihnen antworten: ‚Das ist die ganze Wahrheit: Was ihr von alldem für Menschen getan habt, die man gerne übersieht und übergeht, das habt ihr für mich getan.‘

Dann wird er sich denen auf der linken Seite zuwenden und sagen:

‚Ich war hungrig, und ihr habt mir kein Essen gegeben,
ich war durstig, und ich habe von euch nichts zu trinken bekommen,
ich war obdachlos, und ihr habt mir kein Bett gegeben,
ich habe vor Kälte gezittert, und ihr habt mich einfach stehen lassen,
ich war krank und im Gefängnis, und ihr habt mich nicht besucht.‘

Dann werden die Menschen auf der linken Seite betroffen reagieren: ‚Herr, worüber redest du denn da? Wann haben wir dich jemals hungrig oder durstig oder obdachlos oder krank oder im Gefängnis gesehen und haben dir nicht geholfen?‘

Er wird ihnen antworten: ‚Ich sage euch die ganze Wahrheit: Wann immer ihr Menschen übergangen habt oder der Ansicht wart, dass sie eure Hilfe nicht verdienen, seid ihr direkt an mir schuldig geworden.‘

In diesem Augenblick werden diese Menschen auf ewig von mir getrennt. Alle anderen aber werden von da an ewig mit mir leben.“

Die letzten Tage (26,1–16)

26 Als Jesus diese Lehre beendet hatte, sagte er seinen Jüngern: „Ihr wisst, dass in zwei Tagen das Passafest stattfindet. Da wird der Menschensohn dann verraten und zur Kreuzigung an die Römer ausgeliefert werden."

Zur selben Zeit waren die Hohenpriester und die Ältesten beim Obersten Priester namens Kajaphas versammelt und suchten nach einer Möglichkeit, wie sie Jesus in eine Falle locken und umbringen könnten. Sie kamen darin überein, dass es nicht unbedingt während des Passafestes sein sollte. „Wir wollen die Leute ja nicht zu Gewalttätigkeiten provozieren", sagten sie.

Jesus war in Betanien zu Gast bei Simon, einem geheilten Leprakranken. Während sie zu Abend aßen, kam eine Frau mit einem Alabasterfläschchen voll äußerst kostbaren Salböls. Sie goss den Inhalt über den Kopf Jesu, während er weiterhin zu Tisch lag. Als die Jünger sahen, was da vor sich ging, wurden sie ärgerlich: „Das ist doch eine völlig unsinnige Verschwendung! Das Öl hätte man zu einem hohen Preis verkaufen und das Geld den Armen geben können."

Als Jesus mitbekam, worüber sie sich aufregten, griff er ein: „Warum macht ihr dieser Frau das Leben schwer? Sie hat etwas Großartiges und Bedeutsames für mich getan. Ihr werdet Arme für den Rest eures Lebens bei euch haben – mich aber nicht. Als sie das Öl über meinen Körper ausgoss, hat sie meinen Körper schon im Voraus für die Bestattung gesalbt. Und ihr könnt sicher sein, wo immer in der Welt die frohe Botschaft von der Herrschaft Gottes verkündet wird, werden sich die Menschen voll Bewunderung an das erinnern, was sie für mich getan hat."

Das war der Moment, in dem einer der Zwölf – sein Name war Judas Iskariot – zu den Hohenpriestern ging und sie fragte: „Was bezahlt ihr mir, wenn ich ihn euch ausliefere?" Sie einigten sich auf dreißig Silberstücke. Daraufhin begann er, nach einer günstigen Gelegenheit Ausschau zu halten, um ihn auszuliefern.

Das Passamahl (26,17–35)

Am ersten Tag der Passafestwoche, während der die Juden nur ungesäuertes Brot essen, traten die Jünger mit der Frage an Jesus heran: „Wo möchtest du, dass wir das Passamahl vorbereiten sollen?"

Er sagte: „Geht in die Stadt zu dem Mann – er nannte ihnen einen bestimmten Namen – und sagt ihm: ‚Der Meister sagt, meine Zeit ist da. Ich möchte mit meinen Jüngern in deinem Haus das Passamahl feiern.'" Die Jünger taten das, was er ihnen aufgetragen hatte, und bereiteten so das Passamahl vor.

Nach Sonnenuntergang kam Jesus mit den Zwölf und man machte es sich dem Fest entsprechend auf Polstern rund um den Tisch bequem. Während sie aßen, meinte Jesus: „Ich habe euch etwas zu sagen: Einer von euch wird mich an die ausliefern, die sich gegen mich verschworen haben."

Alle waren sehr betroffen und begannen einer nach dem anderen, die eine Frage zu stellen, die in allen brannte: „Bin ich es etwa, Herr?"

Er entgegnete nur: „Es ist einer von den Zwölf, einer, mit dem ich täglich gegessen habe und mit dem ich auch jetzt meine Hand in ein und dieselbe Schüssel tauche. In gewissem Sinne muss es ja so weit kommen, dass der Menschensohn verraten wird, denn in den Heiligen Schriften ist sein Ende deutlich beschrieben. Auf der anderen Seite gilt für den Mann, der den Verrat ausführt, dass es für ihn besser wäre, nie geboren worden zu sein."

Auch Judas spielte den Betroffenen und fragte wie die anderen: „Bin es etwa ich, Rabbi?"

Jesus entgegnete ihm: „Das weißt du selbst ganz genau."

Während des Mahles nahm Jesus das Brot und segnete es, dann brach er es und gab es an seine Jünger weiter:

„Nehmt, esst, das ist mein Leib."

Dann nahm er den Kelch, dankte Gott, gab ihn an sie weiter:

„Trinkt alle davon. Das ist mein Blut, Gottes neuer Bund,

für viele Menschen vergossen zur Vergebung der Sünden.
Ich werde keinen Wein mehr trinken bis zu dem Tag,
an dem ich ihn auf ganz neue Weise mit euch trinken werde
im Reich meines Vaters."

Sie sangen noch das vorgeschriebene Lobpreislied und gingen dann direkt zum Ölberg.

Dort sagte Jesus zu ihnen: „Bevor diese Nacht vorüber ist, werdet ihr nicht mehr wissen, was ihr denken und tun sollt. Es gibt eine Schriftstelle, die das beschreibt:

‚Wenn der Hirte erschlagen wird, zerstreuen sich die Schafe in alle Winde.'* Aber sorgt euch nicht, denn nach meiner Auferstehung werde ich euch wieder wie ein Hirte vorangehen auf dem Weg zurück nach Galiläa."

Da unterbrach ihn Petrus: „Und wenn jeder sich von dir absetzt, weil alles zusammenbricht, ich werde zu dir stehen!"

Jesus entgegnete ihm: „Sei dir da nicht so sicher! Noch in dieser Nacht, bevor der Hahn kräht, wirst du dreimal behauptet haben, mich nicht zu kennen."

Petrus protestierte: „Selbst wenn ich mit dir sterben müsste, ich werde dich niemals verleugnen." Auch alle anderen gaben ähnliche Treueschwüre von sich.

Todesangst (26,36–46)

Darauf ging Jesus mit seinen Jüngern zu einem Garten, den man Getsemani nannte, und er sagte zu ihnen: „Bleibt hier, während ich dort hinübergehe und bete." Er nahm Petrus und die beiden Söhne von Zebedäus mit sich. Da brach die ganze Not und Angst mit aller Gewalt über ihn herein. Er gestand ihnen: „Diese Todesangst drückt mich zu Boden. Wartet hier und bleibt mit mir wach."

Er selbst ging ein Stück weiter, warf sich auf die Erde und betete:

---

* Sacharja 13,7

„Mein Vater, wenn es irgendeine Möglichkeit gibt, dann hol mich hier aus alldem heraus. Doch es soll das geschehen, was du willst, nicht das, was ich jetzt möchte."

Er kam zurück zu seinen Jüngern und fand die drei fest eingeschlafen vor. Er redete Petrus an: „Simon, kannst du nicht eine einzige Stunde mit mir durchhalten? Bleibt wach, betet, damit ihr in den kommenden Prüfungen bestehen könnt. Ich weiß, dass ihr es ernst meint, aber eure Kräfte sind nur allzu schnell erschöpft." Erneut entfernte er sich einige Schritte, um wieder auf die Knie zu gehen: „Mein Vater, wenn es keinen anderen Weg gibt als diesen, nämlich den Kelch bis zur Neige auszutrinken, will ich bereit sein. Dein Wille geschehe."

Als er zurückkam, fand er die drei genauso tief eingeschlafen vor wie beim ersten Mal. Sie konnten ihre Augen einfach nicht offen halten. Dieses Mal ließ er sie weiterschlafen und ging ein drittes Mal weg, um zu beten.

Als er danach zurückkam, sagte er: „Schlaft ruhig weiter und ruht euch aus! Meine Zeit ist da. Der Menschensohn wird nun in die Hände der Heiden ausgeliefert. Steht auf, wir wollen gehen. Mein Verräter ist bereits angekommen."

Gefangennahme (26,47–56)

Kaum hatte er das gesagt, als Judas erschien und mit ihm eine Bande von Schlägern, die von den Hohenpriestern, Schriftgelehrten und Ältesten geschickt worden war. Alle fuchtelten wild mit ihren Schwertern und Knüppeln herum. Der Verräter hatte ein Zeichen mit ihnen ausgemacht: „Der eine, den ich küsse, der ist es, den müsst ihr euch schnappen."

Er ging direkt auf Jesus zu und begrüßte ihn: „Wie geht es dir, Rabbi?" Dabei gab er ihm einen Kuss.

Jesus entgegnete: „Freund, warum dieses Theater? Tu, wozu du gekommen bist!"

Da stürzten sich die Schergen auf ihn und packten Jesus. Einer der Männer, die bei ihm standen, zog sein Schwert, schlug auf den Diener des Obersten Priesters ein und trennte ihm mit einem Hieb das Ohr ab.

Jesus befahl ihm: „Steck das Schwert wieder ein. Alle, die das Schwert gebrauchen, werden auch durch das Schwert umkommen. Glaubst du nicht auch, ich bräuchte nur meinen Vater zu bitten, und er würde mir zwölf Legionen kampfbereiter Engel zur Seite stellen? Aber wenn ich das täte, wie könnte man dann noch die Schrift verstehen, die das alles vorausgesagt hat?"

Dann wandte Jesus sich an die Männer um Judas: „Was ist bloß in euch gefahren? Ihr rückt mit Schwertern und Knüppeln aus, um mich zu ergreifen, als sei ich ein gefährlicher Krimineller. Tag für Tag habe ich im Tempel gesessen und gelehrt und ihr habt nicht das Geringste gegen mich unternommen. Was ihr dagegen jetzt tut, hat einen viel tieferen Grund: Ihr erfüllt nur die prophetischen Schriften." Daraufhin suchten alle seine Jünger das Weite.

Erstes Verhör (26,57–68)

Die Bande, die sich seiner bemächtigt hatte, führte Jesus zu Kajaphas, dem Obersten Priester, bei dem schon die Schriftgelehrten und die Ältesten versammelt waren. Petrus folgte in sicherem Abstand, bis sie zum Innenhof des hohepriesterlichen Amtssitzes kamen. Dort schlüpfte er hinein und mischte sich unter die Dienerschaft, um mitzubekommen, wie sich die Dinge weiterentwickeln würden.

Die Hohenpriester hatten mit dem Ältestenrat der Juden abgesprochen, Jesus so sehr durch falsche Zeugen zu belasten, dass sie ihn zum Tode verurteilen könnten. Aber obwohl eine ganze Reihe von Personen auftrat und eine falsche Aussage nach der anderen machte, war nichts wirklich stichhaltig. Schließlich traten noch zwei Männer vor und behaupteten: „Er sagte: ‚Ich werde diesen Tempel Gottes niederreißen und in drei Tagen werde ich ihn wieder aufbauen.'"

Da stand der Oberste Priester auf und fragte nun Jesus direkt: „Was hast du zu all diesen Anschuldigungen zu sagen?“ Jesus aber blieb ruhig und sagte kein Wort. Der Oberste Priester entgegnete daraufhin feierlich: „Ich befehle dir bei der Autorität des lebendigen Gottes, sag, ob du der Messias bist, der Sohn Gottes!“

Jesus erwiderte kurz angebunden: „Ihr sagt es selbst. Und das ist noch nicht alles. Schon bald werdet Ihr es selbst sehen, wie der Menschensohn zur Rechten des Allmächtigen sitzt, während er auf den Wolken des Himmels kommt.“

Als er das gesagt hatte, verlor der Oberste Priester die Fassung. Er zerriss sein Gewand und schrie: „Er hat Gott gelästert! Was brauchen wir noch Zeugen, um ihn anzuklagen? Ihr habt die Gotteslästerung gehört. Was, denkt ihr, hat diese Gotteslästerung verdient?“

Alle sagten: „Die Todesstrafe! Er hat den Tod verdient.“

Daraufhin spuckten sie ihm ins Gesicht und ohrfeigten ihn. Sie verspotteten ihn, während sie ihm Schläge versetzten: „Komm, prophezeie es uns, Messias: Wer hat dich gerade geschlagen?“

Petrus kennt Jesus nicht (26,69–75)

Während der ganzen Zeit saß Petrus immer noch unten im Hof des Gerichtes. Eine der Dienerinnen des Obersten Priesters näherte sich ihm und meinte: „Du warst doch auch bei diesem Galiläer Jesus.“

Petrus stritt es in Gegenwart aller dort Versammelten ab: „Ich weiß nicht einmal, wovon du da redest.“ Er wandte sich dem Ausgang zu. Da sagte eine andere zu den Umstehenden: „Dieser Mann war auch bei Jesus, dem Nazarener.“

Wieder bestritt er es energisch und bekräftigte seine Aussage auch noch mit einem Eid: „Ich schwöre es, ich habe diesen Mann noch nie zuvor gesehen.“

Doch es dauerte nicht lange, da traten einige ganz nahe an Petrus heran: „Du bist doch ganz eindeutig einer von denen. Dein galiläischer Akzent verrät dich ja.“

Da begann Petrus zu fluchen und zu schwören: „Ich kenne diesen Mann überhaupt nicht.“ Genau in diesem Augenblick krähte der Hahn. Jetzt fiel Petrus wieder ein, was Jesus ihm vorausgesagt hatte: „Bevor der Hahn kräht, wirst du dreimal behaupten, mich nicht zu kennen.“ Er ging hinaus und weinte verzweifelt.

Der „Prozess“ (27,1–34)

27 Beim ersten Tageslicht trafen sich die Hohenpriester mit den Ältesten und beschlossen offiziell, Jesus dem Tod auszuliefern. Sie ließen Jesus sichere Fesseln anlegen und überführten ihn zum Palast von Pilatus, dem römischen Gouverneur.

Inzwischen hatte Judas, der Jesus in der Nacht verraten hatte, erfahren, dass man Jesus zum Tode verurteilt hatte. Da packte ihn die Reue und er gab den Hohepriestern die dreißig Silberstücke mit den Worten zurück: „Ich habe gesündigt. Ich habe einen unschuldigen Mann verraten.“

Sie entgegneten ihm darauf: „Was geht das uns an? Das ist dein Problem.“

Judas warf die Silbermünzen in den Tempel und rannte weg. Er lief so lange, bis er einen Baum fand, an dem er sich erhängte.

Die Hohenpriester hoben die Silberstücke auf, wussten aber nicht, was sie mit diesen anfangen sollten. „Es wäre wohl nicht richtig, dieses Geld als Gabe an den Tempel anzusehen – immerhin wurde ein Mörder damit bezahlt.“ Sie entschieden sich, es loszuwerden, indem sie das „Töpferfeld“ kauften, das von da an als Begräbnisort für Obdachlose genutzt wurde. Das ist der Grund, warum dieses Feld „Blutacker“ genannt wird, ein Name, der ihm bis heute anhaftet. Dadurch wurden die Worte von Jeremia geschichtliche Wirklichkeit:

> „Sie nahmen die dreißig Silberstücke,
> der Preis, den die Söhne Israels für ihn festgesetzt hatten,
> und sie kauften das Feld des Töpfers.“

Und so folgten sie, ohne es zu wissen, genau dem prophetischen Wort.

Jesus wurde vor den Gouverneur gebracht, der ihn fragte: „Bist du der ‚König der Juden'?"

Jesus entgegnete ihm: „Du sagst es."

Daraufhin prasselte vonseiten der Hohenpriester und Ältesten eine Flut von Anschuldigungen auf ihn nieder. Doch Jesus sagte kein Wort mehr.

Pilatus fragte ihn: „Hörst du, das ist eine ziemlich lange Liste von Anschuldigungen! Willst du nicht irgendetwas darauf entgegnen?"

Jesus schwieg jedoch weiterhin; nicht ein Wort kam aus seinem Mund. Der Gouverneur war davon beeindruckt und wunderte sich sehr.

Zu jedem Fest ließ der Gouverneur einen Gefangenen frei, den ihm das Volk nannte. Zu dieser Zeit hatten sie den berüchtigten Jesus Barabbas im Gefängnis. Pilatus stellte darum an die vor ihm versammelte Menschenmenge die Frage: „Welchem Gefangenen gegenüber soll ich Gnade walten lassen: Jesus Barabbas oder Jesus, dem sogenannten Christus?" Pilatus wusste zu diesem Zeitpunkt längst, dass die Hohenpriester Jesus nur aus purem Neid an ihn ausgeliefert hatten.

Während die Gerichtsverhandlung noch andauerte, schickte die Frau von Pilatus diesem eine Nachricht: „Lass dich nicht da hineinziehen, diesen edlen Menschen zu verurteilen. Ich habe wegen ihm eine furchtbare Nacht durchgemacht, weil ich von ihm geträumt habe."

Inzwischen hatten die Hohenpriester und Ältesten der Menge eingeredet, sie sollten für Barabbas die Freilassung, für Jesus aber die Hinrichtung fordern.

Der Gouverneur fragte: „Welchem von den beiden soll ich Gnade erweisen?"

Alle riefen: „Dem Barabbas!"

„Und was soll ich dann mit diesem Jesus, dem sogenannten Christus, machen?“

Sie schrien wie aus einem Mund: „Ans Kreuz mit ihm!“

Pilatus entgegnete: „Aber für welches Verbrechen?“

Doch sie schrien nur noch lauter: „Ans Kreuz mit ihm!“

Als Pilatus sah, dass er so nicht weiterkam und ein Aufruhr auszubrechen drohte, ließ er sich eine Schale mit Wasser bringen und wusch seine Hände vor den Augen der aufgebrachten Menge. Schließlich sagte er: „Ich wasche von meinen Händen jegliche Verantwortung am Tod dieses Mannes ab. Von jetzt an liegt sie ganz in euren Händen. Ihr seid die Richter und das Gericht.“

Die Menge schrie: „Die Schuld nehmen wir auf uns, wir und unsere Kinder nach uns.“

Daraufhin gab Pilatus Barabbas frei. Jesus aber übergab er der Geißelung und ließ ihn dann zur Kreuzigung abführen.

Die Soldaten des Gouverneurs nahmen Jesus mit in das Innere des Gouverneurspalastes (man nannte es „Prätorium“) und riefen die ganze Brigade zusammen, um mit dem Gefangenen ein wenig Spaß zu haben. Sie zogen ihn aus und hängten ihm eine rote Toga um. Sie formten eine Krone aus Dorngestrüpp und drückten sie ihm auf den Kopf. Dazu drückten sie ihm noch einen Stock als Zepter in seine rechte Hand. Dann knieten sie vor ihm nieder und verspotteten ihn: „Heil dir, König der Juden! Heil dir!“ Nun spuckten sie ihn an und schlugen ihm mit dem Stock auf den Kopf. Nachdem sie ihren Spaß gehabt hatten, rissen sie ihm die Toga herunter und zogen ihm sein eigenes Gewand wieder an. Dann marschierten sie ab, um ihn ans Kreuz zu nageln.

Da kam zufällig ein Mann vorbei, der aus Zyrene stammte und Simon hieß. Ihn zwangen sie, Jesus den Kreuzbalken nachzutragen.

Als sie auf Golgota, einem Ort, dessen Name so viel wie „Schädelhügel“ bedeutet, ankamen, boten sie ihm ein Getränk (Wein mit Myrrhe gemischt) an, das die Schmerzen etwas lindern sollte, aber als er es probiert hatte, wollte er nichts davon nehmen.

Der Tod Jesu (27,35–56)

Nachdem sie ihn ans Kreuz genagelt hatten und darauf warteten, dass er starb, vertrieben sie sich die Zeit damit, dass sie um seine Kleider würfelten. Über seinem Kopf hatten sie einen Hinweis auf das Verbrechen angebracht, aufgrund dessen er verurteilt worden war: „Das ist Jesus, der König der Juden." Gleichzeitig mit ihm kreuzigten sie zwei Kriminelle, einen zu seiner Rechten, den anderen zu seiner Linken. Die Leute, die auf der Straße an dem Hinrichtungsort vorbeikamen, machten höhnische Bemerkungen, schüttelten ihren Kopf in spöttischem Bedauern: „Du hast doch damit angegeben, den Tempel niederzureißen und in drei Tagen wieder aufzubauen. Jetzt kannst du beweisen, was in dir steckt! Wenn du wirklich Gottes Sohn bist, dann steig jetzt vom Kreuz herunter!"

Die Hohenpriester mischten sich zusammen mit den Schriftgelehrten unter die Spötter. Es ging ihnen richtig gut dabei, dass sie sich endlich über ihn lustig machen konnten: „Andere hat er gerettet – bei ihm selbst scheint es nicht zu klappen. Das soll der Messias sein, der König Israels? Wenn er es ist, dann soll er jetzt vom Kreuz herunterkommen. Dann werden wir alle an ihn glauben! Er war sich seines Gottes doch so sicher, soll der doch jetzt seinen ‚Sohn' retten, wenn er ihn überhaupt haben will! Hat er nicht für sich in Anspruch genommen, Gottes Sohn zu sein?" Sogar die beiden Verbrecher, die mit ihm gekreuzigt worden waren, stimmten in den Spott mit ein.

Um die Mittagszeit wurde es auf der ganzen Erde finster. Diese ungewöhnliche Finsternis dauerte drei Stunden. Gegen drei Uhr stöhnte Jesus aus tiefstem Inneren auf und schrie laut: „Eloi, Eloi, lema sabachtani?" Was so viel bedeutet wie: „Mein Gott, mein Gott, warum hast du mich verlassen?!"

Einer der Umstehenden sagte: „Hört, er ruft Elija." Ein anderer lief schnell, nahm einen Schwamm, der mit saurem Wein vollgesogen war, und hob ihn an einem Stock hoch, damit Jesus trinken konnte. Die anderen riefen belustigt: „Halt, mach langsam! Wir wollen doch mal sehen, ob Elija kommt und ihn rettet."

Aber Jesus schrie noch einmal laut auf – dann starb er.

In diesem Augenblick zerriss im Tempel der Vorhang vor dem Allerheiligsten von unten bis oben. Es gab ein Erdbeben und Felsen zerbrachen in Stücke. Und es geschah noch mehr: Gräber öffneten sich, und viele Gläubige, die schon entschlafen waren, erhoben sich aus ihren Gräbern. (Nach der Auferstehung Jesu verließen sie ihre Grabstätten, gingen in die Heilige Stadt und erschienen zahlreichen Personen.)

Als der römische Offizier und seine Leute das Erdbeben und alles andere sahen, was sich ereignete, waren sie zu Tode erschrocken. Sie stammelten: „Er muss ein Sohn eines Gottes gewesen sein!"

Es waren auch einige Frauen dabei, die aus der Ferne alles mit ansehen mussten; Frauen, die Jesus aus Galiläa gefolgt waren, um für ihn und die Jünger zu sorgen. Unter ihnen waren Maria Magdalena, Maria, die Mutter von Jakobus und Josef, und die Mutter der beiden Zebedäus-Brüder.

Das Grab (27,57–66)

Bevor es dunkel wurde, erschien ein wohlhabender Mann, der aus Arimathäa stammte. Sein Name war Josef und er war insgeheim ein Jünger Jesu. Er ging zu Pilatus und bat ihn um den Leichnam Jesu. Pilatus gab seinem Gesuch statt.

Josef nahm den Leichnam und wickelte ihn in ein Leintuch, legte ihn in ein Grab, das er für sich selbst aus dem Felsen hatte schlagen lassen, und rollte einen großen Stein vor seinen Eingang. Dann ging er weg. Maria Magdalena und die andere Maria blieben zurück und setzten sich dem Grab direkt gegenüber.

Am nächsten Tag gingen die Hohenpriester und Pharisäer zu Pilatus. Sie sagten: „Herr, wir möchten nur noch einmal daran erinnern, dass dieser Betrüger, als er noch lebte, immer wieder angekündigt hat: ‚Nach drei Tagen werde ich auferstehen.' Wir sind der Meinung, man sollte das Grab bis zum dritten Tag bewachen lassen. Denn sonst wäre es möglich, dass seine Jünger den Leichnam stehlen und dann überall herumerzählen: ‚Er ist vom Tod auferstanden.' Dann wird die Sache noch schlimmer als zuvor, der letzte Betrug würde den ersten noch übertreffen."

Pilatus sagte zu ihnen: „Ihr werdet eine Wache bekommen. Kümmert euch darum, und sichert die Sache ab, so gut ihr könnt." Damit gingen sie hinaus und sicherten das Grab, versiegelten den Stein und stellten Wachen auf.

Jesus lebt! (28,1–15)

28 Als der Sabbat vorüber war und das erste Licht der neuen Woche dämmerte, kamen Maria Magdalena und die andere Maria, um nach dem Grab zu sehen. Plötzlich schwankte und zitterte der Boden unter ihren Füßen und ein Engel Gottes kam vom Himmel herab und näherte sich ihnen. Er rollte den Stein auf die Seite und setzte sich darauf. Seine ganze Erscheinung leuchtete wie ein Blitz und sein Gewand war weißer als der Schnee. Die Wächter am Grab fürchteten und erschreckten sich so sehr, dass sie ohnmächtig wurden.

Der Engel sprach die Frauen an: „Ihr braucht keine Angst zu haben. Ich weiß, dass ihr Jesus von Nazaret sucht, den man ans Kreuz genagelt hat. Er ist nicht hier. Er ist auferstanden, wie er es gesagt hat. Kommt und schaut euch selbst den Platz an, an dem er gelegen hat!" Vorsichtig schauten die Frauen in die leere Grabkammer. Doch der Engel drängte sie: „Beeilt euch, ihr solltet seinen Jüngern so schnell wie möglich sagen, dass er vom Tod auferstanden ist. Er wird euch nach Galiläa vorausgehen. Dort werdet ihr ihn sehen. Verlasst euch auf das, was ich euch gesagt habe."

Die Frauen, fassungslos vor Staunen und voller Freude, verloren keine Zeit und verließen sofort die Grabhöhle. Sie liefen so schnell sie konnten, um es den Jüngern zu erzählen. Da begegnete ihnen Jesus und hielt sie an. „Guten Morgen!", sagte er. Sie fielen auf die Knie, beugten sich vor ihm nieder, sodass sie seine Füße berührten. Jesus beruhigte sie: „Ihr müsst keine solche Angst haben! Geht nun zu meinen Brüdern, und sagt ihnen, sie sollen nach Galiläa gehen, dort werde ich sie treffen."

Inzwischen waren die Wachen Hals über Kopf geflohen, aber einige von ihnen gingen in die Stadt und erzählten den Hohenpriestern alles, was passiert war. Diese beriefen sofort ein Treffen mit den Ältesten ein und entwickelten folgenden Plan: Sie nahmen eine große Summe Geld und bestachen damit die Soldaten, die aussagen sollten: „Seine Jünger kamen in der Nacht und haben den Leichnam gestohlen, während wir schliefen." Und sie versicherten ihnen: „Falls der Gouverneur etwas davon mitbekommt, dass ihr während eures Dienstes geschlafen habt, werden wir dafür sorgen, dass die Sache für euch keine Folgen haben wird." Die Soldaten gingen auf die Bestechung ein und taten das, was man ihnen gesagt hatte. Und ihre Geschichte, die im jüdischen Ältestenrat ausgebrütet worden war, scheint immer noch bei einigen Glauben zu finden.

Jesus bleibt bei denen, die er beauftragt (28,16–20)

Inzwischen waren die elf Jünger auf dem Weg nach Galiläa, um auf den Berg zu gehen, den Jesus ihnen als Treffpunkt angegeben hatte. Sobald sie ihn sahen, fielen sie nieder und beteten ihn an. Doch einige waren dennoch voller Zweifel.

Als hätte Jesus ihre Gedanken gelesen, offenbarte er ihnen seine Autorität: „Mir ist alle Macht gegeben im Himmel und auf Erden." Dann gab er seinen Jüngern den Auftrag: „Geht hinaus zu allen Völkern, und tut alles dafür, dass die Menschen mir nachfolgen. Tauft sie auf den Namen des Vaters, des Sohnes und des Heiligen Geistes. Lehrt sie alles, was ihr von mir erfahren habt und was ich euch aufgetragen habe. Aber vor allem vergesst eines nie: Ich bin bei euch alle Tage bis zum Ende der Welt."

Die Frohe Botschaft nach Markus

Markus verliert keine Zeit, um auf den Punkt zu kommen. Vom ersten bis zum letzten Satz kommt er ohne Umschweife zur Sache, was für manchen Leser eine echte Herausforderung darstellen kann. Markus, ein Christ des ersten Jahrhunderts, möchte am liebsten jedem Menschen beibringen, dass es ein Ereignis gegeben hat, das die Art und Weise, wie wir diese Welt ansehen und wie wir in ihr leben, radikal verändert.
Sein Stil ist manchmal atemlos und oft scheint er die Ereignisse nur wahllos aneinanderzureihen. Doch sein Bericht ist richtiggehend durchkonstruiert. Acht Kapitel scheinen der Vorbereitung auf das großartige Messiasbekenntnis von Petrus bei Philippi zu dienen. In den folgenden acht Kapiteln nehmen dann die Auseinandersetzungen mit den Vertretern der jüdischen Religion zu. Jesus beginnt, von seinem Ende zu reden.
Markus beendet seine Botschaft mit den dramatischen Ereignissen: Leiden, Tod und Auferstehung Jesu. Seine äußerste Beschränkung auf das Wesent-

liche erinnert uns daran, dass die ursprünglichen
Erzählungen über Jesus vor allem
die letzten Geschehnisse seines Lebens betrafen.

Johannes tauft Jesus (1,1–13)

1 Das ist die frohe Botschaft von Jesus Christus, dem Sohn Gottes! Der Prophet Jesaja hat uns überliefert, was Gott ihm gesagt hat: „Achte darauf: Unmittelbar vor dir werde ich jemanden schicken, der von dir reden wird. Er wird für dich die Straßen ebnen. In der Wüste wird man seine Stimme hören! Er wird die Leute auffordern, sich auf die Ankunft Gottes vorzubereiten und ihm die Wege zu ebnen."

Johannes der Täufer predigte in der Wüste; er rief die Menschen auf, sich Gott von ganzem Herzen zuzuwenden und sich als Zeichen der inneren Umkehr und der damit verbundenen Vergebung taufen zu lassen. Die Leute strömten aus Judäa und Jerusalem zu ihm hinaus, und wenn sie ihre Sünden bekannten, wurden sie von ihm im Jordan getauft. Johannes trug wie der große Prophet Elija ein Gewand aus Kamelhaar, das um seine Hüften mit einem Ledergürtel zusammengehalten wurde. Er ernährte sich von Heuschrecken und wildem Honig.

Immer wieder betonte er: „Es wird jemand nach mir kommen, der unendlich wichtiger ist als ich. Ja, ich würde es nicht einmal wagen, ihm auch nur den einfachsten Dienst zu erweisen. Ich taufe euch hier mit Wasser, er aber wird euch mit Heiligem Geist taufen."

In dieser Zeit kam Jesus aus Nazaret, einem Ort in Galiläa, und ließ sich von Johannes im Jordan taufen. In dem Augenblick, in dem er aus dem Wasser stieg, sah er, wie sich der Himmel öffnete und Gottes Geist wie eine Taube auf ihn herabkam. Gleichzeitig hörte man eine Stimme: „Du bist mein Sohn, den ich liebe und über den ich mich von Herzen freue."

Unmittelbar danach trieb ihn der Heilige Geist förmlich in die Wüste. Während der vierzig Tage und Nächte, die er dortblieb, waren

Tiere seine einzige Gesellschaft, es gab aber auch Engel, die für ihn sorgten. In dieser Zeit stellte Satan ihn allerdings hart auf die Probe.

Jesus beginnt sein öffentliches Wirken (1,14–20)

Nachdem Johannes gefangen genommen worden war, ging Jesus nach Galiläa und begann, den Menschen eine großartige Botschaft mitzuteilen: „Die Zeit ist da! Gottes Herrschaft ist mitten unter euch. Ändert euer Denken, und vertraut auf das, was ich euch sage."

Als er am Ufer des Galiläischen Sees vorbeikam, sah er Simon und seinen Bruder Andreas, die in hohem Bogen ihre Netze auswarfen. Sie waren nämlich Fischer von Beruf. Jesus rief ihnen zu: „Kommt mit mir. Ich mache eine ganz neue Art von Fischern aus euch, solche, die Menschen an Land ziehen werden." Sie packten die Netze in die Boote und folgten ihm. Ganz in der Nähe sah er die Brüder Jakobus und Johannes, die Söhne von Zebedäus. Sie saßen in ihrem Boot und flickten die Netze. Und auch sie sprach er an und lud sie ein, mit ihm zu kommen. Auf der Stelle verließen sie ihren Vater Zebedäus sowie das Fischerboot samt den Arbeitern und folgten ihm.

Ein Tag in Kafarnaum (1,21–45)

Schließlich kamen sie nach Kafarnaum und blieben dort. Kaum war es Sabbat geworden, ging Jesus auch schon in die Synagoge, um zu den Leuten zu sprechen. Die Menschen waren sehr überrascht, ja betroffen von seiner Art zu lehren, denn er redete völlig anders als die Schriftgelehrten. Bei ihm schien jedes Wort auch etwas zu bewirken. Wie machtvoll seine Worte waren, durften sie schon bald miterleben. Denn plötzlich wurde die Versammlung durch die Rufe eines Mannes unterbrochen, den ein Dämon beherrschte und der Jesus anschrie: „Was hast du mit uns vor, Jesus? Nazarener! Ich kenne dich. Du bist der Heilige Gottes und bist gekommen, um uns zu vernichten!"

Jesus herrschte ihn an: „Sei ruhig! Verlass ihn!“ Der Quälgeist schüttelte den Mann, als hätte dieser Krämpfe, weigerte sich lautstark – und verließ ihn schlussendlich doch.

Die Anwesenden konnten nicht glauben, was sie soeben erlebt hatten, und alle waren ganz aufgeregt über das völlig Ungewohnte. „Was geht hier vor? Das ist ja eine ganz neue Art zu lehren, bei der geschieht, was gesagt wird. Er bringt sogar üble, dämonische Geister zum Schweigen und verjagt sie!“ Die Berichte darüber machten schnell die Runde und waren bald in ganz Galiläa zu hören.

Nachdem Jesus den Versammlungsort verlassen hatte, ging er, begleitet von Jakobus und Johannes, sofort zum Haus von Simon und dessen Bruder Andreas. Simons Schwiegermutter lag krank im Bett und hatte hohes Fieber. Als Jesus davon erfuhr, ging er zu ihr, nahm ihre Hand und richtete sie auf. Kaum hatte das Fieber sie verlassen, stand sie auch schon auf und machte ihren Gästen etwas zu essen.

An diesem Abend brachte man nach Sonnenuntergang kranke und vom Bösen geplagte Menschen zu ihm; die ganze Stadt schien in einer langen Schlange vor seiner Türe zu stehen. Er heilte ihre kranken Körper und gequälten Seelen. Weil die Dämonen wussten, wer er war, ließ er sie kein einziges Mal zu Wort kommen.

Tief in der Nacht, lange bevor es dämmerte, stand Jesus auf und ging an einen einsamen Ort, um dort zu beten. Doch schon bald machte sich Simon mit einigen Leuten auf den Weg, um ihn zu suchen. Endlich fanden sie ihn und redeten auf ihn ein: „Alle Leute fragen nach dir!“

Jesus entgegnete ihnen: „Kommt, lasst uns auch zu den übrigen Dörfern gehen, damit ich auch dort den Menschen von Gott erzählen kann. Denn dafür haben wir uns ja auf den Weg gemacht.“ So kam es, dass Jesus überall in Galiläa die Synagogen aufsuchte und den Menschen die Frohe Botschaft brachte – sehr zum Leidwesen der bösen Geister, die vor ihm die Flucht ergreifen mussten.

Einmal kam ein Leprakranker zu ihm und flehte ihn auf Knien an: „Wenn du willst, kannst du mich rein machen.“

Jesus war betroffen. Voller Erbarmen streckte er seine Hand aus und berührte ihn. Dabei sagte er: „Ich will es, sei rein!" Und sofort verschwand die Lepra, die Haut des Mannes wurde glatt und gesund. Jesus schickte ihn weg, nicht ohne ihm in aller Eindringlichkeit einzuschärfen: „Sag zu keinem Menschen etwas davon! Bring das Opfer dar, das Mose für den Fall der Heilung von Lepra vorschreibt, und zeige dich den Priestern. Erst dadurch wird deine Heilung bei allen anderen anerkannt werden."

Aber kaum war der Mann außer Hörweite, erzählte er jedem, den er traf, was passiert war. So verbreitete sich diese Neuigkeit in der ganzen Stadt. Die Folge war, dass Jesus sich von allen öffentlichen Plätzen fernhalten musste und sich nicht mehr frei in der Stadt bewegen konnte, denn immerhin hatte er einen Leprakranken berührt. Aber die Leute fanden ihn trotzdem und kamen von überall her zu ihm.

Jesus hat Argumente, die sprachlos machen (2,1–12)

2 Nach einigen Tagen kehrte Jesus nach Kafarnaum zurück, und sofort machte die Nachricht die Runde, dass er wieder zu Hause sei. Da versammelte sich erneut der halbe Ort. Die Leute drängten so sehr in den Eingang des Hauses hinein, dass man weder hinein- noch hinauskonnte. Während Jesus predigte, wollten vier Männer einen Gelähmten zu ihm bringen. Doch sie kamen wegen der Menschenmenge überhaupt nicht in das Haus hinein. Da stiegen sie auf das Dach des Hauses, deckten es ein Stück ab und ließen dann den Gelähmten auf seiner Bahre durch das Loch hinab. Jesus war von ihrem starken Glauben zwar beeindruckt, sagte dann aber etwas völlig Unerwartetes zu dem Gelähmten: „Mein Sohn, deine Sünden sind dir vergeben."

Einige Schriftgelehrten, die in unmittelbarer Nähe saßen, fühlten sich theologisch herausgefordert: „So etwas kann der doch nicht sagen! Das ist ja Gotteslästerung! Gott und nur Gott allein kann Sünden vergeben!"

Jesus wusste nur zu gut, was sie dachten, darum fragte er: „Warum könnt ihr euch auf nichts einlassen? Was ist einfacher: zu dem Gelähmten zu sagen: ‚Ich vergebe dir deine Sünden', oder ihn aufzufordern: ‚Steh auf, nimm deine Liege und geh hier herum'?

Begreift doch, dass ich die Vollmacht habe, das eine wie das andere zu tun." Damit wandte er sich wieder dem Gelähmten zu: „Steh auf, nimm deine Liege und geh nach Hause!" Und der Mann tat es: Er stand auf, rollte seine Liege zusammen und ging hinaus – vor den Augen aller. Die Menge schwankte zwischen Entsetzen und Verwunderung – doch dann lobte sie Gott. Alle gaben zu: „Wir haben noch nie etwas Derartiges erlebt!"

Wenn Außenseiter in die Mitte finden (2,13–17)

Danach ging Jesus wieder an das Ufer des Sees. Und wieder kamen viele Menschen zu ihm und er lehrte sie. Auf dem Weg dorthin hatte er Levi, den Sohn von Alphäus, beobachtet, der Steuern von den vorbeikommenden Händlern eintrieb. Jesus sprach ihn an: „Komm mit mir!" Und Levi stand auf, ließ alles liegen und schloss sich Jesus an.

Später waren Jesus und seine Jünger zum Abendessen in Levis Haus. Dort saßen sie mit Menschen an einem Tisch, die zwar in der Öffentlichkeit alle einen schlechten Ruf hatten, aber ganz besonders die Nähe zu Jesus suchten. Als die Schriftgelehrten und die Pharisäer erfuhren, mit wem Jesus sich da an einen Tisch gesetzt hatte, bedrängten sie seine Jünger mit der Frage: „Wie kann euer großer Meister es bloß wagen, mit einem solchen Pack Tischgemeinschaft zu pflegen?"

Jesus hörte diesen Vorwurf und reagierte sofort: „Wer braucht eigentlich den Arzt? Der Gesunde oder der Kranke? Ich bin nicht für Menschen gekommen, die meine Hilfe nicht brauchen, sondern für all jene, die sich weit von Gott entfernt haben."

Ganz offensichtlich: zu wenig fromm und traditionsbewusst (2,18–28)

Die Jünger von Johannes und auch die der Pharisäer hielten es für geistlich unverzichtbar, regelmäßig zu fasten. Sie fragten sich, warum dieser Rabbi seine Jünger nicht zu ähnlichen religiösen Übungen anhielt: „Warum fasten die Jünger von Johannes und die der Pharisäer, deine eigenen Nachfolger aber nicht?“, fragten sie Jesus eines Tages. Er entgegnete ihnen: „Wenn ihr eine Hochzeit feiert, werdet ihr doch nicht Trübsal blasen, solange ihr mit dem Bräutigam zusammen seid, oder? Später, wenn der Bräutigam nicht mehr bei euch ist, dann habt ihr nichts mehr zum Feiern. Dann werdet ihr ganz von alleine fasten.

Niemand wird ein neues Stück Tuch auf einen alten Arbeitskittel nähen, denn der Flicken würde dem zerschlissenen Stoff nur noch mehr Risse zufügen. Und ihr füllt auch keinen jungen Wein in Weinschläuche, die alt und spröde sind. Sie würden unweigerlich platzen. Nein, jungen Wein muss man in gute, neue Schläuche abfüllen.“

An einem Sabbattag wanderte Jesus durch ein Getreidefeld, dessen Ähren schon reif waren. Seine Jünger pflückten sich im Vorbeigehen Ähren ab, um die Körner zu essen. Die Pharisäer beschwerten sich bei Jesus darüber: „Siehst du nicht, wie deine Jünger die Sabbatvorschriften übertreten?!“

Jesus hielt dagegen: „Wirklich, tun sie das? Habt ihr nie gelesen, was David tat, als er hungrig war? Wie er damals, als Abjatar Hohepriester war, im Heiligtum die frischen Brote aß, die schon als Opfergabe auf dem Altar lagen und als heilige Brote nur von den Priestern gegessen werden durften? Er gab sie sogar noch seinen Gefährten.“ Sie schwiegen. Da versetzte Jesus ihnen noch den letzten Schlag: „Der Sabbat wurde geschaffen, um uns zu dienen; wir wurden nicht geschaffen, um dem Sabbat zu dienen. Der Menschensohn ist nicht ein Sklave des Sabbats. Er steht über ihm!“

Wenn Gesetze mehr gelten als der Mensch (3,1–6)

3 Und Jesus beließ es nicht nur bei Worten. Als er in der Synagoge war, traf er auf einen Mann mit einer verkrüppelten Hand. Die Pharisäer beobachteten Jesus und waren gespannt, ob er den Mann heilen und damit das Sabbatgebot brechen würde. Dann hätten sie endlich etwas gehabt, wofür sie ihn anklagen könnten. Jesus sagte zu dem Mann mit der verkrüppelten Hand: „Komm, stell dich hierher, wo alle dich sehen können."

Dann wandte er sich mit einer Frage an die vielen Menschen, die um sie herumstanden: „Welche Art von Handlungen passen wohl am besten zum Sabbat? Gutes tun oder Böses tun? Menschen helfen oder sie hilflos sich selbst überlassen?" Niemand wagte, auch nur ein Wort zu sagen.

Er schaute einem nach dem anderen in die Augen und wurde ärgerlich, ja wütend über ihre herzlose, zu Stein gewordene Religiosität. Schließlich sagte er zu dem Mann: „Halte deine Hand hoch!" Er hielt die Hand hoch – und sie war völlig neugestaltet. Die Pharisäer verließen so schnell sie konnten den Raum und beratschlagten aufgeregt mit den Leuten von Herodes, wie sie Jesus beseitigen könnten.

Zwölf enge Mitarbeiter (3,7–19)

Jesus ging mit seinen Jüngern hinaus an den See, um mit ihnen allein zu sein. Aber eine riesige Menschenmenge folgte ihnen – es waren nicht nur Leute aus Galiläa, sondern auch aus Judäa, Jerusalem, Idumea, von der anderen Seite des Jordan und aus dem Gebiet von Tyrus und Sidon. Von überall her kamen die Menschen, unter ihnen viele Kranke, weil sie alle von den unglaublichen Heilungen des Mannes aus Nazaret gehört hatten. Jesus sagte seinen Jüngern, sie sollten ein Boot bereithalten, damit er nicht von den Leuten erdrückt würde. Auch jetzt heilte er wieder viele Menschen, was jeden, der irgendein

Leiden hatte, veranlasste, durch Drängen und Schieben so nahe wie möglich an ihn heranzukommen, um ihn berühren zu können.

Mitten im Gedränge konnte es auch passieren, dass in seiner Nähe böse Geister ihre Opfer zu Boden warfen und sie schreien ließen: „Du bist der Sohn Gottes!" Aber Jesus brachte sie zum Schweigen und verbot ihnen, in der Öffentlichkeit zu sagen, wer er sei.

Am Ende des Tages zog er sich auf einen nahe gelegenen Hügel zurück und nahm nur die mit, mit denen er auch in Zukunft enge Gemeinschaft haben wollte. So wählte er sich zwölf Männer aus, die er „Apostel" nannte. Diese Männer sollten mit ihm zusammenleben und von ihm lernen, damit er sie in die Welt senden konnte, um die Botschaft von der liebevollen Herrschaft Gottes zu verkünden. Auch wollte er ihnen Vollmacht über die Dämonen geben.

Und das waren die Zwölf: Simon, den Jesus später Petrus nannte, was übersetzt „Fels" bedeutet, Jakobus, der Sohn von Zebedäus, Johannes, der Bruder von Jakobus (Jesus gab den beiden Zebedäus-Söhnen den Spitznamen „boanerges", was so viel wie „Donnersöhne" bedeutet), Andreas, Philippus, Bartholomäus, Matthäus, Thomas, Jakobus, der Sohn von Alphäus, Thaddäus, Simon, der Kanaanäer, und Judas Iskariot (der ihn verriet).

Jesus – nicht mehr normal oder besessen? (3,20–35)

Jesus kehrte nach Hause zurück, und wie üblich hatte sich wieder eine große Menge versammelt – so viele Menschen wollten etwas von ihm, dass sie nicht einmal Zeit zum Essen fanden. Seine Familie bemerkte besorgt, dass er in dem Ganzen unterzugehen drohte, und beschloss, ihn, wenn nötig, mit Gewalt nach Hause zu bringen. Für sie war klar, dass er nicht mehr normal sein konnte.

Hinzu kam noch, dass die Schriftgelehrten von Jerusalem herabkamen und das Gerücht verbreiteten, Jesus wäre vom obersten Teufel besessen und besäße durch diesen dann auch die Macht, die Dämonen zu vertreiben. Jesus stellte seine Verleumder zur Rede: „Macht es irgendeinen Sinn, sich Satans zu bedienen, um jemanden von Satan zu befreien? Wenn in einem Reich einer gegen den anderen kämpft, wird dieses Reich schnell untergehen. Eine Familie, in der ständig jeder mit jedem im Streit liegt, fällt auseinander. Wenn Satan gegen Satan kämpfen würde, dann gäbe es bald überhaupt kein Reich des Bösen mehr. Glaubt ihr wirklich, es sei möglich, am helllichten Tag in die Höhle eines Räubers einzudringen und ihm seine Beute wieder zu entreißen, ohne ihn vorher gefesselt zu haben? Nein, wenn ich also einen Menschen den Mächten der Finsternis entreißen will, muss ich diese zuvor besiegen.

Hört genau hin! Ich warne euch! Man kann nichts tun oder sagen, das nicht vergeben werden könnte. Aber wenn ihr behauptet, es sei nicht der Geist Gottes, der hier am Werk ist, sondern Satan selbst, dann lehnt ihr den einen ab, der allein euch diese Ungeheuerlichkeit vergeben könnte." Jesus musste sie so deutlich warnen, denn sie waren offensichtlich von der Richtigkeit ihrer Meinung überzeugt.

Währenddessen standen seine Mutter und seine Brüder immer noch vor dem Haus. Sie ließen Jesus eine Nachricht zukommen, dass sie mit ihm sprechen wollten. Jesus stand inmitten der dichtgedrängten Menge, als man ihm ausrichtete: „Deine Mutter, deine Brüder und Schwestern stehen draußen und warten auf dich."

Jesus gab zur Antwort: „Wer, glaubt ihr, ist meine Mutter und wer sind meine Brüder?" Er blickte in der Runde jeden Einzelnen an. Dann sagte er: „Genau hier, direkt vor euch, findet ihr meine Mutter und meine Brüder. Jeder, der sich auf Gottes Willen einlässt, der ist mir Bruder und Schwester und Mutter."

Alles fängt mit dem Hören an (4,1–34)

4 Er kam wieder zurück an den See, um dort zu lehren. Die Menschenmenge drängte derart an das Ufer, dass er in ein Boot steigen musste, um von dort aus zu predigen, als stünde er auf einer Kanzel. (Und er lehrte die Menschen, indem er ihnen immer wieder Ge-

schichten und Gleichnisse erzählte, die einen Bezug zu ihrem eigenen Leben hatten.)

„Hört zu. Was sagt euch das: Ein Bauer streute Saatgut aus, einiges davon fiel auf die Straße, und die Vögel pickten es auf. Einiges davon fiel auf Erdreich, das Felsen bedeckte, es spross zwar sofort auf, konnte aber keine Wurzeln bilden. Kein Wunder, dass es bereits beim ersten längeren Sonnenschein vertrocknete. Ein anderer Teil des Saatgutes fiel unter das Unkraut. Als es emporwuchs, wurde es regelrecht vom Unkraut erstickt, und nichts wuchs mehr weiter. Ein Teil allerdings fiel auf gutes Erdreich, wuchs empor und führte schließlich zu einer Ernte, die das Dreißig-, Sechzig-, ja Hundertfache des Saatgutes einbrachte. Versteht ihr, was ich euch damit sagen will?“

Sobald Jesus im engeren Kreis seiner Apostel und Jünger war, erklärte er ihnen die Gleichnisse. Doch sie wollten auch wissen, warum er seine Lehre immer nur mit Hilfe solcher Gleichnisse weitergab. Jesus sagte: „Ihr habt angefangen zu begreifen, wie Gott seine Herrschaft in dieser Welt ausübt. Viele Menschen wollen das aber gar nicht wissen. Darum erzähle ich Geschichten, damit die Suchenden finden können, alle anderen aber, die nur zuhören, doch nichts verstehen, und die, die nur zuschauen, doch nichts erkennen. So traurig es ist: Wer nicht zu Gott umkehren will, bleibt in all dem stecken, was ihm schon immer das Leben schwer gemacht hat – nicht zuletzt seine eigene Schuld.

Was nun eure Fragen zu der Geschichte anbelangt: Es ist schon eigenartig, dass auch ihr diese einfache Geschichte nicht versteht. Wie wird das erst sein, wenn ich noch viel mehr solcher Lehren geben werde?

Also: Das Saatgut ist das Wort Gottes. Manche Menschen sind wie der harte Boden einer Straße. Kaum hören sie das Wort Gottes, kommt Satan und schnappt es weg, bevor es überhaupt Wurzeln schlagen kann.

Andere kann man eher mit dem dünnen Erdreich über dem Felsen vergleichen. Wenn sie Gottes Wort hören, reagieren sie mit großem Enthusiasmus. Aber alles bleibt mehr oder weniger an der Oberfläche, und so wundert es nicht, dass kaum noch etwas von der Saat zu sehen ist, sobald die Gefühle nachlassen und die ersten Schwierigkeiten auftauchen.

Der Boden unter dem Unkraut steht für Menschen, die zwar die Botschaft vom Reich Gottes gehört und verstanden haben, die aber der Alltag mit all seinen Sorgen und vor allem auch die Jagd nach immer mehr Geld und Vergnügen schnell wieder einholt. Der Stress erstickt alles, was sie gehört haben, kurz: Das Wort Gottes bewirkt in ihrem Leben nicht das Geringste.

Aber das gute Erdreich, das steht für all die Menschen, die das Wort Gottes hören, es tief in sich aufnehmen und eine Ernte hervorbringen, die ihre kühnsten Träume übertrifft."

Sie kehrten wieder an das Ufer des Sees zurück. Jesus lehrte die Menschen vieles: „Wenn es jemand in einem Haus hell haben möchte, stellt er ganz bestimmt nicht seine einzige Lampe unter ein Gefäß oder unters Bett. Nein, je zentraler eine Lampe aufgestellt wird, desto mehr Licht kann sie verbreiten. Auf uns bezogen heißt das: Wir verbergen nicht irgendwelche Geheimnisse, sondern reden ganz offen von allem. Bei uns gibt es keine Geheimlehren, sondern ganz im Gegenteil: Alles darf, ja muss ans Licht kommen. Wenn jemand hören will, wird er auch hören.

Achtet auf das, was ihr von mir hört: Mit dem Maßstab, den ihr an andere Menschen anlegt, wird man auch euch einmal beurteilen. Wer barmherzig mit anderen umgeht, wird übergroße Barmherzigkeit erfahren, wer anderen gegenüber aber nur Härte an den Tag legt, dem wird auch noch das bisschen Barmherzigkeit aberkannt, das er zu haben glaubte."

Und Jesus fuhr fort, weitere Gleichnisse zu erzählen, die mit dem Leben der Bauern zu tun hatten: „Gottes Reich ist wie Saatgut, das von einem Mann auf einem Feld ausgesät wird. Er geht danach ins Bett und vergisst es. Der Same sprosst und wächst heran – doch der gute Mann weiß nicht wirklich, wie das alles vor sich geht. Die Erde macht dies alles ohne sein Dazutun: zuerst ein grüner Grashalm, dann der ausgewachsene Halm und schließlich die Ähre. Wenn endlich die Körner voll ausgereift sind, schneidet der Mann die Ähre ab – es ist Erntezeit!

Was könnte euch helfen, die Herrschaft Gottes noch besser zu verstehen? Nehmen wir ein anderes Beispiel: ein Senfkorn. Es ist im Vergleich zu Getreidekörnern ausgesprochen winzig. Wenn es aber einmal in die Erde gesteckt wurde, dann wächst es zu einem Busch heran, der größer ist als alles, was sonst auf dem Feld wächst. Im Schatten seiner Zweige können sogar Vögel nisten."

Mit vielen Gleichnissen wie diesem brachte er ihnen die Botschaft nahe, immer darauf bedacht, die Geschichten ihrer Erfahrung und Reife anzupassen. Es kam fast nie vor, dass er in der Öffentlichkeit redete, ohne ein Gleichnis zu gebrauchen. Wenn er aber mit seinen Jüngern alleine war, ging er mit ihnen die Geschichten noch einmal durch und beantwortete ihre Fragen.

Wenn ein Sturm den Atem anhält (4,35–41)

Es war bereits spät geworden, als Jesus zu ihnen sagte: „Lasst uns auf die andere Seite des Sees hinüberfahren." Er verabschiedete sich von der Menge am Ufer. Bald darauf legten er und seine Jünger ab, gefolgt von einigen anderen Booten. Da kam ein gewaltiger Sturm auf. Die Wellen schlugen in das Boot und es drohte zu sinken. Jesus lag im Heck des Schiffes, den Kopf auf einem Kissen, und schlief. Sie weckten ihn mit ihrem ängstlichen Geschrei: „Meister, kümmert es dich nicht, dass unser Schiff jeden Moment untergehen kann?"

Jesus stand auf und befahl dem Wind, er solle aufhören, und zum See sagte er nur: „Beruhige dich wieder!" Sofort legte sich der Wind und der See wurde glatt wie ein Spiegel. Dann wandte sich Jesus seinen Jüngern zu: „Warum gebt ihr so schnell auf?! Was ist bloß los mit eurem Vertrauen?"

Die Jünger waren regelrecht erstarrt vor Staunen und Furcht. „Wer um alles in der Welt ist dieser Mann?", fragten sie sich. „Selbst der Wind und der See reagieren auf den leisesten Wink von ihm!"

Wenn innere Fesseln fallen (5,1–43)

5 Sie kamen schließlich am anderen Ufer des Sees in der Gegend von Gerasa an. Als Jesus aus dem Boot gestiegen war, begegnete ihm ein Mann, der offensichtlich nicht Herr seiner selbst war. Er lebte dort zwischen den Grabhöhlen und Grabsteinen eines Friedhofs. Niemand hatte ihn bisher bändigen können. Er war schon etliche Male mit Ketten und Seilen gefesselt worden, aber er hatte jedes Mal die Ketten zerbrochen und die Seile zerrissen. Niemand war stark genug, um mit ihm fertig zu werden. Tag und Nacht streifte er zwischen den Gräbern und Hügeln herum, schrie laut und schlug sich selbst mit Steinen.

Als er Jesus von Weitem sah, rannte er auf ihn zu und warf sich vor ihm nieder. Gleichzeitig schrie er aus Leibeskräften: „Was hast du mit mir vor, Jesus, Sohn des höchsten Gottes? Ich beschwöre dich bei Gott: Mach es mir nicht zu schwer!“ – Jesus hatte nämlich dem quälenden bösen Geist befohlen: „Raus mit dir! Verlass auf der Stelle diesen Mann!“

Jesus forderte ihn auf: „Sag mir deinen Namen!“

Er antwortete: „Mein Name ist ‚Legion‘, denn wir sind viele.“ Dann bat er Jesus noch, ihn nicht aus diesem Gebiet zu vertreiben.

Eine Herde Schweine graste ganz in der Nähe auf einem Hügel. Da flehten ihn die Dämonen an: „Schick uns zu den Schweinen, dann können wir in ihnen leben.“ Jesus gab ihnen den entsprechenden Befehl. Aber leider hatte das für die Schweine genauso böse Folgen wie vorher für den Mann. Sie wurden völlig verrückt, rannten als Herde über die Uferböschung hinab, sodass sie in den See stürzten und ertranken.

Die Schweinehirten waren zu Tode erschrocken und erzählten ihre Geschichte in der Stadt und im ganzen Land herum. Nun wollte jeder sehen, was da passiert war. Sie kamen zu Jesus hinaus und sahen den Mann, der von einer ganzen Legion böser Mächte gequält worden war, bei ihm sitzen, anständig angezogen und allem Anschein nach völlig normal.

Diejenigen, die das alles miterlebt hatten, erzählten den gerade Angekommenen, was mit dem Mann und den Schweinen passiert war. Zunächst erfüllte alle ehrfürchtiges Staunen, doch dann wurden sie wegen der ertrunkenen Schweine ärgerlich und baten Jesus, ihr Gebiet zu verlassen und nicht mehr wiederzukommen.

Als Jesus gerade wieder ins Boot stieg, bat ihn der von Dämonen befreite Mann, mit ihm kommen zu dürfen. Aber Jesus gestattete es nicht. Er sagte: „Geh nach Hause zu deinen eigenen Leuten. Erzähle ihnen die Geschichte davon, was der Herr getan und wie er sich deiner erbarmt hat."

Der Mann ging zurück und begann, im Gebiet der Zehn Städte von dem zu berichten, was Jesus für ihn getan hatte. Er war lange Zeit Stadtgespräch und viele hörten auf diesem Weg zum ersten Mal von Jesus.

Als Jesus den See im Boot überquert hatte, traf er am Ufer auf eine große Menschenmenge. Jairus war einer der Männer, die die Sabbatversammlungen abhielten. Er kam auf Jesus zu, fiel vor ihm auf die Knie und bat ihn mit verzweifelter Stimme: „Meine kleine Tochter liegt im Sterben. Komm, und lege ihr die Hände auf, so wird sie wieder gesund werden und leben." Jesus ging mit ihm, und die Menge drängte sich um beide, weil jeder mit dabei sein wollte.

Auf dem Weg zum Haus von Jairus passierte Folgendes: Eine Frau, die seit zwölf Jahren an Blutungen litt, hatte von Jesus gehört – viele Ärzte hatten sie schon behandelt und sich dafür teuer bezahlen lassen. Dennoch war ihr Zustand nur noch schlimmer geworden. Jetzt drängte sie sich von hinten an ihn heran und berührte sein Gewand. Dabei hatte sie nur einen Gedanken: „Wenn ich es schaffe, sein Gewand zu berühren, werde ich gesund werden." In dem Augenblick, als ihr das gelang, fühlte sie, dass der Blutfluss aufhörte. Sie konnte die Veränderung spüren und wusste, dass ihre Plage nun ein für alle Mal vorbei war.

Jesus hatte gespürt, dass Kraft von ihm ausgegangen war. Er wandte sich suchend um und fragte: „Wer hat mein Gewand berührt?"

Seine Jünger reagierten verständnislos: „Was meinst du denn? Es drängen sich so viele Menschen an dich heran und rempeln dich an, und da fragst du, wer dich berührt hat? Dutzende haben dich berührt."

Doch er hörte nicht auf zu fragen und schaute herum, wer es gewesen sein könnte.

Die Frau, die wusste, was passiert war und dass sie diejenige war, nach der er suchte, trat vor Angst zitternd vor ihn, kniete nieder und erzählte ihm ihre Geschichte.

Jesus sagte zu ihr: „Tochter, dein Glaube hat dich gerettet und nun bist du geheilt und gesund. Du kannst in Frieden gehen! Du bist von deinem Leiden befreit."

Noch während er mit ihr sprach, kamen einige Leute aus dem Haus von Jairus und teilten diesem mit: „Deine Tochter ist tot. Du brauchst den Meister nicht länger zu belästigen."

Jesus bekam mit, worüber sie sprachen, und sagte zu dem Vater: „Hör nicht auf sie. Vertrau einfach mir."

Als sie zu dem Haus kamen, erlaubte er niemandem außer Petrus, Jakobus und Johannes, mit in das Haus hineinzugehen. Sie gingen hinein und bahnten sich ihren Weg durch die weinende und laut klagende Menge.

Jesus wurde ungehalten: „Was soll der ganze Lärm und das Trauergeschrei? Das Kind ist nicht tot, es schläft nur." Da alle es besser wussten, hatten sie für Jesus nur Spott übrig.

Kurzerhand schickte er alle mit Ausnahme der Eltern des zwölfjährigen Mädchens und seiner drei Gefährten hinaus. Dann betrat er den Schlafraum des Kindes. Er nahm die Hand des Mädchens und sagte: „Talita kum!", was so viel bedeutet wie: „Kleines Mädchen, steh auf!" Und sofort stand es auf und lief im Zimmer umher. Alle waren natürlich außer sich vor Freude, aber auch völlig erschrocken. Darum schärfte er ihnen ein, niemandem von dem zu erzählen, was sich in diesem Raum ereignet hatte. Dann meinte er noch: „Vergesst nicht, ihr etwas zu essen zu geben."

Wie folgenschwer, wenn man meint, jemanden gut zu kennen (6,1–13)

6 Er verließ diese Gegend und kehrte in seine Heimatstadt Nazaret zurück. Seine Jünger begleiteten ihn. Am Sabbat ging er wie üblich in die Synagoge und lehrte dort. Alle kannten ihn von früher und wunderten sich nur über eines: „Woher hat er plötzlich all diese Weisheit, diese Fähigkeiten? Er ist doch nur ein einfacher Zimmermann, der Sohn von Maria. Wir kennen ihn doch von Kindesbeinen an. Wir kennen seine Brüder Jakobus, Joses, Judas und Simon und seine Schwestern. Was glaubt der eigentlich, wer er ist?" Und sie ließen ihn ihre Ablehnung spüren.

Da hielt Jesus ihnen vor: „Ein Prophet erhält in seiner Vaterstadt wenig Ehre, nicht einmal von seinen Verwandten und seiner eigenen Familie."

Deshalb war Jesus dort auch nicht in der Lage, große Zeichen und Wunder zu vollbringen. Er legte nur einigen wenigen Kranken die Hände auf und heilte sie. Das war alles. Er konnte die Borniertheit dieser Leute nicht überwinden. So verließ er seinen Heimatort wieder und lehrte in den Dörfern der näheren Umgebung.

Eines Tages rief Jesus die Zwölf zu sich und sandte sie in Zweiergruppen aus. Er verlieh ihnen die Autorität und Vollmacht, mit dem Widersacher fertig zu werden. Als er sie aussandte, gab er ihnen folgende Anweisungen:

„Glaubt nicht, dass ihr bei eurem Einsatz eine große Ausrüstung benötigt. Ihr werdet bekommen, was ihr braucht. Darum sorgt euch auch nicht um Geld. Bleibt in allem bescheiden. Wenn ihr in einem Haus aufgenommen werdet, dann seid zufrieden mit dem, was ihr dort vorfindet, bis ihr weitergeht.

Wenn ihr nicht willkommen seid und man euch nicht zuhören will, dann zieht euch einfach in Ruhe zurück. Macht keine große Szene. Überlasst mir alles Weitere und setzt euren Weg fort."

Und so zogen die Zwölf los. Sie sagten den Leuten, dass ihr Leben anders werden konnte, wenn sie sich auf Gott einließen. Wo sich die

Gelegenheit ergab, vertrieben sie die Dämonen und befreiten die Menschen von ihren Krankheiten, nachdem sie sie mit Öl gesalbt hatten.

Der Tod von Johannes (6,14–29)

König Herodes hörte von alldem, denn zu dieser Zeit war der Name Jesu in aller Munde. Die Leute behaupteten sogar: „Das muss Johannes der Täufer sein, der von den Toten zurückgekehrt ist – darum ist er auch fähig, solche Wunder zu vollbringen!"

Andere sagten: „Nein, es muss Elija sein." Wieder andere meinten, er sei ein Prophet, genau wie die großen Propheten der Vergangenheit.

Herodes selbst war bald überzeugt: „Es ist ganz sicher Johannes. Ich habe ihm den Kopf abschlagen lassen und nun ist er wieder da, lebendig."

Immerhin hatte Herodes selbst die Gefangennahme von Johannes angeordnet und ihn ins Gefängnis werfen lassen, nur um Herodias, die Frau seines Bruders Philippus, zu beschwichtigen. Denn Johannes hatte die Ehe von Herodes mit Herodias, der Frau seines Bruders, öffentlich als das angeprangert, was sie war: Ehebruch. Herodias glühte vor Hass und wünschte nichts mehr, als Johannes umzubringen, aber sie wagte es nicht, weil Herodes großen Respekt vor Johannes hatte. Er war davon überzeugt, dass dieser ein heiliger Mann war, und er ließ ihm auch eine besondere Behandlung zukommen. Jedes Mal, wenn er ihm zuhörte, fühlte er sich aufgrund seiner Schuld ganz elend – und doch hörte er ihm oft und gerne zu.

Aber der verhängnisvolle Tag kam, als Herodes eine Geburtstagsfeier veranstaltete und alle Würdenträger, alle Obersten des Heeres und alle Vornehmen aus Galiläa dazu einlud. Die Tochter von Herodias betrat den Festsaal und tanzte für die Gäste. Sie brachte Herodes und alle anderen Anwesenden regelrecht in Verzückung.

Der König sagte darauf zu dem Mädchen: „Bitte mich um etwas.

Ich werde dir alles geben, was du möchtest." Völlig hingerissen, fügte er noch hinzu: „Ich schwöre es, selbst wenn ich dir die Hälfte meines Königreichs überlassen müsste, falls du das von mir verlangen würdest."

Sie ging zurück zu ihrer Mutter und fragte sie: „Um was soll ich denn bitten?"

„Bitte ihn um das Haupt Johannes des Täufers."

Sofort rannte das Mädchen zurück zum König und sagte: „Ich möchte den Kopf Johannes des Täufers auf einem Tablett serviert bekommen. Und zwar sofort."

Das ernüchterte den König im Handumdrehen. Aber da er sein Gesicht vor den Gästen nicht verlieren wollte, gab er nach und erfüllte ihr den Wunsch. Der König sandte den Henker mit dem Auftrag ins Gefängnis, das Haupt von Johannes zu holen.

Dieser ging, enthauptete Johannes und brachte den Kopf auf einem Tablett, um ihn dem Mädchen zu übergeben. Sie reichte ihn an ihre Mutter weiter. Als die Jünger von Johannes davon hörten, kamen sie und holten den Leichnam von Johannes, um ihn würdig zu bestatten.

Fünf Brote und zwei Fische (6,30–44)

Die Apostel kamen schließlich zu Jesus zurück und erzählten von all dem, was sie getan und gelehrt hatten. Jesus sagte zu ihnen: „Lasst uns einen einsamen Ort aufsuchen und ruht euch ein wenig aus." Denn es war ein ständiges Kommen und Gehen. Manchmal hatten sie nicht einmal Zeit zum Essen.

Darum stiegen sie in das Boot und legten ab, um zu einem entlegenen Ort zu fahren, an dem sie für sich sein könnten. Doch irgendjemand sah sie abfahren und sofort verbreitete sich die Nachricht von Mund zu Mund. Von den umliegenden Städten kamen die Leute zu Fuß, viele rannten sogar und erreichten die Stelle noch vor Jesus und seinen Jüngern.

Als sich ihr Boot dem Ufer näherte, sah Jesus die große Menschenmenge. Da empfand er großes Erbarmen mit den Menschen, denn sie kamen ihm wie Schafe vor, die keinen Hirten hatten. Und sofort begann er, mit ihnen über all das zu sprechen, was für ihr Leben mit Gott wichtig war.

Darüber verging der Tag, und gegen Abend unterbrachen ihn die Jünger, weil sie sich Sorgen machten: „Wir sind weit von allen Ortschaften entfernt und es ist schon ziemlich spät. Sprich einen abschließenden Segen, und schick die Leute weg, damit sie sich in den umliegenden Höfen und Dörfern etwas zu essen kaufen können."

Jesus entgegnete ihnen: „Macht ihr es doch, besorgt ihr ihnen etwas zu essen."

Sie schauten ihn entgeistert an: „Ist das dein Ernst? Willst du wirklich, dass wir ein Vermögen ausgeben, um diese Leute hier satt zu machen?"

Doch Jesus war es wirklich ernst: „Wie viele Laibe Brot habt ihr dabei? Geht hin und seht nach!"

Das dauerte nicht allzu lange. „Fünf", sagten sie, „dazu noch zwei Fische."

Jesus befahl allen, sich in Gruppen zu fünfzig oder hundert Personen ins Gras zu setzen. Er nahm die fünf Laibe Brot und die zwei Fische, richtete im Gebet sein Gesicht zum Himmel, segnete das Brot, brach es und gab es seinen Jüngern. Seine Jünger wiederum verteilten es an die Leute. Dasselbe tat er mit den Fischen. Alle aßen, bis sie satt waren. Als die Jünger die Reste einsammelten, füllten sie damit zwölf Körbe. Über 5.000 Männer hatten an dem Essen teilgenommen!

Begegnung auf dem See (6,45–56)

Nachdem die Menschen mit Essen fertig waren, drängte Jesus seine Jünger, ins Boot zu steigen und nach Betsaida vorauszufahren, während er die Leute noch verabschiedete. Nachdem er dies getan hatte, stieg Jesus auf einen Berg, um zu beten.

Spät in der Nacht war das Boot bereits weit draußen auf dem See. Jesus war immer noch an Land und konnte sehen, wie seine Jünger sich beim Rudern abplagten, denn sie hatten starken Gegenwind. Es war gegen vier Uhr morgens, als Jesus zu Fuß auf dem Wasser zu ihnen kam. Es sah so aus, als wollte er an ihnen vorübergehen. Als seine Jünger sahen, wie er über das Wasser ging, dachten sie, es handle sich um ein Gespenst, und waren starr vor Schreck.

Jesus beeilte sich, sie zu beruhigen: „Mut, Leute! Ich bin es, ihr braucht keine Angst zu haben." Kaum war er zu ihnen ins Boot gestiegen, legte sich auch schon der Wind. Sie waren sprachlos, ja entsetzt, und keiner fand eine Erklärung für das, was da vor sich ging. Schließlich hatten sie ja nicht einmal begreifen können, wie er mit fünf Broten mehr als 5.000 Menschen satt machen konnte. Nichts von alldem hatte ihre Herzen wirklich erreicht.

Sie landeten schließlich auf der anderen Seeseite bei Gennesaret und machten das Boot fest. Doch auch hier das gleiche Bild: Kaum hatten sie das Boot verlassen, verbreitete sich die Nachricht von ihrer Ankunft in Windeseile. Menschen kamen von überall her, schleppten ihre Kranken auf Bahren dorthin, wo er sich nach den letzten Meldungen gerade aufhielt. Gleichgültig, ob er sich in einem Dorf oder einer Stadt, an Wegkreuzungen oder auf Marktplätzen aufhielt – Jesus konnte nirgendwo mehr hingehen, ohne dass er auf Menschen stieß, die Kranke bei sich hatten und ihn baten, sie den Saum seines Gewandes berühren zu lassen. Mehr nicht. Und wer immer ihn berührte, wurde gesund.

Was den Menschen verdirbt (7,1–23)

7 Die Pharisäer verbündeten sich mit einigen Schriftgelehrten, die eigens aus Jerusalem gekommen waren, und gingen zu Jesus. Sie beobachteten, dass einige seiner Jünger es mit den rituellen Waschungen vor den Mahlzeiten nicht sonderlich genau nahmen. Die Pharisäer – und das gilt für Juden ganz allgemein – würden sich nie-

mals zum Essen hinsetzen, ohne wenigstens mit einer Handvoll Wasser ein Händewaschen anzudeuten. Wenn sie dagegen auf dem Markt waren, waschen sie sich gründlich, bevor sie sich zum Essen setzen. Mit alldem möchten sie den alten Überlieferungen so genau wie möglich entsprechen. Das gilt auch für die Sorgfalt, mit der sie Becher, Krüge und Töpfe scheuern. Selbst ihre Betten reinigen sie nach alten Vorschriften.

Die Pharisäer und die Schriftgelehrten stellten also Jesus eine für sie wichtige Frage: „Warum richten deine Jünger sich nicht nach den Vorschriften und erscheinen beim Essen, ohne sich die Hände gewaschen zu haben?"

Jesus antwortete ihnen: „Jesaja hat das Übel beim Namen genannt, als er über Heuchler wie euch sagte: ‚Diese Leute verehren mich zwar mit dem Mund, ihr Herz aber ist ganz woanders. Sie schieben mich nur als Rechtfertigung für alle möglichen Lehren vor. Sie untergraben meine Gebote, nur um sich mit Hingabe irgendwelchen menschlichen Vorschriften zu beugen.'"

Er fuhr fort: „Natürlich gefällt euch das. Ihr versucht, Gottes Anordnungen zu umgehen, um euren eigenen Traditionen mehr Einfluss zu verschaffen. Zum Beispiel sagte Mose: ‚Achtet Vater und Mutter', und: ‚Jeder, der seinen Vater und seine Mutter schlechtmacht, soll getötet werden.' Aber ihr windet euch aus all diesen eindeutigen Geboten heraus, indem ihr sagt, es sei vollkommen in Ordnung, zu Vater und Mutter zu sagen: ‚Das ist eine Opfergabe! Was ich euch geben müsste, stifte ich dem Tempel.' Auf diese Weise befreit ihr euch von der Verpflichtung, für Vater und Mutter zu sorgen.

Ihr setzt tatsächlich Gottes Wort außer Kraft und ersetzt es durch eure selbsterdachten Traditionen. Und das macht ihr in vielen Bereichen so!"

Jesus rief wieder das Volk zusammen und sagte: „Hört gut zu, ihr alle, und nehmt es euch zu Herzen. Nicht das, was ihr herunterschluckt, verdirbt euer Leben. Es ist das, was aus eurem Mund herauskommt – das verdirbt in Wirklichkeit alles."

Später, als er wieder mit seinen Jüngern allein in einem Haus war, baten sie ihn: „Wir haben das nicht verstanden. Kannst du es uns noch einmal erklären?"

Einmal mehr wunderte sich Jesus: „Seid ihr absichtlich so schwer von Begriff? Seht ihr nicht, dass die Nahrung, die ihr in euch aufnehmt, nicht die geringste Bedeutung für eure Beziehung zu Gott hat? Sie gelangt doch nicht in euer Herz, nur in euren Magen. Von dort wandert sie weiter, bis sie schließlich ausgeschieden wird. (Damit erklärte Jesus indirekt auch alle Speisen für rein.) Das, was aus dem Menschen herauskommt, das verdirbt alles.

Denn aus ihm selbst, aus seinem Herzen, kommen alle bösen Gedanken und mit ihnen Unzucht, Diebstahl, Mord, Ehebruch, Habsucht, betrügerische Geschäfte, Saufgelage, neidische Blicke, Verleumdung, Überheblichkeit, Unvernunft. All das kommt aus dem Herzen. Dort ist die Quelle all dessen, was euch als Menschen unerträglich macht."

Zeichen seiner Vollmacht (7,24–37)

Jesus brach auf und zog weiter in das Gebiet von Tyrus. Dort machte er in einem Haus halt und hoffte insgeheim, dass man ihn darin nicht sofort finden würde. Aber er konnte nirgends mehr unbemerkt bleiben. Er war kaum in dem Haus, als eine Frau, Mutter eines schwer belasteten Mädchens, kam, zu seinen Füßen niederkniete und ihn um seine Hilfe anflehte. Die Frau war Griechin, eine Syro-Phönizierin von Geburt. Sie bat ihn, ihre Tochter von bösen Geistern zu befreien.

Jesus entgegnete ihr: „Gute Frau, versteh doch, dass ich mich um die Notleidenden meines Volkes kümmern muss. Wenn ich dir jetzt helfen würde, wäre das für uns Juden geradeso, als würden wir den Kindern das Brot vom Tisch nehmen und es den Hunden vorwerfen."

Aber die Frau ließ nicht locker: „Natürlich, Meister. Aber bekommen die Hunde unter dem Tisch nicht immer wieder Brocken von den Kindern zugesteckt?"

Jesus war beeindruckt. „Du hast völlig recht. Geh ruhig nach Hause. Deine Tochter ist frei. Diese dämonische Quälerei hat ein Ende." Sie ging nach Hause und fand dort ihre Tochter, die entspannt auf ihrem Bett lag – die Plage war verschwunden und das Mädchen wohlauf.

Daraufhin verließ Jesus die Gegend um Tyrus, besuchte zunächst Sidon, um dann in einer weiten Wanderung auf die andere Seite des Galiläischen Sees zu gelangen. Dort im Gebiet der Zehn Städte brachten einige Leute einen Mann zu ihm, der weder hören noch sprechen konnte, und sie baten Jesus, seine heilende Hand auf ihn zu legen.

Er nahm den Mann beiseite, steckte seine Finger in die Ohren des Taubstummen und strich etwas Speichel auf dessen Zunge. Dann schaute Jesus im Gebet nach oben, seufzte tief und befahl: „Effata! – Öffne dich!" Und es passierte tatsächlich. Der Taubstumme konnte plötzlich hören und zur Verwunderung aller auch völlig richtig sprechen.

Jesus drängte die Leute, das Geschehene für sich zu behalten, aber sie redeten nur noch mehr davon. Sie waren einfach außer sich vor Begeisterung. „Es ist unglaublich, was dieser Mann alles fertigbringt. Er gibt den Tauben das Gehör zurück und den Stummen ihre Sprache."

Nur Hungrige werden bei Jesus satt (8,1–13)

8 Einige Tage später fand Jesus sich erneut einer hungrigen Menge von Menschen gegenüber. Er rief seine Jünger zusammen und sagte: „Diese vielen Leute tun mir wirklich leid. Sie haben mir drei Tage lang zugehört und nun haben sie nichts mehr zu essen. Wenn ich sie so hungrig nach Hause schicke, werden sie unterwegs zusammenbrechen – einige von ihnen sind von weither gekommen."

Seine Jünger entgegneten: „Was erwartest du denn jetzt von uns? Wie sollen wir hier in dieser öden Gegend etwas Essbares auftreiben?"

Er fragte sie: „Wie viele Brote habt ihr denn noch da?"

„Sieben Laibe", lautete ihre Antwort.

Jesus forderte die Menschen auf, sich auf den Boden zu setzen. Nachdem er ein Dankgebet gesprochen hatte, nahm er die sieben Laibe Brot, brach sie in Stücke und gab sie den Jüngern, damit diese sie an die zahllosen Menschen weitergeben konnten. Sie hatten zudem noch einige Fische. Auch hier sprach Jesus ein Segensgebet und gab sie dann an die Jünger weiter, damit sie diese verteilten. Die Leute aßen, bis keiner mehr konnte. Und trotzdem füllte man mit den Resten noch sieben Körbe voll. An diesem Essen hatten mehr als 4.000 Menschen teilgenommen. Jetzt aber schickte Jesus sie nach Hause. Er kehrte mit seinen Jüngern sofort zum Boot zurück und legte ab, um in die Gegend von Dalmanuta zu fahren.

Als er dort ankam, forderten einige Pharisäer ihn auf, durch irgendein übernatürliches Zeichen zu bestätigen, dass er wirklich von Gott beauftragt war. Sie hofften, ihn damit in die Enge treiben zu können.

Jesus war traurig und ärgerlich über so viel Borniertheit: „Warum verlangt diese Generation immer irgendwelche Beweise in Form von Wundern? Weil ihr überhaupt nicht glauben wollt, werdet ihr auch nicht ein einziges Zeichen erleben!"

Schwer von Begriff (8,14–26)

Mit diesen Worten ließ er sie stehen, bestieg mit den Jüngern das Boot und legte ab, um ans andere Ufer zu gelangen. Diesmal hatten die Jünger vergessen, Brot mitzunehmen. Außer einem einzigen Laib Brot war nichts an Bord. Jesus hingegen dachte noch immer an die Auseinandersetzung mit den Pharisäern, darum warnte er seine Jünger: „Seid äußerst vorsichtig. Hütet euch vor dem alles durchdringenden Sauerteig der Pharisäer und der Anhänger von Herodes."

Doch die Jünger hatten offensichtlich nur eine Sorge: „Wo bekommen wir noch Brot her?" Jesus merkte, dass sie nicht ansprechbar waren. Darum sagte er zu ihnen: „Warum flüstert ihr so aufgeregt herum, nur weil ihr das Brot vergessen habt? Habt ihr immer noch nichts begriffen? Habt ihr nicht gesehen, was vor euren Augen passiert ist? Alles schon wieder vergessen? Wie war das mit den fünf Broten, die für fünftausend Menschen reichten? Und wie viele Körbe übrig gebliebene Brotstücke musstet ihr einsammeln?"

Sie sagten: „Zwölf."

„Und die sieben Laibe Brot für die 4.000 – wie viele Körbe konntet ihr da noch mit den Resten füllen?"

„Sieben."

Da fragte er sie verwundert: „Habt ihr immer noch nichts begriffen?"

Unterdessen legten sie in Betsaida an. Da brachten einige Leute einen blinden Mann und baten Jesus, ihn zu berühren. Jesus nahm ihn bei der Hand und führte ihn aus dem Dorf heraus. Dort bestrich er dessen Augen mit Speichel, legte ihm die Hände auf und fragte ihn dann: „Siehst du irgendetwas?"

Der Mann schaute um sich und rief: „Ich sehe Leute! Sie sehen aus wie herumwandernde Bäume!" Da legte Jesus seine Hände noch einmal auf die Augen des Blinden. Als der Mann erneut seine Augen öffnete, stellte er fassungslos fest, dass er nun alles klar und deutlich sehen konnte. Jesus schickte ihn direkt nach Hause und trug ihm auf, nicht in das Dorf zurückzugehen.

Messias – und ein solches Ende? (8,27–9,1)

Jesus und seine Jünger waren in den Dörfern rund um Cäsarea Philippi unterwegs.

Während sie so dahinwanderten, fragte er sie unvermittelt: „Was sagen denn die Leute, wer ich sei?"

„Einige meinen, du seist Johannes der Täufer, andere halten dich für Elija, wieder andere glauben, du seist einer der großen Propheten."

Darauf fragte er sie: „Und ihr selbst – was sagt denn ihr über mich? Wer bin ich?“

Petrus gab zur Antwort: „Du bist Christus, der Messias.“

Jesus schärfte ihnen ein, darüber Stillschweigen zu wahren. Dann begann er, ihnen etwas anderes zu erklären: „Es ist notwendig, dass der Menschensohn durch Menschen viel erleiden wird; die Ältesten, Hohenpriester und Schriftgelehrten werden ihn verurteilen und am Ende wird er hingerichtet werden. Doch nach drei Tagen wird er lebendig auferstehen.“ Deutlicher konnte er seinen Jüngern nicht sagen, was sie alle erwartete.

Petrus war mit einer solchen Entwicklung überhaupt nicht einverstanden und versuchte, Jesus dies alles auszureden. Dieser wandte sich um und wies Petrus vor den anderen Jüngern mit harten Worten zurecht: „Geh mir aus dem Weg, Petrus! Verschwinde, Satan! Du verstehst nicht, was Gott vorhat, weil du nur an das denken kannst, was dir passt.“

Als er die Leute zusammen mit seinen Jüngern zu sich rief, sagte er zu ihnen: „Jeder, der vorhat, sich mir anzuschließen, muss von sich selbst loskommen, denn es kann sein, dass es ihn viel, vielleicht sogar sein Leben kosten wird. Bleibt also nah bei mir. Wer glaubt, sein Leben selbst retten zu können, der wird es verlieren. Wer aber um meinetwillen und um der Frohen Botschaft willen sein Leben einsetzt, der wird es bewahren. Was nützt es einem Menschen, wenn er alles gewinnt, was diese Welt zu bieten hat, dabei aber seelisch zugrunde geht? Gibt es irgendetwas, mit dem er seine verloren gegangene Seele zurückkaufen könnte?

Wenn einer von euch sich schämt, bei Menschen, die mich verachten, zu dem zu stehen, was ich gesagt habe, ja mehr noch, wenn er leugnet, dass er mich überhaupt kennt, dann wird sich auch der Menschensohn, wenn er in der Herrlichkeit Gottes, seines Vaters, mit unzähligen heiligen Engeln kommt, schämen, ihn jemals gekannt zu haben.“

9 Jesus fügte zur Ermutigung noch hinzu: „Hier sind einige unter euch, die erleben werden, wie es aussieht, wenn Gott seine Herrlichkeit offenbart und seine Herrschaft bei den Menschen angekommen ist.“

Eine Wolke aus Licht (9,2–50)

Sechs Tage später sahen drei tatsächlich diese Herrlichkeit: Jesus nahm Petrus, Jakobus und Johannes mit auf einen hohen Berg. Da veränderte sich direkt vor ihren Augen sein ganzes Aussehen – von innen nach außen. Sein Gewand schimmerte in einem gleißenden Weiß, das sich mit menschlichen Mitteln niemals herstellen ließe. Elija und Mose erschienen und beide unterhielten sich mit Jesus.

Petrus platzte dazwischen: „Rabbi, es ist großartig, dass wir hier sind! Wir wollen hier drei Hütten errichten, eine für dich, eine für Mose und eine für Elija.“

Furcht und Staunen hatten ihn so überwältigt, dass er ohne nachzudenken einfach drauflosredete.

In diesem Moment umhüllte eine leuchtende Wolke sie und aus ihrem Inneren kam eine Stimme: „Das ist mein Sohn, den ich liebe. Hört auf ihn.“

Als die Jünger es wagten, wieder die Augen zu öffnen, sahen sie niemanden mehr außer Jesus allein.

Beim Abstieg verpflichtete Jesus sie, dieses Geheimnis für sich zu behalten. „Sagt keiner Menschenseele, was ihr gesehen habt. Sobald aber der Menschensohn vom Tode auferstanden ist, dürft ihr darüber reden.“ Sie zerbrachen sich den Kopf darüber, was er um alles in der Welt mit dem „vom Tode auferstanden“ gemeint haben könnte.

Doch dann fragten sie ihn: „Warum sagen eigentlich die Schriftgelehrten, dass Elija zuerst kommen müsse?“

Jesus antwortete: „Elija kommt wirklich zuerst und bereitet alles für das Kommen des Menschensohnes vor. Ja, Elija ist schon gekommen und sie haben ihn schlecht behandelt. Das entspricht dem, was die Heilige Schrift dem Menschensohn prophezeit hat. Denn auch er muss Schreckliches erleiden und wird von allen verachtet werden."

Nach dem Abstieg kamen sie schließlich wieder zu den anderen Jüngern. Da sahen sie schon von Weitem, dass diese von einer großen Menschenmenge umgeben waren: Schriftgelehrte waren gerade dabei, sie ins Verhör zu nehmen. Sobald die Menschen aber Jesus sahen, liefen sie ihm aufgeregt entgegen und begrüßten ihn. Er fragte sie: „Was ist denn los? Warum diese Menschenansammlung?"

Aus der Menge heraus antwortete ihm ein Mann: „Rabbi, ich brachte meinen stummen Sohn zu euch, dem ein Dämon die Fähigkeit zu sprechen genommen hat. Jedes Mal, wenn er ihn packt, wirft er ihn zu Boden. Er bekommt Schaum vor den Mund, knirscht mit den Zähnen und wird steif wie ein Brett. Das habe ich deinen Jüngern erzählt und hoffte, dass die ihn davon befreien könnten. Aber sie schafften es nicht."

Jesus seufzte: „Was für eine Generation! Kein Gespür für Gott! Wie oft muss ich mit euch noch diese Dinge durchgehen? Wie lange muss ich das alles noch mitmachen? Bringt den Jungen her zu mir." Sie brachten ihn zu ihm. Als der Dämon Jesus sah, ließ er den Jungen einen schweren Anfall haben, sodass der sich mit Schaum vor dem Mund auf dem Boden krümmte.

Jesus fragte den Vater: „Wie lange hat er das schon?"

„Seit er ein kleiner Junge war. Oft warf der böse Geist ihn ins Feuer oder in den Fluss, um ihn umzubringen. Wenn du etwas tun kannst, dann tue es. Hab ein Herz und hilf uns!"

Jesus entgegnete: „Wenn? Unter Glaubenden gibt es keine ‚Wenns'. Alles ist dem möglich, der glaubt."

Kaum hatte er das gesagt, sagte der Vater auch schon: „Dann glaube ich! Vielleicht schaffe ich es aber auch nicht. Darum hilf mir bitte!"

Jesus bemerkte, dass die Menschenmenge schnell größer wurde. Darum gab er dem bösen Geist den Marschbefehl: „Geist der Taubstummheit, ich befehle dir: Verlass den Jungen und kehre nie wieder zurück!" Der Junge bäumte sich auf, als würde er von einer Macht hin und her gezerrt, dann schrie er laut. Im nächsten Moment lag er da, blass und leblos wie eine Leiche. Die Leute meinten schon, er wäre tot. Doch Jesus nahm ihn bei der Hand und richtete ihn auf. Da stellte sich der Junge aus eigener Kraft auf seine Füße.

Als sie zu Hause angelangt waren, wollten die Jünger natürlich von Jesus wissen, warum sie nicht in der Lage gewesen waren, den Dämon hinauszuwerfen. Er antwortete ihnen: „Es gibt keinen anderen Weg, diese Sorte von Dämonen auszutreiben, als nur durch intensives Gebet."

Sie verließen diese Gegend und zogen durch Galiläa. Er wollte nicht, dass irgendjemand ihren Aufenthaltsort in Erfahrung brachte, da er vorhatte, seine Jünger zu lehren. Er sagte ihnen: „Der Menschensohn wird an Menschen verraten werden, die nichts mit Gott zu tun haben wollen. Sie werden ihn umbringen. Aber drei Tage nach diesem Mord wird er auferstehen, lebendig." Sie verstanden nicht, wovon er sprach, doch es wagte auch niemand, ihn danach zu fragen.

Kurze Zeit darauf erreichten sie Kafarnaum. Als er zu Hause war, fragte er seine Jünger: „Worüber habt ihr auf dem Weg hierher gesprochen?" Peinliches Schweigen – sie hatten sich nämlich darüber gestritten, wer unter ihnen der Größte sei. Jesus setzte sich und rief die Zwölf zu sich. „So, jeder von euch möchte also an erster Stelle stehen? Dann nehmt den letzten Platz ein. Seid der Diener von allen."

Er stellte ein Kind direkt vor sie hin. Dann nahm er es in seine Arme und sagte: „Wer immer ein Kind aufnimmt, weil er zu mir gehört, der nimmt mich auf; mehr noch, er nimmt den auf, der mich in diese Welt gesandt hat."

Johannes sagte bei anderer Gelegenheit: „Rabbi, wir haben einen Mann getroffen, der deinen Namen benutzte, um Dämonen auszutreiben. Wir haben ihm das natürlich verboten, weil er nicht Mitglied unserer Gruppe ist."

Jesus entgegnete unwillig: „Warum habt ihr es ihm verboten? Niemand kann meinen Namen benutzen und etwas Gutes und Machtvolles tun und mich im nächsten Moment in aller Öffentlichkeit schlechtmachen. Wenn er nicht unser Feind ist, dann ist er unser

Verbündeter. Es ist vielmehr so: Wenn jemand euch ein Glas Wasser gibt, nur weil ihr zu mir gehört, dann kann er sicher sein, dass Gott ihm diese Wohltat nie vergisst.

Andererseits gilt: Wenn ihr Menschen, die in kindlichem Vertrauen an mir hängen, bedrängt oder einen Vorteil aus ihrem einfachen Glauben zieht, dann werdet ihr bald wünschen, so etwas nie getan zu haben. Vielleicht wäre es sogar besser, ihr würdet mit einem großen Mühlstein am Hals im Meer versenkt. Darum sage ich euch: Wenn eure Hand euch dazu verleitet, etwas Böses zu tun, dann haut sie ab und werft sie weg. Ihr seid besser dran, wenn ihr verstümmelt euer Leben bewahrt, als wenn ihr gottverlassen mit zwei Händen in der Glut des ewigen Feuers sitzt.

Und wenn dich dein Auge von Gott wegbringt, dann reiß es heraus und wirf es weg. Es ist doch besser, einäugig in das ewige Leben einzugehen, als mit voller Sehkraft ins Feuer der Hölle zu blicken.

Es wird euch einiges kosten, mir nachzufolgen. Manche werden sich wie eine Opfergabe vorkommen, die gründlich mit Salz gereinigt wird. Wenn man euch dieses Salz nicht mehr anmerkt, wie fade wird dann euer Leben? Lasst also meine Worte die Würze eures Lebens sein, und vor allem: Haltet Frieden untereinander!"

Zwei sollen eins bleiben (10,1–12)

10 Von dort aus ging er in die Gegend von Judäa jenseits des Jordan. Wie so oft zog eine große Menschenmenge mit ihm und er lehrte sie wie gewohnt. Natürlich kamen auch wieder Pharisäer, die nach Schwachpunkten suchten, an denen sie ihn angreifen könnten: „Ist es legal, wenn ein Mann sich von seiner Frau scheiden lässt?"

Jesus fragte zurück: „Was hat denn Mose dazu gesagt?"

Sie antworteten: „Mose gab die Erlaubnis, eine Urkunde auszustellen, die eine Frau aus der Ehe entlässt, also erlaubte er eine Scheidung."

Jesus entgegnete ihnen: „Ja, weil Mose euch kannte und die Frauen vor eurer Härte schützen wollte, darum machte er dieses Zugeständnis. In der ursprünglichen Schöpfungsordnung war das anders: Gott schuf Mann und Frau, damit sie zusammenbleiben. Deswegen verlässt ja ein Mann Vater und Mutter, und in der Ehe wird er ein Fleisch mit seiner Frau – es sind nicht länger zwei Einzelwesen, sondern beide formen ein neues Ganzes. Weil Gott diese organische Einheit beider Geschlechter geschaffen hat, sollte niemand sein Werk entheiligen, indem er diese Einheit mutwillig auflöst."

Als sie wieder zu Hause waren, kamen seine Jünger noch einmal darauf zu sprechen. Diesmal erklärte Jesus es ihnen ohne Umschweife: „Ein Mann, der sich von seiner Frau scheiden lässt, um eine andere zu heiraten, begeht ihr gegenüber Ehebruch.

Genauso begeht eine Frau Ehebruch, die sich von ihrem Mann scheiden lässt, um einen anderen zu heiraten."

Unter Gottes Herrschaft gelangen (10,13–52)

Die Menschen brachten Kinder zu Jesus in der Hoffnung, dass er sie segnen würde, doch sie wurden von den Jüngern Jesu grob abgewiesen. Dieser hatte die Szene beobachtet und wies nun seinerseits die Jünger zurecht: „Kinder können zu jeder Zeit zu mir kommen. Drängt euch niemals zwischen sie und mich, denn sie stehen im Mittelpunkt des Reiches Gottes. Merkt es euch: Wer die Herrschaft Gottes nicht annimmt wie ein Kind, der wird sie nie erfahren." Dann nahm er die Kinder in seine Arme, legte ihnen die Hände auf und segnete sie.

Als er auf die Straße hinausging, lief ein Mann auf ihn zu, grüßte ihn mit Zeichen echter Verehrung und fragte ihn: „Guter Meister, was muss ich tun, um ewiges Leben zu bekommen?"

Jesus entgegnete ihm: „Warum nennst du mich ‚gut'? Nur einer ist gut: Gott. Du kennst doch die Gebote: Bring niemanden um, begeh keinen Ehebruch, stiehl nicht, lüge nicht, betrüge niemanden, ehre deinen Vater und deine Mutter."

Darauf erwiderte der Mann: „Rabbi, von meiner Jugend an habe ich alle diese Gebote gehalten."

Jesus schaute ihm direkt in die Augen – und gewann ihn lieb. Er sagte: „Dann fehlt dir nur noch eines: Geh, verkaufe alles, was du besitzt, und gib es den Armen. All dein Reichtum wird dann ein Schatz im Himmel sein. Und dann komm und folge mir."

Die ursprüngliche Begeisterung des Mannes wurde von einer tiefen Traurigkeit abgelöst. Langsam wandte er sich von Jesus ab und ging: Sein Vermögen war einfach zu groß.

Jesus blickte daraufhin seine Jünger an und sagte: „Habt ihr eine Vorstellung davon, wie schwierig es für Menschen ist, die an ihrem Besitz hängen, sich unter die Herrschaft Gottes zu begeben?"

Die Jünger waren betroffen von dem, was sie da hörten, aber Jesus betonte es nochmals: „Nein, ihr könnt es euch nicht vorstellen. Darum sage ich euch: Ein Kamel schlüpft leichter durch ein Nadelöhr als ein Reicher durch das enge Tor, das in das Reich Gottes führt."

Das brachte die Jünger völlig durcheinander. Es gab nur noch eine Frage, die sie beschäftigte: „Wer hat denn dann überhaupt noch irgendeine Chance?"

Jesus sah seine Jünger reihum an: „Jeder, der es aus eigener Kraft versucht, hat auch tatsächlich keine Chance. Wer sich dagegen auf Gott einlässt, wird bald wissen, dass bei Gott alles möglich ist."

Petrus hatte, wie alle anderen, auf seinen Besitz verzichtet, darum wollte er wissen: „Wir haben doch alles verlassen und sind dir nachgefolgt ..."

Jesus ging darauf ein: „Merkt euch meine Worte! Niemand hat um meinetwillen und um der Frohen Botschaft willen Haus, Brüder, Schwestern, Mutter, Vater, Kinder, Heimat – was auch immer – aufgegeben und wird dabei verlieren. Jeder wird alles zurückerhalten, und das x-fach: Häuser, Brüder, Schwestern, Mütter, Kinder und Heimat – gerade auch unter Verfolgung. Und dazu noch das Geschenk des ewigen Lebens! Aber selbst hier gilt: Viele, die Erste sind, werden irgendwann Letzte sein, und die Letzten werden an die erste Stelle rücken."

Wieder waren sie unterwegs, doch diesmal waren sie auf direktem Wege nach Jerusalem, weil Jesus darauf bestand. Seine Jünger folgten ihm, allerdings völlig verwirrt und ziemlich verängstigt. Um sie auf das Kommende vorzubereiten, ging er mit ihnen noch einmal all die Dinge durch, die sie in Kürze zu erwarten hatten: „Hört mir sorgfältig zu: Wir sind auf dem Weg nach Jerusalem. Dort wird der Menschensohn an die religiösen Führer und die Schriftgelehrten verraten werden. Sie werden ihn zum Tod verurteilen und an die Römer ausliefern. Die werden ihn verspotten und anspucken, ihn geißeln und dann töten. Nach drei Tagen aber wird er auferstehen."

Statt einer Reaktion drängen sich Jakobus und Johannes, die Söhne von Zebedäus, an Jesus heran, um einen Wunsch loszuwerden: „Meister, wir haben da etwas, von dem wir uns wünschen, dass du es für uns tust."

„Was wollt ihr, dass ich für euch tun soll?"

„Bitte richte es doch so ein, dass wir mit den höchsten Ehrenplätzen in deiner Herrlichkeit belohnt werden, einer von uns zu deiner Rechten, der andere zu deiner Linken."

Jesus erwiderte ihnen: „Ihr habt wirklich keine Ahnung, worum ihr da gebeten habt. Seid ihr in der Lage, den Kelch zu trinken, den ich trinken muss, und die Taufe über euch ergehen zu lassen, mit der ich getauft werde?"

„Sicher", entgegneten sie, „warum nicht?"

Jesus räumte ein: „Es stimmt, ihr werdet wirklich den Kelch trinken, den ich trinke, und mit der Taufe getauft werden, der ich mich unterziehen muss. Aber es ist nicht meine Aufgabe, Auszeichnungen in Form von Ehrenplätzen zu vergeben."

Als die übrigen zehn von dieser Unterhaltung erfuhren, wurden sie ausgesprochen ärgerlich auf Jakobus und Johannes. Jesus holte sie zusammen und goss Öl auf die Wogen: „Ihr habt alle beobachtet, wie gottlose Herrscher mit ihrer Macht umgehen und wie sich Leute benehmen, denen schon ein bisschen Macht zu Kopf steigt. So kann und darf es bei euch nicht zugehen. Jeder, der wirklich groß sein möchte, muss ein Diener werden. Und wer unter euch der Erste sein will, der muss erst einmal der Sklave aller werden. Und genau das hat der Menschensohn getan: Er kam, um zu dienen, und nicht, um sich bedienen zu lassen; und er gibt sein Leben im Austausch für viele, die in Gefangenschaft leben."

Nachdem sie einige Zeit in Jericho verbracht hatten, verließ Jesus mit seinen Jüngern und gefolgt von einer großen Menschenmenge die Stadt wieder. Da saß ein blinder Bettler mit Namen Bartimäus, der Sohn von Timäus, am Straßenrand. Als er hörte, dass Jesus von Nazaret vorbeikommen würde, begann er, laut zu schreien: „Sohn Davids, Jesus! Erbarmen, hab Erbarmen mit mir!" Viele versuchten, ihn zum Schweigen zu bringen, aber er schrie nur umso lauter: „Sohn Davids! Erbarmen, hab Erbarmen mit mir!"

Jesus hielt inmitten der Menschenmenge inne: „Ruft ihn her."

Sie riefen dem Blinden zu: „Hey, heute ist dein Glückstag! Steh auf! Er ruft dich!" Der Blinde war mit einem Satz auf den Beinen, warf seinen Mantel weg und kam zu Jesus.

Jesus fragte ihn: „Was soll ich für dich tun?"

Der blinde Mann antwortete: „Rabbi, ich möchte sehen können."

„Geh nur", sagte Jesus, „dein Glaube hat dich gerettet und geheilt."

Im selben Moment konnte der Blinde wieder sehen und er schloss sich Jesus an.

Einzug in Jerusalem (11,1–26)

11 Sie hatten Betfage und Betanien auf dem Ölberg hinter sich gelassen und näherten sich nun Jerusalem. Da sandte Jesus zwei seiner Jünger voraus mit dem Auftrag: „Geht zu dem Dorf direkt vor euch. Sobald ihr hineinkommt, werdet ihr ein Füllen sehen, das angebunden ist und auf dem noch nie jemand geritten ist. Bindet es los und bringt es mit. Falls euch jemand fragt, was ihr da macht, sagt ihm einfach: ‚Der Meister braucht es und er wird es euch so bald wie möglich zurückgeben.'"

Sie gingen los, fanden tatsächlich in einer Straße ein Füllen an einer Türe angebunden und banden es los. Jemand, der in der Nähe stand, fragte: „Was macht ihr da? Warum bindet ihr das Füllen los?" Die Jünger gaben ihm das zur Antwort, was Jesus ihnen aufgetragen hatte, und die Leute waren einverstanden. Sie brachten das Füllen zu Jesus, dann legten sie ihre Oberkleider darüber, und Jesus setzte sich darauf.

Die Menschen bereiteten ihm einen großartigen Empfang: Manche legten ihre Mäntel auf die Straße, andere streuten Zweige und Blumen, die sie von den Feldern geholt hatten. Vor ihm und hinter ihm liefen die Menschen und riefen laut:

„Hosanna!"

„Gesegnet, der im Namen Gottes kommt!"

„Gesegnet sei das kommende Königreich unseres Vaters David!"

„Hosanna in den höchsten Himmeln!"

Jesus zog nach Jerusalem hinein und betrat das Tempelgelände. Es fiel auf, dass er sich alles genau ansah. Doch da es schon spät war, zog er sich mit den Zwölfen nach Betanien zurück.

Als sie Betanien am nächsten Tag verließen, war Jesus hungrig. Von Weitem sah er einen Feigenbaum, der voller Blätter war. Er ging zu ihm in der Hoffnung, etwas zu essen zu finden, aber er fand nichts als Blätter. Es war einfach noch keine Feigenzeit. Da sagte er laut: „Von dir wird in Ewigkeit keiner mehr eine Frucht essen!" Das hörten auch seine Jünger.

Schließlich kamen sie in Jerusalem an. Kaum hatte Jesus das Tempelgelände betreten, begann er, jeden hinauszuwerfen, der dort einen Verkaufsstand aufgestellt hatte. Er kippte die Tische der Geldwechsler um und ebenso die Käfige der Taubenverkäufer. Er ließ niemanden auch nur einen Korb durch den Tempel tragen. Und dann begründete er ihnen, warum er das alles tat: „Steht nicht geschrieben: ‚Mein Haus wurde dafür bestimmt, ein Haus des Gebetes für die Völker zu sein'? Ihr habt aus ihm eine Räuberhöhle gemacht."

Natürlich bekamen die Hohenpriester und Schriftgelehrten das sofort mit. Sie hatten nur noch einen Gedanken: Wie könnten sie ihn so schnell wie möglich umbringen? Sie hatten jedoch Angst, etwas zu unternehmen, weil das ganze Volk vom Auftreten und Reden Jesu begeistert war.

Gegen Abend verließ Jesus mit seinen Jüngern wieder die Stadt.

Als sie am nächsten Morgen dieselbe Straße wie am Tag zuvor entlanggingen, kamen sie auch an dem Feigenbaum vorbei. Dieser war über Nacht zu einem trockenen Gehölz verdorrt. (In den alten Schriften war Israel immer wieder mit einem Feigenbaum verglichen worden. Jetzt wurde Petrus klar, dass Jesus mit diesem Baum ein prophetisches Zeichen setzen wollte.) Voller Staunen sagte Petrus zu Jesus: „Rabbi, schau nur – der Feigenbaum, den du gestern verflucht hast, er ist völlig verdorrt!"

Da meinte Jesus auch an die Übrigen gewandt: „Das ist nichts Außergewöhnliches. Habt Vertrauen zu Gott und nichts wird euch unmöglich sein. Nehmt zum Beispiel diesen Berg. Ihr braucht nur zu sagen: ‚Komm, spring in den See' – ohne in euren Herzen zu zweifeln –, und es wird genau so geschehen. Ihr müsst darauf vertrauen, dass ihr schon empfangen habt, um was ihr bittet, und es wird geschehen. Und wenn ihr betet, vergesst nie, dass ihr als versöhnte Menschen vor den Vater treten müsst. Wenn ihr irgendetwas gegen jemanden habt, dann vergebt ihm. Nur dann wird euer himmlischer Vater auch bereit sein, euch von eurer Schuld zu befreien."

Letzte öffentliche Auseinandersetzungen
(11,27–12,27)

Als sie dann wieder in Jerusalem waren, gingen sie durch die Tempelvorhöfe. Da kamen die Hohenpriester, die Schriftgelehrten und die Ältesten und wollten von ihm wissen: „Wer gibt dir eigentlich das Recht, so zu reden und zu handeln? Wer hat dir dazu die Vollmacht gegeben?"

Jesus antwortete mit einer Gegenfrage: „Bevor ich euch sage, wer mir die Vollmacht gegeben hat, möchte ich euch eine einzige kleine

Frage stellen. Sie betrifft die Taufe von Johannes: Woher nahm er seine Autorität? Handelte er im Auftrag Gottes oder hat er sich diese Autorität nur selbst angemaßt? Sagt ihr es mir!“

Auf diese Frage konnten sie nicht antworten, so viel sie auch hin und her überlegten. Sie steckten die Köpfe zusammen und flüsterten: „Wenn wir ‚beauftragt‘ sagen, wird er uns fragen, warum wir Johannes dann nicht geglaubt haben. Wenn wir aber ‚Anmaßung‘ sagen, werden wir große Schwierigkeiten mit dem Volk bekommen, denn alle halten Johannes für einen großen Propheten.“ Sie entschieden sich, klein beizugeben: „Wir wissen es nicht“, gestanden sie ein.

Jesus erwiderte: „Nun ja, dann werde ich euch eure Frage auch nicht beantworten.“

12 Daraufhin begann Jesus, ihnen eine Geschichte zu erzählen: „Ein Mann pflanzte einen Weinberg. Er zäunte ihn ein, grub eine Kelter, errichtete einen Wachturm, übergab alles in die Hände von Landarbeitern und verreiste. Zur Erntezeit sandte er einen Diener zu den Pächtern, um seinen Ertrag abholen zu lassen.

Die Pächter aber schnappten sich den Mann, verprügelten ihn und schickten ihn mit leeren Händen zurück. Der Besitzer beauftragte noch einmal einen anderen Diener. Diesen schlugen sie noch härter und beschimpften und verjagten ihn. Da sandte der Besitzer noch mal einen, den brachten sie sogar um. So behandelten sie einen nach dem anderen, die einen verprügelten sie, die anderen ermordeten sie.

Schließlich war nur noch einer übrig: sein einziger, geliebter Sohn. In einem allerletzten Bemühen sandte er diesen, weil er sich dachte: ‚Vor ihm werden sie mit Sicherheit Respekt haben.‘

Doch die Pächter sahen gerade jetzt ihre Chance gekommen. Sie rieben sich gierig die Hände und sagten sich: ‚Das ist doch der Erbe! Wir brauchen ihn nur umzubringen, dann gehört das alles uns alleine.‘ Sie ergriffen ihn, brachten ihn um und warfen die Leiche aus dem Weinberg hinaus.

Was, glaubt ihr wohl, wird der Besitzer des Weinbergs jetzt tun? Richtig. Er wird kommen und keinen von den Pächtern am Leben lassen. Dann wird er die Sorge um seinen Weinberg anderen anvertrauen. Lest es selbst in der Heiligen Schrift nach!

‚Der Stein, den die Maurer weggeworfen haben, ist nun der Eckstein geworden. Das ist Gottes Werk; und wir können nicht anders, als über dieses Wunder zu staunen.'"*

Am liebsten hätten sie Jesus gleich dort festgenommen, aber ihre Furcht vor den vielen Leuten hielt sie noch einmal davon zurück. Sie wussten, dass er mit dieser Geschichte sie gemeint hatte. Darum ließen sie ihn stehen und zogen sich ohne ein weiteres Wort zurück.

Stattdessen sandten sie nun einige Pharisäer und Anhänger von Herodes; diese sollten ihm nun eine Falle stellen. Sie hofften immer noch, er würde etwas sagen, auf dessen Grundlage man ihn anklagen könnte. Diese trafen ihn und fragten Jesus: „Rabbi, wir wissen, dass du Charakter genug hast, dich nicht um die öffentliche Meinung zu kümmern. Auch lehrst du deine Jünger sorgfältig den Weg Gottes. Sag uns nun: Ist es nach dem göttlichen Gesetz erlaubt, an den Kaiser (– einen Heiden –) Steuern zu zahlen oder nicht?"

Er wusste, dass dies eine Fangfrage war, und entgegnete: „Warum versucht ihr, mir eine Falle zu stellen? Gebt mir eine Münze und lasst mich einen Blick darauf werfen." Sie reichten ihm eine.

„Diese Prägung – wen stellt sie dar? Und die Beschriftung – wessen Name ist das?"

„Des Kaisers natürlich", sagten sie.

Daraufhin entgegnete Jesus: „Also, dann gebt dem Kaiser, was ihm gehört, und Gott, was Gott gehört."

Da standen sie nun, sprachlos und mit offenem Mund.

Einige Saduzzäer – Angehörige einer religiösen Gruppierung, die jede Möglichkeit der Auferstehung leugnete – kamen zu Jesus und fragten ihn: „Rabbi, Mose schrieb uns vor, dass im Falle des Todes eines Mannes, der zwar eine Frau, aber keine Kinder zurücklässt, des-

* Psalm 118,22 f.

sen Bruder verpflichtet ist, die Witwe zu heiraten und ihm auf diese Weise doch noch Nachkommen zu zeugen. Also, da gab es einmal sieben Brüder. Der erste nahm sich eine Frau, starb aber schon bald kinderlos. Daraufhin heiratete der zweite sie. Aber auch er starb und hinterließ keine Kinder. Das Gleiche geschah mit dem dritten. Alle sieben kamen an die Reihe, aber keiner hinterließ Kinder. Schließlich starb auch die Frau. Falls sie nun auferstehen, wessen Frau wird sie dann sein? Alle sieben waren doch ihre Ehemänner!"

Jesus entgegnete ihnen: „Ihr liegt völlig falsch, und ich will euch auch sagen, warum. Zum einen kennt ihr ja nicht einmal die Heiligen Schriften, zweitens habt ihr keine Ahnung, wie Gott handelt. Wenn wir nach dem Tode auferstehen, gibt es so etwas wie Heiraten nicht mehr. Wir sind dann eher so wie Engel (wir werden uns nur noch danach sehnen, Gott zu lieben und eine Beziehung zu ihm zu haben). Und was den Tod anbelangt beziehungsweise die Frage, ob die Toten nun auferstehen oder nicht: Habt ihr noch nie in der Heiligen Schrift gelesen? Zum Beispiel, wie Gott aus dem brennenden Dornbusch zu Mose sagte: ‚Ich bin – nicht »war« – der Gott Abrahams, der Gott Isaaks und der Gott Jakobs'? Der lebendige Gott ist ein Gott von Lebenden, nicht von Toten. Ihr irrt euch also völlig."

Kein anderes Gebot (12,28–44)

Da trat ein Schriftgelehrter nach vorne. Er hatte die Diskussion verfolgt und war beeindruckt davon, wie klar die Antworten Jesu waren. Darum stellte er ihm ernsthaft interessiert die Frage: „Welches ist das bedeutendste aller Gebote?"

Jesus gab ihm zur Antwort: „Das bedeutendste ist: ‚Höre, Israel! Der Herr, dein Gott, ist Einer; darum liebe den Herrn, deinen Gott, mit deinem ganzen Herzen, deinem Gemüt, deinem Verstand und deiner ganzen Kraft.' Und hier ist das zweitwichtigste Gebot: ‚Liebe andere genauso, wie du dich liebst.' Es gibt kein anderes Gebot, das an diese zwei herankommt."

Der Schriftgelehrte gestand: „Das ist eine wunderbare Antwort, Rabbi. So klar und richtig – dass es nur einen Gott gibt und keinen anderen. Und ihn zu lieben mit aller Leidenschaft, allem Verstand und aller Kraft und die anderen genauso zu lieben, wie man sich selbst liebt – das ist tatsächlich besser als alle religiösen Opfer und alles fromme Engagement zusammen!"

Da Jesus von der Einsicht dieses Mannes beeindruckt war, sagte er zu ihm: „Du bist nur einen Schritt davon entfernt, Gottes Herrschaft zu erleben." Danach versuchte kein Einziger mehr, ihm noch eine Frage zu stellen.

Dafür stellte Jesus, während er im Tempel lehrte, seinen Zuhörern eine Frage: „Wie ist es möglich, dass die Schriftgelehrten behaupten können, der Messias sei Davids Sohn, wo wir doch alle wissen, dass David, vom Heiligen Geist inspiriert, erklärt hat: ‚Gott sagte zu meinem Herrn: »Setz dich hier zu meiner rechten Hand, bis ich dir deine Feinde unter deine Füße lege.«' David nennt hier den Messias ‚meinen Herrn' – wie kann also der Messias sein ‚Sohn' sein?"

Die Leute hatte ihre Freude daran, wenn er die gängigen Lehren hinterfragte. Doch Jesus beließ es nicht dabei; er nahm sich auch die religiösen Lehrer vor: „Habt ein Auge auf die Schriftgelehrten! Sie lieben es, in auffallend langen Gewändern herumzustolzieren, sich im Glanz öffentlicher Ehrbezeugungen zu sonnen, überall ihre Vorrangstellung einzunehmen und bei Festveranstaltungen immer auf den besten Plätze zu sitzen. Darüber hinaus verpassen sie keine Gelegenheit, alleinstehenden Witwen mit frommem Gerede deren einzigen Besitz abzuschwatzen. Solange jemand sie sieht, hören sie nicht auf, Gebete zu sprechen. Doch Gott hasst dieses Theater. Das Urteil über solche Menschen wird dementsprechend ausfallen."

Jesus hatte sich unterdessen gegenüber dem großen Opferstock hingesetzt und beobachtete die Leute dabei, wie sie ihr Geld hineinwarfen. Viele der Reichen gaben großzügige Spenden. Da kam eine arme Witwe und warf zwei winzige Münzen hinein – einen lächerlich kleinen Betrag. Jesus machte seine Jünger darauf aufmerksam: „In Wahrheit hat diese arme Witwe mehr gespendet als alle anderen zusammengenommen. Alle anderen gaben so, dass sie es kaum spürten; sie aber gab ganz außergewöhnlich viel – nämlich alles, was sie besaß.“

Falsche Endzeitpropheten (13,1–13)

13 Als er den Tempel verließ, sagte einer seiner Jünger zu ihm: „Rabbi, schau dir diese gewaltigen Steine an! Was für ein Bauwerk!“

Jesus entgegnete ihm: „Diese großartige Architektur beeindruckt dich? Glaube mir, hier wird kein Stein auf dem anderen bleiben.“

Als sie später auf dem Ölberg saßen und den vollen Anblick des Tempels genossen, drängten sich Petrus, Jakobus, Johannes und Andreas in seine Nähe und fragten ihn: „Sag uns, wann wird das passieren? Welches Zeichen werden wir dafür bekommen, dass es so weit ist?“

Jesus entgegnete: „Fallt nicht auf falsche Endzeitpropheten herein. Viele Personen werden sich als geistliche Führer aufspielen, ständig meinen Namen gebrauchen und behaupten: ‚Ich bin der Eine, auf den alle warten.‘ Sie werden unglaublich viele Menschen täuschen. Wenn ihr von Kriegen und Kriegsgerüchten hört, geratet nicht in Panik. Das ist der gewöhnliche Lauf der Geschichte und keinesfalls ein Zeichen für das Ende. Nationen werden andere Nationen bekämpfen und ein Herrscher wird gegen den anderen Krieg führen. An den verschiedensten Orten wird es Erdbeben geben. Es werden Hungersnöte auftreten. Aber das alles ist nichts, verglichen mit dem, was noch kommen wird.

Passt also auf! Sie werden euch vor die Gerichte zerren und euch in ihren Synagogen auspeitschen lassen. Ja, man wird sogar vor Gouverneuren und Königen Anklage gegen euch erheben, nur weil ihr zu mir gehört. Aber ihr werdet in Wirklichkeit vor allen Zeugen für mich sein. Denn die Botschaft von der Liebe Gottes muss auf der ganzen Welt verbreitet werden.

Wenn sie euch vor die Gerichte zerren, dann macht euch auch keine Sorgen darüber, was ihr dort sagen sollt. Wenn es so weit ist, sagt einfach, was ihr auf eurem Herzen habt – der Heilige Geist wird sein Zeugnis in und durch euch geben.

Rechnet damit, dass es Zeiten geben wird, in denen ein Bruder den anderen und ein Vater seine Kinder den Henkern ausliefert und Kinder ihre Eltern in den Tod schicken. Es ist unvorstellbar, wer euch alles hassen wird, nur weil ihr zu mir gehört.

Ich hoffe für euch, dass ihr in alldem durchhaltet. Ja, haltet durch bis ans Ende und eure Rettung wird so sicher kommen wie das Morgenlicht."

Flucht ist nicht falsch (13,14–37)

„Aber seid bereit wegzulaufen, wenn ihr seht, wie sich ein böses Wesen dort niederlässt, wo es das niemals dürfte. Ihr, die ihr lesen könnt, merkt euch, was hier gesagt wird. Wenn ihr zu dieser Zeit in Judäa lebt, dann flüchtet auf die Hügel; wenn ihr draußen zu tun habt, dann geht nicht zurück ins Haus, um noch irgendetwas zu holen; wenn ihr auf dem Feld arbeitet, dann lauft nicht zurück zu der Stelle, an der ihr euer Oberkleid abgelegt habt. Für Schwangere und für stillende Mütter wird diese Zeit besonders hart sein.

Betet auch darum, dass dies alles nicht ausgerechnet mitten im Winter geschieht. Denn es werden schlimme Tage sein – mit keiner Zeit von der Erschaffung der Welt durch Gott bis heute vergleichbar. Und es wird auch nie wieder Ähnliches geben. Wenn Gott diese fürchterlichen Tage nicht abkürzen würde, gäbe es nicht einen Überlebenden. Aber um des auserwählten Volkes Gottes willen hat er diese schreckliche Zeit begrenzt.

Wenn sich dann irgendjemand wichtigmacht und euch erklärt: ‚Hier ist der Messias!', oder auf jemanden hinweist: ‚Dort ist er!', dann fallt nicht darauf herein. Falsche Messiasse und verlogene Prediger schießen überall aus dem Boden. Was sie an Zeichen und Wundern zustande bringen, lässt selbst erfahrene Gläubige unsicher werden. Haltet also die Augen offen. Ich habe euch klare Warnungen gegeben.

Nach diesen schlimmen Tagen wird die Sonne ihre Leuchtkraft verlieren, der Mond wird verdunkelt sein, und die Sterne werden vom Himmel fallen. Die kosmischen Kräfte werden in ihren Grundfesten erschüttert werden.

Das ist der Augenblick, in dem der Menschensohn für alle sichtbar auf diese Erde zurückkehrt – völlig anders als bei seinem ersten Kommen. Diesmal wird seine Ankunft den ganzen Himmel ausfüllen. Jeder wird sie miterleben. Er wird seine Engel aussenden, um die von ihm Erwählten aus allen vier Himmelsrichtungen zusammenzuholen.

Ihr fragt immer wieder: ‚Wann wird das geschehen?' Schaut euch doch einmal einen Feigenbaum an. Sobald ihr an seinen Knospen das satte Grün seht, wisst ihr, dass der Sommer nahe ist. Und so ist es auch mit euch. Wenn ihr alle diese Dinge erlebt, dann wisst ihr: Die Wiederkunft des Menschensohnes steht unmittelbar bevor. Ich sage das nicht nur dieser Generation, sondern auch allen kommenden: All das wird geschehen. Himmel und Erde wird es einmal nicht mehr geben; meine Worte jedoch werden immer Bestand haben.

Über den genauen Zeitpunkt kann ich euch nicht mehr sagen. Niemand kennt ihn, nicht einmal die Engel des Himmels, ja nicht einmal der Sohn. Nur der Vater kennt die Stunde. Also haltet eure Augen offen und seid wachsam, denn ihr habt keinen Zeitplan, nach dem ihr euch richten könntet. Es ist wie bei einem Mann, der sein Anwesen aufgrund einer kurzen Reise verlässt, die Verantwortung an seine Dienerschaft übergibt, jedem eine Aufgabe überträgt und dem Torwächter befiehlt, wachsam zu sein. Ihr habt also nicht die geringste Ahnung, zu welcher Zeit der Hausbesitzer zurückkommen wird – ob am Abend, um Mitternacht, wenn es dämmert oder erst am Morgen. Möchtet ihr riskieren, dass er euch auf eurem Posten im Tiefschlaf antrifft? Darum sage ich es euch und mit euch allen: Bleibt wachsam und haltet die Augen offen!"

Eine Frau tut etwas Außerordentliches (14,1–11)

14 Es waren noch zwei Tage bis zur achttägigen Festzeit des Passa und der ungesäuerten Brote. Die Hohenpriester und die Schriftgelehrten suchten nach einer Möglichkeit, wie sie Jesus heimlich ergreifen und umbringen könnten. Sie waren sich allerdings einig, dass man während des Passafestes lieber nichts unternehmen sollte, um die leicht erregbare Menschenmenge nicht zu provozieren.

Jesus war zu dieser Zeit in Betanien als Gast bei Simon, dem ehemaligen Leprakranken. Während sie zu Abend aßen, kam eine Frau, die eine kleine Flasche mit äußerst teurem Parfum bei sich trug. Nachdem sie die Flasche geöffnet hatte, goss sie ihren Inhalt über seinen Haaren aus. Einige, die mit am Tisch saßen, ließen ihrem Ärger freien Lauf: „Das ist doch unerhört! Die reinste Verschwendung! Man hätte dieses Parfum (sein Wert entsprach ungefähr einem Jahresverdienst) teuer verkaufen und das Geld dann den Armen geben können!“ Da sie Jesus das ja nicht sagen konnten, fuhren sie die Frau hart an und beleidigten sie.

Doch Jesus wies sie zurecht: „Lasst sie in Ruhe. Warum macht ihr dieser Frau das Leben so schwer?! Sie hat etwas Großartiges und Bedeutsames für mich getan. Ihr werdet für den Rest eures Lebens Arme um euch haben. Wann immer euch der Sinn danach steht, könnt ihr etwas für sie tun. Das gilt jedoch nicht für mich. Sie tat, was sie konnte, als sie es noch konnte – sie salbte schon im Voraus meinen Körper für die Bestattung. Und ihr könnt sicher sein, wo immer man in dieser Welt die Frohe Botschaft verkündet, wird man mit Bewunderung über das sprechen, was sie an mir getan hat.“

Für einen der Zwölf, Judas Iskariot, war das zu viel. Er ging zu den Hohenpriestern, fest entschlossen, Jesus zu verraten. Sie trauten ihren Ohren nicht und versprachen, ihn gut zu bezahlen. Daraufhin begann er, nach passenden Gelegenheiten Ausschau zu halten, um ihn auszuliefern.

Ein Verräter unter den Freunden (14,12–21)

Am ersten der „Tage der ungesäuerten Brote“, dem Tag, an dem man gewöhnlich das Passamahl vorbereitete, fragten die Jünger Jesus: „Wo möchtest du gerne das Passamahl feiern? Wir wollen schon mal hingehen und alles vorbereiten.“

Er gab zwei Jüngern folgende Anweisung: „Geht in die Stadt. Dort wird euch ein Mann auffallen, der einen Wasserkrug trägt. Folgt ihm. Sobald er in ein Haus eingetreten ist, sagt dem Besitzer dieses Hauses: ‚Der Rabbi möchte wissen, wo der Gastraum ist, in dem er mit seinen Jüngern das Passamahl feiern kann.‘ Er wird euch einen großen Raum im zweiten Stock zeigen, der mit Polstern ausgelegt und für das Passamahl hergerichtet ist. Dort könnt ihr für uns alles vorbereiten.“

Die Jünger verließen ihn, gingen in die Stadt und fanden alles ganz genau so vor, wie er es ihnen gesagt hatte. Deshalb bereiteten sie dort das Passamahl vor.

Nach Sonnenuntergang traf auch Jesus mit den zwölf Jüngern ein. Als sie um den Tisch lagen und aßen, sagte Jesus: „Ich habe euch etwas zu sagen, das für mich und für euch schwer ist: Einer von euch wird mich an die ausliefern, die sich gegen mich verschworen haben, einer, der hier und jetzt mit mir isst.“

Alle waren sehr betroffen und begannen, einer nach dem anderen die eine Frage zu stellen, die alle zutiefst bewegte: „Der bin doch nicht ich, oder?“

Er sagte darauf nur: „Es ist einer von den Zwölf, einer, der mit mir aus derselben Schüssel isst. Die Heilige Schrift hat zwar schon angedeutet, dass der Menschensohn verraten wird, es sollte uns also nicht überraschen. Doch für den Mann, der den Menschensohn verrät, ist es eine Katastrophe. Für ihn wäre es wirklich besser, wenn er nie geboren worden wäre.“

Leib und Blut (14,22–31)

Sie aßen schweigend weiter. Da nahm Jesus während des Essens das Brot und segnete es, dann brach er es und gab es an sie weiter. Dazu sagte er:

„Nehmt, das ist mein Leib."

Später nahm er dann auch den Kelch, dankte Gott, gab ihn an seine Jünger weiter, und alle tranken daraus. Und wieder deutete er das Geschehen:

„Das ist mein Blut – das Zeichen des Neuen Bundes mit Gott –, das für viele Menschen vergossen wird.

Von jetzt an werde ich keinen Wein mehr trinken bis zu dem Tag, an dem ich ihn auf ganz neue Weise trinken werde im Reich Gottes."

Sie sangen abschließend noch ein Lobpreislied und gingen dann direkt zum Ölberg.

Dort angekommen, sprach Jesus eindringlich zu ihnen: „Ihr werdet schon bald die Welt nicht mehr verstehen, am wenigsten vielleicht mich. Es gibt eine Schriftstelle, die das beschreibt: ‚Ich werde den Hirten schlagen und die Schafe werden sich in alle Himmelsrichtungen zerstreuen.' Aber nachdem ich auferstanden bin, werde ich euch auf dem Weg nach Galiläa vorausgehen."

Jetzt konnte Petrus sich nicht mehr zurückhalten: „Und wenn jeder sich von dir absetzt, weil alles zusammenbricht, ich werde zu dir stehen!"

Jesus entgegnete ihm: „Sei dir da nicht so sicher, noch heute, genau in dieser Nacht, bevor der Hahn zum zweiten Mal gekräht hat, wirst du dreimal behauptet haben, mich nicht zu kennen."

Petrus protestierte energisch: „Selbst wenn ich mit dir sterben müsste, ich werde dich niemals verleugnen." Alle anderen pflichteten ihm bei und beschworen ihre Treue.

Getsemani (14,32–52)

Sie kamen zu einem Garten, der Getsemani hieß. Jesus sagte zu seinen Jüngern: „Setzt euch hierhin, während ich bete." Er nahm Petrus, Jakobus und Johannes mit sich. Da befiel ihn eine unbeschreibliche Angst. Er gestand ihnen: „Ich fühle mich so elend, dass ich am liebsten gleich sterben möchte. Wartet hier und bleibt mit mir wach."

Er selbst ging ein Stück weiter, fiel zu Boden und bat Gott um einen Ausweg: „Abba, mein Vater, dir ist alles möglich. Du kannst mich auch aus dieser furchtbaren Lage befreien. Mach, dass ich diesen Leidenskelch nicht trinken muss. Und doch soll jetzt nicht das geschehen, was ich will, sondern was du willst."

Jesus kam zurück und fand die drei fest eingeschlafen vor. Er weckte Petrus: „Simon, du schläfst? Hast du nicht einmal die Kraft, auch nur eine einzige Stunde mit mir durchzuhalten? Bleibt wach, betet, damit ihr nicht schwach werdet. Ihr habt so viel guten Willen, aber wie so oft schafft ihr es nicht, ihm zu folgen."

Er ging zurück und betete ähnlich wie beim ersten Mal. Als er zurückkam, fand er die drei genauso tief schlafend vor wie zuvor. Sie konnten ihre Augen einfach nicht offen halten und suchten verlegen nach einer Entschuldigung.

Ein drittes Mal kam er zurück – nichts hatte sich geändert. Da sagte er: „Schlaft ruhig weiter und ruht euch aus! Meine Zeit geht dem Ende entgegen. Der Menschensohn wird nun in die Hände skrupelloser Menschen ausgeliefert. Nein, es ist genug jetzt! Steht auf, wir wollen gehen! Mein Verräter ist bereits angekommen."

Kaum hatte er das gesagt, als auch schon Judas auftauchte und mit ihm eine Horde von Männern, die von den Hohenpriestern, Schriftgelehrten und Ältesten gesandt worden waren und mit ihren Schwertern und Knüppeln herumfuchtelten. Der Verräter hatte ein Zeichen mit ihnen ausgemacht: „Der, den ich küsse, der ist es, den müsst ihr packen. Passt auf, dass er euch nicht entwischt."

Er ging direkt auf Jesus zu und begrüßte ihn: „Rabbi." Dabei gab er ihm einen Kuss.

Da packten die anderen Jesus und begannen, ihn zu fesseln. Einer der Männer, die bei ihm standen, zog sein Schwert und schlug auf den Erstbesten ein. Es war ausgerechnet ein Diener des Obersten Priesters, dem er mit einem Hieb das Ohr abtrennte.

Jesus sprach sie an: „Was soll denn das? Ihr rückt mit Schwertern und Knüppeln aus, um mich zu ergreifen, als sei ich ein gefährlicher Krimineller. Tag für Tag habe ich im Tempel gesessen und gelehrt und ihr habt nicht das Geringste gegen mich unternommen. Aber offensichtlich muss es so kommen, wie die Schrift es vorausgesagt hat." Daraufhin verließen ihn alle seine Jünger und suchten das Weite.

Ein junger Mann, der nur ein großes Leintuch trug, war ihm jedoch gefolgt. Einer aus der Schlägerbande bekam ihn zu fassen, doch der junge Mann konnte sich befreien, indem er sich aus dem Tuch wickelte und nackt davonrannte.

Zum Tode verurteilt (14,53–65)

Sie führten Jesus zum Hohenpriester, bei dem schon die Obersten Priester, die Ältesten und die Schriftgelehrten versammelt waren. Petrus folgte ihnen in sicherem Abstand, bis sie zum Innenhof des hohepriesterlichen Amtssitzes kamen. Dort mischte er sich unter die Dienerschaft und wärmte sich am Feuer.

Die Hohenpriester waren sich mit dem Ältestenrat der Juden völlig einig, dass man nach irgendwelchen Beweisen suchen müsse, die man gegen Jesus vorbringen könnte, um ihn zum Tode verurteilen zu können. Aber sie fanden nichts. Eine ganze Reihe von Personen war bereit, ihn mit falschen Aussagen zu belasten, aber nichts war stichhaltig; meistens endete es damit, dass sich die einzelnen Aussagen widersprachen.

Dann standen noch einmal welche auf und behaupteten: „Wir hörten ihn sagen: ‚Ich werde diesen Tempel, der in harter Arbeit errichtet wurde, niederreißen und in drei Tagen einen anderen Tempel bauen, ohne dass jemand daran gearbeitet hat.'"

Aber nicht einmal sie stimmten in ihren Aussagen genau überein.

Während dieses Desasters stand der Oberste Priester auf und fragte nun Jesus direkt: „Was hast du zu all diesen Anschuldigungen zu sagen?“ Jesus aber blieb ruhig und sagte kein Wort.

Der Oberste Priester versuchte es noch einmal; diesmal wollte er wissen: „Bist du der Messias, der Sohn des Gesegneten?“

Jesus erwiderte: „Ja, der bin ich, und ihr werdet selbst sehen, wie der Menschensohn zur Rechten des Allmächtigen sitzt. Er wird auf den Wolken des Himmels wiederkommen.“

Da zerriss der Hohepriester (wie es Vorschrift war) sein Gewand und schrie: „Habt ihr das gehört? Was brauchen wir nach einer solchen Aussage noch Zeugen? Ihr selbst habt die Gotteslästerung gehört. Was, glaubt ihr, hat er dafür verdient?“

Alle waren sich einig, dass man diese Gotteslästerung nur mit dem Tode bestrafen könnte.

Einige von ihnen fingen an, ihn anzuspucken. Sie verbanden ihm die Augen, schlugen ihn mit Fäusten, nur um ihn dann zu fragen: „Na, wer hat dich gerade geschlagen? Komm, sag es uns, du großer Prophet!“ Die Wachen führten ihn schließlich unter Schlägen und Ohrfeigen weg.

Ein Hahn kräht (14,66–72)

Während sich das Ganze abspielte, war Petrus immer noch unten im Hof. Eine der Dienerinnen des Obersten Priesters kam und sah, wie Petrus sich am Feuer wärmte. Sie blickte ihn scharf an und sagte dann: „Du warst doch auch bei dem Nazarener, diesem Jesus.“

Petrus stritt es ab: „Ich weiß nicht mal, wovon du redest.“ Er wandte sich der überdachten Vorhalle zu. Irgendwo krähte ein Hahn. Das Mädchen ließ jedoch nicht locker und sagte zu den Umstehenden: „Der ist auch einer von denen.“ Auch jetzt bestritt er es energisch.

Das schien niemanden zu überzeugen, denn schon kurze Zeit später bekräftigten die Herumstehenden ihren Verdacht: „Natürlich bist du einer von denen. Man hört ja an deinem Dialekt, dass du Galiläer bist."

Petrus geriet in Panik, er fluchte und schwor: „Ich habe diesen Mann, von dem ihr da redet, noch nie in meinem Leben gesehen." Genau in diesem Augenblick krähte der Hahn zum zweiten Mal. Jetzt fiel Petrus wieder ein, was Jesus ihm vorausgesagt hatte: „Bevor der Hahn zum zweiten Mal kräht, wirst du dreimal behauptet haben, mich nicht zu kennen." Da begann er, furchtbar zu weinen.

Vor dem römischen Gouverneur (15,1–20)

15 Beim ersten Tageslicht fassten die Hohenpriester mit den Ältesten, den Schriftgelehrten und dem gesamten Rat der Juden einen Beschluss. Sie ließen Jesus sichere Fesseln anlegen, packten ihn und überstellten ihn dem römischen Gouverneur Pilatus.

Pilatus fragte ihn von oben herab: „Du bist also der ‚König der Juden'?"

Jesus entgegnete ihm: „Du sagst es."

Sofort ergingen sich die Hohenpriester in einer Flut von Anschuldigungen.

Pilatus fragte an Jesus gewandt: „Willst du nicht irgendetwas darauf antworten? Das ist eine ziemlich lange Liste von Anschuldigungen!" Jesus sagte nichts mehr und Pilatus wunderte sich sehr über ihn.

Es war Brauch, anlässlich des Passafestes einen Gefangenen freizulassen. Wer der Glückliche sein würde, blieb dem Volk überlassen. Es gab unter den Gefangenen einen, der Barabbas hieß. Er hatte während eines Aufstandes gemeinsam mit anderen Aufständischen jemanden umgebracht. Als nun die Leute kamen und begannen, ihm ihren Kandidaten für die Freilassung zu nennen, kam Pilatus ihrem

Wunsch zuvor: „Wollt ihr, dass ich den König der Juden für euch freilasse?“ Pilatus wusste zu diesem Zeitpunkt längst, dass die Hohenpriester Jesus aus purem Neid an ihn ausgeliefert hatten.

Doch die Hohenpriester hetzten die Menge auf und brachten sie dazu, die Freilassung von Barabbas zu verlangen. Pilatus stellte sich ihnen noch einmal: „So, und was soll ich dann mit dem Mann machen, den ihr ‚König der Juden‘ nennt?“

Sie schrien: „Nagle ihn ans Kreuz!“

Pilatus entgegnete: „Aber für welches Verbrechen?“

Doch sie schrien nur noch lauter: „Nagle ihn ans Kreuz!“

Schließlich gab Pilatus der Menge, was sie wollte, ließ Barabbas frei und übergab Jesus der Geißelung und Kreuzigung.

Die Soldaten nahmen Jesus mit in das Palastinnere (man nannte es „Prätorium“) und riefen die gesamte Brigade zusammen. Sie hängten ihm einen roten Fetzen um und drückten ihm eine Krone, die sie aus Dornengestrüpp gewunden hatten, auf den Kopf. Dann begannen sie, ihren Spott mit ihm zu treiben: „Heil dir, König der Juden!“ Sie schlugen ihm mit Knüppeln auf den Kopf, spuckten ihn an und knieten sich theatralisch vor ihm nieder, um sich über ihn lustig zu machen. Nachdem sie ihren Spaß gehabt hatten, rissen sie ihm das rote Tuch wieder herunter und zogen ihm sein Gewand an. Dann marschierten sie ab, um ihn ans Kreuz zu nageln.

Die Kreuzigung (15,21–39)

Da kam zufällig ein Mann vorbei, der auf dem Heimweg von seiner Arbeit war. Er hieß Simon von Zyrene und war der Vater von Alexander und Rufus. Die Soldaten zwangen ihn, Jesus den Querbalken des Kreuzes nachzutragen.

Die Soldaten brachten Jesus nach Golgota, einen Ort, dessen Name so viel wie „Ort des Schädels“ bedeutet. Sie boten ihm ein Getränk (Wein mit Myrrhe gemischt) an, das die Schmerzen etwas lindern sollte, aber er wollte nichts davon nehmen. Da nagelten sie ihn ans

Kreuz. Sie verteilten seine Kleider unter sich und würfelten darum, wer das Übergewand bekommen sollte.

Sie nagelten ihn gegen neun Uhr vormittags ans Kreuz. Der Grund seiner Verurteilung wurde auf eine Tafel geschrieben: „Der König der Juden." Mit ihm kreuzigten sie zwei Kriminelle, einen zu seiner Rechten, den anderen zu seiner Linken. Die Leute, die auf der Straße an dem Hinrichtungsort vorbeikamen, machten höhnische Bemerkungen, schüttelten ihren Kopf und spotteten: „Du hast doch damit angegeben, dass du den Tempel niederreißen und in drei Tagen wieder aufbauen willst. Komm, zeig uns jetzt mal, was du kannst. Jetzt rette dich selbst! Wenn du wirklich Gottes Sohn bist, dann steig jetzt vom Kreuz herunter!"

Die Hohenpriester mischten sich zusammen mit den Schriftgelehrten unter die Spötter: „Andere hat er gerettet – bei ihm selbst scheint es nicht zu klappen. Das soll der Messias sein, der König Israels? Wenn er es ist, dann soll er jetzt vom Kreuz heruntersteigen. Dann werden wir alle seine Jünger werden!" Sogar die Männer, die mit ihm gekreuzigt worden waren, verspotteten ihn.

Gegen Mittag verfinsterte der Himmel sich zusehends. Diese ungewöhnliche Finsternis dauerte drei Stunden. Gegen drei Uhr stöhnte Jesus auf und schrie laut: „Eloi, Eloi, lema sabachtani?" Was so viel bedeutet wie: „Mein Gott, mein Gott, warum hast du mich verlassen?"

Einer der Umstehenden sagte: „Hört, er ruft Elija." Ein anderer lief schnell los, füllte einen Schwamm mit saurem Wein und gab ihn ihm zu trinken. Dabei rief er den anderen zu: „Wir wollen doch mal sehen, ob Elija kommt und ihn da herunterholt."

Aber Jesus schrie noch einmal laut auf – dann atmete er nicht mehr. In diesem Augenblick riss im Tempel der Vorhang vor dem Allerheiligsten mitten auseinander. Als der römische Offizier, der die Wache bei der Exekution befehligte, sah, wie Jesus starb, bekannte er: „Dieser Mensch war Gottes Sohn!"

Ins Grab gelegt (15,40–47)

Es waren auch einige Frauen dabei, die aus der Ferne alles mit ansehen mussten; unter ihnen waren Maria Magdalena, Maria, die Mutter des jüngeren Jakobus und von Joses, sowie Salome. Als Jesus noch in Galiläa wirkte, waren ihm diese Frauen gefolgt und hatten ihm gedient. Sie und noch einige andere waren bis nach Jerusalem mit ihm gegangen.

Am späten Nachmittag, es war der Tag der Vorbereitung (das heißt der Tag vor dem Sabbat), kam Josef von Arimathäa, ein hochangesehenes Mitglied des Rates der Juden, zur Hinrichtungsstätte. Er war jemand, der sich nach all dem sehnte, was Jesus über die Herrschaft Gottes mitten unter den Menschen gesagt hatte. Er brachte den Mut auf, direkt zu Pilatus zu gehen und ihn um den Leichnam Jesu zu bitten. Pilatus wunderte sich darüber, dass er schon tot war, und er ließ seinen Offizier kommen, um sicherzugehen, dass Jesus wirklich nicht mehr lebte. Der Offizier bestätigte es und so überließ Pilatus Josef von Arimathäa den Leichnam Jesu.

Josef besorgte daraufhin ein großes Leintuch, nahm Jesus vom Kreuz und wickelte den Leichnam in das Tuch. Er legte ihn in eine Grabkammer, die aus einem Felsen gehauen war, und rollte einen großen Stein vor deren Eingang.

Maria Magdalena und Maria, die Mutter von Joses, waren bei der Bestattung anwesend.

Die Auferstehung (16,1–20)

16 Als der Sabbat vorüber war, kauften Maria Magdalena, Maria, die Mutter von Jakobus, und Salome verschiedene Salböle, um damit den Leichnam Jesu einzubalsamieren.

Schon sehr früh am Tag nach dem Sabbat, die Sonne war gerade aufgegangen, kamen sie zum Grab. Auf dem Weg dorthin beschäftigte sie nur eine Sorge: „Wer wird uns wohl den schweren Stein vom

Grabeingang wegrollen?“ Denn es war ein riesiger, runder Stein, der erst einmal zur Seite gewälzt werden musste.

Als sie ankamen, sahen sie zu ihrem Erstaunen, dass er bereits weggerollt war. Also gingen sie sofort in die Grabkammer hinein. Da sahen sie einen jungen Mann auf der rechten Seite sitzen, der mit einem langen, weißen Gewand bekleidet war. Erschrocken wichen sie zurück, doch der junge Mann sprach sie an: „Ihr braucht keine Angst zu haben. Ich weiß, dass ihr Jesus von Nazaret sucht, den man ans Kreuz genagelt hat. Er ist auferstanden, er ist nicht mehr länger hier. Ihr könnt euch mit euren eigenen Augen überzeugen: Der Platz, auf dem er gelegen hat, ist leer. Darum geht jetzt, so schnell ihr könnt, zu seinen Jüngern und zu Petrus und sagt ihnen, dass er euch nach Galiläa vorausgeht. Ihr werdet ihn dort sehen, genau so, wie er es euch zuvor schon angekündigt hat.“

Die Frauen stürzten aus der Grabhöhle und liefen, so schnell sie konnten, weg. Sie zitterten am ganzen Körper und waren außer sich vor Entsetzen. Sie konnten keinem Menschen etwas von dem Erlebten erzählen.*

(Erst als sie bei den Jüngern waren, berichteten sie von der Botschaft des Engels. Damit waren sie jedoch nicht die Ersten.) Maria Magdalena, die er von zahlreichen Dämonen befreit hatte, war dem auferstandenen Jesus bereits begegnet, doch niemand hatte ihr geglaubt. Sie hatte den niedergeschlagenen Jüngern zu sagen versucht, dass Jesus lebte und dass sie ihn gesehen hatte. Doch die Jünger waren so von den schrecklichen Tatsachen überwältigt, dass sie nicht einmal dem Bericht von zwei Jüngern Glauben schenken wollten, die am selben Abend Jesus auf ihrem Weg in einen benachbarten Ort begegnet waren.

Als die elf Apostel spät am Abend zu Tisch lagen, zeigte Jesus sich ihnen. Er war ungehalten über ihren Unglauben und die Sturheit,

---

* Hier endete nach den ältesten Textzeugen ursprünglich das Markusevangelium. Erst etwa hundert Jahre später wurde der nun folgende Text angefügt, sicher auch, um diesem Evangelium ähnlich wie den anderen einen gewissen Abschluss zu geben.

mit der sie jeden, der von einer Begegnung mit ihm berichtet hatte, einfach zurückgewiesen hatten. Dann gab er ihnen einen letzten Auftrag: „Geht hinaus in die ganze Welt und bringt der gesamten Schöpfung die Botschaft von der liebevollen Herrschaft Gottes. Wer mir vertraut und sich taufen lässt, der wird gerettet werden; wer mir nicht vertraut, spricht über sich selbst das Urteil. Die Menschen aber, die sich voller Vertrauen unter die Herrschaft Gottes begeben haben, werden durch ihn viele Zeichen und Wunder erleben: Sie werden in meinem Namen Vollmacht über die dämonischen Kräfte haben, sie werden in neuen Sprachen beten, und wenn sie etwas Giftiges trinken, wird es ihnen nicht schaden. Selbst Schlangen werden sie mit bloßen Händen aufheben, ohne dass sie gebissen werden.

Auf der anderen Seite brauchen sie Kranken nur die Hände aufzulegen und diese werden gesund."

Nachdem er ihnen dies gesagt hatte, wurde Jesus den Blicken seiner Jünger entzogen. Von nun an ist sein Platz zur Rechten Gottes, bis er wiederkommt. Die Jünger aber bereisten die damals bekannte Welt, verkündigten überall die frohe Botschaft von der Liebe Gottes, und Jesus selbst wirkte dabei mit, indem er ihre Worte durch Zeichen und Wunder bekräftigte.

Die Frohe Botschaft nach Lukas

Unter allen vier Verfassern der Evangelien muss man Lukas zuerkennen, dass er in fast moderner Weise versucht hat, so umfassend wie möglich zu informieren. Zum einen versucht er, selber gut zu recherchieren. Was er an Quellen vorliegen hat, wird sorgfältig geprüft und – auch wenn der eigene gepflegte Stil darunter leidet – meist wörtlich übernommen. Zum anderen trägt er mit Leidenschaft alles zusammen, was die anderen nicht berichten. Fast die Hälfte seines Berichtes ist sogenanntes Sondergut, das sich weder bei Matthäus noch bei Markus findet. Vor allem in diesen eigenen Berichten zeigt er eine große Sensibilität für alle, die nach den damaligen wie auch heutigen Maßstäben Außenseiter der Gesellschaft sind: Kranke, Verarmte, Fremde, Leute mit anrüchigen Berufen. Auch war seine Aufmerksamkeit gegenüber Frauen seiner Zeit weit voraus. Seine Botschaft hat darum etwas, das uns heute noch stark berührt: Bei Gott gibt es keine Außenseiter! So wie Lukas die Geschichte Jesu erzählt, ist sie voller Hoffnung für alle Menschen, die nie für möglich gehalten hätten, dass Gott sich für sie interessiert. Wir sind nicht länger verloren, wir wurden gefunden. Wir werden nicht abgewiesen, wir sind durch Jesus in den Armen Gottes willkommen.

1 Eine ganze Reihe von Personen haben bereits versucht, einen Bericht zu verfassen, in dem sie all das Unglaubliche festhalten, das sich unter uns ereignet hat. Sie haben dabei alle vorhandenen Quellen verwendet, sowohl schriftliche Aufzeichnungen als auch Augenzeugenberichte. Das hat mich dazu veranlasst, all diesen Ereignissen – beginnend bei den ersten Anfängen bis ins kleinste Detail – noch einmal nachzugehen und sie für dich, sehr verehrter Theophilus, der Reihe nach aufzuschreiben. Nur so wirst du dich von der Zuverlässigkeit dessen überzeugen können, was man dir über Jesus Christus erzählt hat.

Ein Priester wird sprachlos (1,5–25)

Zu der Zeit als Herodes König von Judäa war, versah ein Priester namens Zacharias turnusgemäß seinen Dienst im Tempel. Er gehörte zu der Gruppe des Priesters Abija und war mit Elisabet verheiratet, deren familiäre Wurzeln bis auf Aaron zurückgingen. Beide lebten als ehrbare Leute vor Gott und achteten sorgfältig auf die Einhaltung der Gebote. (Darum konnte auch niemand verstehen, dass sie kinderlos waren, denn Elisabets Unfruchtbarkeit wurde nach damaliger Meinung als Strafe Gottes gedeutet.) Mittlerweile waren beide schon zu alt, um sich noch Hoffnungen auf eigene Kinder zu machen.

Während Zacharias nun seinen Dienst ordnungsgemäß im Tempel versah, war er an der Reihe, ein Brandopfer darzubringen. Wie immer waren während des Opfers viele Menschen zum Gebet im Hof des Tempels versammelt. Da erschien ein Engel Gottes rechts des Opferaltars. Zacharias war zutiefst erschrocken und vor Furcht fast wie gelähmt.

Doch der Engel versuchte, ihn zu beruhigen: „Du brauchst dich nicht zu fürchten, Zacharias. Deine Gebete wurden erhört. Elisabet, deine Frau, wird einen Sohn zur Welt bringen. Du sollst ihn ‚Johannes' nennen. Du wirst dich freuen und jubeln, und nicht nur du: Viele werden sich über seine Geburt aufrichtig freuen. Er wird ein Mann Gottes werden, der, weil er von Geburt an mit dem Heiligen Geist erfüllt ist, auf Wein und andere berauschende Getränke verzichtet. Er wird viele Söhne und Töchter Israels wieder zu ihrem Gott zurückführen. Er wird die Ankunft Gottes ankündigen, und zwar in einer Art und Weise und mit einer Kraft, wie es Elija getan hätte. Er wird die Herzen der Eltern wieder ihren Kindern zuwenden und Menschen, die im Ungehorsam Gott gegenüber leben, zum Umdenken bewegen. Kurz: Er wird die Leute auf Gott vorbereiten."

Zacharias wandte ein: „Hast du erwartet, dass ich das glaube? Ich bin ein alter Mann und meine Frau ist auch nicht jünger."

Doch der Engel ließ keinen Zweifel daran zu: „Ich bin Gabriel, der Bote Gottes, und ausdrücklich zu dir gesandt, um dir diese frohe Nachricht zu bringen. Da du mir jedoch nicht glauben willst, wirst du nichts mehr sagen können bis zu dem Tag, an dem dein Sohn zur Welt kommt. Du wirst sehen, dass sich all das, was ich dir angekündigt habe, zu gegebener Zeit bewahrheiten wird."

Inzwischen wurde die Versammlung, die auf Zacharias wartete, schon unruhig und fragte sich, was er wohl so lange beim Opferaltar machte. Als er endlich herauskam und sie merkten, dass er nicht sprechen konnte, wussten sie, dass er im Vorhof des Allerheiligsten eine Erscheinung gehabt haben musste. Wortlos führte er seinen Dienst fort, wobei er sich den Leuten nur mit Handzeichen verständlich machen konnte. Als die Zeit seines priesterlichen Dienstes zu Ende war, kehrte er nach Hause zurück. Kurze Zeit später wurde seine Frau Elisabet schwanger. Fünf Monate lebte sie zurückgezogen und freute sich über ihre Schwangerschaft: „So ist es also, wenn Gott handelt! Er hat die jahrelange Demütigung von mir genommen."

Das Ja einer jungen Frau (1,26–56)

Elisabet war bereits im sechsten Monat schwanger, als Gott den Engel Gabriel zu einer jungen Frau in das Dorf Nazaret in Galiläa schickte. Sie hieß Maria und war mit Josef, einem direkten Nachfahren Davids, verlobt. Nachdem der Engel eingetreten war, grüßte er Maria mit den Worten: „Sei gegrüßt, Begnadete. Der Herr ist mit dir!“

Maria war völlig durcheinander und fragte sich, was sich wohl hinter diesem Gruß verbarg. Doch der Engel beruhigte sie: „Maria, du hast nichts zu befürchten, denn du hast bei Gott Gnade gefunden. Etwas Außergewöhnliches wird geschehen: Du wirst schwanger werden und einen Sohn zur Welt bringen, den du ‚Jesus‘ nennen wirst. Er wird groß sein und ‚Sohn des Höchsten‘ genannt werden. Der Herr, unser Gott, wird ihm den Thron seines Vaters David geben. Er wird das Haus Jakobs für immer regieren – ja, seine Herrschaft wird niemals ein Ende haben.“

Maria entgegnete dem Engel: „Aber wie soll das denn gehen, ich war noch nie mit einem Mann enger zusammen?“

Der Engel gab ihr zur Antwort: „Der Heilige Geist, die Kraft des Allerhöchsten, wird über dich kommen; darum wird auch das Kind, das du auf die Welt bringst, ‚heilig‘ und ‚Sohn Gottes‘ genannt werden. Weißt du eigentlich, dass deine Kusine Elisabet einen Sohn empfangen hat, sie, die doch schon im fortgeschrittenen Alter ist? Jeder hat sie als unfruchtbar bezeichnet und jetzt ist sie schon im sechsten Monat schwanger! Du siehst, für Gott ist tatsächlich nichts unmöglich.“

Darauf entgegnete Maria: „Du sollst wissen, dass ich bereit bin, meinem Gott zu dienen. All das kann mit mir so geschehen, wie du es gesagt hast.“

Daraufhin verließ der Engel sie.

Maria verschwendete keine Zeit. Sie brach auf, um Elisabet zu besuchen, die in einem Ort im Hügelland von Judäa lebte. Sie ging direkt zum Haus von Zacharias. Als sie das Haus betrat und Elisabet den Gruß Marias hörte, hüpfte das Baby in Elisabets Leib. Augenblicklich erfüllte der Heilige Geist sie und aus ihrem Herzen sprudelte ein regelrechter Lobgesang:

„Du bist so gesegnet unter den Frauen und erst recht ist das Kind in deinem Leib gesegnet! Wer bin ich, dass die Mutter meines Herrn zu mir kommt? Kaum hatte ich deinen Gruß gehört, hüpfte das Baby in meinem Leib vor lauter Freude. Du bist eine Frau, die man seligpreisen wird, weil du geglaubt hast, was Gott gesagt hat!"

Auch Maria konnte in diesem Moment ihre Begeisterung nicht mehr zurückhalten:

„Ich freue mich so über Gott und alles, was er für mich getan
hat. Ich möchte ihm zu Ehren ein Lied singen,
denn er ist mein Retter.
Gott hat sich von meiner Bedeutungslosigkeit
nicht abschrecken lassen.
Von jetzt an werden mich unzählige Menschen auf dieser Welt
für die glücklichste Frau auf Erden halten!
Denn was Gott für mich getan hat,
wird man niemals mehr vergessen,
der Gott, dessen Name heilig ist
und weit über allen anderen steht.
Unendlich ist sein Erbarmen gegenüber denen,
die ihm mit Ehrfurcht begegnen und ihn ernst nehmen.
Anders geht es denen, die sich für großartig halten.
Sie lässt er seine Macht spüren.
Er holt die Tyrannen von ihrem Thron herunter,
hebt dafür die Opfer auf und lässt sie zu Ehren kommen.
Hungrige werden bei ihm satt;
hartherzige Reiche dagegen gehen leer aus.
Noch einmal kümmert er sich um Israel,
sein auserwähltes Kind;
er erinnert sich an das Erbarmen,
das er unseren Vätern zugesagt hat,
Abraham und seinen Nachkommen bis in Ewigkeit."

Maria blieb danach noch etwa drei Monate bei Elisabet. Dann ging sie wieder nach Hause zurück.

Nicht Zacharias, sondern Johannes (1,57–80)

Elisabets Schwangerschaft ging nun zu Ende und sie brachte einen Sohn zur Welt. Ihre Nachbarn und Verwandten, die sahen, dass Gott sie mit seinem Erbarmen überschüttet hatte, freuten sich mit ihr.

Am achten Tag kamen sie, um das Kind zu beschneiden, und sie wollten ihm den Namen seines Vaters, Zacharias, geben. Aber seine Mutter widersprach: „Nein, er soll Johannes heißen."

„Aber", so entgegneten sie, „niemand in eurer Familie trägt diesen Namen." Und sie fragten Zacharias mit Hilfe vieler Zeichen und Gebärden, welchen Namen er für seinen Sohn wünschte.

Zacharias bat um eine kleine Schreibtafel und schrieb darauf: „Sein Name muss ‚Johannes' sein." Das verwunderte alle sehr. Und eine Überraschung folgte der anderen: Zacharias konnte plötzlich wieder reden. Seine Zunge hatte sich gelöst, und er begann, Gott überschwänglich zu danken.

Eine tiefe, heilige Furcht legte sich auf die Nachbarschaft und in dem ganzen Hügelland von Judäa sprachen die Leute über nichts anderes mehr als über dieses Kind. Jeder, der davon hörte, war tief bewegt und fragte sich: „Was wird wohl aus diesem Kind werden? Es ist doch offensichtlich, dass Gott seine Hand auf es gelegt hat."

Doch zurück zu der Festversammlung im Haus von Zacharias. Nachdem er Gott von ganzem Herzen gedankt hatte, wurde Zacharias vom Heiligen Geist erfüllt und sprach folgende prophetischen Worte:

„Gepriesen sei der Herr, der Gott Israels;
denn er kam zu seinem Volk und hat es befreit.
Er bringt uns allen Erlösung durch einen Nachkommen Davids,
genau wie er es seit ewigen Zeiten

durch seine heiligen Propheten versprochen hat:
Damals hatte er Erbarmen mit unseren Vätern
und schloss mit ihnen einen heiligen Bund.
Abraham versprach er, uns vor unseren Feinden zu retten
und uns vor all denen zu bewahren, die uns hassen. Er versprach
uns Zeiten des Friedens, in denen wir frei von Furcht leben,
Gott verehren und ein Leben führen können, das ihm gefällt.
Und dich, mein Kind, wird man
‚Prophet des Allerhöchsten' nennen;
du wirst deinem Herrn vorausgehen,
um ihm den Weg zu ebnen,
du wirst seinem Volk Gottes Geschenk der Erlösung anbieten,
weil dieser ihm seine Schuld vergibt.
Durch das herzliche Erbarmen unseres Gottes
wird unser Retter wie eine Sonne über uns aufgehen;
er wird denen scheinen, die im Dunkeln sitzen,
und solchen, auf die der Schatten des Todes gefallen ist.
Gott selbst wird uns den Weg zum Frieden zeigen."

Johannes wuchs heran und entwickelte sich zu einer starken, geisterfüllten Persönlichkeit. Schon bald zog er sich bis zu dem Tag in die Wüste zurück, an dem er sein prophetisches Wirken in Israel beginnen sollte.

Die Geburt Jesu (2,1–7)

2 Wenige Wochen nach der Geburt von Johannes geschah Folgendes: Kaiser Augustus erließ von Rom aus den Befehl, die gesamte Bevölkerung des riesigen Reiches in Steuerlisten zu erfassen. Es war die erste Steuererhebung dieser Art. Damals war Quirinius Gouverneur der Provinz Syrien, zu der auch Israel gehörte. Jeder musste an den Ort reisen, aus dem seine Vorfahren stammten. Dort wurde er dann in Steuerlisten eingetragen. So machte sich auch Josef aus der

Stadt Nazaret in Galiläa auf den Weg nach Betlehem in Judäa. Da er ein Nachfahre Davids war, musste er in dessen Stadt, um sich dort eintragen zu lassen. Begleitet wurde er von Maria, seiner Verlobten, die hochschwanger war.

Während sie dort waren, kam für sie die Zeit, das Kind auf die Welt zu bringen: Sie schenkte einem Sohn das Leben. Sie wickelte ihn in Tücher und legte ihn in eine Futterkrippe, denn es gab für sie keine Unterkunft mehr in der einzigen Herberge am Ort.

Eine außergewöhnliche Nacht (2,8–20)

Einige Schafhirten übernachteten ganz in der Nähe auf freiem Feld. Sie hatten Nachtwachen für ihre Schafe aufgestellt. Plötzlich stand ein Engel Gottes mitten unter ihnen und die Herrlichkeit Gottes umstrahlte ihn. Die Hirten erschraken furchtbar. Doch der Engel sagte: „Habt keine Angst. Ich bin hier, um euch ein Ereignis mitzuteilen, das euch froh macht und das für alle Menschen Grund zu großer Freude sein wird: In dieser Nacht wurde in der Stadt Davids der geboren, von dem die Schrift sagt, dass er der langersehnte Messias ist, der die Menschheit retten wird. Und daran werdet ihr ihn erkennen: Ihr werdet ein Neugeborenes finden, das man in Windeln gewickelt und in eine Futterkrippe gelegt hat."

Auf einmal war der Engel von einem riesigen Chor von Engeln umgeben, die Gottes Lob sangen: „Ehre sei Gott in der Höhe, Friede allen Männern und Frauen auf Erden, an denen er Freude hat."

Als der Chor der Engel wieder vom nächtlichen Himmel aufgenommen worden war, unterhielten sich die Schafhirten aufgeregt miteinander: „Lasst uns so schnell wie möglich nach Betlehem gehen und mit eigenen Augen sehen, was Gott uns gezeigt hat." Sie verließen die Herden und rannten los. Und sie fanden Maria und Josef und das Baby, das tatsächlich in einer Futterkrippe lag. Da erzählten sie von ihrer Begegnung mit dem Engel und all dem, was er über das Kind gesagt hatte. Alle, die den Schafhirten zuhörten, waren sehr verwundert, doch Maria merkte sich alle diese Ereignisse und bewahrte sie sorgsam in ihrem Herzen. Die Schafhirten kehrten zu ihren Herden zurück und ließen dabei ihrer Freude freien Lauf. Sie lobten und dankten Gott für alles, was sie gehört und gesehen hatten. Alles war genau so gekommen, wie man es ihnen gesagt hatte.

Begegnung im Tempel (2,21–40)

Acht Tage nach der Geburt wurde das Kind beschnitten und erhielt dabei den Namen „Jesus". Es war der Name, den der Engel schon für es vorgesehen hatte, noch bevor es empfangen worden war.

Als dann die Tage der Reinigung, die Mose vorgeschrieben hatte, für Maria vorüber waren, brachten sie das Baby in den Tempel nach Jerusalem, um es Gott zu weihen. Denn so schrieb es das Gesetz Gottes vor: „Jedes männliche Lebewesen, das als Erster geboren wird, soll Gott geweiht werden." Als Zeichen für diese Hingabe sollten nach Vorschrift des Gesetzes ein paar Turteltauben oder zwei junge Tauben geopfert werden.

Zu dieser Zeit lebte in Jerusalem Simeon, ein Mann, der Gott liebte und der voller Sehnsucht darauf wartete, dass Gott wie in alten Zeiten seinem Volk beistehen würde. Simeon war schon alt, doch Gott hatte ihm versprochen, dass er vor seinem Tod noch den Messias sehen würde. Nun hatte ihn der Heilige Geist in den Tempel geführt, wo er den Eltern Jesu begegnete. Sie waren gerade dabei, all die vorgeschriebenen Riten des Gesetzes an ihrem Sohn vollziehen zu lassen. Da nahm Simeon das Kind in seine Arme und lobte Gott:

„Gott, jetzt kannst du deinen Diener in Frieden entlassen;
du hast dein Versprechen eingelöst.
Mit meinen eigenen Augen habe ich die Erlösung gesehen,
die du für alle Menschen vorbereitet hast:
ein Licht, das dich den nichtjüdischen Völkern zeigen wird
und unser Volk Israel in neuem Glanz erstrahlen lässt."

Die Eltern von Jesus waren sehr überrascht und wunderten sich über diese Worte. Da segnete Simeon auch sie und wandte sich dann direkt an Maria:

„Vergiss nicht, dass sich an diesem Kind die Geister scheiden werden. Viele in Israel werden durch ihn zu Fall kommen, genauso wie viele durch ihn aufgerichtet werden. Es wird ein Mensch sein, dem man Widerstand entgegensetzen wird – der Schmerz darüber wird deine Seele wie ein Schwertstoß durchdringen. Doch nur so kann offenbar werden, welche Gedanken die Menschen im Innersten beherrschen."

Es gab noch jemanden, der den Messias sehnsüchtig erwartete: Hanna, eine hochbetagte Frau, die von allen für eine Prophetin gehalten wurde. Sie war eine Tochter Penuëls aus dem Stamm Ascher. Sie war sieben Jahre verheiratet gewesen und nun schon seit vierundachtzig Jahren Witwe. Sie verließ das Tempelareal nicht mehr und verehrte Gott Tag und Nacht mit Fasten und Gebet. Gerade als Simeon betete, kam sie hinzu und führte dann selbst das Lobgebet fort. Danach erzählte sie all den vielen Menschen, die in Jerusalem auf eine Erlösung durch Gott hofften, von diesem Kind.

Als die Eltern Jesu all die geforderten Vorschriften erfüllt hatten, kehrten sie in die Stadt Nazaret in Galiläa zurück. Jesus wuchs wie alle anderen Kinder auf, und nur wenigen fiel auf, dass er eine ungewöhnliche Weisheit besaß und die Gnade Gottes ganz offensichtlich mit ihm war.

Im Haus des Vaters (2,41–52)

Jedes Jahr reisten die Eltern von Jesus anlässlich der Feier des Passafestes nach Jerusalem. Als er zwölf Jahre alt war, gingen sie wieder einmal, wie sie es gewohnt waren, zum Fest nach Jerusalem hinauf. Nach den Festtagen machten sie sich wieder auf den Heimweg. Doch Jesus blieb in Jerusalem zurück, ohne dass seine Eltern dies mitbekamen. Sie waren der festen Überzeugung, dass er irgendwo in der Reisegruppe der heimkehrenden Pilger sei. So waren sie bereits einen Tag lang unterwegs, als sie anfingen, ihn bei den Verwandten und Nachbarn zu suchen. Da sie ihn nirgendwo fanden, kehrten sie nach Jerusalem zurück, um ihn dort zu suchen.

Am dritten Tag nach ihrer Abreise fanden sie ihn dann endlich im Tempel. Er saß mitten unter den Schriftgelehrten, hörte ihnen zu und stellte ihnen Fragen. Diese erfahrenen Männer waren ausnahmslos sprachlos und ganz hingerissen von ihm. Vor allem beeindruckte sie die Klarheit seiner Antworten. Seine Eltern hingegen waren weitaus weniger begeistert.

Seine Mutter war außer sich: „Kind, warum machst du etwas, das uns so verletzt? Dein Vater und ich sind vor Sorge um dich fast verrückt geworden!“

Jesus entgegnete: „Warum habt ihr mich denn gesucht? Wusstet ihr wirklich nicht, dass ich hier sein muss, hier im Haus meines Vaters?“

Doch seine Eltern verstanden nicht, was er damit meinte.

Schließlich ging er mit ihnen nach Nazaret zurück und lebte mit ihnen in gewohntem Gehorsam. Seine Mutter behielt alle diese Ereignisse sorgfältig in ihrem Herzen. Und Jesus reifte heran, wuchs körperlich und geistig und war bei Gott und den Menschen gleichermaßen geachtet.

Stimme in der Wüste (3,1–22)

3 Das erste öffentliche Auftreten von Johannes lässt sich genau bestimmen. Es war im fünfzehnten Jahr der Herrschaft von Kaiser Tiberius, Pontius Pilatus war damals Gouverneur von Judäa und Herodes König von Galiläa, sein Bruder Philippus Herr über Ituräa und Trachonitis und Lysanias über Abilene. In Jerusalem waren zu der Zeit Hannas und Kajaphas Oberste Priester – da erhielt Johannes, der Sohn von Zacharias, draußen in der Wüste eine Botschaft von Gott. Er zog daraufhin durch die Gebiete rund um den Jordan und predigte

eine Taufe als Zeichen des Umdenkens, die den Menschen die Vergebung ihrer Sünden brachte. Johannes erfüllte in seiner Person eine Vorhersage des großen Propheten Jesaja:

„Es ruft einer in der Wüste:
‚Bereitet die Ankunft Gottes vor!
Begradigt die Straßen und macht sie eben!
Jede Schlucht soll aufgefüllt
und jeder Hügel abgetragen werden.
Beseitigt alle Umwege,
verseht die unebenen Straßen mit einem neuen Belag.
Jeder soll mit dabei sein können,
wenn Gottes Erlösung zu uns kommt.'"

(Johannes war wirklich ein Wüstenprediger.) Er nahm gegenüber all den Menschen, die zu ihm an den Jordan kamen, um sich taufen zu lassen, kein Blatt vor den Mund: „Ihr Schlangenbrut! Wer hat euch weisgemacht, ihr könntet Gottes Gericht abwenden? An eurem Leben wird man erkennen, ob ihr eure Umkehr wirklich ernst meint. Verlasst euch nicht darauf, dass ihr zum auserwählten Volk gehört und Abraham euren Vater nennen könnt. Gott kann Abraham aus diesen Steinen hier ganz neue Nachkommen schaffen. Nein, es gibt keine Sicherheit, nur weil ihr irgendwie religiös seid. Bei Gott ist es so: Entweder er findet gute Früchte in eurem Leben, oder ihr werdet wie unfruchtbare, dürre Bäume behandelt, die man fällt und verbrennt. Ich warne euch, die Axt ist geschliffen und steht bereit."

Die Menge war betroffen und fragte ihn eindringlich: „Was sollen wir denn tun?"

„Wenn ihr zwei Mäntel habt, gebt einen weg", erwiderte er. „Macht das Gleiche mit eurem Essen."

Auch Zolleintreiber waren gekommen, um sich taufen zu lassen. Sie fragten: „Rabbi, was müssen wir tun?"

Ihnen antwortete er: „Treibt keinen Wucher mehr, sondern zieht nur noch so viel Geld ein, wie vom Gesetz vorgeschrieben ist."

Sogar Soldaten fragten ihn: „Und was sollen wir tun?"

Auch von ihnen verlangte er nur, was recht war: „Misshandelt niemanden, und setzt niemanden mit Gewalt unter Druck, sondern seid mit eurem Sold zufrieden."

Das Interesse der Menschen an ihm wuchs von Tag zu Tag. Man fing schon an, sich zu fragen, ob er nicht vielleicht sogar der Messias sei.

Doch Johannes unterband jede Spekulation, indem er sagte: „Ich taufe euch hier in diesem Fluss mit Wasser. Es kommt aber jemand, der unendlich viel mächtiger ist als ich. Ich würde nicht einmal wagen, ihm seine Schuhriemen zu lösen. Er wird euch mit Feuer und mit dem Heiligen Geist taufen. Und dazu wird er den Dreschplatz reinigen: Den Weizen wird er in seine Scheune bringen, die Spreu wird er hinauswerfen und in einem gewaltigen Feuer verbrennen."

Es gab noch viel mehr Worte dieser Art; Worte, die die Menschen ermahnten, und Worte, die ihr Herz durch seine frohe Botschaft berührten. Aber König Herodes, der aufgrund der Zurechtweisung verärgert war, die er wegen seiner Beziehung zu Herodias, der Frau seines Bruders, hatte hinnehmen müssen, fügte seiner langen Liste schlimmster Taten noch eine weitere Ungeheuerlichkeit hinzu: Er ließ Johannes ins Gefängnis werfen.

Doch zuvor hatte auch Jesus sich noch in die lange Reihe derer gestellt, die sich von Johannes taufen ließen. Als dieser mit ihm betete, öffnete sich der Himmel und der Heilige Geist schwebte wie eine Taube auf ihn herab. Alle konnten eine Stimme aus dem Himmel vernehmen, die sagte: „Du bist mein geliebter Sohn, an dir habe ich meine Freude."

Nachfahre Adams, Abrahams und Davids (3,23–38)

Als Jesus in der Öffentlichkeit auftrat, war er ungefähr dreißig Jahre alt. Für die Menschen war er der Sohn von Josef. Dessen Vorfahren waren Eli, Mattat, Levi, Melchi, Jannai, Josef, Mattitja, Amos, Nahum,

Hesli, Naggai, Mahat, Mattitja, Schimi, Josech, Joda, Johanan, Resa, Serubbabel, Schealtiël, Neri, Melchi, Addi, Kosam, Elmadam, Er, Joschua, Eliëser, Jorim, Mattat, Levi, Simeon, Juda, Josef, Jonam, Eljakim, Melea, Menna, Mattata, Natan, David, Isai, Obed, Boas, Salmon, Nachschon, Amminadab, Admin, Arni, Hezron, Perez, Juda, Jakob, Isaak, Abraham, Terach, Nahor, Serug, Regu, Peleg, Eber, Schelach, Kenan, Arpachschad, Sem, Noach, Lamech, Metuschelach, Henoch, Jered, Mahalalel, Kenan, Enosch, Set und Adam, der von Gott stammte.

Feuerprobe in der Wüste (4,1–13)

4 Erfüllt vom Geist Gottes, verließ Jesus nun den Jordan und wurde von demselben Geist in die Wüste geführt. Nach vierzig Tagen und vierzig Nächten in der Wildnis sah der Widersacher eine Möglichkeit, ihn zu Fall zu bringen. Jesus hatte während dieser Zeit nichts gegessen, und als die Wochen vorüber waren, hatte er Hunger.

Das nutzte der Teufel aus, um ihm den Gedanken einzuflüstern: „Also, wenn du schon Gottes Sohn bist, dann brauchst du doch nur diesem Stein hier zu befehlen, sich in einen Laib Brot zu verwandeln."

Doch Jesus widerstand dieser Versuchung mit einem Zitat aus dem 5. Buch Mose (Deuteronomium): „‚Der Mensch lebt nicht alleine vom Brot, sondern von jedem Wort, das Gott zu ihm spricht.'"

Für die zweite Probe führte ihn der Widersacher hoch hinauf und breitete vor ihm alle Königreiche der Erde aus, sodass er sie alle auf einmal überblicken konnte. Dann sagte der Teufel: „Das könnte alles, alles dir gehören – alles in seiner Herrlichkeit, seiner ganzen Fülle der Macht. Ich habe alles unter meiner Kontrolle und kann es dem geben, dem ich es geben will. Du brauchst nur mich anzubeten und alles gehört dir."

Jesus wies diesen Gedanken scharf zurück, indem er erneut die Schrift zitierte: „‚Bete den Herrn, deinen Gott, an, und nur ihn alleine. Diene ihm mit einem absolut ungeteilten Herzen.'"

Für die dritte Prüfung nahm ihn der Teufel mit nach Jerusalem, stellte ihn auf den höchsten Punkt des Tempels und forderte ihn auf: „Wenn du schon Gottes Sohn bist, dann los, spring hier hinunter! Schließlich steht doch geschrieben: ‚Er hat dich der Sorge der Engel anvertraut, damit sie dich beschützen. Sie werden dich auffangen, und sie werden dich auf Händen tragen, damit du nicht einmal mit deinem Fuß an einen kleinen Stein stößt.'"

Jesus entgegnete: „Aber es steht auch geschrieben: ‚Wage es nicht, den Herrn, deinen Gott, auf die Probe zu stellen.'"

Das beendete die Versuchungen. Der Teufel ließ ihn vorübergehend in Ruhe, lauerte aber weiter auf eine Gelegenheit, ihn zu Fall zu bringen.

Jesus liest aus dem Propheten Jesaja (4,14–37)

Jesus kehrte nach Galiläa zurück. Der Heilige Geist wirkte sehr stark in ihm und durch ihn. Die Nachricht, dass er wieder zurück war, verbreitete sich in der ganzen Gegend. Jesus lehrte in den Synagogen und viele waren von ihm begeistert.

So kam er auch nach Nazaret, wo er aufgewachsen war. Wie er es immer am Sabbat tat, ging er auch diesmal in die Synagoge. Als er aufstand, um aus der Heiligen Schrift vorzulesen, reichte man ihm die Textrolle des Propheten Jesaja. Nachdem er die Rolle geöffnet hatte, stieß er auf folgende Stelle:

„Gottes Geist erfüllt mich;
er hat mich auserwählt, den Armen eine Botschaft zu sagen,
die wirklich eine gute Nachricht für sie ist.
Er hat mich hinausgeschickt,
den Gefangenen ihre Freilassung anzukündigen,
Blinde wieder sehend zu machen,
Beladenen und Niedergedrückten ihre Last von den Schultern
zu nehmen

und allen anzukündigen:
‚Dies ist Gottes Jahr, in dem er sich eurer erbarmen wird!'"

Er rollte die Schriftrolle wieder zusammen, gab sie einem Helfer zurück und setzte sich. Alle Augen in der Versammlung waren gespannt auf ihn gerichtet. Dann begann er: „Heute hat sich die Heilige Schrift vor euren Augen erfüllt."

Alle Anwesenden waren überrascht darüber, wie gut er sprach, und sie spürten, dass aus seinen Worten die Vollmacht Gottes sprach. Doch es gab auch andere Stimmen: „Ist das nicht der Sohn von Josef, der Mann, den wir seit seiner frühesten Kindheit kennen?"

Jesus ging darauf ein: „Ich nehme an, dass ihr gerade den Ausspruch zitiert: ‚Arzt, heile dich selbst', oder mit anderen Worten: ‚Zeig doch wenigstens hier in deiner Heimatstadt etwas von dem, was man sich in Kafarnaum von dir erzählt.' Aber es ist schon so: Kein Prophet ist in seiner Heimatstadt willkommen. Doch Gott hat seine eigenen Wege. Gab es nicht in Israel während der dreieinhalbjährigen Trockenheit, die das Land mit einer Hungersnot heimsuchte, als Elija noch lebte, eine große Zahl von Witwen? Gott aber sandte Elija ausgerechnet zu einer Witwe nach Sarepta bei Sidon. Und gab es nicht zahlreiche Leprakranke in Israel zur Zeit des Propheten Elischa? Doch der einzige, der von der Krankheit befreit wurde, war Naaman – und das war ein Syrer."

Alle Anwesenden verstanden, was er damit sagen wollte, und sie wurden furchtbar wütend auf ihn. Sie standen wie ein Mann auf und trieben ihn aus dem Dorf an den Rand eines steilen Abhangs, um ihn dort in den Tod zu stürzen. Doch Jesus schritt mitten durch die wütende Menge und ging einfach weg.

Er wanderte hinunter nach Kafarnaum, einen Ort am See Gennesaret. Dort lehrte er die Leute am Sabbat. Alle waren überrascht und beeindruckt von seiner Art zu lehren, weil er es mit einer für sie unbekannten Vollmacht tat.

In der Synagoge fand sich an diesem Tag auch ein Mann ein, den offensichtlich ein Dämon quälte. Er schrie: „He, was hast du mit uns vor, Jesus, Nazarener? Ich weiß genau, was du im Schilde führst. Du bist der Heilige Gottes, und du bist gekommen, um uns zu vernichten!"

Jesus fuhr ihn an: „Halt den Mund! Verschwinde!" Der dämonische Geist warf den Mann direkt vor allen Leuten zu Boden und verließ ihn. Dabei hatte ihn der Dämon nicht verletzen können.

Das ließ jeden zurückweichen und überall flüsterte man und fragte sich: „Was passiert denn da mitten unter uns? Da ist jemand, auf dessen Geheiß hin tatsächlich etwas geschieht. Einer, der den dämonischen Geistern zu verschwinden befiehlt, und sie gehen wirklich." Und man sprach in der ganzen Gegend von niemand anderem als von Jesus.

Er heilt sie alle (4,38–44)

Nachdem er die Synagoge verlassen hatte, ging er zum Haus von Simon. Simons Schwiegermutter lag krank im Bett und hatte hohes Fieber. Sie baten ihn, etwas für sie zu tun. Er stellte sich an das Kopfende ihres Bettes und befahl dem Fieber einfach zu gehen. Und tatsächlich verließ das Fieber sie im selben Moment. Sofort stand sie auch schon auf und machte ihnen etwas zu essen.

Nach Sonnenuntergang war der Sabbat vorüber. Und schon brachten alle, die zu Hause Verwandte oder Freunde hatten, die krank waren oder Gebrechen hatten, diese zu ihm. Er legte einem nach dem anderen die Hände auf und heilte sie. Auch zahllose Dämonen verließen die geplagten Leute. Sie schrien: „Sohn Gottes! Du bist der Sohn Gottes!" Doch er fuhr sie an und ließ sie nicht weiterreden, denn sie wussten, dass er der Messias war.

Am nächsten Tag verließ er Kafarnaum und zog sich an einen einsamen Ort zurück. Die Menschen suchten ihn allerdings, und als sie ihn gefunden hatten, wollten sie ihn daran hindern wegzugehen. Er aber sagte ihnen: „Versteht doch, dass ich die frohe Botschaft von der liebevollen Herrschaft Gottes auch noch anderen Orten bringen muss! Schließlich ist das die Aufgabe, wegen der ich gesandt wurde." Und er fuhr fort, in den Synagogen von ganz Judäa zu lehren.

Ein unerwartet großer Fang (5,1–11)

5 Einmal stand er am Ufer des Sees Gennesaret. Die Menge drängte sich um ihn, um besser hören zu können, was er ihnen über Gott sagte. Da bemerkte er zwei Boote, die am Ufer festgemacht waren. Die Fischer hatten sie gerade verlassen und waren dabei, ihre Netze zu reinigen. Er stieg in das Boot von Simon und bat diesen, ein wenig vom Ufer abzulegen. Dann setzte er sich und benutzte das Boot als seine Kanzel, von der aus er die vielen Menschen unterweisen konnte.

Als er seine Lehre beendet hatte, sagte er zu Simon: „Fahrt hinaus ins tiefe Wasser und werft eure Netze noch einmal zum Fang aus!"

Simon entgegnete: „Rabbi, wir haben die ganze Nacht hart gearbeitet und gefischt und nicht einmal einen kleinen Fisch gefangen. Aber wenn du es sagst, dann werde ich die Netze noch einmal auswerfen." Kaum hatte er sich damit einverstanden erklärt und die Netze ins Wasser gelassen, als sie eine so gewaltige Menge an Fischen fingen, dass die Netze zu reißen drohten. Sie winkten den Freunden im anderen Boot, damit diese ihnen halfen. Auf diese Weise füllten sie mit dem einen Fang beide Boote, sodass sie beinahe sanken.

Als Simon Petrus begriff, was da vor sich ging, fiel er vor Jesus auf die Knie. „Rabbi, geh weg von hier. Ich bin ein Sünder. Bitte geh du deiner Wege." Denn der gewaltige Fischfang hatte ihn als erfahrenen Fischer mit maßlosem Schrecken erfüllt. Genauso erging es auch Jakobus und Johannes, die mit Simon zusammengearbeitet hatten.

Jesus sagte zu Simon: „Du brauchst keine Angst zu haben, Simon. Aber von jetzt an wirst du ein Menschenfischer sein." Da zogen sie die Boote ans Ufer, ließen sie mitsamt den Netzen und allem anderen zurück und folgten ihm.

Wenn Gott Menschen berührt (5,12–39)

Eines Tages begegneten sie einem Mann, dessen Körper völlig mit Aussatz bedeckt war. Als er Jesus sah, warf er sich vor ihm nieder und flehte ihn an: „Wenn du willst, kannst du mich rein machen."

Jesus streckte seine Hand aus, berührte ihn und sagte zu ihm: „Ich will es, sei rein!" Auf der Stelle wurde die Haut des Mannes glatt, der Aussatz war verschwunden.

Jesus trug ihm auf: „Rede mit niemandem in der Stadt darüber. Zeig dich unverzüglich als Geheilter den Priestern und opfere, was Mose im Falle einer Heilung vorgeschrieben hat. Das mag als Zeugnis genügen." Aber der Mann konnte es nicht für sich behalten, und schon bald hatte sich eine große Menschenmenge versammelt, um Jesus zuzuhören und von ihren Leiden geheilt zu werden. Sooft es ihm jedoch möglich war, zog er sich an völlig entlegene Orte zurück, um zu beten.

Als Jesus wieder einmal die Leute lehrte, saßen auch einige Pharisäer und Schriftgelehrte unter den Zuhörern. Sie waren aus fast jedem Ort in Galiläa und Judäa gekommen, sogar aus dem entfernteren Jerusalem (nur um alles mitzubekommen). Jesus aber war mit der heilenden Kraft Gottes erfüllt. Da kamen ein paar Männer, die einen Gelähmten auf einer Bahre trugen. Sie suchten nach einer Möglichkeit, wie sie in das Haus gelangen und ihn vor Jesus absetzen konnten. Da es wegen der Menschenmenge aber überhaupt nicht möglich war, in das Haus hineinzukommen, stiegen sie auf das Dach, entfernten ein Stück der Dachabdeckung und ließen den Gelähmten mitten unter die Leute und direkt vor Jesus hinunter. Dieser war von ihrem mutigen Glauben beeindruckt und sagte zu dem Gelähmten: „Freund, deine Sünden sind dir vergeben."

Das brachte die Schriftgelehrten und die Pharisäer auf die Barrikaden: „Was glaubt der denn, wer er ist?! Das ist gotteslästerliches Gerede! Gott und nur Gott kann Sünden vergeben."

Jesus wusste genau, was sie dachten. Darum sagte er: „Was macht ihr euch bloß für Gedanken!? Was ist einfacher: zu sagen ‚Ich vergebe dir deine Sünden' oder: ‚Steh auf und geh umher!'? Ich werde euch jetzt zeigen, dass der Menschensohn die Autorität hat, beides zu tun ..." In diesem Augenblick wandte er sich direkt an den Gelähmten und sagte: „Steh auf, nimm deine Bahre und geh nach Hause!" Ohne einen Moment zu zögern, tat dieser wie geheißen: Er stand auf, nahm die Bahre, auf der er gelegen hatte, und ging nach Hause. Auf dem ganzen Weg lobte und dankte er Gott. Die Menschen waren fassungslos vor Staunen. Schließlich konnten sie nur noch Gott loben und preisen. Von Ehrfurcht ergriffen, sagten sie zueinander: „So etwas wie das hier haben wir noch nie erlebt!"

Darauf verließ Jesus das Haus und sah einem Mann zu, der vor seinem Zollhaus saß und Steuern eintrieb. Sein Name war Levi. Jesus sagte zu ihm: „Komm, geh mit mir." Und er tat es – er ließ alles stehen und liegen und ging mit Jesus.

Noch am selben Tag veranstaltete Levi ein großes Abendessen für Jesus. Jeder war da: Zolleintreiber und andere, die einen üblen Ruf hatten – alle waren Gäste bei diesem Essen. Da wandten sich die Pharisäer und die Schriftgelehrten an seine Jünger und machten ihnen Vorhaltungen: „Sagt mal, was macht ihr denn da, ihr esst und trinkt ja mit regelrechtem Gesindel?!"

Jesus bekam diese Vorwürfe mit, deshalb sprach er seine Kritiker direkt an: „Wer braucht denn nun den Arzt: der Gesunde oder der Kranke? Ich bin nicht gekommen, um Fromme noch frommer zu machen, sondern um Menschen, die weit von Gott entfernt sind, in seine Nähe zu bringen."

Da fragten sie ihn: „Die Jünger von Johannes sind dafür bekannt, dass sie Fastenzeiten einhalten und viel beten. Das Gleiche gilt für die Pharisäer. Doch ihr scheint euch nicht um solche religiösen Praktiken zu kümmern. Wie ernst ist es euch eigentlich mit Gott?"

Jesus entgegnete ihnen: „Stellt euch vor, ihr nehmt an einem Hochzeitsessen teil. Würde es euch da etwa in den Sinn kommen zu fasten, solange der Bräutigam noch zugegen ist? Sicher nicht. Wenn aber der Bräutigam gewaltsam aus eurer Mitte gerissen wird, dann wird euch nichts mehr schmecken. Das Fest ist dann vorüber."

Daraufhin versuchte Jesus, ihnen auch mit Hilfe anderer Bilder deutlich zu machen, dass ihr Denken tatsächlich nicht mit dem Neuen zusammenpasste, das durch ihn gekommen war.

„Schaut mal, es wird doch kein Mensch auf die Idee kommen, aus einem guten Gewand ein Stück Stoff herauszuschneiden, um es auf einen alten Arbeitskittel zu nähen. Ersteres wird zerstört sein und auf dem morschen Stoff des anderen wird der Flicken nicht lange halten. Und ihr füllt ja auch keinen jungen Wein in alte, hart gewordene Weinschläuche. Die würden dem Druck nicht standhalten, sondern platzen, und der Wein ginge verloren. Nein, ihr verwendet ganz selbstverständlich neue, weiche Lederschläuche für euren jungen Wein. Anders beim Wein selbst: Hier wird oft der alte Wein einem jungen vorgezogen. (Ihr seht, beides hat zu seiner Zeit seinen Wert!)“

Jesus und das Sabbatgebot (6,1–11)

6 Es war an einem Sabbat, als Jesus durch ein Getreidefeld ging, dessen Ähren bereits reif waren. Seine Jünger rupften die Ähren ab und zerrieben sie in der Hand, um die Körner von der Spreu zu befreien und zu essen. Das ärgerte einige Pharisäer: „Warum macht ihr das? Ihr brecht doch eine Sabbat-Vorschrift!“

Doch Jesus stellte sich vor seine Jünger und sagte: „Habt ihr nie gelesen, was David und seine Gefährten taten, als er hungrig war? Wie er ins Heiligtum ging und die frischen Brote aß, die schon auf dem Altar als Opfergabe lagen und die als heilige Brote nur von den Priestern gegessen werden durften? Und er gab sogar seinen Begleitern davon.“

Dann fügte er noch hinzu: „Der Menschensohn ist nicht der Sklave des Sabbats, sondern er hat das Sagen über ihn.“

An einem anderen Sabbat ging er in eine Synagoge und lehrte dort. Anwesend war auch ein Mann mit einer verkrüppelten Hand. Die Schriftgelehrten und die Pharisäer beobachteten genau, ob er diesen Mann wohl heilen würde. Sie hofften, ihn diesmal selbst bei der

Verletzung des Sabbatgebotes zu ertappen. Jesus wusste, was sie vorhatten, und sprach deshalb den Mann mit der verkrüppelten Hand an: „Steh auf und stell dich hier vor uns“, was dieser sofort tat.

Daraufhin wandte Jesus sich direkt an die Schriftgelehrten und die Pharisäer: „Lasst mich euch eine Frage stellen: Welche Art von Handlungen passt am besten zum Sabbat? Gutes tun oder Böses? Menschen zu helfen oder Menschen hilflos sich selbst zu überlassen?“

Er ließ seinen Blick über die Menge schweifen und sah jeden an. Dann wandte er sich an den Mann: „Heb deine Hand hoch!“ Dieser streckte seine Hand nach oben und sie war vollkommen wiederhergestellt.

Die Pharisäer waren außer sich vor Wut und begannen, Pläne zu schmieden, wie sie Jesus beseitigen könnten.

Die zwölf Apostel (6,12–23)

In dieser Zeit stieg Jesus auf einen Berg, um zu beten. Er war dort die ganze Nacht im Gebet mit Gott vereint. Am nächsten Tag versammelte er seine Jünger; von ihnen wählte er zwölf aus, die er „Apostel“ nannte: Simon, dem er den Beinamen „Petrus“ gab, Andreas, sein Bruder, Jakobus, Johannes, Philippus, Bartholomäus, Matthäus, Thomas, Jakobus, der Sohn von Alphäus, Simon, der Zelot, Judas, der Sohn von Jakobus, und Judas Iskariot, der ihn später verriet.

Als er mit ihnen vom Berg herunterkam, erwarteten ihn nicht nur seine zahlreichen Jünger. Mittlerweile waren Menschen von überall her, aus Judäa und Jerusalem, ja selbst aus dem Gebiet von Sidon und Tyros herbeigeströmt. Sie kamen, um ihn reden zu hören, aber auch, um von ihren Leiden befreit zu werden. Auch hofften Menschen, die von einem bösen Geist gequält wurden, von ihm befreit zu werden. Jeder drängte sich an ihn heran, um ihn zu berühren, denn es ging eine unglaubliche Kraft von ihm aus, die alle Kranken und Belasteten heilte.

Doch dann richtete Jesus sich auf, blickte die Menschen, die ihn umgaben, an und begann zu sprechen:

„Ihr seid gesegnet, wenn ihr vor Gott bettelarm dasteht. Ihr werdet erfahren, was es heißt, unter seiner Herrschaft leben zu dürfen.

Ihr seid gesegnet, wenn ihr hungrig seid, denn Gott wird euren Hunger stillen.

Ihr seid gesegnet, wenn ihr jetzt weinen müsst, denn euer Weinen wird sich in Lachen verwandeln.

Haltet daran fest, dass ihr gesegnet seid, auch dann, wenn man euch hasst, euch aus Gemeinschaften ausschließt und euch wie Abfall behandelt, nur weil ihr zu mir gehört. Wenn es einmal so weit kommt, dann freut euch und seid fröhlich. Ihr könnt euch nicht vorstellen, wie groß euer Lohn im Himmel sein wird. Und denkt daran, dass alle Propheten und Zeugen Gottes schon immer so behandelt wurden."

Werdet eurem Vater ähnlich (6,24–42)

„Euch aber, die ihr glaubt, reich zu sein, warne ich: Was ihr jetzt habt, wird euer einziger Trost sein.

Ich warne euch, wenn ihr euch jetzt satt und zufrieden zurücklehnt: Ihr werdet einen unstillbaren Hunger bekommen. Das gilt auch für die, die alles auf die leichte Schulter nehmen: Sie werden auf schmerzhafte Weise vom Ernst des Lebens eingeholt werden.

Ich warne euch, wenn euch nur daran liegt, bei allen und jedem gut anzukommen, euch aber völlig gleichgültig ist, wie Gott euch einschätzt. Denkt an all die falschen Propheten, die eure Vorfahren für so großartig hielten!

Euch, die ihr mir hier zuhört, sage ich: Liebt eure Feinde. Behandelt die gut, die euch gegenüber nichts als Ablehnung an den Tag legen. Wenn jemand euch in jeder Hinsicht nur Böses wünscht, dann ist es an euch, mit ganzer Hingabe für einen solchen Menschen zu beten. Wenn euch jemand ins Gesicht schlägt, schlagt nicht zurück, sondern steckt es einfach weg. Wenn euch jemand euer Hemd wegnimmt, dann gebt ihm noch euren besten Mantel dazu. Seid großzügig. Wenn euch jemand um etwas bittet, dann überlegt nicht lange, sondern gebt gerne. Und wenn euch jemand etwas genommen hat, bemüht euch nicht krampfhaft, es zurückzubekommen.

Hier ist eine ganz einfache Regel für euer Verhalten: Behandelt eure Mitmenschen so, wie ihr gerne von ihnen behandelt werden wollt! Wenn ihr nur nett zu denen seid, die euch liebenswert erscheinen – was ist daran schon Besonderes? Nicht anders verhalten sich auch die Menschen, die Gott nicht kennen. Wenn ihr nur denen helft, die dann wiederum euch helfen – erwartet ihr dafür einen besonderen Dank des Himmels? Nein, denn das geschieht auch unter Menschen, die nichts mit Gott zu tun haben wollen. Wenn ihr nur mit dem Hintergedanken gebt, mindestens genauso viel wieder zurückzubekommen – meint ihr, ihr hättet dafür eine Belohnung verdient? Selbst der liebloseste Mensch macht es nicht anders.

Ich dagegen erwarte von euch: Liebt eure Feinde. Helft und gebt, ohne zu erwarten, dass ihr etwas zurückbekommt. Noch einmal: Lebt großzügig und voller Erbarmen, denn nur so werden Menschen erkennen können, wie euer Vater ist. Denn euer Vater im Himmel ist gütig und voller Erbarmen gegenüber den Undankbaren und den Bösen.

Seid also barmherzig, wie euer Vater barmherzig ist. Vermeidet es, Menschen zu richten, denn dann werdet auch ihr nicht gerichtet werden. Verurteilt niemanden, dann werdet auch ihr niemals verurteilt werden. Wenn ihr vergebt, wird euch im gleichen Maß vergeben, und wenn ihr gebt, werdet ihr mehr als reichlich zurückerhalten. Versteht doch: Der Maßstab, den ihr an andere Menschen anlegt, wird eines Tages auch an euch angelegt werden. (Dann aber entscheidet er über eure ganze Ewigkeit.)“

Die Menschen fragten sich, warum sie noch nie so etwas gelehrt wurden. Da zitierte Jesus ein Sprichwort: „‚Kann ein blinder Mann einen Blinden führen?‘ Werden nicht beide irgendwann in einer Grube landen? Wird ein Schüler seinem Lehrer viel beibringen können? Wenn nun die Lehrer immer noch Schüler sind, wundert es euch da, dass sie vieles noch nicht begriffen haben?

Haltet euch jedoch mit eurer Kritik zurück. Denn ihr seht so schnell den Splitter im Auge des anderen, merkt aber nicht, was für ein Holzstück da in eurem eigenen Auge steckt.

Wie schafft ihr es immer wieder, euch über das Versagen anderer aufzuregen, während ihr über euer eigenes Unvermögen nicht einen Moment lang betroffen seid?! Wenn es jemanden gibt, den ihr verändern sollt, dann seid das ihr selbst, niemand sonst."

Gott sucht das Echte (6,43–49)

„Weder werdet ihr von einem gesunden Baum faulige Früchte ernten noch gute von einem kranken Baum. Die Frucht sagt alles über die Pflanze, von der man sie gepflückt hat. Man erntet nun mal keine Feigen von Disteln und keine Trauben von einem Dornengestrüpp. Aus einem guten Menschen kommen letztlich nur gute Worte und Taten hervor, aus einem bösen nichts Gutes, denn wovon das Herz voll ist, davon spricht der Mund.

Warum gibt es unter euch so viele, die ständig ‚Herr, Herr' im Mund führen, sich aber nicht im Geringsten nach dem richten, was ich sage? Deswegen möchte ich euch noch einmal sagen, mit wem jemand zu vergleichen ist, der meine Worte hört und sie in seinem Leben umsetzt. Man könnte ihn mit einem Bauherrn vergleichen, der sein Haus an einen Fluss gebaut hat. Er setzte seine Grundmauern auf Felsen. Als dann der Fluss über die Ufer trat und mit voller Wucht auf das Haus traf, konnte dies das Haus nicht erschüttern. Es war so gebaut, dass es viele Jahre lang allen Stürmen standhalten konnte.

Aber wenn ihr euch nur anhört, was ich sage, und es womöglich noch gut findet, aber nichts davon in eurem Leben Wirklichkeit werden lasst, dann kann man euch mit einem sehr beschränkten Bauherrn vergleichen, der sein Haus ohne Grundmauern einfach auf den Ufersand setzte. Als nun der Fluss über die Ufer trat und die ersten

Wellen des Flusses das Haus erreichten, brach es in sich zusammen, und der Schaden war gewaltig."

Unvorstellbares geschieht durch ihn (7,1–17)

7 Nachdem er aufgehört hatte, zu den Leuten zu sprechen, ging er nach Kafarnaum. Da kamen einige Älteste der örtlichen Synagoge mit einem ungewöhnlichen Anliegen zu ihm.

Im Ort gab es einen römischen Offizier, dessen Diener im Sterben lag. Ihm lag sehr viel an diesem Mann, weshalb er einige Leiter der jüdischen Gemeinde gebeten hatte, Jesus um seine Hilfe zu bitten. Sie kamen zu Jesus und drängten ihn, doch etwas zu tun. Sie sagten: „Er hat es verdient. Er liebt unser Volk. Er hat sogar unsere Synagoge errichten lassen."

Jesus ging mit ihnen. Als sie nicht mehr weit vom Haus des Offiziers entfernt waren, schickte dieser einige Freunde zu ihm, die ihm ausrichten sollten: „Meister, Ihr müsst euch nicht die Mühe machen, weiterzugehen, denn ich bin in keiner Weise würdig, dass Ihr persönlich in mein Haus kommt. Ihr braucht doch nur den Befehl zu geben und meinem Diener wird es wieder gutgehen. Ich selbst unterstehe höherem Befehl und gebe anderen Befehle. Ich sage zu einem Soldaten: ‚Geh', und er geht, zu einem anderen: ‚Komm', und er kommt. Zu meinem Diener sage ich: ‚Tu das', und er tut es."

Jesus war völlig überrascht. Sofort wandte er sich an die Menge, die ihn begleitete: „Einem solchen Vertrauen bin ich in ganz Israel nicht begegnet."

Als die Personen, die ihm die Nachricht des Offiziers überbracht hatten, wieder nach Hause kamen, trafen sie den Diener. Der war bereits auf den Beinen – gesund und munter.

Nicht lange danach ging Jesus zu einem Dorf mit Namen Naïn. Seine Jünger begleiteten ihn sowie auch eine große Schar von Leuten. Als sie sich dem Tor des Dorfes näherten, trafen sie auf einen Begräbniszug: Der einzige Sohn einer Frau, die zudem noch Witwe war, wurde zum Begräbnis hinausgetragen. Als Jesus sie sah, brach es ihm regelrecht das Herz. Er sagte zu ihr: „Weine nicht!“ Dann ging er zu der Bahre, woraufhin die Träger anhielten. Er sprach den Toten direkt an: „Junger Mann, ich sage dir: Steh auf!“ Der tote Sohn setzte sich auf und begann zu sprechen. Jesus gab ihn so seiner Mutter zurück.

Die Menschen ergriff eine heilige Furcht. Sie fingen an, Gott zu preisen und zu danken: „Gott hat uns einen gewaltigen Propheten geschickt, ja, er ist selbst gekommen, um sich um sein Volk zu kümmern!“ Dieses unglaubliche Ereignis wurde schon bald in ganz Judäa und in angrenzenden Gebieten erzählt.

Ist es das, was ihr erwartet habt? (7,18–35)

Die Jünger von Johannes versorgten ihn mit Berichten über all diese Ereignisse. Da sandte er zwei von ihnen zu Jesus, um ihm eine Frage zu stellen. Die zwei Männer erschienen bei Jesus und erklärten: „Johannes der Täufer schickt uns, um dich zu fragen: ‚Bist du der eine, auf den wir alle hoffen, oder sollen wir weiterhin auf jemand anderen warten?‘“

Sie kamen zu einer Zeit, in der Jesus besonders viele Menschen von ihren Krankheiten und Gebrechen, aber auch von dämonischen Belastungen befreite. Vielen Blinden gab er das Augenlicht zurück. Seine Antwort fasste nur zusammen, was die beiden Jünger von Johannes selbst sehen konnten. Er sagte: „Geht zurück, und erzählt Johannes alles, was ihr hier gesehen und gehört habt:

Die Blinden sehen,
die Gelähmten gehen,
Leprakranke werden heil,
die Tauben hören,
die Toten werden wieder lebendig,
die Elenden dieser Welt hören,
dass sie ganz besonders von Gott geliebt sind.

Schätzt euch glücklich,
wenn ihr euch nicht an meinen Worten und Taten stoßt."

Nachdem die beiden gegangen waren, um Johannes Bericht zu erstatten, wandte Jesus sich an die Menschen, die sich um ihn versammelt hatten: „Was habt ihr erwartet, als ihr hinausgepilgert seid, um ihn in der Wüste zu sehen? Einen unzuverlässigen, schwachen Menschen? Oder jemanden in vornehmer Kleidung? Nein, solche Leute findet ihr in den Palästen der Könige. Was also wolltet ihr erleben, als ihr zu ihm hinaus in die Wüste gezogen seid? Einen Propheten? Richtig, einen Propheten! Ja, mehr noch als einen Propheten. Er ist der Mann, den Maleachi angekündigt hat, als er schrieb: ‚Ich sende meinen Propheten direkt vor dir her, um dir den Weg zu ebnen.'*

Lasst es mich euch in aller Deutlichkeit sagen: Kein sterblicher Mensch wird jemals die Größe eines Johannes erreichen, aber unter der Herrschaft Gottes, für die er euch vorbereiten wollte, ist auch der Unscheinbarste bedeutender als er. Wer hat denn aufgrund seiner Predigt Gott wieder Gott sein lassen in seinem Leben?! War es nicht das ganz einfache Volk, angefangen bei den Zolleintreibern? Von den Pharisäern und den Gesetzeslehrern hat sich niemand taufen lassen, sie schlugen einfach aus, was Gott ihnen zugedacht hatte. (Vielleicht auch, weil sehr religiöse Menschen sich schwertun, einen Aufruf zur Umkehr auf sich selbst zu beziehen.)

Mit wem soll ich solche Menschen vergleichen? Sie kommen mir vor wie Kinder, die auf dem Spielplatz herumsitzen und sich aus allem heraushalten. Andere Kinder beklagen sich über sie: ‚Wir haben für euch Musik gemacht, aber ihr hattet keine Lust zum Tanzen. Dann dachten wir, ihr würdet lieber Begräbnis spielen, doch da wolltet ihr auch nicht mitmachen.' Johannes kam und lebte in der Wüste, aß kein Brot und trank keinen Wein, da gab es für sie nur eine Erklärung: Der ist ‚besessen'. Der Menschensohn kam, aß und trank wie alle anderen, und schon nannten sie ihn einen Fresser und Säufer, ei-

* Maleachi 3,1

nen Kumpan der Zolleintreiber und anderem üblen Gesindel. Worüber die ‚Frommen' sich ärgern, können sich andere, die verstanden haben, um was es Gott geht, nur freuen."

Wem viel vergeben wird ... (7,36–8,3)

Einer der Pharisäer lud Jesus zum Essen ein. Dieser ging zu ihm und legte sich, wie es damals üblich war, zu Tisch. Kurz darauf erschien eine Frau, die überall in der Stadt für ihren sündigen Lebensstil bekannt war. Sie hatte mitbekommen, dass Jesus im Haus des Pharisäers zu Gast war, hatte daraufhin eine kleine Alabasterflasche mit äußerst teurem Salböl genommen und ging zu ihm. Sie näherte sich von hinten seinen Füßen und fing an zu weinen, sodass ihre Tränen wie Regen auf die Füße Jesu hinabfielen. Da löste sie ihr Haar, trocknete damit seine Füße, küsste sie und rieb sie anschließend mit dem Salböl ein. Als der Pharisäer, der Jesus eingeladen hatte, das alles sah, sagte er zu sich selbst: „Wenn dieser Mann der Prophet wäre, für den ihn alle Welt hält, dann wüsste er, was für eine Sorte Frau das ist, von der er sich da verwöhnen lässt."

Da wandte Jesus sich ihm zu und sagte: „Simon, ich möchte dir etwas erzählen."

„Meister, ich höre."

„Zwei Männer hatten bei demselben Geldverleiher Schulden. Der eine schuldete ihm fünfhundert Silberstücke, der andere fünfzig. Keiner von beiden war in der Lage, seine Schulden zurückzuzahlen. Da erließ der Geldverleiher beiden ihre Schuld. Welcher von den beiden wird wohl dankbarer sein?"

Simon entgegnete: „Ich nehme an, derjenige, dem die meisten Schulden erlassen worden sind."

„Das ist richtig", pflichtete Jesus ihm bei. Dann wandte er sich wieder der Frau zu, blieb aber weiter mit Simon im Gespräch: „Siehst du diese Frau? Ich kam in dein Haus, aber nicht im Traum wäre es dir eingefallen, mir die Füße zu waschen; sie aber hat ihre Tränen auf meine Füße fließen lassen und sie sogar mit ihren Haaren abgetrocknet. Du hast mir keinen Begrüßungskuss gegeben, sie aber hat nicht aufgehört, meine Füße zu küssen, seit sie hereingekommen ist. Du hattest für mich keinen Tropfen Salböl übrig, sie aber hat ein ganzes Fläschchen über meinen Füßen ausgegossen. Das ist der Unterschied: Sie zeigt mir ihre überschwängliche Liebe, weil sie weiß, dass ihr viel, sehr viel vergeben wird. Du hast mir wenig Liebe erwiesen, weil du der Meinung bist, dass dir auch nichts vergeben werden müsste."

Dann sprach er die Frau direkt an: „Du kannst dich wirklich freuen, deine Sünden sind dir vergeben."

Da begannen die übrigen Gäste, sich hinter vorgehaltener Hand zuzuflüstern: „Was glaubt er eigentlich, wer er ist? Wie kann er jemandem zusagen, seine Sünden seien ihm vergeben?!"

Er überhörte das Gerede und sagte zu der Frau: „Dein Glaube hat dich gerettet. Du kannst in Frieden gehen."

8 Nach diesen Ereignissen reiste Jesus weiterhin von einer Stadt zur anderen, von einem Dorf zum anderen. Überall predigte er und verbreitete so die Botschaft von der nahe gekommenen Herrschaft Gottes. Dabei begleiteten ihn die Zwölf. Es gab auch noch eine Reihe von Frauen in ihrer Gesellschaft, die von den verschiedensten Krankheiten und bösen Leiden geheilt worden waren: Maria, die sie Magdalena nannten, aus ihr waren sieben Dämonen ausgetrieben worden; dann Johanna, die Frau von Chuzas, einem Beamten von Herodes, sowie Susanna und viele andere, die ihre beachtlichen Mittel hergaben, um für die ganze Gruppe zu sorgen.

Von unterschiedlichen Bodenarten (8,4–15)

In jeder Stadt kamen eine Menge Leute zusammen, um ihn zu hören. Immer wieder sprach Jesus über die Herrschaft Gottes, doch die Menschen gingen sehr unterschiedlich mit dem Gehörten um. Da erzählte er ihnen folgendes Gleichnis: „Ein Bauer ging hinaus, um die Saat auszustreuen. Etwas davon fiel auf die Straße; dort wurde es zertreten und die Vögel pickten es auf. Ein weiterer Teil fiel auf dünnes Erdreich über felsigem Untergrund; es fing an zu sprossen, verwelkte aber schnell, da die Erde nicht genügend Feuchtigkeit speichern konnte. Ein anderer Teil des Saatguts fiel mitten ins Gestrüpp, das mit der Saat aufwuchs und diese regelrecht erstickte. Schließlich fiel ein Teil auch auf gutes Erdreich und brachte hundertfachen Ertrag.

Habt ihr verstanden, was ich euch damit sagen will?"

Die Jünger gestanden ein, nicht zu wissen, was er mit dem Gleichnis gemeint haben könnte: „Worum geht es in dieser Geschichte?"

Jesus erwiderte: „Euch wurde Einsicht in das geschenkt, was Gottes Herrschaft ist. Ihr wisst, wie er handelt. Den anderen muss ich zunächst die Dinge mit Hilfe von Gleichnissen nahebringen. Dabei wird es immer noch genügend geben, die zwar hören, was ich sage, aber dennoch nichts verstehen, die zwar sehen, aber doch nichts begreifen.

Diese Geschichte handelt von solchen Leuten. Mit dem Saatgut ist das Wort Gottes gemeint. Die Straße, auf die die Körner fallen, sind die Menschen, die das Wort zwar hören, aber kaum, dass sie es aufgenommen haben, geben sie dem Teufel die Möglichkeit, es ihnen wieder wegzunehmen. So kommen sie erst gar nicht zum Glauben, der sie retten könnte.

Das dünne Erdreich über Felsen steht für Leute, die das Wort mit Begeisterung aufnehmen, die aber alles wieder aufgeben, sobald irgendwelche Schwierigkeiten auftauchen.

Der Boden mit dem Unkrautgestrüpp steht für Personen, die wirklich ihr Ohr für das Wort Gottes geöffnet haben, doch dann wird diese Saat vom Gestrüpp der täglichen Sorgen und der Jagd nach Vergnügungen überwuchert und erstickt. Keine der Ähren kommt zur Reife.

Das gute Erdreich schließlich steht für diejenigen, die mit ganzem Herzen das Wort Gottes aufnehmen und daran festhalten, egal, was passiert, und mit ihm wachsen, bis die Zeit für die Ernte da ist."

Wer gehört zur Familie Jesu? (8,16–21)

„Niemand macht ein Licht an und deckt es dann mit einem Eimer zu oder schiebt es unters Bett. Nein, ihr stellt es auf einen Lampenständer, damit alle, die in den Raum kommen, sehen können, wohin sie treten. Wir hüten keine Geheimnisse, sondern wir erzählen allen alles, was sie wissen wollen. Wir verbergen nichts, sondern bringen vielmehr alles ans Licht. Darum achtet immer darauf, dass ihr das Licht nicht nur für euch behalten wollt. Es könnte sein, dass ihr dann gar nichts mehr seht. Wenn ihr es aber für andere strahlen lasst, wird es auch für euch selbst immer heller werden."

Noch während er sprach, erschienen seine Mutter und seine Brüder, konnten aber wegen des Gedränges nicht zu ihm durchkommen. Jemand benachrichtigte ihn: „Deine Mutter und deine Brüder stehen draußen und möchten mit dir reden." Jesus gab eine erstaunliche Antwort: „Meine Mutter und meine Brüder sind alle, die Gottes Wort hören und es in die Tat umsetzen."

Ein Sturm gehorcht ... (8,22–25)

Einige Tage später stieg Jesus mit seinen Jüngern in ein Boot. „Lasst uns auf die andere Seite des Sees fahren", sagte er. Kurz darauf legten sie ab. Es ließ sich gut segeln und Jesus schlief ein. Plötzlich kam einer der schlimmen Stürme auf, für die der See bekannt ist. Wasser schlug ins Boot und sie standen kurz davor zu sinken. Da weckten sie Jesus: „Rabbi, Herr, wir gehen unter!" Jesus stand auf und gab dem Wind den Befehl: „Ruhe!", und zu den Wellen sagte er: „Beruhigt euch!" Beides geschah. Der See wurde spiegelglatt. Daraufhin wandte er sich an seine Jünger: „Was ist nur los mit eurem Vertrauen?"

Sie waren vollkommen erstarrt vor Staunen und Ehrfurcht und stammelten nur noch: „Wer um alles in der Welt ist dieser Mann? Er herrscht den Wind und den See an, und sie machen tatsächlich das, was er ihnen gesagt hat!"

… und eine Legion Dämonen (8,26–39)

Sie segelten weiter bis in die Gegend von Gerasa, das direkt gegenüber von Galiläa liegt. Als Jesus an Land gegangen war, traf er auf einen offensichtlich von Dämonen geplagten Mann, der ihm aus der Stadt entgegenkam. Er trug schon lange keine Kleidung mehr und hielt sich nur noch in verlassenen Grabhöhlen auf. Als er Jesus sah, fiel er schreiend vor ihm nieder: „Was hast du mit mir vor? Du bist Jesus, der Sohn des höchsten Gottes. Mach mir bloß nicht das Leben schwer!" (Der Mann sagte dies, weil Jesus bereits begonnen hatte, den Dämon auszutreiben.) Dieser Geist hatte den Mann schon seit langer Zeit in der Gewalt, und da er den Betroffenen zu einer Bedrohung für andere machte, wurde dieser immer wieder mit Seilen und Ketten gefesselt. Doch er hatte noch jedes Mal die Ketten zerrissen und war durch den Dämon in einsame Gegenden getrieben worden.

Jesus befahl ihm: „Sag mir deinen Namen!"

Er antwortete: „Mein Name ist ‚Legion'", denn viele Dämonen setzten dem Mann zu. Und diese flehten Jesus verzweifelt an, sie nicht ins Bodenlose fallen zu lassen.

Eine große Schweineherde graste ganz in der Nähe auf einem Hügel. Da baten ihn die Dämonen, sie in die Schweine zu schicken. Jesus gab ihnen den entsprechenden Befehl. Aber leider war das für die Schweine genauso übel, wie es zuvor für den Mann gewesen war. Die gesamte Herde stürzte wie von Sinnen über die Uferfelsen in den See hinab und ertrank.

Die Schweinehirten waren zu Tode erschrocken, stürzten davon und erzählten die Geschichte in der Stadt und im ganzen Land herum. Daraufhin kamen viele Menschen hinaus, um zu sehen, was dort passiert war. Sie kamen zu Jesus und sahen den Mann, der von den Dämonen befreit war, zu seinen Füßen sitzen, anständig angezogen und allem Anschein nach völlig normal. Als sie dann noch hörten, wie der von Dämonen besessene Mann befreit worden war, bekamen sie Angst. So wundert es nicht, dass die immer größer werdende Menschenmenge ihn schließlich drängte, ihr Gebiet zu verlassen.

Jesus stieg daraufhin erneut in das Boot. Da bat ihn der Mann, den er von den Dämonen befreit hatte, mit ihm kommen zu dürfen. Aber Jesus schickte ihn zurück und trug ihm auf: „Geh zu deinen Leuten, und erzähle ihnen, was Gott für dich getan hat." Daraufhin legte das Boot ab und Jesus kehrte mit seinen Jüngern nach Galiläa zurück.

Der Mann aber ging nach Hause und begann, im Gebiet der Zehn Städte überall davon zu reden, was Jesus für ihn getan hatte.

Berührungen (8,40–9,11)

Bei seiner Rückkehr wurde Jesus von einer großen Menschenmenge begrüßt, denn alle hatten ihn schon lange erwartet. Es kam auch ein Mann namens Jaïrus hinzu, der die örtlichen Versammlungen leitete. Er fiel vor Jesus nieder und bat ihn eindringlich, zu ihm nach Hause zu kommen, weil seine zwölfjährige Tochter, sein einziges Kind, im Sterben lag. Jesus bahnte sich einen Weg durch die Menschenmenge, die ihn umringte, und ging mit ihm.

Unter den vielen Leuten war auch eine Frau, die seit zwölf Jahren an Blutungen litt. Sie hatte alles, was sie besaß, für ärztliche Behandlungen ausgegeben, aber niemand hatte ihr helfen können. Sie drängte sich von hinten an ihn heran und berührte den Saum seines Gewandes. In dem Augenblick, als ihr das gelang, fühlte sie, dass der Blutfluss aufhörte.

Jesus fragte unvermittelt: „Wer hat mich berührt?"

Als niemand sich zu erkennen gab, meinte Petrus: „Aber Rabbi, wir sind von einer Menschenmenge umringt – Dutzende haben dich berührt." Doch Jesus bestand darauf: „Irgendjemand hat mich berührt. Ich spürte, wie eine Kraft von mir ausging."

Als der Frau klar war, dass sie sich nicht länger verbergen konnte, kniete sie sich, vor Angst zitternd, vor ihm nieder. Und sie erzählte ihm vor allen Leuten ihre Geschichte: warum sie ihn berührt hatte und dass sie im selben Moment geheilt worden sei. Jesus sagte zu ihr:

„Tochter, dein Vertrauen, das du auf mich gesetzt hast, hat dich gerettet. Geh im Frieden Gottes!"

Während er sprach, kam jemand aus dem Haus des Leiters und teilte diesem mit: „Deine Tochter ist bereits gestorben. Du brauchst den Rabbi nicht länger zu belästigen." Jesus hörte, worüber sie sprachen, und sagte zu dem Leiter: „Du brauchst jetzt nicht zu verzweifeln. Vertraue mir und alles wird gut werden."

Als sie zu dem Haus des Leiters kamen, nahm Jesus nur Petrus, Jakobus, Johannes und die Eltern des Kindes mit hinein. Alle Anwesenden weinten und klagten über den Tod des Mädchens. Jesus sagte zu den Leuten nur: „Ihr braucht nicht zu weinen. Sie ist nicht tot, sie schläft nur." Da lachten alle über ihn, denn sie wussten ja, dass die Kleine tot war.

Jesus ging zum Bett des Mädchens, nahm dessen Hand und sagte: „Mein liebes Kind, steh auf!" Im selben Augenblick atmete es wieder, richtete sich auf und erhob sich! Daraufhin sagte Jesus zu den Eltern: „Gebt ihr etwas zu essen." Die Eltern waren natürlich außer sich vor Freude, doch Jesus schärfte ihnen ein, das Geschehene für sich zu behalten. „Niemand darf etwas von dem erfahren, was sich in diesem Raum ereignet hat."

9 Jesus rief nun die Zwölf zu sich und verlieh ihnen Autorität und Vollmacht, um mit allen Dämonen fertig zu werden und Krankheiten heilen zu können. Er trug ihnen auf, die Gute Nachricht von der liebevollen Herrschaft Gottes weiterzugeben und die Kranken zu heilen. Dann riet er ihnen noch: „Belastet euch nicht unnötig mit viel Gepäck. Ihr braucht kein Geld, nicht einmal zwei Hemden. Wenn ihr in einem Haus aufgenommen werdet, dann bleibt dort, bis ihr weiterzieht. Wenn ihr nicht willkommen seid, dann verlasst die Stadt. Sie wird einmal wie eine Stadt von Heiden abgeurteilt werden."

Mit diesem Auftrag zogen sie los. Sie wanderten von Stadt zu Stadt, sprachen über die Herrschaft Gottes und brachten eine Botschaft, die die Menschen froh machte. Doch nicht nur das: Sie heilten die Leute, wohin sie auch kamen.

Natürlich erfuhr auch König Herodes von all dem, was Jesus tat. In Verlegenheit brachte ihn allerdings das Gerede der Leute, die behaupteten, Jesus sei eigentlich Johannes, der von den Toten auferstanden sei. Andere meinten, Elija sei zurückgekehrt, wieder andere sagten, Propheten aus längst vergangenen Zeiten würden wieder auftreten. Herodes verwehrte sich gegen solche Gedanken: „Ich habe Johannes enthaupten lassen. Der ist tot. Es muss also ein anderer sein, von dem man mir berichtet. Doch wer?“ Nur zu gerne hätte er Jesus persönlich gesehen.

Die Apostel kehrten zurück und erzählten von dem, was sie erlebt hatten. Jesus wollte sich mit ihnen an einen einsamen Ort zurückziehen, damit sie ungestört berichten konnten. Aus diesem Grund setzte er über zu dem anderen Betsaida am östlichen Ufer des Sees Gennesaret. Doch die Leute erfuhren davon und folgten ihm in Scharen. Da erbarmte er sich ihrer und hieß sie herzlich willkommen. Er sprach zu ihnen über die Herrschaft Gottes und heilte alle, die auf eine Heilung gehofft hatten.

Brot und Fisch für fünftausend (9,12–17)

Als der Tag sich neigte, sagten die Zwölf: „Entlass doch bitte die Leute, damit sie zu Bauernhäusern und Dörfern in der Umgebung gehen können, wo sie eine Schlafgelegenheit für die Nacht und etwas zu essen bekommen können. Wir sind ja hier in einem Gebiet, wo es gar nichts gibt.“

„Warum gebt ihr ihnen denn nichts zu essen?“, stellte Jesus sie auf die Probe.

Sie schüttelten den Kopf: „Wir haben nicht mehr als fünf Laibe Brot und ein paar Fische – es sei denn, du möchtest, dass wir selbst in eine Stadt gehen und für jeden etwas zu essen kaufen.“ (Es waren allein an die fünftausend Männer!)

Doch Jesus ging gar nicht darauf ein, sondern gab ihnen die Anweisung: „Bittet die Leute, sich in Gruppen zu je fünfzig niederzusetzen." Sie taten, was er ihnen gesagt hatte, und schon bald saß jeder. Jesus nahm die fünf Brotlaibe und die zwei Fische, blickte im Gebet zum Himmel, segnete alles, brach das Brot und gab es zusammen mit den Fischen seinen Jüngern, damit diese es an die vielen Menschen weitergeben konnten. Nachdem sich alle satt gegessen hatten, wurden noch zwölf Körbe mit Resten eingesammelt.

Der Messias muss leiden (9,18–27)

Einmal war Jesus im Gebet zusammen mit seinen Jüngern. Da fragte er sie: „Was sagen die Leute über mich? Wer bin ich ihrer Meinung nach?"

Sie antworteten: „Johannes der Täufer. Andere sagen, du seist Elija. Wieder andere behaupten, du seist einer der Propheten aus alten Zeiten."

Daraufhin fragte er sie direkt: „Und ihr, was sagt denn ihr über mich? Wer bin ich?"

Petrus entgegnete: „Der Messias Gottes." Jesus schärfte ihnen ein, mit niemandem darüber zu reden (weil er wusste, welche falschen Erwartungen mit dem Wort „Messias" verbunden waren).

Dann begann er, ihnen zu zeigen, dass die Schriften einen ganz anderen Messias angekündigt hatten: „Es ist notwendig, dass der Menschensohn viel erleiden muss: Er wird von den Ältesten, den Hohepriestern und Schriftgelehrten verurteilt werden, ja, man wird ihn töten. Doch am dritten Tag wird er von den Toten auferstehen."

Später, als sich wieder viele Menschen um sie versammelt hatten, sagte er: „Jeder, der vorhat, mit mir zu kommen, muss bereit sein, täglich eine Menge auf sich zu nehmen. Wer dabei sein Leben retten möchte, der wird es verlieren. Wer es dagegen um meinetwillen verliert, der wird es gewinnen. Was würde es euch bringen, wenn ihr alles, was ihr wollt, erreichen könntet, dabei aber seelischen Schaden nehmen oder sogar das Glück eures Lebens verlieren würdet? Es ist eben so: Wer vor den Menschen zu mir hält, zu dem wird auch der

Menschensohn halten, wenn er in seiner Herrlichkeit in Begleitung des Vaters und der heiligen Engel kommen wird. Und glaubt mir: Hier stehen einige, die noch erleben werden, wie das alles geschieht, die mit ihren eigenen Augen sehen werden, wie Gott seine Herrschaft aufrichtet."

Jesus in seiner Herrlichkeit (9,28–43a)

Etwa acht Tage nach diesem wichtigen Gespräch stieg er auf einen Berg, um zu beten, dabei nahm er Petrus, Johannes und Jakobus mit. Noch während er betete, veränderte sich das Aussehen seines Gesichtes, und sein Gewand wurde so weiß, dass es blendete. Plötzlich standen da zwei Männer und unterhielten sich mit ihm. Es waren Mose und Elija – alle zusammen ergaben eine unbeschreibliche Erscheinung. Sie sprachen über die letzte Etappe des Weges, die Jesus in Kürze in Jerusalem vollenden würde.

Inzwischen waren Petrus und seine Begleiter wie betäubt eingeschlafen, doch als sie aufwachten, sahen sie Jesus in seiner Herrlichkeit und die beiden Männer, die bei ihm standen. Als Mose und Elija wieder entschwinden wollten, sagte Petrus zu Jesus: „Rabbi, es ist ja so gut, dass wir das hier miterleben können! Wir wollen euch drei Gedenkhütten errichten, eine für dich, eine für Mose und eine für Elija." Offensichtlich wusste Petrus nicht, was er da von sich gab. Es sprudelte nur so aus ihm heraus. Und während er noch redete, hüllte eine lichterfüllte Wolke sie ein. Als sie gänzlich in diese Wolke eingetaucht waren, ahnten sie voller Schrecken etwas von der Gegenwart Gottes. Da vernahmen sie auch schon eine Stimme, die direkt aus der Wolke kam: „Dies ist mein Sohn, mein Erwählter! Hört auf ihn."

Als die Stimme verklungen war, sahen sie nur noch Jesus allein. Das Erlebte raubte ihnen regelrecht die Sprache und sie sprachen auch später nicht darüber.

Als sie am nächsten Tag von dem Berg herunterkamen, war bereits eine große Menschenmenge versammelt. Ein Mann rief mitten aus der Menge: „Bitte, Rabbi, bitte wirf einen Blick auf meinen Sohn. Er ist mein einziges Kind. Es kommt oft vor, dass ihn ein Geist packt. Dann schreit er plötzlich, bekommt Krämpfe und hat Schaum vor dem Mund. Wenn der böse Geist ihn verlässt, ist mein Sohn mehr tot als lebendig. Ich habe nun deine Jünger gebeten, ihn davon zu befreien, aber sie schafften es nicht."

Jesus seufzte: „Was für eine Generation, die so verkehrt denkt und lebt! Wie wenig Vertrauen ihr doch habt. Wie lange muss ich noch bei euch bleiben und das alles mitmachen? Bringt den Jungen her zu mir."

Er hatte Jesus noch nicht ganz erreicht, da wurde der Junge auch schon von dem Geist angefallen, der ihn hin und her zerrte. Jesus aber fuhr den Quälgeist an und befahl ihm zu gehen. Er heilte den Jungen und gab ihn seinem Vater zurück. Alle gerieten außer sich vor Verwunderung und staunten über die Macht Gottes.

Keine „Nebenbeschäftigung" (9,43b–62)

Während alle noch herumstanden und sich über das wunderten, was Jesus getan hatte, sagte er unvermittelt zu seinen Jüngern: „Merkt euch, was ich euch jetzt sage, und denkt darüber nach: Der Menschensohn wird verraten und in die Hände der Menschen ausgeliefert werden."

Die Jünger verstanden allerdings nicht, was er ihnen damit sagen wollte. Doch sie hatten Hemmungen, ihn nach dem tieferen Sinn des Gesagten zu fragen.

Stattdessen fingen sie an, darüber zu streiten, wer von ihnen wohl der Größte sei. Als Jesus merkte, wie sehr sie das beschäftigte, nahm er ein Kind an seine Seite und erklärte: „Wer immer ein Kind aufnimmt, weil er zu mir gehört, der nimmt mich auf. Und wer mich aufnimmt, der nimmt auch den auf, der mich gesandt hat. Denn wer unter euch so klein werden kann wie ein Kind, der wird der Größte sein."

Johannes lenkte das Gespräch auf ein anderes Thema: „Herr, wir sahen einen Mann, der deinen Namen benutzte, um Dämonen auszutreiben. Wir haben es ihm verboten, denn immerhin gehört er ja nicht zu unserer Gruppe."

Jesus entgegnete ihm: „Haltet ihn doch nicht auf! Denn wenn er nicht euer Feind ist, dann ist er euer Verbündeter."

Jesus wusste, dass ihm nicht mehr viel Zeit blieb. Darum machte er sich nun entschlossen auf den Weg nach Jerusalem. Er schickte zwei seiner Jünger voraus, die unter anderem auch in ein Dorf der Samariter kamen, um für Jesus eine Unterkunft zu besorgen. Als die Samariter aber erfuhren, dass sie auf dem Weg nach Jerusalem waren, verweigerten sie ihnen jede Übernachtungsmöglichkeit. Kaum hatten seine Jünger Jakobus und Johannes das erfahren, kamen sie aufgebracht zu Jesus: „Rabbi, willst du, dass wir Feuer vom Himmel auf sie herabrufen, um das ganze Dorf einzuäschern?"

Jesus wies sie schroff zurecht: „Was fällt euch ein?! Untersteht euch!" Und sie wanderten weiter in ein anderes Dorf.

Unterwegs fragte ihn jemand, ob er mit ihm gehen dürfe: „Ich werde mit dir gehen, wohin du auch gehst." Jesus war offenbar nicht davon überzeugt, dass er es ernst meinte, denn er erwiderte ihm: „Die Füchse haben ihre Höhlen, die Vögel ihre Nester. Der Menschensohn weiß nicht einmal, wo er heute Nacht schlafen soll."

Zu einem anderen sagte Jesus von sich aus: „Komm, folge mir!" Der Betreffende erwiderte: „Gerne, aber ich sollte zu Hause bleiben, bis mein Vater gestorben ist." Jesus entgegnete ihm: „Lass das doch die machen, die innerlich tot sind, obwohl sie noch leben. Deine Aufgabe ist das Leben, nicht der Tod: Verkünde du die Herrschaft Gottes!"

Ein anderes Mal kam jemand auf Jesus zu und bat ihn: „Ich bin bereit, dir nachzufolgen, Rabbi. Aber entschuldige mich nur noch für die Zeit, die ich brauche, um zu Hause alles zu ordnen und mich von allen zu verabschieden." Doch die Antwort Jesu zeigte, was er unter Nachfolge verstand: „Wer die Hand an den Pflug legt und zurückschaut, ist für die Arbeit im Reich Gottes nicht zu gebrauchen."

Lämmer in einem Wolfsrudel (10,1–24)

10 Später wählte Jesus zweiundsiebzig Jünger aus und sandte sie paarweise in jede Stadt und jeden Ort, die er später selbst besuchen wollte. Er gab ihnen Folgendes mit auf den Weg:

„Die Ernte wird gewaltig sein, aber es fehlen Erntearbeiter! Also geht auf eure Knie und bittet Gott, Erntearbeiter für seine Ernte zu schicken.

Macht euch auf den Weg, aber seid vorsichtig! Das hier ist eine gefährliche Aufgabe. Ihr seid wie Lämmer in einem Wolfsrudel. Reist ohne großes Gepäck, ja, nehmt nicht einmal Geld mit. Haltet euch nicht auf, indem ihr mit jedem, den ihr auf dem Weg trefft, über Belanglosigkeiten redet. Wenn ihr ein Haus betretet, dann grüßt die Familie mit ‚Friede sei diesem Haus!'. Wenn euer Gruß angenommen wird, dann ist dies ein guter Platz, wo ihr bleiben könnt. Doch wenn man euren Gruß nicht annimmt, dann kehrt wenigstens euer Friede wieder zu euch zurück. Er wird euch begleiten, wenn ihr in ein anderes Haus gehen müsst. Bleibt in diesem Haus, und esst und trinkt, was man euch vorsetzt, denn wer arbeitet, hat auch ein Anrecht darauf, richtig zu essen. Zieht nicht von einem Haus ins nächste. Wenn ihr einen Ort betretet und dort aufgenommen werdet, dann heilt dort jeden, der krank ist, und sagt allen: ‚Seht ihr, so sieht es aus, wenn Gott seine Herrschaft über uns ausübt!'

Wenn ihr in eine Stadt kommt, die euch ablehnt, dann geht hinaus auf die Straße und sagt: ‚Das Einzige, was wir von euch bekommen haben, ist der Schmutz an unseren Füßen. Den könnt ihr wiederhaben. Eines jedoch sollt ihr wissen: Ihr habt das Beste abgelehnt, was euch je begegnet ist: die Herrschaft Gottes.' Sodom wird es beim Jüngsten Gericht leichter haben als eine Stadt, die euch abgewiesen hat.

Ich warne dich, Chorazin! Ich warne dich, Betsaida! Wenn in den heidnischen Städten Tyrus und Sidon auch nur annähernd die Wunder geschehen wären, die ihr erlebt habt, würden die Einwohner dieser Orte schon längst auf ihren Knien liegen und voller Reue um Erbarmen flehen. Tyrus und Sidon werden es im Vergleich zu euch beim Jüngsten Gericht viel leichter haben.

Und du, Kafarnaum! Glaubst du wirklich, man würde dich in den Himmel erheben, weil du so viel gesehen und erlebt hast? Nein, du bist auf dem besten Weg ins Totenreich. Du lehnst ja nicht nur mich ab." Und bei diesen Worten wandte Jesus sich wieder seinen Jüngern zu: „Denn wer euch zuhört, der hört mir zu, und wer euch ablehnt, der lehnt mich ab. Und wenn man mich ablehnt, lehnt man Gott selbst ab, der mich gesandt hat."

Die Zweiundsiebzig kamen zurück und waren voller Begeisterung: „Herr, selbst die Dämonen mussten uns gehorchen, sobald wir nur deinen Namen erwähnten!" Jesus entgegnete ihnen: „Ich weiß. Ich sah Satan wie vom Blitz getroffen vom Himmel stürzen. Erkennt ihr, was ich euch für eine Vollmacht gegeben habe? Ihr könnt auf Skorpionen und Schlangen ebenso herumtreten wie auf der gesamten Macht des Widersachers. Nichts kann euch letztlich schaden. Für alles aber gilt: Der wahre Grund für eure Freude liegt nicht in eurer Autorität über den Bösen und seine Helfershelfer, sondern allein darin, dass ihr zur Familie Gottes gehört."

Nun wurde Jesus selbst von einer tiefen Freude erfasst, und, erfüllt vom Heiligen Geist, sprach er: „Ich danke dir, Vater, Herr des Himmels und der Erde, dass du all diese Dinge vor denen verborgen hast, die meinen, alles zu wissen, dass du sie aber denen gezeigt hast, die offen wie Kinder zu dir kommen. Ja, Vater, es macht dir Freude, es so und nicht anders zu halten.

Alles wurde mir von meinem Vater gegeben! Nur der Vater weiß, wer der Sohn ist, und nur der Sohn weiß, wer der Vater ist – und jeder, dem der Sohn ihn offenbaren will."

Unvermittelt wandte Jesus sich direkt an seine Jünger: „Schätzt euch glücklich, weil ihr zu den Menschen gehört, die das alles hier miterleben können. Denn eines möchte ich euch sagen: Es gab viele Propheten und Könige, die alles dafür gegeben hätten, etwas von dem zu sehen oder zu hören, was ihr hört. Und ihnen war es nicht vergönnt."

Wer ist eigentlich mein Mitmensch? (10,25–37)

Kaum hatte Jesus so große Dinge über sich gesagt, da erhob sich ein Schriftgelehrter, um ihn mit seiner Frage in Verlegenheit zu bringen. „Rabbi, was muss ich tun, um ewiges Leben zu erhalten?"

Jesus antwortete: „Was steht denn im Gesetz Gottes geschrieben? Was liest du denn da?" Er erwiderte: „Du sollst den Herrn, deinen Gott, mit deinem ganzen Herzen, mit deiner ganzen Seele, mit deiner ganzen Kraft und mit deinem ganzen Denken lieben und deinen Mitmenschen genauso, wie du dich selbst liebst."

„Das ist eine gute Antwort", sagte Jesus, „wenn du das tust, wirst du leben."

Um sein Gesicht zu wahren, fragte der Schriftgelehrte weiter: „Und wer ist mit ‚Mitmensch' gemeint?"

Anstelle irgendeiner Erklärung erzählte ihm Jesus eine Geschichte: „Einmal reiste ein Mann von Jerusalem nach Jericho. Unterwegs wurde er von Straßenräubern überfallen. Sie nahmen seine Kleidung, schlugen ihn zusammen und verschwanden. Ihn selbst ließen sie halbtot liegen. Zum Glück kam ein Priester auf derselben Straße vorbei. Doch als er von Weitem erkannte, dass da ein Verletzter lag, verließ er die Straße und machte einen Umweg, um nicht an dem Mann vorbeizumüssen. Dann tauchte auch noch ein Levit auf, an sich ein frommer Mann, doch auch er machte einen Bogen um den Verwundeten, um seine kultische Reinheit nicht zu verlieren.

Endlich kam noch jemand die Straße entlang: ein Mann aus Samaria (also jemand, der nicht wie ihr den ‚richtigen' Glauben hat). Als er sah, in welchem erbarmungswürdigen Zustand der Überfallene war, musste er ihm einfach helfen. Er behandelte zuerst seine Wunden, reinigte und verband sie. Dann hob er den Verletzten auf seinen Esel, brachte ihn zu einem Gasthof und sorgte dafür, dass er es gut hatte. Am nächsten Morgen nahm er zwei Silberstücke und gab sie dem Wirt mit den Worten: ‚Sorge gut für ihn. Sollte es noch mehr kosten, werde ich das begleichen, wenn ich auf dem Rückweg vorbeikomme.'

Was meinst du? Welcher von den dreien wurde dem, der von den Räubern angegriffen worden war, ein Mitmensch?"

„Der eine, der ihn so fürsorglich behandelt hat", antwortete der Schriftgelehrte.

Jesus entgegnete daraufhin: „Geh und mach es genauso!"

Das Bessere (10,38–42)

Sie setzten ihre Reise fort und kamen in ein Dorf, wo eine Frau mit dem Namen Marta sie gastfreundlich in ihrem Haus aufnahm. Ihre Schwester Maria setzte sich von Anfang an in die Nähe Jesu und ließ sich keines seiner Worte entgehen. Marta dagegen konnte sich aufgrund all dessen, was sie für ihre Gäste vorzubereiten hatte, nicht einfach hinsetzen. Irgendwann reichte es ihr und sie unterbrach das Gespräch: „Rabbi, stört es dich nicht, dass meine Schwester mir die gesamte Arbeit überlässt? Sag ihr, dass sie mir zur Hand gehen soll."

Jesus erwiderte ihr: „Liebe Marta, du machst dir viel zu viele Umstände um Dinge, die letztlich Nebensächlichkeiten sind. Nur eines ist wirklich wichtig – und Maria hat sich dafür entschieden. Es ist die Hauptsache, und die soll ihr nicht genommen werden."

Beten – aber wie? (11,1–13)

11 Immer wieder zog sich Jesus zum Gebet zurück. Als er einmal von einer solchen Zeit zurückkam, bat ihn einer seiner Jünger: „Rabbi, lehre uns doch auch, wie wir beten sollen. Schließlich hat Johannes seine Jünger ebenfalls darin unterwiesen." Da brachte ihnen Jesus folgendes Gebet bei: „Wenn ihr betet, dann sagt:

Unser Vater,
dein Name sei für uns Menschen etwas Heiliges.
Errichte du deine liebevolle Herrschaft über uns.

Gib du uns, was wir heute zum Leben brauchen.
Vergib uns, wenn wir schuldig geworden sind,
wie auch wir jedem von Herzen gern vergeben,
der an uns schuldig geworden ist.
Trage du uns durch Zeiten der Anfechtung hindurch."

Um seinen Jüngern klarzumachen, dass Gebet immer mit Vertrauen verbunden sein muss, erzählte er ihnen folgende Geschichte: „Stellt euch einmal vor, ihr würdet mitten in der Nacht zu einem Freund gehen und ihn bitten: ‚Du, entschuldige, kannst du mir drei Brote leihen? Ein alter Bekannter ist auf seiner Reise bei mir vorbeigekommen und ich habe kein einziges Brot mehr im Haus.'

Vermutlich wird euer Freund davon nicht gerade begeistert sein: ‚Mein Lieber, das geht jetzt nicht! Ich kann jetzt nicht einfach aufstehen und dir etwas geben, denn die Kinder schlafen bei mir, und das Öffnen der Tür würde sie alle wieder aufwecken.'

Wenn nun aber der nächtliche Ruhestörer nicht aufgibt und beharrlich weiterbittet, wird ihm sein Freund dann nicht irgendwann doch das Verlangte geben – weniger aus Freundschaft als vielmehr, weil er endlich wieder seine Ruhe haben will?

Und genau diesen Gedanken möchte ich auch euch mitgeben: Bittet, und ihr werdet erhalten, sucht, und ihr werdet finden, klopft an, und die Türe wird sich öffnen. Denn jeder, der voller Vertrauen bittet, wird erhalten, um was er gebeten hat. Jeder, der ehrlich sucht, wird finden, und wer anklopft, dem wird geöffnet werden.

Wenn dein kleiner Sohn Hunger hat und dich um einen Fisch bittet, würdest du ihm dann eine Giftschlange geben? Oder wenn dein kleines Mädchen dich um ein Ei bittet, würdest du ihr einen Skorpion in die Hand drücken? So schlecht, wie ihr auch sonst sein mögt, ihr würdet nicht im Traum daran denken, so etwas zu tun. Eltern versuchen immer, ihren Kindern etwas Gutes zukommen zu lassen. Glaubt ihr, dass euer Vater im Himmel sich von euch übertreffen lässt? Nein, er wird euch den Heiligen Geist geben, wenn ihr ihn voller Vertrauen darum bittet."

Ein gewonnener Kampf (11,14–28)

Einmal befreite Jesus einen Mann von einem Dämon, der ihm die Sprache genommen hatte.

Kaum war der Dämon verschwunden, fing der Mann an, völlig frei und ganz normal zu reden, was die Menschenmenge in ungläubiges Staunen versetzte. Aber einigen passte diese Heilung gar nicht. Sie hatten sofort eine Erklärung parat: „Alles nur schwarze Magie. Er vertreibt diese Dämonen durch Beelzebub, den obersten der Dämonen." Andere hätten gerne einmal ein richtig spektakuläres Wunder erlebt.

Jesus wusste, was in ihren Köpfen vorging, darum sagte er: „Jedes Land, das längere Zeit einen Bürgerkrieg erleidet, wird vollständig verwüstet. Auch eine Familie, in der es nichts als Streit gibt, fällt irgendwann einmal auseinander. Wenn Satan gegen Satan kämpft, wie soll er dann seine Herrschaft ausüben? Ihr werft mir vor, ich würde mit dem Teufel, dem Herrscher über die Dämonen, gemeinsame Sache machen, um die Dämonen auszutreiben. Eure Söhne, die selbst Dämonen austreiben, können euch erklären, wie schwachsinnig ein solcher Gedanke ist. Wenn ich aber durch Gottes Vollmacht Dämonen austreibe, dann solltet ihr darin ein Zeichen erkennen, dass Gott bereits seine Herrschaft mitten unter euch angetreten hat.

Wenn jemand stark und gut bewaffnet ist, kann er seinen Hof so bewachen, dass er sich um seine Güter keine Sorgen machen muss. Aber was geschieht, wenn ein noch kräftigerer Mann mit noch besseren Waffen ihm entgegentritt? Dann nützt ihm seine Rüstung nichts, auf die er doch so vertraut hat, denn der Stärkere nimmt ihm alles und verteilt seinen Besitz als Beute an seine Leute. Wenn ihr nicht auf meiner Seite steht, dann seid ihr meine Feinde, und wenn ihr nicht versucht, mit mir zu sammeln, dann seid ihr mitschuldig daran, dass die Menschen sich noch mehr verirren.

Wenn ein zerstörerischer Geist aus jemandem vertrieben wurde, dann streift er durch die Wüste auf der Suche nach einer Oase, an der er sich niederlassen kann. Falls er nun keine findet, sagt er zu sich:

‚Ich werde zu meiner alten Wohnung zurückkehren, aus der ich ausziehen musste.‘ Bei seiner Rückkehr findet er dann sein altes Zuhause geputzt und geschmückt vor – und leer! Daraufhin zieht er los und holt noch sieben andere Geister zusammen, die schlimmer sind als er selbst. Mit ihnen zusammen zieht er nun ein und beginnt, den Menschen zu terrorisieren. Was so jemand dann durchzumachen hat, ist um ein Vielfaches schlimmer als alles, was er vorher erlebt hat.“

Während er darüber sprach, fing eine Frau an, über das Gemurmel der Leute hinweg laut zu rufen: „Gesegnet ist der Leib, der dich getragen hat, und die Brust, die dich genährt hat!“

Jesus merkte dazu nur an: „Wie viel mehr sind die gesegnet, die Gottes Wort hören und es in ihrem Leben umsetzen!“

Haltet eure Augen offen (11,29–36)

Als immer mehr Leute hinzukamen, griff Jesus ein anderes Thema auf: „Die Einstellung dieser Generation ist von Grund auf falsch. Sie verlangt Beweise. In Wirklichkeit versucht sie nur, ihre Neugier und ihre Sucht nach Wundern zu befriedigen. Doch der einzige Beweis, den sie bekommen wird, ist der, den Jona auch den Bewohnern von Ninive gegeben hat. Was Jona für Ninive war, das ist der Menschensohn für dieses Zeitalter.

Am Tag des Jüngsten Gerichtes werden die Bewohner von Ninive aufstehen und diese Generation verurteilen. Denn sie haben ihr Leben geändert, als Jona ihnen Gottes Warnung überbrachte, dass sie sich endlich von ihrer schlimmen Lebensweise abkehren sollten. Hier aber ist jemand, der weitaus bedeutender ist als Jona. Selbst eine Königin von Saba wird am Jüngsten Tag vortreten und diese Generation verurteilen, denn sie reiste von weit her an, um die Weisheit Salomos zu erleben. Aber hier ist jemand, der weitaus weiser ist als Salomo.*

* Für den Zusammenhang wurden die Verse 31 und 32 vertauscht.

Niemand zündet ein Licht an und stellt es dann in den letzten Winkel oder stülpt einen Eimer darüber. Man stellt es normalerweise auf einen Lampenständer, damit es allen leuchtet, die den Raum betreten. Auf diese Weise versuchte ich von Anfang an, Licht in euer Leben zu bringen. Was ist aber, wenn jemand trotz dieses Lichtes nichts sieht? Durch das Auge dringt das Licht in den ganzen Körper. Wenn jemand aber die Augen zukneift, weil er nicht sehen will, dann bleibt in ihm alles dunkel. Achtet also darauf, dass das Licht in euch nicht zur Finsternis wird. Wenn jemand seine Augen für das Licht öffnet, das ich ihm sein möchte, dann wird es in ihm und in seinem Leben hell werden, heller als beim Licht aller Lampen."

Fromme Blindheit (11,37–12,12)

Als er seine Rede beendet hatte, lud ihn ein Pharisäer zum Essen ein. Jesus betrat das Haus und legte sich direkt auf die Polster am Tisch. Der Pharisäer wunderte sich sehr, dass ein so berühmter Rabbi wie Jesus auf die rituellen Waschungen vor dem Essen verzichtete. Doch Jesus sagte zu ihm: „Ich weiß, dass ihr Pharisäer die Oberfläche eurer Becher und Schüsseln zwar gründlich reinigt, aber euch nicht im Geringsten darum schert, wie es im Inneren der Gefäße aussieht. Ich sehe in ihnen nur Gier und Bosheit. Ihr kurzsichtigen Pharisäer! Meint ihr, dass Gott, der das Äußere und das Innere geschaffen hat, sich von der Oberfläche blenden lässt? Ihr braucht nur in eurem Inneren gut und großherzig gegenüber allen Menschen zu sein, dann würde euer Inneres mit dem Äußeren in Einklang stehen. Doch ihr verliert euch in religiösen Nebensächlichkeiten, nehmt selbst noch aus euren Gewürzdöschen zehn Prozent heraus und bringt es als Zehnten in den Tempel. Euer Eifer in solchen Dingen wäre vorbildlich, würdet ihr nicht so blind sein für das, was Gott wirklich interessiert – wie Menschen gerecht zu behandeln oder ihn von Herzen zu lieben. Ich warne euch, ihr Pharisäer! In der Öffentlichkeit wollt ihr wegen eurer frommen Lebensführung hochangesehen sein. Darum drängt ihr in der Synagoge auf die vordersten Plätze, und auf dem Marktplatz badet ihr regelrecht darin, wenn man euch ehrerbietig grüßt. In Wirklichkeit seid ihr wie Gräber, die man nicht mehr erkennen kann und über die die Leute hinweggehen, ohne eine Ahnung zu haben, wie hohl der Boden unter ihren Füßen wirklich ist.

Einer der Schriftgelehrten meldete sich zu Wort: „Rabbi, merkst du eigentlich, dass du auch uns damit angreifst, indem du solche Dinge sagst?"

Jesus entgegnete: „Natürlich, und meine Warnung gilt auch euch, ihr Schriftgelehrten! Ihr legt mit euren Regeln und Vorschriften den Menschen so schwere Lasten auf, dass sie fast zusammenbrechen, aber ihr rührt nicht einen Finger, um ihnen zu helfen.

Ihr seid nicht besser als die anderen! Ihr errichtet Grabmäler für die Propheten, die von euren Vorfahren umgebracht wurden. Ihr baut an den Monumenten, als würdet ihr die Ermordeten ehren. In eurem Inneren aber denkt ihr nicht anders als eure Väter. Das wird sich sofort zeigen, wenn Gott euch noch einmal Propheten und Apostel schicken wird: Ihr selbst werdet dann alles tun, um diese Boten Gottes loszuwerden. Ihr werdet sie verfolgen und viele von ihnen umbringen. Ihr könnt sicher sein: Jeder Tropfen Blut dieser Gerechten, der jemals auf diese Erde fiel, vom Anfang der Welt bis heute, angefangen beim Blut Abels bis hin zum Blut von Zacharias, den ihr zwischen Altar und Allerheiligstem ermordet habt – all dieses Blut wird über euch kommen. Ja, für all das wird diese Generation die Strafe bekommen.

Es steht schlimm um euch, ihr Schriftgelehrten! Ihr habt den Schlüssel zum Haus einer tieferen Erkenntnis Gottes an euch gerissen. Doch anstatt die Türen aufzuschließen, versperrt ihr sie. Ihr weigert euch einzutreten, lasst aber auch keinen anderen hinein."

Sobald Jesus den Tisch verlassen hatte, ließen die Schriftgelehrten und Pharisäer ihrer Wut freien Lauf. Sie gingen noch einmal alles durch, was er gesagt hatte; dann schmiedeten sie Pläne, wie sie ihn mit seinen eigenen Worten in eine Falle locken könnten.

12 Inzwischen war die Menschenmenge, die auf ihn gewartet hatte, auf einige Tausend angewachsen. Das Gedränge war so groß, dass die Leute sich gegenseitig auf die Füße traten. Doch Jesus war noch ganz bei dem Gespräch mit den Pharisäern und Schriftgelehrten. Darum sagte er zu seinen Jüngern: „Achtet sorgfältig auf euch, damit ihr nicht etwas von dem Sauerteig der Pharisäer, ihrer Heuchelei, in euch aufnehmt. Ihr könnt euer wirkliches Wesen nicht für immer verbergen; irgendwann kommt es an die Oberfläche. Ihr könnt euch auch nicht für alle Zeit hinter einer religiösen Maske verstecken, früher oder später wird man euer wahres Gesicht kennen. Ihr könnt nicht im Privaten ganz andere Dinge flüstern als das, was ihr in der Öffentlichkeit predigt. Der Tag wird kommen, an dem man in der ganzen Stadt euer Geflüster wiederholt.

Ich spreche zu euch als meinen lieben Freunden. Habt keine Angst vor den Menschen, die schlimmstenfalls nur euren Körper töten können. Es ist wahr, sie können euch umbringen, was aber können sie darüber hinaus tun? Es gibt nichts, das sie eurer Seele antun könnten. Fürchtet euch also nur vor Gott, der euer gesamtes Leben – Leib und Seele – in seinen Händen hält und der die Macht hat, über das Wie eures Lebens nach dem Tod zu bestimmen.

Schaut euch die Spatzen an. Zu Dutzenden schwirren sie hier herum. Und doch übersieht Gott nicht einen von ihnen. Wie viel mehr Aufmerksamkeit schenkt er da jedem Einzelnen von euch?! Selbst die Haare auf eurem Kopf sind alle gezählt! Darum lasst euch von niemandem einschüchtern: Ihr seid mehr wert als all diese Spatzen!

Wenn ihr unter Menschen seid, die mich nicht kennen: Haltet zu mir! So wird auch der Menschensohn seinerseits vor den Engeln des Himmels zu euch halten. Aber wenn ihr vorgebt, mich nicht zu kennen, glaubt ihr dann, dass ich euch vor den Engeln Gottes verteidigen werde?

Wenn ihr über den Menschensohn schlecht redet, weil ihr etwas falsch verstanden habt oder es nicht wisst, wird euch das vergeben. Aber wenn ihr in überheblicher Weise den Geist Gottes nicht ernst nehmt und ablehnt, dann lehnt ihr den ab, der allein euch Vergebung zusprechen kann. Damit zerstört ihr jede Möglichkeit, dass euch vergeben wird. Lasst daher niemals zu, dass ihr euch vom Heiligen Geist trennt. Er ist es, der euch in allen Lagen beistehen wird. Selbst wenn sie euch in ihre Synagogen schleppen oder auf die Behörden und vor die Gerichte, braucht ihr euch keine Gedanken darüber zu machen, wie ihr euch verteidigen und was ihr sagen sollt. Ihr werdet die richtigen Worte haben, denn der Heilige Geist wird sie euch in den Mund legen, wenn es so weit ist."

Was wirklich zählt (12,13–21)

Während Jesus zu allen sprach, rief ein Mann aus der Menge: „Rabbi, sag doch meinem Bruder, dass er mir meinen rechtmäßigen Anteil an unserem Familienerbe geben soll." Jesus erwiderte ihm: „Guter Mann, glaubst du wirklich, dass es meine Aufgabe sei, Richter oder Schlichter eurer finanziellen Streitigkeiten zu sein?"

Damit wandte er sich wieder der Menge zu: „Passt auf! Es geschieht so schnell, dass ihr den Wert eures Lebens nur noch an dem Besitz messt, den ihr angehäuft habt. Das ‚Immer-mehr-haben-Wollen' ist eine schlimme Sucht."

Dann erzählte er ihnen folgende Geschichte: „Die Felder eines reichen Mannes brachten eine gewaltige Ernte ein. Da sagte der Besitzer zu sich: ‚Was soll ich bloß tun? Meine Scheunen sind nicht groß genug für eine solche Ernte.' Nach einigem Überlegen kam er zu folgender Entscheidung: ‚Ich werde die Scheunen abreißen und dafür größere bauen lassen. Darin werde ich das gesamte Getreide und alle anderen Güter horten. Dann kann ich zu mir sagen: So, alter Knabe, das hast du gut gemacht. Du hast wirklich vorgesorgt, darum kannst du dich auch jetzt zur Ruhe setzen und die angenehmen Seiten des Lebens genießen!'

Gerade in diesem Augenblick tritt Gott in sein Leben und sagt: ‚Du Narr, noch heute Nacht wirst du sterben. Wer wird dann deine Scheunen bekommen, die voller Güter sind?'

Wer also ein wenig weiterdenkt, wird nicht alle Mühe darauf verwenden, immer reicher zu werden, sondern sich darum sorgen, dass er an Dingen reich ist, die bei Gott Bestand haben."

Sorglos, weil er sorgt (12,22–34)

Als er später mit seinen Jüngern alleine war, griff er das Thema noch einmal auf: „Macht euch nicht ständig Gedanken darüber, was ihr essen oder was ihr anziehen sollt. Denn das Leben ist mehr als die Nahrung und der Körper ist wichtiger als die Kleidung. Schaut euch doch die Raben an, die weder säen noch ernten noch irgendetwas in Scheunen horten, und doch sorgt Gott dafür, dass sie alles Notwendige haben. Seid ihr nicht weit mehr wert als sie?

Versteht doch: Kein Mensch kann sein Leben auch nur um ein paar Tage verlängern, indem er sich Sorgen macht. Im Gegenteil! Wenn euch also all euer Sorgen so wenig nützt, warum macht ihr euch dann überhaupt Sorgen? Schaut euch zum Beispiel die Lilien an. Sie machen sich keine Gedanken über ihre äußere Erscheinung, noch strengen sie sich an, besonders schön auszusehen. Doch im Vergleich zu Salomo, selbst in seinen prachtvollsten Gewändern, sind sie um ein Vielfaches großartiger. Wenn Gott den Blumen, die heute blühen und meistens nach wenigen Tagen verblüht sind, schon so große Aufmerksamkeit schenkt, wie viel mehr dann euch?! Wie klein denkt ihr eigentlich von Gott und auch von euch?!

Hört auf, euch um alles und jedes künstlich Sorgen zu machen und ständig in Unruhe zu leben. Euer Vater im Himmel weiß doch, was ihr zum Leben braucht. Nein, wer meint, er müsse sich um alles Sorgen machen, zeigt doch nur, dass er Gott nicht kennt. Ihr solltet euch nur um eines sorgen: Wie komme oder bleibe ich unter der liebevollen Herrschaft Gottes?! Alles andere wird euch dazugegeben werden. Habt keine Angst, auch wenn ihr unter den vielen, die ihr Leben durch Sorgen zerstören, wenige seid. Euer Vater möchte euch nicht weniger als sein Königreich anvertrauen.

Seid also großzügig. Sorgt für die Armen. Lasst euer Geld nicht im Geldbeutel verschimmeln, sondern investiert es für Menschen, die in Not sind. Dann habt ihr einen Schatz im Himmel, an den kein Dieb herankommt und der nie seinen Wert verliert. Und ihr müsst doch zugeben, dass euer Herz am liebsten da ist, wo auch euer Vermögen ist, oder?“

Wachsamkeit (12,35–48)

„Wie wichtig es ist, dass ihr gelernt habt, euer Herz immer wieder auf das Wesentliche auszurichten, zeigt sich dann, wenn ihr irgendwann einmal Gott begegnet. Dieser Augenblick ist so entscheidend, dass ihr eine Wachsamkeit entwickeln müsst, die nur gute Hausbedienstete haben, die auf die Rückkehr ihres Hausherrn von einer Hochzeitsfeier warten. Sie lassen immer ein Licht brennen und haben die nötigste Kleidung griffbereit, damit sie sofort öffnen können, wenn er zurück ist und anklopft. Diener, die der Hausherr in dieser Haltung antrifft, dürfen sich wirklich glücklich schätzen. Er wird die Rollen vertauschen, sich selbst eine Schürze umbinden, sie an die Tafel bitten und ihnen ein Essen servieren. Die Freude über die Bediensteten wird groß sein, vor allem, wenn er sehr spät oder gar erst gegen Morgen zurückkommt.

Wie eure Wachsamkeit aussehen soll, kann euch auch der folgende Vergleich zeigen: Wenn ein Hauseigentümer weiß, zu welcher nächtlichen Stunde er mit einem Einbrecher zu rechnen hat, wird er wach bleiben und den Einbruch zu verhindern wissen. Seid also nicht auf falsche Weise sorglos. Denn genau dann, wenn ihr es nicht erwartet, wird der Menschensohn kommen.“

Petrus hakte nach: „Herr, erzählst du diese Geschichte nur für uns oder ist die für jedermann?“

Jesus erwiderte: „Stell dir einmal folgende Szene vor: Ein Mann versieht seine Arbeit zuverlässig und mit Verstand. Sein Herr hat ihm den Auftrag gegeben, die Arbeiter rechtzeitig und ausreichend mit

Essen zu versorgen. Was geschieht mit ihm, sollte der Herr plötzlich auftauchen und mitbekommen, wie zuverlässig er seinen Auftrag erledigt?! Einem solchen Mann wird es gut gehen, und es ist nicht ausgeschlossen, dass er eines Tages Verwalter des gesamten Vermögens wird. Doch wenn so jemand sich sagt: ‚Das dauert noch lange, bis mein Herr zurückkommt', und anfängt, die anderen Mitarbeiter zu schikanieren, Partys mit seinen Freunden zu feiern und nicht einmal mehr im Dienst nüchtern ist, dann kommt der Herr zurück, wenn er es am allerwenigsten erwartet. Er wird ihn in der Luft zerreißen und für immer aus seinem Haus jagen.

Früher galt: Der Diener, der genau wusste, was sein Herr wollte, es aber bewusst ignorierte, oder der anmaßend nur das tat, was ihm gefiel, bezog eine gehörige Tracht Prügel. Doch wenn er eine Sache nicht gut machte, weil er es einfach nicht besser wusste, bekam er nur – wenn überhaupt – ganz wenige Schläge. Das dürft ihr ruhig auf euch übertragen: Gaben bedeuten auch eine gewisse Verantwortung. Große Gaben demnach auch eine große Verantwortung!"

An Jesus scheiden sich die Geister (12,49–59)

„Ich bin gekommen, um Feuer auf diese Erde zu bringen – wie sehr wünsche ich mir, es wäre schon angezündet. Doch vorher muss ich noch etwas Schweres erleiden, das mich mit Angst erfüllt und das mich erst loslässt, wenn es durchgestanden ist. Glaubt nicht, dass mit meinem Kommen überall Frieden und Eintracht herrschen. Nein, das Gegenteil wird der Fall sein. Von jetzt an werden sich an mir die Geister scheiden und in einem einzigen Haus werden drei gegen zwei und zwei gegen drei sein. Der Vater gegen den Sohn und der Sohn gegen den Vater, die Mutter gegen die Tochter und die Tochter gegen die Mutter, die Schwiegermutter gegen die Braut und die Braut gegen die Schwiegermutter."

Dann wandte er sich wieder an die Menge und sagte: „Wenn ihr Wolken im Westen entdeckt, dann sagt ihr: ‚Es wird bald regnen.'

Und ihr habt recht. Wenn dagegen der Wind von Süden weht, dann wisst ihr: ‚Das wird ein heißer Tag', und genau so kommt es. Was ist nur mit euch los? Ihr könnt zwar die Anzeichen für einen Wetterwechsel deuten, doch ihr habt nicht das geringste Gespür für die gewaltige Veränderung, in der ihr euch gerade befindet.

Warum fällt es euch so schwer, von alleine auf das Richtige zu kommen?! Dies ist eine Zeit, in der es darauf ankommt, das Richtige entschlossen und schnell zu tun. Stellt euch vor, jemand würde euch wegen irgendeiner Sache vor Gericht bringen wollen. Nutzt den Weg zum Gericht, um euch mit eurem Prozessgegner gütlich zu einigen. Wenn ihr erst einmal vor Gericht seid, geratet ihr in die Mühlen der Justiz, und am Ende sitzt ihr vielleicht sogar im Gefängnis. Dann ist es für eine Einigung zu spät. Dort kommt ihr erst wieder heraus, wenn ihr den letzten Pfennig bezahlt habt."

Es gibt ein „Zuspät" (13,1–9)

13 In dieser Zeit berichtete man Jesus davon, dass Pilatus einige Galiläer im geheiligten Tempelbereich hatte niedermetzeln lassen, sodass sich zum Entsetzen aller ihr Blut mit dem der Opfertiere vermischte. Unausgesprochen bewegte alle nur eine Frage: Warum mussten diese Männer auf diese Weise sterben?

Jesus gab ihnen eine völlig unerwartete Antwort: „Glaubt ihr, dass diese Galiläer schlechtere Menschen gewesen sind als alle anderen Galiläer, weil ihnen so etwas Furchtbares zugestoßen ist? Ganz sicher nicht. Wenn ihr euch Gott nicht von ganzem Herzen zuwendet, werdet ihr genauso sterben. Oder was ist mit den achtzehn, die vor ein paar Tagen in Jerusalem ums Leben kamen, weil der Turm am Schiloachteich eingestürzt ist?! Denkt ihr im Stillen, sie seien vielleicht schlechtere Menschen gewesen als alle anderen in Jerusalem? Absolut nicht. Fragt nicht nach dem Warum, kümmert euch um eure Beziehung zu Gott, sonst ist euer Leben in ähnlicher Gefahr."

Um deutlich zu machen, was er damit meinte, erzählte er ihnen folgende Geschichte: „Ein Mann hatte in seinem Weinberg einen Feigenbaum gepflanzt. Er ging immer wieder zu ihm, weil er gerne ein paar frische Feigen geerntet hätte, aber es gab einfach keine. Schließlich sagte er zu seinem Gärtner: ‚Was ist da los? Seit drei Jahren komme ich nun schon in der Hoffnung, mal ein paar Feigen zu finden, aber der Baum trägt einfach keine. Du kannst ihn umhauen. Warum sollte er noch länger den guten Boden auslaugen?'

Der Gärtner entgegnete: ‚Wir sollten ihm noch ein weiteres Jahr geben. Ich werde den Boden ringsherum lockern und noch einmal richtig düngen. Möglicherweise trägt er dann nächstes Jahr Früchte. Wenn nicht, werde ich ihn umhauen.'"

Fesseln (13,10–17)

Als es wieder Sabbat geworden war, ging Jesus in eine Synagoge und lehrte dort. Zu der Versammlung kam auch eine Frau, die so verkrüppelt war, dass sie nicht einmal aufschauen konnte. Seit achtzehn Jahren litt sie bereits unter dieser Erkrankung, von der viele überzeugt waren, dass nur ein Dämon ihr so etwas antun konnte. Als Jesus sie sah, rief er sie zu sich: „Frau, du bist von deiner Krankheit erlöst!" Er legte ihr die Hände auf und schon konnte sie sich aufrichten. Sofort fing sie an, Gott zu loben und zu danken.

Der Leiter der Synagoge wurde sehr ungehalten, weil Jesus am Sabbat geheilt hatte. Um ihn nicht direkt anzusprechen, sagte er zu den Versammelten: „Sechs Tage sind für die Arbeit bestimmt. Wenn ihr geheilt werden wollt, dann kommt an einem der sechs Tage, aber nicht am siebten, dem Sabbat."

Doch das konnte Jesus nicht so stehen lassen: „Ihr Heuchler! Jeder von euch bindet am Sabbat seinen Ochsen oder seinen Esel los und führt ihn zur Tränke, ohne sich dabei auch nur das Geringste zu denken. Warum soll es dann für mich nicht in Ordnung sein, diese Tochter Abrahams von den Fesseln zu befreien, mit denen Satan sie achtzehn Jahre gefangen gehalten hat?"

Beschämt schwiegen seine Kritiker. Die vielen Menschen aber waren begeistert von dem, was sie erlebt hatten. Sie freuten sich über all das Großartige, was durch Jesus vor ihren Augen geschah.

Der Weg zu Gott (13,18–35)

Daraufhin sagte er: „Womit soll ich die Herrschaft Gottes vergleichen? Wie kann ich euch ihr Kommen deutlich machen? Nehmt ein winziges Samenkorn, etwa das einer Senfstaude. Wenn es in einem Garten auf gutem Erdreich zu liegen kommt, keimt es, treibt Wurzeln und wächst schließlich zu einer Staude heran, in der sogar Vögel ihre Nester bauen können. Der Anfang ist jedes Mal klein und unscheinbar. Genauso, wie eine kleine Handvoll Sauerteig einen ganzen Backzuber voller Teig langsam, aber sicher durchsäuert, wenn er nur gut untergemischt wurde und genügend Zeit bekommt, so wird auch die Herrschaft Gottes klein beginnen, aber letztlich alle Menschen erreichen."

Solche Dinge lehrte Jesus überall. Er zog weiter von Stadt zu Dorf, von Dorf zu Stadt, wobei er grundsätzlich die Richtung nach Jerusalem beibehielt.

Ein Zuhörer fragte ihn einmal: „Rabbi, werden denn nur wenige gerettet?" Jesus entgegnete darauf: „Niemandem wird die Rettung aufgedrängt. Der einzelne Mensch muss sie von ganzem Herzen wollen, ja, er muss darum kämpfen. Es ist schon so, dass viele nicht durch die kleine und unscheinbare Türe gehen wollen, die zu der Herrschaft Gottes führt. Die meisten von euch bringen das nicht fertig. Doch wenn der Herr des Hauses einmal aufgestanden ist und die Tür verschlossen hat, werdet ihr vergeblich anklopfen und darum bitten, doch noch eintreten zu dürfen. Dann wird er zu euch sagen: ‚Ich weiß nicht, wer ihr seid und woher ihr kommt.'

Dann werdet ihr protestieren: ‚Aber wir haben doch da oder dort mit dir an einem Tisch gesessen, und wir haben dir aufmerksam zugehört, als du auf unseren Straßen gepredigt hast!', doch der Herr wird euch das Wort abschneiden: ‚Habe ich euch nicht gesagt, dass ich euch nicht kenne und auch nicht weiß, woher ihr seid? Geht mir aus den Augen, es gibt keinen Grund, warum ich euch hineinlassen sollte.'

Und so werdet ihr euch draußen wiederfinden, voller Zorn und Selbstmitleid, weil ihr begriffen habt, welch großes Angebot Gottes ihr ausgeschlagen habt. Ihr werdet verzweifelt feststellen, dass so viele Menschen neben Abraham, Isaak, Jakob und all den Propheten mit Gott zusammenleben dürfen, während ihr euch selbst von alldem ausgeschlossen habt! Ja, die Menschen werden aus allen Himmelsrichtungen herbeiströmen, um am Festbankett in Gottes Reich teilzunehmen. Ihr aber werdet nicht einmal mehr zuschauen können. Ich kann euch nur warnen, denn ihr selbst werdet es erleben: ‚Die, die ihr jetzt noch für die Letzten haltet, werden eines Tages ganz vorne dabei sein, und der, von dem ihr glaubt, er sei ganz besonders wichtig, der wird in der Bedeutungslosigkeit versinken.'"

Kurze Zeit später wurden die Leute unruhig, denn es waren gerade einige Pharisäer angekommen, die Jesus warnen wollten: „Verlass diese Gegend so schnell wie möglich, denn Herodes will dich umbringen lassen."

Jesus entgegnete: „Sagt diesem Fuchs, dass ich auch in den nächsten Tagen noch zu tun habe. Ich werde auch weiterhin Dämonen austreiben und Kranke heilen; aber in drei Tagen wird mein Dienst vollendet sein. Ich werde deshalb genau so weitermachen wie bisher. Nur gehe ich jetzt nach Jerusalem, denn bisher wurden alle Propheten in Jerusalem umgebracht.

Jerusalem! Jerusalem! Du Mörderin der Propheten! Du steinigst die, die zu dir gesandt wurden. Wie oft habe ich mich danach gesehnt, deine Kinder in die Arme zu nehmen, genau so, wie eine Henne ihre Küken unter ihren Flügeln versammelt, doch du hast dich dagegen gewehrt. Von jetzt an bist du dir selbst überlassen. Du wirst mich erst an dem Tag wiedersehen, an dem alle rufen werden: ‚Gesegnet ist er, der da kommt im Namen des Herrn.'"

Tischgespräche (14,1–24)

14 Einmal ging Jesus an einem Sabbat zum Essen zu einem der führenden Pharisäer. Alle beobachteten jede seiner Bewegungen genau. Plötzlich stand ein Mann mit unglaublich geschwollenen Gliedern vor ihm. Er litt ganz offensichtlich an Wassersucht. Da fragte Jesus die anwesenden Schriftgelehrten und Pharisäer: „Ist es erlaubt, am Sabbat zu heilen: ja oder nein?"

Alle schwiegen. Daraufhin berührte Jesus den Mann, heilte ihn und ließ ihn nach Hause gehen. Zu den anderen Anwesenden sagte er: „Stellt euch vor, es wäre Sabbat und eines eurer Kinder oder auch nur eines eurer Tiere würde in einen Brunnen fallen. Würdet ihr nicht sofort alles tun, um das Leben des Kindes oder des Tieres zu retten, auch wenn das mit harter körperlicher Arbeit verbunden wäre?" Keiner der Angesprochenen wusste, was er darauf vorbringen sollte.

Doch auch Jesus hatte die anderen Gäste beobachtet. Ihm war aufgefallen, dass jeder versucht hatte, einen möglichst guten Platz am Tisch zu bekommen. Er nahm dies zum Anlass für eine weitere Lehre.

„Wenn jemand dich zu einem großen Essen einlädt, setz dich nicht auf einen der vordersten Plätze. Es könnte immerhin sein, dass der Gastgeber jemanden eingeladen hat, der bedeutender ist als du. Dann wird er gezwungen sein, dir in der Gegenwart aller anderen zu sagen: ‚Du sitzt auf dem falschen Platz. Dieser Ehrenplatz war für jenen Herrn vorgesehen.' Und mit rotem Kopf musst du dann an den letzten Tisch gehen, dort, wo gerade noch ein Platz frei ist.

Wenn du zu einem Essen eingeladen bist, dann setz dich an einen der Nebentische. Wenn dann der Gastgeber kommt und dich dort bemerkt, wird er sicher sagen: ‚Freund, bitte komm mit mir an den Haupttisch.' Findest du nicht, dass das etwas völlig anderes ist? Dabei musst du nicht einmal an die bewundernde Reaktion der anderen Gäste denken. Nein, das gilt grundsätzlich: Wer sich selbst groß herausbringen möchte, wird am Ende oft erbärmlich dastehen, doch wer sich gelassen und bescheiden zurücknehmen kann, wird wahre Wertschätzung erfahren.“

Dann wandte er sich dem Gastgeber zu: „Das nächste Mal, wenn du zu einem Essen einlädst, lade nicht deine Freunde, deine Familie und deine reichen Nachbarn ein – das sind alles Personen, die sich für solche Gelegenheiten revanchieren können. Lade doch solche Leute ein, die niemals eingeladen werden, Randfiguren unserer Gesellschaft, Menschen, die auf der Schattenseite des Lebens sind. Dann wirst du erfahren, was es heißt, ein Segen zu sein. Alle diese Menschen können sich mit nichts dafür revanchieren – außer mit der Liebe, die sie dir entgegenbringen. Aber dein eigentlicher Lohn erwartet dich bei der Auferstehung der Kinder Gottes.“

Einer der Gäste hing noch immer dem Gedanken an das große Festmahl Gottes nach: „Wie glücklich muss der sein, der am großen Festessen in Gottes Reich teilnehmen darf!“

Jesus nahm den Gedanken auf: „Allerdings. Doch ich möchte dir eine Geschichte erzählen. Es war einmal ein Mann, der veranstaltete zu einem besonderen Anlass ein großes Festessen und lud dazu viele ein. Als es Zeit zum Essen war, schickte er seinen Diener zu den geladenen Gästen und ließ ihnen ausrichten: ‚Ihr könnt kommen, das Essen steht schon auf dem Tisch.‘

Da fingen alle an, irgendwelche Entschuldigungen dafür vorzubringen, dass sie leider nicht kommen könnten. Der Erste sagte: ‚Ich habe gerade ein Stückchen Land gekauft und muss es mir unbedingt ansehen. Bitte übermittle mein Bedauern.‘

Ein anderer gab vor: ‚Ich habe gerade fünf Ochsengespanne gekauft, ich muss dringend ausprobieren, ob sie etwas taugen. Tut mir wirklich sehr leid.‘

Wieder ein anderer erklärte: ‚Also, ich habe gerade geheiratet. Du wirst verstehen, dass ich momentan meine Frau nicht alleine lassen kann.‘

Der Diener kehrte zurück und berichtete seinem Herrn von all den Absagen. Kein Wunder, dass dieser zunächst sehr aufgebracht war. Doch dann trug er seinem Diener auf: ‚Schnell, geh hinaus in die

Straßen und Gassen der Stadt. Lade alle ein: die Armen, die Verkrüppelten, die Blinden und die Lahmen, und bring sie hierher.' Nach kurzer Zeit meldete der Diener: ‚Herr, ich habe getan, was Ihr mir aufgetragen habt, aber es ist immer noch Platz im Festsaal.' Darauf gab ihm sein Herr noch einmal einen Befehl: ‚Dann geh noch hinaus an die Landstraßen, an die Hecken und Zäune. Gleichgültig, wen du triffst, dränge ihn hereinzukommen, denn ich möchte, dass mein Haus voll wird. Aber eines sage ich dir: Von denen, die ursprünglich eingeladen waren, wird niemand auch nur einen Bissen von meinem Festessen abbekommen.'"

Überschlage die Kosten (14,25–35)

Eines Tages, als wieder eine große Gruppe von Menschen mit ihm zog, drehte Jesus sich um und sagte zu ihnen: „Jeder, der zu mir kommt, sich aber weiterhin von seinen familiären Bindungen bestimmen lässt, kann nicht mein Jünger sein. Er muss lernen, alles – auch sich selbst und seine liebsten Familienangehörigen – loszulassen. Ja, er muss bereit sein, alles auf sich zu nehmen, nur um mein Jünger sein zu können. Versteht ihr, dass man sich dazu nicht einfach so entscheidet?

Wenn einer von euch ein Haus bauen möchte, setzt er sich dann nicht auch vorher hin und überschlägt die Kosten, damit er sehen kann, ob es überhaupt finanzierbar ist? Denn wenn er nur das Fundament gelegt bekäme, ihm dann aber das Geld ausginge, wäre das eine ziemliche Blamage für ihn. Jeder, der an der Bauruine vorbeikommt, wird nicht ohne Schadenfreude feststellen, dass hier jemand ohne vernünftige Kalkulation sein Geld in den Sand gesetzt hat.

Oder stellt euch einen König vor, der in einen Kampf mit einem anderen König eintritt, ohne vorher zu überlegen, ob es möglich ist, mit 10.000 Mann jemandem entgegenzutreten, der mit 20.000 anrückt. Wenn er erkannt hat, dass es unmöglich ist, wird er dann nicht umgehend eine Gesandtschaft beauftragen, die Bedingungen für einen Frieden auszuhandeln? Ich verschweige euch also nicht, dass es einiges kostet, mir nachzufolgen. Die Kernfrage bleibt also: Wer nicht bereit ist, alles, was ihm jetzt noch so wichtig erscheint, loszulassen, kann nicht mein Jünger sein.

Salz ist etwas Ausgezeichnetes. Aber wenn das Salz schal wird, wie kann man ihm seine ursprüngliche Würze wiedergeben? Man kann es zu nichts mehr gebrauchen, weder zum Düngen noch als Streumittel. Man kann es nur noch wegwerfen. Jünger, die nicht wie Jünger leben, sind genauso nutzlos.

Habt ihr verstanden, was ich euch damit sagen will?"

Von der Sorge Gottes um das Verlorene (15,1–10)

15 Während all dieser Zeit war Jesus ständig von einer Reihe von Männern und Frauen umgeben, die einen schlechten Ruf hatten. Sie alle hörten ihm aufmerksam zu. Die Pharisäer und die Schriftgelehrten waren darüber ungehalten und machten oft ihrem Ärger Luft: „Der gibt sich mit stadtbekannten Sündern ab und isst sogar mit ihnen!" Ihr Ärger veranlasste Jesus dazu, folgende Gleichnisse zu erzählen.

„Stellt euch vor, einer von euch hätte hundert Schafe und würde plötzlich eines vermissen. Würde er nicht die neunundneunzig in der Wüste zurücklassen und so lange dem verlorenen nachgehen, bis er es gefunden hat? Und wenn er es gefunden hat, wird er es dann nicht voller Freude auf seine Schultern nehmen und nach Hause tragen? Sobald er dort angekommen ist, wird er mit Sicherheit alle seine Freunde und Nachbarn zusammenrufen und ihnen sagen: ‚Feiert mit mir, ich habe mein verlorenes Schaf wiedergefunden!' Ihr könnt euch darauf verlassen: Auch im Himmel freut man sich mehr über einen Menschen, der sich von Gott finden lässt, als über neunundneunzig tugendhafte Leute, die davon überzeugt sind, dass sie nicht auf Gottes Erbarmen und seine Hilfe angewiesen sind.

Oder stellt euch eine Frau vor, zu deren Hochzeitsschmuck einmal zehn Münzen gehört haben und die nun feststellt, dass eine davon fehlt. Wird sie nicht eine Lampe anzünden und das ganze Haus auskehren, in jede Ecke und in jede Ritze schauen, um die Münze wiederzufinden? Ihr könnt sicher sein: Wenn sie das wertvolle Stück dann endlich gefunden hat, wird sie ihre Freundinnen und Nachbarinnen zusammenrufen und sie einladen: ‚Feiert mit mir! Ich habe meine verloren geglaubte Münze wiedergefunden.' Und solche Feste feiern die Engel Gottes jedes Mal, wenn ein Mensch, der Gefahr lief, verloren zu gehen, zu seinem Gott zurückfindet."

Die Geschichte vom barmherzigen Vater (15,11–32)

Daraufhin erzählte er ihnen folgende Geschichte: „Da war einmal ein Mann, der hatte zwei Söhne. Der jüngere von ihnen sagte eines Tages zu seinem Vater: ‚Vater, ich möchte jetzt den Teil meines Erbes ausgezahlt bekommen, der mir zusteht.'

Nun, der Vater teilte seinen Besitz zwischen den beiden Söhnen auf. Kurze Zeit später packte der jüngere Sohn alles zusammen und reiste in ein fernes Land. Dort aber brachte er innerhalb kürzester Zeit alles durch, was er besaß – unreif und zügellos, wie er nun mal war.

Kaum hatte er sein gesamtes Geld ausgegeben, brach in jenem Land eine große Hungersnot aus, und es ging ihm sehr schlecht. Er nahm eine Arbeit bei einem Bürger dieses Landes an, der ihn auf die Felder schickte, um die Schweine zu hüten. Der junge Mann war so hungrig, dass er am liebsten das Schweinefutter aus dem Trog verschlungen hätte, aber das war ihm nicht erlaubt.

Das brachte ihn zum Nachdenken. Er sagte zu sich: ‚Alle diese Landarbeiter, die im Dienst meines Vaters stehen, können sich satt essen, und hier komme ich noch vor Hunger um. Ich werde zu meinem Vater zurückkehren und ihm sagen: »Vater, ich habe mich gegen Gott versündigt, ich habe mich auch gegen dich versündigt. Ich verdiene es nicht, dein Sohn genannt zu werden. Bitte, stell mich einfach nur als einen Hilfsarbeiter an.«‘ Gedacht, getan: Er brach auf und ging nach Hause zu seinem Vater.

Er war noch ein ganzes Stück vom Haus entfernt, als ihn sein Vater schon von Weitem erkannte. Gepackt von tiefem Mitleid und großer Freude, lief er ihm entgegen, umarmte und küsste ihn. Der Sohn aber begann mit dem, was er sich vorgenommen hatte: ‚Vater, ich habe mich gegen Gott versündigt, ich habe mich auch gegen dich versündigt. Ich verdiene es nicht, dein Sohn genannt zu werden.‘

Aber der Vater hörte gar nicht zu. Er rief seinen Dienern zu: ‚Schnell, bringt ihm die beste Kleidung, die ihr finden könnt, und steckt ihm den Siegelring an den Finger. Vergesst auch nicht ein Paar passende Sandalen. Dann nehmt das Mastkalb, schlachtet und bratet es. Wir werden ein großes Fest veranstalten! Denn mein Sohn ist wieder da – viele hatten ihn schon aufgegeben und für tot erklärt, doch wie ihr seht: Er lebt! Man hatte sich damit schon abgefunden, dass er verloren sei, aber jetzt haben wir ihn wiedergefunden.‘ Und alle feierten ausgelassen.

Während alldem war der ältere Bruder draußen auf dem Feld. Als er die Arbeit beendet hatte, kam er nach Hause. Schon als er sich dem Hof näherte, hörte er Tanzmusik. Da rief er einen der Knechte zu sich und erkundigte sich, was da los sei. Der Knecht teilte ihm mit: ‚Euer Bruder ist nach Hause zurückgekommen. Euer Vater hat ein Fest angeordnet. Das Mastkalb ist geschlachtet worden, weil er ihn sicher und gesund zurückerhalten hat.‘

Das machte den älteren Bruder wütend, und er weigerte sich, an dem Fest teilzunehmen. Sein Vater kam heraus und bat ihn, doch hineinzukommen. Doch der Sohn machte seinem Ärger Luft: ‚Schau mal, wie viele Jahre ich nun schon hier für dich arbeite, und du hast mit mir nie Probleme gehabt, aber bist du je auf die Idee gekommen, auch nur einen Ziegenbock für mich und meine Freunde schlachten zu lassen, damit wir auch mal etwas zum Feiern hätten?! Und dann taucht plötzlich dein Sohn auf, der dein Geld mit Huren durchgebracht hat, und du schlachtest unser einziges Mastkalb für ihn!‘

Da versuchte sein Vater, ihn zu beruhigen: ‚Mein Sohn, ich versteh dich nicht. Du warst doch die ganze Zeit bei mir, und alles, was mir gehört, gehört auch dir. Aber sollten wir uns jetzt nicht darüber freuen und richtig feiern? Alle hatten deinen Bruder längst abgeschrieben und für tot gehalten, und er ist doch am Leben! Er war verloren und wir haben ihn wiedergefunden!'"

Wissen, worauf es ankommt (16,1–18)

16 Bei einer anderen Gelegenheit erzählte Jesus seinen Jüngern folgende ungewöhnliche Geschichte: „Es gab da einmal einen reichen Mann, der einen Verwalter hatte. Nun wurde ihm berichtet, dass dieser immense Summen veruntreute. Also ließ er ihn zu sich kommen und machte ihm Vorhaltungen: ‚Was habe ich da über dich gehört? Ich verlange von dir eine lückenlose Aufklärung darüber, wie du die Finanzen verwaltet hast. Du warst die längste Zeit mein Verwalter!'

Da sagte der Verwalter zu sich selbst: ‚Was soll ich jetzt tun? Ich habe meine Arbeitsstelle als Verwalter verloren. Ich bin für körperliche Arbeit einfach nicht stark genug und zu betteln lässt mein Stolz nicht zu ... Ah, ich glaub, ich hab eine Idee. Da gibt es etwas, das ich tun werde ... Wenn ich dann auf der Straße stehe, werden mich die Leute in ihre Häuser einladen.'

Dann setzte er seinen Plan in die Tat um. Er rief nacheinander alle Personen zu sich, die Schulden bei seinem Herrn hatten. Den Ersten fragte er: ‚Wie viel schuldest du meinem Herrn?'

Er antwortete: ‚Hundert Krüge Olivenöl.' Daraufhin teilte ihm der Verwalter mit: ‚Schnell, nimm deinen Schuldschein, setz dich hierhin und schreibe »fünfzig«.' Den Nächsten fragte er: ‚Und du, was schuldest du?' ‚Hundert Sack Weizen', gab dieser an. Auch ihm riet der Verwalter: ‚Nimm deinen Schuldschein und ändere ihn auf »achtzig« ab.'"

Und zum Erstaunen aller lobte Jesus die Klugheit des Verwalters, der auf seine Weise einen Ausweg aus seiner Lage gesucht und gefunden hatte: „Schaut, dieser Mann hat euch allen etwas voraus. Er macht sich Gedanken darüber, wie seine Zeitgenossen reagieren, und handelt dementsprechend. Manche Fromme meinen, man dürfe nicht einmal daran denken, mit dem schnöden Mammon etwas für das Reich Gottes tun zu können. Ich sage euch: Lernt ruhig von diesem gewitzten Verwalter, und sorgt dafür, dass Menschen euch wohlgesinnt sind, selbst wenn es zunächst durch Geld ist. (Hauptsache, ihr gewinnt ihre Freundschaft und könnt sie auf dem Weg unter die Herrschaft Gottes mitnehmen.) Wenn euch dann das Geld ausgehen sollte – Gott lässt euch nicht im Stich, sondern nimmt euch gerne in seine ewigen Wohnungen auf.

(Doch versteht die Geschichte nicht falsch.) Natürlich sollt ihr in allem, ja selbst bei scheinbar unwichtigen Dingen, ehrlich und zuverlässig sein. Denn wer es an dieser Stelle ist, der wird auch mit großen und entscheidenden Dingen richtig umgehen.

Umgekehrt gilt das Gleiche: Wer sich nicht bemüht, auch bei vermeintlichen Nebensächlichkeiten zuverlässig zu sein, wird es auch bei großen und wichtigen Dingen nicht sein. Das heißt: Wenn ihr nicht einmal mit dem Geld umzugehen versteht, wer wird euch dann die Verantwortung für ein Gut übertragen, das man nicht mit Geld bezahlen kann und das doch Ewigkeitswert hat? Wenn ihr nachlässig mit fremdem Eigentum umgeht, warum sollte man euch dann etwas Kostbares anvertrauen?

Nein, ihr müsst, was das Geld anbelangt, immer mit großer Entschiedenheit für Klarheit sorgen, denn kein Diener kann für zwei Herren zugleich da sein. Er wird entweder den einen hassen und den zweiten lieben oder er wird den ersten verehren und den zweiten verachten. Ihr könnt nicht beidem dienen, Gott und dem Geld."

Als die Pharisäer ihn so reden hörten, blieb ihnen nichts anderes übrig, als Jesus lächerlich zu machen, denn in ihrem Leben spielte Geld immer eine große Rolle. Doch Jesus sprach sie direkt an: „Ihr versteht es meisterlich, euch vor den Menschen großartig darzustellen. Ihr vergesst dabei nur eines: Gott kennt euch durch und durch. Was ihr für äußerst erstrebenswert haltet, widert ihn an.

Die Schriften des Alten Bundes mit seinen Gesetzen und den Propheten fanden in Johannes ihre Erfüllung. Von jetzt an ist das Reich Gottes einziger Inhalt der frohmachenden Botschaft, und viele Leute drängen geradezu mit Gewalt hinein. (Dennoch ist unter der Herrschaft Gottes nicht einfach alles anders.) Eher werden Himmel und Erde sich auflösen, als dass ein einziger Buchstabe von Gottes Gesetz seine Bedeutung verliert. Nehmt zum Beispiel die Ehe: Wer sich von seiner Frau scheiden lässt, um eine andere zu heiraten, begeht Ehebruch. Und wer jemanden heiratet, der aus dem gleichen Grund seinen Partner verließ, begeht ebenfalls Ehebruch."

Kein Erbarmen mit Erbarmungslosen (16,19–31)

„Es lebte einmal ein reicher Mann, der sich in die teuersten Stoffe kleidete und sich mit Glanz und Gloria umgab, indem er immer wieder großartige Festessen veranstaltete. Vor seinem Eingangstor lag ein armer Mann namens Lazarus, der über und über mit eiternden Wunden bedeckt war und sich mit der Hoffnung dorthin geschleppt hatte, etwas von dem zu essen zu bekommen, was vom Tisch des Reichen übrig war. Doch man gab ihm nichts. Dafür aber kamen Hunde und leckten seine Wunden.

Nun, es dauerte nicht lange und der arme Mann starb. Er wurde von den Engeln zu Abraham gebracht, der ihn in seine Arme schloss. Aber auch der reiche Mann starb und wurde begraben. In den Qualen der Hölle, in der er sich befand, blickte er auf und sah in weiter Entfernung Abraham und ganz nahe bei ihm Lazarus. Da rief er laut: ‚Vater Abraham, Erbarmen! Hab Erbarmen mit mir! Schicke doch Lazarus, damit er seinen Finger in Wasser taucht und damit meine Zunge kühlt. Ich leide unsäglich in diesem Feuer.'

Doch Abraham entgegnete ihm: ‚Kind, denke daran, dass du dir zu Lebzeiten alles Gute genehmigt hast, aber nicht das geringste Erbarmen mit Menschen wie Lazarus hattest. Jetzt erlebst du, wie furchtbar Erbarmungslosigkeit ist. Gott gleicht aus, was jemand in der Welt erlitten hat. Darum geht es Lazarus jetzt gut. Doch Erbarmungslose überlässt er ihrem Schicksal. Du siehst, es führt von hier kein Weg zu euch, erst recht nicht von euch zu uns. Uns trennt ein unüberbrückbarer Abgrund.‘

Da sagte der reiche Mann: ‚Dann lass mich dich nur um eines bitten: Schicke ihn zum Haus meines Vaters, in dem noch fünf meiner Brüder leben. Denen kann er dann die Situation schildern und sie warnen, damit sie nicht auch hier an diesem Ort der Qualen enden.‘ Abraham entgegnete ihm: ‚Sie haben Mose und die Propheten, die ihnen sagen, was sie zu tun haben. Sie brauchen nur auf sie zu hören.‘

‚Ich weiß, ich weiß, Vater Abraham‘, flehte der Reiche, ‚aber sie hören ja nicht auf sie. Wenn aber jemand vom Tod zurückkäme, würden sie ihr Leben ändern.‘ Abraham erwiderte: ‚Wenn sie nicht auf Mose und die Propheten hören wollen, dann wird es sie auch nicht überzeugen, wenn jemand von den Toten aufersteht.‘“

Konsequenzen (17,1–37)

17 Jesus teilte seinen Jüngern mit: „Es scheint unvermeidlich, dass Menschen durch andere verführt werden, die Gebote zu übertreten. Doch ich kann jeden nur warnen, der es wagt, einen von diesen kleinen, unbedeutenden Menschen zu verführen. Für ihn wäre es besser, er würde sich mit einem Mühlstein um den Hals im Meer versenken lassen.

Passt auf euch auf! Niemand sollte denken, dass er nicht zu allem fähig wäre. Genauso müsst ihr auch gegenüber anderen wachsam sein. Wenn ihr seht, dass euer Freund einen falschen Weg einschlägt, dann korrigiert ihn. Wenn er die Korrektur annimmt, dann tragt ihm nichts nach. Selbst wenn es sich ganz persönlich gegen euch richtet und sich siebenmal am Tag wiederholt. Solange er jedes Mal sagt: ‚Es tut mir leid, ich will es nicht wieder tun‘, vergebt ihm.“

Einmal kam aus dem Kreis der Apostel die Bitte an Jesus: „Gib uns mehr Glauben.“ Doch der Herr sagte: „Ihr wollt mehr Glauben?!

Es würde schon reichen, wenn ihr Glauben von der Größe eines Senfkorns hättet, dann könntet ihr zu diesem Baum da sagen: ‚Komm, zieh deine Wurzeln heraus und verpflanze dich ins Meer!‘, und er würde es tun. (Eines Tages werdet ihr diesen Glauben haben und große Dinge tun, vergesst dabei aber nie, dass ihr nur einen Auftrag ausführt.) Darum hört gut zu: Stellt euch vor, ihr hättet einen Diener, der vom Pflügen oder vom Schafehüten nach Hause kommt. Würdet ihr ihm, kaum dass er das Haus betreten hat, den Tisch decken und sagen: ‚Setz dich und iss!‘? Wäre es nicht eher umgekehrt und ihr würdet ihm auftragen: ‚Mach das Essen fertig, wechsle deine Kleidung, und bediene mich am Tisch, bis ich gegessen und getrunken habe. Dann kannst du in die Küche gehen und dir selber etwas zu essen machen.‘? Bekommt ein Diener einen besonderen Dank dafür, dass er tut, was man von ihm erwartet? Das Gleiche gilt für euch. Wenn ihr alles getan habt, was man von euch erwartet hat, dann bildet euch nichts darauf ein, sondern stellt ganz nüchtern fest: ‚Was wir taten, ist nichts Besonderes. Wir haben nur erledigt, was man uns aufgetragen hat.‘“

Als Jesus auf dem Weg nach Jerusalem war, zog er auch durch Samaria und Galiläa. Da traf er in einem Dorf zehn Männer, die alle Aussatz hatten. Sie hielten die vorgeschriebene Entfernung zu den Gesunden ein, riefen aber mit lauter Stimme: „Jesus, Meister, hab Erbarmen mit uns!“ Jesus blickte zu ihnen hinüber und sagte: „Geht und zeigt euch den Priestern.“

Sie gingen los, und noch während sie unterwegs waren, wurden sie vom Aussatz befreit. Nachdem er gemerkt hatte, dass er geheilt war, kehrte einer von ihnen auf der Stelle um und warf sich Jesus zu Füßen. Lauthals dankte er Jesus überschwänglich und pries Gott für die Gnade, wieder gesund zu sein. Dieser Mann war ausgerechnet ein Samariter.

Jesus schüttelte den Kopf: „Wurden nicht zehn geheilt? Wo sind denn die übrigen neun? Wollte denn kein anderer zurückkommen und Gott die Ehre geben außer diesem Fremden?“ Dann wandte er sich an den Mann: „Steh auf und mach dich auf den Weg. Dein Glaube hat dich geheilt und gerettet."

Wieder einmal stellten Pharisäer Jesus Fragen. Diesmal wollten sie wissen, wann denn nun Gottes Herrschaft kommen würde. Da entgegnete Jesus: „Die Herrschaft Gottes kommt nicht so, dass man sie irgendwie beobachten könnte. Auch wird man nicht sagen können: ‚Schaut, hier ist sie!', oder: ‚Dort ist sie!' Nein, Gottes Herrschaft ist schon mitten unter euch."

Später erklärte er seinen Jüngern: „Es wird eine Zeit kommen, in der sich Menschen verzweifelt danach sehnen werden, nur einen einzigen Tag des Menschensohnes miterleben zu können, doch es wird ihnen nicht möglich sein. Die Sehnsucht nach ihm wird so groß sein, dass es immer wieder Leute geben wird, die behaupten werden: ‚Seht ihr, da ist er!', oder: ‚Hier ist er ganz sicher!' Fallt auf solche Hinweise nicht herein. Die Ankunft des Menschensohnes ist nicht etwas, das man sich in Seelenruhe wird anschauen können. Wenn sein Tag anbricht, wird seine Wiederkunft wie ein Blitz sein, der über den gesamten Himmel flammt. Doch zuerst ist es unumgänglich, dass er viel zu erleiden hat und von den Menschen dieser Generation abgelehnt wird.

Man kann die Zeit vor der Wiederkehr des Menschensohnes durchaus mit der Zeit von Noah vergleichen. Damals aß und trank man, man heiratete und ließ sich verheiraten – bis zu dem Tag, an dem Noah seine Arche bestieg. Alle lebten gedankenlos, bis die Flut kam und alle in ihr ertranken.

Ähnlich war es auch zur Zeit von Lot. Jeder ging seinen eigenen Interessen nach, machte Geschäfte, pflanzte und baute und ließ es sich gut gehen. Bis zu dem Tag, an dem Lot Sodom verließ und ein Feuersturm herabfiel und alles in Schutt und Asche verwandelte. Genauso plötzlich und unerwartet wird der Menschensohn sich der gesamten Menschheit offenbaren.

Wenn dieser Tag kommt und ihr seid gerade auf dem Dach eures Hauses, dann steigt nicht hinunter, um noch irgendetwas zu holen. Und wenn ihr draußen auf dem Feld seid, dann wendet euch nicht um, um Dinge zu holen, die ihr am Rand des Feldes abgelegt habt. Denkt daran, was mit Lots Frau passiert ist! Wenn ihr an eurem bisschen Leben festhaltet, ja, wenn ihr euch daran klammert, dann werdet ihr es verlieren; wenn ihr aber euer Leben loslasst, dann werdet ihr ein Leben erhalten, wie nur Gott es geben kann.

Hört gut zu: Wenn die Stunde gekommen ist, dann wird es vorkommen, dass zwei Personen in einem Bett liegen. Die eine wird mitgenommen, die andere zurückgelassen. Zwei Frauen werden in derselben Küche arbeiten, die eine wird mitgenommen, die andere zurückgelassen."

Die Jünger versuchten, die Bedeutung dessen zu verstehen, darum hakten sie nach: „Herr, wo oder wann wird das denn passieren?" Er entgegnete darauf nur: „Achtet auf die kreisenden Geier! Sie zeigen euch, wo der Leichnam liegt."

Ihr dürft Gott lästig fallen (18,1–8)

18 Jesus erzählte ihnen daraufhin ein Gleichnis, um ihnen klarzumachen, wie wichtig es war, dass sie ausdauernd beteten und nicht aufgaben: „Da gab es in einer Stadt einmal einen Richter, der keinen Gedanken an Gott verschwendete und der sich auch nicht im Geringsten um die Menschen kümmerte. Eine Witwe, die ebenfalls in dieser Stadt lebte, suchte ihn auf und beklagte sich: ‚Ich werde von jemandem um mein Recht gebracht. Bitte nehmt Euch meiner Sache an.'

Der Richter hatte nicht die geringste Lust, sich um diese Angelegenheit zu kümmern, aber als sie immer wieder auftauchte und ihm überhaupt keine Ruhe mehr ließ, sagte er zu sich selbst: ‚Mich interessiert nicht, was Gott davon hält, auch nicht, wie die Leute darüber denken. Doch weil diese Witwe nicht aufhört, mir ständig auf die Nerven zu gehen, werde ich besser etwas tun und zusehen, dass sie zu ihrem Recht kommt. Denn sonst kommt es noch so weit, dass sie mich eines Tages tätlich angreift.'"

Jesus machte eine Pause, dann fügte er hinzu: „Habt ihr gehört, was dieser Richter, der sich um nichts kümmerte, gesagt hat? Was, glaubt ihr wohl, wird Gott tun, wenn die Menschen, die ihn lieben, Tag und Nacht zu ihm flehen? Wird er ihre Bitten auf die lange Bank schieben? Ich versichere euch: Er wird zur rechten Zeit für sie eintreten. Aber wird der Menschensohn, wenn er wiederkommt, auf der Erde überhaupt noch auf Menschen treffen, die sich mit einem solchen Vertrauen an Gott wenden?“

Vom falschen und richtigen Vertrauen (18,9–17)

Jesus hatte immer wieder mit Menschen zu tun, die nur allein auf das vertrauten, was sie selbst leisteten. Meistens waren solche Personen auch noch stolz darauf und hatten für alle anderen nur Verachtung übrig.

Ihnen erzählte er folgende Geschichte: „Zwei Männer gingen zum Tempel, um zu beten, der eine von ihnen war ein Pharisäer, der andere ein Zolleintreiber. Der Pharisäer stellte sich ganz nach vorne und betete etwa folgendermaßen: ‚Oh Gott, ich danke dir dafür, dass ich nicht wie andere Leute bin, wie die Räuber, Betrüger, Ehebrecher oder, der Himmel bewahre mich davor, wie dieser Zolleintreiber da hinten. Du weißt ja, dass ich zweimal in der Woche faste und dir von meinem gesamten Einkommen gewissenhaft den Zehnten gebe.‘

Doch auch der Zolleintreiber, der hinten im Tempel stand, betete. Er hielt die Hände vor sein Gesicht und wagte es nicht einmal, aufzuschauen, während er zu Gott sprach: ‚Gott, erbarme dich meiner! Vergib mir, ich bin ein Sünder.‘

Ich sage euch: Als dieser Zolleintreiber, nicht der andere, nach Hause ging, war zwischen ihm und Gott alles in Ordnung. Denn wer sein Vertrauen auf sich und seine Leistung setzt, wird leer ausgehen. Wer aber sein Vertrauen allein auf Gott setzt, weil er eingesehen hat, wie es wirklich um ihn steht, dem wird Gott mit seinem liebevollen Erbarmen begegnen.“

Bald bot sich eine weitere Gelegenheit, seinen Jüngern zu zeigen, wie echtes Vertrauen aussieht. Eltern brachten ihre kleinen Kinder zu Jesus in der Erwartung, dass er sie berühren und segnen würde. Die Jünger hielten das für störend und wiesen darum die Leute schroff ab. Aber Jesus rief sie zurück.

„Lasst nur ja die Kinder in Ruhe! Wagt es nicht, euch zwischen sie und mich zu drängen. Diese Kinder sind der Stolz und die Freude des Reiches Gottes. Und merkt euch eines: Wenn ihr das Reich Gottes nicht in der Einfachheit eines Kindes annehmt, könnt ihr niemals hineinkommen."

Für Gott ist nichts unmöglich (18,18–30)

Kurz darauf wurde Jesus von einem Synagogenvorsteher gefragt: „Guter Rabbi, was muss ich tun, um mir das ewige Leben zu verdienen?"

Jesus entgegnete: „Warum nennst du mich ‚gut'? Niemand ist gut – nur Gott allein. Du kennst ja die Gebote, oder nicht? Keine unerlaubten Beziehungen, kein Morden, kein Diebstahl, keine Lügen, Vater und Mutter ehren ..." Der Mann unterbrach ihn: „All diese Gebote habe ich gehalten, solange ich mich erinnern kann." Als Jesus das gehört hatte, sagte er zu ihm: „Wenn das so ist, dann gibt es nur noch eines, was du tun kannst: Verkauf deinen gesamten Besitz und gib das Geld den Armen. So hast du Reichtümer im Himmel. Dann komm und folge mir nach."

Enttäuscht und traurig wandte der Synagogenvorsteher sich ab, denn er war sehr reich. Er hatte mit einer völlig anderen Antwort gerechnet. Als Jesus sah, wie er reagierte, wurde er sehr ernst: „Habt ihr eine Vorstellung davon, wie schwer es für Leute, die alles haben, ist, in das Reich Gottes hineinzukommen? Es ist tatsächlich für ein Kamel leichter, durch ein Nadelöhr zu schlüpfen, als für einen Reichen, sich unter die liebevolle Herrschaft Gottes zu stellen."

„Wer hat denn dann überhaupt noch eine Chance?", erkundigten sich die Jünger betroffen. „Niemand, wenn ihr nur auf euch vertraut", erwiderte Jesus. „Setzt euer ganzes Vertrauen darauf, dass für Gott nichts unmöglich ist."

Das veranlasste Petrus dazu, daran zu erinnern, dass sie selbst ja eigentlich alles aufgegeben hatten: „Wir haben alles hinter uns gelassen und sind dir nachgefolgt, ist es nicht so?"

„Ja", sagte Jesus, „und ihr werdet es nicht bereuen. Niemand, der sein Haus, seine Braut, seine Brüder und Schwestern, seine Eltern und seine Kinder – was auch immer – um meinetwillen aufgegeben hat, wird dabei verlieren. Er wird alles vielfach in diesem Leben zurückbekommen und dazu noch in der kommenden Welt das ewige Leben."

Blinde (18,31–43)

Daraufhin nahm Jesus die Zwölf beiseite und sagte zu ihnen: „Hört genau zu! Wir sind auf dem Weg hinauf nach Jerusalem. Alles, was die Propheten über das Schicksal des Menschensohnes niedergeschrieben haben, wird sich bald ereignen. Er wird in die Hände der Römer ausgeliefert werden, die werden ihn verspotten, werden ihn schlagen und anspucken. Dann wird er gegeißelt werden, bevor sie ihn umbringen. Aber drei Tage später wird er lebendig das Grab verlassen." Die Zwölf blickten ihn verständnislos an und begriffen zu diesem Zeitpunkt keines seiner Worte.

Unterdessen waren sie ganz in die Nähe von Jericho gekommen. Dort saß ein blinder Mann am Straßenrand und bat um Almosen. Als er die vielen Menschen vorübergehen hörte, fragte er, was denn da los sei. Sie teilten ihm mit: „Jesus, der Nazarener, geht gerade vorbei." Da schrie er laut: „Jesus! Sohn Davids! Erbarmen! Hab Erbarmen mit mir!" Die Menschen, die vor der Gruppe hergingen, fuhren ihn an, er solle ruhig sein. Aber der Blinde schrie nur noch lauter: „Sohn Davids! Erbarmen! Hab Erbarmen mit mir!"

Jesus war stehen geblieben und ließ den Mann zu sich bringen. Als er vor ihm stand, fragte er ihn: „Was willst du von mir?" Der Blinde entgegnete: „Herr, ich möchte wieder sehen können." Jesus sprach daraufhin zu ihm: „Geh nur und gebrauche deine Augen wieder. Dein Glaube hat dich gerettet und geheilt."

Als der Mann die Augen öffnete, konnte er sehen. Da pries und dankte er Gott und schloss sich sofort den Menschen an, die Jesus nachfolgten. Alle, die mit ihnen unterwegs waren, lobten Gott aus vollem Herzen für das, was er vor ihren Augen getan hatte.

Zachäus (19,1–10)

19 Nach diesem Ereignis erreichte Jesus Jericho. Dort lebte ein Mann namens Zachäus, er war der oberste Zolleintreiber und dementsprechend reich. Er wollte Jesus unbedingt sehen, doch wegen der Menschenmenge – er war von kleiner Statur – bot sich ihm keine Möglichkeit dazu. Darum lief er voraus und kletterte auf einen Maulbeerfeigenbaum, um Jesus zu sehen, sobald dieser an dieser Stelle vorbeikäme.

Als Jesus nun zu dem Baum kam, blickte er hinauf und sagte: „Zachäus, komm schnell herunter! Heute ist der Tag, an dem ich bei dir Gast sein werde." Zachäus kletterte den Baum hinunter und konnte sein Glück noch gar nicht richtig fassen. Voller Freude nahm er Jesus mit zu sich nach Hause. Jeder, der den Vorfall mitbekommen hatte, war verärgert und schimpfte: „Was ist mit dem Mann los, dass er sich bei einem solchen Halsabschneider einschmeichelt?"

Doch Zachäus, der noch immer ganz betroffen war von dem Glück, Jesus bei sich zu haben, trat vor ihn hin und sagte: „Herr, ich werde die Hälfte meines Vermögens unter den Armen verteilen, und wenn ich jemanden übervorteilt habe, werde ich ihm den Schaden vierfach zurückerstatten."

Auch Jesus war sehr bewegt und sagte zu Zachäus: „Heute ist in deinem Haus das Glück Gottes eingekehrt, weil auch du ein Sohn Abrahams bist! Wie sehr wünsche ich mir, noch mehr Verlorene zu finden und ihr Leben heil zu machen!"

„Nutzt die Zeit meiner Abwesenheit!" (19,11–27)

Die Menschen hatten schon so viel von Jesus gehört. Als sie nun merkten, dass er auf dem Weg nach Jerusalem war, erwarteten sie, dass nun der Zeitpunkt gekommen wäre, zu dem der Messias die Herrschaft Gottes aufrichten würde. (Um diese Vorstellung zu korrigieren, verglich Jesus seinen Weg mit dem Vorgehen eines Herrschers aus der Herodes-Familie.)

„Da war einmal ein Mann aus königlichem Hause, der eine weite Reise antreten musste, um sich in der Hauptstadt des Reiches seinen Herrschaftsanspruch bestätigen zu lassen und dann als König zurückzukommen. Zuvor aber rief er zehn Diener zusammen und gab jedem von ihnen einen gewissen Geldbetrag mit der Anweisung, damit zu arbeiten, bis er wieder zurück sei.

Doch die Bürger dieses Landes hassten ihn. Sie schickten eine Gesandtschaft hinter ihm her, die deutlich machen sollte, dass man diesen Mann nicht zum König haben wollte. Aber eines Tages kam er zurück und brachte die Bestätigung seiner Königswürde mit. Dann rief er die zehn Diener zusammen, denen er das Geld anvertraut hatte, und erkundigte sich, was sie damit gemacht hatten.

Der erste sagte: ‚Herr, ich habe so gut mit Eurem Geld gewirtschaftet, dass es sich verzehnfacht hat.' Der König entgegnete: ‚Guter Diener! Hervorragende Arbeit! Weil du dich bei diesem unbedeutenden Auftrag als vertrauenswürdig erwiesen hast, werde ich dich zum Gouverneur über zehn Städte machen.' Der zweite berichtete: ‚Herr, mit Eurem Geld ließ sich gut arbeiten. Es hat sich glatt verfünffacht.' Zu diesem Diener sagte der Herr: ‚Ich übertrage dir die Verantwortung über fünf Städte.'

Der nächste Knecht gestand: ‚Herr, hier ist Euer Geld, heil und sicher. Ich hatte es in mein Taschentuch gewickelt und versteckt. Ich hatte große Angst vor Euch. Ich weiß ja, wie sehr Ihr darauf aus seid, Gewinn zu sehen, auch wenn Ihr dafür nicht einen Finger gerührt habt. Und wie würdet Ihr erst reagieren, wenn ich das Geld durch falsche Investitionen verloren hätte?!'

Sein Herr fuhr ihn an: ‚Du legst mir die Worte in den Mund! Ja, ich bin darauf aus, Gewinn zu machen, und ich kann sehr ungemütlich werden, wenn das nicht klappt. Aber wenn du dir dessen schon bewusst warst, warum hast du dann das Geld nicht zumindest zur Bank gebracht, dann hätte ich zumindest noch ein paar Zinsen bekommen?‘ Bei diesen Worten wandte er sich an die Umstehenden: ‚Nehmt ihm das Geld ab, und gebt es dem, der seinen Betrag verzehnfacht hat.‘

Doch sie wandten ein: ‚Aber, Herr, der hat doch schon das Zehnfache erhalten!‘

Der König entgegnete ihnen: ‚Genau das meine ich: Geht mit dem, was man euch anvertraut hat, furchtlos und großzügig um, und ihr werdet noch mehr bekommen. Wer dagegen nichts riskieren will, wird am Ende mit leeren Händen dastehen.

Doch jetzt ist auch die Zeit gekommen, um mit meinen Feinden abzurechnen. Sie wollten mit allen Mitteln meine Herrschaft verhindern. Bringt sie her und richtet sie vor meinen Augen hin!‘“

Jerusalem (19,28–48)

(Mit dieser Geschichte hatte Jesus noch einmal versucht, seine Zuhörer auf das Kommende vorzubereiten.) Denn von jetzt an ging er entschlossen auf Jerusalem zu (den Ort, von dem auch er „eine weite Reise“ antreten sollte.) Als er sich Betfage und Betanien auf dem Ölberg näherte, sandte er zwei seiner Jünger mit folgendem Auftrag voraus: „Geht in das Dorf, das direkt vor euch liegt. Sobald ihr es betreten habt, werdet ihr ein Eselsfüllen angebunden finden, auf dem noch niemand geritten ist. Bindet es los und bringt es her. Wenn irgendjemand euch fragt: ‚Was macht ihr denn da?‘, dann gebt einfach zur Antwort: ‚Der Herr braucht es.‘“

Die beiden gingen los und fanden alles genau so, wie Jesus es ihnen gesagt hatte. Als sie das Füllen losbanden, sprach der Besitzer sie an: „He, was macht ihr da, warum bindet ihr meinen Esel los?“

Sie entgegneten nur: „Der Herr braucht ihn."

Dann brachten sie das Füllen zu Jesus, legten ihre Oberkleider auf den Rücken des Esels und halfen Jesus, sich auf ihn zu setzen. Als er nun auf die Stadt zuritt, bereiteten ihm die Menschen einen großartigen Empfang; sie warfen sogar ihre Kleidung vor ihm auf die Straße. Auf dem Höhenrücken, von dem der Ölberg bereits wieder abfällt und man Jerusalem in seiner ganzen Herrlichkeit vor sich sieht, brach die große Menge seiner Jünger in einen enthusiastischen Jubel aus, schließlich waren sie ja alle Zeugen der unglaublichen Zeichen und Wunder gewesen, die er vollbracht hatte:

„Gesegnet ist er, der als König in Gottes Namen kommt!
Friede im Himmel! Herrlichkeit und Ehre in der Höhe!"

Einige Pharisäer, die sich unter die Menschenmenge gemischt hatten, forderten Jesus ärgerlich auf: „Rabbi, verbiete endlich deinen Jüngern solche gotteslästerlichen Huldigungen!"

Doch Jesus entgegnete ihnen: „Wenn ihr diese Menschen zum Schweigen bringt, werden die Steine anfangen, das Lob Gottes herauszuschreien."

Als sie näher kamen und die Stadt in ihrer ganzen Größe und Schönheit vor ihm lag, weinte er über sie. „Wenn du doch nur bis heute erkannt hättest, was dir Frieden bringt. Doch nun ist es zu spät. Du bist wie mit Blindheit geschlagen. Es wird eine Zeit kommen, da werden deine Feinde schweres Belagerungsgerät gegen dich auffahren, dich umzingeln und von allen Seiten in dich eindringen. Sie werden dich und deine Kinder töten. Nicht ein Stein wird auf dem anderen bleiben. Und das alles nur, weil du nicht wahrhaben wolltest, dass Gott dir eine Zeit der Gnade angeboten hatte."

Daraufhin ging er in den Tempel und begann, alle hinauszuwerfen, die dort einen Verkaufsstand aufgestellt hatten. Er sagte ihnen: „Es steht in der Heiligen Schrift: ‚Mein Haus ist ein Haus des Gebetes, ihr aber habt aus ihm eine Höhle für Wegelagerer gemacht.'"

Von da an lehrte er jeden Tag im Tempel. Die Hohenpriester, die Schriftgelehrten und die Ältesten versuchten alles, um eine Möglichkeit zu finden, wie sie ihn umbringen könnten. Doch sie fanden weder einen Vorwand noch eine Gelegenheit, sich seiner zu bemächtigen. Zu viele Menschen hingen an jedem Wort, das er sprach.

Die Auseinandersetzungen spitzen sich zu (20,1–8)

20 In den kommenden Tagen lehrte Jesus im Tempel und tat alles, um den Menschen die Frohe Botschaft von der liebevollen Herrschaft Gottes nahezubringen. Das konnten die Hohenpriester, Schriftgelehrten und Ältesten auf Dauer nicht zulassen und so stellten sie ihn eines Tages zur Rede: „Zeig uns deine Bevollmächtigung. Wer gibt dir die Autorität, hier einen Auflauf zu veranstalten und dich als großer Lehrer aufzuspielen?“

Jesus entgegnete: „Lasst mich erst einmal euch eine Frage stellen. Sie betrifft die Tatsache, dass Johannes die Menschen taufte: Wer autorisierte denn diese Taufe? Tat er dies im Auftrag Gottes, oder war alles, was er tat, nur seine eigene Idee?“

Sie steckten die Köpfe zusammen und überlegten: „Wenn wir ‚im Auftrag Gottes‘ sagen, wird er uns fragen, warum wir Johannes dann nicht geglaubt haben. Wenn wir aber ‚es war seine eigene Idee‘ sagen, wird uns das Volk steinigen, denn alle sind davon überzeugt, dass Johannes ein großer Prophet war. Wir müssen wohl oder übel eingestehen, dass wir diese Frage nicht beantworten können.“ Zähneknirschend gestanden sie Jesus ein, dass sie keine Antwort hatten.

Jesus erwiderte ihnen darauf: „Nun ja, dann brauche ich eure Frage auch nicht zu beantworten.“

Gottes Geschichte mit Israel (20,9–21,4)

Mittlerweile hatten sich viele Menschen um sie versammelt. Da erzählte Jesus folgendes Gleichnis (aus dem seine Zuhörer die mühsame Geschichte Gottes mit seinem Volk Israel entnehmen konnten): „Ein Mann legte einen Weinberg an. Er verpachtete alles, verreiste und blieb lange weg. Als es Zeit war, die Trauben zu ernten, schickte er seine Diener zu den Pächtern, um seinen Ertrag abholen zu lassen.

Die Pächter schnappten sich jedoch den ersten der Diener, verprügelten ihn und schickten ihn mit leeren Händen zurück. Der Besitzer versuchte es erneut und sandte einen weiteren Diener. Auch diesen schlugen sie zusammen, beschimpften ihn auf gemeinste Weise und schickten ihn ohne eine einzige Weintraube zurück. Nun versuchte er es ein drittes Mal. Dieses Mal wurde der Diener schwer verletzt und einfach aus dem Weinberg hinausgeworfen. Daraufhin sagte der Besitzer zu sich: ‚Ich weiß, was ich tun werde: Ich werde meinen geliebten Sohn schicken. Vor ihm werden sie mit Sicherheit Respekt haben.' Doch als die Pächter den Sohn kommen sahen, waren sie sich einig: ‚Das ist unsere Chance – er ist doch der Erbe! Wir brauchen ihn nur umzubringen, dann gehört das alles uns alleine.' Und sie warfen ihn aus dem Weinberg hinaus, um ihn anschließend zu töten.

Was, glaubt ihr wohl, wird der Besitzer des Weinbergs tun? Richtig, er wird kommen und diese verbrecherische Bande vernichten. Dann wird er die Sorge für den Weinberg anderen übertragen."

Einige seiner Zuhörer riefen: „Oh nein, das würde er niemals tun." Jesus blickte sie scharf an, als er entgegnete: „Was glaubt ihr wohl, warum geschrieben steht: ‚Der Stein, den die Maurer weggeworfen haben, ist nun zum Eckstein geworden'? Jeder, der über diesen Stein stolpert, wird sich alle Knochen im Leib brechen, und auf wen dieser Stein fällt, der wird zerdrückt werden."

Die Schriftgelehrten und die Hohenpriester erkannten genau, dass es in dieser Geschichte um sie selbst ging, und sie hätten Jesus am liebsten auf der Stelle umbringen lassen. Doch sie fürchteten das Volk, das sich begeistert um Jesus drängte.

So lauerten sie weiter auf eine Chance, etwas gegen ihn unternehmen zu können. Einmal schickten sie Spitzel, die so taten, als hätten sie ernsthafte Fragen. Sie hegten die Hoffnung, er würde etwas sagen, das ihn mit dem Gesetz in Konflikt bringen würde. So fragten die Leute ihn beispielsweise: „Rabbi, wir wissen, dass du ehrenhaft bist und in deinen Lehren die Dinge direkt ansprichst. Auch schaust du nicht auf das, was andere sagen, sondern lehrst sehr genau den Weg Gottes. Sag uns nun: Ist es mit dem göttlichen Gesetz zu vereinbaren, dass man an den Kaiser – einen Heiden – Steuern zahlt, oder nicht?"

Jesus wusste, dass sie ihm mit dieser Frage eine Falle stellen wollten, und entgegnete daher: „Zeigt mir eine Münze. Nun, diese Prägung – wen stellt sie dar? Und die Beschriftung – wessen Name ist das?"

„Des Kaisers natürlich", sagten sie. Daraufhin erwiderte Jesus: „Also, dann gebt dem Kaiser, was ihm gehört, und Gott, was Gott gehört."

Sosehr sie es auch versuchten, sie konnten Jesus nicht dazu bringen, etwas vor allen Leuten zu sagen, das sie gegen ihn hätten verwenden können. Diese Antwort jedenfalls hatte sie völlig überrascht und ohne ein weiteres Wort zogen sie sich zurück.

Das war der Augenblick, auf den die Sadduzäer gewartet hatten. Bestandteil ihrer Glaubenslehre war auch die Auffassung, dass es keine Auferstehung von den Toten gibt. Sie konfrontierten nun ihrerseits Jesus mit einem theologischen Problem: „Rabbi, Mose ordnete an, dass ein Mann verpflichtet ist, die Frau seines Bruders zu heiraten und ihm Nachkommen zu zeugen, falls dieser kinderlos sterben sollte. Nehmen wir an, da waren sieben Brüder. Der erste heiratete und starb kinderlos. Der zweite nahm dessen Frau, starb aber auch, ohne Kinder zu hinterlassen. Das Gleiche geschah mit dem dritten. Um es kurz zu machen: Jeder kam an die Reihe – und starb genauso kinderlos wie seine Brüder. Endlich starb auch die Frau. Diese Frau nun – zu wem wird sie nach der Auferstehung gehören? Alle sieben waren doch mit ihr verheiratet."

Jesus entgegnete: „Heiraten ist nur für diese Welt von Bedeutung, nicht aber für das Leben bei Gott. Alle, die vom Tod auferstehen, werden sich nicht mehr mit menschlichen Einrichtungen wie der Ehe beschäftigen. Sie leben in einer völlig anderen Dimension, in der es nichts Vergängliches mehr gibt.

Am ehesten könnte man sie dann mit den Engeln vergleichen. Auf jeden Fall sind sie Söhne und Töchter Gottes, die von seiner Auferstehungsmacht erfüllt sind. Selbst Mose hat ja die Auferstehung bezeugt, indem er beim brennenden Dornbusch den Herrn ‚Gott Abrahams, Gott Isaaks, Gott Jakobs' nennt. Gott ist kein Gott von toten Männern, sondern von lebendigen. Für ihn sind alle lebendig." Einige der Schriftgelehrten gestanden: „Rabbi, das war eine großartige Antwort!" Eine Zeitlang wagte es niemand mehr, ihm eine Frage zu stellen.

Doch jetzt stellte Jesus ihnen wiederum eine Frage: „Wie kommt es, dass alle behaupten, der Messias sei Davids Sohn? Im Buch der Psalmen sagt David doch ganz klar: ‚Gott sprach zu meinem Herrn: »Setze dich hier zu meiner rechten Hand, bis ich dir deine Feinde unter deine Füße gelegt habe.«' David bezeichnet hier den Messias als seinen ‚Herrn', wie kann dann der Messias sein ‚Sohn' sein?"

Da keine Antwort kam, wandte sich Jesus an seine Jünger, aber so, dass jeder hören konnte, was er sagte: „Nehmt euch vor den Schriftgelehrten in Acht. Sie lieben es, in den auffallenden Gewändern ihres Standes herumzulaufen, genießen die ehrfurchtsvollen Begrüßungen in der Öffentlichkeit und achten sehr darauf, dass sie in der Synagoge oder bei Gastmählern entsprechend gewürdigt werden. Während sie nach außen hin lange Gebete sprechen, betrügen sie Witwen um ihre Barschaften und Häuser. Nichts ist Gott mehr zuwider als diese mit frommem Getue getarnte Gottlosigkeit. Darum müssen auch diese Personen mit einem äußerst strengen Urteil rechnen."

21 Währenddessen blickte er umher und beobachtete, wie die Reichen ihre Spenden in den Opferkasten warfen. Da bemerkte er eine arme Witwe, die zwei der kleinsten Münzen hineinwarf. Jesus machte seine Jünger darauf aufmerksam: „Glaubt mir, das größte Opfer hat an diesem Tag diese Frau gegeben. All die anderen Spenden haben niemandem wehgetan; sie stammten aus dem, was jeder im Überfluss hatte. Diese Frau aber gab alles, was sie besaß – es war ihr gesamter Lebensunterhalt!"

Vom Ende der Zeiten (21,5–19)

Ein anderes Mal war er von Menschen umgeben, die sich über den Tempel unterhielten. Sie merkten an, welch großartige Arbeit die Steinmetze geleistet hatten und wie herrlich die wertvollen Weihegeschenke waren. Da sagte Jesus: „Es wird eine Zeit kommen, in der all das, was ihr da gerade so bewundert, zerstört und in der kein Stein mehr auf dem anderen bleiben wird."

„Rabbi, wann wird das passieren?", erkundigten sie sich. „An welchen Zeichen werden wir ablesen können, dass so etwas kurz bevorsteht?"

Er antwortete: „Passt auf, dass euch niemand verführt. Es wird zu allen Zeiten Menschen geben, die von sich behaupten, sie seien der Eine, der da kommen soll. Glaubt auch denen nicht, die euch versichern: ‚Ich kann euch sagen, dass das Ende unmittelbar bevorsteht.' Fallt auf keine von diesen Personen herein. Selbst wenn ihr von Kriegen und Aufständen hört: Geratet nicht in Panik. Das ist der ganz normale Lauf der Geschichte und kein Zeichen für das Ende."

Dann fuhr er fort: „Nationen werden Nationen bekämpfen und Machthaber werden immer wieder gegen Machthaber antreten. An den verschiedensten Orten wird es verheerende Erdbeben geben, ebenso große Hungersnöte und Seuchen. Manchmal werdet ihr denken, der ganze Himmel würde herunterfallen.

Doch bevor das alles in verstärktem Maße passiert, werden sie euch verfolgen, verhaften und vor Gerichte und in die Gefängnisse schleppen. Das werden sie tun, weil ihr zu mir gehört. In alldem werdet ihr für mich Zeugnis ablegen. Nehmt euch schon jetzt fest vor, euch keine Sorgen darüber zu machen, was ihr dann zu eurer Verteidigung sagen werdet. Ich werde euch die Worte und die Weisheit geben, der alle eure Ankläger weder widersprechen noch widerstehen können.

Ihr werdet sogar von euren Eltern, Geschwistern, Verwandten und Freunden ausgeliefert werden. Einige von euch wird man umbringen, denn der Hass gegen euch ist unbeschreiblich, weil ihr zu mir gehört. Doch gerade dann sollt ihr wissen, dass ich mich um alles – euren Körper und eure Seele – kümmere. Alle Haare eures Hauptes sind gezählt! Nichts, das euch ausmacht, wird verloren gehen. Haltet durch bis zum Ende. Ihr werdet es nicht bereuen; ihr werdet gerettet werden."

Endzeit (21,20–28)

„Wenn ihr seht, dass Jerusalem von Heerlagern umringt ist, dann müsst ihr darauf gefasst sein, dass die Stadt kurz vor ihrer Zerstörung steht. Wenn ihr in dieser Zeit in Judäa lebt, flieht in die Berge. Wenn ihr in der Stadt wohnt, verlasst sie so schnell wie möglich. Wenn ihr draußen auf dem Feld seid, geht nicht erst noch nach Hause, um euren Mantel zu holen. Das ist der Tag, an dem abgerechnet wird – alles, was darüber geschrieben wurde, wird sich ereignen. Schwangere und stillende Mütter wird es besonders hart treffen. Die Ereignisse werden wie ein Zorngericht über die Stadt hereinbrechen und unter den Bewohnern eine unvorstellbare Not verursachen. Die Menschen werden wie Tiere geschlachtet oder in Gefangenschaft abgeführt werden. Jerusalem wird unter die Herrschaft fremder Völker geraten, bis auch deren Zeit abgelaufen ist.

Dann aber werden Zeichen an Sonne, Mond und Sternen erscheinen, die die Völker auf der Erde in Panik versetzen. Das Meer wird regelrecht kochen und seine Wellen werden bedrohliche Höhen erreichen. Viele Menschen werden jedoch schon beim bloßen Gedanken an das Kommende vor lauter Angst sterben. Zu ungeheuer wird die Erschütterung der Erde und des ganzen Universums sein.

Doch dann werden sie den Menschensohn sehen, der in seiner ganzen Macht und in einer Wolke der Herrlichkeit auf der Erde erscheint. Wenn ihr die ersten Anzeichen davon mitbekommt, dann richtet euch auf und erhebt eure Köpfe. Denn eure Erlösung steht unmittelbar bevor!"

Dazu erzählte er ihnen folgendes Gleichnis: „Schaut euch einen

Feigenbaum an oder überhaupt jeden Baum. Wenn die Blätter anfangen zu treiben, verrät euch ein einziger Blick, dass der Sommer nicht mehr weit ist. Das Gleiche gilt hier: Wenn ihr seht, dass das alles geschieht, dann wisst ihr, dass Gott gerade endgültig seine Herrschaft aufrichtet. Vergesst nicht: Ich sage das nicht nur für irgendeine zukünftige Generation, sondern auch für die derzeitige. All das wird eintreffen. Himmel und Erde werden einmal nicht mehr da sein, meine Worte aber werden nie ihre Gültigkeit verlieren.

Seid also wachsam. Lasst nicht zu, dass eure Aufmerksamkeit durch die täglichen Sorgen und Vergnügungen abgelenkt wird. Wenn ihr alles wie in einem Rausch verdrängt, dann wird euch dieser Tag vollkommen überraschend treffen, er wird über euch zuschnappen wie eine Falle. Und das gilt ohne Ausnahme für alle Menschen, die auf dieser Erde leben. Seid allezeit wachsam, und bittet Gott mit Nachdruck, dass ihr die Kraft habt, alles, was da auf euch zukommt, zu überstehen, um am Ende vor den Menschensohn treten zu können."

In dieser Weise verbrachte er seine Tage im Tempel und lehrte, abends aber zog er sich auf den sogenannten Ölberg zurück. Die Menschen waren jedoch schon beim ersten Licht des Morgens auf den Beinen, um zum Tempel zu gehen und ihm zuzuhören.

Das Abschiedsmahl (22,1–38)

22 Das Fest der ungesäuerten Brote, auch Passafest genannt, rückte näher. Die Obersten Priester und die Schriftgelehrten suchten nach einer Möglichkeit, wie sie Jesus aus dem Weg räumen könnten. Doch sosehr sie ihn auch hassten, das Volk fürchteten sie noch mehr.

Da erhielten sie von unerwarteter Seite Hilfe. Satan selbst beeinflusste einen der Zwölf: Judas, der auch Iskariot genannt wurde. Er traf sich mit den Obersten Priestern und der Tempelgarde, um mit ihnen darüber zu verhandeln, wie er ihnen Jesus am besten in die

Hände spielen könnte. Sie konnten ihr Glück kaum fassen und versprachen, ihn gut dafür zu entlohnen. Er gab ihnen sein Wort und begann von da an, nach einer Möglichkeit Ausschau zu halten, wie er ihnen Jesus ausliefern könnte, fernab von der Menge, die ihn ständig umringte.

Der Tag der ungesäuerten Brote kam und das Passalamm wurde geschlachtet. Jesus sandte Petrus und Johannes voraus, wobei er ihnen Folgendes auftrug: „Geht und bereitet das Passamahl für uns vor, damit wir es gemeinsam essen können." Sie fragten nach: „Wo sollen wir es denn vorbereiten?" Jesus gab ihnen genaue Anweisungen: „Haltet eure Augen offen, wenn ihr in die Stadt hineinkommt. Ihr werdet auf einen Mann treffen, der einen Wasserkrug trägt. (Das ist auffallend, denn normalerweise verrichten nur Frauen diese Arbeit.) Folgt ihm in das Haus, in das er zurückkehrt. Teilt dann dem Besitzer des Hauses mit: ‚Der Meister möchte wissen, wo der Gastraum ist, in dem er mit seinen Jüngern das Passamahl feiern kann.' Er wird euch einen großen Raum im Obergeschoss zeigen, in dem schon die Polster für das Mahl ausgelegt sind. Dort sollt ihr es vorbereiten." Sie gingen los und fanden alles genau so vor, wie er es gesagt hatte. Und sie bereiteten das Passamahl vor.

Gegen Abend legte Jesus sich mit seinen Jüngern zu Tisch. „Ihr könnt euch gar nicht vorstellen", begann er, „wie sehr ich mich danach gesehnt habe, dieses Passamahl mit euch zu feiern, bevor ich leiden muss. Dieses Mahl werde ich nun so lange nicht mehr mit euch feiern, bis es im Reich Gottes seine Erfüllung gefunden hat."

Daraufhin nahm er einen Becher, dankte Gott und sagte dann: „Nehmt ihn und reicht ihn einander weiter. Für mich gilt: Ich werde keinen Wein mehr trinken, bis das Reich Gottes gekommen ist." Dann nahm er das Brot, sprach ein Dankgebet und gab es ihnen mit den Worten: „Das ist mein Leib, den ich für euch hingeben werde. Esst dieses Brot in Erinnerung an mich."

Dasselbe tat er nach dem Essen mit dem Segensbecher. Dabei sagte er: „Dieser Becher ist der Neue Bund in meinem Blut, das für euch vergossen wird. Mein Blut wird vergossen werden, und die Hand des Mannes, der mich verraten wird, liegt mit meiner auf demselben Tisch. Der Menschensohn muss zwar den Weg des Leidens und Sterbens gehen, weil das seine Bestimmung ist. Doch wehe dem Menschen, der diesen Verrat begeht."

Sofort begannen die Zwölf, darüber zu sprechen, wem von ihnen so etwas Furchtbares zuzutrauen sei. Doch nicht lange. Schon bald hatten sie nur noch ein Thema: wer von ihnen nämlich wohl der Größte sei. Da unterbrach Jesus sie: „Könige lieben es zu herrschen und Machthaber lassen sich gerne ‚Wohltäter des Volkes' nennen. So etwas darf es bei euch nicht geben. Stellt die Dinge auf den Kopf: Wer von euch bereits Ansehen erworben hat, halte sich für jung und unbedeutend, und wer mit der Leitung beauftragt ist, bemühe sich darum, allen zu dienen.

Für euch ist es klar: Der zu Tisch sitzt und sich bedienen lässt, hat natürlich viel mehr Bedeutung als derjenige, der das Essen aufträgt und ihn bedient. Was sagt es euch dann, dass ich unter euch den Platz dessen eingenommen habe, der euch bedient?

Ich werde nicht vergessen, dass ihr auch in schwierigen Zeiten bei mir wart. Darum sollt ihr wissen, was ich für euch in der Autorität meines Vaters verfügt habe: Ihr werdet in meinem Reich an meinem Tisch sitzen, mit mir essen und trinken und auf Thronen sitzen, um die zwölf Stämme Israels zu richten.

Simon, pass auf! Satan tut sein Bestes, um euch alle von mir zu trennen, wie man Spreu vom Weizen trennt. Simon, ich habe für dich besonders gebetet, damit du dein Vertrauen auf mich nicht verlierst. Sobald du den Weg zurück zu mir gefunden hast, kümmere dich um deine Brüder, und mach ihnen Mut."

Petrus entgegnete darauf: „Herr, für dich bin ich zu allem bereit. Ich würde für dich ins Gefängnis gehen. Ja, ich würde sogar für dich sterben!"

Jesus schüttelte den Kopf: „Nein, Petrus, es wird ganz anders sein. Noch bevor morgen früh der Hahn kräht, wirst du dreimal behauptet haben, dass du mich nicht kennst." Dann fügte er hinzu: „Als ich euch ausgesandt habe und euch sagte, ihr könntet auf das Gepäck verzichten und nur das Notwendigste mitnehmen, seid ihr da nicht trotzdem überall gut durchgekommen?"

„Doch, das sind wir", erwiderten sie.

„Das hier nun ist etwas ganz anderes", entgegnete er. „Macht euch darauf gefasst, dass ihr in große Schwierigkeiten geratet. Jetzt braucht ihr euren Geldbeutel, ja sogar eine Reisetasche. Tauscht euren Mantel gegen ein Schwert ein (was euch sagen soll: Jetzt wird es ernst). Ihr werdet jetzt das erleben, was die Heilige Schrift schon im Voraus beschrieben hat: ‚Man hielt ihn für einen Verbrecher.'* Alles, was über mich geschrieben wurde, erfüllt sich jetzt vor euren Augen."

Doch die Jünger hatten Jesus wieder einmal nicht richtig verstanden: „Herr, da haben wir zwei Schwerter!"

Resigniert entgegnete Jesus nur kurz: „Es reicht!"

Die Stunde der Finsternis (22,39–53)

Sie brachen auf, und er ging, wie schon so oft, zum Ölberg. Die Jünger folgten ihm. Als sie dort ankamen, sagte er zu ihnen: „Betet, damit ihr standhaft bleiben könnt." Dann zog er sich etwa einen Steinwurf weit von ihnen zurück, kniete nieder und betete: „Vater, du kannst all die Leiden verhindern, die mir die Menschen zufügen wollen. Aber ich möchte, dass das geschieht, was du willst, nicht, was ich will." Auf einmal war ein Engel des Himmels an seiner Seite und gab ihm neue Kraft. Doch wenig später überfiel Jesus regelrechte Todesangst. Er betete noch verzweifelter. Wie Blut flossen die Schweißtropfen an ihm herab und fielen zur Erde.

Schließlich erhob er sich vom Gebet und kehrte zu seinen Jüngern zurück. Diese waren aber vor lauter Traurigkeit eingeschlafen. Jesus war über ihr Verhalten betroffen: „Konntet ihr nichts anderes tun als schlafen? Steht auf und betet, damit ihr bei all dem, was jetzt kommt, standhaft bleibt."

---

* Jesaja 53,12

Noch während er dies sagte, näherte sich ihnen eine Horde Bewaffneter, die von Judas, einem der Zwölf, angeführt wurde. Er ging direkt auf Jesus zu und küsste ihn. „Judas, du verrätst den Menschensohn mit einem Kuss?", fragte Jesus ihn betroffen.

Als einige der Männer, die ihn begleiteten, begriffen, was da vor sich ging, fragten sie erregt: „Herr, sollen wir jetzt kämpfen?" Ohne eine Antwort abzuwarten, schwang einer von ihnen bereits sein Schwert und schlug einem Diener des Hohenpriesters das rechte Ohr ab.

Jesus sagte: „Lasst sie in Ruhe! Das eine hier ist schon zu viel." Und er berührte das Ohr des Dieners und heilte es. Jesus wandte sich nun an alle, die gekommen waren – Hohepriester, Tempelwachen, Älteste: „Was soll denn das? Ihr rückt mit Schwertern und Knüppeln an, als wäre ich ein gefährlicher Verbrecher. Tag für Tag war ich bei euch im Tempel, und ihr habt nicht einen Finger gerührt, um mich zu ergreifen. Aber ihr braucht die Dunkelheit der Nacht für das, was ihr vorhabt, ihr und die Mächte der Finsternis."

Ein Hahn kräht (22,54–62)

Nachdem sie Jesus festgenommen hatten, rückten die Bewaffneten ab und brachten ihn in das Haus des Obersten Priesters. Petrus folgte ihnen – allerdings in sicherem Abstand.

In der Mitte des Gerichtshofes hatten einige Leute ein Feuer angezündet, um sich ein wenig zu wärmen. Auch Petrus setzte sich in ihren Kreis. Eines der Dienstmädchen, die mit am Feuer saßen, bemerkte ihn und – nachdem sie ihn genauer gemustert hatte – sagte: „Dieser Mann war auch bei ihm."

Er leugnete es: „Gute Frau, ich kenne ihn ja nicht einmal."

Kurze Zeit später fiel er einem anderen auf, der ihn ansprach: „Du bist doch auch einer von denen da?!"

Doch Petrus stritt es erneut ab: „Mensch, du verwechselst mich mit jemandem!"

Ungefähr eine Stunde später meldete sich ein anderer zu Wort und behauptete mit Bestimmtheit: „Kein Zweifel, der ist einer von denen! Der ist ja Galiläer."

Petrus wehrte sich verzweifelt: „Mann, ich weiß nicht, wovon ihr überhaupt redet." Genau in diesem Augenblick, kaum dass er das letzte Wort ausgesprochen hatte, krähte ein Hahn. Da drehte Jesus sich um und sah Petrus an. Nun erinnerte dieser sich an das, was der Herr ihm gesagt hatte: „Bevor der Hahn kräht, wirst du dreimal behauptet haben, mich nicht zu kennen." Er ging hinaus in die Nacht und weinte hemmungslos.

Der „Prozess" (22,63–71)

Die Männer, die Jesus bewachten, trieben ihren Spaß mit ihm und erniedrigten ihn, wo sie nur konnten. Sie verbanden ihm die Augen, schlugen ihm ins Gesicht und verspotteten ihn: „Komm, großer Prophet! Sag uns, wer dich geschlagen hat!" Ständig fielen ihnen neue Gemeinheiten ein, mit denen sie ihn zu verletzen suchten.

Als der Morgen anbrach, versammelten sich alle Ältesten, die Hohenpriester und Schriftgelehrten und ließen Jesus vor ihren Hohen Rat bringen. Sie forderten ihn auf: „Wenn du der Messias bist, dann sag es jetzt endlich!"

Jesus entgegnete ihnen: „Wenn ich es euch sage, werdet ihr mir nicht glauben. Wenn ich euch dagegen eine Frage stelle, werdet ihr mir keine Antwort geben. Warum also noch Worte verschwenden? Schon bald wird der Menschensohn seinen Platz zur Rechten Gottes einnehmen."

Da schrien sie alle: „Du willst also damit behaupten, dass du der Sohn Gottes bist?"

„Ihr habt es ja gerade selber gesagt", entgegnete er. Das war es, worauf sie gewartet hatten: „Warum brauchen wir noch irgendwelche Beweise? Wir haben die Gotteslästerung ja alle direkt aus seinem Mund gehört."

Pilatus und Herodes (23,1–25)

23 Alle Anwesenden sprangen auf, packten Jesus und führten ihn zu Pilatus. Kaum waren sie dort angekommen, fingen sie an, Beschuldigungen gegen Jesus vorzubringen. Sie behaupteten: „Wir haben herausgefunden, dass dieser Mann das Volk aufwiegelt; zum Beispiel verbietet er, Steuern an den Kaiser zu zahlen, und er hat sich selbst zum Messias-König ernannt."

Pilatus wusste, dass der Messias im Glauben der Juden eine große Rolle spielte. Darum fragte er Jesus: „Ist es wahr, dass du der ‚König der Juden' bist?"

„Du sagst es", entgegnete Jesus. Daraufhin wandte Pilatus sich an die Hohenpriester und die sie begleitende Volksmenge: „Ich kann an ihm keine Schuld finden."

Doch das ließ sie umso fanatischer reagieren: „Er stiftet mit seinen Lehren nichts als Unruhe im Volk und stört überall den Frieden. In Galiläa hat er angefangen und nun hat er bereits ganz Judäa damit angesteckt!"

Als Pilatus das hörte, fragte er: „Er ist also ein Mann aus Galiläa?" Das kam ihm sehr gelegen, denn jetzt konnte er Jesus an den Mann überstellen lassen, der eigentlich wirklich für ihn zuständig war: Herodes. Da dieser zu dieser Zeit sowieso in Jerusalem weilte, sandte er den Angeklagten zu ihm.

Herodes fand es großartig, dass man ihm Jesus vorführte. Er hatte schon seit geraumer Zeit den Wunsch gehabt, ihn zu treffen, denn er hatte viel über ihn gehört. Er hoffte, dass Jesus in seiner Gegenwart irgendetwas Außergewöhnliches tun würde. Er überschüttete ihn mit Fragen, aber Jesus gab einfach keine Antwort – nicht ein Wort.

Doch dafür redeten die Hohenpriester und Schriftgelehrten umso mehr und brachten ihre Anschuldigungen mit Nachdruck vor.

Herodes war beleidigt und begann nun auch selbst, sich über Jesus lustig zu machen. Seine Soldaten machten nur zu gerne mit, verspotteten ihn und zogen ihm ein abgetragenes Königsgewand an.

Dann schickten sie ihn zu Pilatus zurück. Seit diesem Tag war die Beziehung zwischen Herodes und Pilatus geradezu freundschaftlich, was sie all die Jahre zuvor keineswegs gewesen war.

Pilatus rief die Hohenpriester, Ältesten und die anderen zu sich und sagte ihnen: „Ihr brachtet mir diesen Mann und habt behauptet, er sei ein Aufrührer. Ich habe ihn in eurer Gegenwart verhört und nichts gefunden, was man ihm zur Last legen könnte. Und genauso sieht es auch Herodes, denn er hat ihn zu mir zurückgeschickt, ohne dass eure Vorwürfe bestätigt worden wären. Es ist offensichtlich, dass er nichts Verbotenes getan hat, geschweige denn etwas, das den Tod verdient hätte. Ich werde ihn jetzt auspeitschen lassen und dann gehen lassen."

Da schrie die aufgehetzte Menge: „Weg mit ihm! Gib uns Barabbas heraus!" Barabbas war ins Gefängnis geworfen worden, weil er in der Stadt einen Aufstand angezettelt hatte, bei dem jemand umgebracht worden war. Pilatus war immer noch entschlossen, Jesus freizulassen, und gab dies der Menge auch deutlich zu verstehen. Doch alle schrien dagegen an: „Kreuzige ihn! Kreuzige ihn!"

Er versuchte es noch ein drittes Mal: „Doch für welches Verbrechen? Ich habe nichts gefunden, was den Tod verdient hätte. Ich werde ihn auspeitschen lassen und dann kann er gehen." Doch die Menschen ließen nicht mehr locker. Lautstark forderten sie seine Kreuzigung. Das setzte Pilatus schließlich so unter Druck, dass er klein beigab und tat, was sie gefordert hatten. Er entließ den Mann, der wegen Aufruhr und Mord im Gefängnis war, und übergab ihnen Jesus, damit sie endlich ihren Willen bekämen.

Finsternis (23,26–56)

Als sie ihn zur Kreuzigung hinausführten, zwangen sie Simon, einen Mann aus Zyrene, der gerade vom Feld kam und auf dem Nachhauseweg war, Jesus den schweren Kreuzbalken zu tragen. Eine gewaltige Menschenmenge folgte dem Zug, darunter auch Frauen, die lauthals weinten und sich auf die Brust schlugen. Da drehte Jesus sich um und sagte zu ihnen: „Töchter von Jerusalem, weint nicht um mich! Weint um euch selbst und eure Kinder. Die Zeit wird kommen, in der man sagen wird: ‚Glücklich die Frauen, die nie empfangen haben! Glücklich, wer nie geboren und gestillt hat.' Denn in dieser schlimmen Zeit wird man zu den Bergen sagen: ‚Fallt auf uns!', und zu den Hügeln: ‚Deckt uns zu!' Wenn das schon mit einem guten, grünenden Baum gemacht wird, was wird dann erst mit einem halbverdorrten passieren?!" (Damit deutete Jesus an, wie es in wenigen Jahren Jerusalem und seinen schuldig gewordenen Leitern ergehen würde, wenn man ihn, den vollkommen Unschuldigen, schon so behandelte.)

Mit ihm wurden noch zwei Verbrecher zur Exekution hinausgeführt.

Als sie den Ort erreichten, den man „Schädelhügel" nennt, kreuzigten sie ihn zusammen mit den Verbrechern – einen rechts, den anderen links von ihm.

Über ihm wurde eine Hinweistafel angebracht: „Das ist der König der Juden."

Jesus betete: „Vater, vergib ihnen, denn sie wissen nicht, was sie tun."

Die Soldaten teilten seine Kleidung unter sich auf, um das Hauptgewand würfelten sie. Die Menschen standen herum und gafften, die Verantwortlichen aber hörten nicht auf, ihn zu verspotten: „Andere hat er gerettet, mal sehen, ob er sich selber helfen kann! Und so etwas will der Messias Gottes sein, der Auserwählte!"

Auch die Soldaten hatten nichts Besseres zu tun, als ihre Späße mit ihm zu treiben. Sie reichten ihm mit Wasser verdünnten Essig und prosteten ihm zu: „Bist du nicht der König der Juden?! Na, dann rette dich mal!" Selbst einer der Verbrecher, die neben ihm hingen, spottete genauso: „He, du Messias! Komm schon, hilf dir selbst und uns!"

Doch der andere fuhr ihm über den Mund: „Fürchtest du Gott denn überhaupt nicht? Du erleidest das Gleiche wie wir alle, nur mit dem einen großen Unterschied: Wir haben es verdient, er aber nicht!

Er hat nicht das Geringste getan." Dann fügte er an Jesus gewandt hinzu: „Jesus, bitte denk an mich, wenn du in dein Reich kommst." Jesus entgegnete: „Verlass dich darauf: Noch heute wirst du mit mir zusammen im Paradies sein."

Mittlerweile war es Mittag geworden. Im ganzen Land wurde es dunkel und diese Finsternis hielt drei Stunden an. Der Vorhang vor dem Allerheiligsten im Tempel riss in der Mitte von oben bis unten auseinander. Jesus rief laut: „Vater, in deine Hände übergebe ich meinen Geist!" Darauf stoppte seine Atmung und er starb.

Der aufsichtshabende Offizier hatte alles mit angesehen. Jetzt gab er Gott die Ehre: „Dieser Gekreuzigte war wirklich unschuldig – ein Mann Gottes!" Auch die Zuschauer waren sehr betroffen, viele schlugen sich als Zeichen der Trauer an die Brust. Langsam gingen sie nach Hause. Doch alle, die Jesus gut gekannt hatten, standen zusammen bei den Frauen, die ihm aus Galiläa gefolgt waren, und beobachteten alles aus sicherer Entfernung.

Darunter auch ein Mann namens Josef, der Mitglied des jüdischen Hohen Rates war, ein Mann mit einem guten Herzen und einem aufrichtigen Charakter. Er stammte aus dem jüdischen Dorf Arimathäa und wartete auf das Anbrechen der Herrschaft Gottes. Dieser Mann ging zu Pilatus und erbat sich von ihm den Leichnam Jesu. Nachdem sie ihn abgenommen hatten, wickelten sie ihn in ein Leintuch und legten ihn in ein Grab, das in einen Felsen gehauen worden war. In dieses Grab war bis dahin noch niemand gelegt worden. Der Tag der Vorbereitung auf den Sabbat neigte sich seinem Ende zu. Gegen Abend, also schon am Freitag, bricht nach jüdischer Tradition bereits der Sabbat an.

Die Frauen, die Jesus seit Galiläa begleitet hatten, hielten sich ganz in der Nähe auf. Sie sahen nicht nur das Grab, sondern waren unmittelbar dabei, als man den Leichnam Jesu hineinlegte. Dann gingen sie zurück und bereiteten Salben und wohlriechende Öle vor (die für Begräbnisse gebraucht wurden). Darüber hinaus verbrachten sie den Sabbat so ruhig, wie es das Gesetz vorschrieb.

Jesus lebt! (24,1–12)

24 Kaum war der Sabbat vorüber, kamen die Frauen auch schon frühmorgens zum Grab und brachten alles mit, was sie für das Begräbnis vorbereitet hatten. Zu ihrer Verwunderung war der Stein vor dem Eingang weggerollt, sodass sie sofort in das Innere des Grabes eintreten konnten. Doch in dem Grab fanden sie keinen Leichnam mehr. Was sollten sie jetzt tun? Sie waren völlig ratlos. Plötzlich standen zwei Männer in strahlenden Gewändern bei ihnen. Die Frauen wurden von Angst und Ehrfurcht gepackt. Tief beugten sie sich vor den Unbekannten nieder. Da sprachen die Männer sie an: „Warum sucht ihr den Lebenden unter den Toten? Er ist nicht hier, er ist auferstanden. Erinnert ihr euch daran, was er euch gesagt hat, als ihr noch in Galiläa wart? Er würde in die Hände gottloser Menschen ausgeliefert, müsste am Kreuz sterben, würde aber am dritten Tage auferstehen?"

Da fielen ihnen die Worte Jesu wieder ein. Sie verließen das Grab und berichteten alles sofort den Aposteln und den übrigen Jüngern. Unter diesen Frauen waren Maria Magdalena, Johanna, Maria, die Mutter von Jakobus, und es waren noch andere Frauen in ihrer Begleitung. Obwohl sie alles haargenau erzählten, glaubten ihnen die anderen kein Wort. Sie hielten alles nur für Wichtigtuerei. Nur Petrus war bereit, das Gehörte zu überprüfen. Eilig lief er zum Grab und blickte sich darin um. Und tatsächlich fand er nur noch die Leintücher dort liegen. Kopfschüttelnd verließ er das Grab und fragte sich verwundert, was das alles zu bedeuten hatte.

Die Straße nach Emmaus (24,13–35)

Noch am selben Tag gingen zwei von ihnen nach Emmaus, einem Dorf, das etwa zwei Wegstunden von Jerusalem entfernt liegt. Unterwegs unterhielten sie sich über alles, was sich ereignet hatte. Vieles hatte Fragen aufgeworfen, die sie nun durchgingen. Während des Geprächs gesellte sich Jesus zu ihnen, doch sie erkannten ihn einfach nicht.

Er erkundigte sich: „Was beschäftigt euch denn gerade so sehr?"

Sie hielten inne, und man konnte ihnen ansehen, wie verzweifelt und traurig sie waren. Endlich fragte der eine von ihnen, dessen Name Kleopas war: „Bist du der Einzige in Jerusalem, der noch nichts von dem gehört hat, was sich dort in den vergangenen Tagen ereignet hat?" Jesus erwiderte: „Was ist denn passiert?"

Endlich konnten sie sich die schrecklichen Ereignisse der vergangenen Tage von der Seele reden: „Die Sache mit Jesus von Nazaret. Er war ein Mann Gottes, ein Prophet, der mit großer Vollmacht lehrte und erstaunliche Taten vollbrachte. Ja, er hat sich vor Gott und dem ganzen Volk als groß erwiesen. Dann haben ihn unsere Hohenpriester und Ältesten an die Römer ausgeliefert und setzten durch, dass er zum Tode verurteilt und gekreuzigt wurde. Und wir hatten doch unsere ganze Hoffnung darauf gesetzt, dass er der Eine sein würde, der Israel befreien könnte. Das war vor drei Tagen. Heute Morgen nun waren wir am Ende unserer Kraft. Einige Frauen waren schon in aller Frühe am Grab, konnten aber seinen Leichnam nicht finden. Sie kamen dann mit der Geschichte zurück, sie hätten eine Vision von Engeln gehabt, die ihnen gesagt hätten, dass er am Leben wäre. Einige unserer Freunde gingen daraufhin zum Grab, um die Sache zu überprüfen, und fanden es leer vor, genau wie die Frauen gesagt hatten, doch Jesus selbst sahen sie nicht."

Da erwiderte Jesus: „Wie lang dauert es denn noch, bis das, was ihr in den Schriften gelesen habt, von eurem Kopf in euer Herz gelangt?! Warum fällt es euch so schwer, zu erkennen, dass genau das geschehen ist, was die Propheten vorausgesagt haben? Könnt ihr nicht sehen, dass all das geschehen musste? Dass der Messias leiden musste und nur so in seine Herrlichkeit gelangen konnte?" Und dann fing er an, die Heilige Schrift von den Büchern von Mose bis hin zu den Propheten mit ihnen durchzugehen und die Stellen zu zitieren, die sich auf ihn bezogen.

Inzwischen hatten sie den Rand des Dorfes erreicht, zu dem sie unterwegs waren. Jesus tat so, als wollte er weitergehen. Doch die beiden drängten ihn: „Bleib doch bei uns und iss mit uns zu Abend. Der Tag neigt sich und es wird schon bald dunkel." Da ging er mit ihnen hinein und setzte sich mit ihnen zu Tisch.

Und da passierte Folgendes: Jesus nahm das Brot, segnete es, dann brach er es und gab es ihnen. In diesem Moment fiel es ihnen wie Schuppen von den Augen und sie erkannten ihn – doch auf einmal war er verschwunden.

Aufgeregt sprachen sie miteinander: „Waren wir nicht schon die ganze Zeit zutiefst berührt, als er sich mit uns auf dem Weg unterhielt? Vor allem, als er uns die Heilige Schrift erklärte?"

Noch am selben Abend machten sie sich auf den Rückweg nach Jerusalem. Sie trafen die elf und ihre Freunde, die sich versammelt hatten und nur eines wussten: „Es ist wirklich passiert! Der Herr ist auferstanden – Simon hat ihn gesehen!"

Dann erzählten die beiden ausführlich, was sich auf ihrem Weg nach Emmaus ereignet hatte und wie sie Jesus erkannt hatten, als er das Brot brach.

Ein Gespenst hat keinen Hunger (24,36–43)

Noch während sie sich aufgeregt darüber unterhielten, stand Jesus plötzlich unter ihnen und begrüßte sie: „Friede sei mit euch!" Sie dachten, sie sähen ein Gespenst, und starben fast vor Angst.

Doch er versuchte, sie zu beruhigen: „Warum seid ihr denn so durcheinander, warum überlasst ihr euch den Zweifeln, die in euch aufsteigen? Schaut meine Hände an, seht die Füße! Ich bin es wirklich. Berührt mich doch, betrachtet mich ganz genau vom Kopf bis zu den Zehen. Ein Gespenst hat nun mal keine Muskeln und auch keine Knochen." Während er das sagte, zeigte er ihnen seine Hände und seine Füße. Sie konnten aber immer noch nicht glauben, was sie sahen. Es war einfach zu viel für sie, und es schien zu wunderbar, um wahr zu sein.

Da fragte er sie: „Habt ihr irgendetwas zu essen da?" Sie gaben ihm ein Stück Fisch, das sie zuvor gebraten hatten. Er nahm es und aß es direkt vor ihren Augen.

Zeugen für Jesus (24,44–53)

Dann sagte er: „Alles, was ich euch mitgeteilt habe, als ich mit euch zusammen war, sollte euch darauf vorbereiten, dass alles so kommen musste: Jede Einzelheit, die über mich in den Büchern von Mose, bei den Propheten und in den Psalmen geschrieben steht, musste sich erfüllen."

Und er half ihnen weiter, das Wort Gottes zu verstehen. Alles konnten sie in den alten Schriften finden: die Voraussage, dass der Messias leiden müsste, die Beschreibung seines Todes, aber auch das Versprechen, dass er am dritten Tag auferstehen würde. „In seinem Namen wird allen Nationen die Vergebung der Sünden verkündet, ein Erbarmen Gottes, das das Leben der Menschen von Grund auf verändern wird. Und es fängt hier in Jerusalem an! Ihr seid die Ersten, die es hören und sehen. Ihr seid die Zeugen. Und noch etwas: Ich werde euch den senden, den der Vater euch versprochen hat. Bleibt also in der Stadt, bis ihr mit der Kraft es Heiligen Geistes ausgerüstet seid."

Daraufhin führte er sie hinaus nach Betanien. Er hob seine Hände und segnete sie. Noch während dessen entfernte er sich von ihnen und wurde in den Himmel aufgenommen.

Alle fielen auf ihre Knie und beteten ihn an. Dann kehrten sie nach Jerusalem zurück. Die Freude in ihren Herzen war so groß, dass sie die meiste Zeit damit zubrachten, im Tempel Gott zu loben und zu danken.

Die Frohe Botschaft nach Johannes

Vergleicht man die Frohe Botschaft von Johannes mit den drei vorangegangenen Berichten, fällt jedem Leser sofort auf: Dieser Text ist irgendwie ganz anders. Zum einen wird nicht nur von Ereignissen berichtet, die bei den drei anderen (man nennt sie übrigens „Synoptiker", weil man sie „zusammen sehen" und damit auch vergleichen kann) überhaupt nicht erwähnt werden. Besonders auffallend sind jedoch zum anderen die vielen, so ganz anderen Reden Jesu, die eine große Theologie über ihn selbst enthalten. Spätestens an ihnen scheiden sich die Geister der Wissenschaftler, die sich seit wenigstens zwei Jahrhunderten mit dieser Einzigartigkeit des Johannesevangeliums befassen. Der größere Teil nimmt an, dass dieser Text die Arbeit von mehreren „Theologen" über einen längeren Zeitraum darstellt. Andere meinen dagegen, dass vieles in diesem Evangelium so nur von einem Augenzeugen stammen kann, der als „der Jünger, den Jesus lieb hatte", in besonderer Weise sein Denken, Reden und Handeln bewahrt hat. Dagegen spricht auch nicht die sehr späte Abfassungszeit (etwa um 100 nach Christi Geburt), wenn man sich vorstellt, dass Johannes noch ein Teenager war, als er sich Jesus und seinen Leuten anschloss. Im Gegenteil: Was man in diesem Alter aufgenommen hat, bleibt oft ein Leben lang tief im Gedächtnis haften. Welcher Sichtweise man sich jedoch anschließen mag, eines steht fest: Mit dem Johannesevangelium dürfen wir in eine tiefere Dimension eintauchen, um das Geheimnis um diesen Jesus von Nazaret, der als das Wort (Logos) Gottes in die Welt kam, mehr und mehr zu begreifen.

Er kam in sein Eigentum (1,1–18)

1 Im Anfang war das Wort,
und das Wort war bei Gott,
und Gott war das Wort.
Das Wort war von Anfang an bei Gott.
Alles wurde durch es geschaffen,
nichts wurde ins Dasein gerufen ohne das Wort.
In der gesamten Schöpfung war es das Leben,
und dieses Leben ist das Licht,
das die Menschen zum Leben brauchen.
Dieses Licht strahlte in der Dunkelheit,
doch die Dunkelheit hat es nicht angenommen.

Gott wollte die Menschen auf das Kommen dieses Lichts vorbereiten. Darum beauftragte er einen Mann namens Johannes, die Menschen auf das Licht hinzuweisen, damit sie sich ihm vertrauensvoll öffnen könnten. Johannes selbst wusste nur zu gut, das nicht er das Licht war, sondern dass seine Aufgabe einzig darin bestand, die Menschen auf das Licht hinzuweisen, das mitten unter ihnen sein würde.

So kam das Wort als Licht der Wahrheit in die Welt,
um das Leben jedes einzelnen Menschen hell zu machen.
Es war in der Welt,
die es selbst ins Dasein gerufen hatte,
doch diese hat es nicht einmal bemerkt.
Er kam in sein Eigentum,
doch die Seinen nahmen ihn nicht auf.
Doch allen, die ihr ganzes Vertrauen auf ihn setzten
und ihn aufnahmen,
gab er die Vollmacht, als Kinder Gottes leben zu können.
Das sind die Menschen, die sich nicht mehr nur als Kinder
ihrer leiblichen Väter verstehen,
sondern für die Gott wirklich Vater geworden ist.
Das Wort wurde Mensch
und es wohnte mitten unter uns.
Wir haben seine Herrlichkeit mit eigenen Augen gesehen,
die Herrlichkeit, die er als Sohn des Vaters besitzt
und die ihn eins macht mit ihm.
Ja, wir haben seine Gnade erfahren und wissen,
dass er die Wahrheit selbst ist.

Johannes deutete auf ihn hin und rief: „Das ist der Eine, von dem ich euch gesagt habe, dass er zwar nach mir kommen wird, in Wirklichkeit aber schon immer vor mir da war."

Wir alle leben von seiner übergroßen Güte,
erhalten Gnade über Gnade.
Mose hat den Menschen das Gesetz gebracht,
doch erst durch Jesus Christus
haben wir die ganze Wahrheit erfahren:
dass alles Gnade, unverdientes Erbarmen Gottes ist.
Niemand hat Gott jemals gesehen,
doch der Sohn, der ganz eins ist mit dem Vater
und am Herzen seines Vaters ruht,
hat uns gezeigt, wie Gott wirklich ist.

Johannes der Täufer (1,19–34)

Die jüdischen Behörden in Jerusalem sandten eine Gruppe von Priestern und Tempeldienern zu Johannes an den Jordan, um ihn zu fragen, für wen er sich eigentlich hielte. Seine Antwort ließ nicht den geringsten Zweifel zu: „Ich bin nicht der Messias." Doch sie ließen nicht locker: „Wer bist du dann? Etwa Elija?"

„Auch der bin ich nicht."

„Der Prophet?"

„Nein."

Ungeduldig fragten sie ihn noch einmal: „Wer bist du dann? Wir müssen den Leuten, die uns gesandt haben, eine Antwort mitbringen. Sag uns selbst etwas über dich."

„Ich bin eine Stimme in der Wüste, die ruft: ‚Ebnet die Straßen für Gott!' Genau das hat der Prophet Jesaja bereits angekündigt."

Unter den Abgesandten befanden sich auch Pharisäer. Diese hatten natürlich ihre eigenen Fragen: „Wenn du weder der Messias noch Elija, noch der Prophet bist – warum taufst du dann?" Johannes entgegnete: „Ich taufe nur mit Wasser. Doch mitten unter euch lebt bereits einer, den ihr noch nicht kennt. Er kommt nach mir, aber er steht weit über mir. Ich bin nicht einmal würdig, ihm wie ein Sklave die Sandalen nachzutragen." Dieses Gespräch fand in Bet-Ainon auf der anderen Seite des Jordan statt, wo Johannes zu dieser Zeit taufte.

Bereits am nächsten Tag war es so weit: Johannes erkannte Jesus unter den anwesenden Menschen. Da rief er laut: „Seht, das ist Gottes Lamm! Es wird die Schuld der ganzen Welt auf sich nehmen! Das ist der Mann, von dem ich gesprochen habe: ‚der Eine, der nach mir kommen wird, in Wirklichkeit aber schon vor mir war.' Ich weiß nichts über ihn – ich weiß nur das eine: Es war meine Aufgabe, Israel durch die Taufe so vorzubereiten, dass es umkehrt und in der Lage ist, diesen Mann wie Gottes Offenbarung selbst anzunehmen."

Und Johannes fügte hinzu: „Noch einmal, ich weiß nichts über ihn, nur das eine: Der mir die Autorität gegeben hat, mit Wasser zu taufen, der hat mir auch gesagt: ‚Der, auf den du den Heiligen Geist herabkommen siehst und auf dem er bleibt, der ist es, der die Menschen mit dem Heiligen Geist taufen wird.‘ Und genau das habe ich gesehen. Der Heilige Geist kam wie eine Taube vom Himmel herab und blieb auf ihm. Darum kann ich bezeugen: Dieser da ist der Sohn Gottes.“

Unvergessliche Begegnung (1,35–51)

Am nächsten Tag taufte Johannes wieder an derselben Stelle und zwei seiner Jünger standen bei ihm. Als er aufblickte, sah er, wie Jesus vorbeiging. Und wieder sagte er: „Seht, das ist Gottes Passalamm!“

Diesmal reagierten beide Jünger auf diesen Hinweis und gingen hinter Jesus her. Da drehte sich Jesus unvermittelt um, blickte sie an und fragte: „Sucht ihr etwas Bestimmtes?“ Sie stotterten: „Rabbi (was etwa so viel wie ‚Lehrer‘ bedeutet), wo wohnst du?“ Jesus entgegnete: „Kommt einfach mit und seht selbst.“ Sie gingen mit und sahen, wo er lebte. Es war gegen vier Uhr nachmittags. Den Rest des Tages blieben sie bei ihm.

Andreas, der Bruder von Simon Petrus, war einer der beiden, die den Hinweis von Johannes gehört hatten und Jesus nachgegangen waren. Sofort suchte er seinen Bruder Simon auf und berichtete diesem begeistert: „Wir haben den Messias (griechisch: ‚Christus‘) gefunden!“ Und er führte ihn direkt zu Jesus. Zum ersten Mal standen sich beide gegenüber. Jesus sprach ihn direkt an: „Du bist Simon, der Sohn von Johannes? Von jetzt an wird man dich ‚Kephas‘ nennen (oder Petrus, was so viel wie ‚Fels‘ bedeutet).“

Am nächsten Tag brach Jesus auf, um nach Galiläa zu gehen. Da begegnete ihm Philippus, den er einlud: „Komm, folge mir!“ Die Heimatstadt von Philippus war Betsaida, der Ort, aus dem auch Petrus und Andreas stammten.

Philippus ging zu seinem Freund Nathanael. „Wir haben den gefunden, von dem Mose im Gesetz geschrieben hat und den die Propheten angekündigt haben“, erzählte er ihm begeistert. „Es ist Jesus, der Sohn von Josef aus Nazaret.“ Nathanael war wenig beeindruckt: „Aus Nazaret?! Kann denn aus diesem Nest etwas Gutes kommen?“

Doch Philippus ließ sich nicht beirren: „Komm und sieh selbst.“ Als Jesus ihn kommen sah, sagte er: „Das ist ein echter Israelit ohne jede Falschheit.“ Nathanael wehrte ab: „Wie kommst du auf die Idee? Du kennst mich doch gar nicht.“ Jesus gab ihm zur Antwort: „Bevor Philippus dich hierhergeholt hat, habe ich dich unter dem Feigenbaum gesehen.“ Da rief Nathanael aus: „Rabbi! Du bist der Sohn Gottes, der König von Israel!“

Jesus beschwichtigte ihn: „Du vertraust mir einfach nur deshalb, weil ich dir gesagt habe, dass ich dich unter dem Feigenbaum sitzen sah? Du wirst noch ganz andere Dinge erleben!“ Und an alle Übrigen gewandt, fügte er hinzu: „Ihr werdet den Himmel offen und die Engel Gottes vor dem Menschensohn auf- und absteigen sehen.“

Das erste Wunder (2,1–12)

2 Drei Tage später fand in dem Dörfchen Kana in Galiläa eine Hochzeit statt. Die Mutter von Jesus war dort und auch Jesus war mit seinen Jüngern unter den Gästen. Da passierte etwas, das nicht nur im Orient äußerst peinlich ist: Während des Festes ging den Gastgebern der Wein aus.

Da ging die Mutter von Jesus zu ihrem Sohn und sagte: „Hast du gemerkt, dass sie keinen Wein mehr haben?“

Jesus erwiderte: „Bitte lass das meine Sorge sein. Ich weiß, wann ich was zu machen habe. Dräng mich also nicht zu irgendetwas!“

Das hinderte sie jedoch nicht daran, zu den Dienern zu gehen und diesen zu sagen: „Was immer er euch aufträgt, tut es.“

Am Eingang standen sechs steinerne Wassergefäße, die man für die rituellen Waschungen der Juden brauchte. Jedes von ihnen fasste gut und gerne an die 100 Liter Wasser. Jesus trug nun den Dienern auf: „Füllt diese Gefäße mit Wasser!“, was diese auch sofort taten. Sie füllten sie bis zum Rand.

„Nun nehmt etwas davon, und bringt es dem Mann, der für die Durchführung des Festes verantwortlich ist", sagte Jesus weiter. Als dieser das Wasser probiert hatte, das mittlerweile zu Wein geworden war (er wusste nicht, was sich da eben ereignet hatte, während die Diener natürlich im Bilde waren), ließ er den Bräutigam kommen und sagte ihm: „Also jeder, den ich kenne, setzt zuerst den besten Wein vor, und erst, wenn die Gäste schon einiges getrunken haben, lässt er den billigeren Wein ausschenken. Aber Ihr habt den besten Wein bis jetzt aufgehoben!"

Mit sechshundert Litern besten Weines ein Hochzeitsfest zu retten – das war das erste Zeichen, das Jesus setzte und in dem seine Liebe zu den Menschen aufblitzte. Seine Jünger hatten das alles miterlebt und sie fassten immer mehr Vertrauen zu ihm.

Kurz danach ging er zusammen mit seiner Mutter, seinen Brüdern und den Jüngern nach Kafarnaum. Dort blieben sie einige Tage.

Szenen im Tempel (2,13–25)

Als das Passafest, das jedes Frühjahr von den Juden gefeiert wird, vor der Tür stand, ging Jesus hinauf nach Jerusalem. Nach seiner Ankunft wurde er zornig, als er sah, wie sich das Geschäft rund um den Tempel immer mehr in den geheiligten Hallen ausbreitete. Überall wimmelte es nur so von Rindern, Schafen und Tauben, die als Opfergaben verkauft wurden. Natürlich gab es auch zahlreiche Geldwechsler, die überall ihre Tische aufgebaut hatten.

Jesus machte sich eine Peitsche aus Binsenstricken und trieb die Schafe und Rinder aus den Tempelhallen hinaus. Die Tische der Geldwechsler stieß er einfach um, sodass die Münzen über den ganzen Boden verschüttet wurden. Zu den Taubenhändlern sagte er: „Schafft das alles hier raus! Hört auf, das Haus meines Vaters in eine Marktbude zu verwandeln!" Da erinnerten sich seine Jünger an etwas, das in den Psalmen geschrieben steht: „Der Eifer für dein Haus hat mich verzehrt."

Natürlich stellten ihn die führenden Juden sofort zur Rede: „Woher nimmst du dir das Recht, so etwas zu tun?“ Jesus gab ihnen zur Antwort: „Reißt diesen Tempel nieder und ich werde ihn in drei Tagen wieder aufbauen.“ Die Juden wussten, was sie von solchen Aussagen zu halten hatten: „Es hat sechsundvierzig Jahre gedauert, diesen Tempel zu bauen, und du willst ihn in drei Tagen wieder errichten?“ Doch als Jesus vom Tempel sprach, hatte er in Wahrheit seinen Leib gemeint. Später, nachdem er von den Toten auferstanden war, erinnerten sich seine Jünger wieder daran, dass er dies gesagt hatte. Das stärkte ihr Vertrauen in die Heilige Schrift und auch in das, was Jesus durch solche Worte angedeutet hatte.

Während Jesus sich anlässlich des Passafestes in Jerusalem aufhielt, kamen viele Menschen zu der Überzeugung, dass er ein großer Prophet oder sogar der Messias sein könnte, weil sie all die Zeichen und Wunder sahen, die er vollbrachte. Doch Jesus hielt sich diesen Menschen gegenüber sehr zurück. Er kannte sie in- und auswendig und wusste, wie wenig nötig war, damit ihre Meinung wieder umschwenken würde. Ihm musste niemand sagen, wie es in den Menschen aussah.

Ein nächtliches Gespräch (3,1–21)

3 Eines Abends, es war schon spät, erhielt Jesus noch Besuch. Es war Nikodemus, ein Pharisäer, der zudem noch Mitglied des jüdischen Rates war. Er wollte einfach mehr von Jesus erfahren. „Rabbi, wir alle wissen, dass nur ein Mensch, der von Gott gekommen ist, all die Zeichen und Wunder vollbringen kann, die Ihr vollbringt“, begann er. „Das weist Euch auch als jemand aus, dessen Lehren von Gott autorisiert sind.“

Jesus entgegnete: „Gut, dann hört mir genau zu, denn das Folgende ist der Kern meiner Lehre: Solange ein Mensch nicht von Neuem geboren wird, kann er nicht in Gottes neue Welt kommen.“

„Wie kann denn jemand“, fragte Nikodemus verdutzt, „geboren

werden, wenn er schon lange auf der Welt ist? Soll er wieder in den Mutterschoß zurückkehren, um noch einmal geboren zu werden?“

Jesus erwiderte: „Es geht nicht um die natürliche Geburt. Es geht um eine Art geistliche Geburt, wenn ein Mensch getauft und mit dem Heiligen Geist erfüllt wird. Erst dann kann er unter die liebevolle Herrschaft Gottes gelangen. Menschen können nur Menschen in die Welt setzen. Der Heilige Geist aber macht aus Menschen Kinder Gottes. Ihr solltet Euch jetzt also nicht mehr darüber wundern, wenn ich sage, dass Ihr von Neuem geboren werden müsst.

Ein Mensch, der vom Geist Gottes geleitet wird, lässt sich nicht mehr in ein festes Schema pressen. Er wird von dem Geist geleitet, den man noch am ehesten mit dem Wind vergleichen könnte: Man hört ihn rauschen, sieht seine Kraft, weiß aber nicht, woher er kommt und wohin er weht.“

Nikodemus verstand immer weniger: „Was meint ihr damit? Was bedeutet das für den Menschen, durch den Heiligen Geist mit Leben erfüllt zu werden?“

Jesus schüttelte den Kopf: „Ihr seid ein geachteter Lehrer in Israel und versteht nicht einmal solche grundlegenden Dinge? Ich will Euch sagen, woran das liegt. Im Gegensatz zu Euren Lehrern spreche ich nur von dem, was ich aus eigener Erfahrung kenne. Ich bezeuge nur etwas, was ich mit meinen eigenen Augen gesehen habe. Doch ihr Pharisäer und Schriftgelehrte nehmt das, was ich euch sagen möchte, einfach nicht an. Wenn ihr mir schon kein Vertrauen entgegenbringt, solange ich über irdische Dinge rede, wie werdet ihr erst reagieren, wenn ich von Dingen berichte, die Gott selbst betreffen?

Niemand hat sich jemals in der Gegenwart Gottes aufgehalten – mit Ausnahme des Einen, der aus dieser Gegenwart herabgestiegen ist: der Menschensohn. Doch es muss etwas Bestimmtes geschehen: Dieser Mensch wird auf einem Pfahl erhöht, wie Mose in der Wüste die Schlange auf einem Pfahl erhöht hat, um das Volk vor der tödlichen Schlangenplage zu retten. Wer auf diesen Menschensohn sieht und an ihn glaubt, wird nicht verloren gehen, sondern ewiges Leben erhalten.

Denn Gott hat die Welt so sehr geliebt, dass er seinen einzigen Sohn opferte, damit jeder, der sein Vertrauen auf ihn setzt, nicht verloren geht, sondern das ewige Leben hat. Gott hat seinen Sohn nicht in die Welt gesandt, damit er die Welt richtet, sondern damit sie durch ihn gerettet wird. Wer auf den Sohn vertraut, der kommt gar nicht erst ins Gericht. Wer sich ihm gegenüber aber verweigert, der ist schon gerichtet, weil er das Beste nicht ergreift, was diese Welt zu bieten hat: das Geschenk, auf den Sohn Gottes vertrauen zu dürfen. Der Menschensohn muss also niemanden richten: Die Menschen richten sich selbst. Denn das Licht, das in diese Welt kam, hat deutlich gezeigt, dass viele Menschen die Finsternis mehr lieben als das Licht, weil das, was sie tun, nicht ans Licht kommen darf. Jeder, der etwas Unrechtes tut, hasst das Licht und meidet es, wo er kann, damit nur ja nicht herauskommt, was er getan hat. Doch jeder, der die Wahrheit liebt und richtig handelt, freut sich über das Licht, weil es zeigt, dass Gott in seinem Leben das Sagen hat."

Der Freund des Bräutigams (3,22–36)

Nach diesem Gespräch ging Jesus in das Gebiet von Judäa, wo er sich mit seinen Jüngern eine Zeit lang aufhielt und taufte. Zur selben Zeit taufte auch Johannes – es war noch vor seiner Gefangennahme – bei Änon in der Nähe von Salim, wo es genügend Wasser gab. Immer noch kamen Menschen zu ihm und ließen sich taufen. Unter diesen Menschen war auch ein Mann, der von den Jüngern von Johannes wissen wollte, welche reinigende Wirkung denn die Taufe ihres Meisters habe. Er sei bereits bei dem Rabbi Jesus gewesen. Das verunsicherte die Jünger von Johannes zutiefst und so wandten sie sich an ihren Meister: „Rabbi, erinnerst du dich daran, als du noch auf der anderen Seite des Jordan getauft hast? Da bist du doch dem Mann begegnet, von dem du so großartig gesprochen hast. Der hat jetzt auch angefangen zu taufen und alle Welt rennt zu ihm anstatt zu uns!"

Johannes entgegnete: „So etwas kann ein Mensch nicht einfach tun, wenn es ihm nicht von Gott gegeben wurde. Ihr selbst habt doch gehört, dass ich von Anfang an darauf hingewiesen habe, dass ich nicht der Messias bin, sondern nur sein Vorläufer, der, der die Menschen auf ihn vorbereiten soll. Der Mann, der die Braut erhält, ist nun mal der Bräutigam, und sein Freund steht neben ihm, hört, was er sagt, und freut sich für ihn. So freue auch ich mich jetzt, denn eines wird geschehen müssen: Mein Einfluss wird abnehmen, er wird aber ständig an Bedeutung gewinnen.

Zwischen ihm und mir besteht ein gewaltiger Unterschied. Während ich nur ein Mensch bin und deshalb auch nur in unserer begrenzten Gedankenwelt lebe, kommt er aus einem ganz anderen Bereich. Er kommt tatsächlich von Gott und kann uns von Dingen berichten, die er selbst gehört und gesehen hat, doch kaum einer nimmt seine Botschaft an. Doch jeder, der sich auf ihn und seine Worte einlässt, bezeugt damit, dass Gott wahrhaftig ist. Denn der, den Gott gesandt hat, spricht wirklich Worte, die direkt von Gott kommen. Durch ihn erhalten wir in überfließendem Maß den Heiligen Geist. Weil der Vater seinen Sohn über alles liebt, hat er ihm auch alles in seine Hand gegeben.

Darum gilt: Wer immer den Sohn annimmt und ihm vertraut, erhält mit ihm alles – ein erfülltes Leben, das kein Ende kennt. Ein Mensch dagegen, der dem Sohn ausweicht und ihm misstraut, wird niemals erkennen, was wirklich Leben ist. Ihm kann nicht einmal Gott helfen, weil er sich nicht helfen lassen will."

Ein Gespräch am Brunnen (4,1–30)

4 Als Jesus erfuhr, dass die Pharisäer anfingen, seine Taufen und seine Jünger gegen die von Johannes aufzurechnen (obwohl er selbst ja gar nicht taufte, sondern nur seine Jünger), zog er sich aus dem Gebiet von Judäa zurück und ging wieder nach Galiläa.

Auf dem Weg dorthin musste er zwangsläufig durch Samarien. Er kam nach Sychar, einem Dorf der Samariter, das unmittelbar am

Rande des Feldes lag, das Jakob seinem Sohn Josef gegeben hatte. Der Brunnen von Jakob war immer noch da. Jesus war von der Wanderung müde geworden und setzte sich an dem Brunnen nieder. Es war um die Mittagszeit.

Da kam eine Frau aus dem nahe gelegenen Ort, um Wasser zu schöpfen. Jesus bat sie: „Würdest du mir einen Schluck Wasser geben?" Seine Jünger waren weitergegangen, um in dem Dorf etwas zu essen zu kaufen.

Die Frau war völlig überrascht und fragte ihn: „Wie könnt Ihr, ein Jude, mich, eine Frau aus Samarien, um etwas zu trinken bitten?" In jenen Tagen hätte ein Jude sich nämlich lieber auf die Zunge gebissen, als mit einem Samariter zu reden.

Jesus entgegnete: „Wenn du wüsstest, was Gott dir schenken möchte und wer derjenige ist, der dich um einen Schluck Wasser gebeten hat, dann hättest du ihn deinerseits um das lebendige Wasser gebeten, das er zu verschenken hat."

„Herr, Ihr habt ja nicht einmal ein Schöpfgefäß dabei", erwiderte die Frau. „Wie wollt Ihr also bei der Tiefe dieses Brunnens an das ‚lebendige Wasser' herankommen? Haltet Ihr Euch etwa für bedeutsamer als unseren Vorfahren Jakob, von dem wir diesen Brunnen haben, der ihn selbst gegraben und aus ihm getrunken hat, er und sein Sohn und seine Viehherden?"

Jesus erwiderte: „Jeder, der von diesem Wasser trinkt, wird immer wieder durstig werden. Doch jeder, der von dem Wasser trinkt, das ich ihm geben werde, wird nie mehr durstig werden. Dieses Wasser wird in ihm zu einer sprudelnden Quelle, die in ein nie enden wollendes Leben hinüberfließt."

Die Frau entgegnete darauf: „Herr, gebt mir von diesem Wasser, damit ich nie mehr durstig werde und nie mehr hierher kommen muss, um Wasser zu schöpfen."

Da sagte Jesus unvermittelt zu ihr: „Geh bitte, ruf deinen Mann und dann komm zurück."

„Ich habe keinen Mann", gestand sie.

„Ja, es stimmt, was du sagst", bestätigte Jesus. „Du hast wirklich keinen Mann, denn fünf hast du bereits gehabt, und der, mit dem du gerade zusammenlebst, ist nicht dein Mann."

„Oh, ich verstehe, Ihr seid ein Prophet! Sagt mir nur das eine: Unsere Vorfahren haben Gott auf diesem Berg angebetet, aber ihr Juden besteht darauf, dass Jerusalem der einzige Ort sei, wo man anbeten könne. Was ist denn nun richtig?"

„Glaub mir, Frau, es wird die Zeit kommen, in der ihr Samariter den Vater weder hier auf den Bergen noch in Jerusalem anbeten werdet. Ihr wisst nicht einmal, wer es ist, den ihr da anbetet. Wir aber beten den an, den wir kennen. Denn es ist immer noch so, dass Gottes Weg der Erlösung über das Volk der Juden führt. Aber die Zeit wird kommen – und in Wirklichkeit ist sie bereits da –, da wird es keine Rolle mehr spielen, wie man euch nennt oder wo ihr anbeten werdet.

Die Menschen werden auf eine ganz neue Weise lernen, Gott anzubeten. Es wird sehr liebevoll und ehrlich sein, vor allem aber getragen vom Heiligen Geist. Nach solchen Betern sehnt sich der Vater. Gott selbst ist Geist, darum kann es gar nicht anders sein, als dass sein Geist unser aufrichtiges Gebet zu ihm trägt."

Da erwiderte die Frau: „Woher wisst Ihr das? Ich weiß nur, dass der Messias kommen wird, und wenn er dann da ist, wird er uns all diese Dinge beibringen."

„Genau das ist ja gerade geschehen", entgegnete Jesus ihr, „vielleicht fällt es dir leichter, jetzt zu verstehen, dass ich es bin."

In diesem Augenblick kehrten die Jünger zurück. Sie waren mehr als verwundert, dass er mit einer Frau sprach. Keiner wagte auszusprechen, was alle dachten: „Was will er von der Frau, noch dazu einer aus Samarien? Wieso spricht er überhaupt mit ihr?"

Das bot der Frau die Gelegenheit, schnell in ihr Dorf zurückzulaufen und den Leuten dort zu erzählen, was sie erlebt hatte. Dabei merkte sie nicht einmal, dass sie ihren Wasserkrug zurückgelassen hatte. „Kommt, seht, da draußen ist ein Mann, der wusste alles über mein Leben. Vielleicht ist das sogar der Messias!" Und viele kamen aus dem Ort, um sich diesen Mann näher anzusehen.

Es ist Erntezeit (4,31–54)

In der Zwischenzeit drängten die Jünger Jesus: „Rabbi, iss! Du musst doch hungrig sein." Da entgegnete er: „Ich habe eine Nahrung, die ihr nicht kennt." Die Jünger waren ganz verwirrt: „Hat ihm vielleicht jemand was zu essen gebracht?" Doch Jesus beruhigte sie: „Ich meine eine andere Nahrung. Ich lebe davon, dass ich den Willen dessen tue, der mich gesandt hat, und dass ich sein Werk vollende. Ihr denkt vielleicht, es sind noch ungefähr vier Monate bis zur Ernte. Doch ich sage euch: Seht einmal ganz genau hin, was vor euch liegt. Die Felder sind bereits reif zur Ernte!

Der Erntearbeiter braucht nicht länger zu warten. Er hat bereits seinen Lohn erhalten und die Ernte für das ewige Leben eingebracht. Jetzt kann sich also der Säende gleichzeitig mit dem Erntenden freuen. Doch auf euch trifft das Sprichwort zu: ‚Einer sät, ein anderer erntet.' Ich schicke euch in ein Erntefeld, auf dem ihr nie gearbeitet habt, und ihr könnt jetzt da weitermachen, wo andere vor euch die Last der Arbeit getragen haben."

Viele Samariter aus dem nahegelegenen Dorf fassten Vertrauen zu Jesus, allein schon aufgrund des Berichtes, den die Frau gegeben hatte: „Er weiß alles über mein Leben." Sie baten ihn, doch bei ihnen zu bleiben, und so blieb Jesus zwei Tage. Es kamen noch viel mehr Menschen zum Glauben an ihn, als sie hörten, was er ihnen über Gott zu sagen hatte. Manche meinten zu der Frau: „Dieser Mann hat unser Vertrauen gewonnen, aber nicht nur, weil du uns von ihm erzählt hast. Jetzt haben wir ihn selbst gehört und wissen mit Sicherheit: Er ist der Retter der Welt."

Zwei Tage später verließ er das Dorf der Samariter und zog mit seinen Jüngern in Richtung Galiläa weiter, obwohl für Jesus klar war, dass ein Prophet in seiner Heimatstadt nichts gilt. Als er schließlich in Galiläa ankam, nahmen die dortigen Bewohner ihn respektvoll auf, hatten sie doch selbst alles miterlebt, was er während des Passafestes in Jerusalem getan hatte.

So kam er auch nach Kana in Galiläa, den Ort, an dem er das Wasser in Wein verwandelt hatte. Zu dieser Zeit erkrankte in Kafarnaum der Sohn eines königlichen Beamten schwer. Als der Vater erfuhr, dass Jesus aus Judäa wieder nach Galiläa gekommen war, ging er zu ihm und bat ihn, mit nach Kafarnaum zu kommen, um seinen Sohn zu heilen, der bereits im Sterben lag. Jesus seufzte: „Solange ihr nicht ein Wunder seht, weigert ihr euch zu glauben."

Doch der Beamte hörte nicht auf, Jesus weiter um Hilfe zu bitten: „Bitte, kommt mit nach Kafarnaum, ehe es zu spät ist."

Jesus beruhigte ihn: „Geh nach Hause zurück, dein Sohn lebt."

Der Mann glaubte dem, was Jesus ihm versprochen hatte, und er beeilte sich, nach Hause zu kommen. Auf dem Rückweg begegnete er seinen Dienern, die ihm atemlos berichteten: „Dein Sohn lebt und ist vollkommen gesund!"

Da fragte er sie, seit wann es ihm besser gegangen sei. „Gestern Mittag gegen ein Uhr hat ihn das Fieber verlassen", entgegneten sie. Der Vater wusste sofort, dass dies der Zeitpunkt gewesen war, an dem Jesus gesagt hatte: „Dein Sohn lebt."

Dieses Ereignis hatte weitreichende Folgen: Nicht nur der königliche Beamte, sondern auch sein gesamter Haushalt kam zum Glauben an Jesus. Das war nun schon das zweite Wunder, das Jesus vollbracht hatte, seit er von Judäa nach Galiläa gekommen war.

Wer die Sabbatruhe bricht (5,1–18)

5 In Jerusalem gibt es in der Nähe des Schaftors ein Wasserbassin, das auf Hebräisch „Betesda" genannt wird und von fünf Säulenhallen umgeben ist. Zahllose ausgezehrte Kranke, Blinde und Gelähmte lagen in diesen Hallen.

Da wieder einmal ein jüdisches Fest bevorstand, war Jesus nach Jerusalem gereist und kam auch an diesen Hallen vorüber. Dort lag ein Mann, der bereits seit achtunddreißig Jahren schwerkrank war. Als Jesus sah, wie er dalag, und dazu noch erfuhr, wie lange er schon dort war, sprach er ihn an: „Möchtest du gesund werden?"

Der kranke Mann antwortete: „Herr, Ihr wisst, dass immer derjenige geheilt wird, der als Erster ins Bassin steigt, sobald das Wasser aufsprudelt. Doch ich habe niemanden, der mich dann in das Bassin trägt. Bis ich aus eigener Kraft dort bin, ist schon längst ein anderer vor mir im Wasser." Da sagte Jesus zu ihm: „Steh auf, nimm deine Liegematte und fang an zu gehen." Im selben Augenblick war der Mann geheilt. Er nahm seine Matte und ging. Das geschah ausgerechnet an einem Sabbat. Einige gesetzestreue Juden hielten ihn sofort an und warnten ihn: „He, es ist Sabbat! Du kannst hier nicht deine Liegematte herumtragen! Das verstößt gegen die Sabbatgebote!"

Der Geheilte verteidigte sich: „Der Mann, der mich gesund gemacht hat, sagte zu mir: ‚Nimm deine Matte und fang an zu gehen!'" Sofort hakten sie nach: „Wer hat dir den Befehl gegeben, dein Zeug zu nehmen und wegzugehen?" Doch der Geheilte wusste es nicht und Jesus war in der Menschenmenge verschwunden.

Wenig später traf Jesus ihn im Tempel und sagte zu ihm: „Schau, du bist jetzt vollkommen gesund! Halt dich von jetzt an von allem fern, was Gott verabscheut, damit dir nicht noch etwas viel Schlimmeres zustößt." Sogleich ging der Mann zurück und erzählte den Juden, dass es Jesus gewesen war, der ihn wieder gesund gemacht hatte. Die wollten von Heilung nichts wissen, sondern schworen sich, Jesus wegen dieses sabbatverachtenden Handelns zu verfolgen.

Jesus rechtfertigte sich ihnen gegenüber: „Mein Vater ist ständig am Werk, auch am Sabbat. Und nichts anderes tue ich auch."

Das brachte sie vollends gegen ihn auf. Von jetzt an waren sie entschlossen, ihn umzubringen. Schließlich hatte er nicht nur die Sabbatgesetze gebrochen, er hatte sogar Gott seinen eigenen Vater genannt und sich damit auf eine Ebene mit Gott gestellt.

Der Sohn tut, was er den Vater tun sieht (5,19–47)

Doch Jesus wurde noch deutlicher: „Ich sage euch die Wahrheit: Der Sohn kann von sich aus nur das tun, was er den Vater tun sieht. Was der Vater tut, das tut auch der Sohn. Der Vater liebt seinen Sohn, und er lässt ihn an allem teilhaben, was er selbst tut.

Aber ihr habt bis jetzt nicht einmal die Hälfte davon gesehen, denn in der gleichen Weise, wie der Vater die Toten wieder lebendig macht und Leben schafft, so handelt auch der Sohn. Der Sohn gibt jedem, dem er will, das Leben. Der Vater wird auch niemanden verurteilen, denn er hat die Macht, Gericht zu sprechen, auf den Sohn übertragen, damit alle den Sohn genauso ehren wie den Vater. Jeder, der den Sohn nicht ehrt, ehrt auch den Vater nicht, der ihn in die Welt gesandt hat.

Es ist sehr wichtig, dass ihr das Folgende wirklich versteht. Jeder, der glaubt, was ich hier sage, und der sein Vertrauen auf den setzt, der mich gesandt und mir die Verantwortung übertragen hat, der darf sich eines ganz gewiss sein: Er kommt nicht ins Gericht, hat also schon jetzt, in diesem Moment, wirkliches, nicht endendes Leben und braucht deshalb den Tod nicht mehr zu fürchten! Ein solcher Mensch hat einen gewaltigen Schritt getan: von der Welt des Todes in die Welt des Lebens.

Und noch etwas muss ich euch sagen: Die Stunde wird kommen – nein, sie ist sogar schon da –, in der die Toten die Stimme des Sohnes Gottes hören und kaum, nachdem sie sie gehört haben, wieder lebendig werden. Genauso, wie der Vater das Leben in sich selbst hat, so ist es auch dem Sohn gegeben, Leben in sich selbst zu haben. Und er hat ihm die Autorität verliehen, Gericht zu halten, weil er der ‚Menschensohn' ist.

Und wundert euch nicht darüber: Die Zeit wird kommen, in der jeder, der tot und begraben ist, seine Stimme hören wird. Alle, die ihr Leben in guter Weise geführt haben, werden zum Leben auferstehen; die anderen, die sich in ihrem Leben für das Böse entschieden haben, werden nur auferstehen, um vor Gericht zu treten.

Auch in diesem Gericht werde ich nichts von mir aus tun. Erst höre ich, dann treffe ich eine Entscheidung. Deshalb könnt ihr euch auf meinen Urteilsspruch verlassen, denn ich richte nicht nach meinem Gutdünken, sondern für mich ist entscheidend, was der will, der mich gesandt hat. Wenn ich einfach nur für mich selbst sprechen würde, wäre mein Zeugnis lächerlich und nichtssagend, da ich nur meinen Willen herausstellen würde. Aber ein unabhängiger Zeuge bestätigt mich, und zwar der verlässlichste Zeuge von allen. Schließlich habt ihr alle ja selbst Johannes gehört und gesehen, wie er die Wahrheit über mich in aller Öffentlichkeit bekannt hat, oder nicht?!

Aber ich warte nicht auf irgendeine Bestätigung durch Menschen, sondern dies alles sage ich nur, damit ihr mit größerer Sicherheit den Weg zu eurem Heil findet. Johannes war wie eine hell leuchtende Fackel, und ihr habt euch glücklich geschätzt, euch für eine Stunde in seinem strahlenden Licht aufhalten zu können. Aber das Zeugnis, das mich wirklich bestätigt, übertrifft bei Weitem das von Johannes. Es ist das Werk, das mir mein Vater zu vollbringen aufgetragen hat. Alles, was ich tue, bestätigt in der Tat, dass der Vater mich gesandt hat, mehr noch: Der Vater selbst bestätigt mich ununterbrochen. Leider hört ihr weder seine Stimme, noch seht ihr ihn mit eigenen Augen, weil ihr nicht offen seid für das Wort Gottes und deshalb auch nicht an den glaubt, den der Vater gesandt hat. Ihr erforscht zwar mit großer Hingabe die Heilige Schrift, weil ihr hofft, durch sie das ewige Leben zu haben. Ihr überlest dabei aber alle die Stellen, die von mir handeln. Letztlich wollt ihr gar nicht zu mir kommen, um wirkliches Leben zu erhalten.

Mir geht es nicht darum, von euch in irgendeiner Weise verehrt zu werden. Ich stelle nur fest, dass in euch nicht ein Funken Liebe zu Gott vorhanden ist. Ich bin im Auftrag meines Vaters gekommen und ihr lehnt mich einfach ab. Wenn ein anderer kommt, der seine eigene Anerkennung sucht, werdet ihr ihn mit offenen Armen willkommen heißen. Was erwartet ihr noch von Gott, wenn ihr nur darauf aus seid, vor anderen groß dazustehen, während ihr Gott links liegen lasst?!

Glaubt nur ja nicht, dass ich euch bei meinem Vater anklagen werde. Mose, auf den ihr eure ganze Hoffnung setzt, wird euer Ankläger sein. Denn würdet ihr Mose wirklich glauben, würde es euch keine Schwierigkeiten bereiten, auch mir Vertrauen entgegenzubringen. Schließlich hat bereits Mose auf mich hingewiesen. Wenn ihr aber schon dem nicht glauben wollt, was er geschrieben hat, wie kann ich dann erwarten, dass ihr meinen Worten vertraut?"

Kein König nach dem Willen des Volkes (6,1–15)

6 Nach diesem Gespräch setzte Jesus über auf die andere Seite des Galiläischen Meeres, das auch „See von Tiberias" genannt wird. Eine riesige Volksmenge, die von den Wundern angezogen worden war, die er bei den Kranken vollbracht hatte, folgte ihm. Als er am jenseitigen Ufer ankam, stieg er auf einen Hügel und setzte sich mit seinen Jüngern zusammen. Es war kurz vor dem Passafest, dem großen Fest der Juden.

Als Jesus in die Runde blickte und die große Menge sah, die sich um ihn drängte, sagte er zu Philippus: „Wo könnt ihr Brot kaufen, um diesen Leuten hier etwas zu essen zu geben?" Natürlich wusste er schon, was er tun würde. Aber er wollte Philippus herausfordern, ihm zu vertrauen. Die Antwort von Philippus zeigte jedoch, dass er diese Herausforderung nicht erkannt hatte: „Nicht einmal zweihundert Denare* würden ausreichen, um genug Brot zu kaufen, damit jeder wenigstens ein Stück bekommt."

Einer der Jünger – es war Andreas, der Bruder von Simon Petrus – meinte: „Also, hier ist ein kleiner Junge, der fünf Gerstenbrote und zwei Fische hat. Aber das ist bloß ein Tropfen auf den heißen Stein."

Da ordnete Jesus an: „Sagt den Leuten, dass sie sich setzen sollen." Dort gab es genügend Gras, sodass die Menschen – es waren etwa fünftausend – sich bequem setzen konnten. Dann nahm Jesus das Brot, sprach ein Dankgebet und gab es an die Jünger weiter, die es wiederum an die Lagernden verteilten. Das Gleiche machte er auch mit den Fischen. Und alle aßen, so viel sie wollten.

---

* 1 Denar ist der Tageslohn eines Tagelöhners, mit der dieser gerade sich selbst und vielleicht seine Familie ernähren kann.

Als die Menschen sich satt gegessen hatten, sagte Jesus zu seinen Jüngern: „Sammelt die restlichen Stücke ein, damit nichts verdirbt." Sie machten sich sofort an die Arbeit und füllten zwölf große Körbe mit den Resten der fünf Gerstenbrote.

Langsam begriffen die Menschen, dass Gott unter ihnen durch Jesus etwas Großes getan hatte. Sie sagten: „Das ist wirklich der Prophet, von dem es heißt, dass er in die Welt kommen soll!" Das machte Jesus deutlich, dass sie kurz davor waren, ihn mit Gewalt zu zwingen, ihr neuer König zu werden. Darum entfernte er sich unbemerkt aus ihrer Mitte und stieg auf einen Berg, um allein zu sein.

Nächtliche Begegnung (6,16–26)

Gegen Abend gingen seine Jünger zum Ufer des Sees hinab. Sie stiegen in ihr Boot und legten ab, um den See in Richtung Kafarnaum zu überqueren. Es war bereits stockdunkel und Jesus war noch nicht vom Berg zurückgekehrt. Ein gewaltiger Wind kam auf und sorgte für einen hohen Wellengang. Sie mochten etwa fünf Kilometer weit gefahren sein, als sie Jesus über das Wasser kommen und sich ihrem Boot nähern sahen. Sie bekamen schreckliche Angst, doch Jesus beruhigte sie: „Ihr braucht euch nicht zu fürchten. Ich bin es." Sie wollten ihn an Bord nehmen, doch da hatten sie bereits den Ort erreicht, zu dem sie unterwegs gewesen waren.

Am nächsten Tag bemerkten die Leute, die zurückgeblieben waren, dass nur das eine Boot fehlte, in dem die Jünger abgelegt hatten, ohne Jesus mit an Bord zu nehmen. Dass dieses Boot tatsächlich ohne ihn losgefahren war, hatten die Leute genau gesehen; und das zweite Boot, das für Jesus gedacht gewesen war, lag noch immer unberührt am Ufer. Doch da trafen Leute aus Tiberias ein, die ihre Boote dort an Land zogen, wo die Fünftausend auf wunderbare Weise etwas zu essen bekommen hatten. Sie glaubten, dort Jesus zu treffen, der ja offensichtlich nicht gemeinsam mit den Jüngern den See überquert hatte. Als sie allerdings feststellten, dass auch Jesus nicht mehr da war, stiegen sie wieder in ihre Boote und fuhren hinüber nach Kafarnaum, um dort nach ihm zu suchen.

Als sie ihn dort fanden, fragten sie ihn verwundert: „Rabbi, wann bist du hierhergekommen?"

Jesus entgegnete: „Soll ich euch die Wahrheit sagen? Ihr sucht mich nicht, weil ihr Gott in dem erkannt habt, was ich tue, sondern nur, weil ihr durch das Brot, das ich euch gegeben habe, satt geworden seid."

„Ich bin das Brot des Lebens" (6,27–7,13)

„Kümmert euch doch nicht um eine Nahrung, die so schnell verderben kann. Bemüht euch lieber um die Nahrung, die euch der Menschensohn geben möchte und die euch in Zeit und Ewigkeit ernährt. Denn Gott selbst, der Vater, hat ihn und alles, was er sagt und tut, bestätigt."

Da fragten sie ihn: „Was müssen wir denn tun, um bei Gott Anerkennung zu finden?"

Jesus gab ihnen zur Antwort: „Eine Sache würde völlig ausreichen, damit Gott euch voll und ganz annimmt: Vertraut dem, den er gesandt hat!"

Da entgegneten sie ausweichend: „Warum tust du nicht etwas ganz Außergewöhnliches, damit wir dadurch eine Bestätigung dafür bekommen, dass wir dir vertrauen können? Mose zum Beispiel hat unsere Vorfahren in der Wüste mit Brot vom Himmel ernährt. Denn so steht es ja in der Heiligen Schrift: ‚Er gab ihnen Brot vom Himmel zu essen.'"

Jesus antwortete: „Bei dieser Schriftstelle geht es nicht darum, dass Mose euch Brot vom Himmel gab, sondern darum, dass mein Vater euch Brot vom Himmel anbietet, das in alle Ewigkeit Nahrung bietet. Denn das eigentliche Brot Gottes ist der, der vom Himmel herabkam und der Welt das Leben gibt." Das endlich weckte ihr Interesse: „Meister, dieses Brot hätten wir gerne für immer!"

Jesus entgegnete: „Ich bin das Brot des Lebens. Wer zu mir kommt, der wird nicht mehr hungern, und wer sein Vertrauen auf mich setzt, wird auch keinen Durst mehr haben. Aber ich habe es euch schon früher gesagt: Gleichgültig, welche Zeichen und Wunder ihr bei mir erlebt habt, ihr denkt trotzdem nicht daran, mir zu vertrauen. Ich werde jeden Menschen, den mein Vater bewegt, zu mir zu kommen, mit Sicherheit nicht abweisen. Denn ich kam nicht vom Himmel herab, um meinen eigenen Willen zu tun, sondern den Willen meines Vaters, der mich hierhergesandt hat.

Und das ist sein Wille: Kein Einziger von denen, die er mir gegeben hat, darf verloren gehen. Im Gegenteil: Am letzten Tag sollen alle zum ewigen Leben auferstehen. Ja, das ist es, was mein Vater will: Jeder, der den Sohn sieht und sein ganzes Vertrauen auf ihn setzt, der hat bereits das ewige Leben in sich und wird auferstehen am letzten Tag."

Doch das wollten die Menschen schon nicht mehr hören. Sie regten sich über das auf, was er vorher gesagt hatte, als er sich mit dem Brot verglich, das vom Himmel gekommen war. Sie riefen empört: „Ist das nicht der Sohn von Josef? Kennen wir nicht seinen Vater und seine Mutter? Wie kann er da behaupten, er käme vom Himmel herab?"

Jesus erwiderte: „Was regt ihr euch schon wieder auf?! Niemand kann zu mir kommen, wenn ihn nicht mein Vater, der mich in diese Welt gesandt hat, dazu bewegt. Ich jedenfalls werde dafür sorgen, dass er am letzten Tag ins neue Leben hinübergehen kann. Das haben die Propheten gemeint, als sie schrieben: ‚Und dann wird Gott sie alle ganz persönlich unterweisen.' Jeder, der Zeit damit verbracht hat, auf den Vater zu hören, wirklich zu hören und von ihm zu lernen, kommt zu mir. Niemand hat den Vater gesehen außer dem, der vom Vater gekommen ist.

Glaubt mir, wenn ich euch sage: Wer immer mir vertraut, der hat bereits das ewige Leben. Ich bin das Brot des Lebens. Eure Vorfahren haben das Manna-Brot in der Wüste gegessen und sind gestorben. Aber hier habt ihr ein Brot, das wirklich vom Himmel gekommen ist.

Jeder, der dieses Brot isst, wird nicht sterben. Ich bin Brot – lebendiges Brot! –, das vom Himmel kam. Jeder, der dieses Brot isst, wird in alle Ewigkeit leben! Das Brot, das ich für das Leben der Menschen hingebe, ist nichts anderes als mein Fleisch."

Das war nun endgültig zu viel für die meisten seiner jüdischen Zuhörer. Erregt fragten sie: „Wie kann dieser Mann uns sein Fleisch als Mahlzeit vorsetzen?"

Aber Jesus forderte sie noch mehr heraus: „Es ist die reine Wahrheit: Wenn ihr das Fleisch des Menschensohnes nicht esst und sein Blut nicht trinkt, werdet ihr auch kein Leben in euch haben. Nur wer mein Fleisch isst und wer mein Blut trinkt, der hat ewiges Leben in sich, und er wird bereit sein für den Jüngsten Tag. Mein Fleisch ist wirklich etwas zum Essen und mein Blut ist wirklich etwas zum Trinken. Wenn ihr mein Fleisch esst und mein Blut trinkt, dann bleibt ihr mit mir verbunden und ich mit euch. Genauso, wie ich durch die Kraft lebe, die mir mein Vater gibt, der das Leben in sich hat und mich gesandt hat, so wird auch der durch mich leben, der mich zu seiner Nahrung gemacht hat. Das ist das Brot vom Himmel. Eure Vorfahren aßen das Manna und starben doch später. Wer aber dieses Brot isst, wird in Ewigkeit leben." All das sagte er, während er in der Synagoge von Kafarnaum lehrte.

Die Reaktion darauf war entsprechend. Viele seiner Jünger hatten diese Worte gehört und empörten sich: „Jetzt ist er zu weit gegangen. Wer kann sich so etwas anhören?" Da Jesus wusste, was er da bei seinen Jüngern ausgelöst hatte, sagte er: „Bringt euch das schon aus der Fassung? Was wird erst geschehen, wenn ihr den Menschensohn dorthin aufsteigen seht, wo er hergekommen ist? Der Geist Gottes ist es, der lebendig macht. Menschlicher Wille und menschliche Vorstellungskraft müssen hier scheitern. Jedes Wort, das ich zu euch gesprochen habe, wird durch den Heiligen Geist lebendig gemacht. Deswegen können das einige auch nicht verstehen, weil es ihnen der Heilige Geist nicht nahebringen kann. Es fehlt ihnen an der Grundvoraussetzung dafür: dem Vertrauen auf mich." Jesus wusste nämlich von Anfang an, wer sich ihm gegenüber verschließen und sogar, wer ihn verraten würde. Er fuhr fort: „Darum habe ich euch schon früher gesagt, dass niemand aus eigener Kraft zu mir kommen kann. Er bekommt es von seinem himmlischen Vater geschenkt.“

Danach verließ ihn eine große Zahl seiner Jünger und ging nicht mehr mit ihm. Daraufhin sprach Jesus auch die Zwölf direkt an: „Wollt ihr mich auch verlassen?“

Petrus entgegnete: „Rabbi, zu wem sollen wir denn gehen? Deine Worte sind voller Leben, ewigem Leben. Wir haben dir vertraut und sind überzeugt, dass du der Heilige Gottes bist.“

Jesus erwiderte: „Habe ich euch Zwölf nicht ausgewählt? Und doch ist einer von euch ein Teufel!“ Er meinte damit Judas, den Sohn von Simon Iskariot. Dieser Mann – einer von den Zwölfen! – sollte ihn eines Tages verraten.

7 Danach setzte Jesus seine Wanderung durch Galiläa fort. Er hatte sich ganz aus Judäa zurückgezogen, weil die Juden nach einer Gelegenheit suchten, ihn umzubringen.

Kurz vor dem Laubhüttenfest, das jedes Jahr von den Juden gefeiert wird, sagten seine Brüder zu ihm: „Warum verlässt du nicht diese Gegend und gehst zum Fest mit nach Jerusalem, damit deine Anhänger mal einen wirklichen Eindruck von dem bekommen, was du tust? Jemand, der in der Öffentlichkeit bekannt werden will, hält sich nicht nur im Hintergrund auf. Wenn es dir ernst ist mit dem, was du tun willst, dann komm und zeig dich der Welt.“ So oder ähnlich bedrängten ihn seine Brüder, nicht zuletzt auch, weil sie nicht an ihn glaubten.

Doch Jesus weigerte sich: „Drängt mich nicht. Meine Zeit ist noch nicht gekommen. Für euch spielt der richtige Augenblick keine Rolle. Gegen euch hat niemand etwas, aber mich hasst man, weil ich das Böse hinter der frommen Fassade aufdecke. Zieht ihr nur schon los, geht hinauf zum Fest! Wartet nicht auf mich, denn für mich ist noch nicht der richtige Zeitpunkt gekommen.“

So blieb Jesus zunächst in Galiläa. Doch später, als seine Familie schon längst zum Fest gegangen war, ging auch er nach Jerusalem. Doch dieses Mal vermied er jede Konfrontation in der Öffentlichkeit und hielt sich unerkannt in der Menge. Die jüdischen Behörden hatten bereits begonnen, nach ihm zu suchen, und fragten überall herum: „Wo ist denn dieser Jesus?"

Überall wurde über den Rabbi aus Galiläa diskutiert und gestritten. Einige sagten: „Er ist ein guter Mensch." Andere behaupteten: „Nein, er ist gefährlich, denn er verführt die breite Masse." Solche Gespräche fanden jedoch nur hinter vorgehaltener Hand statt, da man sich vor den führenden Männern des jüdischen Volkes fürchtete.

Wer ist dieser Jesus? (7,14–53)

Als das Fest schon zur Hälfte vorüber war, erschien Jesus im Tempel und begann zu lehren. Die Juden waren beeindruckt, aber auch verwirrt: „Wie kann er so viel wissen, ohne entsprechend ausgebildet zu sein?"

Jesus ging auf diese Frage ein: „Was ich euch lehre, stammt nicht von mir, es wurde mir von dem gegeben, der mich gesandt hat. Wenn jemand bereit ist, den Willen Gottes zu tun, dann wird er sehr schnell erkennen, ob meine Lehre nur meinen eigenen Gedanken entspringt oder ob sie von Gott stammt. Wer nur das weitergibt, was er sich selbst erarbeitet oder erdacht hat, dem geht es nur um sein eigenes Ansehen. Ganz anders ist es mit jemandem, der versucht, so wahrhaftig wie möglich das weiterzugeben, was ihm aufgetragen wurde. Ein solcher Mensch ehrt durch seine Wahrhaftigkeit denjenigen, der ihn gesandt hat. Er ist ein absolut zuverlässiger Bote.

Hat euch nicht Mose Gottes Gesetz gegeben? Aber niemand von euch lebt danach. Warum versucht ihr also, mich umzubringen?"

Da riefen einige aus der Menge laut: „Du bist verrückt! Wer versucht denn, dich umzubringen? Du bist ja von einem Dämon besessen."

Darauf entgegnete Jesus: „Vor einigen Monaten habe ich hier jemanden am Sabbat geheilt, und ihr habt euch darüber aufgeregt, dass ich so etwas gewagt habe. Nun, Mose schreibt die Beschneidung vor – ursprünglich stammt sie nicht von ihm, sondern von seinen Vorfahren –, und so beschneidet ihr jemanden, auch wenn es Sabbat ist. Ihr tut das, um eine Vorschrift im Gesetz von Mose zu erfüllen. Warum regt ihr euch dann aber auf, wenn ich den gesamten Körper eines Menschen heil mache – ebenfalls an einem Sabbat? Seid keine Sklaven des Buchstabens, gebraucht euren Kopf und euer Herz, um zu unterscheiden, was vor Gott richtig und was falsch ist."

Da fragten sich einige, die in Jerusalem wohnten: „Ist das nicht der, den sie umbringen wollen? Und jetzt steht er da und redet in aller Öffentlichkeit und niemand hindert ihn daran?! Haben unsere führenden Männer vielleicht erkannt, dass er in der Tat der Messias ist? Nur, das kann nicht sein, denn wir wissen ja, woher der hier kommt. Beim Messias dagegen soll es doch so sein, dass er einfach auftaucht und dann niemand weiß, woher er kommt."

Jesus, der gerade im Tempel lehrte, antwortete darauf mit so lauter Stimme, dass sie auch noch die Reihe der Diskutierenden erreichte: „Ihr meint also, ihr wüsstet, wer ich bin und woher ich komme? Täuscht euch da nicht! Ich habe mir nicht selbst diesen Auftrag gegeben. Mein wirklicher Ursprung liegt in dem Einen, der mich gesandt hat, den ihr nicht kennt. Ich komme von ihm – darum kenne ich ihn. Er ist es, der mich hierhergesandt hat."

Am liebsten hätten sie ihn auf der Stelle festgenommen, doch niemand wagte es, Hand an ihn zu legen. Die Zeit für sein Leiden und Sterben war noch nicht gekommen.

Viele aus der Menge kamen aber zum Glauben an Jesus, weil sie sich sagten: „Würde der Messias, wenn er kommt, mehr und größere Wunder tun können als dieser Mann hier?"

Als die Pharisäer mitbekamen, was die Menschen im Stillen miteinander besprachen, beunruhigte sie das sehr. Sofort kamen sie mit den Hohepriestern überein, die Tempelwache loszuschicken, um ihn festnehmen zu lassen. Jesus sprach noch immer im Tempel: „Ich bin nur noch kurze Zeit bei euch. Dann werde ich wieder zu dem zurückkehren, der mich gesandt hat. Ihr werdet nach mir suchen, aber ihr werdet mich nicht finden. Wo ich bin, dorthin könnt ihr nicht kommen."

Erneut steckten die Juden die Köpfe zusammen: „Was glaubt ihr, wohin wird er wohl gehen, dass wir ihn nicht mehr finden könnten? Will er etwa nach Griechenland und seine Lehren den Griechen bringen, die unseren Glauben haben? Überhaupt, was heißt das: ‚Ihr werdet nach mir suchen, aber ihr werdet mich nicht finden', und: ‚Wo ich bin, dorthin könnt ihr nicht kommen'?"

Am letzten Tag, dem Höhepunkt des Festes, stand Jesus wieder im Tempel und rief mit lauter Stimme: „Wenn jemand Durst hat, dann soll er zu mir kommen. Ich gebe ihm zu trinken. Wer sein ganzes Vertrauen auf mich setzt, aus dessen Innerem wird ein Strom von lebendigem Wasser hervorbrechen. Das hat schon die Heilige Schrift vorausgesagt." Jesus bezog sich hier auf den Heiligen Geist, den alle erhalten sollten, die an ihn glauben. Dieser Heilige Geist erfüllte die Menschen noch nicht, weil Jesus noch nicht durch Tod und Auferstehung zum Vater zurückgekehrt war.

Einige Zuhörer waren beeindruckt: „Das muss der Prophet sein." Nicht wenige meinten sogar: „Er ist eindeutig der Messias!" Doch wieder andere wandten dagegen ein: „Der Messias kommt doch nicht aus Galiläa, oder? Sagt uns nicht die Heilige Schrift, dass der Messias aus dem Geschlecht von David und aus Betlehem, seiner Stadt, kommt?"

So war die Menge in ihrer Meinung über ihn gespalten. Einige hätten ihn am liebsten sofort festnehmen lassen, doch niemand wagte es, Hand an ihn zu legen.

Das alles hatte auch die Tempelwache der Hohepriester und Pharisäer mitbekommen. Als sie unverrichteter Dinge zurückkehrte, musste sie sich fragen lassen: „Warum habt ihr ihn nicht mitgebracht?" Die Mitglieder der Tempelwache entschuldigten sich: „Habt ihr jemals gehört, wie dieser Mann redet? Wir haben noch niemals einen Menschen so reden hören, wie es dieser tut." Die Pharisäer fielen ihnen ins Wort: „Hat er euch etwa auch schon verführt? Schaut euch doch um! Glaubt vielleicht einer der führenden Männer, glaubt auch nur ein einziger Pharisäer an ihn? Nein, nur dieses verfluchte, ungebildete Volk rennt ihm nach."

Nikodemus, der Mann, der viel früher schon einmal zu Jesus gekommen war und der sowohl zu den führenden Juden als auch zu den Pharisäern zählte, wandte ein: „Entscheidet unser Gesetz über die Schuld eines Menschen, ohne ihm zuerst einmal zuzuhören und herauszufinden, was er wirklich tut?"

Doch sie schnitten ihm kurzerhand das Wort ab: „Bist du vielleicht auch schon ein Anhänger dieses Galiläers? Schau doch in den Schriften nach, dann siehst du selbst, dass aus Galiläa niemals ein Prophet kommen kann." Darauf gingen alle nach Hause.

Den ersten Stein werfen (8,1–11)

8 Jesus kehrte zum Ölberg zurück, war jedoch schon früh am Morgen des nächsten Tages wieder im Tempel. Die Menschen kamen in Scharen zu ihm. Also setzte er sich und begann, sie zu lehren.

Da führten die Schriftgelehrten und Pharisäer eine Frau herein, die beim Ehebruch ertappt worden war. Sie stellten sie in die Mitte, sodass alle sie sehen konnten, und sagten: „Rabbi, diese Frau wurde in flagranti beim Ehebruch ertappt. Mose schreibt nun im Gesetz vor, dass eine solche Frau zu steinigen sei. Was sollen wir deiner Meinung nach jetzt mit ihr machen?"

Natürlich war das Ganze nur eine Falle. Sobald er etwas sagen würde, das im Widerspruch zum Gesetz von Mose stand, wären sie berechtigt, ihn sofort festnehmen zu lassen.

Jesus bückte sich und schrieb mit dem Finger in den Sand. Doch sie ließen nicht locker und bedrängten ihn. Da richtete er sich auf und sagte: „Derjenige unter euch, der ohne Sünde ist, soll den ersten Stein werfen!" Dann beugte er sich wieder herab und schrieb weiter in den Sand.

Als sie das gehört hatten, gingen sie weg, einer nach dem anderen, zuallererst die Ältesten. Sie ließen die Frau alleine zurück. Da erhob sich Jesus und fragte sie: „Frau, wo sind sie? Hat dich jetzt niemand verurteilt?“

„Nicht einer, Herr.“

„Dann werde ich es auch nicht tun“, entgegnete Jesus, „du kannst gehen. Aber achte von jetzt an darauf, nicht noch einmal so etwas zu tun.“

Der Sohn des Vaters (8,12–29)

Danach wandte Jesus sich wieder der Menschenmenge zu: „Ich bin das Licht der Welt. Niemand, der mir nachfolgt, muss in der Dunkelheit herumirren, sondern sein ganzes Leben wird durch mich hell werden.“

Sogleich warfen ihm die Pharisäer vor: „Das sind doch nichts als Worte. Wer sagt uns denn, dass das, was du ständig behauptest, wahr ist?“

Jesus erwiderte: „Es ist schon richtig, dass ihr nur mein Wort habt. Aber ihr könnt euch darauf verlassen, dass es wahr ist. Ich weiß, woher ich gekommen bin und wohin ich schon bald wieder gehen werde. Ihr dagegen wisst nicht, woher ich komme und wohin ich gehe. Ihr urteilt nur nach dem äußeren Schein. Ich dagegen urteile über niemanden. Doch selbst wenn ich es täte, wäre mein Urteil gerecht, weil ich niemals alleine urteilen würde, sondern immer mit dem zusammen, der mich gesandt hat: dem Vater. Das erfüllt auch die Bedingung, die in Gottes Gesetz festgehalten ist: dass eine Aussage gültig ist, wenn sie von zwei Zeugen gestützt wird. Und genau diese zwei habt ihr: Ihr habt mein Wort, und ihr habt das Wort meines Vaters, der mich gesandt hat.“

Sie hakten nach: „Wo ist denn dein geheimnisvoller Vater?“

Jesus gab ihnen zur Antwort: „Es ist schon so: Ihr kennt weder mich noch meinen Vater. Wenn ihr mich kennen würdet, wüsstet ihr auch im selben Augenblick, wer mein Vater ist.“

Diese Unterredung fand beim Schatzhaus statt, während er im

Tempel lehrte. Selbst hier nahm ihn niemand fest, weil seine Zeit einfach noch nicht gekommen war.

Doch noch einmal kehrte Jesus zu dem zurück, wovon er zu Anfang gesprochen hatte: „Ich werde weggehen, und ihr werdet mich suchen, aber es wird euch alles nichts mehr nützen. Eure Schuld wird auf euch bleiben. Darum könnt ihr mir auch nicht dahin folgen, wohin ich gehe." Da sagten sich die Juden: „Will er sich vielleicht selbst umbringen? Hat er vielleicht das gemeint, als er sagte: ‚Ihr könnt mir nicht dahin folgen, wohin ich gehe'?"

Jesus entgegnete: „Ihr stammt aus dieser Welt, darum könnt ihr auch nicht anders denken, als alle in dieser Welt denken. Ich aber komme aus einer Welt, die man nicht einmal mit dieser Welt vergleichen kann. Es ist eine Welt jenseits eurer Welt. Ich habe euch gesagt, dass eure gesamte Schuld auf euch bleiben wird, bis ihr mit ihr sterben werdet. Nur eines kann euch davor bewahren: Vertraut mir. Wenn ihr nicht glauben wollt, dass ich von Gott gesandt bin, dann bleibt eure ganze Schuld auf euch liegen."

Da wurden sie erneut ärgerlich: „Für wen hältst du dich überhaupt?"

Jesus gab ihnen zur Antwort: „Was rede ich überhaupt noch mit euch?! Sicher, ich hätte noch eine Menge zu sagen, was euch betrifft, und so manches harte Urteil zu sprechen. Begreift doch, dass derjenige, der mich gesandt hat, durch und durch wahrhaftig ist und ich dieser Welt nichts anderes verkünde als das, was ich von ihm selbst gehört habe."

Sie verstanden einfach nicht, dass er von Gott, vom Vater, zu ihnen sprach. Also versuchte Jesus es noch einmal: „Wenn ihr den Menschensohn erhöht haben werdet, dann werdet ihr auch wissen, wer ich bin und dass ich mich nicht selbst großgemacht habe, sondern nur das tue und sage, was mich der Vater gelehrt hat. Der mich gesandt hat, ist zu jeder Zeit bei mir. Er hat mich noch nie verlassen, weil ich all das tue, worüber er sich freut."

Wen habt ihr zum Vater? (8,30–59)

Während er darüber sprach, kamen viele Leute zu der Überzeugung, dass man Jesus vertrauen könnte. Diese Juden wurden jedoch schon bald durch ihn selbst herausgefordert: „Ihr seid erst dann wirklich meine Jünger, wenn ihr an dem festhaltet, was ich euch gesagt habe. Dann werdet ihr selbst die Wahrheit erfahren und diese Wahrheit wird euch frei machen."

Voller Unverständnis entgegneten sie: „Aber wir sind doch Nachkommen Abrahams! Wir waren noch nie die Sklaven von irgendjemandem. Wie kannst du da sagen, dass wir frei werden sollen?"

Jesus entgegnete: „Ich sage euch jetzt etwas von großer Wichtigkeit: Jeder, der ein Leben in der Sünde wählt, ist über kurz oder lang ein Sklave seines falschen Verhaltens. Ein Sklave bleibt nicht für immer im Haus, er kann auch nicht kommen und gehen, wie er will. Der Sohn hat jedoch in alle Ewigkeit Wohnrecht. Wenn also der Sohn euch frei macht, dann seid ihr durch und durch frei. Ich weiß doch, dass ihr Abrahams Nachkommen seid. Ich weiß aber auch, dass es einige gibt, die versuchen, mich umzubringen, weil sie unfähig sind, meine Botschaft in ihr Leben hineinzulassen. Ich rede über Dinge, die ich gesehen habe, als ich noch beim Vater war. Ihr dagegen tut das, was ihr von eurem Vater gehört habt."

Beleidigt gaben sie zurück: „Unser Vater ist Abraham."

Jesus entgegnete ihnen: „Wenn ihr Abrahams Kinder wärt, würdet ihr die Dinge tun, die Abraham getan hat. Aber ihr habt immer noch vor, mich umzubringen. Ihr vertragt es nicht, dass euch jemand die Wahrheit sagt, auch wenn der Betreffende sie direkt vom Vater empfangen hat. Abraham hat sich völlig anders verhalten. Und da behauptet ihr noch, die Werke eures Vaters zu tun!"

Aufgebracht erwiderten sie: „Wir sind doch keine unehelichen Kinder. Wir haben einen legitimen Vater: den einen und einzigen Gott."

„Wenn Gott euer Vater wäre", entgegnete Jesus, „dann würdet ihr mich lieben, denn ich komme von Gott, bin von ihm ausgegangen und hierhergekommen. Ich kam nicht aus eigenem Antrieb. Er hat mich gesandt. Warum könnt ihr nicht ein Wort von dem verstehen, was ich sage?! Ich will euch gerne den Grund nennen: Ihr könnt meine Worte nicht einmal hören. Denn euer Vater ist in Wirklichkeit der Teufel, und was der sich begierig wünscht, das wollt ihr bereitwillig tun. Von Anfang an war er der Menschenmörder. Er konnte zu keiner Zeit die Wahrheit vertragen, denn in ihm ist nicht ein Funke Wahrheit. Wenn er etwas sagt, dann ist es gelogen, weil er aus sich heraus nichts anderes als lügen kann. Er ist der Vater der Lüge. Und jetzt komme ich, rede nichts als die Wahrheit zu euch, und ihr seid nicht im Geringsten bereit, mir zu vertrauen. Kann irgendeiner von euch mich eines einzigen Wortes überführen, das falsch war, oder einer einzigen Tat, die Sünde war? Wenn ich also die Wahrheit sage, warum glaubt mir dann keiner? Wer Gott zum Vater hat, hört auf Gottes Wort. Und das ist ganz einfach der Grund, warum ihr nicht hören könnt: Ihr wollt mit Gott nichts zu tun haben."

Das traf die Juden empfindlich: „Jetzt wissen wir, woran wir bei dir sind. Wir lagen genau richtig, als wir dich für einen Sektierer wie die Samariter hielten. Aber jetzt müssen wir feststellen: Du bist von einem Dämon besessen!"

Jesus erwiderte: „(Wie verdreht doch euer Denken ist!) Ich versuche nichts anderes, als meinen Vater zu ehren, ihr aber sprecht mir dafür jede Ehre ab. Ich versuche nicht, mir irgendwelche Anerkennung zu verdienen. Das wird ein anderer tun und er wird für Gerechtigkeit sorgen. Ich sage es noch einmal mit voller Gewissheit: Wer immer mir und meinen Worten vertraut, wird niemals dem Tod ins Auge sehen müssen."

Vor allem die führenden Juden hatten endgültig genug: „Jetzt wissen wir ganz genau, dass du von einem Dämon besessen bist. Abraham starb. Die Propheten starben. Und du trittst hier auf und behauptest, dass jeder, der sich auf das verlässt, was du sagst, nicht mehr sterben wird?! Bist du vielleicht größer als unser Vater Abraham, der gestorben ist? Größer als die Propheten, die auch alle gestorben sind? Was glaubst du eigentlich, wer du bist?"

Jesus erwiderte: „Wenn ich mir diese Bedeutung anmaßen würde, wäre alles, was ich sage, tatsächlich lächerlich. Doch mein Vater – derselbe, von dem ihr behauptet, dass er unser Gott sei – will, dass man mich anerkennt und mir das Vertrauen entgegenbringt, das ich verdiene. Es ist schon eine Tatsache: Ihr kennt ihn einfach nicht. Ich aber kann nicht anders, als euch zu sagen, dass ich ihn kenne. Wenn ich behaupten würde, dass dem nicht so wäre, würde ich genauso lügen wie ihr. Aber ich kenne ihn und ich halte an seinem Auftrag fest. Abraham – euer ‚Vater' – jubelte darüber, dass er mein Kommen in diese Welt miterleben sollte, er tat es und war außer sich vor Freude."

Die Juden schüttelten den Kopf: „Du bist noch keine fünfzig Jahre alt und Abraham soll dich gesehen haben?"

„Glaubt mir", entgegnete Jesus, „bevor Abraham gewesen ist, bin ich."

Nun wurde es ihnen endgültig zu viel. Sie hoben Steine auf, um ihn zu steinigen. Doch Jesus entkam ihnen und verließ ungesehen den Tempel.

Wirkliche Blindheit (9,1–41)

9 Als Jesus die Straße entlangging, sah er einen Mann, der von Geburt an blind war. Seine Jünger fragten ihn: „Rabbi, wer hat hier gesündigt, dass er blind geboren wurde: dieser Mann oder seine Eltern?"

Jesus erwiderte: „Ihr stellt eine völlig falsche Frage. Ihr sucht nach jemandem, dem ihr die Schuld zuschieben könnt. Weder er noch seine Eltern haben gesündigt. Schaut lieber auf das, was Gott tun kann. Wir müssen, solange es noch Tag ist, mit aller Kraft die Werke dessen tun, der mich gesandt hat. Es kommt die Nacht, in der niemand mehr etwas tun kann. Solange ich in der Welt bin, ist es hell. Denn ich bin das Licht der Welt."

Kaum hatte er das gesagt, da spuckte er auf die Erde, machte einen Teig aus Erde und Speichel und strich dem Blinden das Ganze auf die Augen. Dann trug er ihm auf: „Geh und wasch dich im Teich Schiloach!“ (Schiloach bedeutet so viel wie „Gesandter“.) Der Mann ging dorthin, wusch sich – und kam sehend zurück!

Sofort machte die Nachricht davon in der Stadt die Runde. Die Nachbarn und alle, die ihn Jahr für Jahr hatten betteln sehen, fragten sich: „Ist das nicht der Mann, den wir kennen und der hier immer gesessen hat, um zu betteln?“

Einige bestätigten es: „Er ist es tatsächlich.“ Doch andere hielten dagegen: „Nein, das ist auf keinen Fall derselbe Mann, er sieht ihm nur ähnlich.“ Da endlich bestätigte der gerade erst sehend Gewordene: „Doch, ich bin es wirklich.“

Sofort fragten sie ihn: „Wer hat dir die Augen geöffnet?“

„Ein Mann namens Jesus machte einen Brei und schmierte ihn auf meine Augen. Dann sagte er zu mir: ‚Geh zum Teich Schiloach und wasch dich.‘ Ich tat, was er gesagt hat. Und als ich mich wusch, konnte ich plötzlich sehen.“

„Und wo ist er jetzt?“

„Ich weiß es nicht.“

Sie brachten den Mann zu den Pharisäern, denn der Tag, an dem Jesus den Brei angerührt und die Blindheit des Mannes geheilt hatte, war ein Sabbat. Die Pharisäer verhörten ihn noch einmal, um herauszubekommen, wie es dazu kommen konnte, dass er wieder sehen konnte. Er erzählte auch ihnen: „Er strich mir einen lehmigen Brei auf meine Augen und ich wusch mich. Und jetzt kann ich wieder sehen.“

Einige der Pharisäer meinten: „Es ist ganz offensichtlich, dass dieser Mann nicht von Gott kommt. Er hält ja nicht einmal das Sabbatgebot.“ Andere warfen ein: „Wie kann ein gottloser Mensch solche Wunder vollbringen, die ein Zeichen für Gottes große Gnade sind?“ Wieder waren die Meinungen geteilt. Sie gingen wieder zu dem ehemals blinden Mann zurück. „Du bist hier derjenige, der es wissen muss, denn schließlich wurden ja deine Augen geöffnet. Was sagst du selbst über ihn?“ Er entgegnete: „Er ist ein Prophet.“

Da ihnen diese Antwort nicht passte, zweifelten sie plötzlich an, dass der Mann überhaupt blind geboren worden war. Sie ließen also die Eltern des Mannes kommen, der angeblich sehend geworden war, und erkundigten sich: „Ist das euer Sohn? Stimmt es, dass er blind geboren wurde? Wie ist es möglich, dass er jetzt plötzlich sehen kann?"

Seine Eltern erwiderten: „Wir wissen, dass es unser Sohn ist, und wir wissen auch, dass er blind geboren wurde. Aber wir haben keine Ahnung, wie es kommt, dass er jetzt plötzlich sehen kann, oder wer ihm die Augen geöffnet hat. Warum fragt ihr ihn nicht selbst?! Er ist ein erwachsener Mann und kann für sich selbst sprechen." Man konnte dieser ausweichenden Antwort anmerken, wie eingeschüchtert diese Leute waren. Hatten doch die führenden Männer unter den Juden beschlossen, jeden aus der Synagoge auszustoßen, der die Auffassung vertrat, Jesus sei möglicherweise der Messias. Darum sagten die Eltern einfach nur: „Fragt doch ihn, er ist alt genug."

Sie riefen den Mann, der blind gewesen war, ein zweites Mal zurück und sagten: „Sei ehrlich vor Gott. Wir wissen, dass dieser Mann ein gottloser Mensch ist."

„Ich weiß nicht, ob das stimmt, was ihr über ihn sagt", entgegnete er. „Ich weiß nur eines: Ich war blind ... und nun sehe ich."

Auch diese Antwort passte ihnen nicht. Also hakten sie noch einmal nach: „Was hat er mit dir gemacht? Wie hat er deine Augen geöffnet?"

„Ich habe es euch immer und immer wieder erzählt, aber ihr habt offenbar überhaupt nicht zugehört. Warum wollt ihr es denn jetzt noch einmal hören? Wollt ihr vielleicht seine Jünger werden?"

Damit brachte er sie alle gegen sich auf: „Du bist möglicherweise einer seiner Jünger, wir aber sind die Jünger von Mose. Wir wissen sicher, dass Gott durch Mose gesprochen hat, doch von dem Mann wissen wir nicht einmal, woher er kommt."

Da erwiderte der Mann: „Das ist doch eigenartig. Ihr behauptet gerade, nichts über ihn zu wissen, und doch kommt ihr an der Tatsache nicht vorbei, dass er meine Augen geöffnet hat. Es ist doch jedermann bekannt, dass Gott das Bitten und Flehen von gottlosen Menschen nicht erhört, dass er aber genau auf alles hört, was jemand sagt, der in Ehrfurcht vor ihm lebt und seinen Willen tut. Seit Menschengedenken hat man noch nie gehört, dass jemand die Augen eines Blindgeborenen geöffnet hat. Wenn dieser Mann nicht von Gott käme, hätte er so etwas niemals tun können!“

„Du bist nichts als Dreck“, fuhren sie ihn an, „wie kannst du es wagen, uns auch noch belehren zu wollen!“ Und sie stießen ihn aus der Synagoge aus.

Jesus hörte davon, dass sie ihn ausgestoßen hatten. Er suchte ihn, und als er ihn fand, fragte er ihn: „Glaubst du an den Menschensohn?“

Der Mann entgegnete ihm: „Zeig ihn mir, Herr, damit ich an ihn glauben kann.“

„Du schaust ihn gerade an. Erkennst du meine Stimme wieder?“

„Herr, ich glaube“, rief darauf der Mann und fiel vor Jesus nieder.

Da sagte Jesus: „Ich bin in diese Welt gekommen, damit sich an mir die Geister scheiden: Menschen, die nicht sehen konnten, sehen plötzlich, und andere, die ständig ihre Augen offen haben, stehen plötzlich wie Blinde da.“

Das bekamen einige Pharisäer mit und sie erkundigten sich: „Soll das etwa heißen, dass du uns für blind hältst?“

Jesus erwiderte: „Wenn ihr wirklich blind wärt, könnte man euch nichts anlasten, weil ihr aber behauptet, dass ihr alles ganz genau sehen könnt, seid ihr für alle eure Fehler und euer Versagen verantwortlich.“

Seine Schafe kennen ihn (10,1–41)

10 „Hört mir gut zu. Wenn jemand über die Mauer eines Schafpferches steigt, statt durch das Tor zu gehen, dann wisst ihr, dass er mit Sicherheit nichts Gutes im Sinn hat – er ist ein Schafdieb. Der Hirte geht immer durch das Tor. Der Mann am Tor öffnet es ihm

und die Schafe kennen seine Stimme. Er ruft alle seine Schafe beim Namen und führt sie hinaus. Sobald alle aus dem Pferch heraus sind, geht er ihnen voran, und sie folgen ihm, denn sie sind mit seiner Stimme vertraut. Sie würden niemandem folgen, dessen Stimme sie nicht kennen, sondern sofort die Flucht ergreifen."

Jesus erzählte ihnen diese einfache Geschichte, aber sie verstanden nicht, was er ihnen damit sagen wollte. So begann Jesus, es ihnen noch einmal mit anderen Worten zu erklären: „Ich bin das Tor zu den Schafen. Alle, die nicht durch mich zu den Schafen gehen, haben nichts Gutes im Sinn; sie sind Diebe und Räuber. Aber die Schafe hören nicht auf sie. Ich bin das Tor. Für jeden, der durch mich hineingeht, ist in alle Ewigkeit gesorgt. Er kann frei aus- und ein gehen und er wird gute Weiden finden. Ein Dieb kommt ja nur, um zu stehlen, zu töten und zu zerstören. Ich bin gekommen, damit sie das Leben haben, und das im Überfluss. Ich bin der gute Hirte. Der gute Hirte gibt sein Leben für die Schafe. Ein Aushilfsarbeiter ist kein richtiger Hirte. Die Schafe bedeuten ihm nichts. Wenn er einen Wolf kommen sieht, sucht er das Weite und lässt die Schafe zurück, die dann vom Wolf gerissen und auseinandergetrieben werden. Er macht die Arbeit ja nur für Geld. An den Schafen selbst liegt ihm nichts.

Ich bin der gute Hirte. Ich kenne meine Schafe und meine Schafe kennen mich. Es ist genau wie zwischen mir und meinem Vater: Der Vater kennt mich und ich kenne den Vater. Mir sind die Schafe so wichtig, dass ich sogar mein Leben für sie hingeben werde. Ihr müsst aber wissen, dass ich noch andere Schafe habe, die nicht zu dieser Herde gehören. Auch sie muss ich führen, weil auch sie auf meine Stimme hören. Am Ende wird es jedoch nur eine Herde und einen Hirten geben. Darum liebt mein Vater mich, weil ich aus freien Stücken mein Leben hingebe, um es auf ganz neue Weise wieder zu empfangen. Keiner kann es mir nehmen. Ich gebe es aus eigenem freien Willen hin. Ich habe die Vollmacht, es hinzugeben, genauso, wie ich die Macht habe, es wieder an mich zu nehmen. Diese Vollmacht habe ich von meinem Vater erhalten."

Erneut stritten sich die verantwortlichen Juden und bildeten zwei Lager. Die Mehrheit vertrat die Auffassung: „Er ist von einem Dämon besessen und nicht mehr bei Verstand. Warum tun wir uns das an? Warum hören wir ihm noch länger zu?“ Aber andere waren sich nicht so sicher: „Das sind nicht die Worte eines besessenen oder verrückten Menschen. Und außerdem: Kann ein Besessener einem Blinden die Augen öffnen?“

Monate später. Es war Winter geworden und in Jerusalem feierte man das Fest der Tempelweihe. Jesus ging in der Halle Salomos umher. Da umringten ihn die Juden und wollten von ihm wissen: „Wie lange willst du uns noch hinhalten? Wenn du der Messias bist, dann sag es doch geradeheraus.“

Jesus antwortete ihnen: „Ich habe es euch ja schon gesagt, aber ihr glaubt einfach nicht. Alles, was ich getan habe, geschah im Auftrag meines Vaters, und meine Werke sprechen eine deutlichere Sprache als alle Worte. Nein, ihr glaubt mir nicht, weil ihr nicht zu meinen Schafen gehört. Meine Schafe kennen meine Stimme. Ich kenne sie und sie folgen mir. Ich gebe ihnen ein Leben, das bis in die Ewigkeit reicht. Man kann sie weder umbringen noch meiner Hand entreißen. Der Vater, der sie meiner Sorge anvertraut hat, ist unendlich viel größer als alle zerstörerischen und räuberischen Mächte dieser Welt. Auch ihm kann sie niemand entreißen. Versteht doch: Ich und der Vater sind eins.“

Und wieder hoben die Juden Steine auf, um ihn zu steinigen. Diesmal blieb Jesus jedoch stehen und fragte sie direkt: „Durch meinen Vater habe ich unter euch viel Gutes tun können. Für welche dieser Taten wollt ihr mich steinigen?“

„Wir wollen dich nicht steinigen, weil du etwas Gutes getan hast“, erwiderten die Juden, „sondern weil du Gott gelästert hast. Du bist nur ein Mensch, hast dich aber selbst zu Gott gemacht.“

Jesus gab ihnen darauf zur Antwort: „Kennt ihr die Heilige Schrift so wenig, dass ihr euch nicht an die Worte erinnert, die Gott selbst gesprochen hat: ‚Ich sage euch: Ihr seid Götter.‘ Wenn Gott selbst eure Vorfahren, denen er sein Wort anvertraut hat, ‚Götter‘ nannte – und diese Stelle ist unumstößlich –, warum beschuldigt ihr dann den, der durch den Vater geheiligt und in die Welt gesandt wurde, der Gotteslästerung? Habe ich etwas anderes gesagt als das, was ihr selbst nachlesen könnt: Ich bin der Sohn Gottes?! Wenn ich nicht das tue, was mein Vater will, dann braucht ihr mir auch nicht zu glauben. Aber wenn ich es tue, dann glaubt mir doch um all dessen willen, was ich vor euren Augen getan habe. Vielleicht könnt ihr dann erkennen, dass in mir der Vater ist und ich im Vater bin."

Statt einer Antwort versuchten sie erneut, ihn festzunehmen, doch er entkam ihnen. Er ging zurück über den Jordan zu der Stelle, an der Johannes zuerst getauft hatte, und blieb dort. Unzählige Menschen folgten ihm dorthin. Sie sagten: „Johannes hat zwar keine Wunder vollbracht, aber alles, was er über diesen Mann sagte, hat sich als wahr erwiesen." Und viele kamen an diesem Ort zum Glauben an Jesus.

„Ich bin die Auferstehung" (11,1–57)

11 In Betanien lebte ein Mann namens Lazarus zusammen mit seinen beiden Schwestern Maria und Marta. Maria war die Frau, die wenig später die Füße Jesu mit teurem, duftendem Öl einsalben und dann mit ihren Haaren trocknen sollte. Da wurde Lazarus so schwer krank, dass die Schwestern Jesus benachrichtigten: „Herr, du liebst doch unseren Bruder Lazarus, er ist sehr schwer erkrankt."

Als Jesus diese Nachricht erhielt, sagte er nur: „Diese Krankheit führt nicht zum Tod. Sie wird vielmehr eine Gelegenheit sein, Gottes Herrlichkeit zu zeigen, indem sie den Sohn Gottes verherrlicht."

Obwohl Jesus Marta, ihre Schwester und Lazarus von Herzen gernhatte, blieb er seltsamerweise noch zwei weitere Tage dort, wo er war. Erst nach zwei Tagen sagte er zu seinen Jüngern: „Auf, wir wollen zurück nach Judäa gehen!"

„Rabbi, das kannst du nicht machen", wandten sie ein. „Eben noch wollten dich die Juden steinigen und jetzt willst du schon wieder zurück?"

Jesus erwiderte ihnen: „Gibt es nicht zwölf Stunden Tageslicht? Jeder, der bei Tage wandert, wird nicht stolpern, denn er sieht das Licht dieser Welt. Wenn er dagegen in der Nacht geht, kann er sehr schnell stürzen, denn er sieht nicht, wohin er geht. Habe ich euch nicht gesagt, dass ich das Licht der Welt bin? Lasst uns die wenigen Stunden nutzen, in denen dieses Licht noch bei euch ist."

Dann fügte er hinzu: „Unser Freund Lazarus ist eingeschlafen. Ich möchte zu ihm gehen, um ihn aufzuwecken."

Da sagten seine Jünger: „Herr, es kann doch nichts Besseres für seine Gesundung geben, als dass er tief und fest schläft?!" Jesus aber sprach vom Tod, während seine Jünger meinten, er rede vom normalen Schlaf.

Deshalb wurde er noch deutlicher: „Lazarus ist gestorben. Und ich bin um euretwillen froh, dass ich nicht da war. Was ihr jetzt erlebt, wird euren Glauben stärken. Und nun lasst uns zu ihm gehen."

Da sagte Thomas, den sie auch den „Zwilling" nannten, zu seinen Gefährten: „Kommt, wir wollen mit ihm gehen, auch wenn es uns das Leben kostet."

Als Jesus endlich in Betanien war, erfuhr er, dass Lazarus schon vier Tage in der Grabkammer lag. Betanien liegt etwa drei Kilometer von Jerusalem entfernt, und viele Juden besuchten Marta und Maria, um sie wegen des Todes ihres Bruders zu trösten. Als Marta hörte, dass Jesus angekommen war, lief sie ihm entgegen, um ihn zu begrüßen. Maria aber blieb bei den Trauernden sitzen.

Marta sagte zu ihm: „Herr, wenn du hier gewesen wärst, wäre mein Bruder nicht gestorben. Doch auch so weiß ich, dass Gott dir alles geben wird, worum du ihn bittest."

Jesus sagte ihr darauf: „Dein Bruder wird auferstehen."

„Ich weiß", entgegnete ihm Marta, „dass er auferstehen wird in der großen Auferstehung am letzten Tag."

Da teilte Jesus ihr mit: „Ich bin die Auferstehung und das Leben. Wer an mich glaubt, wird leben, selbst wenn er stirbt. Jeder, der im Vertrauen auf mich lebt, wird in Ewigkeit nicht sterben. Glaubst du das?"

„Ja, Herr. Ich habe schon immer geglaubt, dass du der Messias bist – der Sohn Gottes, der in diese Welt gekommen ist."

Damit war alles gesagt, und so ging sie zurück ins Haus, um ihre Schwester Maria zu holen. Sie flüsterte ihr zu: „Der Meister ist da und hat nach dir gefragt."

Kaum hatte Maria das gehört, sprang sie auf und rannte zu ihm hinaus. Jesus befand sich noch immer außerhalb des Dorfes an dem Platz, an dem er Marta getroffen hatte. Als die befreundeten Juden, die sie trösten wollten, sahen, wie Maria weglief, folgten sie ihr, da sie annahmen, sie gehe zum Grab, um dort zu trauern. Kaum hatte Maria Jesus erreicht, fiel sie vor ihm nieder: „Herr, wenn du nur hier gewesen wärst, dann hätte mein Bruder nicht sterben müssen."

Als Jesus sah, dass Maria weinte und auch die anwesenden Juden zutiefst traurig waren, stieg ein heiliger Zorn über die Macht des Todes in ihm auf. Er fragte: „Wohin habt ihr ihn gelegt?"

„Herr, kommt und seht!", sagten sie. Da weinte Jesus. Die Juden sprachen untereinander: „Seht, wie lieb er ihn gehabt haben muss." Andere unter ihnen meinten: „Also, wenn er ihn schon so gerngehabt hat, warum hat er dann nichts unternommen, um ihn vor dem Tod zu bewahren? Schließlich hat er ja auch die Augen eines blinden Mannes geöffnet."

Als Jesus die Grabkammer erreichte, erfasste ihn erneut dieser tiefe Zorn. Das Grab war eine einfache Steinhöhle, deren Eingang mit einer Steinplatte verschlossen war. „Nehmt den Stein weg!", ordnete Jesus an. Marta, die Schwester des Toten, sagte zu Jesus: „Herr, es hat doch keinen Zweck, es riecht doch schon nach Verwesung. Immerhin liegt er schon vier Tage im Grab."

Jesus sah sie an: „Habe ich dir nicht gesagt, dass du die Herrlichkeit Gottes sehen wirst, wenn du nur glaubst?" In diesem Augenblick hatten sie den Stein vom Eingang weggeschafft. Da blickte Jesus zum Himmel auf und betete: „Vater, ich danke dir, dass du mich erhört hast. Ich weiß, du erhörst mich jederzeit, aber um der Menschen willen habe ich es ganz bewusst gesagt, damit sie erkennen können, dass du mich gesandt hast."

Dann rief er mit lauter Stimme: „Lazarus, komm heraus!" Und er kam heraus, immer noch wie eine Leiche von Kopf bis Fuß in Tücher gewickelt und mit einem Schweißtuch über seinem Gesicht. Jesus musste den Umstehenden sagen: „Befreit ihn von den Tüchern, damit er gehen kann!"

Viele der Juden, die bei Maria gewesem waren und gesehen hatten, was Jesus getan hatte, kamen zum Glauben an ihn. Doch andere gingen zurück zu den Pharisäern und erzählten diesen alles, was sich in Betanien ereignet hatte. Daraufhin beriefen die Obersten Priester und Pharisäer eine Sitzung des Hohen Rates ein. „Was sollen wir jetzt tun?", fragten sie sich. „Dieser Mann hört nicht auf, Dinge zu tun, die wie Zeichen Gottes aussehen. Wenn wir ihn so weitermachen lassen, wird es nicht lange dauern, und jeder wird an ihn glauben. Dann werden die Römer kommen und uns die heiligen Stätten wegnehmen – und mit ihnen auch das Volk."

Da sprach einer von ihnen – es war Kajaphas, der in jenem Jahr Hoherpriester war –: „Habt ihr nichts dazugelernt? Könnt ihr nicht erkennen, worin unsere einzige Rettung besteht? Es ist besser, es stirbt ein Mensch für das Volk, als dass die ganze Nation zugrunde geht." Das aber sagte er nicht aus sich heraus, sondern weil er als Oberster Priester jenes Jahres ungewollt prophezeite, dass Jesus für das Volk sein Leben opfern würde. Doch nicht nur für diese Nation, sondern für alle die weit zerstreuten Kinder Gottes, damit er eines Tages alle zu einem Volk zusammenführen kann.

Von dem Tag an machten sich die führenden Juden nur noch über eines Gedanken: wie sie Jesus töten könnten. Aus diesem Grund zeigte Jesus sich auch nicht länger in der Öffentlichkeit unter den Juden. Er zog sich in einen Ort namens Ephraim zurück, der auf dem Land am Rande der Wüste lag. Dort blieb er zusammen mit seinen Jüngern.

Das jüdische Passafest rückte näher. Damit begann auch der Strom von Pilgern aus dem Land zu fließen, die alle nach Jerusalem wollten, um sich unter anderem auch von ihrer Sündenlast befreien zu lassen. Darüber hinaus wollten sie unbedingt diesen Jesus sehen.

Überall, wo Menschen in den Tempelhöfen zusammenstanden, sprach man von ihm: „Was meint ihr? Glaubt ihr, dass er zum Fest erscheinen wird oder nicht?“

Unterdessen hatten aber die Hohenpriester und Pharisäer eine Anordnung in Umlauf gebracht, dass jeder, der seinen jetzigen Aufenthaltsort kannte, sie darüber in Kenntnis zu setzen hatte. Sie waren entschlossen, ihn umgehend festzunehmen.

Nardenöl für sein Begräbnis (12,1–11)

12 Sechs Tage vor dem Passafest kam Jesus wieder nach Betanien, wo Lazarus lebte, der erst kürzlich vom Tod auferweckt worden war. Lazarus und seine Schwestern hatten Jesus zum Essen in ihr Haus eingeladen. Marta bediente sie. Lazarus war einer von denen, die mit am Tisch saßen. Da kam Maria mit einem Fläschchen äußerst kostbaren, echten Nardenöls herein. Sie rieb damit die Füße Jesu ein und trocknete sie mit ihren Haaren. Der Duft des Öls erfüllte den ganzen Raum.

Judas Iskariot, einer seiner Jünger und derjenige, der ihn wenig später verraten sollte, merkte verärgert an: „Warum hat man dieses Öl nicht verkauft und das Geld den Armen gegeben? Es hätte mindestens dreihundert Denare eingebracht.“ Das sagte er aber nicht, weil er ein Herz für die Armen gehabt hätte, sondern weil er ein Dieb war. Er trug die Verantwortung für die gemeinsame Kasse, aus der er sich immer wieder selbst bediente.

Jesus wies Judas zurecht: „Lass sie in Ruhe! Sie nimmt hier die Salbung für mein Begräbnis vorweg. Außerdem: Arme werdet ihr zu allen Zeiten bei euch haben. Doch meine Zeit mit euch ist bald abgelaufen.“

Viele Juden bekamen unterdessen mit, was mit Lazarus geschehen war und dass Jesus sich in Betanien aufhielt. So kamen sie in großer Zahl, nicht nur, um Jesus zu sehen, sondern auch Lazarus, der von den Toten auferweckt worden war. Weil nun so viele Juden zu ihm hinausgingen und nur seinetwegen zum Glauben an Jesus kamen, beschlossen die Hohenpriester, auch Lazarus umbringen zu lassen.

Hosanna dem König Israels (12,12–19)

Am nächsten Tag verbreitete sich unter der riesigen Menge, die bereits zum Fest in Jerusalem angekommen war, die Nachricht, dass Jesus auf dem Weg nach Jerusalem war. Sie brachen Palmzweige von den Bäumen und gingen ihm entgegen, um ihn zu begrüßen. Dabei riefen sie laut:

„Hosanna!"
„Gesegnet ist, der da kommt im Namen Gottes!"
„Ja, der König Israels!"

Man hatte Jesus einen jungen Esel gegeben, auf dem er ritt. Auch das hatte ein Prophet, Sacharja, Jahrhunderte zuvor vorausgesehen:

„Hab keine Angst, Tochter Zion:
Sieh her, wie dein König kommt,
er reitet auf dem Füllen eines Esels."

Damals war keinem seiner Jünger bewusst, wie viele Schriftstellen sich vor ihren Augen erfüllten. Erst als Jesus in die Herrlichkeit seines Vaters zurückgekehrt war, erinnerten sie sich an das, was geschrieben steht und wie es mit dem übereinstimmte, was mit Jesus geschehen war.

Die zahllosen Menschen, die dabei gewesen waren, als Jesus Lazarus aus dem Grab herausgerufen und ihn vom Tod zurückgeholt hatte, berichteten überall, was sie mit eigenen Augen gesehen hatten. Diese Augenzeugenberichte waren der Grund dafür, dass ihm eine riesige Menschenmenge entgegenzog. Die Pharisäer sahen dies und waren verzweifelt: „Da seht ihr's", sagten sie zueinander, „wir konnten nicht das Geringste ausrichten. Die ganze Welt rennt hinter ihm her!"

Das Prinzip des Weizenkorns (12,20–36a)

Es waren auch einige Griechen in der Stadt, die gekommen waren, um während des Festes Gott zu verehren. Sie gingen zu Philippus, der aus Betsaida in Galiläa stammte: „Herr, wir möchten gerne Jesus kennenlernen. Könnt Ihr uns helfen?“

Philippus sprach mit Andreas darüber. Beide gingen dann zusammen zu Jesus und brachten das Anliegen vor. Doch Jesus konnte nicht mehr auf diesen Wunsch eingehen: „Die Zeit ist nun da. Die Zeit ist für den Menschensohn gekommen, dieser Welt die Liebe Gottes zu zeigen. Hört mir gut zu: Solange das Weizenkorn nicht in die Erde fällt und stirbt, bleibt es allein. Wenn es aber stirbt, dann bringt es viel Frucht. Genauso wird jeder, der sich an sein Leben klammert, wie ein einzelnes Weizenkorn sein – hart und allein. Aber wenn er sein Leben in dieser Welt hingibt, dann wird es Frucht bringen und in Ewigkeit kein Ende mehr haben.

Wenn einer mir dienen will, dann soll er hinter mir hergehen. Denn nur so wird er dort sein, wo ich bin, bereit, mir jederzeit zu dienen. Der Vater wird jeden ehren und belohnen, der mir dient.

In diesem Augenblick bin ich aufgewühlt und erschüttert. Was soll ich noch sagen? ‚Vater, hole mich aus dem Ganzen heraus‘? Nein, genau deswegen bin ich ja in diese Welt gekommen. Ich werde sagen: ‚Vater, ich möchte nur, dass du in alldem verherrlicht wirst.‘“

Da kam eine Stimme vom Himmel: „Und ich will, dass du von allen Menschen von ganzem Herzen verehrt wirst – ich werde selbst mehr denn je dafür sorgen.“

Die Menschen, die dies gehört hatten, sagten sich: „Es hat gedonnert.“ Andere meinten: „Ein Engel hat zu ihm gesprochen.“ Jesus erklärte jedoch: „Die Stimme kam nicht meinetwegen, sondern euretwegen. In diesem Augenblick wird über diese Welt Gericht gehalten. Jetzt wird Satan, der versucht hat, die Welt zu beherrschen, hinausgeworfen. Und ich werde, sobald man mich von der Erde erhöht hat, alle zu mir ziehen.“ Hier deutete Jesus an, auf welche Weise er sterben würde.

Einige Umstehende wandten ein: „Nach unserer Kenntnis der Heiligen Schrift bleibt der Messias in alle Ewigkeit. Wie kannst du dann sagen, dass der Menschensohn ‚erhöht' werden muss? Wen meinst du überhaupt mit ‚Menschensohn'?"

Jesus sagte: „Nur noch eine kurze Zeit ist das Licht unter euch. Nutzt das Licht, solange ihr es noch habt, denn die Dunkelheit wird plötzlich über euch hereinbrechen. Sobald es dunkel geworden ist, werdet ihr sehr schnell die Orientierung verlieren. Solange ihr also noch das Licht habt, vertraut euch ihm an. Dann wird es in euch hell werden, und man wird erkennen, dass ihr Kinder des Lichtes seid."

Harte Herzen und blinde Augen (12,36b–50)

Doch jetzt musste Jesus aufhören zu reden. Er zog sich zurück und verbarg sich vor den verantwortlichen Juden. Nichts von all den Zeichen und Wundern, die er vor ihren Augen getan hatte, konnte sie umstimmen. Sie glaubten ihm einfach nicht. Genau das hatte der Prophet Jesaja schon Jahrhunderte zuvor vorausgesagt:

> „Gott, wer glaubte, was wir gepredigt haben?
> Wer hat Gottes Handeln mitten unter den Menschen erkannt?"

Jesaja beschrieb sogar, warum nur so wenige sich für den Glauben öffneten:

> „Ihre Augen sind wie mit Blindheit geschlagen,
> ihre Herzen sind verhärtet.
> So können sie mit ihren Augen nicht mehr sehen
> und nichts mehr mit ihren Herzen wahrnehmen.
> Auch schaffen sie es nicht mehr,
> sich mir, ihrem Gott, zuzuwenden,
> damit ich sie heilen könnte."

Von niemand anderem als von Jesus sprach Jesaja hier, nachdem er einen Blick auf die Herrlichkeit des kommenden Messias hatte werfen können.

Doch es gab auch Ausnahmen: Eine ganze Reihe führender Juden kam in dieser Zeit zum Glauben an Jesus. Aber wegen der Pharisäer zeigten sie dies nicht offen, denn sie hatten Angst, aus der Synagoge ausgestoßen zu werden. Letztlich war ihnen die Anerkennung der Menschen doch wichtiger, als bei Gott anerkannt zu sein.

Ein letztes Mal erschien Jesus in der Öffentlichkeit und sprach klar und deutlich über sich selbst und seine einzigartige Beziehung zum Vater: „Wer immer an mich glaubt, glaubt nicht an mich, sondern an den, der mich gesandt hat. Ich bin das Licht, das in die Welt kommen sollte, damit alle, die an mich glauben, nicht länger im Dunkeln herumirren müssen.

Wenn jemand hört, was ich sage, und es nicht ernst nimmt, werde ich ihn deswegen nicht verurteilen. Denn ich bin nicht gekommen, um die Menschen vor meinen Richterstuhl zu stellen, sondern um sie aus allem Unheil herauszuholen. Aber ihr müsst wissen: Wer immer mich ablehnt und sich weigert, das anzunehmen, was ich sage, bestellt sich seinen eigenen Richter. Vor ihm wird er sich am letzten aller Tage verantworten müssen. An den Worten, die ich zu euch gesprochen habe, werdet ihr gemessen werden. Denn ich habe nichts aus mir selbst geredet. Der Vater, der mich gesandt hat, trug mir auf, was ich sagen und wie ich es sagen soll. Mir war immer bewusst, dass all das, was ich euch mitteilen sollte, mit dem ewigen Leben zu tun hat. Um es noch einmal zu betonen: Ich habe an euch nur das weitergegeben, was ich von meinem Vater gehört habe."

Wer führen will, muss dienen (13,1–30)

13 Es war kurz vor dem Passafest. Jesus wusste, dass die Zeit gekommen war, diese Welt zu verlassen und zurück zum Vater zu gehen. Natürlich hatte er seine Weggefährten über all die Jahre

lieb gewonnen. Das musste sich in diesen, vom Abschied überschatteten Stunden besonders zeigen.

Es war noch vor dem Abendessen. Der Teufel hatte Judas, den Sohn von Simon Iskariot, schon so weit gebracht, dass er bereit war, Jesus zu verraten.

Jesus war sich in dieser Stunde bewusst, welche Vollmacht ihm sein Vater übertragen hatte, dass er von ihm gekommen war und nun zu ihm zurückkehren würde. Da stand er vom Tisch auf, legte seine Obergewänder ab und band sich ein Tuch um. Dann goss er Wasser in eine Schüssel und begann, die Füße der Jünger zu waschen und sie mit dem Tuch abzutrocknen. Als er zu Simon Petrus kam, wehrte sich dieser vehement: „Herr, alles was recht ist, aber du willst meine Füße waschen?"

Jesus versuchte, ihn zu beruhigen: „Was ich hier tue, verstehst du jetzt noch nicht, aber es wird dir später einleuchten." Doch Petrus beharrte: „Kommt ja nicht infrage. Du sollst mir niemals meine Füße waschen!" Da wurde Jesus sehr ernst: „Wenn du dich nicht von mir bedienen lässt, hast du keine Gemeinschaft mit mir."

„Herr", rief Petrus da, „dann wasch mir nicht nur meine Füße. Wasch mir auch meine Hände und meinen Kopf!"

Jesus entgegnete ihm: „Wenn du ein Bad am Morgen hattest, dann brauchst du nur noch deine Füße zu waschen, und du bist von Kopf bis Fuß sauber. Bildlich gesprochen, habt ihr alle gebadet. Mit einer Ausnahme." Das sagte er, weil er wusste, wer ihn verraten würde. Nachdem er allen die Füße gewaschen hatte, zog er wieder seine Obergewänder an und ging an seinen Platz am Tisch zurück.

Dann sagte er: „Habt ihr verstanden, was ich gerade getan habe? Ihr nennt mich ‚Rabbi' und ‚Herr', und das ist in Ordnung so, denn das bin ich. Wenn ich also, euer ‚Rabbi' und ‚Herr', euch die Füße gewaschen habe, dann müsst auch ihr bereit sein, euch gegenseitig zu dienen. Erinnert euch immer wieder daran, dass ich diesen Sklavendienst gerne für euch ausgeübt habe, damit ihr zu jeder Zeit bereit seid, anderen ebenso zu dienen. Versteht doch: Ein Diener steht nicht über seinem Herrn, und ein Gesandter hat nicht mehr Bedeutung als der, der ihn gesandt hat. Wenn euch das klar ist und ihr entsprechend handelt, wird euer ganzes Leben gesegnet sein.

Doch es ist einer unter euch, der hat sich jetzt schon dazu entschieden, sich über seinen Herrn zu stellen. Ich weiß, wie es um die steht, die ich in die Gemeinschaft mit mir gerufen habe. Die Heilige Schrift hat es im Voraus angekündigt: ‚Einer, der mit mir zusammen am Tisch isst, ist zu meinem Todfeind geworden.'

Ich sage euch das alles noch, bevor es sich ereignet, damit ihr nicht verunsichert seid, wenn es passiert, sondern im Gegenteil, damit euer Glaube an mich gestärkt wird. Und für die Zeit nach mir gilt: Wer jemanden aufnimmt, den ich geschickt habe, der nimmt mich auf, und wer mich aufnimmt, der nimmt niemand anderen auf als den, der mich gesandt hat."

Wieder musste Jesus an das Schriftwort denken. Er stand kurz davor, die Fassung zu verlieren, denn er wusste um das Ungeheuerliche, das sich mitten unter seinen engsten Freunden anbahnte: „Einer von euch ist dabei, mich zu verraten."

Die Jünger schauten sich an und konnten nicht begreifen, wovon er sprach. Einer der Jünger, und zwar der, den Jesus besonders lieb hatte, legte seinen Kopf an seine Schulter. Petrus gab ihm einen Wink und bedeutete ihm, Jesus zu fragen, wen er gemeint haben könnte. Also fragte der Jünger ihn direkt: „Herr, wer ist es?"

„Der, dem ich das Stück Brot reiche, nachdem ich es eingetaucht habe", antwortete Jesus. Dann tauchte er das Stück Brot ein und reichte es Judas, dem Sohn von Simon Iskariot. Dieser nahm das Stück noch an, wurde aber dann von seinen bösen Gedanken überwältigt.

„Tu endlich, was du dir vorgenommen hast!", sagte Jesus zu ihm.

Keiner der am Tisch Sitzenden verstand, was er damit gemeint haben könnte. Einige dachten, er habe Judas nur einen Auftrag gegeben, weil dieser ja ihre Kasse verwaltete. Vielleicht sollte er noch etwas für die Festtage besorgen oder irgendwelchen armen Leuten etwas geben.

Da aß Judas das Stück Brot und ging sofort hinaus. Es war Nacht.

Woran man erkennt, wer zu ihm gehört (13,31–38)

Kaum hatte Judas den Raum verlassen, sagte Jesus: „Nun wird die Herrlichkeit des Menschensohnes für alle erkennbar werden. Und mit ihm werden die Menschen auch Gott in einem völlig anderen Licht sehen. Gott zeigt sein Erbarmen und seine Liebe an ihm. Jetzt ist der Zeitpunkt dafür gekommen.

Meine lieben Freunde, ich bin nur noch kurze Zeit bei euch. Ihr werdet mich überall suchen. Aber was ich schon den Juden gesagt habe, das sage ich jetzt auch euch: Wo ich hingehe, dahin könnt ihr nicht kommen.

Ich gebe euch aber ein neues Gebot: Liebt einander. Wie ich euch geliebt habe, so sollt auch ihr einander lieben. An der Liebe, die ihr zueinander habt, werden alle Menschen erkennen, dass ihr zu mir gehört!"

Da fragte Simon Petrus ihn betroffen: „Herr, wohin gehst du denn?"

„Wohin ich gehe, dahin kannst du mir noch nicht folgen, du wirst es aber später tun", entgegnete Jesus.

Petrus gab nicht nach: „Herr, warum kann ich dir nicht jetzt schon folgen? Ich bin bereit, mein Leben für dich hinzugeben."

„Wirklich? Du willst dein Leben für mich hingeben? Die Wahrheit ist, dass du dreimal behauptet haben wirst, mich nicht zu kennen, bevor der Hahn morgen früh kräht."

„Ich bin der Weg" (14,1–31)

14 „Lasst euch von alldem nicht in Angst und Schrecken versetzen. Ihr vertraut doch auf Gott, oder nicht? Dann setzt euer ganzes Vertrauen auch auf mich. Im Hause meines Vaters sind viele Wohnungen. Wenn es nicht so wäre, wie hätte ich euch dann sagen können, dass ich schon einmal vorausgehe, um euer zukünftiges Zuhause vorzubereiten? Ja, ich gehe, um genau das zu tun. Dann aber

werde ich zurückkommen und euch zu mir holen, damit auch ihr dort seid, wo ich lebe. Gut, dass ihr den Weg schon kennt, den ich euch vorausgehe."

Thomas schüttelte den Kopf: „Herr, wir haben nicht die geringste Vorstellung, wohin du überhaupt gehst. Wie kannst du dann von uns erwarten, dass wir den Weg kennen?"

Jesus gab ihm zur Antwort: „Ich bin der Weg und die Wahrheit und das Leben. Niemand kommt zum Vater außer durch mich. Sobald ihr wirklich erkannt habt, wer ich bin, werdet ihr auch wissen, wer der Vater ist. Von jetzt an kennt ihr ihn. Ja, ihr habt ihn mit eigenen Augen gesehen!" Philippus sprach aus, was alle dachten: „Herr, wir wollen nur das eine: Zeige uns den Vater."

„Jetzt bin ich schon so lange bei euch und du, Philippus, kennst mich immer noch nicht? Wer mich sieht, sieht den Vater. Glaubst du nicht, dass ich im Vater bin und der Vater in mir ist? All das, was ich euch beizubringen versuche, habe ich mir nicht selbst ausgedacht. Nein, der Vater, der in mir wohnt, spricht und handelt durch mich.

Glaubt mir, ich bin in meinem Vater und der Vater ist in mir. Wenn es euch schwerfällt, das zu glauben, dann erinnert euch doch an all das, was ich vor euren Augen getan habe. Und das ist ja erst der Anfang. Ein Mensch, der mir vertraut, wird nicht nur das tun, was ich getan habe, er wird sogar noch größere Dinge tun, denn ich bin bereits auf meinem Weg zum Vater. Ihr könnt von jetzt an darauf vertrauen: Ganz gleich, worum ihr in meinem Namen bitten werdet, ich werde es tun, denn dadurch wird die Herrlichkeit des Vaters im Sohn aufleuchten. Ich sage es bewusst noch einmal: Worum auch immer ihr in meinem Namen bittet, das werde ich tun. Was aber bedeutet ‚in meinem Namen'? Wenn ihr in einer liebevollen Beziehung zu mir steht, dann werdet ihr mit gespannter Aufmerksamkeit auf all das achten, was mir wichtig ist und was ich euch auftragen werde. Worum ihr dann bittet, das geschieht dann wirklich in meinem Namen.

Außerdem werde ich meinen Vater bitten, euch einen Helfer zur Seite zu stellen, der euch Mut macht und für alle Zeiten bei euch bleiben wird. Dieser euer zukünftiger Begleiter ist der Geist der Wahrheit. Menschen, die keine Beziehung zu Gott haben wollen, können ihn nicht in sich aufnehmen, weil sie blind und taub sind für sein Wirken in dieser Welt. Aber ihr kennt ihn schon, denn er ist bei euch geblieben, ja, er wird sogar in euch sein!

Ich lasse euch aber nicht als Waisenkinder zurück, ich komme wieder zu euch. Es dauert nicht lange, und die Welt wird mich nicht mehr sehen, aber ihr werdet mich sehen, weil ich lebe und auch ihr leben werdet. Dann werdet ihr absolute Gewissheit haben, dass ich eins bin mit meinem Vater und ihr in mir seid und ich in euch.

Der, der meine Anliegen in sich aufgenommen hat und sich wirklich um sie kümmert, der liebt mich wirklich. Und wer mich liebt, der wird auch von meinem Vater geliebt werden, und ich werde ihn lieben und mich ihm immer mehr zu erkennen geben." Judas, der Sohn von Jakobus, entgegnete darauf: „Rabbi, warum gibst du dich eigentlich nur uns zu erkennen, aber nicht der ganzen Welt?"

Jesus ging jedoch nicht auf die Frage ein, sondern bereitete seine Jünger weiter auf all das vor, was sie zu erwarten hatten: „Wenn jemand mich liebt, wird er sehr aufmerksam mit all dem umgehen, was ich gesagt habe. Was aber wird dann geschehen? Mein Vater wird ihn lieben – ja, wir werden beide zu ihm kommen und mit ihm innigste Gemeinschaft haben. Wer dagegen über meine Worte einfach hinweggeht, zeigt damit klar, dass er mich nicht liebt. Vergesst nie: Die Botschaft, die ihr gehört habt, stammt nicht von mir, sondern von meinem Vater, der mich in diese Welt gesandt hat.

Ich sage euch das alles, solange ich noch bei euch bin. Der Helfer, der Heilige Geist also, den der Vater auf mein Bitten hin schicken wird, wird euch alles erklären. Er wird euch auch an alles erinnern, was ich euch gesagt habe.

Ich möchte euch ein kostbares Geschenk zurücklassen: meinen Frieden. Es ist ein Friede, wie ihn die Welt nicht kennt. Er ist der Inbegriff der Geborgenheit, auch in Zeiten der Not und des Abschieds. Darum habt keine Angst und verliert nicht den Mut. Ich habe euch doch gesagt, dass ich zwar weggehe, aber wieder zu euch zurückkehren werde. Wenn ihr nur für einen Moment den Blick von euch abwenden könntet und an mich denken würdet, müsstet ihr euch ja eigentlich darüber freuen. Denn ich gehe heim zu meinem Vater, den ich über alles liebe. Er ist wirklich größer als ich.

Ich habe euch das alles gesagt, damit ihr vorbereitet seid und euer Vertrauen gestärkt wird, wenn ihr seht, wie alles eintrifft. Wenn wir diesen Raum verlassen haben, werde ich nicht mehr viel Gelegenheit haben, euch etwas zu sagen, weil der Herrscher dieser Welt bereits im Begriff ist, mich anzugreifen. Macht euch aber deswegen keine Sorgen: Er kann mir nichts anhaben, aber die Welt wird bald wissen, wie sehr ich den Vater liebe, weil ich seinen Auftrag mit allen seinen Konsequenzen zu Ende führen werde.

Eigentlich wäre es Zeit, diesen Ort zu verlassen. Doch mich drängt es, an euch noch all das weiterzugeben, was mir in diesen letzten Stunden wichtig ist, und für euch zu beten."

Frucht bringen (15,1–17)

15 „Ich möchte euch ein Bild mitgeben: Ich bin der Weinstock und mein Vater ist der Winzer. Er entfernt jede Rebe an mir, die keine Frucht trägt. Die fruchttragenden dagegen reinigt er, damit ihre Trauben noch besser wachsen können. All das, was ich euch gesagt habe, war im Grunde so etwas wie dieses Reinigen durch meinen Vater. Ihr seid jetzt in der Lage, viel Frucht zu bringen.

Bleibt als Reben mit mir verbunden, wie auch ich mit euch verbunden bleibe. Genauso wie der Rebzweig nicht von sich aus Trauben hervorbringen kann, wenn er nicht mit dem Weinstock verbunden ist, so könnt auch ihr keine Frucht bringen, wenn ihr nicht ganz eng mit mir verbunden seid.

Ich bin der Weinstock, ihr seid die Reben. Wenn ihr mit mir verbunden seid und ich mit euch, wird euer ganzes Leben viel Frucht bringen. Denn getrennt von mir könnt ihr nicht das Geringste hervorbringen. Jeder, der sich von mir getrennt hat, wird sehr schnell vertrocknen und als dürrer Zweig aufgesammelt, um als Brennholz zu dienen. Wenn ihr dagegen eng mit mir verbunden bleibt und meine Worte in eurem Herzen lebendig sind, dann könnt ihr von mir erbitten, was ihr wollt, und ich werde eure Bitte erfüllen. Je mehr Frucht ihr bringt, desto mehr erweist ihr euch als meine Jünger und umso mehr werdet ihr etwas von der Herrlichkeit meines Vaters mitten unter euch erfahren.

Wie mein Vater mich geliebt hat, so habe ich auch euch geliebt. Bleibt in meiner Liebe. Wenn ihr an dem, was ich euch aufgetragen habe, festhaltet, werdet ihr in meiner Liebe bleiben. Genau das aber habe ich auch getan: Ich hielt mich an das, was mein Vater mir aufgetragen hat, und barg mich in seiner Liebe.

Das alles sage ich euch nur aus einem Grund: Euch soll meine Freude erfüllen, damit eure Freude überfließt. Ich gebe euch nur dieses eine Gebot: Liebt einander so, wie ich euch geliebt habe. Wenn ihr euch fragt, wie groß diese Liebe sein soll, so denkt daran: Es gibt keine größere Liebe, als sein Leben für seine Freunde einzusetzen. Ihr seid meine Freunde, wenn ihr tut, was ich euch auftrage. Ich nenne euch nicht länger Diener, weil Diener nichts von dem verstehen, was ihre Herren denken und planen. Nein, ich habe euch Freunde genannt, weil ich euch Einblick in alles gab, was ich von meinem Vater gehört habe.

Vielleicht seid ihr stolz darauf, dass ihr euch für mich entschieden habt. Aber erinnert euch daran, dass ich es war, der euch ausgewählt hat. Ihr selbst habt diesen Weg nicht begonnen. Ich bin es, der euch in diese Welt gestellt hat, damit euer Leben fruchtbar wird und all das, was ihr unter der Herrschaft Gottes tun werdet, euch nicht mehr genommen werden kann. Als Menschen, die Frucht bringen, könnt ihr den Vater um alles bitten, indem ihr euch auf mich beruft, und er wird es euch geben. Ich trage euch nur eines auf: Liebt einander.“

Hass ohne Grund (15,18–27)

„Wenn ihr erfahren müsst, dass diese gottlose Welt euch hasst, dann erinnert euch daran, dass sie mich schon vor euch gehasst hat. Würdet ihr nach den Maßstäben dieser Welt leben, hätte niemand etwas gegen euch, im Gegenteil. Aber weil ich euch ausgewählt habe, damit ihr nach Gottes Vorstellungen und nicht länger nach denen dieser Welt lebt, wird die Welt euch hassen.

Wenn das eintritt, dann erinnert euch daran, was ich euch schon gesagt habe: Ein Diener steht nicht über seinem Herrn. Wenn sie mich verfolgen, werden sie ganz sicher auch euch verfolgen. Wenn sie schon argwöhnisch auf alles achten, was ich sage, dann werden sie auch eure Worte genau unter die Lupe nehmen. Die Menschen werden nicht zögern, euch meinetwegen alles Schlimme zuzufügen, und das aus einem Grund: weil sie mich nicht kennen und erst recht nicht den, der mich in diese Welt gesandt hat. Eines müssen alle diese Menschen wissen: Wenn ich nicht gekommen wäre und diese Botschaft in die Welt gebracht hätte, könnte man ihnen ihr Verhalten nicht ankreiden. So aber haben sie keine Entschuldigung für all das Böse, das sie gegen mich unternehmen. Sie sollen wissen: Wer mich hasst, der hasst auch den Vater. Wenn ich kein einziges Wunder getan hätte – Dinge, die noch nie ein Mensch auf dieser Erde vollbracht hat –, könnte man ihnen keinen Vorwurf machen. Aber sie sahen die Zeichen Gottes und hassten trotzdem – mich genauso wie meinen Vater. Ohne sich dessen bewusst zu sein, bestätigen sie dadurch etwas, das in der Heiligen Schrift steht: ‚Sie hassten mich ohne jeden Grund.'

Wenn der Helfer kommt, den ich euch vom Vater aus schicken werde, der Geist der Wahrheit, der vom Vater ausgeht, dann wird er euer Vertrauen in mich stärken.

Dann werdet ihr in der Lage sein, zu mir zu halten und vor den Menschen Zeugen für mein Reden und Handeln zu sein, weil ihr von Anfang an bei mir wart."

Verlasst euch auf den Helfer (16,1–33)

16 „Ich sage euch das alles, damit ihr auf die schweren Zeiten vorbereitet seid, die vor euch liegen. Sie werden euch aus der Synagoge ausstoßen. Ja, es wird sogar eine Zeit kommen, in der jeder, der euch umbringt, auch noch davon überzeugt ist, dass er Gott damit einen Gefallen getan hat. Das alles werden sie tun, weil sie nie wirklich verstanden haben, wer der Vater ist und wer ich bin. Solange ich bei euch war, gab es keine Veranlassung, mit euch darüber zu sprechen. Jetzt aber werdet ihr bald auf euch selbst gestellt sein. Dann wird es wichtig sein, dass ihr euch an all das erinnert, was ich euch über die Zeit eurer Verfolgung gesagt habe.

Ihr wisst, dass ich bald zu dem zurückkehren werde, der mich gesandt hat. Aber hat euch wirklich interessiert, wohin ich gehe? Ihr seid nur traurig, weil ich nicht mehr bei euch sein werde. Aber vielleicht hilft euch das Folgende weiter: Glaubt mir, es ist besser für euch, wenn ich euch verlasse. Denn wenn ich euch nicht verlasse, kann auch der Helfer nicht kommen. Aber wenn ich gehe, dann werde ich ihn zu euch schicken.

Wenn er kommt, wird er den Menschen deutlich machen, was wirklich Sünde ist und wie Gottes Gerechtigkeit und sein Gericht aussehen. Die eigentliche Sünde der Menschen ist, dass sie mich ablehnen. Gerechtigkeit ist demnach, dass ich zum Vater zurückkehre und mich nicht mehr sichtbar auf dieser Erde aufhalte. Und schließlich wird euch der Helfer die Gewissheit geben, dass der Herrscher dieser Welt bereits verurteilt wurde.

Ich hätte euch noch so vieles zu sagen, aber ihr könnt jetzt damit noch nicht umgehen. Doch wenn der Helfer kommt, der Geist der Wahrheit, wird er euch Stück für Stück in die ganze Wahrheit einführen. Alles, was er an euch weitergeben wird, hat er selbst gehört. Er wird also nicht aus sich heraus reden, auch dann nicht, wenn er euch Zukünftiges voraussagt. Nein, er wird immer nur von dem nehmen und an euch weitergeben, was zu mir gehört. Dadurch wird er mich bei den Menschen verherrlichen. Und nicht nur mich. Denn alles, was der Vater hat, ist auch mein. Und so ist das, was mir gehört, immer auch im Besitz meines Vaters. Wenn der Helfer also von dem nimmt, was mein ist, gibt er euch auch immer von dem weiter, was dem Vater gehört.

Es dauert nicht mehr lange und ich werde nicht mehr da sein, doch nur wenig später werdet ihr mich wiedersehen."

Das löste eine Menge Fragen unter den Jüngern aus. „Worüber spricht er, was meint er mit: ‚Es dauert nicht mehr lange und ich werde nicht mehr da sein, doch nur wenig später werdet ihr mich wiedersehen'? Und was bedeutet: ‚Ich gehe heim zu meinem Vater'? Was heißt: ‚Es dauert nicht mehr lange'? Wir wissen einfach nicht, wovon er hier redet."

Da Jesus wusste, dass sie ihn liebend gerne gefragt hätten, was er mit alldem meinte, sagte er: „Versucht ihr gerade, selbst herauszubekommen, was ich damit meinte: ‚Es dauert nicht mehr lange und ich werde nicht mehr da sein, doch nur wenig später werdet ihr mich wiedersehen'? Dann achtet auf das, was ich euch jetzt sage: Auf euch kommen Tage zu, die unendlich traurig und trostlos sind, während die Menschen um euch herum ein Fest feiern. Ihr werdet niedergeschlagen sein, doch eure Traurigkeit wird sich in unbeschreibliche Freude verwandeln.

Wenn eine Schwangere kurz vor der Geburt steht, ist das für sie eine schwere Zeit, die oft voller Angst und Schmerzen ist. Aber sobald das Baby geboren ist, herrscht nur noch Freude darüber, dass ein Mensch gesund zur Welt gekommen ist. Rasch ist dann das vergessen, was sie vorher bedrängt hat. Genau so wird es euch ergehen. Wenn ich euch wiedersehe, werdet ihr voller Freude sein, und diese Freude wird euch niemand mehr nehmen können. Das wird auch der Augenblick sein, in dem alle eure Fragen beantwortet sind.

Ich bitte euch noch einmal, darauf zu vertrauen: Worum ihr den Vater in meinem Namen bitten werdet, das wird er euch geben. Bis jetzt habt ihr noch nie um etwas in meinem Namen gebeten. Tut es doch, damit ihr eine Freude kennenlernt, die alle eure Vorstellung übertrifft.

Ich habe immer wieder Bilder gebraucht, um euch Gottes Wahrheit näherzubringen. Wie ihr gemerkt habt, verwende ich keine Bilder mehr, sondern spreche ganz offen über den Vater. Ihr werdet lernen, den Vater direkt in meinem Namen anzusprechen. Und er wird auf eure Bitten antworten, weil er euch liebt. Euer Glaube an mich berührt sein Vaterherz. Darum brauche ich auch gar nicht zwischen euch und ihm zu vermitteln. Glaubt, dass ich vom Vater in diese Welt gekommen bin und dass ich die Welt wieder verlasse und zum Vater zurückkehre."

Da sagten seine Jünger: „Stimmt, jetzt redest du wirklich ganz offen und nicht mehr in Bildern. Jetzt wissen wir, dass du alles weißt und es nicht nötig hast, weiter durch unsere Fragen belästigt zu werden. Wir sind nun überzeugt, dass du von Gott gekommen bist."

„Ihr glaubt also wirklich an mich?", entgegnete Jesus. „Tatsache ist aber, dass ihr mich alle im Stich lassen werdet, um eure eigene Haut zu retten. Aber macht euch deswegen keine Sorgen: Ich bin nicht allein, denn der Vater ist bei mir.

Dies alles habe ich euch gesagt, damit euch das Kommende nicht erschüttert und ihr tiefen Frieden habt. In dieser Welt werdet ihr immer wieder meinetwegen in Schwierigkeiten geraten und oft auch scheitern. Aber verliert nie den Mut! Ich habe diese Welt bereits besiegt."

Jesus betet für seine Jünger (17,1–26)

17 Hatte Jesus eben noch zu seinen Jüngern gesprochen, so änderte sich jetzt seine Haltung. Er blickte nach oben und begann zu beten:

„Vater, jetzt ist die Stunde gekommen. Offenbare du die Herrlichkeit deines Sohnes, damit du vor allen Menschen verherrlicht wirst.

Du hast ihm alle Menschen anvertraut und ihm die Vollmacht verliehen, ihnen ein Leben zu geben, das kein Ende mehr kennt. Und das ist das wahre, das ewige Leben: dass sie dich kennen, den einen und einzig wahren Gott, und seinen Sohn Jesus, den du in diese Welt gesandt hast. Ich habe das Werk vollendet, das du mir aufgetragen hast. Dadurch habe ich den Menschen gezeigt, wie wunderbar du bist. Darum zeige du jetzt auch ihnen, Vater, die Herrlichkeit, die ich bei dir hatte, lange bevor es diese Welt gab.

Ich habe den Menschen, die du mir anvertraut hast, beigebracht, dass sie dich ‚Abba' nennen dürfen. Natürlich gehören alle diese Menschen dir, doch du hast sie mir anvertraut, weil sie an deinem Wort festgehalten haben. Sie haben erkannt, dass alles, was du mir gegeben hast, direkt aus deiner Hand kam. Denn die Botschaft, die du mir gegeben hast, habe ich an sie weitergegeben, und sie haben sie angenommen. Für sie besteht kein Zweifel mehr daran, dass ich von dir komme. Sie glauben fest daran, dass du mich gesandt hast.

In diesem Augenblick möchte ich für sie beten und nicht für all jene, die dir, Vater, gleichgültig oder ablehnend gegenüberstehen. Nein, mir geht es jetzt um die, die du mir anvertraut hast und die dir allein gehören. Doch was ist hier noch Dein oder Mein? Alles, was mein ist, ist auch dein, und das Deine ist mein, weil ich in ihrem Leben verherrlicht werde.

Ich werde jetzt diese Welt verlassen und zu dir zurückkehren, sie aber werden weiterhin hierbleiben müssen. Darum bitte ich dich, mein Vater, lass sie nie vergessen, dass sie zu dir ‚Abba, Papa' sagen dürfen. Du hast ihnen durch mich die Gnade geschenkt, dich so anreden zu können, damit sie untereinander eins sind, wie wir, du und ich, eins sind.

Solange ich bei ihnen war, habe ich darauf geachtet, dass sie in dir geborgen sind, ja, ich habe sie regelrecht behütet. Und es ist tatsächlich niemand verloren gegangen – mit einer traurigen Ausnahme. Aber wir waren durch die Worte der Heiligen Schrift darauf vorbereitet.

Nun kehre ich zu dir zurück. Ich sage dies alles ganz bewusst vor ihren Ohren, damit meine Freunde voll und ganz von meiner Freude erfüllt werden. Ich habe ihnen von dir erzählt, und viele Menschen fingen an, sie deswegen zu hassen. Denn mit einem Mal entsprachen sie nicht mehr den allgemeinen Erwartungen, wie auch ich nicht den religiösen Vorstellungen der Welt entspreche.

Ich erwarte nicht, dass du sie aus dieser Welt herausnimmst, doch ich bitte dich, sie vor dem Bösen in Schutz zu nehmen. Denn sie denken und handeln nicht mehr wie all die Menschen in ihrem Umfeld. Sie sind mittlerweile genauso Fremdkörper in dieser Welt, wie ich es bin.

Darum verändere ihr Herz, indem du ihnen immer mehr die Wahrheit über dich offenbarst. Dein Wort ist die unwandelbare Wahrheit, die alles verändert. Vater, wie du mich in diese Welt gesandt hast, so habe auch ich sie mit einem Auftrag in diese Welt geschickt. Um ihretwillen führe ich ein heiliges Leben, damit auch ihr Leben durch und durch verändert wird und deine Wahrheit in ihnen immer mehr zum Vorschein kommt. Vater, ich bitte jedoch nicht nur für sie, sondern für alle, die durch ihr Wort an mich glauben werden.

Ich wünsche mir so sehr, dass sie untereinander eins sind; so wie du, Vater, in mir bist und ich in dir, so innig sollen auch sie mit uns verbunden sein. Dann wird die Welt glauben, dass du es warst, Vater, der mich gesandt hat. Die gleiche Herrlichkeit, die du mir gegeben hast, habe ich auch ihnen anvertraut, damit sie genauso geeint und miteinander verbunden sind, wie wir es sind – ich in ihnen und du in mir. Wenn sie zu dieser Einheit herangereift sind, wird die gottferne Welt darin einen Beweis dafür erkennen können, dass du mich gesandt hast und sie mit der gleichen Liebe liebst, mit der du auch mich geliebt hast.

Vater, ich wünsche mir sehr, dass diejenigen, die du mir anvertraut hast, bei mir sind, damit sie meine Herrlichkeit sehen können, die du selbst mir aus Liebe gegeben hast, lange bevor es überhaupt die Welt gab.

Gerechter Vater, die Welt kennt dich nicht, aber ich kenne dich, und diese Jünger hier wissen, dass du mich in die Welt gesandt hast. Ich habe ihr Herz für dich geöffnet, und ich wünsche mir nichts mehr, als dass sie dich noch besser kennenlernen. Denn wenn sie dich wirklich kennen, dann wird die Liebe, mit der du mich liebst, auch ihr

Herz erreichen und erfüllen: Herzen, in denen ich bereits einen festen Platz erringen konnte."

Gefangennahme (18,1–18)

18 Nach diesem Gebet brach Jesus mit seinen Jüngern auf und überquerte den Bach Kidron. Dort befand sich ein Garten, in den er mit seinen Jüngern hineinging.

Judas – der ihn verraten würde – kannte diesen Platz, weil Jesus sich schon oft mit seinen Jünger dorthin zurückgezogen hatte. Er übernahm nun die Abordnung der Tempelwache, zu der die Hohenpriester und Pharisäer noch einige ihrer persönlichen Diener abgestellt hatten, und führte sie dorthin. Sie kamen bei dem Garten an – mit Laternen, Fackeln und schwer bewaffnet. Jesus, der wusste, was von jetzt an auf ihn zukommen würde, ging hinaus und trat ihnen entgegen. Er erkundigte sich: „Wen sucht ihr?"

„Jesus aus Nazaret", entgegneten sie.

Darauf erwiderte er: „Ich bin es." Judas, der ihn verraten wollte, stand bei ihnen. Doch auch ihn packte der Schrecken über die Autorität, mit der Jesus ihnen entgegentrat. Alle wichen unwillkürlich zurück, stolperten und fielen rücklings zu Boden.

Jesus fragte noch einmal: „Wen sucht ihr?"

Aus dem verstörten Haufen kam die Antwort: „Jesus aus Nazaret."

„Ich habe euch doch gesagt, dass ich es bin", sagte Jesus darauf, „wenn ihr also mich sucht, dann lasst diese anderen gehen." Das bestätigte, was er dem Vater noch kurz zuvor in seinem Gebet gesagt hatte: „Und es ist tatsächlich niemand verloren gegangen."

In diesem Augenblick zog Simon Petrus das Schwert, das er bei sich trug, und schlug einem der Diener der Obersten Priester das rechte Ohr ab. Der Name des Dieners war Malchus.

„Steck dein Schwert weg!", befahl Jesus Petrus. „Soll ich vielleicht nicht zu Ende führen, was mein Vater mit mir begonnen hat?!"

Daraufhin ließ der Kommandant der Truppe Jesus von seinen Soldaten und den Dienern der führenden Juden festnehmen. Sie ergriffen ihn sofort und legten ihm Fesseln an. Dann brachten sie ihn zuerst zu Hannas, dem Schwiegervater von Kajaphas, der in jenem Jahr Hohepriester war. Er war auch der Mann gewesen, der den Juden zu bedenken gegeben hatte, es sei besser, wenn ein Mensch stürbe, als dass das ganze Volk zugrunde gehe.

Simon Petrus und ein weiterer Jünger folgten Jesus. Dieser andere Jünger war mit dem Obersten Priester bekannt und so konnte er Jesus bis in den Hof des Obersten Priesters folgen. Petrus musste jedoch draußen stehen bleiben. Da ging der andere Jünger noch einmal zurück und sprach mit der Frau, die den Eingang kontrollierte. Es war ihm schon fast gelungen, Petrus hineinzubringen, da sprach die Frau Petrus direkt an: „Bist du nicht auch ein Anhänger von dem da?"

Da Petrus unbedingt dabei sein wollte, entgegnete er nur kurz: „Nein, natürlich nicht."

Die Sklaven und die Diener, die bei der nächtlichen Aktion zugegen waren, hatten ein Feuer angezündet, weil es empfindlich kalt geworden war. Alle drängten sich um das Feuer und wärmten sich. Petrus gesellte sich zu ihnen, um sich ebenfalls ein wenig zu wärmen.

Ein erstes Verhör (18,19–27)

Hannas befragte Jesus über alles, was seine Jünger und seine Lehre anbelangte. Jesus entgegnete ihm: „Ich habe regelmäßig in den Synagogen gelehrt und sogar im Tempel, in dem alle Juden zusammenkommen. Bei mir gibt es keine Geheimlehre. Es gibt nichts, über das ich nicht in aller Öffentlichkeit gesprochen hätte. Also fragt doch die, die mir zugehört haben. Sie wissen mit Sicherheit noch sehr gut, was ich gesagt habe."

Jesus hatte den Satz kaum beendet, da schlug ihm einer der Diener, die in seiner Nähe standen, mitten ins Gesicht und fuhr ihn an: „Was fällt dir ein, mit dem Obersten Priester so zu reden!?"

Jesus erwiderte: „Wenn ich irgendetwas Falsches gesagt habe, dann beweise es. Doch wenn ich die Wahrheit gesagt habe, warum hast du mich dann geschlagen?"

Daraufhin schickte Hannas Jesus gefesselt zum Obersten Priester Kajaphas.

Petrus stand immer noch am Feuer und wärmte sich. Die anderen, die sich dort aufhielten, sagten zu ihm: „Du bist doch auch einer von seinen Jüngern!" Erstaunt schüttelte Petrus den Kopf: „Ich ganz bestimmt nicht. Wie kommt ihr bloß darauf?!"

Einer der Diener des Obersten Priesters, ein Verwandter des Mannes, dem Petrus das Ohr abgeschlagen hatte, ließ sich davon nicht beeindrucken: „Nein, du lügst. Ich habe dich im Garten bei ihm gesehen." Doch das stritt Petrus genauso energisch ab. In diesem Augenblick krähte ein Hahn.

Der König der Juden (18,28–40)

Von Kajaphas führten sie Jesus in den frühen Morgenstunden zum Palast des römischen Gouverneurs. Sie selbst betraten das Gebäude nicht, weil dies sie „kultisch unrein" gemacht hätte und sie folglich nicht mehr das Passamahl hätten zu sich nehmen dürfen. Deshalb kam Pilatus zu ihnen hinaus und wollte von ihnen wissen: „Was werft ihr diesem Mann vor?"

Sie entgegneten ihm: „Wir würden Euch doch so jemanden nicht übergeben, hätte er sich nichts zuschulden kommen lassen." Pilatus sagte daraufhin: „Gut, dann nehmt ihn mit und richtet ihn nach eurem Gesetz." Die Juden erwiderten: „Wir haben keine rechtlichen Möglichkeiten, jemanden hinzurichten." Das bestätigte die Aussagen Jesu, die andeuteten, auf welche Weise er sterben würde.

Pilatus ging in den Palast zurück und ließ Jesus zu sich kommen. „Bist du der ‚König der Juden'?", verlangte er von ihm zu wissen. Jesus gab zurück: „Sagst du das von dir aus oder haben dir andere dies über mich berichtet?"

„Natürlich stammt die Frage von anderen. Bin ich denn ein Jude?“, entgegnete Pilatus schroff, „dein Volk und die Obersten Priester haben dich mir überstellt. Was hast du getan?“

„Mein Königreich“, erwiderte Jesus, „ist nicht von dieser Welt. Wenn es so wäre, dann würden meine Diener jetzt für mich kämpfen und ich würde nicht in die Hände der Juden ausgeliefert. Nein, mein Reich lässt sich mit den Reichen dieser Welt nicht vergleichen.“

Da wurde Pilatus hellhörig: „Dann bist du also doch ein König?!“

„Du sagst es“, erwiderte Jesus, „ich wurde geboren und kam in diese Welt, um für die Wahrheit einzutreten. Jeder, der sich in seinem Leben nach Wahrheit sehnt, erkennt sie in dem, was ich sage.“

Pilatus zuckte mit den Schultern: „Was ist schon Wahrheit?“

Daraufhin ging er wieder zu den Juden hinaus und teilte ihnen mit: „Ich finde nichts an diesem Mann, das eine Verurteilung verdient hätte. Aber es ist euer Brauch, dass ich zum Passafest einen Gefangenen begnadige. Wollt ihr, dass ich den ‚König der Juden‘ freilasse?“

Da schrien alle zurück: „Nicht den da, sondern den Barabbas!“ Barabbas war ein gewalttätiger jüdischer Aufrührer.

„Seht euch doch diesen Menschen an!“ (19,1–16a)

19 Da ließ Pilatus Jesus abführen und übergab ihn der Geißelung, die bei den Römern besonders grausam war. Danach flochten die Soldaten aus Dorngestrüpp eine Art Krone und drückten sie Jesus auf den Kopf. Auch warfen sie ihm einen alten roten Mantel um und näherten sich ihm mit Rufen wie: „Sei gegrüßt, oh König der Juden!“ Dabei schlugen sie ihm ins Gesicht.

Pilatus ging erneut hinaus und sagte zu der Menge: „Ich bringe ihn jetzt noch mal heraus, aber ich will, dass ihr eines wisst: Ich halte ihn für keines Verbrechens schuldig.“ In diesem Augenblick wurde Jesus herausgeführt. Er trug die Dornenkrone und den roten Mantel.

Pilatus zeigte zu ihm hinüber: „Seht euch doch diesen Menschen an!“

Als die Hohenpriester und ihre Diener ihn sahen, schrien sie außer sich: „Kreuzigt ihn! Kreuzigt ihn!"

Pilatus erwiderte: „Dann nehmt doch ihr ihn und kreuzigt ihn. Ich finde keinen Grund, ihn zu verurteilen."

Die Juden entgegneten darauf: „Wir haben ein Gesetz, und nach diesem muss er sterben, denn er hat behauptet, er sei der Sohn Gottes."

Als Pilatus das hörte, bekam er es mit der Angst zu tun. Er ging in den Palast zurück und fragte Jesus: „Woher kommst du eigentlich?"

Doch Jesus gab keine Antwort. Das ärgerte Pilatus: „Du willst nicht reden? Ist dir nicht klar, dass ich die Macht habe, dich zu begnadigen, und auch, dich kreuzigen zu lassen?"

Jesus entgegnete: „Du hättest nicht die geringste Macht über mich, wenn sie dir nicht von oben gegeben wäre. Darum haben auch die Leute, die mich dir ausgeliefert haben, eine weitaus größere Schuld auf sich geladen."

Von da an tat Pilatus alles, um Jesus freizubekommen, doch die Juden schrien ihn nieder: „Wenn Ihr einen solchen Mann laufen lasst, dann seid Ihr nicht länger ein ‚Freund des Kaisers'. Denn jeder, der sich selbst zum ‚König' macht, stellt sich dadurch gegen den Kaiser."

Als Pilatus diese Worte hörte, ließ er Jesus erneut herausführen. Er setzte sich auf seinen Richterstuhl, der an dem Platz stand, den man „Steinpflaster" nannte (auf Hebräisch: „Gabbata"). Es war am Tag der Vorbereitungen für das Passafest, etwa um die Mittagszeit. Pilatus rief den Juden provozierend zu: „Hier ist euer König!"

Sie schrien zurück: „Tötet ihn! Tötet ihn! Kreuzigt ihn!" Pilatus erwiderte darauf: „Ich soll euren König kreuzigen?" Die Hohenpriester antworteten: „Wir haben keinen König außer dem Kaiser!" Da gab Pilatus ihrer Forderung nach und ließ Jesus zur Kreuzigung abführen.

Die Kreuzigung (19,16b–37)

Sie führten Jesus ab. Er trug den Kreuzbalken und ging zu dem Ort, der „Schädelhügel“ genannt wird (auf Hebräisch: „Golgota“). Dort wurde er zusammen mit zwei weiteren Männern gekreuzigt, auf jeder Seite einer von ihnen, er selbst in der Mitte. Pilatus hatte ein Schild beschriften und am Kreuz anbringen lassen, auf dem stand:

> Jesus von Nazaret,
> der König der Juden.

Viele Juden lasen dieses Schild, denn der Ort, an dem Jesus gekreuzigt wurde, lag in unmittelbarer Nähe der Stadt. Die Inschrift selbst war auf Hebräisch, Lateinisch und Griechisch verfasst. Die Hohenpriester legten bei Pilatus Beschwerde ein: „Schreibt nicht ‚der König der Juden‘. Macht deutlich, dass er nur behauptet hat, er sei der König der Juden.“ Pilatus gab ihnen zur Antwort: „Es bleibt genau so stehen, wie ich es geschrieben habe.“

Die römischen Soldaten, die Jesus gekreuzigt hatten, nahmen seine Kleidung und wollten sie unter sich verteilen. Es waren vier einzelne Stücke. Doch da sein Übergewand in einem Stück gewebt war, sagten sie zueinander: „Das wollen wir nicht zerteilen. Wir wollen darum würfeln, wer es bekommen soll.“ Das bestätigte wiederum eine Schriftstelle, die selbst dieses Geschehen voraussagte: „Sie haben meine Kleider unter sich verteilt und um mein Gewand haben sie gewürfelt.“

Am Fuß des Kreuzes standen die Mutter Jesu, die Schwester seiner Mutter, Maria, die Frau von Kleopas, und Maria Magdalena. Jesus sah seine Mutter und den Jünger, den er liebte, neben ihr. Da wandte er sich seiner Mutter zu: „Frau, da ist dein Sohn.“ Dann sprach er den Jünger an: „Siehe, von jetzt an ist sie deine Mutter.“ Von diesem Augenblick an nahm der Jünger sie in sein Haus auf.

Jesus aber sah, dass alles vollendet war, darum sagte er, damit sich auch das letzte Wort der Heiligen Schrift noch erfüllte: „Ich habe

Durst." In der Nähe stand ein Krug mit saurem Wein. Irgendjemand steckte einen Schwamm, der mit dem sauren Wein vollgesogen war, auf einen langen Stab und hielt ihn an seinen Mund. Nachdem er etwas von der Flüssigkeit genommen hatte, sagte Jesus: „Es ist vollbracht." Dann neigte sich sein Kopf und er starb.

Daraufhin baten die Juden Pilatus, den Gekreuzigten die Beine brechen zu lassen, damit ihr Tod schneller eintrat und man ihre Leichen abnehmen könnte. Denn es war der Tag vor dem Sabbat, der zudem noch ein hoher Festtag war, und die Körper sollten auf keinen Fall über den Sabbat an den Kreuzen hängen bleiben. Daher kamen die Soldaten und brachen zuerst dem ersten Mann, der mit Jesus gekreuzigt worden war, die Beine und dann dem anderen. Als sie zu Jesus kamen, sahen sie, dass er bereits tot war. Deshalb brachen sie ihm nicht die Beine. Dafür stach ihm einer der Soldaten mit einer Lanze in die Seite. Blut und Wasser flossen heraus.

Was hier geschildert wird, stammt von einem Augenzeugen, dessen Bericht der Wahrheit entspricht. Jesus weiß, dass er die Wahrheit sagt, damit auch ihr zum Glauben kommen könnt.

All das, was da passierte, bestätigt die Heilige Schrift, denn in ihr steht: „Kein Knochen soll an ihm zerbrochen werden", und an anderer Stelle: „Sie werden alle auf den schauen, den sie durchbohrt haben."

Ein neues Grab (19,38–42)

Josef von Arimathäa gehörte dem Rat der Juden an, war aber ein Jünger Jesu – allerdings nur heimlich, da er Angst vor den Juden hatte. Er ging nun zu Pilatus und bat ihn, den Leichnam Jesu abnehmen zu dürfen. Pilatus gab die Erlaubnis dazu. Daraufhin ging Josef zu der Hinrichtungsstätte und nahm den Leichnam Jesu vom Kreuz ab.

Nikodemus, der beim ersten Mal im Schutz der Dunkelheit zu Jesus gegangen war, kam jetzt am helllichten Tag und brachte etwa vierundsechzig Pfund einer Mischung aus Myrrhe und Aloe. Sie nahmen den Leichnam Jesu und wickelten ihn, wie es bei den Juden Begräbnissitte ist, mitsamt den wohlriechenden Salben in ein Leinentuch. Ganz in der Nähe des Ortes, an dem man ihn gekreuzigt hatte, gab es einen Garten, in dem sich ein neues Grab befand. In dieses Grab war noch nie jemand gelegt worden. Da nun der Sabbat schon unmittelbar bevorstand und das Grab ganz in der Nähe war, legten sie Jesus dort hinein.

Jesus lebt! (20,1–18)

20 Es war noch dunkel, als Maria Magdalena am Morgen des ersten Tages der Woche zum Grab kam. Zu ihrem Erstaunen sah sie, dass der gewaltige Stein vor dem Eingang zur Seite gewälzt war. Auf der Stelle rannte sie zu Simon Petrus und dem anderen Jünger, den Jesus liebte, und erzählte ihnen atemlos: „Sie haben den Herrn aus dem Grab weggenommen, und wir wissen nicht, wo sie ihn hingelegt haben."

Petrus und der andere Jünger liefen unverzüglich zum Grab. Zuerst liefen sie nebeneinander, aber dann war der andere Jünger doch schneller und erreichte das Grab zuerst. Er hielt inne und blickte hinein, sah die Leintücher, betrat das Grab aber nicht. Endlich traf auch Simon Petrus ein und ging sofort in die Grabkammer hinein. Auch er bemerkte die Leintücher und das kleine Tuch, das zum Bedecken des Kopfes verwendet worden war. Das allerdings lag nicht bei den Leintüchern, sondern sorgfältig gefaltet neben diesen. Dann erst kam der andere Jünger, der ursprünglich zuerst am Grab gewesen war, in das Grab hinein, blickte sich um und wusste im selben Augenblick, dass die Frauen recht gehabt hatten. Wie diese waren beide jetzt überzeugt, dass irgendjemand den Leichnam Jesu gestohlen haben musste. Keiner von beiden erwartete etwas anderes, denn die Schriftstellen, die ihnen verraten hätten, dass er von den Toten auferstehen würde, fielen ihnen in diesem Moment wirklich nicht ein. So kehrten beide traurig und ratlos nach Hause zurück.

Maria Magdalena war unterdessen wieder zum Grab gekommen und stand nun vor dessen Eingang und weinte. Während ihr die Tränen über die Wangen liefen, beugte sie sich vor, um in das Grab hineinzusehen. Dort sah sie plötzlich zwei Engel sitzen, die ganz in Weiß gekleidet waren. Der eine saß dort, wo das Haupt Jesu gelegen hatte, der andere zu dessen Füßen. „Frau, warum weinst du?", erkundigten sie sich.

„Sie haben meinen Herrn weggenommen", schluchzte Maria, „und ich weiß nicht, wohin sie ihn gebracht haben." Kaum hatte sie das gesagt, blickte sie sich um und sah Jesus dort stehen. Doch sie erkannte ihn nicht.

Da sprach Jesus sie an: „Frau, warum weinst du? Nach wem suchst du denn?" Sie entgegnete im Glauben, er sei der Gärtner: „Herr, wenn Ihr ihn weggenommen habt, dann sagt mir doch bitte, wohin Ihr ihn gelegt habt, damit ich mich um ihn kümmern kann."

Da sagte Jesus nur: „Maria."

Sie wandte sich um und blickte ihn an, dann rief sie: „Rabbuni!", was auf Hebräisch so viel heißt wie: „Mein Meister!"

Jesus sprach zu ihr: „Halte mich nicht fest, denn ich bin noch nicht zu meinem Vater aufgefahren. Geh zu meinen Brüdern und sage ihnen: ‚Ich kehre zurück zu meinem Vater und eurem Vater, zu meinem Gott und eurem Gott.'"

Maria Magdalena ging sofort los und erzählte den Jüngern die große Neuigkeit: „Ich habe den Herrn gesehen!" Und sie berichtete ihnen alles, was er zu ihr gesagt hatte.

„Mein Herr und mein Gott!" (20,19–31)

Gegen Abend desselben Tages hatten sich die Jünger versammelt, doch aus Angst vor den Juden hatten sie die Türen des Hauses fest verschlossen. Plötzlich stand Jesus mitten unter ihnen und grüßte sie: „Friede sei mit euch!" Dann zeigte er ihnen seine Hände und seine Seite.

Die Jünger waren völlig außer sich vor Freude darüber, Jesus mit eigenen Augen zu sehen. Darum wiederholte Jesus noch einmal seinen Gruß: „Friede sei mit euch! So wie mich der Vater gesandt hat, so sende ich auch euch."

Dann hauchte er sie an. „Empfangt den Heiligen Geist", sagte er dazu, „wenn ihr jemandem die Sünden vergebt, sind sie auch im Himmel vergeben. Aber vergesst nie: Wenn ihr jemandem seine Verfehlungen nicht vergebt, dann bleiben diese Menschen auch in dieser Schuld gefangen."

Einer der Zwölf, Thomas, den sie auch den „Zwilling" nannten, war an dem Abend nicht da gewesen, als Jesus zum ersten Mal im Kreis seiner Jünger erschien. Als Thomas nun später mit den anderen Jüngern zusammentraf, erzählten die ihm begeistert: „Wir haben den Herrn gesehen!"

Doch er konnte es nicht glauben: „Solange ich nicht die Löcher der Nägel in seinen Händen gesehen habe, ja sie mit meinen Fingern berührt und meine Hand in die Wunde an seiner Seite gelegt habe, werde ich das nicht glauben."

Acht Tage später waren die Jünger erneut in diesem Raum zusammen. Dieses Mal war Thomas unter ihnen. Jesus kam durch die verschlossene Türe und trat mitten unter sie. Wieder grüßte er sie mit: „Der Friede sei mit euch!"

Danach wandte er seine Aufmerksamkeit gleich Thomas zu. „Komm, untersuch mit deinen Fingern meine Hände. Nimm deine Hand und berühre damit meine Seite. Sei nicht ungläubig, sondern glaube."

Da stammelte Thomas: „Mein Herr und mein Gott!"

Jesus erwiderte ihm: „Weil du mich mit eigenen Augen gesehen hast, glaubst du? Meinst du nicht, dass sich die Menschen bedeutend glücklicher fühlen können, die glauben, ohne vorher etwas gesehen zu haben?!"

Jesus hat durch viele Zeichen und Wunder Gott offenbart. Es sind weitaus mehr, als hier in diesem Buch aufgeschrieben werden konnten. Diese hier wurden festgehalten, damit ihr glaubt, dass Jesus der

Messias, der Sohn Gottes, ist und dass ihr, wenn ihr euer Vertrauen in ihn gesetzt habt, durch ihn die Fülle des Lebens habt.*

Wieder da, wo alles begann (21,1–14)

21 Es kam noch zu einer weiteren Begegnung Jesu mit seinen Jüngern, dieses Mal jedoch am See Gennesaret. Und dabei ereignete sich Folgendes: Simon Petrus, Thomas mit dem Beinamen Zwilling, Nathanael aus Kana in Galiläa, die beiden Zebedäussöhne und noch zwei weitere Jünger waren dort zusammen. Da sagte Petrus kurzerhand: „Ich geh fischen."

Die Übrigen waren einverstanden: „Gut, wir gehen mit dir!" Sie kamen zum Ufer des Sees und bestiegen ein Boot. Doch in dieser Nacht fingen sie einfach nichts. Als die Sonne aufging, stand Jesus am Ufer, aber keiner von ihnen erkannte ihn.

Jesus rief zu ihnen hinüber: „Guten Morgen, habt ihr irgendetwas fürs Frühstück gefangen?" Sie antworteten: „Nein." Da schlug er ihnen vor: „Werft einmal das Netz auf der rechten Seite des Bootes aus, vielleicht fangt ihr dann etwas." Sie taten, was der Unbekannte am Ufer ihnen zugerufen hatte. Auf einmal hatten sie eine so große Menge an Fischen in ihrem Netz, dass sie nicht mehr in der Lage waren, das Netz an Bord zu hieven. Da sagte der Jünger, den Jesus liebte, zu Petrus: „Es ist der Herr."

Kaum hatte Simon Petrus begriffen, dass Jesus dort am Ufer stand, warf er sich sein Obergewand über, das er wie alle anderen für die Arbeit abgelegt hatte. Dann sprang er ins Wasser, denn sie waren noch etwa vierzig Meter vom Ufer entfernt. Die anderen Jünger folgten ihm mit dem Boot und zogen das Netz mit den Fischen hinter sich her. Als sie aus dem Boot stiegen, sahen sie eine kleine Feuerstelle, in deren Glut gerade zwei Fische und ein Fladenbrot gebacken wurden.

---

* Wahrscheinlich endete das Buch mit diesem Vers. Kapitel 21 ist u. U. eine Ergänzung aus dem Schülerkreis des Evangelisten (vgl. „wir alle wissen" am Ende des Kapitels).

Jesus sagte zu ihnen: „Bringt ein paar von den Fischen her, die ihr gerade gefangen habt!“ Da ging Simon Petrus zu den anderen zurück und gemeinsam zogen sie das Netz an Land. Es waren einhundertdreiundfünfzig große Fische! Und was sie noch mehr wunderte: Trotz der vielen Fische zerriss das Netz nicht.

Jesus rief ihnen zu: „Kommt her, das Frühstück ist fertig.“ Nicht einer der Jünger wagte es, ihn zu fragen: „Wer bist du?“ Sie wussten, dass es der Herr war.

Dann nahm Jesus das Brot und gab es ihnen. Und das Gleiche tat er mit dem Fisch. Das war nun bereits das dritte Mal, dass Jesus sich seinen Jüngern lebend gezeigt hatte, nachdem er vom Tod auferstanden war.

Die alles entscheidende Frage (21,15–25)

Nach dem Frühstück fragte Jesus ganz unvermittelt Simon Petrus: „Simon, Sohn von Johannes, liebst du mich mehr als diese hier?“

„Ja, Herr, du weißt, dass ich dich liebe.“

Jesus entgegnete darauf: „Weide meine Lämmer.“

Dann fragte er ihn ein zweites Mal: „Simon, Sohn von Johannes, liebst du mich?“

„Ja, Herr, du weißt, dass ich dich liebe.“

Jesus sagte darauf: „Sei ein Hirte für meine Schafe.“

Und dann stellte er ihm ein drittes Mal die Frage: „Simon, Sohn von Johannes, liebst du mich?“

Petrus war betroffen und traurig, dass Jesus ihn ein drittes Mal „Liebst du mich?“ gefragt hatte. Zu sehr erinnerten ihn diese drei Male daran, dass er genauso oft geleugnet hatte, Jesus überhaupt zu kennen. Also erwiderte er: „Herr, du weißt alles. Du weißt also auch, dass ich dich liebe.“

Da entgegnete Jesus: „Weide meine Schafe. Ich werde dir jetzt die Wahrheit sagen: Als du jung warst, hast du dich selbst angezogen und bist hingegangen, wohin du wolltest. Doch wenn du alt geworden bist, wirst du deine Hände ausstrecken, während ein anderer dich anzieht und dich dorthin bringt, wohin du nicht willst." Er sagte dies, um anzudeuten, welchen Tod Petrus zu Gottes Ehre erleiden würde. Dann fasste Jesus zusammen, was er ihm sagen wollte: „Folge mir nach!"

Als Petrus sich umblickte, bemerkte er den Jünger, den Jesus liebte und der direkt hinter ihm ging. Es war derselbe Jünger, der sich beim letzten Mahl an Jesus gelehnt hatte mit der Frage: „Herr, wer ist es, der dich verraten wird?" Da frage Petrus Jesus: „Herr, was wird eigentlich mit ihm geschehen?"

Jesus erwiderte: „Selbst wenn ich wollte, dass er lebt, bis ich wiederkomme, was geht das dich an? Folge du mir nach!" Das ist der Ursprung des Gerüchtes, das unter den Brüdern die Runde machte, dass dieser Jünger niemals sterben würde. Aber das ist nicht das, was Jesus gesagt hat. Er hat einfach nur gesagt: „Selbst wenn ich wollte, dass er lebt, bis ich wiederkomme, was geht das dich an?"

Es ist derselbe Jünger, der Augenzeuge all dieser Ereignisse war und der sie niedergeschrieben hat. Und wir alle wissen, dass sein Bericht zuverlässig ist.

Es gibt noch so viele Dinge, die Jesus getan hat. Wenn man das alles genau Stück für Stück hätte aufschreiben wollen, würde eine riesige Bibliothek die Bücher nicht fassen, die man hätte schreiben müssen.

Die Apostelgeschichte

Wie geht es weiter? Diese Frage hat zu allen Zeiten Menschen bewegt, die eine faszinierende Geschichte gehört haben. Und die Christen des ausgehenden ersten Jahrhunderts waren hungrig danach, mehr davon zu erfahren, was sich nach dem Weggang Jesu ereignet hat. Welche Schwierigkeiten hatten die ersten Christen zu überwinden? Wie hat sich Gott zu den Männern und Frauen gestellt, die als Augenzeugen des Lebens Jesu anfingen, in die damals bekannte Welt zu gehen und die Versöhnung durch Jesus zu verkünden? Was musste passiert sein, dass in wenigen Jahrzehnten Tausende zum Glauben an Christus kamen – obwohl es sie oft viel, wenn nicht alles kostete?
Einen Teil dieser bewegten Jahre versucht Lukas in seiner Apostelgeschichte einzufangen. Sehr wahrscheinlich hat er sein Doppelwerk zwischen 80 und 90 des ersten Jahrhunderts verfasst. Man könnte ihm auch den Titel geben: „Die Anfänge des Christentums“. Und diese Anfänge waren in jeder

Hinsicht dramatisch. Nimmt man nur einmal die Geschichte des Christenhassers Saulus, der sich nach einer Begegnung mit Jesus zu seinem leidenschaftlichsten Apostel entwickelte, dann wird einem lebendig vor Augen geführt, durch welche ungeheuerlichen Umwälzungen die Menschen in dieser Zeit gingen. Nichts war nach dem Weggang Jesu mehr so, wie man es gewohnt war. Vor allem das kraftvolle Handeln des Heiligen Geistes stellte die Christen ständig vor neue Herausforderungen. Genau daran aber hat sich bis heute nichts geändert. Deswegen ist die Apostelgeschichte letztlich auch nicht abgeschlossen. Weltweit durchleben heute Christen aller Kirchen und Konfessionen auf ihre Weise die Dramatik der ersten Jahre des Christentums. Für sie ist die Apostelgeschichte keine längst vergangene, historisch interessante Abhandlung, sondern Spiegel und Bestätigung ihrer eigenen Erfahrungen. Kann man etwas Besseres über ein Buch sagen, das vom Handeln Gottes mit und durch Menschen berichtet?

1 Lieber Theophilus, im ersten Band dieses Werkes habe ich all das niedergeschrieben, was Jesus bis zu dem Tag getan und gelehrt hat, an dem er vor den Augen seiner Jünger in den Himmel aufgenommen wurde. Bis zuletzt hatte er seinen Aposteln, die er selbst ausgewählt hatte, durch den Heiligen Geist gezeigt, was ihr Auftrag sein würde. Vierzig Tage lang hat er sich ihnen nach seiner Auferstehung bei den verschiedensten Gelegenheiten eindeutig zu erkennen gegeben. Immer wieder sprach er mit ihnen über Gottes neue Welt.

Abschied und Verheißung (1,4–14)

Als sie wieder einmal zusammen waren, schärfte er ihnen ein, Jerusalem nicht zu verlassen: „Wartet auf den, den der Vater euch versprochen hat. Ich habe euch sein Kommen ja schon früher immer wieder angekündigt. Johannes hat nur mit Wasser getauft; ihr aber werdet mit dem Heiligen Geist getauft. Und das schon in wenigen Tagen."

Da die Jünger spürten, dass dies vielleicht das letzte Zusammentreffen mit Jesus sein würde, fragten sie ihn: „Herr, ist jetzt der Zeitpunkt gekommen, dass du das Königreich Israel wiederherstellst?"

Jesus entgegnete: „Gewöhnt es euch ab, nach Zeiten und Fristen zu fragen. Es steht euch nicht zu, das zu wissen. Sie liegen allein in den Händen des Vaters. Viel wichtiger ist es, dass ihr durch den Heiligen Geist mit einer Kraft ausgerüstet werdet, die euch in die Lage versetzen wird, als meine Zeugen aufzutreten – in Jerusalem, in ganz Judäa und Samaria bis an die Enden der Welt."

Kaum hatte er diese Verheißung ausgesprochen, wurde er vor ihren Augen emporgehoben und von einer Wolke aufgenommen. Sie aber standen wie angewurzelt da und starrten hinter ihm her. Plötzlich traten zwei Männer in strahlend weißen Gewändern zu ihnen und sprachen sie an: „Ihr Galiläer! Was steht ihr da herum und schaut in den Himmel hinauf? Dieser Jesus, den ihr da gerade aus eurer Mitte in den Himmel habt aufsteigen sehen, wird von dort auch wieder auf die Erde zurückkehren."

So verließen die Jünger den Ölberg, der ungefähr einen Kilometer von der Stadt entfernt liegt, und kehrten nach Jerusalem zurück. Sie versammelten sich in dem Raum im Obergeschoss, den sie mittlerweile für ihre Treffen benutzten. Es waren Petrus, Johannes, Jakobus, Andreas, Philippus, Thomas, Bartholomäus, Matthäus, Jakobus, der Sohn des Alphäus, Simon, der Zelote, und Judas, der Sohn von Jakobus.

Sie bildeten zusammen mit den Frauen eine große Gruppe, die sich beharrlich zum Gebet traf. Auch Maria, die Mutter Jesu, war dabei, ebenso seine Brüder.

Eine Lücke wird gefüllt (1,15–26)

Ein paar Tage später erhob Petrus sich während einer ihrer Versammlungen – dieses Mal waren etwa einhundertzwanzig Personen in dem Raum zusammengekommen – und hielt eine kleine Ansprache: „Freunde, schon vor langer Zeit hat der Heilige Geist durch David Dinge gesagt, die wir durchaus auf Judas beziehen sollten, der ja der Anführer derer war, die Jesus gefangen nahmen. Das geschah, damit die Vorhersagen der Heiligen Schrift sich erfüllen. Judas war einer von uns und hatte eine ganz bestimmte Aufgabe in unserem Dienst.

Wie ihr wisst, wurde von dem Lohn seines Verrates ein Acker gekauft. Auf diesem Feld fand er selbst ein schreckliches Ende. Dort stürzte er so schlimm, dass sein Leib sich öffnete und die Eingeweide heraustraten. Jeder in Jerusalem kennt die Geschichte, darum nennen sie diesen Acker auf Hebräisch ‚Hakeldamach', was so viel heißt wie ‚Blutacker'. Hört selbst, wie die Psalmen das bereits andeuten:

‚Sein Land soll veröden,
niemand soll auf ihm leben.'

Wichtig ist für uns aber der folgende Satz: ‚Lasst jemand anderen seine Aufgabe übernehmen.' Wir müssen also einen Ersatz für Judas finden, und zwar aus den Reihen der Männer, die von dem Zeitpunkt an mit uns zusammen waren, als Jesus von Johannes getauft worden ist, bis zum Tag seiner Aufnahme in den Himmel. Er muss vor allem wie wir ein Zeuge der Auferstehung Jesu sein."

Sie stellten zwei Kandidaten auf: Josef, der Barsabbas genannt wurde und den Beinamen Justus trug, und Matthias. Dann beteten sie: „Gott, du weißt, dass Judas seinen Dienst als Apostel verloren hat und an den Ort gegangen ist, der ihm gebührt. Wir brauchen einen Mann, der seine Lücke ausfüllt. Da du, Herr, alle Menschen durch und durch kennst, zeige uns, welchen von diesen beiden Männern du ausgewählt hast." Daraufhin gaben sie beiden Lose. Das entscheidende Los fiel auf Matthias, der von da an zu den Aposteln gehörte.

Ein Wunder des Verstehens (2,1–13)

2 Zu Beginn des Pfingstfestes waren sie alle wieder an ihrem Versammlungsort zusammen. Urplötzlich kam vom Himmel her ein Geräusch, als würde ein gewaltiger Wind heranbrausen. Dieses Rauschen erfüllte das gesamte Haus, in dem sie saßen. Dann erschien so etwas wie Feuerzungen, die sich auf jeden Einzelnen niederließen. Alle wurden mit dem Heiligen Geist erfüllt und begannen, in den verschiedensten Sprachen zu reden, wie der Heilige Geist sie ihnen eingab.

Anlässlich des Festes befand sich eine große Anzahl von Juden in Jerusalem, fromme Pilger aus der ganzen damals bekannten Welt. Als sie das Geräusch hörten, liefen sie alle bei dem betreffenden Haus zusammen. Vollkommen überrascht waren sie aber, als sie die Jünger in ihrer jeweiligen Muttersprache reden hörten. Sie waren ganz durcheinander und konnten überhaupt nicht begreifen, was da vor sich ging. Aufgeregt fragten sie sich gegenseitig: „Sind das nicht alles Galiläer? Wie kommt es dann, dass wir sie in unseren unterschiedlichen Muttersprachen reden hören? Immerhin sind wir Parther, Meder, Elamiter. Wir kommen aus Mesopotamien, Judäa und Kappadozien, Pontus und der Provinz Asia, Phrygien und Pamphylien, aus Ägypten und aus Gebieten Libyens in der Nähe von Cyrene. Natürlich sind unter uns auch welche aus Rom, sowohl Juden als auch Proselyten. Ja sogar Kreter und Araber sind unter uns! Wir hören sie alle in unseren jeweiligen Sprachen über die großen Taten Gottes reden."

Sie waren fassungslos und konnten sich keinen Reim auf das machen, was geschah. Immer wieder fragten sie sich: „Was hat das nur alles zu bedeuten?"

Andere fanden es nur lustig und spotteten: „Denen hat einfach der Wein zu gut geschmeckt."

Worte, die ins Herz vordringen (2,14–41)

In diesem Augenblick trat Petrus zusammen mit den übrigen elf vor und begann mutig und entschlossen zu sprechen: „Meine jüdischen Freunde und alle, die ihr gerade zu Besuch in Jerusalem seid, hört genau zu und lasst meine Worte zu euch durchdringen. Diese Menschen hier sind nicht betrunken, wie einige von euch vermuten. Sie hätten ja nicht einmal Zeit gehabt, sich zu betrinken, denn es ist ja erst neun Uhr am Morgen. Nein, was mit ihnen passiert ist, hat schon der Prophet Joël vorausgesagt:

‚In den letzten Tagen', so spricht der Herr,
‚werde ich mit meinem Geist alle Menschen erfüllen:
Eure Söhne und Töchter werden prophezeien;
junge Männer werden Visionen haben und alte Menschen
bedeutungsvolle Träume.
Niemand, auch nicht die einfachsten Menschen,
werde ich davon ausschließen,
mit meinem Geist erfüllt zu werden.
Sie alle werden prophetisch reden.
Ich werde Wunder am Himmel und unten auf der Erde
geschehen lassen,
Blut und Feuer und wogenden Rauch,
die Sonne wird sich verfinstern und der Mond blutrot werden.
Das alles geschieht, bevor der »Tag des Herrn« anbricht,
dieser große und strahlende Tag;
wer dann nach mir schreit und um Hilfe bittet,
der wird gerettet werden.'

Ihr Israeliten, hört jetzt genau zu, was ich euch zu sagen habe: Jesus aus Nazaret, ein Mann, der von Gott – wie ihr selbst nur zu gut wisst – einmalig durch die Wunder und Zeichen beglaubigt wurde, die Gott durch ihn mitten unter euch hat geschehen lassen, diesen Jesus habt ihr in die Hände der Heiden ausgeliefert. Die haben ihn dann ans

Kreuz geschlagen und umbringen lassen. Doch nichts davon ist geschehen, ohne dass Gott nicht schon immer darum gewusst hätte. So löste er die Fesseln des Todes und erweckte Jesus zum Leben. Der Tod konnte ihn nicht festhalten. David hat das alles schon vorausgesehen, als er das ganze Geschehen so beschrieb, als spräche Jesus selbst:

‚Ich sah Gott die ganze Zeit über vor mir.
Nichts konnte mich erschüttern; denn er stand mir zur Seite.
Deswegen freut sich mein Herz und könnte andauernd jubeln.
Denn mein Leib kommt jetzt zur Ruhe,
weil ich allen Grund habe, alles zu erhoffen.
Auch weiß ich nun, dass du meine Seele nicht im Totenreich gelassen hast.
Für mich wird es keine Verwesung geben,
denn du hast meine Füße auf den Weg des Lebens gestellt,
mich mit Freude erfüllt in deiner Gegenwart.‘

Liebe Freunde, lasst mich ganz offen reden. David, unser Vorfahre, ist tot und wurde begraben – jeder von uns weiß, wo sein Grab ist. Das heißt, er hat das, was ihr eben gehört habt, nicht auf sich bezogen, sondern prophetisch auf den Mann, der einmal als sein Nachkomme das Volk Israel regieren würde. Denn das hatte ihm Gott versprochen. Und er sagte voraus, dass dieser Nachkomme – es ist niemand anderes als der ersehnte Messias – kein Totenreich und keine Verwesung erleben würde.

Diesen Jesus hat Gott auferweckt, wofür jeder von uns hier Zeuge ist. Schließlich hat Gott ihn in den Himmel erhoben und ihm den Platz zu seiner Rechten gegeben. Den ihm vom Vater gegebenen Heiligen Geist schenkte er weiter. Er ist es nämlich, der uns erfüllt, wie ihr seht und hört. Noch einmal: David sprach in seinem Psalm nicht von sich selbst, denn er stieg ja nicht zum Himmel auf, sondern von dem Messias:

‚Gott sagte zu meinem Herrn: Setze dich zu meiner Rechten,
bis ich aus deinen Feinden einen Fußschemel für deine Füße
gemacht habe.'

Darum, Israel, lass dir eines gesagt sein: Hier ist kein Platz mehr für Zweifel – Gott hat bestätigt, dass Jesus, den ihr am Kreuz habt umbringen lassen, der Herr und langersehnte Messias ist."

Als sie das hörten, waren sie zutiefst betroffen, und sie fragten Petrus und die anderen Apostel: „Was sollen wir denn jetzt bloß tun, Brüder!?"

Petrus entgegnete: „Denkt um! Wendet euch Gott zu und lasst euch taufen, jeder von euch, auf den Namen dieses Jesus Christus, damit eure Sünden vergeben werden. Dann werdet ihr das Geschenk des Heiligen Geistes empfangen. Die Verheißung gilt euch und euren Kindern, doch auch all denen, die ganz woanders leben und nicht zu unserem Volk gehören. Auch sie möchte Gott, unser Herr, in seine Nähe rufen."

Ähnlich eindringlich und überzeugend sprach Petrus weiter und drängte seine Zuhörer: „Lasst euch herausholen aus dieser verdrehten Generation! Diese Generation ist auf einem falschen Weg! Wendet euch von ihrer Verkehrtheit ab und lasst euch retten!" Eine große Zahl von Menschen öffnete sich für das, was Petrus ihnen über Jesus gesagt hatte. Noch am selben Tag ließen sie sich taufen. Am Ende dieses Pfingstfestes war die Gemeinde Jesu um dreitausend Männer und Frauen gewachsen.

Erstes Gemeindeleben (2,42–47)

Diese plötzlich sehr stark angewachsene Gemeinde entwickelte ein eigenes Leben in einzelnen, kleinen Haus-Gemeinschaften. Dort lehrten die Apostel, dort brach man auch das Brot miteinander und lernte vor allem zu beten.

Alle wurden von einer heiligen Furcht erfasst, denn durch die

Apostel geschahen zahlreiche Zeichen und Wunder. Und alle, die zum Glauben gekommen waren, lebten mit einem Mal füreinander. Sie besaßen alles gemeinsam, das heißt: Viele verkauften alles, was sie besaßen, und gaben es an andere weiter, die darauf angewiesen waren.

Sie hatten es sich auch zur Gewohnheit gemacht, täglich in den Tempel zu gehen, um dort zu beten und sich anschließend in den verschiedenen Häusern zum „Brotbrechen“ zu treffen, das sie ganz besonders an Jesus erinnerte. Jede dieser Mahlzeiten war ein kleines Fest, alle waren voller kindlicher Freude, voller Lob und Dankbarkeit gegenüber dem Vater. In der übrigen Bevölkerung wuchs das Wohlwollen gegenüber dieser neuen Gemeinschaft und täglich stießen neue Menschen hinzu, die Gott selbst der Gemeinschaft zuführen wollte und die so ihre Rettung fanden.

Kein Almosen, aber … (3,1–11)

3 Eines Tages, es war gegen drei Uhr nachmittags, waren Petrus und Johannes auf dem Weg zum Tempel, um dort mit anderen zu beten. Zur gleichen Zeit wurde auch ein Mann, der von Geburt an gelähmt war, zum Tempel getragen. Er wurde jeden Tag am Tor des Tempels abgesetzt, das man „das Schöne“ nennt, und bettelte dort die Leute an, die in den Tempel gingen. Als er die beiden auf das Tor zukommen sah, bat er sie, ohne aufzusehen, um eine kleine Gabe. Petrus und Johannes blieben vor ihm stehen und versuchten, ihn anzusehen. Schließlich sagte Petrus: „Schau uns an!“ Da hob der Gelähmte den Kopf in der Hoffnung, von ihnen etwas zu bekommen.

Petrus schüttelte den Kopf: „Ich habe nichts, das ich dir geben könnte, aber was ich habe, das gebe ich dir. Im Namen Jesu Christi aus Nazaret: Steh auf und geh!“ Er ergriff die rechte Hand des Mannes und half ihm auf. Da kam plötzlich Leben in dessen Beine, die Füße und Knöchel wurden kräftig, und endlich sprang der Mann vollends auf seine Beine. Zunächst lief er voller Freude umher, dann ging er mit ihnen in den Tempel, rannte immer wieder vor und zurück, tanzte und pries Gott. Die Leute erkannten in ihm den Bettler, der immer am „Schönen Tor“ gesessen hatte, und waren außer sich vor Staunen. Sie konnten einfach nicht glauben, was sich da vor ihren Augen abspielte.

Außer sich vor Freude schlang der Mann seine Arme um Petrus und Johannes. Mittlerweile waren sie in der Halle Salomos angelangt. Immer mehr Menschen drängten dort hinein, um sich selbst von dem Unglaublichen zu überzeugen.

Umkehren, um Gott zu begegnen (3,12–26)

Als Petrus sah, wie viele Menschen sich um sie versammelt hatten, nutzte er die Gelegenheit und sprach direkt zu ihnen:

„Ihr Israeliten, warum hat euch diese Heilung so überrascht und was starrt ihr uns an, als hätten wir es aus eigener Kraft oder durch besondere Frömmigkeit fertiggebracht, dass dieser Mann wieder gehen kann? Niemand anderes als der Gott Abrahams, Isaaks und Jakobs, der Gott unserer Vorfahren, hat dieses Wunder vollbracht. Und das nur, um seinen Sohn Jesus zu verherrlichen. Ja, es ist derselbe, mit dem ihr nichts mehr zu tun haben wolltet, den ihr an die Besatzer ausgeliefert habt. Ihr habt den einen Heiligen, den Gerechten, abgelehnt, obwohl Pilatus ihn freilassen wollte, und habt euch an seiner Stelle einen Mörder erbeten. Ihr habt den Einzigen, der uns zum Leben geführt hat, umbringen lassen, doch Gott hat ihn vom Tod auferweckt. Das können wir bezeugen. Unser Glaube an den Namen Jesu hat diesen Mann, den ihr hier seht und sehr gut kennt, vor euren eigenen Augen vollständig gesund gemacht.

Vielleicht fühlt ihr euch jetzt elend, wenn ich auch nur den Namen Jesu erwähne. Ich möchte euch sagen, dass uns klar ist, wie wenig euch, Brüder, bewusst war, was ihr da eigentlich getan habt, als ihr Jesus diesem furchtbaren Tod ausgeliefert habt – weder euch noch euren führenden Leuten, obwohl Gott immer wieder durch seine

Propheten davon gesprochen hat, dass der Messias getötet werden würde. Ihr habt also wirklich die großen Prophetien erfüllt.

Nun ist es an der Zeit, dass ihr einen neuen Weg einschlagt. Wendet euch Gott zu, damit er euch eure Schuld vergeben und euch mit seiner Liebe und Gegenwart neuen Mut schenken kann. Er wird euch den Messias schicken, wie er es schon immer für euch vorgesehen hatte – nämlich Jesus. Bis zu der Zeit, in der Himmel und Erde wiederhergestellt werden, bleibt er jedoch im Himmel und somit unseren Blicken verborgen. Das entspricht ganz dem, was Gott schon viel früher durch seine heiligen Propheten angekündigt hat. Mose zum Beispiel hat gesagt: ‚Euer Gott wird unter euch und aus eurer Familie einen Propheten wie mich heranwachsen lassen. Hört auf alles, was er euch sagen wird! Jeder, der sich weigert, auf diesen Propheten zu hören, wird aus diesem Volk ausgestoßen.‘

Alle Propheten, angefangen von Samuel bis zu denen der jüngsten Vergangenheit, haben das Gleiche angekündigt. Sie haben auf unterschiedlichste Art und Weise die Ereignisse dieser Tage vorausgesehen. Ihr alle seid Nachfahren dieser Propheten und auch der Väter, die mit Gott einen Bund geschlossen haben. Erinnert euch an das, was Gott Abraham versprochen hat: ‚Durch deine Nachkommen werden alle Generationen auf der Erde gesegnet werden.‘ Gott aber hat seinen Sohn vor allem für euch auferweckt, damit ihr durch ihn seinen Segen erhaltet. Darum macht ernst und wendet euch von euren bösen, verkehrten Wegen ab.“

Ein Rat ist ratlos (4,1–22)

4 Während Petrus und Johannes zu den Leuten sprachen, rückten die Priester zusammen mit dem Befehlshaber der Tempelgarde und einigen Sadduzäern an. Sie waren sehr aufgebracht darüber, dass es überhaupt noch jemand wagte, so offen vor so vielen Menschen von Jesus zu sprechen und überdies noch zu behaupten, es gäbe eine Auferstehung von den Toten, für die Jesus der beste Beweis sei. Da es

schon spät war, wollten sie sich jedoch nicht mehr mit den beiden auseinandersetzen. Darum ließen sie Petrus und Johannes festnehmen und bis zum nächsten Tag ins Gefängnis werfen. Doch die Menschen hatten schon zu viel gehört. Eine große Zahl kam an diesem Tag zum Glauben, darunter allein fünftausend Männer.

So fand bereits am nächsten Tag die Verhandlung statt. Die führenden Juden, die religiösen Leiter, die Schriftgelehrten, Hannas, der Oberste Priester, Johannes, Alexander und sogar alle, die aus dem hohepriesterlichen Geschlecht stammten, waren versammelt. Sie stellten Petrus und Johannes in die Mitte und begannen ihr Verhör: „Mit welcher Kraft oder in welchem Namen habt ihr das fertiggebracht?"

Auf diese Frage hatte Petrus gewartet. Erfüllt mit dem Heiligen Geist, begann er zu sprechen: „Ihr Ältesten und Führer des Volkes, wenn ihr uns schon vernehmen wollt, nur weil wir einem kranken Mann etwas Gutes tun konnten, und wenn ihr unbedingt wissen wollt, durch wen dieser Mann geheilt wurde, dann möchte ich euch und damit dem gesamten Volk Israel ganz offen sagen, wer es war. Allein durch den Namen Jesu, des Mannes aus Nazaret, den ihr ans Kreuz habt schlagen lassen, den Gott aber von den Toten auferweckt hat, steht dieser Mann gesund und heil vor euch. Jesus ist der Stein, ‚den ihr Bauleute weggeworfen habt, der aber jetzt zum Eckstein wurde'. Nur er kann Rettung bringen. Und in keinem anderen Namen findet die Menschheit Rettung als im Namen ‚Jesus'."

Als die Versammelten Petrus und Johannes so vor sich stehen sahen, mussten sie sich doch wundern. Zum einen waren sie zwar einfache Menschen, aber nicht im Geringsten durch die Anwesenheit so vieler Würdenträger eingeschüchtert. Zum anderen waren sie offensichtlich ungebildete Männer, die trotzdem überzeugend zu reden verstanden. Natürlich erkannten sie in ihnen Anhänger dieses Jesus von Nazaret; da sie aber den Mann vor Augen hatten, der aufrecht und völlig geheilt neben ihnen stand, gingen ihnen schlichtweg die Argumente aus.

So schickten sie die drei aus dem Raum hinaus, um das weitere

Vorgehen abzusprechen. Es galt, die Antwort auf eine einzige Frage zu finden: „Was können wir gegen diese Männer unternehmen? Wir können das Ganze nicht ungeschehen machen. Mittlerweile weiß die ganze Stadt, dass sich ein Wunder ereignet hat und diese Jesus-Leute dahinterstecken. Es gibt nur eine Lösung: Wir müssen sie durch massive Drohungen zum Schweigen bringen, damit die Sache nicht noch mehr Wellen schlägt. Sie sollen es nicht mehr wagen, den Namen bei irgendeiner Gelegenheit noch einmal zu gebrauchen."

Sie riefen sie wieder herein und warnten sie, unter keinen Umständen noch einmal zu den Leuten über diesen Jesus zu sprechen oder seinen Namen zu erwähnen. Doch Petrus und Johannes ließen sich nicht einschüchtern: „Ob es in Gottes Augen recht ist", entgegneten sie, „euch mehr zu gehorchen als Gott selbst, das müsst ihr entscheiden. Für uns ist das keine Frage, denn wir können unmöglich über das schweigen, was wir gesehen und gehört haben."

Die Mitglieder des Hohen Rates warnten sie nochmals vor den schlimmen Konsequenzen, die ein Verstoß gegen ihre Anordnungen nach sich ziehen würde, ließen sie dann aber gehen. Sie hatten nichts in der Hand, um sie weiter im Gefängnis festhalten oder sonst irgendwie bestrafen zu können. Die Mitglieder des Hohen Rates waren sicher, dass das Volk für sie eintreten würde, denn alle lobten Gott für das, was sich ereignet hatte. Denn immerhin war der Mann, der geheilt worden war, über vierzig Jahrelang gelähmt gewesen.

Ein Herz und eine Seele (4,23–37)

Sofort nach ihrer Entlassung begaben sich Petrus und Johannes zu ihren Freunden und erzählten diesen, was die Hohenpriester und die Ältesten ihnen auferlegt hatten. Als alle den Bericht gehört hatten, verbanden sie sich in großer Einheit miteinander zu einem inständigen Gebet: „Herr, du hast Erde, Himmel, das Meer geschaffen und alles, was lebt. Dein Heiliger Geist hat durch den Mund deines Dieners und unseres Vaters David gesprochen:

‚Warum macht ihr einen solchen Lärm, ihr Nationen?
Warum schmiedet ihr so üble Pläne, Völker?
Die Herrscher dieser Welt haben sich verbündet und versammeln sich in dieser Stadt,
um gegen dich und deinen Christus vorzugehen.‘
Genau das hat sich unter uns ereignet: In dieser Stadt haben sich Herodes und Pilatus mit ihren Anhängern zusammen mit den Vertretern deines Volkes Israel gegen deinen heiligen Sohn Jesus verschworen, der dein Messias war, um auszuführen, was du schon vor langer Zeit vorausgesehen hattest.
Und nun fangen sie schon wieder an! Höre du ihre Drohungen und schenke deinen Dienern furchtloses Vertrauen, wenn sie deine Botschaft weitergeben. Wir verlassen uns darauf, dass du jetzt erst recht deine Hand ausstreckst und im Namen deines heiligen Dieners Jesu Heilungen und Wunder geschehen lässt.“

Während sie beteten, begann der Ort, an dem sie versammelt waren, zu zittern und zu beben. Alle wurden mit dem Heiligen Geist erfüllt und ließen sich durch nichts und niemanden davon abhalten, Gottes Wort mit furchtlosem Vertrauen zu verkünden.

Die große Zahl der Glaubenden zeichnete sich vor allem durch eine tiefe Einheit aus. Sie waren wirklich ein Herz und eine Seele. Keiner beanspruchte noch privaten Besitz. Kein Einziger sagte mehr: „Nein, das gehört mir, das kannst du nicht haben.“ Sie teilten alles miteinander. Die Apostel sprachen mit Vollmacht über die Auferstehung Jesu und alle waren von der Liebe Gottes erfüllt.

Nicht einer unter ihnen litt Not. Diejenigen unter ihnen, die ein Grundstück oder ein Haus besaßen, verkauften es und gaben den gesamten Erlös den Aposteln. Diese wiederum verteilten die Mittel ganz nach Bedarf an jeden Einzelnen.

Das tat auch Josef, der von den Aposteln den Beinamen „Barnabas“ (was so viel heißt wie „Sohn des Trostes“) erhalten hatte. Er war ein Levit, der auf Zypern geboren war. Er verkaufte ein Feld, das ihm gehörte, und brachte das Geld den Aposteln.

Ein folgenreicher Vorfall (5,1–11)

5 Eines Tages wurde dieses friedliche Miteinander jäh unterbrochen. Wieder einmal gab jemand den Aposteln das Geld für ein Grundstück. Der Name des Mannes war Hananias. Er gab zwar vor, dass dies alles sei, was er für das Feld bekommen habe, aber er hatte mit Wissen seiner Frau Saphira einen Teil des Erlöses für sich zurückgelegt.

Petrus stellte ihn zur Rede: „Hananias, wie ist es dem Satan nur gelungen, dich dazu zu bewegen, den Heiligen Geist zu belügen und heimlich einen Teil des Geldes für das Grundstück zurückzubehalten? Bevor du es verkauft hast, gehörte alles dir, und nachdem du es verkauft hattest, konntest du immer noch mit deinem Geld machen, was du wolltest. Was aber ist in dich gefahren, dass du dieses üble Theater aufziehen musstest? Du hast nicht Menschen belogen, sondern Gott selbst."

Als Hananias diese Worte vernommen hatte, brach er tot zusammen. Alle, die davon hörten, waren zutiefst erschrocken. Wie ernst musste man doch Gott nehmen! Ein paar junge Männer hüllten ihn in Tücher und trugen ihn hinaus, um ihn in ein Grab zu legen.

Keine drei Stunden später kam auch Saphira, seine Frau, herein, die von all dem, was vorgefallen war, nichts mitbekommen hatte. Petrus fragte sie: „Sag mir, war das der Preis für das Grundstück, das ihr verkauft habt?"

„Ja", sagte sie, „das war der Preis."

„Was ist nur geschehen, dass ihr auf den Gedanken kommen konntet, den Heiligen Geist zu belügen? Die Männer, die gerade deinen Mann beerdigt haben, stehen schon vor der Türe, um dich als Nächste hinauszutragen." Kaum hatte er das gesagt, brach auch sie vor seinen Füßen zusammen und starb. Die jungen Männer, die gerade zurückgekommen waren, sahen, dass sie tot war. Sie trugen auch ihre Leiche hinaus und legten sie neben ihren Mann in das Grab.

Jeden, der von diesem Ereignis hörte, egal, ob er zur Gemeinde gehörte oder nicht, erfasste eine heilsame Furcht vor Gott. Viele begannen, Gott vielleicht zum ersten Mal wirklich ernst zu nehmen.

Gott bestätigt die Gemeinde (5,12–16)

Die Apostel vollbrachten viele Zeichen und Wunder vor den Augen des Volkes. Vor allem aber beeindruckte die Menschen, dass die erste Gemeinde sich immer wieder in großer Einmütigkeit in der Halle Salomos traf. Man bewunderte sie, hielt sich aber selbst auf Distanz. Trotzdem schlossen sich Tag für Tag immer neue Männer und Frauen der Gemeinde an. Einer der Gründe dafür war sicher auch das, was Gott durch die Apostel unter den Kranken tat. Mittlerweile legten die Menschen ihre Kranken auf Bahren und Matten entlang der Wege ab, auf denen Petrus mit Sicherheit vorbeikam. Sie hofften, dass sein Schatten dabei auf die Kranken fallen würde. Denn das Unglaubliche geschah: Es wurden wirklich alle geheilt und befreit. So war es ganz natürlich, dass aus den Dörfern rund um Jerusalem immer mehr Menschen nach Jerusalem kamen und ihre Kranken und Besessenen mitbrachten.

Der Rat des Gamaliel (5,17–42)

Das provozierte den Obersten Priester und vor allem die Sadduzäer aufs Äußerste. Da er den Ereignissen nicht länger zusehen konnte, ließ er die Apostel festnehmen und in das Gefängnis der Stadt werfen. Doch in der Nacht öffnete ein Engel die Tore des Gefängnisses und führte die Männer hinaus. Er sagte ihnen: „Geht in den Tempel und nehmt euren alten Platz ein. Sagt den Leuten alles, was sie über das Leben mit Gott wissen müssen."

Nur allzu gern folgten sie diesem Auftrag. So betraten sie schon früh am Morgen den Tempel und lehrten dort weiter, wo die Tempelwache sie am Vortag unterbrochen hatte.

Inzwischen hatte der Oberste Priester seine engsten Berater und den Hohen Rat – die oberste Führung Israels – bei sich versammelt. Er sandte die Tempelwache zum Gefängnis, um die Gefangenen vorführen zu lassen. Als diese dort ankamen, trafen sie im ganzen Gefängnis niemanden mehr an. So kehrten sie zurück und berichteten: „Als wir ankamen, fanden wir das Gefängnis vorschriftsmäßig verschlossen und vor seinen Toren die notwendigen Wachen. Doch als uns geöffnet wurde, trafen wir im Gefängnis selbst auf niemanden."

Der Kommandant der Tempelgarde und die Hohenpriester hörten sich den Bericht an und waren völlig ratlos, wie so etwas überhaupt passieren konnte.

Doch da stürzte mitten in dieser peinlichen Situation jemand hinein und berichtete: „Wisst ihr eigentlich, dass die Männer, die ihr ins Gefängnis werfen lassen habt, im Tempel stehen und dort weiterhin ihre Lehren im Volk verbreiten?"

Der Kommandant und seine Männer gingen sofort los und baten die Apostel, ihnen zu folgen. Sie hätten sie in diesem Augenblick niemals mit Gewalt abführen können, denn sie mussten befürchten, dass die ganze Wut des Volkes sich dann gegen sie wenden würde.

Die Apostel begleiteten sie also, bis sie vor dem Hohen Rat standen. Dann war es mit der Freundlichkeit vorbei. Der Oberste Priester fuhr sie an: „Haben wir euch nicht ausdrücklich den strikten Befehl gegeben, nicht mehr im Namen dieses Mannes zu lehren? Ihr aber macht ganz Jerusalem mit euren Ideen verrückt, und außerdem stellt ihr alles so dar, als seien wir schuld am Tod dieses Mannes!"

Petrus und die Apostel antworteten: „Seid ihr nicht auch davon überzeugt, dass man Gott mehr gehorchen muss als den Menschen?! Der Gott unserer Vorfahren hat Jesus vom Tod erweckt, den Mann, den ihr am Kreuz habt umbringen lassen. Gott hat ihn als Herrn und Erlöser zu sich erhoben und an seine Seite gesetzt, damit Israel noch einmal die Gelegenheit erhält, umzukehren und von seiner Schuld befreit zu werden. Nicht nur wir können dies alles bezeugen, sondern das tut vor allem der Heilige Geist. Den aber verleiht Gott nur denen, die auch bereit sind, ihm zu gehorchen."

Als sie das hörten, wurden die Priester so wütend, dass sie die Apostel am liebsten auf der Stelle getötet hätten. Doch da erhob sich eines der Ratsmitglieder, ein Pharisäer namens Gamaliel. Er genoss als Gesetzeslehrer hohes Ansehen sowohl im Rat als auch beim ganzen Volk. Er gab kurzerhand den Befehl, die Männer einen Augenblick aus dem Raum zu führen, dann sagte er: „Meine israelitischen Freunde, seid vorsichtig mit dem, was ihr mit diesen Männern vorhabt. Denkt doch einmal zurück: Vor nicht allzu langer Zeit behauptete ein gewisser Theudas von sich, etwas Besonderes zu sein, und konnte tatsächlich vierhundert Männer um sich versammeln. Nachdem er aber umgebracht worden war, zerstreuten sich seine Anhänger, und seitdem hat sich nichts mehr ereignet. Ein wenig später, etwa in der Zeit der Volkszählung, erschien ein anderer Mann auf der Bildfläche – Judas aus Galiläa – und predigte gegen unsere Religion. Auch er gewann eine große Gefolgschaft, die sich jedoch genauso schnell zerstreute, nachdem er selbst ums Leben gekommen war, wie sie sich um ihn geschart hatte.

Darum möchte ich euch raten: Seid mit diesen Männern vorsichtig! Lasst sie weitermachen. Wenn das, was sie vorhaben und tun, nur Menschenwerk ist, wird es über kurz oder lang von allein verschwinden. Wenn es aber von Gott kommt, dann könnt ihr zum einen nichts dagegen unternehmen, zum anderen würdet ihr eines Tages als Menschen dastehen, die versucht haben, sich Gott in den Weg zu stellen!“

Das überzeugte sie. Sie riefen die Apostel wieder herein, und um nicht völlig hilflos auszusehen, ließen sie sie auspeitschen. Dann wurden sie noch einmal verwarnt, und man befahl ihnen, nicht mehr im Namen Jesu zu sprechen, und schließlich wurden sie freigelassen. Die Apostel verließen den Hohen Rat voller Freude, weil ihnen die Ehre zuteil geworden war, für Jesus beschimpft und geschlagen worden zu sein. Natürlich hörten sie nicht auf, jeden Tag im Tempel und den verschiedenen Privathäusern von Jesus Christus zu erzählen und seine Frohe Botschaft weiterzugeben.

Das Wort Gottes breitet sich immer mehr aus (6,1–7)

6 Während dieser Zeit wuchs die Gemeinde unerwartet stark, was natürlich auch einige Schwierigkeiten mit sich brachte. So kam es beispielsweise zu einem Konflikt zwischen den Griechisch sprechenden Gläubigen, den „Hellenisten“, und den Hebräisch sprechenden, weil die Hellenisten das Gefühl hatten, ihre Witwen würden bei der täglichen Essensausgabe benachteiligt. Daraufhin beriefen die Zwölf eine Versammlung der Jünger ein. Sie sagten: „Eigentlich ist es nicht in Ordnung, dass wir unseren Verkündigungsdienst vernachlässigen, nur um uns ständig um die Versorgung bei Tisch zu kümmern. Deshalb, Freunde, wählt sieben Männer aus euren Reihen aus, Männer, denen jeder vertraut und die mit dem Heiligen Geist und einem gesunden Menschenverstand begabt sind, und wir werden ihnen diese Aufgabe übertragen. Wir können uns dann verstärkt unserer eigentlichen Aufgabe widmen, nämlich zu beten und das Wort Gottes weiterzugeben.“

Dieser Gedanke fand allgemeine Zustimmung. Sofort wählten sie aus ihren Reihen sieben Männer aus: Stephanus, einen Mann voller Glauben und erfüllt mit dem Heiligen Geist, Philippus, Prochorus, Nicanor, Timon, Parmenas und Nikolaus, einen Proselyten aus Antiochia.

Dann stellten sie diese den Aposteln vor. Die Apostel legten ihnen unter Gebet die Hände auf und übertrugen ihnen so ihre neue Verantwortung.

Das Wort Gottes aber verbreitete sich immer mehr und so nahm die Zahl der Jünger in Jerusalem täglich zu. Dabei fiel vor allem auf, dass eine große Zahl von Priestern zum lebendigen Glauben an Christus kam.

Stephanus (6,8–15)

Stephanus war von der Gnade Gottes erfüllt, die ihm die Vollmacht gab, bei den Menschen große Zeichen und Wunder zu vollbringen. Das konnten andere nicht länger ertragen. Leute aus den Synagogen der Libertiner, Zyrenäer, Alexandriner, dazu noch aus Zilizien und aus der Provinz Asia forderten ihn zu einem Streitgespräch heraus. Doch trotz all ihrer Anstrengungen konnten sie der Weisheit und dem Geist, mit dem Stephanus sprach, nichts entgegensetzen.

Da versuchten sie es auf eine andere Weise und bestachen ein paar Männer, die behaupten sollten: „Wir haben ihn gehört, wie er Lästerliches über Mose und Gott gesagt hat."

So versuchten sie das Volk, die religiösen Führer und die Schriftgelehrten gegen ihn aufzuhetzen. Endlich hatten sie genügend Rückendeckung, um Stephanus zu ergreifen und vor den Hohen Rat zu schleppen. Und wieder schoben sie ihre bestochenen Zeugen vor, die gegen ihn aussagten: „Dieser Mann redet ununterbrochen gegen diesen heiligen Ort und gegen Gottes Gesetz. Wir haben ihn sogar sagen hören, dass dieser Nazoräer Jesus die heiligen Stätten zerstören wird und alle überlieferten Ordnungen des Mose verändern will."

Noch während die falschen Zeugen redeten, konnte keiner, der im Hohen Rat saß, seine Augen von Stephanus abwenden. Sein Gesicht glich dem strahlenden Antlitz eines Engels!

Stephanus, erfüllt mit dem Heiligen Geist (7,1–8,1a)

7 Daraufhin sprach der Hohepriester ihn an: „Was hast du zu den Vorwürfen zu sagen?"

Stephanus erwiderte: „Männer, Väter und Brüder, der Gott der Herrlichkeit erschien unserem Vater Abraham, als dieser in Mesopotamien lebte und noch nicht nach Haran gezogen war, und sagte ihm: ‚Verlass dein Land und deine ganze Verwandtschaft, und geh in das Land, das ich dir zeigen werde.'

So verließ Abraham tatsächlich das Land der Chaldäer und zog nach Haran. Nach dem Tod seines Vaters wanderte er in das Land ein, in dem ihr heute lebt, doch Gott gab ihm davon nichts, keinen Fußbreit. Er versprach ihm nur, ihm und seinem Sohn das Land später zu geben. Zu dieser Zeit hatte Abraham aber noch gar keinen Sohn. Gott ließ ihn auch wissen, dass seine Nachkommen in ein fremdes Land ziehen würden, wo sie mit roher Gewalt vierhundert Jahre als Sklaven gehalten werden würden. ‚Doch', so sagte ihm Gott, ‚ich werde mich um diese Sklavenhalter kümmern und mein Volk zurückbringen, damit sie mich an diesem Ort verehren können.'

Dann schloss er einen Bund mit Abraham und besiegelte diesen damit, dass er Abraham beschnitt. Als nun dieser selbst einen Sohn namens Isaak bekam, führte er acht Tage nach der Geburt ebenfalls die Beschneidung durch. Isaak wurde dann Vater von Jakob, Jakob wiederum der Vater der zwölf Stammväter unseres Volkes. Jeder von ihnen gab treu dieses Zeichen der Beschneidung weiter.

Doch dann verzehrten sich unsere Vorväter vor Eifersucht auf ihren Bruder Josef und verkauften diesen in die Sklaverei nach Ägypten. Aber Gott war dort erst recht bei ihm. Er bewahrte ihn nicht nur in allen Schwierigkeiten, sondern lenkte auch die Aufmerksamkeit des Pharaos, des Königs von Ägypten, auf ihn. Dieser war so von Josef beeindruckt, dass er ihn als Verwalter über das gesamte Land einsetzte – einschließlich der königlichen Besitztümer.

Später kam es dann zu einer großen Hungersnot, die das gesamte Gebiet von Kanaan bis Ägypten betraf und schlimme Auswirkungen hatte. Unsere Stammväter suchten in ihrem Hunger nach irgendwelchen Möglichkeiten, wie sie die Familien weiter ernähren konnten, aber es gab nichts mehr. Jakob hatte gehört, dass es in Ägypten noch Nahrung gab. Darum schickte er unsere Väter dorthin, um diese Möglichkeit zu erkunden. Nachdem sie den Bericht bestätigt hatten, begaben sie sich ein zweites Mal nach Ägypten, um Nahrungsmittel einzukaufen. Bei diesem Besuch gab sich Josef seinen Brüdern zu erkennen und stellte die Familie seines Vaters Jakob dem Pharao vor. Dann ließ Josef seinen Vater und die restlichen Familienmitglieder –

es waren insgesamt fünfundsiebzig Personen – nach Ägypten kommen. So kam die Familie Jakobs nach Ägypten.

Jakob starb nun und nach ihm auch alle unsere Stammväter. Sie wurden nach Sichem gebracht und dort in einem Grab bestattet, das Abraham von den Söhnen des Hamor erstanden hatte.

Als die vierhundert Jahre beinahe vorüber waren – die Zeit, nach der Gott Abraham die Befreiung zugesagt hatte –, war unser Volk in Ägypten gewaltig angewachsen. Wer jetzt Pharao in Ägypten war, wusste schon lange nichts mehr von der Geschichte mit Josef. Einem dieser ägyptischen Herrscher wurde unser Volk schließlich zu groß. So zwang er uns, unsere neugeborenen Kinder einfach auszusetzen und sie so einen schrecklichen Tod sterben zu lassen.

In dieser Zeit wurde nun Mose geboren, ein Kind, an dem Gott seine Freude hatte. Drei Monate gelang es, ihn im Haus versteckt zu halten. Doch als man ihn nicht länger verbergen konnte, wurde er außerhalb versteckt und von der Tochter des Pharaos entdeckt und gerettet. Sie nahm ihn an, als sei er ihr eigener Sohn. Mose wurde an den besten Schulen unterrichtet, erhielt eine hervorragende Ausbildung und beeindruckte gleichermaßen durch seine geistigen wie körperlichen Fähigkeiten.

Als er vierzig Jahre alt war, fragte er sich, wie es eigentlich seinem eigenen Volk, den Hebräern, erging, und er begann, nach seinen Brüdern zu sehen. Da wurde er Zeuge, wie ein ägyptischer Aufseher einen seiner Landsleute willkürlich züchtigte. Ohne zu zögern, stand er dem Misshandelten bei und schlug den Aufseher tot. Er war davon überzeugt, dass sein Volk froh darüber wäre, ihn auf seiner Seite zu wissen. Sicher würden sie jetzt erkennen, dass er ein Instrument in der Hand Gottes war, um sie aus der Sklaverei zu befreien. Doch sie begriffen es nicht. Am nächsten Tag bekam er mit, wie zwei Hebräer miteinander kämpften, und er tat alles, um den Kampf zu schlichten und sie wieder miteinander zu versöhnen: ‚Freunde, ihr seid doch Brüder, wie könnt ihr euch da gegenseitig angreifen?'

Der eine, der den Kampf begonnen hatte, fuhr ihn an: ‚Was hast du uns überhaupt zu befehlen? Willst du dich hier als Richter über uns aufspielen? Oder willst du mich vielleicht sogar umbringen, wie du es gestern mit dem Ägypter gemacht hast?' Als Mose das hörte, war ihm klar, dass er von seinen eigenen Volksgenossen keine Hilfe zu erwarten hatte. So blieben ihm nur noch die Flucht und ein Leben im Exil in Midian. Während dieses Exils wurden ihm zwei Söhne geboren.

Vierzig Jahre später erschien ihm in der Wüste am Berg Sinai ein Engel in Gestalt eines brennenden Busches, der nicht verbrannte. Mose wunderte sich über das seltsame Feuer und trat näher heran, um sich das Ganze aus der Nähe anzusehen. Da vernahm er die Stimme Gottes: ‚Ich bin der Gott eurer Väter, der Gott Abrahams, Isaaks und Jakobs.' Mose fürchtete sich sehr. Er schloss seine Augen und wandte sich ab.

Aber Gott sagte zu ihm: ‚Löse die Riemen deiner Sandalen und ziehe sie aus. Du befindest dich an einem heiligen Ort und stehst auf heiligem Boden. Ich habe die verzweifelte Lage meines Volkes in Ägypten gesehen und sein Stöhnen gehört, darum bin ich herabgekommen, um sie aus dieser furchtbaren Not zu retten. Bereite dich darauf vor, denn ich werde dich nach Ägypten zurücksenden!'

Das war derselbe Mose, den sie früher mit den Worten abgelehnt hatten: ‚Möchtest du dich hier als Richter über uns aufspielen?' Es war derselbe Mose, den Gott durch den Engel im brennenden Dornbusch als Anführer und Befreier zurück nach Ägypten schickte. Er führte tatsächlich das ganze Volk der Israeliten aus der Sklaverei heraus. Dabei vollbrachte er außerordentliche Dinge und setzte überall in Ägypten Zeichen der Macht Gottes; vor allem dann auch am Roten Meer und während der vierzigjährigen Wüstenwanderung. Das war derselbe Mose, der zu der Volksversammlung sagte: ‚Gott wird aus euren Nachkommen einen Propheten wie mich hervorbringen.' Er, Mose, stand zwischen dem Engel, der auf dem Sinai zu ihm gesprochen hatte, und euren Vätern, die in der Wüste versammelt waren, und nahm die lebendigen Worte entgegen und händigte sie an uns aus, Worte, mit denen unsere Väter jedoch herzlich wenig zu tun haben wollten.

Sie trauerten dem Lebensstil nach, den sie in Ägypten gepflegt hatten, und verlangten von Aaron: ‚Mach uns einen Gott, den wir sehen und dem wir dann auch folgen können. Dieser Mose, der uns aus Ägypten hierher in die Wüste geführt hat, ist vielleicht schon längst nicht mehr am Leben!' Damals machten sie sich ein Kalb, über dessen selbstgemachte Schönheit sie sich freuten und dem sie ganz selbstverständlich Opfer darbrachten.

Gott wandte sich von seinem Volk ab und überließ es seiner Neigung, ständig irgendwelche fremden Götter anzubeten. Durch den Propheten Amos ließ er seinem Volk ausrichten, wie sehr ihn diese Untreue getroffen hatte: ‚Hast du mir in den vierzig Jahren Wüstenwanderung jemals ein Opfer in Form von Tieren oder Getreide dargebracht, Volk Israel? Im Gegenteil: Ihr habt noch das Kultzelt des Götzen Moloch mitgeschleppt, dazu den Stern eures Gottes Romfa. Plötzlich habt ihr Figuren angebetet, die ihr selbst erschaffen hattet. Darum werde ich dich ins Exil weit über Babylon hinaus wegführen lassen.'

Während der Zeit in der Wüste trugen unsere Vorfahren für ihren Gottesdienst das Bundeszelt mit sich, das Mose genau nach der Vorlage geschaffen hatte, die Gott ihn im Voraus hatte sehen lassen. Sie führten es noch mit sich, als sie Josua folgten und Gott das vor ihnen liegende verheißene Land von den heidnischen Völkern befreite. Ja, sie hatten es sogar noch in der Zeit des David. Doch dieser hatte eine ganz besondere Beziehung zu Gott und so bat der König ihn darum, ihm ein festes Gebäude an einem Ort bauen zu dürfen, an dem Israel seinen Gott ständig verehren könnte. Aber erst Salomo war es vergönnt, den Tempel, das Haus Gottes unter den Menschen, zu bauen.

Natürlich bedeutet dies nicht, dass der Allerhöchste in einem Gebäude lebt, das mit menschlichen Mitteln errichtet wurde. Der Prophet Jesaja hat das klargestellt, als er schrieb:

‚Der Himmel ist mein Thronsaal;
ich lasse meine Füße auf der Erde ruhen.

Was für ein Haus wollt ihr mir also bauen', fragt Gott.
'Wohin soll ich eurer Meinung nach gehen, um Ruhe zu finden?
Stammt nicht alles in dieser Welt aus meiner Hand?!'

Versteht ihr: Man kann Gott nicht in einem Gebäude einsperren. Gott will allen Menschen nah sein. Und genau dagegen sträubt ihr euch mit Händen und Füßen. Ihr widersetzt euch in eurer Halsstarrigkeit dem Heiligen Geist selbst. Eure Väter, die wie ihr nur am Körper beschnitten waren, nicht aber am Herzen, verhielten sich schon genauso. Denkt mal nach: Welchen Propheten haben eure Väter denn nicht verfolgt? Sie haben ja sogar schon die umgebracht, die nur vom Kommen des Messias geredet haben. Ihr aber habt euch als würdige Söhne erwiesen, indem ihr den Gesalbten Gottes verraten und umgebracht habt. Und das ist euch passiert, die ihr doch so genau auf das Gesetz achtet, das uns Engel selbst vermittelt haben!"

Als die Priester das hörten, verloren sie die Beherrschung. Viele knirschten in ohnmächtiger Wut mit den Zähnen. Doch Stephanus, der mit dem Heiligen Geist erfüllt war, blickte mit einem Mal über sie hinweg nach oben. Seine Augen sahen eine unfassbare Herrlichkeit. Ergriffen rief er aus: „O, ich sehe den Himmel weit offen und den Menschensohn an der Seite Gottes stehen!"

Die vornehmen Mitglieder des Rates fingen plötzlich wild an zu schreien. Sie hielten sich die Ohren zu, um seine Worte nicht länger hören zu müssen, und stürzten sich auf Stephanus. Sie prügelten ihn aus der Stadt hinaus und steinigten ihn außerhalb der Stadtmauern. Alle, die das Urteil vollstreckten und Steine warfen, zogen sich ihre Oberkleider aus und baten einen jungen Mann namens Saulus, ein Auge auf diese zu haben.

Als ihn immer mehr Steine trafen, betete Stephanus: „Herr Jesus, nimm meinen Geist zu dir." Dann fiel er auf die Knie und betete so laut, dass jeder es hören konnte: „Herr, rechne ihnen diese Schuld nicht an!" Das waren seine letzten Worte, dann starb er. Saulus aber stand dabei und war mit dieser Hinrichtung mehr als einverstanden.

Gottesfürchtige Männer kümmerten sich um den Leichnam von

Stephanus und sorgten für ein feierliches Begräbnis. Alle waren tief erschüttert und viele weinten um ihn.

Nicht für Geld zu haben (8,1b–25)

8 Dieses Ereignis brachte eine schlimme Verfolgung der Gemeinde in Jerusalem in Gang. Die Gläubigen wurden über ganz Judäa und Samaria hin zerstreut. Nur die Apostel blieben in Jerusalem.

Saulus aber schien seine Berufung entdeckt zu haben. Er verfolgte nur noch ein Ziel: Die Gemeinde dieser Jesusanhänger musste unter allen Umständen zerstört werden. So drang er in jedes Haus ein, in dem er Christen vermutete, und ließ sie ins Gefängnis werfen. Indem die Christen auf diese Weise gezwungen wurden, ihre vertraute Umgebung zu verlassen, wurden sie zu Missionaren. Überall, wohin sie zerstreut wurden, predigten sie die Botschaft von Jesus. So kam auch Philippus hinunter in die Stadt der Samariter und verkündete dort die Botschaft von Jesus, dem Messias.

Und die Bewohner der Stadt hörten ihm wirklich zu, weil das, was er ihnen zu sagen hatte, durch Wunder bestätigt wurde. Viele böse Geister wehrten sich lautstark, bevor sie verjagt wurden. Und Menschen, die schwer verkrüppelt oder sogar gelähmt waren, wurden in diesen Tagen geheilt. So ist verständlich, dass in der ganzen Stadt eine unbeschreibliche Freude herrschte!

Bevor Philippus nach Samaria gekommen war, hatte dort ein gewisser Simon die Einwohner der Stadt mit seinen Zauberkünsten sehr beeindruckt. Es gelang ihm, das gesamte Volk Samariens so in seinen Bann zu ziehen, dass es ihm ein Leichtes war, sich als außerordentlichen Menschen auszugeben. Jung und alt waren davon überzeugt, dass er seine Fähigkeiten von Gott erhalten hatte, weshalb sie ihn auch ‚die große Kraft Gottes' nannten. Weil er sie immer wieder zu beeindrucken verstand, gab es niemanden, der nicht von ihm und seinen Fähigkeiten fasziniert gewesen wäre.

Doch als Philippus in die Stadt kam, die Gute Nachricht von der liebevollen Herrschaft Gottes verkündete und im Namen Jesu große Dinge tat, ließen sich Männer wie Frauen taufen. Viele kamen zum Glauben. Selbst Simon wurde gläubig und kurze Zeit darauf getauft. Von diesem Zeitpunkt an war er ein treuer Anhänger des Philippus, denn er konnte nun Falsches von Echtem unterscheiden und war dementsprechend begeistert über all die Zeichen und Wunder, die Philippus vollbrachte.

Als die Apostel in Jerusalem einen Bericht darüber erhielten, dass Samaria die Frohe Botschaft Gottes angenommen hatte, sandten sie Petrus und Johannes hinunter, um gemeinsam mit den dortigen Gläubigen für die Erfüllung mit dem Heiligen Geist zu beten. Bis dahin waren diese nur auf den Namen des Herrn Jesus getauft worden; der Heilige Geist war noch nicht auf sie herabgekommen. Also legten die Apostel ihnen die Hände auf und sie empfingen den Heiligen Geist.

Als Simon sah, dass die Apostel allein durch Handauflegen den Heiligen Geist vermitteln konnten, bot er den Aposteln Geld an: „Verkauft mir euer Geheimnis! Ich möchte auch wie ihr durch Handauflegung den Heiligen Geist vermitteln können!"

Das hätte er lieber nicht tun sollen. Petrus fuhr ihn an: „Fahr zur Hölle mit deinem Geld! Was geht in deinem Kopf vor, wenn du glaubst, kaufen zu können, was Gott schenken möchte?! Du wirst niemals Anteil an dem haben, was Gott tut, solange du dein altes, falsches Denken nicht abgelegt hast. Verlasse endlich deine alten, bösen Wege und kehre zu Gott um! Bitte den Herrn um Vergebung für deine verdrehten Gedanken. Denn ich sehe, dass du in deinem tiefsten Inneren noch immer der alte Betrüger bist, der letztlich nur aufs Geld aus ist."

Nun verstand Simon. Er bat Petrus: „Vergib mir und bete für mich! Bitte den Herrn, dass ich niemals mehr in dieses falsche Denken zurückfalle und auf diese Weise in mein Verderben renne."

Nach diesem Zwischenfall bezeugten die beiden Apostel den Menschen in Samaria weiterhin die Wahrheit der Botschaft Jesu. Schließlich kehrten sie jedoch nach Jerusalem zurück und verkündeten auf ihrem Weg in jedem Ort Samariens, durch den sie kamen, die Frohe Botschaft von Jesus.

Ein äthiopischer Beamter (8,26–40)

Doch auch Philippus bekam einen neuen Auftrag. Eines Tages – es war noch früh am Morgen – erschien ihm ein Engel, der ihm auftrug: „Steh auf und begib dich um die Mittagszeit auf die Straße, die von Jerusalem nach Gaza hinabführt und die um diese Zeit menschenleer ist." Sofort erhob Philippus sich und machte sich auf den weiten Weg zu dieser Straße. Als er dort war, kam tatsächlich eine offene Kutsche vorbei, in der ein hoher äthiopischer Beamter saß. Er war als Eunuch Minister für alle Finanzen seiner Herrin, der Königin Kandake von Äthiopien. Der Mann hatte eine Pilgerreise nach Jerusalem unternommen und war nun auf dem Rückweg nach Äthiopien. Er las während der Fahrt (wie es damals üblich war, laut) einen Text aus der Heiligen Schrift.

Der Heilige Geist sagte zu Philippus: „Geh hin und halte dich neben diesem Wagen!" Also lief Philippus neben dem Wagen her und hörte, wie der hohe Beamte einen Abschnitt aus dem Propheten Jesaja las. Da fragte er ihn: „Versteht Ihr eigentlich das, was Ihr da lest?"

Der Äthiopier entgegnete: „Wie sollte ich, wenn mir niemand dabei hilft?", und lud Philippus ein, zu ihm in den Wagen zu steigen. Er las gerade folgenden Textabschnitt:

„Wie ein Schaf zum Schlachten geführt wird
und wie ein Lamm ruhig wird, wenn es geschoren wird,
war er still und sagte nichts.
Er wurde verspottet und gedemütigt
und hat dadurch das Strafgericht verhindert.
Doch wer kann noch seine Nachkommen zählen,
seit er von der Erde weggenommen wurde?"

Der königliche Beamte fragte: „Sag mir, von wem spricht der Prophet hier eigentlich? Von sich selbst oder von jemand anderem?" Philippus ergriff die Gelegenheit und erzählte dem Mann, ausgehend von dieser Schriftstelle, die ganze frohmachende Botschaft über Jesus. Während sie so ihre Fahrt fortsetzten, kamen sie an einem Gewässer vorüber. Der Äthiopier unterbrach die Unterhaltung und deutete auf das Wasser: „Hier wäre Wasser – was hindert uns daran, dass ich hier getauft werde?" Er ließ den Wagen anhalten. Beide stiegen zu dem Wasser hinab und Philippus taufte ihn. Als sie wieder aus dem Wasser stiegen, nahm der Geist Gottes den Philippus einfach mit, sodass der Äthiopier sich vergeblich nach ihm umsah. Aber das störte ihn nicht sehr, zu groß war seine Freude. Zutiefst erfüllt setzte er seine weite Reise fort. Philippus dagegen tauchte in Aschdod auf und setzte von da an seinen Weg nach Norden fort. Er predigte in allen Dörfern entlang seiner Route die Frohe Botschaft und erreichte schließlich Cäsarea, das am Mittelmeer liegt.

Blinder Fanatismus (9,1–19a)

9 Während all dieser Zeit verfolgte Saulus die Gemeinde in blindem Fanatismus, einzig von dem Gedanken beseelt, diese Sekte auszurotten. So ging er eines Tages zum Obersten Priester und erbat sich von ihm verschiedene Beglaubigungsschreiben für die Leiter der Synagogen in Damaskus, um bevollmächtigt zu sein, die Anhänger des „Weges", egal, ob Männer oder Frauen, zu verhaften und nach Jerusalem zu bringen. Dann brach er auf. Als er sich Damaskus näherte, umstrahlte ihn plötzlich ein Licht vom Himmel, sodass er wie betäubt zu Boden stürzte. Als er am Boden lag, hörte er eine Stimme: „Saulus, Saulus, warum verfolgst du mich?"

Saulus stammelte: „Wer ... wer bist du, Herr?"

„Ich bin Jesus, den du verfolgst. Ich möchte, dass du jetzt aufstehst und in die Stadt gehst. In der Stadt wird dir dann gesagt werden, was du als Nächstes tun sollst."

Seine Begleiter standen sprachlos bei ihm. Sie hatten zwar eine Stimme gehört, aber niemanden gesehen. Saulus erhob sich langsam vom Boden, doch als er die Augen öffnete, merkte er, dass er nichts mehr sehen konnte. Seine Begleiter mussten ihn bei der Hand nehmen und nach Damaskus hineinführen. Drei Tage lang dauerte seine Blindheit. Während dieser Zeit aß und trank er nichts.

In Damaskus gab es einen Jünger Jesu namens Hananias. Der Herr sprach zu ihm in einer Vision: „Hananias!"

„Ja, Herr", antwortete er.

„Steh auf und geh in die Gerade Straße. Frag in dem Haus von Judas nach einem Mann aus Tarsus. Sein Name ist Saulus. Hab keine Angst, er betet! Er hat gerade in einer Vision gesehen, wie du in sein Haus kommen und ihm die Hände auflegen wirst. Danach würde er wieder sehen können."

Hananias wehrte sich: „Herr, habe ich dich richtig verstanden? Ich habe von diesem Mann bislang nur die schlimmsten Dinge gehört: In Jerusalem hat er deine Gemeinde unterdrückt, und jetzt ist er hierhergekommen, um mit der Vollmacht des Hohenpriesters alle zu verhaften, die zu dir gehören."

Doch der Herr beruhigte ihn: „Mach dir keine Sorgen. Geh einfach! Ich habe ihn auserwählt, mein besonderes Werkzeug zu sein. Er wird vor Völkern, Königen und dem jüdischen Volk mein Zeuge sein. Im Laufe der Zeit werde ich ihm zeigen, wie viel er für meinen Namen wird ertragen müssen."

Daraufhin ging Hananias los, fand das Haus und legte dem blinden Saulus seine Hände auf. Dann sagte er zu ihm: „Bruder Saulus, der Herr hat mich geschickt, derselbe Jesus, den du auf dem Weg hierher gesehen hast. Er hat mich zu dir gesandt, damit du wieder sehen kannst und mit dem Heiligen Geist erfüllt wirst."

Kaum hatte er das letzte Wort ausgesprochen, da wurde der dunkle Schleier von den Augen des Saulus weggenommen, und er konnte wieder sehen! Er stand auf, ließ sich taufen, und nach einem kleinen Festmahl kam er wieder zu Kräften.

Dieser Saulus muss sterben! (9,19b–31)

Saulus verbrachte einige Tage bei der jungen Gemeinde in Damaskus. Nun gab es für ihn kein Halten mehr, und er begann sofort, in den Synagogen zu predigen, dass Jesus der Sohn Gottes sei. Die Wirkung auf seine Zuhörer war ungeheuer. Die meisten konnten es einfach nicht fassen. Jeder fragte sich: „Ist das nicht der Mann, der sich in Jerusalem darum bemüht hat, alle zu vernichten, die sich zu Jesus bekennen? Und kam er nicht hierher, um hier genauso durchzugreifen und alle diese Sektierer festzunehmen und ins Gefängnis werfen zu lassen, damit sie den Hohenpriestern zur Verurteilung vorgeführt werden?“

Paulus trat mit großer Entschiedenheit auf und verwirrte die ortsansässigen Juden zunehmend. Sie hatten seinen Argumenten, Jesus sei der Messias, nichts entgegenzusetzen.

Nachdem sie eine ganze Zeitlang hilflos zugesehen hatten, sahen sie nur noch einen Ausweg: Dieser Saulus musste sterben. Doch Saulus erfuhr davon, dass die Juden einen Anschlag auf ihn planten. Offensichtlich hatten sie sich geschworen, ihn nicht lebend aus der Stadt herauskommen zu lassen, denn sie bewachten von da an Tag und Nacht alle Tore der Stadt. Doch den Jüngern fiel eine ungewöhnliche Fluchtmöglichkeit ein: Eines Nachts ließen sie Saulus in einem Korb außen an der Stadtmauer hinunter.

Als er wieder in Jerusalem war, versuchte er, sich den anderen Jüngern anzuschließen, aber alle hatten zu viel Angst vor ihm. Sie konnten einfach nicht glauben, dass er plötzlich ein Jünger Jesu geworden war. Doch dann kümmerte sich Barnabas um ihn. Er stellte ihn den Aposteln vor und stand für ihn ein. Er erzählte ihnen, dass Saulus auf dem Weg nach Damaskus Jesus begegnet war und mit ihm gesprochen hatte. Vor allem hatte er in Damaskus durch seine mutige Predigt im Namen Jesu sein Leben riskiert.

Von da an akzeptierten sie Saulus endlich als einen von ihnen, sodass er nun auch in der Jerusalemer Gemeinde ein- und ausgehen konnte. Sofort begann er, auch in Jerusalem furchtlos über Jesus zu predigen. Hellenistische Juden versuchten, ihm in öffentlichen Streitgesprächen etwas entgegenzusetzen. Doch niemand war ihm gewachsen, und so planten sie, ihn einfach umzubringen. Als seine neuen Freunde von diesen Plänen erfuhren, brachten sie ihn aus der Stadt hinaus und begleiteten ihn nach Cäsarea, von wo aus er mit dem Schiff nach Tarsus gelangte.

Alles beruhigte sich wieder etwas und die Gemeinde erlebte tatsächlich eine Zeit des Friedens. So wuchsen im ganzen Land die Gemeinden: in Judäa, in Samaria und in Galiläa. Sie waren geprägt von einer tiefen Ehrfurcht vor Gott und der Heilige Geist war mit ihnen und stand ihnen bei, was sie wiederum auf wunderbare Weise wachsen ließ.

Tabita (9,32–43)

Petrus brach zu einer Missionsreise auf, um alle diese Gemeinden zu besuchen. Im Verlauf dieser Reise kam er auch nach Lydda und traf dort mit den Gläubigen zusammen. Da brachte man einen Mann mitsamt seinem Bett heran, der seit acht Jahren gelähmt war. Sein Name war Aeneas. Petrus sprach ihn an: „Aeneas, Jesus Christus heilt dich. Steh auf und pack dein Bett zusammen." Und der Gelähmte stand tatsächlich sofort auf. Jeder, der in Lydda und der Scharon-Ebene lebte und ihn geheilt herumlaufen sah, fasste Vertrauen zu Jesus und glaubte an ihn.

In Joppe, einer Stadt westlich von Lydda an der Mittelmeerküste, lebte eine Frau, die den Namen Tabita trug, was „Gazelle" heißt. Sie folgte Jesus mit ganzem Herzen nach. Alle liebten sie sehr, auch weil sie viel Gutes tat und vielen Leuten half. Während der Zeit, in der Petrus in dieser Gegend wirkte, wurde sie krank und starb. Ihre Freundinnen bereiteten ihren Leichnam für die Beerdigung vor und legten ihn vorübergehend in einen kühlen Raum.

Einige Jünger hatten gehört, dass Petrus sich im nahegelegenen Lydda aufhalten würde, und sandten zwei Männer zu ihm, die ihn bitten sollten, doch sofort zu kommen. Petrus zögerte keinen Moment und ging mit ihnen. Sie führten ihn in den Raum, in dem Tabitas Leichnam aufgebahrt war. Viele Witwen waren zugegen und weinten. Sie zeigten Petrus verschiedene Kleidungsstücke, die sie trugen und die Tabita für sie genäht hatte, als sie noch unter ihnen war. Petrus bat alle Witwen, den Raum zu verlassen. Dann kniete er sich nieder und betete. Schließlich wandte er sich dem Leichnam zu und sagte: „Tabita, steh auf!"

Da öffnete sie die Augen. Als sie Petrus sah, setzte sie sich auf. Er nahm ihre Hand und half ihr auf die Beine. Beide verließen den Raum und traten vor die Gläubigen und die Witwen. Tabita lebte wieder!

Als dies in ganz Joppe bekannt wurde, kamen viele zum Glauben an Jesus Christus. Petrus blieb längere Zeit in Joppe als Gast eines gewissen Simon, der von Beruf Gerber war.

Die Vision des Petrus (10,1–23a)

10 (Etwa siebzig Kilometer von Joppe entfernt liegt) Cäsarea. In dieser Stadt lebte zu dieser Zeit ein Mann namens Kornelius, der die sogenannte Italische Kohorte befehligte, die dort stationiert war. Er war jemand, von dem man sagen konnte, dass er mit seiner Familie ein gottesfürchtiges Leben führte. Er half vielen Menschen, die in Not waren, war aber vor allem ein Mann des Gebetes. Eines Tages hatte er eine Vision. Es war etwa drei Uhr nachmittags, als ein Engel Gottes bei ihm eintrat und ihn ansprach: „Kornelius!"

Kornelius war zutiefst erschrocken und ließ seinen Besucher keine Sekunde aus den Augen: „Was wollt ihr von mir, Herr?"

Der Engel gab ihm zur Antwort: „Deine Gebete und dein großer Einsatz für andere Menschen haben Gottes besonderes Interesse auf dich gelenkt. Er möchte, dass du eines tust: Sende ein paar Leute nach Joppe und bitte Simon, den alle Petrus nennen, zu dir zu kommen. Er wohnt bei Simon, dem Gerber, dessen Haus unten am Meer steht."

Kaum war der Engel gegangen, rief Kornelius zwei ihm ergebene

Diener und einen gewissenhaften Soldaten der Wache zu sich. Er erzählte ihnen, was sich kurz zuvor ereignet hatte, und sandte sie anschließend nach Joppe.

Als die drei Reisenden sich am nächsten Tag der Stadt näherten, befand sich Petrus gerade auf dem flachen Dach des Hauses, um zu beten. Es war um die Mittagszeit und Petrus bekam langsam Hunger. Während das Essen zubereitet wurde, fiel er in eine Art Trance-Zustand. Er sah, wie sich der Himmel öffnete und etwas, das wie ein großes Tischtuch aussah, an seinen vier Ecken mit Seilen von oben heruntergelassen und auf dem Boden abgesetzt wurde.

Alle Arten von Lebewesen, Reptilien, Vögel und Tiere, die man sich kaum vorstellen kann, befanden sich auf dem Tuch. Da hörte er eine Stimme: „Nur zu, Petrus, schlachte sie und iss sie!"

Petrus wehrte sich heftig: „O nein, Herr, ich habe noch nie in meinem Leben etwas Unreines gegessen. Du weißt, dass uns das nicht erlaubt ist."

Erneut hörte er die Stimme: „Was Gott für rein erklärt hat, kannst du nicht einfach als unrein bezeichnen."

Das geschah drei Mal, dann wurde das Tuch wieder in den Himmel hinaufgezogen.

Petrus verstand nicht, was das Ganze wohl zu bedeuten hatte. Da erschienen die Männer, die Kornelius geschickt hatte, vor der Haustür des Gerbers. Sie hatten sich bis zu dem Haus durchgefragt und riefen nun in das Innere hinein, ob hier ein Simon, den man auch Petrus nannte, wohnen würde. Petrus, der immer noch in Gedanken war, hatte sie nicht gehört. Darum musste der Heilige Geist ihm zuflüstern: „Unten stehen drei Männer vor der Tür, die nach dir fragen. Geh hinunter und folge ruhig ihrer Einladung. Du brauchst dir keine Gedanken zu machen, denn ich selbst habe sie geschickt, um dich zu holen."

Petrus ging hinunter und sagte zu den Männern: „Ich glaube, ich bin der Mann, den ihr sucht. Um was geht es denn?"

Sie erklärten ihm: „Unser Hauptmann Kornelius, ein Mann, der Gott fürchtet und gerecht ist – ihr könnt ruhig jeden Juden in der Gegend fragen –, hat von einem Engel den Auftrag erhalten, Euch in sein Haus einzuladen. Er möchte hören, was Ihr ihm zu sagen habt." Petrus bat sie einzutreten und bewirtete sie.

Eine Grenze fällt (10,23b–48)

Am nächsten Morgen brachen sie gemeinsam auf. Einige seiner Freunde aus Joppe begleiteten Petrus. Tags darauf erreichten sie Cäsarea, wo sie bereits von Kornelius erwartet wurden. Für dieses erste Zusammentreffen hatte er alle seine Verwandten und seine engsten Freunde in sein Haus gebeten. Als Petrus eintrat, lief ihm Kornelius entgegen und begrüßte ihn mit einer tiefen Verbeugung als Zeichen seiner Verehrung. Petrus schüttelte den Kopf und richtete den Hauptmann auf: „Was denkt Ihr nur?! Ich bin genauso ein Mensch wie Ihr!"

Während sie sich unterhielten, gingen sie ins Haus. Petrus war überrascht, wie viele Menschen zusammengekommen waren. In diesem Augenblick schien es ihm wichtig, der ganzen Versammlung zu erklären: „Sicher wisst ihr, dass das, was ich hier tue, gegen unsere Vorschriften verstößt. Wir Juden dürfen nun mal keinen Kontakt mit Angehörigen eines anderen Volkes haben, geschweige denn, sie selbst zu besuchen. Doch Gott hat mir gezeigt, dass wir uns über kein Volk erheben sollten und mit jeder Rasse zusammenkommen dürfen. Daher ging ich auch sofort und ohne Zögern mit, nachdem ich gebeten worden war, hierherzukommen. Doch nun würde ich gerne wissen, warum ihr mich habt kommen lassen."

Kornelius entgegnete darauf: „Vor vier Tagen war ich ungefähr zur gleichen Zeit wie jetzt zu Hause und betete. Da stand plötzlich ein Mann in einem hellleuchtenden langen Gewand vor mir und sagte: ‚Deine Gebete und dein liebevoller Umgang mit anderen Menschen haben Gottes besonderes Interesse auf dich gelenkt. Er möchte, dass du ein paar Leute nach Joppe sendest und Simon, den alle Petrus nennen, zu dir kommen lässt. Er wohnt bei Simon, dem Gerber, dessen Haus unten am Meer steht.'

Sogleich habe ich jemanden zu dir geschickt. Und du bist dann auch tatsächlich gleich mitgekommen. Ja, und jetzt sind wir hier in Gottes Gegenwart, bereit, alles zu hören, was der Herr dir uns zu sagen aufs Herz gelegt hat."

Petrus selbst war tief beeindruckt vom offensichtlichen Wirken Gottes. Und so begann er, über das zu sprechen, was ihm gerade aufgegangen war: „Freunde, begreift ihr, was das alles bedeutet? Gott hat heute ein ganz klares Zeichen gesetzt, dass er weder auf die Person noch auf irgendeine Volkszugehörigkeit sieht, sondern dass ihm aus jedem Volk jeder willkommen ist, der ernsthaft mit ihm leben will und bereit ist, seinen Willen im Leben umzusetzen. Die Botschaft, die er den Kindern Israels zukommen ließ, gilt nun überall und jedem: Durch Jesus Christus, den Herrn aller Menschen, haben wir Frieden mit Gott.

Dazu müsst ihr Folgendes wissen, falls es euch nicht ohnehin schon bekannt ist. Begonnen hat alles in Galiläa, nachdem dort ein gewisser Johannes aufgetreten ist und die Menschen dazu aufforderte, ihr Leben zu ändern, weil der Messias bald kommen würde. Und dann erschien Jesus aus Nazaret, ein Mann, der mit dem Heiligen Geist erfüllt war. Er zog durch das ganze Land und half den Menschen, indem er sie heilte und jeden befreite, der vom Satan niedergedrückt wurde. Er war in der Lage, all das zu tun, weil Gott mit ihm war.

Heute können wir all das bezeugen, was er im Land der Juden und in Jerusalem getan hat. Doch genau in dieser Stadt brachte man ihn um; sie ließen ihn durch die Römer ans Kreuz schlagen. Aber drei Tage später wurde er von Gott auferweckt, und viele konnten ihn sehen, bei Weitem aber nicht alle. Er erschien nicht einfach dem ganzen Volk, sondern Gott selbst hat die Augenzeugen sorgfältig vorher ausgewählt. Ja, und das durften wir sein, die wir mit ihm gegessen und getrunken haben, nachdem er vom Tod zurückgekehrt war. Er trug uns auf, diese gute Nachricht nun überall bekannt zu machen. Wir sollen vor den Menschen dafür eintreten, dass er der von Gott bestimmte Richter aller Lebenden und Toten ist. Dabei können wir uns auf zahlreiche Aussagen der Propheten berufen, die diese über ihn gemacht haben. Er ist der Einzige, durch den wir die Vergebung unserer Sünden erhalten können, wenn wir unser ganzes Vertrauen auf ihn setzen."

Petrus wollte noch mehr sagen, doch da kam der Heilige Geist schon auf alle seine Zuhörer herab. Die gläubig gewordenen Juden, die mit Petrus gekommen waren, waren fassungslos. Sie konnten einfach nicht glauben, dass das Geschenk des Heiligen Geistes auch Nichtjuden gemacht wurde. Doch es war ganz offensichtlich so! Sie hörten alle in anderen Sprachen reden und Gott preisen.

Da sagte Petrus: „Gibt es noch irgendetwas, das uns daran hindern könnte, unsere Freunde nun mit Wasser zu taufen, nachdem sie soeben wie wir mit dem Heiligen Geist getauft wurden?" Und er ordnete an, dass sie im Namen Jesu Christi getauft würden. Darauf baten sie Petrus, doch noch einige Tage bei ihnen zu bleiben.

Nicht mehr in Zäunen denken (11,1–30)

11 Die Nachricht von diesem Ereignis erreichte in kürzester Zeit die Leiter und die Gemeinde in Jerusalem, und alle waren erstaunt, dass nun auch Angehörige fremder Völker zum Glauben an Christus gekommen sein sollten. Als Petrus dann nach Jerusalem zurückkehrte, sahen einige Mitglieder der Gemeinde, für die der Glaube an Jesus nur für das auserwählte Volk möglich war, sich doch gezwungen, ihn zur Rede zu stellen. Vorwurfsvoll fragten sie ihn: „Was hast du dir nur dabei gedacht, mit Leuten Gemeinschaft zu pflegen und sogar zu essen, die nicht einmal beschnitten sind?!"

Da erzählte ihnen Petrus der Reihe nach, wie es zu dieser Entwicklung gekommen war: „Als ich neulich in Joppe betete, fiel ich in eine Art Trance und sah eine Vision: Irgendetwas, das wie ein riesiges Leintuch aussah und an seinen vier Ecken mit Seilen befestigt war, wurde vom Himmel herabgelassen und direkt vor mir abgesetzt. Vor mir krabbelte alles durcheinander: Nutztiere, Wild, Reptilien, Vögel – so ziemlich alle möglichen Arten. Während ich sie noch fasziniert betrachtete, sagte eine Stimme zu mir: ‚Nur zu, Petrus, schlachte sie und iss!' Ich erwiderte: ‚O nein, Herr, ich habe noch nie in meinem Leben etwas Unreines gegessen. Du weißt, dass uns das nicht erlaubt ist!' Die Stimme entgegnete darauf: ‚Was Gott für rein erklärt hat, kannst du nicht einfach als unrein bezeichnen.' Das geschah dreimal, dann wurde das Tuch wieder in den Himmel hinaufgezogen.

Genau in diesem Augenblick erschienen die drei Männer vor dem Haus, in dem ich wohnte, um mich nach Cäsarea zu bringen. Der Heilige Geist gab mir zu verstehen, dass ich mit ihnen gehen könnte, ohne die geringsten Bedenken haben zu müssen. Also ging ich mit ihnen, begleitet von sechs meiner Freunde, und betrat das Haus des Mannes, der mich hatte holen lassen. Dieser erzählte uns, dass er einen Engel gesehen hatte, dessen einzige Nachricht lautete: ‚Sende jemand nach Joppe, und bitte einen gewissen Simon, den man auch Petrus nennt, zu kommen. Er wird euch etwas mitteilen, das euer Leben retten wird – euer Leben und das all derer, die zu dir gehören.'

Ich begann zu reden, doch kaum hatte ich ein paar Sätze gesagt, da kam der Heilige Geist auf sie herab, genau so, wie er es auch bei uns getan hat. Da fielen mir die Worte Jesu wieder ein: ‚Johannes hat mit Wasser getauft, ihr aber werdet mit dem Heiligen Geist getauft werden.' Daher frage ich jetzt euch: Wenn Gott ihnen genau das gleiche Geschenk gemacht hat wie uns, als wir zum Glauben an unseren Herrn Jesus Christus gekommen sind, wer bin ich, dass ich ihn daran hätte hindern können?"

Als sie alles so ausführlich erzählt bekommen hatten, beruhigten sie sich wieder, ja, sie begannen sogar, nach einiger Zeit Gott zu loben und zu preisen. „Wir begreifen es zwar nicht, aber offensichtlich hat Gott den nichtjüdischen Völkern den Weg zum Leben eröffnet!"

Natürlich war diese Erkenntnis noch nicht Allgemeingut. Alle, die durch die Verfolgung nach dem Tod von Stephanus in alle Winde zerstreut worden waren und dabei sogar bis Phönizien, Zypern und Antiochien kamen, sprachen und verkehrten nur mit Juden. Doch dann begannen einige Männer, die von Zypern und Kyrene stammten und als Missionare nach Antiochia gekommen waren, mit der griechischen Bevölkerung Kontakt aufzunehmen und die Frohe Botschaft von Jesus Christus an sie weiterzugeben. Und Gott bestätigte ganz offensichtlich ihr Vorgehen, denn viele Menschen kamen durch sie zum Glauben und setzten ihr ganzes Vertrauen auf Jesus.

Als die Jerusalemer Gemeinde über diese Entwicklung informiert wurde, sandte sie Barnabas nach Antiochien, damit dieser dort nach dem Rechten sah. Als er dort ankam, erkannte er sehr schnell, dass Gottes Gnade greifbar am Werk war. Darüber konnte er sich nur freuen. Er sorgte sich lediglich darum, dass dieser Aufbruch nachlassen könnte. Darum ermutigte er alle, Jesus von ganzem Herzen treu zu bleiben, so wie sie es sich am Tag ihrer Umkehr vorgenommen hatten. Barnabas selbst war ein großartiger Mann, voller Begeisterung und Vertrauen in die Wege, die der Heilige Geist vorgab. Und so wuchs die Gemeinde in Antiochia. Barnabas selbst entwickelte sich immer mehr zu einem Mann des Glaubens, der mit dem Heiligen Geist erfüllt war. Durch ihn begannen viele Menschen, an Jesus zu glauben. Daraufhin reiste Barnabas nach Tarsus, um Saulus aufzusuchen. Er fand ihn und gemeinsam fuhren sie zurück nach Antiochia. Dort waren sie ein ganzes Jahr zusammen in der dortigen Gemeinde tätig und lehrten die wachsende Zahl der Gläubigen. Übrigens war Antiochia die Stadt, in der man die Jünger zum ersten Mal „Christen" nannte.

Etwa um die gleiche Zeit kamen auch einige Propheten aus Jerusalem nach Antiochia. Einer von ihnen – sein Name war Agabus – erhob sich eines Tages während der Versammlung und kündigte der Gemeinde eine schwere Hungersnot an, die schon sehr bald das ganze Land heimsuchen würde. Der Heilige Geist hatte ihm dies gezeigt. Daraufhin beschlossen die Jünger, schon im Vorfeld alles nur Mögliche zu tun, um den Gemeinden in Judäa zu helfen, in der kommenden Notzeit noch Getreide kaufen zu können. Jeder gab, soviel er konnte, und es kam eine stattliche Summe zusammen. Barnabas und Saulus wurden nun beauftragt, das gesammelte Geld den Leitern der

Jerusalemer Gemeinde auszuhändigen. Die Hungersnot brach dann tatsächlich wenig später unter der Herrschaft des Kaisers Claudius aus.

Von offenen und geschlossenen Toren (12,1–19)

12 Die Zeit, in der man die Gemeinde halbwegs in Ruhe gelassen hatte, war mit einem Mal zu Ende. Dieses Mal war es König Herodes, der aus heiterem Himmel einige Mitglieder der Gemeinde verhaften und misshandeln ließ. Ja, er ließ sogar Jakobus, den Bruder des Johannes, kurzerhand enthaupten. Als er sah, wie sehr das den führenden Juden in Jerusalem gefiel, ließ er auch Petrus festnehmen. Da aber das Passahfest unmittelbar bevorstand, konnte er diesem nicht sofort den Prozess machen, sondern musste sich bis zum Tag nach dem Fest gedulden. Damit Petrus ihm aber für diesen Schauprozess auch tatsächlich zur Verfügung stand, ließ er ihn nicht nur ins Gefängnis werfen und dort anketten, sondern auch noch von vier Wachabteilungen zu je vier Soldaten bewachen. (Für Petrus gab es also – menschlich gesehen – keine Chance mehr, aus dem Gefängnis he-rauszukommen.) Trotzdem oder gerade deswegen betete die Gemeinde mit aller Kraft für ihn.

Die Nacht vor dem Schauprozess kam. Am nächsten Tag wollte Herodes Petrus öffentlich vorführen lassen. Dieser aber schlief fest, angekettet zwischen zwei Soldaten. Außerdem gab es noch die üblichen Gefängniswachen. Plötzlich wurde es in dem Verlies ganz hell. Aus dem Licht heraus kam ein Engel auf Petrus zu und stieß ihn an: „Steh auf, beeil dich!“ Sofort fielen die Fesseln von seinen Handgelenken. Der Engel aber drängte weiter: „Schnell, zieh dich an! Vergiss auch die Schuhe nicht!“ Petrus tat alles wie ein Schlafwandler. Noch einmal musste der Engel ihm sagen: „So, und jetzt nimm deinen Mantel und dann halte dich dicht hinter mir!“ Petrus folgte ihm, aber er hatte das Gefühl, dass er träumte. Nachdem sie die erste Wache und dann die zweite passiert hatten, erreichten sie das eiserne Tor, das in die Stadt führte. Da schwang das Tor ganz von alleine vor ihnen auf und unvermittelt standen sie draußen auf der Straße. Sie gingen noch eine Gasse weiter, da verließ ihn der Engel. Erst jetzt merkte Petrus, dass es kein Traum war. „Ich fasse es nicht, das Ganze ist ja wirklich passiert! Der Herr hat mir tatsächlich einen Engel geschickt, um mich aus der Hand von Herodes zu befreien und vor der Hinrichtung zu bewahren, die sich das jüdische Volk erhofft hat."

Während er versuchte, seine Befreiung zu begreifen, ging er weiter und erreichte schließlich das Haus von Maria, der Mutter des Johannes Markus. Hier hatten sich viele Mitglieder der Gemeinde zum Gebet versammelt. Als Petrus an das Hoftor klopfte, kam eine junge Frau mit Namen Rhode, um nachzusehen, wer da so spät nachts noch hereinwollte. Aber als sie die Stimme von Petrus erkannte, war sie so aufgeregt und voller Freude, dass sie völlig vergaß, das Tor zu öffnen. Sie rannte ins Haus und erzählte allen, Petrus sei zurückgekommen.

Natürlich glaubte ihr niemand ein Wort: „Du siehst Gespenster." Doch sie ließ sich nicht davon abbringen, die Stimme von Petrus erkannt zu haben. Aber niemand nahm es ihr ab. Um sie nicht völlig dumm dastehen zu lassen, meinten einige: „Vielleicht war es ja sein Engel." Und während der ganzen Zeit stand Petrus draußen auf der Straße und klopfte immer noch an das Tor.

Endlich öffneten sie es, erblickten ihn und waren außer sich vor lauter Freude. Petrus hob schließlich die Hand und beruhigte sie ein wenig. Dann beschrieb er, wie ihn der Herr aus dem Gefängnis herausgeholt hatte. Schließlich meinte er: „Erzählt Jakobus und den anderen Brüdern, was passiert ist." Daraufhin verließ er sie und zog sich an einen unbekannten Ort zurück.

Als der Tag anbrach, war das Gefängnis in heller Aufregung. „Wo ist Petrus? Was ist mit Petrus passiert?" Als Herodes ihn kommen lassen wollte und die Wachen ihn weder vorführen konnten noch eine Erklärung dafür hatten, warum er nicht mehr in ihrem Gewahrsam war, wurden sie sofort zur Bestrafung abgeführt. Herodes selbst zog sich aus Judäa zurück und residierte von da an bis zu seinem baldigen Ende in Cäsarea.

Der Tod des Herodes (12,20–25)

Dort fand er sogleich etwas Neues, auf das er nun seinen Zorn richten konnte. Er war wütend auf die beiden Hafenstädte Tyros und Sidon und hätte sie am liebsten angegriffen. Doch diesen gelang es gemeinsam, Blastus, die rechte Hand des Königs, auf ihre Seite zu ziehen und ihn dafür zu gewinnen, sich für eine friedliche Lösung einzusetzen. Sie waren zwar reich, besaßen aber kein Hinterland und waren deshalb darauf angewiesen, aus dem Herrschaftsgebiet von Herodes Lebensmittel zu beziehen. Es wurde ein Abkommen ausgehandelt, das in einem feierlichen Akt dem Volk verkündet werden sollte. Herodes zog sich dafür ein besonders prachtvolles Gewand an, stieg auf die Rednerbühne und hielt eine große Rede an das Volk. Die Leute schmeichelten ihm und schrien: „Da spricht kein Mensch mehr. Das ist die Stimme Gottes!"

Das hätte Herodes niemals zulassen dürfen. Er sonnte sich in einer Verehrung, die nur Gott alleine zustand. Jetzt war das Maß voll, und Gott sandte im selben Augenblick einen Engel, der ihn bestrafte. Von Würmern zerfressen starb er einen elenden Tod.

Doch wie anders erging es da dem Wort Gottes: Überall wuchsen und blühten Gemeinden auf. Barnabas und Saulus, die damals die Spenden der Jerusalemer Gemeinde gebracht hatten, kehrten nun nach Antiochia zurück. Dieses Mal nahmen sie Johannes mit, der auch Markus genannt wurde.

Eifersucht macht blind (13,1–12)

13 Die Gemeinde in Antiochia war mit einer Reihe prophetischer Prediger und Lehrer gesegnet, darunter Barnabas, Simon mit Beinamen Niger, Luzius aus Kyrene, Manaën, ein Jugendfreund von Herodes, und Saulus.

Eines Tages – sie fasteten gerade, weil sie auf Gottes Führung warteten – sprach der Heilige Geist während des Gottesdienstes zu ihnen:

„Stellt Barnabas und Saulus frei und lasst sie das tun, was ich ihnen auftragen werde."

Das taten sie auf der Stelle. In dieser Atmosphäre des Fastens und des intensiven Gebetes legten sie den beiden die Hände auf und entließen sie für ihre neue Aufgabe.

Und der Heilige Geist zeigte ihnen, wo er sie einsetzen wollte. So gingen Barnabas und Saulus hinab nach Seleuzia und bestiegen ein Schiff nach Zypern. Johannes war mit ihnen gegangen, um ihnen zu helfen, wann immer es nötig war. Kaum waren sie in Salamis gelandet, suchten sie die dortigen Synagogen auf, um den Juden Gottes Frohe Botschaft zu verkünden.

Dann durchwanderten sie die Insel der Länge nach, bis sie nach Paphos kamen. Dort stießen sie auf einen jüdischen Zauberer und falschen Propheten namens Barjesus, der sich das Vertrauen des Gouverneurs Sergius Paulus erschlichen hatte. Da der Gouverneur klug und an allem interessiert war, lud er Barnabas und Saulus zu sich ein, um von ihnen aus erster Hand das Wort Gottes zu hören. Doch das passte dem jüdischen Magier nicht, und so versuchte er mit allen Mitteln, den Gouverneur davon abzuhalten, diesen neuen Glauben kennenzulernen. Saulus, den seine Gefährten schon seit einiger Zeit „Paulus" nannten, trat dem Zauberer jedoch entgegen. Erfüllt mit dem Heiligen Geist, blickte er ihn scharf an und stellte ihn zur Rede: „Du Ausgeburt an Bosheit und Verschlagenheit, du Handlanger des Teufels, wann wirst du endlich aufhören, die geraden Wege Gottes durchkreuzen zu wollen? Du bist gegen Gott selbst angetreten und das hat für dich schlimme Folgen. Du wirst jetzt blind werden und für geraume Zeit kein Sonnenlicht mehr sehen." Augenblicklich senkte sich Dunkelheit auf Barjesus herab und er stolperte umher. Laut bat er darum, dass ihn jemand an der Hand nehmen und hinausführen würde.

Als der Gouverneur sah, was da vor seinen Augen passiert war, dass dieser Gott tatsächlich Wunder vollbrachte, kam er zum Glauben. Er war voller Begeisterung über alles, was sie ihm von Jesus erzählten.

Im kleinasiatischen Antiochia (13,13–52)

In Paphos bestieg Paulus mit seinen Begleitern ein Segelschiff und fuhr nach Perge in Pamphylien. Zuvor hatte Johannes sich von ihnen getrennt und war nach Jerusalem zurückgekehrt. Von Perge aus wanderten die Übrigen bis nach Antiochia in Pisidien.

Am Sabbat gingen sie dort in die Synagoge und setzten sich. Nachdem aus der Heiligen Schrift vorgelesen worden war, fragte sie der Vorsitzende der Versammlung: „Freunde, habt ihr irgendetwas, das ihr uns mitteilen wollt? Vielleicht ein Wort der Ermutigung?"

Paulus erhob sich, bat mit einem Handzeichen um Ruhe und begann: „Israeliten, Freunde, die ihr Gott fürchtet, ich möchte euch etwas sagen. Ihr wisst, welche Geschichte Gott mit unseren Vorfahren begonnen hat: Er holte unser Volk Israel durch mächtige Zeichen aus der ägyptischen Sklaverei heraus. Er sorgte während der vierzig Jahre, die sie durch die Wüste zogen, für sie und nachdem er sieben feindliche Völker vertrieben hatte, gab er ihnen deren Land Kanaan für etwa vierhundertfünfzig Jahre in ihren Besitz.

Bis zu dem Propheten Samuel leitete Gott das Volk durch Richter. Doch dann verlangten unsere Vorfahren einen König, und Gott gab ihnen Saul, den Sohn des Kisch aus dem Stamme Benjamin. Nachdem Saul vierzig Jahre regiert hatte, nahm Gott ihm den Thron und setzte an seiner Stelle David als König ein. Über ihn sagte Gott: ‚Ich habe in David, dem Sohn Isais, einen Mann nach meinem Herzen gefunden. Er wird alles, was ich mir wünsche, erfüllen.'

Aus den Nachkommen dieses David hat Gott den Retter Israels hervorgebracht, wie er es von Anfang an versprochen hat: Jesus aus Nazaret. Auf ihn hat Johannes hingewiesen, als er die Menschen durch ihre Umkehr und die Taufe auf sein Kommen vorbereitete. Gegen Ende seines Auftretens hatte er gesagt: ‚Glaubt ihr vielleicht, ich sei der Eine, auf den alle warten? Nein, ich bin es nicht. Der, auf den ihr so viele Jahre gewartet habt, ist bereits mitten unter euch. Ich bin es nicht einmal wert, ihm die Riemen seiner Sandalen zu lösen.'

Liebe Brüder und Schwestern, Nachkommen Abrahams, und ihr,

denen Gott im Leben alles bedeutet, diese Frohe Botschaft unserer Errettung wurde uns anvertraut, damit wir sie euch bringen dürfen. Die Juden und ihre führenden Köpfe in Jerusalem haben den Messias nämlich nicht erkannt und ihn stattdessen zum Tode verurteilt. Und das, obwohl sie Sabbat für Sabbat hören konnten, was die Propheten über ihn gesagt haben. Sie hatten zwar gegen ihn nicht das Geringste in der Hand, konnten aber Pilatus doch dazu bringen, ihn hinrichten zu lassen. Als sie endlich all das ausgeführt hatten, was die Propheten über sie vorausgesagt haben, wurde er vom Kreuz abgenommen und in ein Grab gelegt. Doch Gott hat ihn nicht dort gelassen, er weckte ihn vom Tod auf. So erschien er an mehreren Tagen denen, die mit ihm von Galiläa bis nach Jerusalem durch das Land gezogen waren. Diese Leute sind es, die nun überall den Menschen bezeugen, dass Jesus lebt.

Und wir sind heute hier, um euch eine wirklich gute Nachricht zu bringen: Was Gott unseren Vätern versprochen hat, ist für die Kinder Wirklichkeit geworden – für uns. Er ließ Jesus von den Toten auferstehen, genau wie es im zweiten Psalm beschrieben ist: ‚Mein Sohn, heute habe ich dich gezeugt! Das heißt: Heute bist du zum Leben gekommen.'

Als er ihn vom Tod zurückholte, geschah dies ein für alle Mal. Sein Sohn sollte nicht in irgendeinem Grab verwesen. Darum hat ja Jesaja gesagt: ‚Ich werde auf ihn allen Segen legen, den ich David versprochen habe.' Noch genauer drückt es der Psalmist aus: ‚Du wirst deinen Heiligen niemals die Verwesung erleben lassen.'

David war damit nicht gemeint; nachdem er seinen Auftrag auf dieser Erde erfüllt hatte, ging er heim zu seinen Vätern. Sein Körper wurde in ein Grab gelegt und verweste wie alle vor ihm. Doch der, den Gott auferweckt hat, hat niemals die ‚Verwesung erlebt'. Ich möchte, dass ihr, liebe Freunde, eines wisst: Durch diesen Auferstandenen habt ihr wirklich die Vergebung aller eurer Sünden erhalten. Durch seinen Tod und seine Auferstehung befreit euch Jesus auch von all dem, was nach dem Gesetz des Mose niemals wiedergutgemacht werden könnte. Es geht einzig darum, dass jeder diesem auferstandenen Jesus von ganzem Herzen vertraut. Dann darf er fest mit seinem Freispruch rechnen.

Darum seid vorsichtig, dass die Worte des Propheten nicht auf euch zutreffen: ‚Ich warne euch, die ihr alles ablehnt, was ich euch zugedacht habe. Ihr werdet euch noch wundern, was ich in euren Tagen tun werde. Ihr werdet es nicht glauben, wenn ihr es hört. Und genau das wird euer Verhängnis sein.'"

Als die Versammlung vorüber war, wurden Paulus und Barnabas eingeladen, am nächsten Sabbat wieder zu predigen. Nach diesem Treffen schlossen sich eine ganze Reihe von Juden und solche, die zum Judentum übergetreten waren, Paulus und Barnabas an. Beide ermutigten sie in langen Gesprächen, an dem festzuhalten, womit sie bereits begonnen hatten: dem Leben in und durch die Gnade Gottes.

Als der nächste Sabbat anbrach, kam praktisch die gesamte Stadt zusammen, um das Wort Gottes zu hören. Als nun einige der Juden die Menschenmenge sahen, packte sie die Eifersucht, und sie fingen an, allem, was Paulus und Barnabas vorbrachten, zu widersprechen und es lächerlich zu machen.

Doch Paulus und Barnabas ließen sich in keiner Weise davon beeindrucken. Mutig und offen sprachen sie die Störenfriede direkt an: „Es ist keine Frage, wem wir zuerst das Wort Gottes zu verkünden haben: euch Juden! Wenn ihr es aber ablehnt und damit gleichzeitig sagt, dass ihr an dem Leben, das Gott euch schenken möchte, nicht im Geringsten interessiert seid, dann wenden wir uns selbstverständlich an die Nichtjuden. Jesus ist nicht nur für uns Juden gekommen. Sein Auftrag geht weit über unser Volk hinaus, wie ihr selbst beim Propheten Jesaja nachlesen könnt: ‚Ich mache dich zum Licht der Heiden, damit du Rettung bis an die äußersten Grenzen der Welt bringen kannst.'"

Als die Nichtjuden das hörten, konnten sie ihr Glück kaum fassen. Sie dankten Gott dafür, dass er schon immer an sie gedacht hatte. An diesem Tag kam eine große Zahl von ihnen zum Glauben an Jesus und erhielt ewiges Leben. Und die Botschaft von der Erlösung verbreitete sich rasch in der ganzen Gegend.

Einige Juden überzeugten unterdessen hochangesehene, fromme Damen und führende Männer der Stadt davon, wie gefährlich dieses neue Gedankengut sei. Von solchen Gedanken aufgeschreckt wandten sie sich gegen Paulus und Barnabas und zwangen sie, ihr Gebiet zu verlassen. Paulus und Barnabas nahmen nichts mit aus dieser Stadt, keine Enttäuschung, ja nicht einmal den Staub auf ihren Schuhen. Sie waren so erfüllt mit dem Heiligen Geist, dass sie sich über all das nur freuen konnten. So zogen sie weiter in die nächste Stadt, Ikonion.

Eine seltsame Allianz (14,1–7)

14 Als sie nach Ikonion kamen, gingen sie, wie sie es immer taten, zunächst in die Synagoge und verkündeten dort die Frohe Botschaft. Was sie sagten, überzeugte die Juden genauso wie die Nichtjuden, und es kamen sehr viele von ihnen zum Glauben an Jesus. Doch die Juden, die sich gegen alles wehrten, was mit diesem Namen zu tun hatte, begannen, bei den nichtjüdischen Stadtbewohnern Misstrauen und Argwohn gegen Paulus und Barnabas zu säen. Das konnte die beiden Apostel jedoch nicht daran hindern, solange es ihnen möglich war, vom Leben in der Gnade Gottes zu sprechen. Und ihr Mut wurde belohnt. Gott bestätigte ihre Worte durch Zeichen und Wunder.

Es kam, wie es kommen musste: Die Bevölkerung der Stadt teilte sich in zwei Lager. Die einen hielten zu den Aposteln, die anderen ergriffen Partei für die Juden. Durch sie kam es zu einer höchst eigenartigen Verbindung: Führende Juden taten sich mit Nichtjuden zusammen, um beide Apostel in einem Handstreich zu ergreifen, zu foltern und anschließend zu steinigen. Als Paulus und Barnabas von dem Komplott erfuhren, verließen sie die Stadt, so schnell sie konnten. In Lykaonien gab es noch andere Städte wie Lystra, Derbe und deren Umland, in die sie gehen konnten, um die frohmachende Botschaft von der liebevollen Herrschaft Gottes zu verkünden.

Ein halbtoter Götterbote (14,8–20)

In Lystra gab es einen Mann, der von Geburt an gelähmt war. Er hörte Paulus besonders aufmerksam zu. Das blieb auch dem Apostel nicht verborgen. Er spürte, wenn er ihn ansah, wie der Glaube, Gott könnte ihn heilen, förmlich in ihm wuchs. Da befahl Paulus ihm so laut, dass es jeder hören konnte: „Steh auf, stell dich auf deine Füße!“ Sofort sprang der Mann auf und lief vor den Augen aller umher.

Als die Menschen sahen, was Paulus getan hatte, gerieten sie außer sich und schrien in ihrem lykaonischen Dialekt: „Die Götter sind herabgestiegen! Diese Männer sind Götter!“ Sie nannten Barnabas „Zeus“ und Paulus hielten sie für den Götterboten „Hermes“ (weil Paulus derjenige war, der von den beiden am meisten redete ...). Der Priester des örtlichen Zeus-Heiligtums ließ sofort eine Prozession mit Opfertieren, Fahnen und Kränzen zusammenstellen und führte die Menge zu den Toren der Stadt, um eine große Opferfeier zu veranstalten.

Als Barnabas und Paulus begriffen, was da vor sich ging, verloren sie für einen Moment die Beherrschung. Sie rissen sich als Zeichen ihres verzweifelten Zorns ihr Obergewand vor der Brust auf, sprangen mitten unter die Leute, die sie gerade als Götter verehren wollten, und schrien, so laut sie konnten: „Halt! Was macht ihr denn da?! Wir sind doch keine Götter! Wir sind genauso Menschen wie ihr, und wir möchten euch nur die Frohe Botschaft bringen, dass ihr euch nicht länger für Götter abplagen müsst, die gar keine sind. Uns ist wichtig, dass ihr euch dem lebendigen Gott zuwendet, der alles hier, den Himmel, die Erde, das Meer und alles, was lebt, erschaffen hat.

In der Vergangenheit hat Gott die verschiedenen Nationen – auch euch – ihren eigenen Weg gehen lassen. Doch auch ihr habt schon genügend Hinweise auf ihn selbst erhalten, war er es doch, dessen Sorge um euch ihr Tag für Tag erfahren konntet. Er ist es gewesen, der euch den Regen geschickt und damit euer Land fruchtbar gemacht hat. War nicht in allem Gott der Grund eurer Freude und Dankbarkeit? Sie redeten und redeten und konnten die Menschen doch nur mit äußerster Mühe davon abhalten, sie als Götter mit Opfern zu verehren.

Da kamen einige Juden aus Antiochia und Ikonion und brachten durch ihr Gerede das Volk gegen sie auf. Sie steinigten daraufhin Paulus und schleiften ihn aus der Stadt hinaus. Da sie ihn für tot hielten, ließen sie ihn einfach dort liegen. Doch als sich die jungen Christen um ihn drängten, kam er wieder zu Bewusstsein und stand auf. Er ging in die Stadt zurück, verließ sie aber am nächsten Tag, um mit Barnabas nach Derbe weiterzuziehen.

Rückkehr durch wohlbekannte Orte (14,21–28)

Nachdem sie auch in Derbe die Frohe Botschaft verkündet und eine große Gemeinschaft von Jüngern gebildet hatten, gingen sie ihren ursprünglichen Weg wieder zurück: erst Lystra, dann Ikonion, schließlich Antiochia. In diesen Orten stärkten sie die jungen Gemeinden und ermutigten jeden Einzelnen, an dem festzuhalten, was er zu glauben begonnen hatte. Vor allem dann, wenn es einmal hart auf hart käme, sollten sie niemals aufgeben. Sie versprachen ihnen kein Paradies auf Erden: „Jeder, der sich unter die Herrschaft Gottes gestellt hat, muss damit rechnen, immer wieder harte Zeiten durchleben zu müssen."

Damit die Gemeinden in solchen schweren Zeiten nicht auseinanderbrachen, sorgten Paulus und Barnabas dafür, dass sie gute Leiter bekamen. Diese bestimmten sie aber erst nach langem Gebet und Fasten. Alle neuen Leiter wurden unter den besonderen Schutz des Herrn gestellt, dem zu vertrauen sie gerade erst begonnen hatten.

Von Antiochia aus zogen sie weiter durch Pisidien und kamen so nach Pamphylien. Dort predigten sie vor allem in Perge. Von dort war es nicht mehr weit bis Attalia, von wo aus sie ein Schiff nahmen und nach Antiochia zurückkehrten. Endlich waren sie nach getaner Arbeit heil an den Ort zurückgekehrt, von dem aus sie viele Monate zuvor durch die Gnade Gottes aufgebrochen waren.

Kaum waren sie angekommen, versammelte sich die ganze Gemeinde, um zu hören, wie Gott durch sie gewirkt hatte. Und Paulus und Barnabas erzählten alles, was Gott an ihnen und durch sie getan hatte und wie durch sie vor allem für die nichtjüdischen Völker das Tor zum Glauben weit geöffnet worden war. Und sie blieben für eine längere, erholsame Zeit in der Christengemeinde von Antiochia.

Keine neuen Hindernisse! (15,1–34)

15 Es dauerte nicht lange, da kamen einige Judenchristen aus Judäa in die Gemeinde von Antiochia, die darauf bestanden, dass jeder beschnitten werden müsste: „Wenn ihr euch nicht nach den Vorschriften des Mose beschneiden lasst, könnt ihr nicht gerettet werden." Das konnten Paulus und Barnabas auf keinen Fall so stehen lassen und so protestierten sie vehement gegen eine solche Vorgehensweise. Da sich die Fronten verhärteten, entschied die Gemeindeleitung, dass diese wichtige Angelegenheit den Aposteln in Jerusalem vorgelegt werden sollte. Paulus, Barnabas und noch einige andere aus der Gemeinde wurden beauftragt, sofort nach Jerusalem zu reisen.

Nachdem man sie verabschiedet hatte, zogen sie durch Phönizien und Samarien, und überall, wo sie auf junge Gemeinden trafen, erzählten sie diesen, wie offen vor allem die nichtjüdischen Völker für den Glauben an Jesus waren. Und überall zeigten die Glaubensgeschwister nur eines: rückhaltlose Freude.

Als sie Jerusalem erreichten, wurden sie von der Gemeinde, den Aposteln und Ältesten freundlich aufgenommen. Sogleich berichteten Paulus und Barnabas von ihrer Reise und wie Gott sie gebraucht hatte, um gerade auch den Nichtjuden einen Weg zum Glauben zu eröffnen. Einige Pharisäer, die zwar Christen geworden waren, aber immer noch nicht die Haltung abgelegt hatten, dass das Heil allein im Halten des Gesetzes zu finden sei, forderten unbeirrt: „Ihr müsst die Heiden, die sich zum Glauben bekehren, beschneiden lassen. Ihr müsst dafür sorgen, dass sie das gesamte mosaische Gesetz halten."

Die Apostel und die Ältesten beriefen daraufhin ein besonderes Treffen ein, um Klarheit in dieser schwierigen und folgenschweren Frage zu erlangen. Die Argumente gingen hin und her und die Diskussion wurde immer hitziger. Da stand Petrus auf und ergriff das Wort: „Freunde, ihr wisst doch, dass Gott von Anfang an geplant hatte, mich dafür einzusetzen, dass die nichtjüdischen Völker die Frohe Botschaft hören und zum Glauben kommen. Und Gott, der nicht getäuscht werden kann und der jeden unserer Gedanken kennt, gab ihnen den Heiligen Geist genauso, wie er ihn auch uns gegeben hat. Er hat die Nichtjuden ganz genauso behandelt, wie er uns behandelt hat. Und er hat sie in ihrem Innersten allein dadurch gereinigt, dass sie ihr Vertrauen ganz und gar auf ihn gesetzt hatten.

Warum also wollt ihr jetzt gegen Gott arbeiten, indem ihr diesen neuen Gläubigen Lasten auf den Rücken bindet, die weder unsere Vorfahren noch wir zu tragen vermochten? Wie gut ist es doch, glauben zu dürfen, dass wir allein durch das, was Jesus für uns getan hat, gerettet sind! Sollte die gleiche Großzügigkeit Gottes all den Menschen vorenthalten bleiben, die zufällig nicht dem jüdischen Volk angehören?"

Mit einem Mal war es vollkommen ruhig geworden. Niemand sagte mehr ein Wort. In die Stille hinein berichteten nun Paulus und Barnabas wahrheitsgemäß, welche Zeichen und Wunder Gott durch sie unter den anderen Völkern geschehen lassen hatte.

Als sie ihren Bericht beendet hatten, ergriff Jakobus als Erster das Wort: „Freunde, hört mir zu. Simon hat uns berichtet, wie Gott sich auch aus den nichtjüdischen Völkern ein Volk herausrufen möchte, das seinen Namen kennt. Das stimmt durchaus mit dem überein, was die Propheten bereits angekündigt haben:

‚Danach werde ich zurückkehren;
ich werde das zerstörte Haus Davids wieder aufrichten;
ich werde alle Stücke wieder zusammenfügen;
ich werde es so machen, dass es wieder wie neu aussieht,
damit andere Völker, die meinen Namen hören,

mich suchen werden
und alle einen Platz haben, an den sie kommen können.‘

Gott hat dies vor Urzeiten vorausgesagt, und nun ist er dabei, es in die Tat umzusetzen. Daher lautet meine Entscheidung: Wir sollten auf keinen Fall den nichtjüdischen Menschen, die sich dem Herrn zuwenden, Lasten aufbürden, die nicht notwendig sind. Wir werden ihnen einen Brief schreiben und ihnen darin mitteilen: ‚Seid vorsichtig, dass ihr nicht mit irgendetwas in Berührung kommt, das mit Götzen zu tun hat; geht mit eurer Geschlechtlichkeit nicht willkürlich um.*

Ferner: Esst um eurer jüdischen Glaubensgeschwister willen kein Tier, das nicht ausbluten konnte, vor allem aber verzichtet auf den Verzehr von Blut in jeder Form. Im Übrigen macht euch keine Gedanken um Mose und sein Gesetz. Seit alters her wird es an jedem Sabbat in jeder Stadt verkündet.“

Damit waren alle einverstanden: die Apostel, die Ältesten und die Gemeinde. Sie wählten Judas mit dem Beinamen Barsabbas und Silas aus, Männer, die beide eine leitende Aufgabe in der Gemeinde innehatten, und sandten sie mit Paulus und Barnabas nach Antiochia. Sie gaben ihnen einen Brief mit, in dem Folgendes stand:

„Von den Aposteln und Ältesten, euren Brüdern, an unsere Geschwister in Antiochia, Syrien und Zilizien, die nichtjüdischer Abstammung sind. Wir grüßen euch herzlich.

Wir haben gehört, dass einige Personen aus unserer Gemeinde zu euch kamen und euch Dinge gesagt haben, die euch verwirrt und aufgeregt haben. Seid gewiss, dass sie von uns dazu nicht autorisiert waren; wir haben sie nicht zu euch gesandt. Wir sind übereingekommen, euch zusammen mit euren guten Freunden Paulus und Barna-

---

* Das griechische Wort „porneia“ meint eine ganze Bandbreite von sexuellem Fehlverhalten: vom Verkehr mit Tempeldirnen oder Huren ganz allgemein über Ehebruch bis hin zu inzestuösen Beziehungen.

bas zwei Männer zu schicken, von denen wir wissen, dass sie euer Vertrauen genießen werden. Es handelt sich dabei um Judas und Silas, die für unseren Herrn Jesus ihr Leben eingesetzt haben. Wir senden sie zu euch, um euch sozusagen von Angesicht zu Angesicht zu bestätigen, was wir euch hier schreiben.

Der Heilige Geist hat uns deutlich gemacht, dass euch keinerlei Lasten aufgebürdet werden sollen, bis auf drei Dinge, die wir euch nachdrücklich ans Herz legen wollen: Kauft und verzehrt kein Fleisch, das zuvor bei irgendeinem Götzenkult geopfert wurde; esst um eurer jüdischen Glaubensgeschwister willen kein Tier, das nicht ausbluten konnte, vor allem aber verzichtet auf den Verzehr von Blut in jeder Form. Drittens: Achtet darauf, keine verbotenen sexuellen Beziehungen einzugehen. Wenn ihr euch daran haltet, ist alles in Ordnung. Gott sei mit euch allen!"

Daraufhin wurden Judas und Silas verabschiedet und reisten hinauf nach Antiochia. Als sie dort ankamen, versammelte sich die gesamte große Gemeinde. Ihren Leitern wurde der Brief übergeben. Die Glaubenden waren sehr erleichtert und freuten sich von Herzen. Judas und Silas, die beide gute Prediger waren, ermutigten ihre neuen Freunde mit vielen Worten der Zuversicht und der Hoffnung. Dann war es auch für sie wieder Zeit, nach Jerusalem zurückzukehren. Sie wurden von ihren neuen Freunden mit allen Segenswünschen zu denen zurückgeschickt, die sie zu ihnen gesandt hatten.

Ein handfester Konflikt (15,35–41)

Paulus und Barnabas blieben zunächst in Antiochia und lehrten und predigten das Wort Gottes. Doch sie waren nicht mehr die einzigen, die dies taten. Mittlerweile gab es eine ganze Anzahl von Lehrern und Predigern in der Christengemeinde dieser Stadt. Einige Tage später sagte Paulus zu Barnabas: „Komm, lass uns zurückgehen und all die Freunde in den Städten besuchen, in denen wir das Wort Gottes schon gepredigt haben. Wir wollen sehen, wie es ihnen geht."

Barnabas war einverstanden, wollte aber unbedingt Johannes Markus mitnehmen. Das lehnte Paulus entschieden ab, denn er erinnerte sich nur zu gut daran, wie Johannes sich, vermutlich aus Angst, von ihnen abgesetzt hatte, kaum dass sie in Pamphylien angekommen waren. Da keiner der beiden nachgeben wollte, gingen sie schließlich getrennte Wege: Barnabas nahm Johannes und segelte nach Zypern; Paulus wählte Silas zum Begleiter, und nachdem er von den Brüdern in der Gemeinde der Gnade des Herrn anempfohlen worden war, reiste er nach Syrien und Zilizien, um die dortigen Gemeinden zu stärken und sie weiter in ihrem Glauben zu ermutigen.

Ein geschichtsträchtiger Traum (16,1–15)

16 Zunächst reiste Paulus nach Derbe, dann nach Lystra. Dort traf er einen jungen Christen namens Timotheus, der Sohn einer gläubigen jüdischen Mutter und eines griechischen Vaters. Über ihn hatten sich die Freunde in Lystra und Ikonion schon lobend geäußert. Paulus wollte ihn unbedingt für ihre Missionsreise gewinnen, doch da alle wussten, dass sein Vater Grieche war, hätte er bei den Juden dieser Gegend nur verschlossene Türen vorgefunden. Also ließ Timotheus sich beschneiden, um für die Juden ein Jude zu werden.

Bei ihrer Reise von Stadt zu Stadt gaben sie auch die einfachen Richtlinien weiter, die sie von den Aposteln und Ältesten aus Jerusalem mitbekommen hatten. Es zeigte sich rasch, dass dies äußerst hilfreich war. Tag für Tag nahmen die jungen Gemeinden nicht nur an Glauben zu, sondern auch an Größe.

So kamen sie nach Phrygien und danach in das Gebiet von Galatien. Ursprünglich hatten sie die Absicht, die Provinz Asia zu durchqueren, doch der Heilige Geist hatte andere Pläne. Darum zogen sie weiter in Richtung Mysien, um von dort Richtung Norden nach Bithynien zu reisen. Doch der Geist Jesu verschloss auch diese Möglichkeit. Da wanderten sie weiter an Mysien vorbei und kamen so schließlich hinunter nach Troas, der Hafenstadt am Ägäischen Meer.

In der darauffolgenden Nacht hatte Paulus einen Traum: Ein Mazedonier stand am gegenüberliegenden Ufer und rief über das Meer: „Komm herüber nach Mazedonien und hilf uns!“ Als Paulus aus diesem Traum erwacht war, wusste er, was er zu tun hatte. Wir machten uns sofort an die Arbeit, um die Überfahrt nach Mazedonien vorzubereiten, denn wir waren davon überzeugt, dass Gott uns aufgerufen hatte, den Europäern die Frohe Botschaft zu verkündigen.

Nachdem wir in Troas abgelegt hatten, segelten wir geradewegs auf die Insel Samothrake zu. Schon am nächsten Tag machten wir in Neapolis fest. Wir verließen das Schiff und wanderten nach Philippi, der Hauptstadt dieses Gebietes von Mazedonien. Sie war zur römischen Kolonie mit großen Sonderrechten erhoben worden. Hier verbrachten wir mehrere Tage.

Am Sabbat verließen wir die Stadt und gingen zum Fluss hinab, an dem sich eine kleine jüdische Gebetsstätte befinden sollte. Tatsächlich versammelte sich dort eine kleine Gruppe Frauen, mit denen wir ins Gespräch kamen. Eine Frau, Lydia mit Namen, die aus Thyatira in Kleinasien stammte und mit kostbaren Purpurstoffen handelte, führte ein Gott hingegebenes Leben. An diesem Tag hatte Gott ihr aufs Herz gelegt, ganz besonders auf das zu achten, was dieser Fremde – Paulus – zu sagen hatte.

Die Frohe Botschaft bewegte ihre Herzen und Lydia ließ sich mit allen, die in ihrem Haus waren, taufen. Dann bat sie Paulus: „Wenn ihr überzeugt seid, dass ich nun eine von euch bin und wirklich an den Herrn glaube, dann kommt zu mir in mein Haus und seid meine Gäste.“ Unser Zögern überwand sie mit liebevollem Nachdruck.

Nächtlicher Gesang im Gefängnis (16,16–40)

Eines Tages – wir waren gerade auf dem Weg zu einem Gebetstreffen – begegneten wir einer jungen Sklavin. Sie wurde von einem Wahrsagegeist beherrscht, der es ihr möglich machte, Menschen ihr Schicksal vorauszusagen. Das hatte natürlich ihren Besitzern schon sehr viel Geld eingebracht. Von dieser ersten Begegnung an lief sie Paulus ständig hinterher und lenkte die Aufmerksamkeit der Leute auf uns, indem sie laut rief: „Diese Männer arbeiten für den Allerhöchsten. Sie werden euch den Weg zur Erlösung zeigen." Das tat sie tagelang, bis Paulus schließlich die Geduld ausging und er dem Geist, der sie im Griff hatte, befahl: „Raus mit dir! Im Namen Jesu befehle ich dir, verlass sofort diese Frau!" Und im gleichen Augenblick suchte der Geist das Weite.

Als ihre Besitzer sahen, dass mit dem Geist auch ihre Hoffnungen auf ein einträgliches Geschäft ausgefahren waren, ergriffen sie Paulus und Silas und schleppten beide auf den Marktplatz. Dort übergaben sie sie den Ordnungshütern, damit sie dem Stadtrichter vorgeführt würden. Ihre Anklage lautete: „Diese Männer stören den Frieden in unserer Stadt! Sie sind zwar Juden, verkünden aber Sitten, die weder wir als römische Bürger noch die Juden annehmen dürfen." Es brauchte nicht viel, um die Menge gegen die beiden fremden Männer aufzubringen. Selbst die Richter ließen sich von der aufgeheizten Stimmung der Leute mitreißen und befahlen, Paulus und Silas die Kleidung vom Leib zu reißen und sie öffentlich auszupeitschen.

Nachdem sie brutal verprügelt worden waren, wurden Paulus und Silas ins Gefängnis geworfen. Dabei wurde dem Gefängnisaufseher eingeschärft, sie unter besonders strenger Bewachung zu halten. Und genau das tat er: Er warf sie in die innerste und sicherste Zelle seines Gefängnisses und schloss ihre Füße in den Block ein.

Gegen Mitternacht beteten Paulus und Silas und sangen voller Freude Lieder zu ihrem Gott. Die anderen Gefangenen hörten ihnen verwundert zu. Plötzlich gab es ein gewaltiges Erdbeben. Das Gefängnis wurde bis in die Fundamente erschüttert, die Türen sprangen auf und von den Gefangenen fielen die Fesseln ab.

Der Gefängnisaufseher schreckte aus dem Schlaf auf, und als er sah, dass alle Gefängnistüren weit offen standen, zog er sein Schwert, um sich das Leben zu nehmen. Denn er musste ja annehmen, dass alle Gefangenen geflohen waren und er deshalb sowieso schon so gut wie tot war. Doch Paulus rief so laut er konnte aus dem Verlies: „Tu das nicht! Wir sind noch alle hier. Niemand ist weggelaufen."

Da ließ sich der Gefängnisaufseher Fackeln bringen und lief in das Innere des Gefängnisses. Er zitterte am ganzen Körper, als er vor Paulus und Silas auf die Knie fiel. Er führte sie aus dem Gefängnis heraus und fragte sie: „Ihr Herren, was muss ich tun, um gerettet zu werden?" Sie entgegneten: „Du musst nur von ganzem Herzen auf den Herrn Jesus vertrauen. Dann bist du gerettet, du und deine ganze Familie."

Und sie begannen, ihm und seiner ganzen Familie die Geschichte von Jesus zu erzählen. Niemand ging in dieser Nacht zu Bett. Der Gefängnisaufseher hatte die beiden in sein Haus aufgenommen, die Spuren der Misshandlungen abgewaschen und die Wunden behandelt. Danach ließ er sich sofort taufen – zusammen mit seiner ganzen Familie. Was folgte, war ein Festmahl. Alle saßen um den Tisch und die Freude über Gottes Wirken und den neugewonnenen Glauben machte diese nächtlichen Stunden unvergesslich.

Als der Morgen anbrach, kamen Boten vom Gericht mit der Anweisung, diese beiden Männer einfach zu entlassen. Der Gefängnisaufseher gab diese Botschaft sofort an Paulus weiter: „Das Gericht hat angeordnet, euch freizulassen. Herzlichen Glückwunsch! Ihr könnt euch also wieder frei bewegen. Geht in Frieden!"

Doch so einfach ließ Paulus sich nicht abfertigen. Er erwiderte dem Gerichtsboten: „Ihr habt uns ohne Gerichtsurteil öffentlich auspeitschen lassen, obwohl wir unbescholtene römische Bürger sind. Und nun wollt ihr, dass wir hier ohne jedes Aufsehen verschwinden sollen?! Nicht mit uns! Wenn die Herren Richter möchten, dass wir das Gefängnis verlassen, dann müssen sie schon selbst kommen und uns am helllichten Tag hinausführen."

Als die Gerichtsboten diese Nachricht überbracht hatten, bekamen es die Richter mit der Angst zu tun. Denn hätten sie ein ordentliches Verfahren eingeleitet, wäre ihnen nicht verborgen geblieben, dass Paulus und Silas römische Bürger waren. So eilten sie zum Gefängnis und entschuldigten sich, dann begleiteten sie die beiden persönlich aus dem Gefängnis heraus und baten sie höflich, doch so bald wie möglich weiterzureisen. Als sie das Gefängnis hinter sich gelassen hatten, begaben Paulus und Silas sich direkt zum Haus von Lydia. Dort freuten sie sich über das Wiedersehen mit ihren Freunden, sie ermutigten sie im Glauben, und erst dann machten sie sich auf den Weg in eine andere Stadt.

Thessalonich (17,1–10a)

17 Sie nahmen die Straße, die durch Amphipolis und Apollonia nach Thessalonich führte. Dort gab es eine jüdische Gemeinde, die Paulus aufsuchte, wie er es immer tat, wenn er in eine Stadt kam. Er predigte an drei aufeinanderfolgenden Sabbaten über ausgewählte Texte der Heiligen Schrift, die deutlich machten, dass der Messias den Leidensweg gehen musste, aber auch, dass er auferstehen würde. Schließlich eröffnete er ihnen, dass niemand anderer dieser Messias war als Jesus, von dem er ihnen dann ausführlich erzählte.

Einige von ihnen wurden überzeugt und schlossen sich Paulus und Silas an, darunter auch eine größere Anzahl gottesfürchtiger Griechen und eine ganze Reihe vornehmer Damen aus der Stadt. Das wiederum erregte den Neid der übrigen Juden, denen nun jedes Mittel recht war, um die beiden aus der Stadt zu verjagen. So stellten sie eine Schlägertruppe aus Leuten von der Straße zusammen, die mit Drohungen und falschen Parolen die Menschen verunsichern und einen regelrechten Volksauflauf provozieren sollten.

Schließlich umstellten sie das Haus von Jason, weil sie Paulus und Silas darin vermuteten. Als sie jedoch keinen von beiden in die Hände bekamen, ergriffen sie einfach Jason und seine Freunde und schleppten sie vor die Stadtoberen. Dabei schrien sie hysterisch: „Seht her, das ist Jason mit seinen Komplizen. Er hat es tatsächlich gewagt, die Leute zu beherbergen, die im ganzen Land Unruhe stiften. Sie sind Aufrührer, die sich nicht an die Vorschriften des Kaisers halten. Sie behaupten, dieser Jesus sei der eigentliche König!"

Natürlich sorgte das bei den Stadtoberen und der Volksmenge für Aufregung. Da man aber die eigentlichen Unruhestifter noch nicht gefasst hatte, ließen sie Jason und seine Freunde gegen Kaution wieder frei. Kein Wunder, dass Paulus und Silas noch in derselben Nacht von ihren Freunden aus der Stadt hinausgebracht wurden.

Beröa (17,10b–15)

Man hatte ihnen Beröa als nächstes Ziel empfohlen. Als sie dort eintrafen, nahmen sie sofort Kontakt zu der dortigen jüdischen Gemeinde auf. Dieses Mal wurden sie wesentlich besser behandelt als in Thessalonich. Die Juden nahmen die Botschaft von Paulus mit Begeisterung auf und trafen sich täglich mit ihm, um die Schrift danach durchzugehen, ob sie das, was Paulus sagte, auch bestätigen würde. Eine große Anzahl von ihnen kam zum Glauben an Jesus, darunter auch viele Griechen, Männer wie Frauen, die in der Stadt angesehen waren und großen Einfluss besaßen.

Doch es dauerte nicht lange, da erfuhren die Juden in Thessalonich, dass Paulus schon wieder die Frohe Botschaft verkündete – diesmal in Beröa. Unverzüglich kamen sie auch dorthin und versuchten, die Leute gegen Paulus und seine Gefährten aufzuhetzen.

Doch mit Hilfe seiner Freunde entkam ihnen Paulus auch dieses Mal. Während Silas und Timotheus noch in Beröa blieben, begleiteten ihn einige Freunde bis ans Meer und bestiegen dort mit ihm ein Schiff, das sie nach Athen bringen sollte. Als Paulus in Athen angekommen war, sandte er die Freunde, die bis dahin nicht von seiner Seite gewichen waren, mit einer einzigen Nachricht an Silas und Timotheus zurück: „Kommt nach, so schnell ihr könnt!“

Athen (17,16–34)

Je länger Paulus in Athen auf Silas und Timotheus warten musste, desto mehr wurde sein Herz von einem heiligen Zorn erfüllt: überall nichts als Götterbilder!

Natürlich ging er auch hier in die Synagoge und sprach mit den Juden. Und jeden Tag stellte er sich auf den Markplatz und predigte zu den Menschen, die gerade da waren. Oft wurde er dabei in Diskussionen mit Anhängern des Epikur und der Stoa verwickelt. Einige von ihnen hatten nichts als Verachtung für ihn übrig: „Was ist das bloß für ein Schwätzer!" Doch andere waren von dem, was er über Jesus und die Auferstehung sagte, sehr beeindruckt. „Der muss etwas von Gottheiten wissen, die wir noch nicht kennen. Erzähl uns mehr davon!"

(Um ausgiebig diskutieren zu können verließen sie den Marktplatz) und nahmen Paulus mit vor den Areopag, damit er seine Ansichten in aller Öffentlichkeit vor dem Ältestenrat der Stadt darlegen konnte: „Das ist etwas völlig Neues für uns. Wir haben noch nie so etwas gehört, und wir möchten gerne wissen, was sich dahinter verbirgt und was an dem Ganzen dran ist. Erklär es uns, damit wir es verstehen können." Die Athener und alle Fremden, die sich länger in ihrer Stadt aufhielten, waren bekannt dafür, dass sie andauernd nach dem Allerneuesten Ausschau hielten, um dann gründlich darüber zu diskutieren.

Paulus stellte sich also in die Mitte des Areopags und begann seine Rede: „Männer von Athen, es ist nicht zu übersehen, dass ihr eure Religion sehr ernst nehmt. Als ich vor einigen Tagen nach meiner Ankunft durch eure Stadt ging und mir alle eure Heiligtümer ansah, stieß ich auch auf einen Altar, der die Inschrift trug: ‚Einem unbekannten Gott.' Der, den ihr da verehrt, obwohl ihr ihn gar nicht kennt, von diesem Gott möchte ich euch berichten.

Der Gott, der die Welt und alles in ihr geschaffen hat, der Herr ist über den Himmel und die Erde, lebt nicht in irgendwelchen Heiligtümern, die Menschen errichtet haben. Er braucht auch keine Menschen, die ihn mit irgendetwas versorgen, als könnte er nicht für sich selbst sorgen. Nein, er ist es, der allen Geschöpfen das Leben geschenkt hat. Alle Völker, die auf der Erde leben, haben in ihm ihren Ursprung. Er gab den Menschen Zeit und Lebensraum, damit sie nach ihm suchen können. Und diese Suche ist nicht schwer, ist er uns Menschen doch unfassbar nahe. Denn durch ihn leben und handeln wir. Er umgibt uns mit seiner Liebe. Das hat wohl schon einer eurer Dichter, Epimenides, gespürt, der geschrieben hat: ‚Wir stammen von Gott ab.' Wenn dem so ist, dann muss es doch einleuchtend sein, dass keine noch so kunstvoll aus Gold, Silber oder Stein gefertigte Figur mit Gott gleichgesetzt werden kann, oder?

Gott hat über euren Dienst an toten Götterfiguren hinweggesehen, solange ihr es nicht besser wusstet, doch diese Zeit ist nun vorbei. Der ‚unbekannte Gott' ist nun jedem bekannt, und er ruft einen jeden von uns dazu auf, sein Leben radikal zu ändern. Er hat einen Tag festgesetzt, an dem die gesamte Menschheit für ihre Taten zur Rechenschaft gezogen wird, und zwar von einem Mann, den er vor der ganzen Welt bestätigt hat, indem er ihn von den Toten auferweckte."

Bei den Worten „von den Toten auferweckte" schieden sich die Geister der Zuhörer: Die einen fingen an zu lachen und machten sich über ihn lustig, die anderen aber meinten: „Wir würden gerne mehr darüber hören – ein anderes Mal." Für diesen Tag war es anscheinend genug, darum verließ Paulus die Versammlung. Aber es gab doch einige, die zum Glauben kamen und sich Paulus anschlossen, unter ihnen Dionysius, der dem Areopag angehörte, und eine Frau namens Damaris.

Korinth (18,1–17)

18 Nachdem Paulus längere Zeit in Athen geblieben war, zog er weiter nach Korinth. Dort lernte er Aquila und dessen Frau Priscilla kennen. Aquila war Jude und stammte aus Pontus am Schwarzen Meer. Die beiden waren gerade aus Italien angekommen, nachdem sie und alle anderen Juden durch einen Befehl des Kaisers Claudius aus Rom vertrieben worden waren. Paulus zog zu ihnen und sie arbeiteten zusammen in ihrem gemeinsamen Beruf, der Zeltherstellung. (So blieb ihm nur der Sabbat,) an dem er die Synagoge aufsuchen konnte, um sowohl die Juden als auch die Griechen zum Glauben an Jesus zu führen. Doch erst als Silas und Timotheus aus Mazedonien eintrafen, war Paulus in der Lage, seine gesamte Zeit dem Predigt- und Lehrdienst zu widmen. Er tat alles, um die Juden davon zu überzeugen, dass Jesus tatsächlich der langersehnte Messias Gottes war. Doch die Juden dachten nicht daran, irgendetwas von ihm anzunehmen. Im Gegenteil, sie hatten für ihn nur Ablehnung und Spott übrig. Völlig verärgert hatte Paulus schließlich genug und schüttelte symbolisch den Staub ihrer Synagoge aus seinen Kleidern. „Ihr werdet die Folgen eurer Engstirnigkeit zu tragen haben", sagte er dabei. „Von jetzt an werde ich meine Zeit mit Menschen verbringen, die keine Juden sind."

Daraufhin zog er bei Aquila aus und bei Titius Justus ein, der Gott ernst nahm und dessen Haus unmittelbar neben der Synagoge stand. Doch Paulus' Bemühungen um die Juden waren nicht völlig vergebens, denn Crispius, der Vorstand der Synagoge, fand mitsamt seiner ganzen Familie zum Glauben an Jesus Christus.

Aber auch unter den Korinthern selbst tat sich viel. Je länger sie Paulus zuhörten, desto mehr kamen zum Glauben und ließen sich taufen. Eines Nachts sprach der Herr zu Paulus in einem Traum: „Lass dich nicht einschüchtern und von niemandem durch Drohungen dazu bringen, den Mund zu halten. Egal, was passiert, ich bin bei dir, und niemand wird in der Lage sein, dir in irgendeiner Weise Schaden zuzufügen. Denn in dieser Stadt habe ich bereits ein großes Volk."

Diese Worte ermutigten Paulus so sehr, dass er alles aushielt und volle eineinhalb Jahre in Korinth blieb, um die Bewohner dieser Stadt mit Gott bekanntzumachen.

Das änderte sich erst, als Gallio Gouverneur der Provinz Achaia wurde. Die Juden spannen eine Intrige gegen Paulus und brachten ihn mit folgenden Anschuldigungen vor Gericht: „Dieser Mann verführt die Menschen zu einer Art Gottesverehrung, die völlig gegen das Gesetz ist."

Gerade wollte Paulus ansetzen und sich verteidigen, da unterbrach ihn Gallio und sagte zu den Juden: „Wenn ihr irgendetwas vorgebracht hättet, das auf ein Vergehen oder Verbrechen hindeutet, dann würde ich euch zuhören. Doch was ihr da vorbringt, klingt in meinen Ohren einmal mehr wie eine dieser typisch jüdischen Streitigkeiten über religiöse Fragen, die in endlosen Diskussionen voller Haarspaltereien enden. Wenn es um eure Lehre und euer Gesetz geht, dann kümmert euch gefälligst selbst darum. Ich bin nicht gewillt, über eure Streitfragen zu richten." Nach dieser Erklärung ließ er den Gerichtsplatz räumen.

Da packte die aufgebrachte Menge Sosthenes, der ja Vorsteher der jüdischen Versammlung war, Paulus aber vor dieses Gericht gebracht hatte, und verprügelte ihn direkt vor dem Richterstuhl. Doch Gallio interessierte sich nicht mehr für diesen Fall.

Ephesus (18,18–28)

Nach diesem Vorfall blieb Paulus noch einige Zeit in Korinth, dann aber war es für ihn Zeit, von seinen Freunden Abschied zu nehmen und nach Syrien zurückzukehren. Begleitet wurde er von Priscilla und Aquila, die aber nur bis Ephesus mitfuhren. Bevor er das Schiff in Kenchreä bestieg, ließ er sich jedoch den Kopf aufgrund eines Gelübdes kahl scheren.

In Ephesus verließ Paulus nur kurz das Schiff, um in der Synagoge zu den dortigen Juden zu sprechen. Sie hätten es gern gesehen, wenn er noch länger bei ihnen geblieben wäre, doch Paulus lehnte ab. Als er sich von ihnen verabschiedete, versprach er ihnen jedoch: „So Gott will, komme ich zu euch zurück."

Von Ephesus segelte er nach Cäsarea. Von dort ging er zu Fuß hinauf nach Jerusalem, um der versammelten Gemeinde wenigstens einen Besuch abzustatten, bevor er nach Antiochia weiterreiste, von wo aus diese Missionsreise ihren Anfang genommen hatte.

Nachdem er einige Zeit mit den Christen in Antiochia verbracht hatte, brach Paulus erneut auf, um in Galatien und Phrygien eine Stadt nach der anderen zu besuchen, in denen er schon früher einmal gewesen war, und die dortigen Christen zu ermutigen und zu stärken.

In dieser Zeit nun kam ein Mann namens Apollos nach Ephesus, der ein Jude war, aber aus Alexandria stammte, der großen Stadt am Nildelta. Er war ein hervorragender Redner und kannte sich in den Heiligen Schriften bestens aus. Er hatte das Christentum von Grund auf kennengelernt und war dementsprechend Feuer und Flamme. Alles, was er über Jesus lehrte, stimmte ganz genau – bis auf eines: Er kannte nur die Taufe des Johannes. Und das merkte man, selbst wenn er in der Synagoge mit Vollmacht predigte. Als Priscilla und Aquila ihn so reden hörten, nahmen sie ihn mit zu sich nach Hause und erzählten ihm das, was er ganz offensichtlich über Jesus noch nie gehört hatte.

Als Apollos sich nun entschloss, in die Provinz Achaia zu reisen, segneten ihn seine Freunde in Ephesus und gaben ihm ein Empfehlungsschreiben mit, in dem sie die Christen der anderen Gemeinden baten, ihn mit offenen Armen willkommen zu heißen. Dieses Willkommen zahlte sich aus: Apollos erwies sich mehr und mehr als eine große Hilfe für die Menschen, die durch Gottes unermessliche Güte zum Glauben gekommen waren. Besonders in öffentlichen Diskussionen mit den Juden war er unübertroffen, da er aus den Heiligen Schriften einen überzeugenden Beweis nach dem anderen dafür vorlegte, dass Jesus tatsächlich der Messias war.

Nacharbeit (19,1–10)

19 Während Apollos in Korinth wirkte, war Paulus unterwegs und zog durch das Küstengebirge hinab nach Ephesus. Dort traf er auf die noch recht kleine Gemeinde. Zunächst einmal erkundigte er sich: „Habt ihr den Heiligen Geist empfangen, nachdem ihr zum Glauben gekommen seid?"

„Davon haben wir noch nie etwas gehört, wir wissen ja nicht einmal, dass es so etwas wie einen Heiligen Geist gibt."

„Was für eine Taufe habt ihr denn empfangen?", fragte Paulus.

„Die Taufe des Johannes."

„Das erklärt alles", meinte Paulus, „Johannes rief zu einer Taufe als Zeichen einer radikalen Lebensveränderung auf, damit die Menschen in die Lage versetzt würden, den Einen zu empfangen, der nach ihm kommen würde, nämlich Jesus." Als sie das verstanden hatten, ließen sie sich bereitwillig auf den Namen Jesu taufen. Nach der Taufe legte Paulus ihnen die Hände auf und jeder von ihnen wurde mit dem Heiligen Geist erfüllt. Sie fingen an, prophetisch zu reden und Gott in anderen Sprachen anzubeten. Bei diesem wichtigen Treffen waren etwa zwölf Männer zugegen.

Von da an ging Paulus drei Monate lang regelmäßig in die Synagoge. Er predigte mutig und in aller Offenheit, um sie von dem neuen Leben unter der Herrschaft Gottes zu überzeugen. Doch auch hier begann sich wie üblich der Widerstand zu formieren: Es waren Synagogenmitglieder, die nichts von dem, was Paulus ihnen vermitteln wollte, angenommen hatten. Sie versuchten, den Glauben an Jesus in der Bevölkerung lächerlich zu machen. Auch hier zog Paulus einen Schlussstrich. Er verließ die Synagoge und unterrichtete die zahlreichen Jünger in der Schule eines gewissen Tyrannus. Das tat er zwei Jahre lang und gab so jedem in der Provinz Asia, Juden ebenso wie Griechen, die Möglichkeit, die Botschaft von Jesus Christus zu hören.

Der Name „Jesus" ist keine Zauberformel (19,11–20)

Gott tat durch Paulus machtvolle und völlig außergewöhnliche Dinge. So wurden Menschen, denen man ein Schweißtuch oder ein anderes Stück Stoff auflegte, das mit ihm in Berührung gekommen war, augenblicklich gesund oder von dämonischen Belastungen befreit.

Das zog auch immer wieder umherziehende jüdische Exorzisten an. Sie kamen in die Stadt und begannen, den Namen Jesu auf magische Weise zu gebrauchen. Menschen gegenüber, die von bösen Geistern geplagt wurden, gebrauchten sie dann Formeln wie: „Böser Geist, wir befehlen dir durch diesen Jesus, den Paulus predigt, zu gehen." Einmal versuchten dies auch die sieben Söhne eines gewissen Skevas, der jüdischer Hohepriester war, bei einem schwer belasteten Mann. Doch dieses Mal erwiderte der böse Geist: „Jesus kenne ich und auch von Paulus habe ich genug gehört. Aber wer seid ihr?" Und er sprang die sieben Brüder wütend an und verprügelte sie so, dass sie nackt und blutend fluchtartig das Haus verließen.

Das verbreitete sich natürlich wie ein Lauffeuer unter den Juden und Griechen in Ephesus, und die Menschen begannen, eine heilige Furcht vor dem zu bekommen, den Paulus verkündete. Andere fingen an, Jesus zu loben und anzubeten. Viele von den gläubig gewordenen Menschen kamen und bekannten, was sie mit Zauberei angerichtet hatten. Sie schleppten alle Arten von Material und Büchern mit schwarzer Magie herbei und entfachten damit ein riesiges Feuer. Jemand hat den Wert der verbrannten Sachen auf mehr als 50.000 Drachmen* geschätzt.

Durch solche und ähnliche Zeichen der Macht Jesu konnte sich die Frohe Botschaft immer weiter ausbreiten und wurde als etwas erfahren, dessen Wirkungen jeder erleben konnte.

---

* Eine Drachme (eine griechische Münze) entspricht im Wert einem römischen Denar. Zum Wert vgl. die Fußnoten auf den Seiten 64 und 68.

Eine Göttin bekommt Absatzschwierigkeiten (19,21–40)

Nach dieser überaus positiven Entwicklung war für Paulus klar, dass es nun Zeit war, weiterzuziehen, und zwar durch die Provinzen Mazedonien über Achaia zurück nach Jerusalem. „Dann", so sagte er sich, „sollte ich unbedingt nach Rom gehen!" Er sandte inzwischen zwei seiner Mitarbeiter, Timotheus und Erastus, nach Mazedonien, während er noch eine Weile in der Provinz Asia blieb.

Und genau in dieser Zeit braute sich ein neues Unwetter über der jungen Christengemeinde zusammen. Ein gewisser Demetrius, der Silberschmied von Beruf war, fertigte kleine Tempel der Artemis aus Silber an und hatte dadurch vielen Kunsthandwerkern, die für ihn arbeiteten, eine ausgezeichnete Verdienstmöglichkeit geschaffen.

Eines Tages rief Demetrius diese Leute samt ihren Mitarbeitern zusammen. Er sprach aus, was viele von ihnen schon seit Langem ärgerte: „Männer, ihr wisst, dass wir unseren Wohlstand dem verdanken, was wir herstellen. Nun habt ihr sicher auch mitbekommen, dass dieser Paulus lehrt, Götterbilder könnten niemals göttlich sein, weil sie von Menschenhand gemacht sind. Dadurch haben sich schon viele treue Verehrer der Artemis von dieser abgewandt. So gerät natürlich nicht nur unser Geschäft in Gefahr, sondern der Tempel der großen Artemis immer mehr in Verruf. Ja, er droht tatsächlich, sein Ansehen und seine Vorrangstellung zu verlieren, die er bisher in der gesamten Provinz Asia und weit darüber hinaus genossen hat!"

Da packte sie alle ein „heiliger" Zorn. Sie liefen auf die Straße hinaus und schrien: „Groß ist die Artemis von Ephesus! Groß ist die Artemis von Ephesus!" Sie brachten die ganze Stadt in Aufruhr und führten die Massen in das riesige, offene Theater. Auf dem Weg dorthin ergriffen sie zwei Mitarbeiter von Paulus, die Mazedonier Gaius und Aristarch, und schleppten sie mit. Paulus wollte ihnen ebenfalls hineinfolgen, doch die Jünger hinderten ihn daran. Angesehene religiöse Führer in der Stadt, die Paulus wohlgesonnen waren, ließen ihm durch Boten ausrichten: „Lasst Euch auf keinen Fall in der Nähe des Theaters blicken."

Im Theater selbst schrien die einen dieses, die anderen jenes. Die meisten hatten jedoch nicht die geringste Vorstellung davon, um was es eigentlich ging. Als die Juden einen Mann namens Alexander nach vorne drängten, damit dieser ihre Position darlegen konnte, gebot er mit einer heftigen Handbewegung Ruhe. Und einen Moment lang wurde es wirklich still im Rund des Theaters. Doch kaum hatte er seinen Mund geöffnet, und die Leute erkannten, dass er ein Jude war, schrien sie ihn einfach nieder: „Groß ist die Artemis von Ephesus! Groß ist die Artemis von Ephesus!", immer wieder und immer wieder, mehr als zwei Stunden lang.

Endlich gelang es dem Stadtsekretär, die Menge zu beruhigen. Er sagte unter anderem: „Liebe Mitbürger, gibt es hier irgendjemanden, der nicht weiß, dass diese Stadt die große Beschützerin der glorreichen Artemis und ihres vom Himmel gefallenen Bildnisses ist? Da dies ohne jeden Zweifel feststeht, solltet ihr euch lieber etwas beherrschen, denn euer Verhalten ist alles andere als ehrenhaft für die Göttin Artemis. Außerdem sind die Männer, die ihr hierher geschleppt habt, weder Tempelräuber, noch haben sie unsere Göttin beleidigt.

Wenn also Demetrius und seine Gilde Anklage erheben wollen, sollen sie das bei einem ordentlichen Gerichtstermin tun. Wenn ihr aber darüber hinaus noch weitere Forderungen habt, dann bringt diese in den regulären Stadtversammlungen vor. Dort können sie dann in Ruhe behandelt werden. Für das, was heute hier passiert ist, gibt es keine Entschuldigung, ganz abgesehen davon, dass wir unsere Stadt mit einem solchen Aufruhr ernsthaft in Gefahr bringen. Denn es gibt nicht einen Grund, den wir den argwöhnischen Römern anführen könnten, warum es zu diesem Aufruhr gekommen ist." Nach diesen deutlichen Worten schickte er alle nach Hause.

Ein tödlicher Unfall (20,1–16)

20 Nachdem die Gemüter sich wieder beruhigt hatten, rief Paulus die Jünger zusammen und ermutigte sie, das, was Gott in Ephesus getan hatte, zu bewahren und weiterzuführen. Dann verabschiedete er sich von ihnen und brach in Richtung Mazedonien auf. Während seiner Reise durch das Land besuchte er die jungen Gemeinden. Überall ermutigte er die Christen und erfüllte sie mit neuer Hoffnung.

Schließlich erreichte er Griechenland, wo er etwa drei Monate blieb. Kurz vor seinem Aufbruch nach Syrien erfuhr er, dass die Juden unterwegs einen Anschlag auf ihn planten. Daher beschloss er, den Landweg über Mazedonien zu nehmen. Begleitet wurde er auf seiner Reise von Sopater aus Beröa, dem Sohn von Phyrrus, von Aristarch und Sekundus, die beide aus Thessaloniki stammten, von Gaius aus Derbe sowie Timotheus und schließlich Tychikus und Trophimus aus dem westlichen Teil der Provinz Asia.

Einige von ihnen waren bereits nach Troas vorausgefahren und warteten dort auf uns. Wir blieben während der Osterwoche in Philippi und segelten dann erst ab. Nach fünf Tagen erreichten wir Troas und blieben dort eine Woche lang.

Wir trafen uns am Sonntag, um miteinander zu beten und das Mahl des Herrn zu feiern, und Paulus sprach zu den Versammelten. Wir planten, in aller Früh abzulegen, darum versuchte Paulus, ihnen noch so viel wie möglich mitzugeben. Er dehnte seine Lehre bis weit nach Mitternacht aus. Wir hatten uns in einem Raum in einem oberen Stockwerk versammelt. Es brannten viele Talglichter, darum saß wohl auch ein junger Mann namens Eutychus direkt auf der Fensterbank. Als Paulus nun kein Ende fand, fiel der junge Mann nicht nur in einen tiefen Schlaf, er fiel auch aus dem Fenster und stürzte aus dem dritten Stock auf die Straße. Als man ihn aufhob, merkte man, dass er bereits tot war. Paulus ging hinunter, legte sich auf den Leblosen und umarmte ihn fest. „Macht euch keine unnötigen Sorgen“, sagte er zu den Umstehenden, „er lebt.“ Dann ging er wieder hinauf, feierte mit den anderen das Mahl des Herrn und sprach weiter, bis sich mit dem Morgenrot der neue Tag meldete. Da erst trennten sie sich; Paulus brach auf und ließ eine ermutigte und getröstete Gemeinschaft zurück, in deren Mitte der junge Mann sich seines neugeschenkten Lebens freute.

Wir anderen waren zu diesem Zeitpunkt schon längst auf dem Schiff, das nach Assos segelte, wo wir dann auch Paulus an Bord nehmen würden. Paulus hatte darauf bestanden, zu Fuß dorthin zu kommen, was mit uns schon vorher so abgesprochen war. Alles klappte nach Plan, und so trafen wir ihn in Assos, um dann gemeinsam nach Mitylene weiterzusegeln. Wir passierten am darauffolgenden Tag Chios, einen Tag später dann Samos und erreichten schließlich Milet. Paulus hatte beschlossen, nicht nach Ephesus zu fahren, damit er nicht zu lange in der Provinz Asia aufgehalten würde, denn er wollte unbedingt an Pfingsten in Jerusalem sein.

Auf dem Weg nach Jerusalem (20,17–38)

Von Milet aus schickte er einen Boten zu den Gemeindeleitern von Ephesus und bat diese, zu ihm zu kommen. Nach ihrer Ankunft sagte er zu ihnen: „Ihr wisst, dass ich vom ersten Tag an, als ich zu euch in die Provinz Asia gekommen bin, ganz für euch da gewesen bin. Ja, ich habe dem Herrn gedient, ganz egal, wie es mir dabei erging, denn die Juden haben nicht aufgehört, mir das Leben schwerzumachen. Ich habe euch nichts vorenthalten oder verkürzt, was euch in irgendeiner Weise helfen könnte. Ihr alle, Juden wie Griechen, habt alles bekommen: Wahrheit, Ermutigung, alles, was euer Leben durch den Glauben an Jesus Christus verändern konnte. Ich habe öffentlich zu euch gesprochen, aber auch in kleinen Kreisen in euren Häusern. Ich habe versucht, Juden wie Griechen zu einer radikalen Lebensveränderung vor Gott zu bewegen und dazu, ihr ganzes Vertrauen auf den Herrn Jesus zu setzen.

Doch jetzt bewegt mich etwas anderes. Der Heilige Geist zwingt mich regelrecht dazu, nach Jerusalem zu reisen. Und dieses Mal habe ich nicht die geringste Ahnung, was mich dort erwarten wird. Ich weiß nur, dass mir dort harte Zeiten, ja, sogar das Gefängnis bevorstehen, denn das hat mich der Heilige Geist wiederholt wissen lassen. Es ist mir allerdings völlig gleichgültig, was mit mir geschieht. Wirklich wichtig ist für mich nur eines: Wie kann das vollendet werden, was Gott begonnen hat?! Jesus hat mir den Auftrag gegeben, allen Menschen, wo immer ich sie treffe, die frohmachende Botschaft von der Gnade Gottes zu bringen.

Deshalb möchte ich mich jetzt von euch verabschieden, denn es wird für uns kein Wiedersehen mehr geben. Ja, ich habe lange bei euch gelebt und euch die Gute Nachricht von der liebevollen Herrschaft Gottes gebracht. Darum kann ich heute mit gutem Gewissen sagen, dass ich mein Bestes gegeben und euch nichts von dem vorenthalten habe, was Gott euch durch mich schenken wollte.

Nun liegt es an euch: Seid wachsam, sowohl was euch selbst anbelangt als auch die euch anvertraute ‚Herde' der Gläubigen. Der Heilige Geist hat diese Menschen in eure Obhut übergeben – sie sind Gottes Volk –, damit ihr sie beschützt und begleitet. Gott selbst hielt sie für so wertvoll, dass er das Leben seines Sohnes für sie opferte.

Ich weiß, dass schon bald nach meiner Abreise Wölfe in die Herde eindringen werden, und es werden Männer aus euren eigenen Reihen darunter sein, die völlig verdrehte Lehren vertreten, nur um sich selbst mit eigenen Jüngern zu umgeben. Bleibt also wachsam, und denkt daran, dass ich mich drei Jahre lang unaufhörlich von ganzem Herzen um jeden Einzelnen von euch gekümmert habe.

Nun bleibt mir nur noch, euch Gott und seiner Gnade anzuvertrauen, dessen Wort auch weiterhin euch und eure Gemeinden aufbauen wird, bis ihr zum Schluss das große Erbe all seiner geliebten Kinder antreten könnt.

Ich habe von euch nie Geld verlangt, ja nicht einmal ein Kleidungsstück. Für alles, was ich und meine Begleiter brauchten, habe ich mit meiner Hände Arbeit gesorgt. Bei allem, was ich tat, habe ich euch gezeigt, dass es notwendig ist, selbst zu arbeiten, damit man auch die nötigen Mittel hat, um den Armen helfen zu können. Jesus selbst hat ja gesagt: ‚Geben macht weitaus glücklicher als Nehmen.'"

Dann kniete sich Paulus mit allen zusammen nieder und sie beteten miteinander. Nun begannen alle, laut zu weinen, und sie fielen Paulus um den Hals und küssten ihn. Am meisten schmerzte sie die Aussage, dass sie ihn nie wiedersehen würden.

Doch dann begleiteten alle ihn hinab zum Schiff.

Abschiede, die schmerzen (21,1–16)

21 Der Abschied beim Schiff war noch einmal sehr schwer. Wir mussten uns regelrecht von ihnen losreißen. Nachdem das Schiff dann abgelegt hatte, segelte es gut am Kurs und erreichte schon bald Kos, am folgenden Tag bereits Rhodos. Von dort ging es weiter nach Patara, wo wir an Bord eines Schiffes gingen, das uns eine schnellere Verbindung nach Phönizien versprach. Wir segelten an Zypern vorbei und nahmen Kurs auf Syrien. In Tyrus legte das Schiff an, um seine Ladung zu löschen. Wir nutzten die Zeit, um uns mit den dortigen Glaubensgeschwistern zu treffen. Eine ganze Woche blieben wir bei ihnen. In diesen Tagen wurde Paulus immer wieder davor gewarnt, nach Jerusalem zu reisen. Dementsprechend war dann auch der Abschied, als wir wieder auf das Schiff zurückmussten. Dieses Mal begleitete uns die gesamte Gemeinde mit Frauen und Kindern aus der Stadt hinaus bis an das Ufer. Dort knieten wir uns alle am Strand nieder und beteten ein letztes Mal miteinander. Erneut mussten wir uns von unseren Geschwistern regelrecht losreißen, die erst nach Hause gingen, als wir schon längst das Schiff bestiegen hatten.

Dieses Mal waren wir nur kurz unterwegs. Schon in Ptolemaïs gingen wir wieder von Bord und blieben einen Tag bei der dortigen Gemeinde. Von dort reisten wir zu Fuß weiter und erreichten am folgenden Tag Cäsarea. Sogleich suchten wir das Haus des Evangelisten Philippus auf, der einer der sieben Diakone war, die damals Jerusalem fluchtartig hatten verlassen müssen, weil ein gewisser Saulus sie verfolgte. Wir wurden herzlich aufgenommen und blieben mehrere Tage bei ihm. Die Töchter von Philippus waren noch nicht verheiratet und hatten alle vier von Gott die Gabe der Prophetie erhalten.

In dieser Zeit kam auch Agabus, der Prophet, den wir bereits aus Judäa kannten, in das Haus des Philippus. Schweigend nahm er den Gürtel von Paulus und fesselte diesen damit an Händen und Füßen. Dann deutete er dieses Zeichen durch das, was ihm der Heilige Geist offenbart hatte: „Der Mann, dem dieser Gürtel gehört, wird in Jerusalem von den Juden genau so gefesselt in die Hände der Römer übergeben werden." Wir alle, die wir Zeuge dieser Prophetie waren, wollten nur noch eines: Paulus davon abbringen, nach Jerusalem zu reisen. Doch Paulus wurde richtig ungehalten: „Wisst ihr eigentlich, was ihr da tut? Ihr seid es, die mir durch euer Weinen das Herz unendlich schwermachen. Begreift doch, dass ich mich für Jesus nicht nur fesseln lassen würde, sondern wirklich bereit bin, für ihn in Jerusalem zu sterben." Als er sich von seinem Plan einfach nicht abbringen ließ, fügten wir uns schließlich, indem wir uns sagten: „Wenn es Gottes Wille ist, dann wollen wir uns nicht länger dagegen sträuben!"

Nach einigen Tagen brachen wir wieder auf, wohlausgerüstet, denn auf der weiten Strecke nach Jerusalem gab es nur eine Übernachtungsmöglichkeit. Zu dieser führten uns einige der Brüder aus Cäsarea. Es war das Haus eines Jüngers Jesu aus der allerersten Zeit. Er selbst kam von der Insel Zypern und trug den Namen Mnason.

Zurück in Jerusalem (21,17–26)

Tags darauf erreichten wir gegen Abend Jerusalem, wo uns einige Brüder freundlich aufnahmen. Schon am nächsten Morgen gingen wir zusammen mit Paulus zu Jakobus, bei dem sich bald darauf auch alle anderen Ältesten der Gemeinde einfanden. Und Paulus begann, ihnen von all dem zu berichten, was Gott durch seinen Dienst unter den Heiden getan hatte. Nachdem er seinen Bericht beendet hatte, dankten alle Gott für seine Gnade.

Doch dann brachten sie ihre eigentliche Sorge zur Sprache: „Wie du sicher mitbekommen hast, sind Tausende und Abertausende von gottesfürchtigen Juden zum Glauben an Jesus Christus gekommen! Und nicht nur das: Sie haben ihr Leben ganz unter die Führung des Gesetzes gestellt. Verstehst du, dass sie große Schwierigkeiten mit dem haben, was sie von dir zu hören bekamen?! In ihren Augen forderst du die Leute auf, das mosaische Gesetz links liegen zu lassen. Du rätst den Juden, die unter den Heiden leben, ihre Kinder nicht mehr beschneiden zu lassen und auch all die religiösen Gebräuche aufzugeben. Wie gehen wir damit jetzt um? Es lässt sich auf keinen Fall vermeiden, dass sie über deine Anwesenheit in Kenntnis gesetzt werden. Wir raten dir deshalb, Folgendes zu tun: Es gibt hier vier Männer bei uns, die das Gelübde abgelegt haben, sich einem Reinigungsritus zu unterziehen; sie haben jedoch kein Geld, um die Kosten zu tragen. Schließe dich diesen Männern an, lege dasselbe Gelübde ab und trage für sie die Kosten. Dann wird es für jeden offensichtlich sein, dass an den Gerüchten über dich nicht das Geringste dran ist und dass du peinlich genau auf die Beachtung der mosaischen Gesetze achtest.

Wenn wir dich darum bitten, dann ziehen wir damit nicht die Vereinbarungen zurück, die wir hinsichtlich der Nichtjuden, die zum Glauben an Jesus Christus gekommen sind, getroffen und in unserem Brief festgelegt haben. Wir fügen den drei Auflagen von damals nichts hinzu. Sie sollen nur darauf verzichten, Götzenopferfleisch, Blut und unausgeblutetes Fleisch zu sich zu nehmen und jemanden aus dem engeren Verwandtenkreis zu heiraten."

Paulus entsprach ihrem Wunsch. Er kümmerte sich um diese Männer, schloss sich ihren Gelübden an und ging mit ihnen in den Tempel, um nach den Tagen der Reinigung für einen jeden von ihnen ein Tieropfer darbringen zu lassen.

Paulus wird festgenommen (21,27–40)

Als die sieben Tage der Reinigung schon beinahe vorüber waren, sahen ihn im Tempel einige Juden aus der Provinz Asia. Sie machten einen regelrechten Aufstand, ergriffen Paulus und schrien aus Leibeskräften: „Kommt her, Israeliten, helft uns! Das ist der Mann, der in der ganzen Welt umherreist und überall Lügen über uns, unsere Religion und unseren Tempel verbreitet. Er hat sogar Griechen hier eingeschleust und damit diesen heiligen Ort entweiht." (In Wirklichkeit hatten sie Paulus nur mit Trophimus, einem Griechen aus Ephesus, in der Stadt gesehen und daraus geschlossen, dass er ihn auch in den Tempel geführt haben musste.)

Es dauerte nicht lange und die ganze Stadt war in heller Aufregung. Von überall her rannten die Leute zum Tempel, um nur ja alles mitzubekommen. Sie packten Paulus und zerrten ihn von dem Tempelgelände. Hinter ihm wurden sofort die Tempeltore geschlossen (damit er nicht mehr zurückkonnte, um den Schutz des Tempels in Anspruch zu nehmen).

Sie standen gerade kurz davor, ihn umzubringen, als dem Obersten der römischen Kohorte Meldung gemacht wurde: „Es gibt einen Aufruhr in der Stadt!" Sofort ließ er einige Soldaten und ihre Offiziere antreten und begab sich mit ihnen auf den Tempelvorplatz. Kaum hatte der Pöbel die Soldaten gesehen, hörte er auf, Paulus zu schlagen. Schon hatte sich der Oberst bis zu Paulus vorgekämpft. Kurzerhand ließ er ihn festnehmen, und zwar in doppelten Ketten. Dann erst fragte er ihn, wer er sei und was man ihm vorwerfen würde. Alles, was er von der aufgebrachten Menge zu hören bekam, war ein wildes Stimmengewirr. Die einen schrien dieses, die anderen jenes. Da er aus den Zurufen nicht schlau wurde, befahl er, Paulus in die Festung Antonia zu bringen, die sich unmittelbar neben dem Tempelplatz erhebt. Doch als sie die Stufen erreichten, die in die Festung hinaufführten, wurde die Volksmenge so gewalttätig, dass die Soldaten Paulus tragen mussten. Die aufgebrachte Menge drängte hinter den Soldaten her und schrie beharrlich: „Tötet ihn! Tötet ihn!"

Als sie die Festung Antonia erreichten und ihn gerade hineinbringen wollten, sprach Paulus den Obersten an: „Kann ich mit Euch sprechen?"

Der antwortete: „Ach, du sprichst Griechisch?! Ich habe dich für den Ägypter gehalten, der noch vor nicht allzu langer Zeit einen Volksaufstand angezettelt hat und sich seitdem mit viertausend seiner ‚Dolchträger' in der Wüste versteckt hält."

Paulus entgegnete: „Nein, ich bin Jude und wurde in Tarsus geboren. Und damit bin ich Bürger einer nicht unbedeutenden Stadt. Ich habe nur eine einfache Bitte: Lasst mich zu den Leuten sprechen."

Der Oberst erlaubte es ihm und so wandte Paulus sich auf den Stufen der Festung Antonia um. Mit einer Handbewegung bedeutete er den Menschen, ruhig zu sein. Und es wurde tatsächlich etwas ruhiger. Da begann er, auf Hebräisch zu ihnen zu reden.

Ein ergreifender Bericht (22,1–21)

22 „Meine lieben Brüder und Väter", rief er, „hört euch bitte an, was ich zu meiner Verteidigung zu sagen habe." Als sie hörten, dass er auf Hebräisch zu ihnen sprach, wurde es tatsächlich noch ruhiger. Niemand wollte auch nur ein Wort seiner Rede verpassen.

„Ich bin ein Jude, wurde in Tarsus in der Provinz Zilizien geboren", fuhr er fort, „aber hier in Jerusalem erzogen. Unter den strengen Augen von Rabbi Gamaliel wurde ich gründlich im Gesetz und den Traditionen unserer Väter unterwiesen. Immer war ich ein glühender Verfechter der Sache Gottes, genau so, wie ihr es jetzt seid.

Ich war hinter allen her, die sich diesem neuen ‚Weg' angeschlossen hatte, und ging mit eiserner Faust gegen sie vor, ja, ich schreckte nicht einmal vor Hinrichtungen zurück. Ich ließ Männer und Frauen fesseln und ins Gefängnis werfen. Ihr könnt den Hohenpriester fragen oder sonst irgendjemanden aus dem Hohen Rat, sie alle kennen mich sehr gut. Sie haben mir sogar offizielle Schreiben für die Leiter der jüdischen Gemeinde in Damaskus mitgegeben, die besagen, dass ich autorisiert sei, die dortigen Christen zu verfolgen, sie festzunehmen und nach Jerusalem überführen zu lassen, wo ihnen der Prozess gemacht werden sollte.

Als ich mich nun gegen Mittag der Stadt näherte, umgab mich plötzlich ein blendend helles Licht vom Himmel, und ich fiel zu Boden. Dabei vernahm ich eine Stimme, die deutlich zu mir sprach: ‚Saulus, Saulus, warum verfolgst du mich?'

‚Wer bist du, Herr?', fragte ich. Darauf antwortete er: ‚Ich bin der, den du verfolgst, Jesus aus Nazaret.' Meine Begleiter sahen zwar das Licht, konnten aber nichts von dieser Unterhaltung hören. Daraufhin entgegnete ich: ‚Was soll ich jetzt tun, Herr?' Da trug er mir Folgendes auf: ‚Steh auf und geh nach Damaskus. Dort wird dir alles gesagt werden, was du für mich tun sollst.' Ich musste allerdings von meinen Begleitern nach Damaskus geführt werden, da ich durch das überhelle Licht blind geworden war. ,

Dort traf ich dann Hananias, einen Mann, der wegen seiner Gesetzestreue von allen dort lebenden Juden sehr verehrt wurde. Er kam zu mir, legte mir die Hand auf die Schulter und sagte: ‚Bruder Saul, du kannst wieder sehen!' Und in diesem Augenblick konnte ich wieder sehen und Hananias erkennen!

Daraufhin sagte er: ‚Der Gott unserer Vorfahren hat dir aufgetragen, zu erfahren, was er um der Menschen willen vorhat. Er hat dich nicht umsonst seinen Sohn sehen und hören lassen. Du wirst ein entscheidender Zeuge sein für jeden, den du triffst, allein schon durch das, was du gesehen und gehört hast. Worauf wartest du also noch? Komm und lass dich taufen, damit deine Schuld von dir abgewaschen wird und du Gemeinschaft mit Jesus haben kannst.'

Als ich nach Jerusalem zurückkehrte und im Tempel betete, hatte ich eine Vision. Ich sah den Gerechten Gottes und hörte ihn sagen: ‚Beeil dich! Sieh zu, dass du so schnell wie möglich die Stadt verlässt! Keiner der Juden hier in Jerusalem wird annehmen, was du über mich zu sagen hast.'

Zunächst weigerte ich mich: ‚Herr, hier wissen doch alle, wie besessen ich die verfolgt habe, die an dich glauben. Ich habe sie in unseren Synagogen zusammenschlagen und ins Gefängnis werfen lassen. Und ich war dabei, als dein Zeuge Stephanus umgebracht wurde, bewachte die Obergewänder seiner Mörder und war von dem, was sie taten, begeistert. Und nun sehen sie, dass ich mich völlig verändert habe. Was könnte denn noch überzeugender sein?‘

Doch er erwiderte nur: ‚Rede nicht, sondern geh! Ich möchte dich zu all den Völkern senden, die weit von hier entfernt leben.‘“

Vom Privileg, ein Römer zu sein (22,22–30)

Die Menge hatte ihm bis zu diesem Punkt aufmerksam zugehört, doch jetzt brach ein unvorstellbares Geschrei los: „Bringt ihn um! Er hat kein Recht mehr, auf dieser Erde zu leben!“ Sie drohten wild mit ihren Fäusten, rissen sich die Kleider vom Leib und warfen Staub in die Luft. Es war höchste Zeit, dass der Oberst der Kohorte den Befehl gab, Paulus in die Festung zu bringen. Er war verärgert und fest entschlossen, Paulus unter Folter zu befragen, warum die Leute so unglaublich wütend auf ihn waren. Als sie ihn schon ausgestreckt angebunden hatten, um ihn auszupeitschen, fragte Paulus den Hauptmann, der die Aktion leitete: „Ist es denn legal, einen römischen Bürger ohne einen fairen Prozess auszupeitschen?“

Als der Hauptmann das hörte, ging er sofort direkt zum Oberst. „Wisst Ihr eigentlich, was Ihr da macht? Dieser Mann ist römischer Bürger!“ Daraufhin eilte dieser auf der Stelle zu Paulus und erkundigte sich: „Ist es wahr, dass Ihr ein römischer Bürger seid?“ Paulus erwiderte: „Ja, das ist richtig, ich bin römischer Bürger.“ Das beeindruckte sein Gegenüber: „Ich habe eine Unsumme für meine römische Staatsbürgerschaft gezahlt. Was hat es dich denn gekostet?“

„Nichts“, entgegnete Paulus, „nichts, denn ich besaß das römische Bürgerrecht schon vom Tag meiner Geburt an.“

Damit war das Verhör beendet und die Soldaten banden Paulus sofort los. Der Oberst hingegen musste Schwierigkeiten befürchten, denn er hatte einen freien römischen Bürger in Ketten legen lassen.

Daher war er fest entschlossen, die Ursache des ganzen Aufruhrs in Erfahrung zu bringen und unternahm einen weiteren Versuch zu erfahren, was eigentlich hinter den Anschuldigungen der Juden steckte. So ließ er Paulus die Fesseln abnehmen und ordnete für den nächsten Tag ein Treffen mit den Hohepriestern und dem Rat der Juden an. Paulus wurde ebenfalls in den Verhandlungssaal hineingeführt und nahm ihnen gegenüber Platz.

Vor dem Hohen Rat (23,1–10)

23 Paulus blickte jedes Mitglied des Hohen Rates an, bevor er zu reden begann: „Brüder, bis heute habe ich mein ganzes Leben lang mit einem guten Gewissen vor Gott gelebt.“ Schon das war zu viel für den Hohenpriester Hananias. Er befahl seinen Gehilfen, Paulus auf den Mund zu schlagen. Paulus ließ dies jedoch nicht einfach mit sich machen: „Dich wird Gott schlagen, du getünchte Wand! Du spielst dich hier als Richter auf und gibst vor, dich an das Gesetz zu halten, und brichst es schon mit dem ersten Befehl, den du gibst.“

Die Anwesenden hielten den Atem an: „Was erlaubst du dir, so mit dem Hohenpriester Gottes zu reden?!“

Paulus reagierte überrascht: „Woher soll ich wissen, dass er der Hohepriester ist? Er hat ja wirklich nicht als der Oberste Priester gehandelt. Aber ihr habt recht. Schließlich sagt auch die Heilige Schrift, dass wir nicht abschätzig von denen reden sollen, die das Volk führen. Darum entschuldige ich mich.“

Paulus wusste natürlich, dass es im Rat neben einer Gruppe von Pharisäern auch eine Fraktion der Sadduzäer gab. Darum begann er seine Verteidigungsrede völlig anders: „Brüder, ich bin durch und durch ein Pharisäer, ja, ich stamme sogar von Pharisäern ab. Ich stehe hier allein deshalb vor Gericht, weil ich die Überzeugung vertrete, dass es eine Hoffnung auf die Auferstehung gibt.“

Kaum hatte er das gesagt, spaltete sich der Rat auch schon in zwei Lager, Pharisäer wie Sadduzäer gingen hitzig argumentierend aufeinander los. Die Sadduzäer leugneten jede Art von Auferstehung, für sie gab es auch keinen Geist und keine Engel. Die Pharisäer dagegen glaubten das alles. Und so kam es zu einem gewaltigen, lautstarken Durcheinander. Dann endlich schrien ein paar Schriftgelehrte, die auf der Seite der Pharisäer standen, die anderen nieder: „Wir können nichts finden, was an dem Mann verurteilenswert wäre. Und was ist, wenn tatsächlich ein Geist oder ein Engel zu ihm gesprochen hat?"

Damit gossen sie Öl aufs Feuer! Es kam zu einem solchen Tumult, dass der Oberst befürchtete, man würde Paulus in Stücke reißen. So befahl er seinen Soldaten, Paulus aus dem Handgemenge herauszuholen und ihn zurück in die Sicherheit der Festung zu führen.

Ein böser Schwur (23,11–35)

In dieser Nacht erschien der Herr Paulus und sagte ihm: „Es wird alles gut gehen, du kannst zuversichtlich sein. Du warst für mich hier in Jerusalem ein guter Zeuge. Nun wirst du auch in Rom für mich eintreten."

Am nächsten Tag kamen einige Juden zusammen, um sich gegen Paulus zu verschwören. Sie legten den heiligen Eid ab, nicht mehr zu essen und zu trinken, bis sie Paulus umgebracht hätten. Über vierzig Männer schlossen sich rituell in diesem Mordkomplott zusammen. Anschließend gingen sie zu den Hohenpriestern und den Ältesten: „Wir haben uns selbst durch einen feierlichen Eid dazu verpflichtet, nichts mehr zu essen, bis wir Paulus getötet haben. Doch wir brauchen eure Hilfe. Schickt doch bitte ein offizielles Ersuchen des Rates an den Oberst und bittet diesen, Paulus noch einmal für eine gründlichere Befragung an den Rat zu überstellen. Wir werden dann den Rest erledigen und ihn aus dem Weg räumen, noch bevor er auch nur in eure Nähe kommt."

Doch zufällig bekam ein Neffe von Paulus, der Sohn seiner Schwester, von dieser Verschwörung Wind und begab sich sofort in die Festung Antonia, um Paulus darüber in Kenntnis zu setzen. Paulus rief einen der Offiziere herbei und bat diesen: „Nehmt bitte diesen jungen Mann hier und bringt ihn zum Oberst. Er hat ihm etwas Wichtiges mitzuteilen."

Der Offizier brachte ihn zu seinem Vorgesetzten und machte Meldung: „Der Gefangene Paulus bat mich, diesen jungen Mann zu Euch zu bringen. Er sagte, dieser hätte Euch etwas Dringendes mitzuteilen."

Der Oberste Befehlshaber nahm den jungen Mann am Arm und führte ihn ein wenig beiseite. In vertraulichem Ton fragte er ihn: „Na, um was geht es denn? Was hast du mir zu sagen?"

„Die Juden haben ein Mordkomplott gegen Paulus geschmiedet", begann der Neffe von Paulus. „Sie werden in Kürze mit der Bitte an Euch herantreten, Paulus noch einmal vor dem Rat über bestimmte Dinge befragen zu dürfen. Aber das ist nur ein Vorwand, um ihn aus Eurem Sicherheitsgewahrsam herauszubekommen, damit sie ihn umbringen können. Darum geht bitte nicht auf dieses Ersuchen ein. Vierzig zum Äußersten entschlossene Männer liegen bereits auf der Lauer. Sie haben ein Gelübde abgelegt, weder zu essen noch zu trinken, bis sie ihn umgebracht haben. Der Hinterhalt ist gelegt, sie warten nur noch darauf, dass Ihr Paulus an den Rat überstellt."

Der Befehlshaber schickte den Neffen mit der ernsten Warnung weg: „Sag keiner Menschenseele etwas von der ganzen Sache!" Dann ließ er zwei Offiziere kommen und gab ihnen folgende Anweisungen: „Befehlt zweihundert Soldaten, sich abmarschbereit zu machen, um sofort nach Cäsarea aufzubrechen. Und das gilt auch für siebzig berittene Soldaten und noch einmal zweihundert Soldaten der leichten Infanterie. Heute Abend um neun Uhr ist Abmarsch. Außerdem braucht ihr noch einige Reittiere für Paulus und seine Begleiter. Wir werden diesen Mann sicher und gesund an Gouverneur Felix überstellen." Dann schrieb er folgenden Brief:

„Von Claudius Lysias an den hochverehrten Gouverneur Felix: Wir grüßen Euch.

Ich habe diesen Mann vor dem jüdischen Mob bewahrt. Sie hatten ihn in ihren Gewahrsam gebracht und standen kurz davor, ihn umzubringen, als ich erfuhr, dass er römischer Bürger ist. Also schickte ich meine Soldaten dazwischen. Da ich wissen wollte, was man ihm vorwarf, hatte ich ihn vor den Hohen Rat der Juden bringen lassen. Dabei stellte sich heraus, dass außer irgendwelcher belangloser theologischer Meinungsverschiedenheiten nichts gegen ihn vorlag, was Tod oder Gefängnis verdient hätte.

Als Nächstes wurde ich darüber informiert, dass sie einen Anschlag auf ihn planten. Da beschloss ich, ihn um seiner eigenen Sicherheit willen so schnell wie möglich von hier wegbringen zu lassen. Ich werde seine Ankläger davon in Kenntnis setzen, dass er von nun an unter Eurer Jurisdiktion steht."

Die Soldaten brachten Paulus noch in derselben Nacht wie befohlen nach Antipatris, kehrten dann am nächsten Morgen in ihre Kasernen nach Jerusalem zurück, während die berittene Truppe ihn übernahm und unter ihrem Schutz nach Cäsarea brachte. Nachdem sie die Stadt erreicht hatten, übergaben sie Paulus und den Brief an den Gouverneur.

Nachdem dieser den Brief gelesen hatte, erkundigte er sich bei Paulus, aus welcher Provinz er stamme, und erhielt zur Antwort: „Aus Zilizien." Darauf entgegnete er dann: „Ich werde mich um deinen Fall kümmern, sobald deine Ankläger angekommen sind", und er ordnete an, den Apostel während dieser Zeit im Prätorium des Herodes in Gewahrsam zu nehmen.

Paulus vor dem römischen Gouverneur (24,1–27)

24 Bereits fünf Tage später traf der Hohepriester Hananias mit einigen Ältesten und einem gewissen Tertullus ein, der ein bekannter Rechtsanwalt war. Sie erstatteten beim Gouverneur Anzeige gegen Paulus. So kam es zu einer Gerichtsverhandlung, vor der

Paulus zu erscheinen hatte. Zunächst brachte Tertullus seine Anklage vor: „Hochgeehrter Felix, wir sind stets und überall überaus dankbar für Eure weise und behutsame Art zu regieren. Wir wissen es sehr zu schätzen und betrachten es sehr wohl als Euer Verdienst, dass wir uns eines Lebens in Frieden erfreuen können und täglich mehr die Vorteile Eurer Reformen genießen können. Nun, ich möchte Euch nicht mit einer langen Rede ermüden, sondern Euch nur um ein wenig Nachsicht und Freundlichkeit bitten, mir noch kurz zuzuhören. Ich werde mich so kurz wie möglich fassen.

Wir mussten feststellen, dass dieser Mann immer wieder den Frieden stört, indem er unter den Juden auf der ganzen Welt für Aufruhr sorgt. Er ist einer der Drahtzieher einer gefährlichen Sekte, die sich ‚Nazarener' nennt. Wir haben ihn festgenommen, als er gerade versuchte, den Tempel zu entweihen. Ihr werdet alle diese Vorwürfe bestätigt finden, wenn Ihr ihn nur selbst befragt."

Die anderen Juden pflichteten lautstark bei: „Richtig! Genau so ist es!"

Daraufhin gab der Gouverneur Paulus ein Zeichen und bedeutete diesem, dass er nun an der Reihe sei. „Ich schätze mich selbst glücklich", begann Paulus, „dass ich mich in Eurer Gegenwart verteidigen darf, Herr Gouverneur, weil ich weiß, wie gerecht Ihr in all den Jahren über unser Volk Recht gesprochen habt. Ich bin erst seit zwölf Tagen wieder in diesem Land, was für Euch ganz einfach nachzuprüfen ist. Ich kam mit dem ausdrücklichen Wunsch, im Tempel an den Feiern zum Pfingstfest teilzunehmen. Niemand kann behaupten, ich hätte im Tempel herumgestritten oder irgendeinen Auflauf verursacht, weder in einer Synagoge noch sonstwo in der Stadt. Nicht ein einziger ihrer Vorwürfe kann durch Beweise oder Zeugen belegt werden.

Doch eines gebe ich freimütig zu: Im Hinblick auf den ‚Weg', den sie verächtlich eine Sekte nennen, diene ich Gott nicht anders, als es unsere Väter schon getan haben. Auch halte ich mich strikt an das, was in dem Gesetz und den Propheten geschrieben steht. So bin ich auch voller Hoffnung, dass Gott die Toten auferwecken wird, und zwar die guten wie auch die bösen. Wenn das mein Verbrechen ist, dann sind meine Ankläger genauso schuldig wie ich.

Der Glaube an die Auferstehung bringt mich dazu, alles zu tun, um vor Gott und meinem Nächsten in jeder Hinsicht ein gutes Gewissen haben zu können. Ich war einige Jahre im Ausland und nun bin ich endlich wieder hier. Während ich unterwegs war, habe ich eine Geldsammlung für die Armen hier in Jerusalem veranstaltet, die ich zusammen mit den Opfergaben für den Tempel mitgebracht habe. Und man ergriff mich zu einem Zeitpunkt, als ich gerade still meine Gebete zu den Opfern verrichtete. Da gab es keinen Menschenauflauf, keine Unruhen. Einige Juden aus Ephesus haben mit dem ganzen Wirbel angefangen. Und wie Ihr sicher schon bemerkt habt, ist von denen heute keiner hier anwesend. Wenn schon, dann müssten diese hier stehen und Anklage erheben, falls sie überhaupt irgendwelche Dinge vorbringen könnten.

Fragt doch die anderen hier, wegen welches Verbrechens sie mich gefangen nehmen ließen. Das Einzige, was sie gegen mich vorbringen können, ist der eine Satz, den ich vor dem Hohen Rat aussprach, nämlich dass ich allein wegen meines Glaubens an die Auferstehung vor Gericht stehe. Wie kriminell diese Aussage ist, müsst Ihr entscheiden."

Felix zögerte. Er wusste weit mehr über den „Weg", als er zu erkennen gab, und er hätte den Fall hier und jetzt abschließen können. Doch da er sich nicht sicher war, welches der politisch klügste Zug war, spielte er auf Zeit:

„Sobald Oberbefehlshaber Lysias aus Jerusalem eingetroffen ist, werde ich diesen Fall entscheiden."

Und er gab dem Hauptmann, der für die Bewachung von Paulus verantwortlich war, den Befehl, seinem Gefangenen wesentliche Hafterleichterungen zu gewähren und auch seine Freunde nicht daran zu hindern, ihm zu helfen.

Einige Tage später ließen Felix und seine Frau Drusilla, die Jüdin war, Paulus kommen, um ihm zuzuhören und mit ihm über den Glauben an Jesus Christus zu reden. Als Paulus ziemlich deutlich wurde und über einen Lebensstil sprach, der von einem Nachfolger Jesu durchaus verlangen kann, dass er einiges aufgibt, vor allem aber, als er das Gericht erwähnte, das jeden Menschen erwartet, hatte Felix genug gehört: „Das reicht für heute. Ich werde dich wieder rufen lassen, wenn mir danach zumute ist.“ Gleichzeitig hoffte er natürlich insgeheim, von der großen Spende einen gehörigen Batzen als Schmiergeld zu bekommen. Aus diesem Grund ließ er auch Paulus immer wieder zu solchen Gesprächen kommen.

Zwei Jahre ging das so. Dann wurde Felix eines Tages durch Porcius Festus abgelöst. Leider wollte er den Juden am Ende seiner Amtszeit noch eine Gunst erweisen, darum ließ er Paulus ohne jeden Grund weiter im Gefängnis.

Appell an den Kaiser (25,1–12)

25 Drei Tage nachdem Festus in Cäsarea eingetroffen war, um seine Amtsgeschäfte als Gouverneur aufzunehmen, reiste er nach Jerusalem weiter. Dort hatten die Hohenpriester und die Vornehmen der Juden nichts anderes zu tun, als sofort erneut Anklage gegen Paulus zu erheben. Festus möge doch so gütig sein und ihnen Paulus nach Jerusalem senden, damit er dort zu den Beschuldigungen Stellung bezog. Natürlich war das eine Lüge. Sie hatten ihren alten Mordplan wieder aufgegriffen und warteten nur noch auf die Gelegenheit, Paulus auf dem Weg nach Jerusalem umzubringen.

Festus ging jedoch nicht auf diese Bitten ein. Er gab ihnen zur Antwort, dass der Gerichtsort für diesen Paulus nun einmal Cäsarea sei und dass er in wenigen Tagen schon dorthin zurückkehren würde. „Ihr könnt gern mit mir kommen“, schlug er ihnen vor, „und ihn dort wegen alldem anklagen, was er eurer Meinung nach falsch gemacht hat.“

Etwa acht oder zehn Tage später kehrte Festus nach Cäsarea zurück. Schon am nächsten Morgen nahm er seinen Platz im Gerichtshof ein und ließ Paulus vorführen. Kaum hatte Paulus den Gerichtssaal betreten, umringten ihn die eigens aus Jerusalem angereisten Juden und erhoben schwerste Vorwürfe gegen ihn.

Vorwürfe, für die sie nicht den geringsten Beweis hatten.

Da stellte Paulus sich ihnen entgegen und sagte kurz und knapp: „Ich habe nichts Verkehrtes getan, weder gegen die jüdische Religion noch gegen den Tempel verstoßen, noch die Gesetze des Kaisers übertreten. Es reicht jetzt!"

Festus wollte jedoch die Juden nicht verärgern – im Gegenteil –, darum schlug er vor: „Was hältst du davon, nach Jerusalem zu gehen und unter meinem Vorsitz deinen Fall dort zu verhandeln?"

Paulus antwortete ihm darauf: „Hier stehe ich vor dem kaiserlichen Tribunal und wenn, dann will ich nur hier vor Gericht gestellt werden. Ich habe mir, wie Ihr selbst sehr gut wisst, gegenüber den Juden nichts zuschulden kommen lassen. Sollte ich irgendeines Verbrechens überführt werden und den Tod verdienen, dann macht es mir wenig aus zu sterben. Aber wenn nichts an ihren Beschuldigungen dran ist, soll mich niemand in die Hände dieser Leute ausliefern, denn jetzt appelliere ich an den Kaiser."

Festus besprach sich kurz mit seinen Ratgebern und gab dann seine Entscheidung bekannt: „Du hast an den Kaiser appelliert, dann sollst du auch vor den Kaiser kommen."

Hoher Besuch (25,13–27)

Einige Tage später besuchte König Agrippa mit seiner Schwester Berenike Cäsarea, um Festus in seiner neuen Funktion als Gouverneur willkommen zu heißen. Nach einigen Tagen brachte Festus das Gespräch auch auf den Fall „Paulus": „Ich habe hier einen Mann, den mir Felix als Gefangenen zurückgelassen hat. Als ich in Jerusalem war, erhoben die dortigen Hohenpriester und die Ältesten der Juden schwere Vorwürfe gegen ihn und verlangten von mir, dass ich ihn zum Tode verurteilen sollte. Ich habe ihnen zu verstehen gegeben, dass das nicht die Art und Weise ist, wie wir Römer mit solchen Dingen umgehen. Wir achten darauf, dass ein Angeklagter auch die Möglichkeit erhält, sich zu verteidigen, und das Auge in Auge mit seinen Anklägern. Als sie mit mir hier ankamen, habe ich den Fall am nächsten Morgen sofort aufgerollt. Ich habe mich auf den Richterstuhl gesetzt und ließ den Angeklagten vorführen.

Die Ankläger bedrängten ihn von allen Seiten, aber ihre Beschuldigungen enthielten nur Streitpunkte in Bezug auf ihre Religion. Es fiel auch der Name eines gewissen Jesus, der tot ist und von dem unser Gefangener behauptet, dass er lebe. Da ich ziemlich ratlos war, weil mir die eigentlichen Gründe für den Konflikt nicht bekannt sind, fragte ich ihn, ob er bereit wäre, nach Jerusalem mitzugehen, um seinen Fall dort verhandeln zu lassen. Das lehnte Paulus strikt ab und forderte stattdessen eine Verhandlung vor dem Obersten Gerichtshof des Kaisers. So gab ich den Befehl, ihn wieder in Gewahrsam zu nehmen, bis ich ihn zum Kaiser nach Rom schicken kann."

Agrippa meinte dazu: „Ich möchte diesen Mann gern selbst kennenlernen und seine Geschichte von ihm hören."

„Das lässt sich machen", entgegnete Festus, „Wir werden ihn morgen als Erstes kommen lassen; dann kannst du ihn selbst hören."

Am nächsten Tag kamen alle, die in Cäsarea irgendwie Rang und Namen hatten, und strömten in die große Halle, allen voran Agrippa und Berenike in pompöser königlicher Aufmachung. Sie nahmen Platz und Festus gab den Befehl, Paulus vorzuführen.

„König Agrippa, erlauchte Gäste", begann Festus, „bitte werft einen Blick auf diesen Mann. Eine große Anzahl von Juden verlangte erst in Jerusalem und jetzt auch hier von mir, dass ich diesen Mann hinrichten lassen sollte. Ich habe mir alles sehr genau angehört und bin zu der Überzeugung gelangt, dass dieser Mann nichts begangen hat, das mit dem Tod bestraft werden müsste. Er hat nun seinerseits eine Verhandlung vor dem höchsten Gerichtshof des Kaisers verlangt, und ich habe zugestimmt, ihn nach Rom zu senden. Doch was soll ich meinem Herrn und Gebieter, dem Kaiser, über diesen Fall schreiben? All das, was die Juden bislang gegen ihn vorbrachten, waren nichts als unbewiesene Behauptungen.

Darum habe ich ihn hier vor dieses Tribunal bringen lassen und vor allem auch vor dich, König Agrippa, damit ich aufgrund seiner Aussagen wenigstens etwas habe, das ich dem allerhöchsten Herrn über diesen Fall schreiben kann. Denn mir scheint es nicht sehr sinnvoll zu sein, einen Gefangenen zu seiner Verhandlung nach Rom zu schicken, ohne irgendwie zu dokumentieren, was er verbrochen hat."

„Ich konnte nicht einmal mehr gehen" (26,1–32)

26 Dann wandte Agrippa sich direkt an Paulus: „Nun rede, es ist dir erlaubt, für dich selbst zu sprechen!"

Paulus stellte sich vor alle hin und begann, seine Geschichte zu erzählen: „Ich kann mir niemand anderen vorstellen, König Agrippa, vor dem ich mich lieber gegen all die Anschuldigungen verteidigen würde als vor Euch, Majestät. Ich weiß, wie genau Ihr über die unterschiedlichen Strömungen und die zahlreichen Streitfragen unter den Juden Bescheid wisst. Darum bitte ich Euch in Eurer Großmut, mich mit etwas Geduld anzuhören.

Von Jugend an habe ich unter meinem eigenen Volk in Jerusalem gelebt. Praktisch jeder Jude in unserer Stadt hat mich aufwachsen sehen und könnte bezeugen, dass ich als Pharisäer nach der strengsten Glaubensrichtung unserer Religion gelebt habe. Ich hängte mein Herz an das, was Gott unseren Vorfahren versprochen hat. Es war diese große Hoffnung, auf die hin die zwölf Stämme Israels über Jahrhunderte hinweg Tag und Nacht gelebt haben, die auch mich immer bewegt hat und wegen der ich jetzt von den Juden angeklagt werde. Eigentlich sind sie es, die hier vorne in der Anklagebank stehen müssten. Was um alles in der Welt ist so unglaubwürdig daran, dass Gott Tote auferweckt?

Aber ich gebe zu, dass ich selbst diese Position nicht immer geteilt habe. Es ist noch gar nicht so lange her, da sah ich es als meine Pflicht an, mit aller mir zur Verfügung stehenden Macht gegen die

Anhänger dieses Jesus von Nazaret vorzugehen. Ich hatte mir zu diesem Zweck von den Hohenpriestern alle Vollmachten ausstellen lassen, mit denen ich diese Gläubigen ins Jerusalemer Gefängnis werfen ließ, wo immer ich ihrer habhaft wurde. Wann immer es zu einer Abstimmung über ihr Urteil kam, stimmte ich für ihre Exekution. In den Synagogen versuchte ich, sie durch Strafmaßnahmen dazu zu bringen, den Namen Jesu zu verleugnen, kurz: Ich war nur von dem Gedanken besessen, sie aus dem Weg zu schaffen. So führte mich mein maßloser Hass auch in die Städte außerhalb Jerusalems.

Eines Tages war ich unterwegs nach Damaskus, hervorragend ausgerüstet mit Papieren der Hohenpriester, die mich für alle meine Aktionen bevollmächtigten, als mich und meine Gefährten, o König, mitten am Tag ein gleißend helles Licht umstrahlte, viel heller noch als das der Sonne. Wir stürzten zu Boden. Dann vernahm ich, wie jemand auf Hebräisch rief: ‚Saulus, Saulus, warum verfolgst du mich? Du wirst es schwer haben, gegen mich anzukommen.'

Ich fragte: ‚Wer bist du, Herr?'

Die Stimme antwortete: ‚Ich bin Jesus, den du verfolgst. Doch nun steh auf und stell dich auf deine Füße. Ich möchte, dass du mir von jetzt an dienst und überall von dem erzählst, was du heute erlebt hast und was ich dir in Zukunft noch zeigen werde.

Ich nehme dich aus deinem Volk heraus und sende dich nun zu vielen fremden Völkern, um die Augen der Menschen zu öffnen, damit sie den Unterschied erkennen zwischen Licht und Finsternis, zwischen Gott und Satan, und sich für Gott entscheiden. Ich sende dich aus, um ihnen mein Angebot zu bringen, dass ich ihnen ihre Sünden vergeben will. Sie werden durch den Glauben an mich von Grund auf verändert und bekommen so Anteil an meinem Leben.'

Was sollte ich tun, König Agrippa? Ich konnte doch nicht einfach weiterleben, als hätte ich diese Vision nie gehabt! Ich gehorchte also diesem Auftrag und begann, zuerst in Damaskus, dann aber auch in Jerusalem und ganz Judäa zu verkündigen, dass die Menschen umdenken und sich von Herzen Gott zuwenden sollten. Sie sollten erfahren, wie Gott ihr Leben verändert. Später habe ich diese Frohe Botschaft auch den Nichtjuden gebracht. Wegen all dem haben mich dann die Juden im Tempel ergriffen und versucht, mich umzubringen. Doch Gott stand mir bei, so wie er es versprochen hatte, und deshalb stehe ich hier und kann von dem berichten, was ich bisher jedem – egal, ob klein oder groß – gesagt habe. Es war nichts anderes als das, was die Propheten und Mose angekündigt haben: dass zum einen der Messias sterben muss, dass er zum anderen auferstehen wird, um ein Licht zu sein für unser Volk, aber auch für alle anderen Menschen auf der Welt."

Das war zu viel für Festus. Er unterbrach Paulus, indem er laut rief: „Du bist verrückt, Paulus! Du hast zu viele Bücher gelesen und zu viel Zeit zum Fantasieren gehabt."

Doch Paulus ließ sich nicht beirren: „Bei allem Respekt, ehrwürdigster Festus, aber ich bin nicht verrückt. Was ich gesagt habe, trifft nicht nur die Wahrheit, es ist auch mit der Vernunft in Einklang zu bringen. Der König weiß, wovon ich spreche. Ich bin sicher, dass nichts von dem, was ich eben berichtet habe, in seinen Ohren seltsam klang. Immerhin hat sich das alles ja nicht irgendwo in einem verborgenen Winkel dieses Landes ereignet. Ihr verlasst euch doch auch auf das Wort der Propheten, ist es nicht so, König Agrippa? Nein, Ihr braucht nicht zu antworten. Ich weiß, dass Ihr ihnen glaubt."

Da gab ihm Agrippa zur Antwort: „Wenn du so weiterredest, machst du noch hier und jetzt einen Christen aus mir!"

Paulus, der nach wie vor in Ketten war, entgegnete daraufhin: „Ich bitte Gott um nichts anderes als darum, dass über kurz oder lang nicht nur Ihr, sondern jeder der heute hier Anwesenden so wird wie ich – bloß ohne diese Ketten."

Der König und der Gouverneur zogen sich zusammen mit Berenike in einen Nebenraum zurück, um sich über das Gehörte auszutauschen. Sehr schnell waren sie von Paulus' Unschuld überzeugt und kamen zu dem Schluss: „Da gibt es nichts, weswegen dieser Mann eine Gefängnisstrafe oder gar den Tod verdient hätte." Agrippa fügte sogar noch an Festus gewandt hinzu: „Eigentlich könnte man ihn sofort freilassen, hätte er nicht an den Kaiser appelliert."

Alle blieben am Leben (27,1–28,10)

27 Sobald unsere Überfahrt nach Italien organisiert war, wurden Paulus und noch einige andere Gefangene einem Hauptmann namens Julius übergeben, der eine Kohorte einheimischer Soldaten befehligte. Wir bestiegen ein Schiff aus Adramyttion, das die Häfen an der Westküste der Provinz Asia – darunter Ephesus – anlaufen sollte. Aristarch, ein Makedonier aus Thessaloniki, begleitete uns.

Am nächsten Tag erreichten wir Sidon. Julius behandelte Paulus übrigens sehr zuvorkommend. So konnte dieser von Bord gehen und die Gastfreundschaft einiger Freunde genießen, die dort lebten.

Wieder auf See, segelten wir im Schutz der Nordostküste Zyperns in Richtung Norden, weil der Wind sehr ungünstig von Westen wehte. Dann ging es weiter entlang der Küste Ziliziens und Pamphyliens und so erreichten wir schließlich Myra in Lyzien. Dort fand der Hauptmann ein ägyptisches Schiff aus Alexandria, das auf dem Weg nach Italien war, und ließ uns alle umsteigen. Wir gerieten in schlechtes Wetter und der Kapitän konnte nicht länger den Kurs halten. Nach vielen Tagen, in denen wir nur langsam vorankamen, erreichten wir Knidos, konnten aber aufgrund des Windes nicht anlegen. So segelten wir weiter hinunter nach Kreta, kamen mit knapper Not an Salmone vorbei und erreichten an der Südküste Kretas einen Ort, der Kalói Liménes („Gute Häfen“) genannt wird (ganz in der Nähe liegt die Stadt Lasäa).

Zu diesem Zeitpunkt hatten wir bereits viele Tage verloren. Es war schon Ende September, sodass wir von jetzt an mit stürmischem Wetter rechnen mussten. Paulus selbst warnte: „Wenn wir jetzt in See stechen, dann sehe ich nichts als Gefahren für Schiff und Ladung, ganz zu schweigen für unser Leben, auf uns zukommen.“

Leider verließ der Hauptmann sich mehr auf das, was der Steuermann und der Schiffseigner sagten, als sich um die Warnung des Paulus zu kümmern. Da der Hafen alles andere als ideal war, um dort zu überwintern, versuchte man, Phönix zu erreichen, eine Hafenstadt auf Kreta, die nur etwas mehr als 50 Kilometer von ihrem Ankerplatz entfernt lag. Ihr Hafen war nach Süd- und nach Nordwesten ausgerichtet und wesentlich besser zum Überwintern geeignet.

Als ein leichter Wind von Süden aufkam, hielt man die Gelegenheit für günstig, das Vorhaben in die Tat umzusetzen, und lichtete den Anker. Zunächst segelten wir dicht an der Küste Kretas entlang. Doch schon nach kurzer Zeit riss der gefürchtete Nordostwind, der einem Wirbelsturm in nichts nachsteht, das Schiff mit sich fort. Da die Mannschaft nicht mehr in der Lage war, den Bug des Schiffes gegen den Wind zu stellen, ließen wir uns einfach treiben. Wir gelangten auf diese Weise in den Windschatten der kleinen Insel Kauda, wo es uns wenigstens gelang, das Beiboot einzuholen und die Segel zu raffen. Doch felsige Untiefen hinderten uns daran, näher an die Insel heranzukommen. Wir konnten nur verhindern, dass wir nicht auf die Sandbänke aufliefen, indem wir einen Treibanker auswarfen.

Am nächsten Tag – wir befanden uns wieder auf hoher See und unser Schiff war durch den Sturm bereits schlimm in Mitleidenschaft gezogen – warfen wir die Ladung über Bord. Am dritten Tag erleichterten die Seeleute das Boot, indem sie die gesamte Schiffsausrüstung über Bord gehen ließen. Wir hatten nun schon etliche Tage weder Sonne noch Sterne gesehen. Der Wind und die Wellen setzten uns unbarmherzig zu, sodass wir alle Hoffnung auf Rettung verloren.

Wir waren so erschöpft und mutlos, dass wir jeden Appetit auf Essen verloren hatten. In dieser Lage stellte Paulus sich in unsere Mitte und ermutigte uns: „Freunde, wenn ihr wirklich auf mich gehört hättet, als wir noch in Kreta waren, würden wir jetzt nicht in diesen gewaltigen Schwierigkeiten stecken. Aber darüber brauchen wir jetzt nicht mehr zu reden. Von jetzt an wird es wieder besser werden. Ich kann euch versichern, dass nicht einer von uns umkommen wird, was ich allerdings leider nicht von diesem Schiff sagen kann. Es wird untergehen.

Vergangene Nacht stand ein Engel an meiner Seite, ein Engel des Gottes, dem ich diene, und sagte zu mir: ‚Du brauchst keine Angst zu haben, Paulus. Du wirst vor den Kaiser treten, und jeder, der mit dir auf dem Schiff unterwegs ist, wird ebenfalls sein Ziel erreichen.' Darum, liebe Freunde, lasst den Kopf nicht länger hängen. Ich bin davon überzeugt, dass Gott genau das tun wird, was er mir zugesagt hat. Allerdings werden wir auf irgendeiner Insel stranden."

In der vierzehnten Nacht, in der wir nun schon auf See trieben, bemerkten die Seeleute, dass wir uns einer Küste näherten. Rasch warfen sie das Lot aus und maßen zunächst etwa vierzig Meter unter dem Kiel. Doch schon kurze Zeit später waren es weniger als dreißig. Das ließ befürchten, dass wir in wenigen Augenblicken gegen irgendwelche Klippen geworfen würden. Darum warfen wir vom Heck aus vier Anker und hofften inständig, dass es bald Tag würde.

Einige der Seeleute versuchten, sich mit dem Beiboot selbst zu retten. Sie gaben vor, auch vom Bug aus noch einige Anker setzen zu wollen. Doch Paulus durchschaute den Plan und sagte zum Hauptmann: „Wenn diese Seeleute nicht im Schiff bleiben, wird keiner von uns überleben." Da kappten die Soldaten kurzerhand die Leinen des Beibootes und ließen es davontreiben.

Als es langsam zu dämmern begann, rief Paulus die Leute zusammen und legte ihnen nahe, endlich etwas zu essen: „Das ist nun schon der vierzehnte Tag, an dem wir nichts gegessen haben. Natürlich war uns auch nicht danach zumute, aber jetzt sollte sich jeder dazu zwingen, etwas zu sich zu nehmen. Ihr werdet für die bevorstehende Rettung alle Kräfte brauchen. Esst, und ihr dürft sicher sein, dass ihr aus dem Ganzen ohne einen Kratzer hervorgeht."

So brach er das Brot, dankte Gott und gab es an die Leute weiter, die nun kräftig zulangten. Alle zusammengerechnet waren wir 276 Männer und Frauen. Nachdem alle reichlich gegessen hatten, erleichterte man das Schiff noch einmal, indem man die gesamten Getreidevorräte über Bord warf.

Als es endlich hell wurde, erblickten wir den Küstenstreifen, der aber niemandem bekannt war. Gleichzeitig bemerkten wir eine Bucht mit einem flachen Sandstrand. Da beschlossen die Seeleute, das Schiff auf diesen Strand auflaufen zu lassen. Sie kappten die Ankertaue und auch die Seile, die das Ruder gehalten hatten, und setzten ein Vorsegel, sodass wir mit Rückenwind direkt auf den Strand zugetrieben wurden. Doch so weit kamen wir nicht. Noch ein ganzes Stück vom Ufer entfernt fuhren wir auf eine Sandbank auf. Während der Bug festsaß, wurde das Heck von den herandonnernden Brechern zertrümmert.

In dieser Situation gab es für die Soldaten nur eines: Jeden Gefangenen töten, bevor ihm schwimmend die Flucht gelingen konnte. Doch der Hauptmann wollte nicht, dass Paulus etwas geschah, darum verbot er es ihnen. Er gab den Befehl, dass jeder, der schwimmen konnte, über Bord springen sollte, um an Land zu kommen. Die übrigen sollten sich ein Brett oder sonst irgendetwas nehmen, das sie zum Ufer tragen würde. Und tatsächlich kamen alle wohlbehalten dort an.

28 Zunächst stellten wir fest, dass es wirklich alle geschafft hatten. Dann erfuhren wir, dass die Insel, auf der wir gestrandet waren, Malta hieß. Die dort lebenden Einheimischen waren außerordentlich freundlich zu uns. Der Tag war regnerisch und kalt und wir waren bis auf die Knochen durchnässt und durchgefroren. Darum entfachten sie ein großes Feuer, an dem wir uns wärmen konnten.

Paulus wollte nachlegen und packte ein großes Bündel Reisig. Als er es aufs Feuer werfen wollte, schoss eine Giftschlange, die durch die Hitze aufgeschreckt worden war, daraus hervor und verbiss sich in seine Hand. Als die Einheimischen das Tier an seiner Hand hängen sahen, sagten sie zueinander: „Dieser Mann muss ein Mörder sein, den die Rachegöttin jetzt doch noch bestraft hat, nachdem er dem Meer entkommen ist.“

Paulus aber schüttelte die Schlange ab – direkt ins Feuer. Ihn schien das Geschehene überhaupt nicht zu beunruhigen, während die anderen darauf warteten, dass seine Hand anschwellen und er tot umfallen würde. Als die kritische Zeit längst vorüber und nichts von alledem geschehen war, änderten sie ihre Meinung und sagten: „Das muss ein Gott sein!“

In der Gegend um unseren Landungsort gab es eine Reihe großer

Landgüter. Sie alle gehörten einem gewissen Publius, der die einzige Autoritätsperson auf der Insel war. Dieser nahm uns in einem seiner Landgüter freundlich auf. Wir konnten uns trocknen und wurden während der nächsten drei Tage gut versorgt. Während dieser Zeit erkrankte der Vater von Publius schwer an der Ruhr, die von heftigen Fieberanfällen begleitet war. Paulus besuchte den alten Mann, und als er ihm die Hände auflegte und betete, wurde er geheilt. Die Nachricht von dieser Heilung verbreitete sich wie ein Lauffeuer, und schon bald kamen alle anderen Inselbewohner, die krank waren, zu ihm und wurden geheilt.

Die letzte Etappe (28,11–31)

Wir verbrachten drei wunderbare Monate auf Malta. Die Menschen behandelten uns königlich, versorgten uns mit allem, was wir benötigten, und rüsteten uns für den Rest der Reise aus. Als ein ägyptisches Schiff, das im Hafen überwintert hatte, Vorbereitungen für die Überfahrt nach Italien traf, gingen wir an Bord. Die Galionsfiguren des Schiffes waren die römischen Zwillingsgötter Castor und Pollux, die es vor Schiffbruch bewahren sollten.

Wir erreichten Syrakus, wo wir drei Tage Aufenthalt hatten. Dann segelten wir wegen des Windes in einem weiten Bogen nach Rhegion. Am Tag darauf drehte der Wind endlich auf Süd und so erreichten wir schon zwei Tage später die Bucht von Neapel und legten in Puteoli an. Dort begegneten wir christlichen Freunden, die uns baten, doch wenigstens eine Woche bei ihnen zu bleiben.

Schließlich machten wir uns endlich auf den Weg nach Rom. Freunde in Rom hatten gehört, dass wir auf dem Weg zu ihnen wären, und kamen uns ein ganzes Stück entgegen, eine Gruppe bis zu Tres Tabernae, eine andere sogar bis zum Forum Appii. Es war ein bewegendes Zusammentreffen und Paulus dankte Gott von ganzem Herzen. Diese Begegnung hatte ihn sehr ermutigt.

Endlich erreichten wir die Stadt selbst. Man gestattete Paulus, in einem Privatquartier zu wohnen. Nur ein Soldat, der zu seiner Bewachung abgestellt war, erinnerte daran, dass er ein Gefangener war.

Drei Tage später lud Paulus die führenden Juden zu einem Treffen in sein Haus ein. Nachdem sie Platz genommen hatten, sagte er zu ihnen: „Ihr fragt euch vielleicht, warum ich als Gefangener hier bin. Meine Brüder, ich kann euch versichern, dass ich mir gegenüber unseren Glaubensgeschwistern in Jerusalem nichts habe zuschulden kommen lassen. Auch habe ich in keiner Weise gegen die Sitten unserer Väter verstoßen; trotzdem haben sie mich an die Römer ausgeliefert. Diese haben mich gründlich verhört und nicht das Geringste gefunden, was den Tod verdient hätte. Sie wollten mich freilassen, doch dem widersprachen die Juden und zwangen mich so, an den Kaiser zu appellieren. Ich habe es nicht getan, weil ich sie wegen irgendwelcher Vergehen anklagen will oder weil ich möchte, dass unser Volk Schwierigkeiten mit Rom bekommt. Darum bat ich euch, heute hierherzukommen, damit wir uns kennenlernen können und ihr von mir persönlich hören könnt, denn ich trage diese Ketten, weil ich an den Messias glaube, auf den ganz Israel hofft“

Sie entgegneten: „Niemand hat uns in einem Brief vor dir gewarnt. Und es ist auch niemand persönlich hier aufgetaucht und hat etwas Böses über dich berichtet. Doch wir würden gern mehr von dir und dieser Sekte der Christen hören, die scheinbar überall ins Gerede gekommen ist.“

Sie vereinbarten also einen Tag, an dem sie sich treffen wollten. Als es so weit war, kamen sie wieder in sein Haus und brachten noch eine große Anzahl von Freunden mit. Paulus sprach den ganzen Tag lang zu ihnen, vom Morgen bis zum Abend, und erklärte ihnen all das, was mit der Herrschaft Gottes zu tun hatte. Er versuchte vor allem, ihnen anhand der Bücher des Mose und der Propheten darzulegen, wer Jesus war und dass alle ihre Schriften auf ihn hinwiesen.

Einige seiner Zuhörer waren von dem, was er sagte, überzeugt, doch andere weigerten sich, auch nur ein Wort von all dem zu glauben. Die Uneinigkeit unter seinen Zuhörern wurde immer deutlicher und so drängten sie zum Aufbruch. Paulus ließ es sich nicht nehmen, ihnen noch ein Schriftwort mit auf den Weg zu geben: „Der Heilige Geist wusste sehr genau, wovon er sprach, als er unseren Vorfahren durch den Propheten Jesaja sagen ließ:

‚Geh zu diesem Volk und sage ihm dieses:
Ihr werdet zwar hören,
aber kein Wort verstehen;
ihr werdet sehen
und doch nichts erkennen.
Denn dieses Volk ist nicht mehr ansprechbar!
Es hält sich die Ohren zu,
damit es nicht zu hören braucht;
es verschließt seine Augen fest,
damit es nicht mehr zu sehen braucht.
Sie wollen einfach nicht verstehen,
was ich ihnen sagen möchte,
weil sie dann zu mir umkehren müssten,
damit ich sie heilen kann.‘

Eines solltet ihr wissen: Die nichtjüdischen Völker sind bereit, auf Gott zu hören. Darum werden jetzt sie das ganze Heil unseres Gottes erfahren.“

Paulus lebte zwei Jahre in dem gemieteten Haus. Er hieß alle willkommen, die ihn besuchten, und natürlich sprach er mit jedem offen über das, was ihn am meisten bewegte: die Herrschaft Gottes. Er sprach mutiger als je zuvor von Jesus Christus. Und niemand versuchte, ihn daran zu hindern.

Eine Sammlung von Briefen

Wenn ein Mensch zum Glauben an Jesus Christus kommt, findet er Antworten auf viele Fragen, die er bisher mit sich herumtrug. Je mehr er sich jedoch auf das Leben mit Gott einlässt, desto mehr bewegen ihn andere, oft ganz neue Fragen.
Genau das erleben wir bei den ersten Christen: Sie sehnten sich zutiefst danach, mehr über das Leben mit diesem Gott zu erfahren. Darum wurde alles, was sie von den großen Zeugen des Glaubens – vor allem Paulus, Petrus, Jakobus und Johannes – erhalten konnten, mit großer Sorgfalt gelesen und aufbewahrt.
Daher spielen auch Briefe eine große Rolle. Durch sie konnte etwa Paulus mit seinen Gemeinden Kontakt halten. Dabei ist zu beachten, dass dies keine „Privatbriefe" sind, sondern Rundschreiben an Gemeinden, die diesen in ihrer Glaubenspraxis helfen sollen. Wie in der Antike allgemein üblich, haben auch Mitarbeiter im Namen ihrer Lehrer und Vorbilder Briefe geschrieben; Paulus selbst bezeugt explizit, dass er nicht der alleinige

Verfasser seiner Briefe ist (Absenderangaben). Viele Details zu den genauen Entstehungsbedingungen der Briefe sind in der Forschung umstritten. Aber für die Gemeinden sind sie wertvolle Stimmen aus dem frühchristlichen Chor. Gerade die Paulusbriefe sind die ältesten christlichen Schriften, die wir besitzen, älter als zum Beispiel die Evangelien. Andere Briefe geben uns Einblick in die Probleme der Gemeinden am Ende des 1. Jahrhunderts.

Der Brief an die Gemeinde in Rom

Wer die Gemeinde in Rom gegründet hat, wissen wir nicht. Doch der folgende Brief des Paulus bezeugt, dass sie sich schon sehr früh aus Juden- und Heidenchristen gebildet haben muss. Da Paulus vorhatte, diese Gemeinde zu besuchen, stellt er ihr seine Theologie – und damit auch sich – beeindruckend vor. Kein Wunder, dass man schon früh diese Zusammenfassung seiner Lehre als „Testament des Paulus" bezeichnete. Verfasst wurde dieser Brief zwischen 56 und 58 n. Chr. in Korinth. Der sehr lange Brief kann grob in zwei Abschnitte unterteilt werden: 1. Der göttliche Heilsplan (Kap.1–11) und 2. Ermahnungen und praktische Anweisungen für das Leben in der Gemeinde.

Mein Name ist Paulus, Apostel Paulus ... (1,1–7)

1 Paulus, Diener Jesu Christi und zum Apostel berufen, grüßt alle, die genau wie er zu einem Leben mit Gott berufen sind, alle, die von Gott geliebt sind und zur Gemeinde in Rom gehören: Gnade und Friede schenke euch Gott, unser Vater, und unser Herr Jesus Christus!

Gott hat mich, warum auch immer, aus meinem Volk herausgerufen, um die Frohe Botschaft all dessen zu verkünden, was er durch seine Propheten schon im Voraus angekündigt hatte. Diese Frohe Botschaft ist nichts anderes als sein Sohn selbst. Dieser war zwar ein Nachkomme von David, erwies sich aber durch alles, was er vollbrachte, vor allem jedoch durch seinen Tod und seine Auferstehung, als Sohn Gottes. Er ist unser Herr Jesus Christus. Er hat uns dazu berufen, unter den Völkern dieser Welt Menschen zu gewinnen, die ihm gehorsam sind und ihr Vertrauen auf seinen Namen setzen. Das ist auch eure Berufung. Ihr wisst, dass Gott euch liebt und er euch berufen, ja für sich erwählt hat. Darum erbitte ich für euch alle, die ihr in Rom versammelt seid, von Herzen die Gnade und den Frieden Gottes, unseres Vaters und unseres Herrn Jesus Christus.

Was ich hörte, macht mich dankbar (1,8–15)

Zunächst einmal danke ich meinem Gott durch Jesus Christus für euch alle, weil man überall von eurem Glauben spricht, der viele Christen ermutigt. Gott selbst ist mein Zeuge, dem ich von ganzem Herzen durch die Verkündigung der Frohen Botschaft diene, dass ihr einen festen Platz in meinen Gebeten gefunden habt. Auch bete ich beständig dafür, dass sich mir eine Möglichkeit eröffnet, einmal – so Gott es will – zu euch zu kommen. Ich sehne mich danach, euch etwas von dem mitzugeben, was Gott mir geschenkt hat, damit ihr noch mehr gestärkt werdet; gleichzeitig erhoffe ich mir natürlich auch eine kräftige Ermutigung durch den Austausch über unsere

Glaubenserfahrungen. Eines müsst ihr wissen: Ich hatte mir schon einige Male vorgenommen, zu euch zu kommen, doch jedes Mal ist immer wieder im letzten Moment irgendetwas dazwischengekommen. Dabei würde ich so gern auch bei euch wie bei so vielen anderen Gemeinden etwas pflanzen, das Frucht bringt. (Weil ich selbst so viel von Gott empfangen habe,) stehe ich bei allen in der Schuld. Dabei spielt es keine Rolle, ob sie Griechen sind oder nicht, ob sie gebildet sind oder nicht. Darum ist es mein Wunsch, auch euch in Rom etwas von der Frohen Botschaft Christi mitzugeben, weil ich es euch schulde.

Wir alle dürfen an einen wunderbaren Gott glauben (1,16–17)

Ich schäme mich in keiner Weise dafür, die Botschaft vom Gekreuzigten weiterzugeben. Denn ich habe erlebt, wie diese Botschaft Menschen rettet, die sich auf sie verlassen. Das gilt natürlich zuerst für die Juden, dann aber auch für alle anderen Völker. Wer anfängt, sich auf die Frohe Botschaft zu verlassen, wird dadurch immer mehr im Glauben wachsen. Das zeigt, wie sehr Gott jedem einzelnen Menschen gerecht wird. Er wird das Vertrauen des Einzelnen nicht ins Leere gehen lassen. Sagt doch die Heilige Schrift: Wen Gott angenommen hat, der wird aus dem Glauben leben.*

Es gibt nicht einen Grund, Gott nicht zu vertrauen (1,18–32)

Völlig anders verhält es sich mit Menschen, die Augen und Herz vor dem verschließen, was Gott ihnen mitteilen und geben möchte. Sie setzen mit aller Gewalt ihrem Denken und Fragen Grenzen, weil sie

---

* Habakuk 2,4

der Wahrheit über sich selbst und diese Welt nicht ins Auge sehen wollen. Jeder weiß: Wer diese Welt auch nur ein wenig unvoreingenommen betrachtet, kann das, was wir darin von Gott erkennen können, selbst entdecken. Denn das, was an Gott unsichtbar ist, wird, seit es Menschen gibt, an seiner Schöpfung selbst erkannt. Zu allen Zeiten haben Menschen ein Gespür dafür gehabt, dass es einen großen, ewigen Gott geben muss. Darum haben auch all die Menschen, die ihre Augen und ihr Herz verschlossen halten, keine Entschuldigung. Letztlich wissen sie genau, dass es Gott gibt, aber sie wollen sich nicht von ihm abhängig wissen, geschweige denn ihr Leben von ihm bestimmen lassen. Das bleibt nicht ohne Folgen. Zunächst einmal beschäftigen sich solche Menschen in steigendem Maße mit Dingen, die ihnen letztlich nichts bringen. Zum anderen wird es in ihrem Inneren zunehmend finster. Sie behaupten zwar lautstark, dass sie alles im Griff hätten, in Wirklichkeit sind sie aber von allem Möglichen abhängig. Sie tauschen die Herrlichkeit Gottes gegen jede Art selbstgemachter Götzen ein. Deswegen hindert Gott sie auch nicht daran, den Begierden ihres Herzens einfach nachzugeben. Er überlässt sie ihrem verkehrten Denken, was immer auch zu einem völlig verkehrten Leben führt, was sie schon bald am eigenen Leib spüren. Es ruiniert den Menschen, wenn er die Wahrheit Gottes gegen die Lüge eintauscht und wenn er alles von Geschöpfen erwartet, aber nichts von seinem Schöpfer. Ihm allein gebühren aber Lob und Ehre in Ewigkeit. Ist es nicht so?!

Wir müssen uns immer vor Augen halten, welche Folgen es für den Menschen hat, wenn Gott ihn sich selbst und seinen verdrehten Wünschen überlässt. Plötzlich wollen Frauen nichts mehr mit Männern zu tun haben und Männer nichts mehr mit Frauen. Das Gefühlsleben ist ebenso durcheinander wie das Selbstwertgefühl. Die Menschen sind sich für nichts zu schade und schämen sich nicht einmal, die perversesten Dinge mit sich machen zu lassen. Doch ein Denken, dass sich Gott gegenüber verschlossen hat, führt noch zu ganz anderen schlimmen Verhaltensmustern. Wer sich Gott und sich selbst gegenüber nicht verantwortlich weiß, dessen Leben kann sich mit aller möglichen Schlechtigkeit und Niedertracht anfüllen: Ungerechtigkeit, Habsucht, Bosheit, Neid, Mordlust, Streitsucht, Arglist, bösartige Gesinnung. Letztlich kann sich ein solcher Mensch zu allem nur erdenklich Bösen entwickeln: der eine zu einem charakterlosen Opportunisten, ein anderer zu jemandem, der sich wichtig macht, indem er andere verleumdet, oder er wird ein überheblicher Gotteshasser, der sich für besonders großartig hält. Solche Menschen werden in ihrer Bosheit ungeheuer erfinderisch, sie sperren sich gegen jede Autorität, bei ihnen finden sich genauso wenig Verstand wie Treue, Liebe oder Mitleid. Versteht ihr, dass für solche Menschen im Reich eines Gottes, der die Liebe selbst ist, kein Platz ist? Das gilt auch für Menschen, die sich zwar anders verhalten, in ihren Herzen aber die bewundern, die sich in der Welt auf die oben beschriebene Weise durchzusetzen versuchen.

Wer im Glashaus sitzt … (2,1–11)

2 Dürfen wir also auf diese Menschen herabblicken? Nichts wäre verhängnisvoller als das. Denn sobald wir meinen, über andere Menschen richten zu können, sprechen wir uns unser eigenes Urteil. Wer andere richtet, hat nichts mehr, womit er sein eigenes Handeln entschuldigen könnte. Denn vor Gottes Gericht kommt alles ans Licht, und jeder wird an dem Maßstab gemessen, den er an andere angelegt hat. Vielleicht wünscht sich einer von euch, diesem Gericht zu entgehen, doch Gott lässt an diesem Punkt niemanden frei: Jeder wird so beurteilt werden, wie er andere beurteilt hat. Eigentlich müsstet ihr euch gegenseitig mit nichts anderem als mit Liebe und Erbarmen begegnen. Verachtet ihr ein solches Verhalten, dann verachtet ihr auch die unvorstellbare Güte, Geduld und Langmut unseres Gottes. Dabei weiß doch jeder von uns, dass es allein die Güte unseres Gottes war, die uns veranlasst hat, zu ihm umzukehren. Wer sich dieser Liebe Gottes verschließt und überhaupt nicht bereit ist, sich vertrauensvoll auf Gott einzulassen, den wird beim letzten Ge-

richt Gottes Zorn mit ganzer Härte treffen. (Wenn ein Mensch in diesem Leben nichts mit Gott zu tun haben wollte, wird er auch im Leben nach dem Tod nicht mit Gott zusammen sein „müssen“.) Die Gerechtigkeit Gottes zeigt sich darin, dass Gott uns ganz ernst nimmt. Er wird jedem das zukommen lassen, was ihm in diesem Leben wichtig war. Wer sich unablässig darum bemüht hat, gute Beziehungen mit anderen aufzubauen, wird bei Gott an das Ziel aller seiner Wünsche und Hoffnungen kommen; wer der Sehnsucht nach Unvergänglichkeit in sich Raum gab, wird ewiges Leben erhalten. Genauso wird Gott Menschen sich selbst überlassen, die nur um sich selbst kreisen und in keinster Weise die Wahrheit über sich und Gott zulassen wollen. Ihre Neigung, lieber den übelsten Gedanken zu gehorchen statt Gott, wird ihnen zum Verhängnis werden. Dabei spielt es keine Rolle, ob jemand zum auserwählten Volk Gottes gehört oder aus dem Heidentum stammt. Gott sieht nicht auf die Person. Nein, wer Gott den Rücken kehrt und dementsprechend böse lebt, dessen Leben wird von Angst und Bedrückung begleitet sein. Wer dagegen durch Gottes Gnade ein Mensch sein will, der von Herzen gut ist, der wird in diesem Leben schon einen tiefen Frieden erfahren. Er wird bei Gott Ehre haben und etwas von seiner Herrlichkeit erleben.

Was wir fürchten sollten: auf ewig am Leben vorbei (2,12–16)

Wer ein hartherziger, schlechter Mensch war, obwohl er das jüdische Gesetz nicht kannte, der schließt sich selbst von der Gemeinschaft mit Gott aus. Denn wann immer die heidnischen Völker aus sich heraus taten, was wir aus dem jüdischen Gesetz kennen, so zeigten sie doch damit, dass für sie Dinge verbindlich sind, die auch wir aus unserem Gesetz kennen. Offensichtlich hat Gott ihnen die wichtigsten Regeln ins Herz geschrieben. Sie brauchen also gar nicht das ausdrückliche, nur für uns Juden erlassene Gesetz. Sie sind höchstens mehr als andere auf die widerstreitenden Stimmen ihres Gewissens angewiesen. Der Unterschied ist also gar nicht so groß. Allerdings: Wer von den Juden weiß, was Gott seinem Volk offenbart hat, und sich dennoch nicht darum kümmert, den trifft die ganze Härte des Gesetzes. Denn für Gott ist nicht entscheidend, wie viel oder woher jemand etwas über das Gesetz weiß, sondern wie treu er Gottes Willen in die Tat umzusetzen versucht. Das allein wird am Tag des Gerichtes ans Licht kommen. Nicht das kleinste verborgene Tun aus Güte wird Gott unbeachtet lassen. Das ist die Frohe Botschaft, die Jesus Christus uns gebracht hat.

Nur irgendwo dazugehören rettet nicht (2,17–29)

Eine besondere Gefährdung sehe ich für jeden, der sich zum auserwählten Volk Gottes zählen darf. Wenn ein Jude nur stolz darauf ist, das Gesetz zu haben, Gott und seinen Willen zu kennen, alle strittigen Punkte allein aus dem Buchstaben des Gesetzes zu beurteilen, das er gut gelernt hat, dann wird er sich vorkommen wie einer, der Blinden auf ihrem Weg hilft, ja wie ein Licht in der Finsternis. Er mag sich für einen Lehrer all derer halten, die nicht wie er im Religiösen bewandert sind. Schließlich besitzt er ja im Gesetz den Inbegriff aller Erkenntnis und aller Wahrheit. Doch was ist, wenn sich der, der sich als Lehrer aufspielt, selbst nicht um das schert, was er andere lehrt? Wenn er anderen beibringt, dass sie nicht stehlen dürfen, selbst aber bei jeder Gelegenheit etwas mitgehen lässt? Oder wenn er andere davor warnt, nicht die Ehe zu brechen, selbst aber fremdgeht? Man kann nicht auf der einen Seite den Götzenkult anklagen und dann auf der anderen Seite zu Hause Kunstschätze aus irgendwelchen Tempeln aufstellen. Wer überall herausposaunt, wie großartig und wie wichtig für ihn doch das Gesetz sei, sich aber in vielen Bereichen überhaupt nicht darum schert, es auch selbst einzuhalten, der macht Gott vor allen Menschen lächerlich. Darum haben so viele Völker, unter denen wir leben, für unseren Gott nur Spott und Verachtung übrig.

Wenn du dich als Jude beschneiden lässt, dann hat dieses Zeichen nur Sinn, wenn du dementsprechend auch als gesetzestreuer Jude leben willst. Wenn du dich nicht ernsthaft um die Erfüllung des Gesetzes bemühst, nützt dir dein Beschnittensein, deine Zugehörigkeit zum auserwählten Volk überhaupt nichts. Dieser Gedanke gilt auch umgekehrt. Wenn ein Unbeschnittener von Herzen nach dem Gesetz lebt, ist er doch im eigentlichen Sinn ein Beschnittener. Ja, um es noch deutlicher zu sagen: Im Vergleich zu einem Juden, der zwar beschnitten ist und den Wortlaut des Gesetzes auswendig kennt, sich aber nicht im Geringsten um dessen Erfüllung schert, schneidet er vor Gott unendlich besser ab.

Es gehört also nicht jemand zum Volk Gottes, weil irgendwann einmal ein Ritus wie die Beschneidung an ihm vollzogen wurde, sondern letztlich nur der, in dessen Herzen Gott eine Art Beschneidung vornehmen konnte. Gott sucht keine Menschen, die meinen, ihm mit starren Formen und der Erfüllung toter Buchstaben dienen zu müssen. Erst recht nicht, wenn all dieses religiöse Gehabe nur dazu dient, um andere Menschen zu beeindrucken. Gott sucht den Menschen, dessen Leben sich tatsächlich nach ihm, seinem Schöpfer, ausrichtet.

Vor Gott ist eigenes Schulterklopfen lächerlich (3,1–20)

3 Jetzt wird sich jeder fragen, was es dann überhaupt noch bringt, Jude zu sein und sich beschneiden zu lassen. Vielleicht mag es in mancher Hinsicht von großem Nutzen sein – ich sehe zunächst nur einen einzigen: Dem jüdischen Volk wurde die Offenbarung Gottes anvertraut. Daran ändert auch nichts, dass einige sich um das, was Gott gesagt hat, nicht kümmern. Ihre Treulosigkeit kann noch so groß sein, sie wird die Treue Gottes niemals aufheben können. Je unwahrhaftiger unser Leben wird, desto deutlicher tritt die Wahrheit Gottes hervor. In einem Psalm heißt es ja: „Alles, was du sagst, wird

sich als wahr erweisen und dich triumphieren lassen, sollte es jemals jemand wagen, deine Worte anzuzweifeln."*

Wenn nun unsere Ungerechtigkeit Gottes Gerechtigkeit noch deutlicher herausstellt, könnte man sich da nicht die Frage stellen, warum Gott dann überhaupt noch einen Menschen richtet? Wenn doch die Wahrheit Gottes durch meine Lüge nur noch großartiger und herrlicher erscheint, warum komme ich dann als armer Sünder noch vor das Gericht Gottes? Genau das aber sagt man mir nach: ich würde überall die Lehre verbreiten, dass man nur ja ordentlich sündigen solle, damit die Güte Gottes umso größer in Erscheinung trete. Nein, das alles sind nichts als menschliche Gedankenspielereien. Hüten wir uns vor solchen Trugschlüssen! Und wer mir eine solche Lehre unterschieben will, muss sich vor Gott selbst dafür verantworten.

Wie steht es denn nun mit den Juden? Haben wir als Juden den anderen Völkern nichts voraus? In keinster Weise! Mussten wir nicht eben erst anerkennen, dass Juden wie Nichtjuden alle vor Gott schuldig werden? Doch hören wir uns ruhig einmal an, was die Heilige Schrift über uns sagt:

> „Es gibt nicht einen, der von sich aus vor Gott bestehen könnte, nicht einen.
> Keiner ist einsichtig, keiner sucht wirklich von ganzem Herzen nach Gott.
> Alle sind wir von den Wegen Gottes abgewichen; Gott konnte uns zu nichts gebrauchen.
> Keiner bemüht sich um ein lauteres, redliches Leben, nicht ein einziger.
> Aus unserem Mund kommt nichts Gutes, nichts, das lebendig macht, sondern im Gegenteil viel Böses. Wie Gift wirken unsere Lügen, und nur allzu schnell sind wir bereit, unseren Ärger und unsere Verbitterung an anderen auszulassen. Wie schnell sind

---

* Psalm 51,6

> wir bereit, unser vermeintliches Recht, wenn nötig, mit Gewalt einzufordern, auch wenn wir dabei über Leichen gehen müssten. Dabei interessiert uns nicht, dass Gott vielleicht einen ganz anderen, von seinem Frieden erfüllten Weg für uns vorgesehen hätte. Uns kümmert einfach nicht, was ihm wichtig ist."*

Worin liegt also der Vorteil für uns Juden? Das Gesetz gilt in erster Linie für uns Juden, uns wurde es gegeben. Darum sind wir vor Gott mindestens genauso schuldig wie alle anderen Menschen auf dieser Welt. Uns müsste unser Verhalten, das dem Gesetz widerspricht, so den Mund stopfen, dass wir niemals mehr auf andere herabblicken. Nein, durch das Gesetz wird kein Mensch freigesprochen. Durch das Gesetz erkennen wir nur, wie falsch wir eigentlich leben.

Eines nur darf uns stolz machen: was Gott für uns getan hat (3,21–31)

Doch das ist nicht das letzte Wort unseres Gottes. Wir alle dürfen in einer Zeit leben, in der uns Gott ganz neu einen Weg eröffnet hat, auf dem wir auch ohne das Gesetz bei ihm Anerkennung finden können. Das Gesetz selbst und die Propheten haben schon darauf hingewiesen: Gott möchte uns annehmen, und das nur aufgrund des Vertrauens, das wir auf Jesus Christus setzen. Denn alle, Juden wie Nichtjuden, stehen vor Gott als Sünder und in unserem Leben findet sich nichts von der Herrlichkeit Gottes. Doch wir alle werden, ohne dass wir es verdient hätten, allein durch die liebevolle Zuwendung Gottes gerecht gesprochen. Das ist die Erlösung, die Gott uns durch Jesus Christus geschenkt hat. Denn ihn hat er das treffen lassen, was wir eigentlich verdient hätten: die Strafe für unsere Schuld. Nur weil Jesus für uns sein Blut vergossen hat, konnte Gott unsere Schuld unge-

---

* Hier zitiert Paulus eine Reihe von Versen aus den Psalmen und dem Propheten Jesaja: Psalm 14,1–3; Psalm 5,10; Psalm 140,4; Psalm 10,7; Jesaja 59,8 f.; Psalm 36,2.

straft lassen. Darin zeigt sich seine göttliche Gerechtigkeit, aber auch seine Heiligkeit. Welches Erbarmen, welche Geduld zeigen sich darin, dass Gott den freispricht, der von ganzem Herzen sein Vertrauen auf Jesus setzt und aus ihm lebt!

Gibt es denn irgendetwas, auf das wir Juden noch stolz sein könnten? Es wäre absurd, wenn wir es wären. Denn weder das Gesetz noch all das, was wir tun, bringt uns die Anerkennung Gottes. Ich bin der festen Überzeugung, dass wir einzig und allein durch unser Vertrauen und nicht durch die Befolgung zahlloser religiöser Vorschriften von Gott angenommen werden. Oder glaubt ihr allen Ernstes, Gott sei nur ein Gott für uns Juden? Nein, natürlich ist er auch der Gott aller übrigen Menschen. Und für ihn zählt bei jedem Menschen, ganz gleichgültig, ob Jude oder Nichtjude, nur, ob dieser bereit ist, ihm als seinem Gott zu vertrauen.

Bleibt die Frage, ob durch die starke Betonung des Glaubens das Gesetz außer Kraft gesetzt wurde? Das hätte katastrophale Folgen! Nein, das Gesetz bekommt jetzt erst seinen richtigen Stellenwert.

Was uns mit einem Mann verbindet, der vor mehr als 3.500 Jahren lebte (4,1–25)

4 Nehmen wir beispielsweise unseren Stammvater Abraham. Wenn er durch das, was er tat, bei Gott Anerkennung gefunden hätte, könnte er mit Recht stolz auf sich sein. Doch die Schrift sagt etwas ganz anderes: Weil Abraham Gott vertraute, nahm Gott ihn voll und ganz an. Wer durch sein eigenes Handeln Gott gnädig zu stimmen hofft, erhält genau den Lohn, den er sich damit verdient hat. Er wird nichts von der unverdienten Gnade Gottes erfahren. Ganz anders ein Mensch, der vielleicht weit von Gott entfernt war, nun aber angefangen hat, auf Gott zu vertrauen. Sein Glaube reicht aus, um ihn vor Gott gerechtzusprechen. David hat diesen Weg der Gnade schon vorausgeahnt, als er schrieb: „Glücklich darf sich der Mensch schätzen, dem seine Übertretungen des Gesetzes vergeben und des-

sen Sünden vergessen wurden, dem Gott seine Schuld nicht anrechnet.“*

Wer darf sich denn nun glücklich schätzen: nur wir Juden oder auch alle anderen, die nicht beschnitten sind? Nun, wenn wir sagen, dass Abraham durch sein Vertrauen bei Gott Anerkennung gefunden hat, dürfen wir nicht vergessen, dass er zu diesem Zeitpunkt ja noch gar nicht beschnitten war. Erst später empfing er das Zeichen der Beschneidung als Siegel dafür, dass Gott ihn aufgrund seines Glaubens angenommen hatte. So ist er eigentlich zum Vater des Vertrauens sowohl für die Unbeschnittenen als auch für die Beschnittenen geworden. Beiden ist er durch seinen Glauben vorangegangen, damit alle durch das Vertrauen, das sie in Gott haben, vor Gott gerechtfertigt dastehen können.

Abraham und seinem Nachkommen, nämlich Jesus, wurde als Erbe die ganze Welt verheißen. Doch diese Verheißung war nicht an etwas gebunden, das er tat, sondern hing einzig und allein von seinem Vertrauen ab. Denn wenn jemand ein Erbe erhält, das er sich erst noch verdienen muss, dann ist es ja nichts, was er aufgrund eines Versprechens bekommt. Eine Verheißung wäre demnach völlig überflüssig. Doch wer durch die Befolgung des Gesetzes das Erbe erhalten möchte, wird daran scheitern, dass er es nicht zu halten vermag. Da hat es derjenige noch leichter, der das Gesetz überhaupt nicht kennt. Seine Übertretungen rufen nicht im gleichen Maß den Zorn Gottes hervor, wie es bei jemandem der Fall ist, der sich auf das Gesetz beruft, es aber nicht hält.

Nein, es ist reine Gnade, auf die wir vertrauen und die uns an der Verheißung festhalten lässt, einer Verheißung, die nicht nur für die Juden gilt, sondern auch für alle Nachkommen Abrahams, die ihm auf dem Weg des Glaubens gefolgt sind. In diesem Sinne ist Abraham tatsächlich der Stammvater von uns allen. Die Heilige Schrift selbst überliefert uns diesen großen Auftrag Gottes: „Ich habe dich zum Vater vieler Völker gemacht, weil du mir vertraut hast, dem, der die To-

---

* Psalm 32,1–2

ten lebendig macht und ins Dasein ruft, was vorher noch nicht da war."*

Ihr kennt sicher die Geschichte: Abraham hielt gegen alle Wahrscheinlichkeit an dieser Hoffnung fest. Er war davon überzeugt, dass Gott ihn zum Stammvater vieler Völker machen würde, so wie dieser es versprochen hatte. Ja, selbst als er schon an die hundert Jahre alt war und sich und seine kaum jüngere Frau Sara, was die Zeugung eigener Kinder anbelangte, eigentlich hätte aufgeben müssen, selbst da hörte er nicht auf zu hoffen, und er klammerte sich weiter an das Versprechen, das Gott ihm gegeben hatte. Er ehrte Gott durch sein Vertrauen, weil er ganz und gar von dem Gedanken erfüllt war, Gott sei mächtig genug, immer und überall das zu verwirklichen, was er verheißen hat. Dieses bedingungslose Vertrauen war es, das bei Gott Anerkennung fand.

Was haben wir mit der Geschichte Abrahams zu tun? Mehr, als wir denken, denn jeder, der sein Vertrauen auf den Gott setzt, der Jesus von den Toten auferweckt hat, findet genauso wie Abraham Anerkennung bei Gott. Wir vertrauen darauf, dass Jesus an unserer Stelle starb, damit auch wir durch ihn von Gott angenommen werden.

Rettung heißt, für immer angenommen zu sein (5,1–11)

5 Nachdem wir durch unser Vertrauen von Gott angenommen sind, haben wir durch unseren Herrn Jesus Christus Frieden mit ihm. Durch ihn haben wir überhaupt erst einen Zugang zu diesem Leben in der Gnade erhalten, der durch den Glauben eröffnet wird. Jetzt können wir nur noch auf eines stolz sein: unsere Hoffnung auf die Herrlichkeit Gottes. Ach ja, und da ist noch etwas, für das wir dankbar sind: unsere Probleme und Schwierigkeiten. Wir wissen

* 1. Mose 17,5

nämlich, dass wir mehr Geduld bekommen, wenn wir sie durchstehen. Und diese Geduld lässt uns wiederum erfahren, dass unser Glaube sich bewährt hat. Alles, was sich bewährt, nährt die Hoffnung, dass letztlich nichts umsonst ist und alles ein gutes Ende nimmt. Diese großartige Zuversicht dürfen wir haben, weil Gottes Liebe durch seinen Heiligen Geist in unsere Herzen ausgegossen wurde. Und das alles verdanken wir Christus, der für uns zu einer Zeit gestorben ist, als wir noch ziemlich gottlos vor uns hinlebten. Nun setzen wir Menschen normalerweise unser Leben nur dann für andere Menschen aufs Spiel, wenn sie uns besonders viel bedeuten beziehungsweise wenn es besonders gute Menschen sind. Gott aber hat uns seine Liebe dadurch gezeigt, dass Christus für uns gestorben ist, als wir ihn noch völlig ignorierten. Seine Anerkennung ist somit durch das Blut Jesu besiegelt; wir werden uns nie mehr als Angeklagte vor einem strengen Richter verantworten müssen. Denn wenn wir durch den Tod seines Sohnes mit Gott versöhnt wurden, als wir noch überhaupt nichts mit ihm zu tun haben wollten, wie viel mehr werden wir Erlösung erfahren durch das Leben, das er uns geschenkt hat.

Doch nicht nur das. Wir dürfen uns auch rühmen, dass wir durch Jesus Christus einen ganz neuen Zugang zu Gott geschenkt bekommen. Er hat uns auf einmalige Weise mit Gott versöhnt.

Frei von allem, was die Beziehung zu Gott verhindern kann (5,12–21)

Manche sehen in Adam und Jesus zwei Gegenpole: Die alten Überlieferungen sagen, dass durch einen Menschen die Sünde in die Welt kam und mit der Sünde auch der Tod. Letztlich sind aber alle Menschen dem Tod ausgeliefert, weil jeder gesündigt hat. Bevor wir durch Mose das Gesetz erhielten, gab es zwar auch Menschen, die gegen Gottes Willen gehandelt haben, doch wurde ihnen das nicht als Schuld angelastet, weil sie das Gesetz noch nicht kannten. Trotzdem herrschte über diese Menschen auch der Tod, da sie mit Adam schicksalhaft verbunden waren. Seit Jesus Christus in die Welt kam, können wir in Adam das Gegenbild zu dem Mann erkennen, der erst in der fernen Zukunft kommen sollte. War Adam derjenige, der entsprechend der biblischen Erzählung durch seinen Ungehorsam allen Menschen den Tod brachte, so ist durch den einen Menschen Jesus Christus für alle Menschen das unverdiente Geschenk des Angenommenseins bei Gott in die Welt gekommen. Doch darf man beides nicht einfach gleichsetzen. Die Gnade, die durch Jesus in die Welt kam, wirkt sich in einem unvorstellbar größeren Ausmaß auf unser Leben aus als Adams Versagen. Auch kann man das Urteil, das ihn getroffen hat, in keiner Weise mit dem Geschenk der Gnade vergleichen, das uns trotz aller Schuld vor Gott gerechtspricht. Es mag ja sein, dass durch den einen, Adam, der Tod auf alle Menschen übergegangen ist; was wir jedoch durch Jesus erhalten haben, ist unvergleichlich mehr: Gnade im Überfluss, das Geschenk des Angenommenseins bei Gott, das wir schon in diesem Leben in Empfang nehmen können, und die Gewissheit, dass wir mit Jesus als unserem Herrn durch nichts mehr in dieser Welt geknechtet werden können.

Mit dem Tod und der Auferstehung Jesu beginnt unser eigentliches Leben (6,1–23)

6 Bedeutet das nun, dass wir ruhig weiterhin tun können, was gegen Gottes erklärten Willen ist, damit seine Gnade noch stärker sichtbar wird? Nichts wäre falscher als das. Wir sind „in den Tod Jesu hineingetaucht“ worden, damit das Böse keine Macht mehr über uns hat. Sollten wir uns da etwa freiwillig in seinen Herrschaftsbereich zurückbegeben? Schließlich wurden wir bei unserer Taufe auf den Tod Jesu getauft. Wir wurden also sozusagen mit ihm begraben, um mit ihm aufzuerstehen. So wie Christus durch seine Auferstehung von den Toten zur Herrlichkeit des Vaters gelangte, so erhalten auch wir in dieser Welt durch die Taufe eine Art neues Leben. Weil wir mit Jesus im Tod eins wurden, haben wir auch Anteil an seiner Auferste-

hung. All das, was unser Leben von Gott trennte und schwer belastete, ist mit Jesus am Kreuz hingerichtet worden. Der Tod hat uns von allem Bösen befreit, das wir in der Vergangenheit getan haben. Darum müssen wir auch nicht mehr länger so denken und handeln, wie wir es früher getan haben. Denn auch in der Rechtsprechung gilt: Wer für eine Tat gebüßt hat, ist damit rechtskräftig freigesprochen. Da wir also mit Jesus gestorben sind, wissen wir, dass wir auch durch ihn leben werden. Ja, wir werden in alle Ewigkeit leben, denn Christus, der einmal von den Toten auferstanden ist, wird nie mehr sterben; der Tod hat keine Macht mehr über ihn. Mit ihm ist tatsächlich auch ein für alle Mal die Macht der Sünde gestorben. Dafür lebt er sein Leben ganz und gar für Gott.

Nichts anderes gilt für uns: Wir müssen uns immer wieder daran erinnern, dass wir durch die Taufe von der Macht der Sünde befreit wurden, damit wir mit Jesus zusammen ganz für Gott leben können.

Das Böse hat also nicht mehr das Sagen über uns; wir müssen auch nicht mehr all den verkehrten Wünschen folgen, die es uns eingibt. Wir wollen nicht zulassen, dass der alte gnadenlose Zustand jemals wieder unser Verhalten bestimmt. Lasst uns das Gegenteil tun! Lasst uns und unser neues Leben Gott zur Verfügung stellen, damit er durch uns seine Gerechtigkeit in diese Welt bringen kann. Wir wollen dabei nie vergessen, dass das Böse keine Macht mehr über uns hat, weil wir nicht mehr unter dem Gesetz stehen, sondern unter der Gnade unseres Gottes. Müssen wir uns also überhaupt nicht mehr um das kümmern, was das Gesetz verlangt? Das wäre ein weiterer Trugschluss. Man kann nur einem Herrn gehorchen: Wir dienen entweder dem Bösen, dann führen wir das alte, todgeweihte Leben weiter, oder wir dienen der Gerechtigkeit, die Gott uns durch Jesus geschenkt hat, dann sind in unserem Leben wie selbstverständlich die Forderungen des Gesetzes erfüllt. Ich bin Gott so dankbar, dass ihr nicht mehr zu der ersten Gruppe zählt, sondern von Herzen Gott gehorsam seid. Wie ich hörte, seid ihr in allem unterrichtet worden, wurdet durch die Taufe von der Macht der Sünde befreit und dient jetzt voller Hingabe dem Herrn, der euch gerechtgesprochen hat.

Ich möchte euch das, was an euch passiert ist, noch einmal in ganz einfachen Worten erklären. So wie ihr euch früher mit Haut und Haaren für Dinge hergegeben habt, für die ihr euch heute schämt und die euch den sicheren Tod gebracht hätten, so dient ihr heute einem neuen Herrn, Jesus. Dass ihr ihm dient, veränderte euer Leben zum Guten. Im Gegensatz zu eurem früheren Leben bringt ihr nun Frucht, die Bestand hat und Gott gefällt. Und anstelle des Todes dürft ihr nun ewiges Leben erwarten. Denn der Lohn der Sünde ist der Tod, das Geschenk Gottes aber ist ewiges Leben, das ihr durch Jesus Christus, unseren Herrn, bekommen habt.

Das Gesetz der Liebe Gottes lässt alle anderen Gesetze alt aussehen (7,1–25)

7 Euch, die ihr das Gesetz kennt, sage ich nichts Neues, wenn ich behaupte, dass das Gesetz für einen Menschen Gültigkeit hat, solange er lebt. Hier drängt sich ein Vergleich auf: Wenn zwei Menschen eine Ehe eingehen, stehen beide unter dem Gesetz der Unauflöslichkeit der Ehe. Wenn also zu Lebzeiten des Partners einer von beiden fremdgeht, bricht er die Ehe. Sollte aber der Ehemann oder die Ehefrau gestorben sein, so steht es dem überlebenden Partner wieder frei, eine neue Beziehung einzugehen. Er steht nicht mehr unter dem Gesetz der Ehe. Genau in derselben Situation befindet auch ihr euch: Da ihr durch eure Taufe mit Christus gestorben seid, seid ihr nicht mehr an das alte Gesetz gebunden, sondern seid jetzt eine neue Beziehung eingegangen. Ihr gehört nun dem, der von den Toten auferstanden ist, damit ihr unserem Gott durch euer Leben viel Frucht bringen könnt.

Als wir noch glaubten, dass wir uns aus eigener Kraft vor Gott behaupten könnten, stand unser Leben unter der Macht der Sünde, die durch das Gesetz noch verstärkt wurde. Alles brachte sie hervor, nur nichts, das zum Leben führen konnte. Jetzt sind wir aber für das Gesetz nicht mehr erreichbar, weil wir als Gestorbene nicht mehr unter seinem Diktat stehen. Die Zeit ist vorüber, in der wir ihm buchstabengetreu dienen mussten. Jetzt dürfen wir erleben, wie der Heilige Geist selbst uns das Gesetz ganz neu ins Herz legt.

Vielleicht meint jetzt einer vorschnell, das Gesetz selbst sei also wie die Sünde zu meiden. Natürlich ist das so nicht richtig. Aber persönlich muss ich schon sagen, dass ich erst durch das Gesetz erfahren habe, was Sünde eigentlich ist. Ich wüsste wahrscheinlich heute noch nicht, was eine sündhafte Begierde ist, wenn mir das Gesetz nicht sagen würde, dass ich auf keinen Fall „begehren" darf. Durch das Gebot selbst hat die Sünde eine Möglichkeit bekommen, mich anzugreifen und in mir genau das wachzurufen, was es verbietet. Denn wo kein Gesetz ist, gibt es auch keine Sünde. Als ich noch klein war, kannte ich nicht ein einziges Gebot. Als ich dann aber das Gesetz kennenlernte, wurde auch die Sünde in mir wach. Sie lebte auf, ich aber starb im selben Moment, denn die Sünde wusste, wie sie mich in ihre Gewalt bekommen konnte. Sie betrog mich und brachte mich gerade durch die Gesetzesvorschriften innerlich um. Nun wird niemand behaupten, das Gesetz sei nicht heilig, gerecht und gut. Wie konnte es dann passieren, dass etwas so Gutes mir trotzdem den Tod brachte? Die Antwort ist einfach: Das liegt natürlich nicht am Gesetz, sondern an der Sünde selbst. Sie benutzte einfach das Gute, um meinen Weg in den Tod zu beschleunigen, denn die Gebote machten die Sünde erst wirklich zur Tatsache in meinem Leben.

Wir wissen, dass das Gesetz zeigt, wie sehr Gott sich um uns sorgt. Doch wir sind nun mal als sehr irdisch gesinnte Wesen durch und durch anfällig für alles Böse und der Macht der Sünde ausgeliefert. Ich weiß manchmal selbst nicht, was mit mir los ist: Denn oft rühre ich keinen Finger für das, was ich doch eigentlich tun möchte, dafür tue ich aber dann genau das, was ich zutiefst verabscheue. Wenn ich aber das tue, was ich überhaupt nicht will, dann gebe ich damit zu, dass das Gesetz doch recht hat und gut für uns ist. In gewisser Weise bin es dann auch nicht mehr ich, der das Böse tut, sondern die in mir wohnende Sünde. Ich kenne mich zu gut, als dass ich von mir selbst noch irgendetwas Gutes erwarten würde. Ich habe zwar den guten Willen, aber das Gute dann auch wirklich zu tun fällt mir unglaublich schwer. In mir gibt es also eine Art Gesetz, nach dem ich handle: Mein Wille ist darauf ausgerichtet, Gutes zu tun. Trotzdem finde ich in mir so viel Dunkles und Böses. Ich bin zutiefst davon überzeugt, dass es für den Menschen nichts Besseres gibt, als nach den Geboten Gottes zu leben. Gleichzeitig entdecke ich in mir Verhaltensmuster, gegen die sich meine Vernunft sträubt, die ungut sind und mich unter die Herrschaft der Sünde bringen. Das bringt mich manchmal an den Rand der Verzweiflung. Wer wird mich aus diesem Gefängnis befreien, das einer Todeszelle gleicht?

Einer hat es ein für alle Mal getan. Dank sei dir, Vater, für deinen Sohn, Jesus Christus! Ich kann mein ganzes Vertrauen auf ihn werfen, selbst wenn sich an dem Zwiespalt, der mein Leben so schwer macht, nichts mehr ändern sollte.

Wenn der Geist Gottes in uns das Sagen hat (8,1–13)

8 Das Größte, was man uns Menschen je sagen konnte, ist, dass es keine Verdammnis mehr für die gibt, die zu Jesus Christus gehören. Denn das Gesetz des Heiligen Geistes und des Lebens, das gänzlich mit Jesus verbunden ist, hat uns von diesem todbringenden Gesetz der Sünde befreit.

Gott hat von Anfang an gewusst, dass wir Menschen nicht in der Lage sind, sein Gesetz zu halten. Darum hat er uns seinen Sohn gesandt, der ein schwacher Mensch war wie wir und der Macht der Sünde ausgesetzt wurde, damit die Sünde dort besiegt wird, wo sie sich entfalten kann: in der Gebrochenheit des Menschen. Nur so konnte er uns einen Weg eröffnen, im Angenommensein durch den Heiligen Geist zu einem friedvollen, von der Gnade Gottes getragenen Leben zu gelangen. Das läuft nicht ohne Kämpfe ab, denn die in uns wohnende Sünde räumt das Feld nicht kampflos. Sie streitet gegen Gott selbst, weil sie sich niemals seinem Anspruch beugen würde. Ihr Wesen selbst verbietet es ihr. So wird jeder, der sich nicht von Gott dabei helfen lassen möchte, aus dem Herrschaftsbereich des Bösen herauszukommen, es auch nicht in Gottes Nähe aushalten können.

Wie gut, dass ihr diese Kämpfe schon hinter euch habt und euch klar auf die Seite Gottes gestellt habt. So konnte der Heilige Geist in euch Wohnung nehmen. Ihr wisst, dass ihr für Zeit und Ewigkeit eurem Erlöser gehört. Der Heilige Geist muss in einem Menschen leben, sonst hat dieser keine Verbindung zu Jesus. Jemand, in dem aber Jesus durch den Geist lebendig ist, der wird erfahren, wie völlig anders das Leben ist, wenn man rückhaltlos darauf vertrauen kann, dass man von Gott angenommen ist. Dann spielt es keine Rolle, ob sich irgendwo in unserem Körper hin und wieder noch dieses alte, todbringende Gesetz zeigt. Wir sind bereits mit Christus gestorben, es kann uns also nichts mehr anhaben. Im Gegenteil: Wenn der Heilige Geist, der Jesus von den Toten auferweckte, in uns wohnt, dann wird er auch unser schwaches, hinfälliges Dasein mit Leben erfüllen.

Daraus folgt, meine lieben Schwestern und Brüder, dass wir eines nicht mehr tun müssen: nach den Spielregeln des Bösen leben. Denn sein Gesetz bringt uns unweigerlich den Tod.

Gottes innigster Wunsch: Wir sollen seine Kinder werden (8,14–30)

Wenn aber der Heilige Geist in uns lebt, müssen wir nicht mehr all den unguten Verhaltensmustern folgen, die wir so gerne hinter uns lassen würden. Ja, wenn wir uns von seinem Geist leiten lassen, geschieht das, was Gott immer für uns vorgesehen hatte: Wir werden seine Kinder. Er hat uns seinen Geist gegeben, damit wir ein für alle Mal eine Denkweise ablegen, die von Furcht geprägt ist und in Gott nur einen Despoten sieht, der uns als seine willenlosen Sklaven halten möchte. Nein, durch seinen Geist haben wir die Gewissheit erhalten, dass wir Gottes eigene Kinder sind und voller Vertrauen zu ihm „Abba – Papa“ sagen können. Dass wir allen Ernstes Gott so anreden dürfen, kann nur der Heilige Geist in uns bewirken. Er bestätigt uns, dass wir tatsächlich Gottes Kinder sind und damit auch all das erben werden, was der Vater seinem Sohn Jesus und mit ihm auch uns zugedacht hat. Wir müssen nur – egal, ob in guten Zeiten oder in Leiden – ganz nahe bei ihm bleiben. Was die Leiden anbelangt, bin ich der festen Überzeugung, dass sie im Vergleich zu der Herrlichkeit, die wir erleben werden, völlig unbedeutend sind. Denn die ganze Schöpfung wartet sehnsüchtig darauf, dass diese Welt von Menschen bestimmt wird, die zu Kindern Gottes wurden. Denn die Schöpfung selbst wurde durch das Verhalten des Menschen sehr in Mitleidenschaft gezogen, was ihre Hoffnung jedoch nicht auslöschen konnte. Auch sie wartet darauf, wie die Kinder Gottes nicht mehr der Vergänglichkeit unterworfen zu sein. Bis zum heutigen Tag stöhnt und seufzt nämlich die Schöpfung, als hätte sie Geburtswehen. Ihr geht es dabei nicht anders als uns. Obwohl wir den Heiligen Geist als ersten Anteil an unserem Erbe bereits erhalten haben, warten wir genauso sehnsuchtsvoll und unter Schmerzen darauf, uns wirklich auch als Kinder Gottes fühlen zu können. Das schließt mit ein, dass auch unser Leib von allem Leiden befreit wird.

Wir wissen, dass wir gerettet sind, doch vieles steht noch aus. Hier können wir nur hoffen. Würden wir aber schon sehen, was wir uns erhoffen, dann müssten wir keine Hoffnung in uns lebendig halten. Solange wir noch gar nichts erkennen können, warten wir geduldig und tun es voller Vertrauen. Wie wertvoll ist uns dabei die Gewissheit, dass der Heilige Geist uns beisteht, wenn uns die Kraft verlässt oder die Geduld ausgeht. Er tritt mit unaussprechlichen Seufzern für uns ein. Und Gott, der unser Herz ganz genau kennt, weiß, was der Geist für uns erreichen möchte, wenn er beim Vater für uns eintritt. Wir dürfen uns darauf verlassen, dass denen, die Gott lieben und die er in seine Nähe berufen hat, alles zum Guten dient. Denn Gott hat alle Menschen, die seinem Ruf gefolgt sind, im Voraus dazu berufen, dem Bild seines Sohnes immer ähnlicher zu werden. Jesus sollte der Erstgeborene unter vielen Geschwistern werden. Die Menschen, die Gott eingeladen hat, die hat er auch in die Nachfolge seines Sohnes berufen. Und wer in die Nähe seines Sohnes berufen wurde, den hat Gott gerechtgesprochen. An ihm wird die Herrlichkeit Gottes sichtbar.

Gott selbst stellt sich bedingungslos auf die Seite seiner Töchter und Söhne (8,31–39)

Wie sollen wir das alles fassen? Was können wir noch dazu sagen? Wenn Gott für uns ist, wer kann dann noch gegen uns sein? Er hat doch nicht einmal seinen eigenen Sohn verschont, sondern ihn für uns alle geopfert. Meint ihr nicht, dass er uns mit ihm alles schenken wird? Wer will denn noch die anklagen, die Gott liebt und die er selbst freigesprochen hat?! Wer wird sie verurteilen? Etwa Jesus, der für sie gestorben ist; mehr noch, der auferstand und nun zur Rechten des Vaters sitzt und für uns eintritt?

Was kann uns dann noch von der Liebe Gottes trennen, die uns in Jesus Christus begegnet ist? Schlimme Zeiten, Angst, Verfolgung, Hunger und Entbehrung, Gefahr oder sogar der Tod? Die Schrift beschreibt es ja nur zu deutlich: „Deinetwegen trachtet man uns den ganzen Tag nach dem Leben, man behandelt uns wie Schafe, die man zum Schlachten wegführt."* Nein, über all das werden wir durch den triumphieren, der uns geliebt hat.

Schwestern und Brüder, ich bin überzeugt, dass weder Tod noch Leben, weder Engel noch Mächte der Finsternis, weder Gegenwärtiges noch Zukünftiges, noch irgendwelche dämonischen Kräfte, weder Wesen aus der Himmelswelt noch solche aus der Hölle, noch irgendein Geschöpf dieser Welt uns von der Liebe Gottes trennen kann, die er uns durch Jesus Christus schenkt.

* Psalm 44,23

Gott ringt um sein Volk bis zum heutigen Tag (9,1–33)

9 Etwas muss ich euch gestehen, und Gott ist mein Zeuge, dass es mir damit sehr ernst ist: In meinem Herzen herrscht eine tiefe Traurigkeit und ich empfinde tiefen Schmerz, wenn ich an meine Brüder, meine eigenen Stammesgenossen, die Israeliten, denke. Glaubt mir, ich wäre bereit, verflucht zu sein und auf ewig von Gott getrennt, wenn ich dadurch mein Volk zu Jesus führen könnte. Dieses Volk hat von Gott alles bekommen: Es wurde wie ein eigener Sohn von Gott angenommen und erhielt dadurch die Herrlichkeit Gottes, die er ihm zugesagt hat. Es pflegte den einzig angemessenen Gottesdienst, war im Besitz des Gesetzes und aller Verheißungen. Vor allem gehört zu diesem Volk, das so großartige Stammväter hat, Jesus, der Christus. Dafür sei Gott über alles in alle Ewigkeit gepriesen. Amen.

Wenn dieses Volk sich nun gegen seinen Gott stellt, dann bedeutet das noch lange nicht, dass auch die Zusagen aufgehoben sind, die er ihm gemacht hat. Denn nicht alle, die sich heute zu den Israeliten zählen, sind auch wirklich Nachfahren Israels. Es stammen nicht einmal alle von Abraham ab, denn die Verheißung, die ihm gegeben wurde, lautete: Durch Isaak wirst du unzählige Nachkommen haben. Isaak aber kam nur aufgrund einer Verheißung auf die Welt. Darum sind, streng genommen, nur diejenigen wirkliche Nachkommen Abrahams, die Kinder der Verheißung sind. Alles fing damit an, dass Gott zu Abraham sagte: „Wenn ich in einem Jahr wiederkomme, wirst du einen Sohn haben."

Doch die Reihe der Verheißungen reißt nicht ab. Als Rebekka, die Frau Isaaks, schwanger wurde und Zwillinge gebar, wurde auch über diese beiden, als sie noch Kinder waren, der unergründliche Ratschluss Gottes deutlich: „Der Ältere wird dem Jüngeren dienen. Mit Jakob will ich meine Pläne verwirklichen. Mit Esau kann ich nichts anfangen."

Das ist der Augenblick, in dem wir den gleichen Fehler machen wie das Volk Israel: Wir zerren Gott vor unseren Richterstuhl! Gott, du bist nicht gerecht! Du hast schon zu Mose gesagt: ‚Ich werde mein

Erbarmen und mein Mitleid dem erweisen, dem ich es erweisen will.' Wir sind der Meinung, dass er sich um die kümmern sollte, die es auch verdienen, aber Gott richtet sich nicht nach unseren Vorstellungen. In seiner Souveränität hat er den Pharao zur Symbolfigur dafür gemacht, dass Gott Macht besitzt, die größer ist als die Macht aller Herrscher dieser Welt zusammen. Auf der ganzen Welt wurde der Name Gottes gerade durch den Widerstand des Pharao groß und ehrfurchtgebietend.

Es ist also allein Gottes Sache, ob er sich erbarmt oder ob er jemanden seine Macht spüren lässt. Schon wittern wir erneut Ungerechtigkeit: Wenn Gott Menschen nach seinem Gutdünken behandelt, wieso kann man dann dem Einzelnen sein Fehlverhalten vorwerfen? Schließlich kann ja niemand Gottes Willen widerstehen?! Uns scheinen die Fragen berechtigt, doch an diesem Punkt müssen wir uns vor Augen halten, wer wir sind. Wie falsch unser Denken ist, zeigt sich daran, dass wir es tatsächlich wagen, Gottes Handeln aus unserer kleinen menschlichen Sicht infrage zu stellen. Um es noch deutlicher zu machen: Es wäre so, als ob sich ein Klumpen Lehm beim Töpfer darüber beschweren würde, dass dieser aus ihm nur einen Topf für Abfälle und keine Vase für Blumen gemacht hat! Selbst wenn Gott an bestimmten Menschen stärker seine Gerechtigkeit zeigt und an anderen wieder stärker sein Erbarmen – wer sind wir, dass wir sein Handeln kritisieren könnten? Es liegt in seiner Souveränität, dass er an manchen Menschen seine Herrlichkeit ganz besonders offenbaren möchte. Lasst uns Gott dafür danken, dass er offensichtlich viele berufen hat, nicht nur aus dem jüdischen Volk, sondern auch aus allen nichtjüdischen Völkern. Der Prophet Hosea hat dies schon vor langer Zeit angekündigt: „Ich werde ein Volk, das nicht mein Volk ist, zu dem meinen machen, eine Geliebte, die bisher niemand liebte, zu meiner Geliebten. Und überall, wo man diesen Völkern gesagt hat, dass sie nicht mein Volk wären, wird man von ihren Söhnen als von meinen eigenen Kindern sprechen."*

* Hosea 2,25; 2,1

Was aber wird mit dem Volk Israel? Der Prophet Jesaja sagte ihm voraus: „Selbst wenn die Söhne Israels einmal so zahlreich würden wie der Sand am Meer, es würde doch nur ein kleiner Teil von ihnen gerettet werden." Denn schon bald wird der Herr in die Geschichte dieser Welt eingreifen, um sein Wort zu erfüllen. Auch das hat Jesaja vorausgesagt: „Wenn Gott selbst nicht darauf geachtet hätte, dass uns einige wenige Nachkommen erhalten bleiben, unserem Volk wäre es ergangen wie Sodom und Gomorra."*

Welchen Schluss sollen wir daraus ziehen? Dass etwas höchst Verwunderliches passiert ist: Nichtjuden, die sich überhaupt nicht darum bemüht haben, Anerkennung bei Gott zu finden, erhalten diese aus nur einem Grund: weil sie Gott vertrauen. Israel aber, dem das Gesetz doch so wichtig ist, fand einfach nicht den Weg zur Anerkennung durch Gott. Warum? Weil es sich letztlich an der Botschaft Jesu wie an einem Stein gestoßen hat, die besagt, dass der Mensch nur aufgrund seines Glaubens und nicht aufgrund dessen, was er seiner Meinung nach für Gott tun muss, von Gott gerecht gesprochen wird. Auch das hat Jesaja vorausgesehen. Er schrieb: „Siehe, ich lege mitten unter dem Volk Israel einen Stein des Anstoßes und einen Felsen, über den sich viele ärgern werden."** Ein Mensch, der Jesus von Herzen vertraut, nimmt an diesem Stein keinen Anstoß, im Gegenteil.

Was muss man tun, um von Gott angenommen zu werden? (10,1–9)

10 Meine Brüder und Schwestern! Ich habe nur einen Wunsch in meinem Herzen, den ich Gott auch unentwegt vortrage, nämlich dass mein Volk gerettet wird. Denn für mich steht außer Zweifel, dass es Gott wirklich mit großem Eifer dienen will, nur leider nicht die richtige Vorstellung davon hat, wie es bei Gott Anerkennung fin-

* Jesaja 10,22.23; Jesaja 1,9
** Jesaja 8,14; 28,16

den kann. Es hat keine Ahnung davon, dass Gott mit uns Menschen ganz andere Wege gehen möchte. Es versucht immer noch, Gott durch eigene Anstrengung zu beeindrucken. Was Gott ihm anbietet, interessiert es überhaupt nicht. Jesus aber ist gewissermaßen das Ende eines Weges, auf dem Menschen über die Befolgung von Regeln und Gesetzen Gottes Anerkennung zu erringen hofften. Allein durch den Glauben an Jesus wird ein Mensch bereits gerecht gesprochen. Mose konnte sich nur einen Weg vorstellen: den der Erfüllung des Gesetzes. Durch sie sollte der Mensch zu einem Leben gelangen, das Gott gefällt. Der Weg des Vertrauens aber, den Jesus uns eröffnet hat, hebt diesen Abstand zu Gott auf. Niemand muss mehr überlegen, was er tun muss, um das Erbarmen Gottes vom Himmel herabzuholen. Niemand muss sich mehr in den Abgrund des Todes stürzen, um Christus von dort heraufzuholen. Nein, die Schrift selbst beschreibt uns den neuen Zustand: „Ganz nahe ist das Wort bei dir, es ist in deinem Mund und in deinem Herzen."* Das ist das Wort des Glaubens, das unser Leben trägt: Jesus selbst, den wir verkündigen.

Denn wenn du [Paulus spricht hier den Leser direkt an] bekennst, dass Jesus dein Herr ist, und in deinem Herzen fest darauf vertraust, dass Gott ihn von den Toten auferweckt hat, wirst du gerettet werden.

Niemals schweigen von dem, was Jesus uns bedeutet (10,10–21)

Zu dem Vertrauen, das wir in unseren Herzen Gott gegenüber haben und das uns sicher sein lässt, dass wir von ihm angenommen sind, muss allerdings das offene Bekenntnis hinzukommen, damit auch andere gerettet werden. Die Heilige Schrift bestätigt uns, dass niemand verloren geht, der sein Vertrauen auf Gott setzt. Darin gibt es keinen Unterschied zwischen Juden und Nichtjuden, denn es gibt

* 5. Mose 30,11–14

nur einen Herrn und Gott, und der ist reich genug für alle, die ihn anrufen. Euer Bekenntnis kann nun andere dazu bringen, Gott zu suchen und anzusprechen. Seid sicher, dass auch sie dann gerettet werden.

Seht ihr, wie wichtig es ist, dass ihr euch vor anderen Menschen zu Christus bekennt? Denn wie sollen sich Menschen an einen Gott wenden, ohne an ihn zu glauben? Wie sollen sie glauben, wenn sie noch nie etwas von ihm gehört haben? Wie sollen sie etwas von ihm hören, wenn niemand den Mund aufmacht und von ihm redet? Wie aber soll jemand von Gott reden, wenn er nicht weiß, dass genau das sein Auftrag ist? Dabei wirbt die heilige Schrift ja förmlich um jeden, sich von Gott als Zeuge für ihn gebrauchen zu lassen: „Wie dankbar sind die Menschen für jemanden, der ihnen die Frohe Botschaft von Gott bringt."*

Natürlich öffnet sich nicht jeder für das, was wir ihm von Gott mitteilen möchten. Selbst Jesaja hat sich schon darüber beklagt: „Herr, wer glaubt schon dem, was wir in deinem Namen zu sagen haben?"**

Das ändert aber nichts daran, dass die Botschaft weitergegeben werden muss. Denn der Glaube wird durch die Botschaft geweckt, die Jesus Christus uns gebracht hat. Manche fragen natürlich, ob die Menschen diese Botschaft überhaupt gehört haben. Ja, wer sie hören wollte, hat sie gehört, und das überall dort, wohin in der uns bekannten Welt die Zeugen von Jesus gekommen sind. Bleibt die Frage: Haben sie die Botschaft auch verstanden, ganz besonders Israel? O ja, es hat sie verstanden. Doch es wollte sich nicht darauf einlassen. Darum warnt Gott es durch Mose: „Ich werde euch eifersüchtig machen auf ein Volk, das ich nicht mein Volk nenne, auf ein unverständiges Volk, das nicht einmal das Gesetz kennt. Ihr werdet vor Wut schäumen."***

Auch Jesaja wagt es, dem Volk Israel zu sagen, wie Gott mit ihm

---

* Jesaja 52,7; Nahum 2,1
** Jesaja 53,1
*** 5. Mose 32,21

umgehen wird: „Ich ließ mich von Menschen finden, die nicht nach mir gesucht haben, und offenbarte mich denen, die nicht einmal nach mir fragten."*

Gott lässt sein Volk niemals fallen – trotz oder gerade wegen allem (11,1–15)

11 Die Frage ist berechtigt, ob Gott nun sein Volk doch aufgegeben hat. Wie könnte er?! Noch immer gilt ihm seine ganze Liebe und Aufmerksamkeit. Sagt er doch selbst durch den Propheten: „Den ganzen Tag habe ich meine Hände nach einem Volk ausgestreckt, das einfach nicht auf mich hören will und mir in allem widerspricht."** Sicher trifft das auf viele zu, aber nicht auf alle. Schließlich bin ja auch ich ein Israelit und gehöre zum Stamm Benjamin. Gott hat sein Volk nicht auserwählt, um es irgendwann einmal zu verstoßen. Erinnert euch nur an die Stelle in der Heiligen Schrift, wo Elija sich bei Gott über Israel beschwert: „Herr, sie haben deine Propheten umgebracht, deine Altäre niedergerissen, und jetzt trachten sie auch noch mir nach dem Leben, der ich als Einziger übrig geblieben bin!" Was gibt ihm darauf Gott zur Antwort: „Ich habe mir siebentausend Männer übrig behalten, die ihre Knie nicht vor dem Götzen Baal gebeugt haben."***

Genau das ist auch heute passiert. Gott hat in seiner Gnade einen Teil des Volkes Israel bewahrt. Aber auch dieser hat sich diese Bewahrung nicht verdient, sonst wäre ja Gnade nicht mehr Gnade, unverdientes Geschenk. Das bedeutet also: Nicht ganz Israel hat das erlangt, wonach es sich gesehnt hat, sondern nur eine kleine Auswahl. Die übrigen beharrten einfach auf dem, was ihnen wichtig erschien. Und Gott hat sie in ihrer selbstgewählten Taubheit und Blindheit gelas-

---

* Jesaja 65,1
** 1. Samuel 12,22
*** 1. Könige 19,10.18

sen. Bis heute sehen und hören sie nicht, was Gott ihnen sagt. Auf sie trifft zu, was David als Drohung aussprach: „Der Tisch, an dem sie sitzen, soll für sie zu einer Falle werden, der sie nicht mehr entrinnen können. Sie sollen erleben, was es heißt, wenn alles ohne Erbarmen vergolten wird. Ihr verfinsterter Blick soll noch finsterer werden, damit sie überhaupt nichts mehr erkennen und vor lauter Suchen einen krummen Rücken bekommen."*

Sehen so Gottes Absichten mit dem Volk Israel aus? Hat er es von sich gestoßen, damit es ins Bodenlose fällt? Nein, sicher nicht. Durch seine Verstocktheit haben allerdings die nichtjüdischen Völker einen großen Nutzen davongetragen: Sie lernten den Weg zur Erlösung nicht zuletzt auch deswegen kennen, um beim Volk Israel eine gesunde Eifersucht zu provozieren. Wenn also schon das falsche Verhalten des Volkes Israel für so viele Völker auf der Erde zum Segen wurde, wie viel mehr müsste das dann der Fall sein, wenn Israel sich als Ganzes auf den Weg Gottes einließe!

Euch, die ihr mehrheitlich Nichtjuden seid, möchte ich gestehen, dass ich froh wäre, wenn ich durch euch und euren Glauben wenigstens einige aus meinem Volk eifersüchtig machen und so zum Glauben an Jesus führen könnte. Das sage ich als jemand, der von Gott den Auftrag erhalten hat, den Nichtjuden die Frohe Botschaft zu bringen. Auch ihr würdet ungeheuer gewinnen, wenn Israel sich auf Gott einlassen würde. Denn wenn schon seine dickköpfige Ablehnung Versöhnung in die Welt brachte, was für ein Segen wäre es für uns alle, wenn sie Jesus Christus annehmen würden! Es wäre gerade so, als würden die Toten zu neuem Leben erwachen.

---

* Psalm 69,23–24

Dankbarkeit statt Überheblichkeit, und die Geschichte wäre um viele dunkle Kapitel ärmer (11,16–36)

(Bei den Israeliten ist es Brauch, beim Brotbacken einen kleinen Teil Gott zu weihen.) Jeder weiß dann, das mit dieser Geste der gesamte Teig geheiligt ist. Genau so ist es mit bestimmten Pflanzen. Wenn die Wurzel Gott geweiht wurde, war das ganze Gewächs geheiligt. Wenn aber nun wie bei einem Ölbaum ein paar Zweige abgeschnitten wurden und ihr dafür aufgepfropft wurdet, dann haltet euch nicht für etwas Besseres als die anderen Zweige. Ihr dürft von dem Saft der gesunden Wurzel leben, denn nicht ihr tragt die Wurzel, sondern die Wurzel trägt euch. Ihr werdet vielleicht dagegenhalten, dass ihr nun mal an die Stelle der abgeschnittenen Zweige aufgepfropft wurdet. Das ist schon in Ordnung. Schließlich wurden die anderen Zweige ja wegen ihres Unglaubens entfernt, und ihr seid jetzt fest angewachsen durch das Vertrauen, das ihr zu Jesus habt. Aber werdet dadurch niemals überheblich, sondern bewahrt euch eine gesunde Furcht vor dem, der die natürlichen Zweige des Baumes abschnitt. Was sollte ihn dazu veranlassen, nachträglich eingepfropfte Zweige mit mehr Schonung zu behandeln? Ihr müsst bei Gott also immer beides sehen: die Güte und die Strenge. Er begegnet denen mit Strenge, die sich ihm gegenüber verschließen, stolz und überheblich sind; seine Güte dagegen dürfen all jene erfahren, die sich für seine Liebe geöffnet haben. Seht also zu, dass ihr in seiner Liebe bleibt, damit ihr nicht auch eines Tages herausgebrochen werdet.

Genauso gilt – und das ist mein ganzer Trost –, dass Gott mächtig genug ist, die bereits abgeschnittenen Zweige wieder aufzupfropfen, wenn sie nicht länger auf ihrer Besserwisserei beharren, sondern Gott vertrauen. Man kann sich vorstellen, was das für Früchte bringt, wenn ein Zweig, der ursprünglich zu einem hochveredelten Ölbaum gehörte, ihm nun wieder aufgepfropft wird! Vermutlich etwas mehr als ein Zweig, der von einem wildwachsenden Ölbaum abgebrochen wurde.

Denn eines möchte ich euch, Schwestern und Brüder, mitgeben, damit ihr nicht durch eigene Überlegungen zu falschen Vorstellungen kommt, sondern das Geheimnis versteht, das sich hinter all dem verbirgt. Israel wird sich so lange dem Glauben an Jesus Christus verschließen, bis die meisten der nichtjüdischen Völker den Weg unter die Herrschaft Gottes gefunden haben. Dann aber wird auch Israel seine Rettung annehmen. Eine Aussage von Jesaja lässt uns fest damit rechnen: „Aus Zion wird der kommen, der uns rettet, er wird die Gottlosigkeit vom Hause Jakob abwenden. Dies ist mein Bund mit ihnen, wenn ich von ihnen alle ihre Schuld wegnehme."*

Damit sich die Frohe Botschaft über Israels Grenzen hinaus ausbreiten konnte, steht dieses Volk Jesus feindselig gegenüber. Das ändert aber nichts daran, dass es immer noch das Volk ist, das Gott sich erwählt hat und das er wegen unserer Stammväter liebt. Gott kennt kein Zurück, wenn er einmal seine Verheißungen gegeben und ein Volk dazu berufen hat, sein Volk zu sein. Denn wie Gott auch euch mit reichem Erbarmen beschenkt hat, als ihr noch nichts mit ihm zu tun haben wolltet, so werden auch sie Erbarmen erfahren, weil sie die Barmherzigkeit Gottes an eurem Leben erkennen können. Euer Ungehorsam genauso wie der des Volkes Israel führt letztlich nur zu einem: Gott möchte sich aller Menschen erbarmen und ihnen seine Liebe schenken.

Wie unendlich reich und tief ist doch die Weisheit
und die Erkenntnis unseres Gottes!
Wie unerforschlich und verborgen seine Wege!**
Nennt mir einen Menschen, der die Gedanken Gottes
lesen könnte.
Oder sagt mir, wer sein Ratgeber gewesen ist. ***
Gibt es jemanden, der ihm etwas gegeben hat
und dem Gott dafür jetzt etwas schuldet?****

---

* Jesaja 59,20
** Jesaja 45,15
*** Jesja 40,13
**** Hiob 41,3

Denn von ihm kommt alles und durch ihn existiert alles
und zu ihm wird alles zurückkehren.
Ihm sei die Ehre in alle Ewigkeit! Amen.

Leben, das der Liebe Gottes zu uns entspricht (12,1–21)

12 Wenn ihr an das übergroße Erbarmen denkt, das ihr durch Gott erfahren habt, dann möchte ich euch, Schwestern und Brüder, ermutigen, den einzig entsprechenden Gottesdienst zu feiern: Gebt euch diesem Gott mit eurem Leib und eurem Leben hin. Das ist die Opfergabe, die Gottes Herz erfreut und die seiner Liebe entspricht. Passt euch in eurem Denken und Verhalten nicht einer Welt an, die Gott nicht kennt. Lasst euer Leben durch den Geist Gottes so umgestalten, dass ihr nicht nur alles mit anderen Augen seht, sondern auch erspüren könnt, was Gott mit euch in dieser oder jener Situation vorhat. Nur wenn Gott uns verändert, liegt uns alles daran, das zu tun, was ihm gefällt: das Gute, ja das Vollkommene.

Gott hat mir die Gnade gegeben, jedem Einzelnen von euch ins Herz zu sprechen: Bitte werdet wegen alldem, was Gott euch geschenkt hat, nicht überheblich. Gott hat jedem das Maß seines Glaubens zugeteilt. Es ist wie im menschlichen Körper: Er ist ein lebendiges Ganzes, aber in ihm gibt es viele verschiedene Organe und Glieder, und jedes Einzelne hat eine andere Funktion. Genauso ist es in der Gemeinde, dem Leib Christi. Erst die vielen bilden zusammen einen Leib, als Einzelne sind sie jedoch Glieder, die mit den unterschiedlichsten Gnadengaben betraut wurden. Lasst uns diese Gaben in der gegenseitigen Abhängigkeit gebrauchen. Wer prophetisch redet, achte auf den Glauben der ganzen Gemeinde; wer die Gabe des Dienens hat, bringe sie in einem sichtbaren Dienst ein; wer die Gabe des Lehrens hat, soll diesen Auftrag für die gesamte Gemeinde wahrnehmen; wem Gott zutraut, dass er ermahnen kann, der soll es in aller Liebe tun; wer etwas mitzuteilen hat, halte sich an die Wahrheit;

wem Gott die Aufgabe der Leitung anvertraut, der leite mit ganzem Herzen; und wer aus Barmherzigkeit Gutes tut, der behandle die besonders freundlich, denen er helfen möchte.

In allem sei eure Liebe echt und nicht nur gespielt. Gebt dem Bösen unter euch keinen Raum, sondern freut euch in allen Lebenslagen am Guten. Liebt die Schwester oder den Bruder in der Gemeinde wirklich, begegnet allen mit echter Wertschätzung und zögert nicht, wenn bei irgendeinem Vorhaben euer Einsatz gefragt ist. Achtet darauf, dass der Heilige Geist in euch leben und eure Begeisterung immer wieder neu entfachen kann. Freut euch, wenn ihr dem Herrn dienen könnt, auch wenn euch nur noch die Hoffnung trägt oder ihr sogar in Schwierigkeiten geratet. Dann ist es wichtig, dass ihr im Gebet mit Gott verbunden bleibt, euch mehr um die anderen in der Gemeinde sorgt als um euch selbst und dass ihr weiterhin Gastfreundschaft übt.

Wenn Menschen euch wegen eures Glaubens das Leben schwermachen: Hütet euch davor, sie zu verfluchen, sondern segnet sie, wann immer ihr könnt. Freut euch mit denen, die sich freuen, weint mit denen, die weinen. Bemüht euch im Umgang miteinander um Einigkeit, und seid euch nicht zu schade, von einem gehobenen geistigen Niveau um der Menschen willen auf eine niedrigere Ebene herabzusteigen. Haltet euch nicht selbst für sonderlich klug. Vergeltet niemals Böses mit Bösem. Das gilt vor allem auch für euren Umgang mit den Menschen, die nicht zu eurer Gemeinde gehören. Seid ganz besonders darauf bedacht, sie mit Güte und Zuvorkommenheit zu behandeln. Soweit es von euch abhängt, haltet mit allen Menschen Frieden. Meine lieben Geschwister, rächt euch niemals selbst, sondern überlasst es Gott, wie er mit Menschen umgeht, die euch geschadet haben. Denn die Schrift sagt: „‚Mein ist die Rache, ich werde vergelten‘, spricht der Herr.“*

Im Gegenteil: Wenn ihr seht, dass euer Feind hungert, dann gebt ihm zu essen. Wenn er Durst hat, dann gebt ihm zu trinken. Damit

* 5. Mose 32,35

habt ihr euch schon genug gerächt, denn eure Freundlichkeit wird, wie es im Sprichwort so schön heißt, glühende Kohlen auf seinem Haupt anhäufen. Lasst euch nicht vom Bösen besiegen, sondern besiegt das Böse durch das Gute!

Liebe kennt keine Ausnahmen (13,1–14)

13 Wie aber sollt ihr euch gegenüber staatlicher Gewalt verhalten? Auch hier könnt ihr zeigen, wer euer wahrer Herr ist. Ordnet euch selbstverständlich der staatlichen Obrigkeit unter, denn niemand erlangt die Verantwortung, ein Volk zu regieren, wenn sie ihm nicht von Gott übertragen wurde. Daher widersetzt sich jeder der Ordnung, die Gott eingesetzt hat, wenn er sich gegen eine rechtmäßige staatliche Gewalt auflehnt. Ganz abgesehen davon, dass sich so jemand nur ins eigene Fleisch schneidet. Denn in der Regel haben nur die Grund, die staatliche Obrigkeit zu fürchten, die sich über ihre Gesetze hinwegsetzen. Wer das Gute tut, kommt im Normalfall gar nicht erst mit ihnen in Konflikt. Wenn ihr also wollt, dass ihr euch nicht vor der staatlichen Gewalt zu fürchten braucht, dann verhaltet euch in jeder Hinsicht untadelig. Nur wer Böses tut, muss ständig in der Angst leben, erwischt zu werden. In diesem Sinne dient der Staat tatsächlich dem Willen Gottes, da er die Menschen dazu anhält, das Gute zu tun, und den Bösen droht, sie zu bestrafen. Und dafür hat er auch das Recht, Waffen zu tragen.

Es wäre allerdings höchst fragwürdig, würdet ihr euch der staatlichen Gewalt nur unterordnen, weil ihr Angst vor ihr habt. Euer Gewissen muss euch sagen, dass es richtig ist. So ist es auch in Ordnung, wenn ihr Steuern zahlt, denn eure Obrigkeiten erfüllen letztlich die Aufgaben, die Gott ihnen zugedacht hat. Verhaltet euch vernünftig, und lasst jedem zukommen, was ihm zusteht: dem einen die Steuer, dem anderen den Zoll; zeigt gegenüber den ausführenden Organen Respekt und gegenüber denen, die an oberster Stelle Verantwortung tragen, eine aufrichtige Ehrerbietung.

Bleibt also niemandem etwas schuldig! Nur eines werdet ihr euch gegenseitig immer schulden: herzliche Liebe. Wenn ihr das tut, habt ihr auch schon das ganze Gesetz erfüllt. Denn gleichgültig, welches Gebot ihr nehmt: Du sollst nicht ehebrechen, nicht töten, nicht stehlen – sie alle lassen sich in einer einzigen Aussage Jesu zusammenfassen: „Liebe deinen Nächsten wie dich selbst!" Es ist unmöglich, jemanden zu lieben und ihm gleichzeitig etwas Böses anzutun. Darum wird durch die Liebe das ganze Gesetz erfüllt.

Wenn ihr euch entsprechend verhaltet, werdet ihr spüren, dass die Stunde da ist, vom Schlaf aufzustehen, denn jetzt sind wir unserer Erlösung näher als zu der Zeit, als wir zum Glauben kamen. Die Nacht ist bald vorüber und es dämmert schon der neue Tag. Lasst uns daher alles ablegen, was noch zu unserer dunklen Vergangenheit gehört, und dafür die Waffen ergreifen, die für das Licht Jesu in den Herzen der Menschen streiten können. Macht jeden Tag zu einem Tag des Herrn, an dem es einfach keine Ess- und Trinkgelage geben kann, geschweige denn irgendwelche sexuellen Exzesse. Verhätschelt euren Körper nicht zu sehr, damit er euch nicht ständig durch seine Begierden Probleme macht. Und noch eins: Lasst nicht zu, dass Streit und Eifersucht in eurer Mitte herrschen. Kurzum: Versucht in allem, Jesus immer ähnlicher zu werden.

Seid verständnisvoll: Nicht jeder ist ein Glaubensheld oder Tugendbold (14,1–23)

14 Versteht doch, dass diejenigen unter euch, die im Glauben noch auf schwachen Füßen stehen, alles gebrauchen können, bloß keine Gespräche über irgendwelche unterschiedlichen Auffassungen, die sie nur verwirren. Sie sehnen sich danach, angenommen zu sein. Die Menschen sind nun einmal nicht gleich: Der eine hat überhaupt keine Schwierigkeiten, alles zu essen, der andere verkraftet nur Gemüse. Es wäre mehr als dumm, würde jetzt der eine deswegen den anderen verachten oder sogar verurteilen. Alle beide hat Gott

so gewollt und in Liebe angenommen. Wenn also jemand meint, er müsse den anderen kritisieren, soll er sich erst einmal die Frage stellen, für wen er sich eigentlich hält, dass er den Diener eines anderen beurteilt. Jeder Diener ist nur von einem Urteil abhängig, nämlich dem seines eigenen Herrn. Mit diesem Urteil steht und fällt er. Da aber Jesus sein Herr ist, dürfen wir sicher sein, dass er stehen bleibt. Jesus selbst wird dafür sorgen und ihn so hinstellen, dass ihn nichts mehr umwerfen kann. Nehmen wir ein Beispiel: Der eine achtet darauf, an besonderen Tagen und zu bestimmten Zeiten bestimmte Regeln einzuhalten, für einen anderen sind alle Tage letztlich gleich. Das ist in Ordnung: Jeder sei nur von dem, was er für richtig hält, völlig überzeugt. Wer in besonderer Weise auf bestimmte Zeiten achtet, tut es für Jesus. Wer meint, alles essen zu dürfen, isst und dankt dabei dem Herrn; wer nicht isst, dankt deswegen nicht weniger Gott. Denn keiner von uns lebt nur für sich selbst, ja er stirbt nicht einmal nur für sich selbst. Wenn wir leben, dann leben wir für unseren Herrn, und wenn wir sterben, dann sterben wir für den Herrn. Es ist also letztlich gleichgültig, ob wir leben oder sterben: Wir gehören unserem Herrn. Denn dafür ist Jesus gestorben und wieder lebendig geworden: damit alle sich seiner liebevollen Herrschaft unterstellen können, die Toten nicht weniger als die Lebenden.

Wer gibt uns also das Recht, unseren Bruder zu verachten? Wer gibt uns den Auftrag, ihn zu richten? Werden wir nicht alle einmal vor dem Richterstuhl Gottes stehen? Spätestens dann wird uns klar, wie lächerlich unsere Überheblichkeit war. Denn von diesem Augenblick berichtet die Heilige Schrift: „‚So wahr ich lebe‘, spricht der Herr, ‚einmal wird jedes Knie sich vor mir beugen und alle werden mich als Gott verehren.‘“*

Wir alle haben genug damit zu tun, uns selbst vor Gott zu verantworten.

Wir wollen also damit aufhören, uns gegenseitig zu beurteilen und zu richten. Lasst uns vielmehr darauf achten, dass wir uns nicht

* Jesaja 45,23

gegenseitig das Leben schwermachen, indem wir jemanden verletzen oder verunsichern. Ich bin überzeugt – und abgesehen davon ist es tatsächlich so –, dass nichts an sich unrein ist. Es hängt allein vom Menschen selbst ab. Wenn jemand der Auffassung ist, eine Speise sei unrein, dann ist sie es für ihn tatsächlich. Denkt bitte daran, wenn ihr in der Gegenwart von jemandem etwas esst, das für diese Person ein Gräuel darstellt. Ihr würdet sie damit sehr verletzen und euch alles andere als liebevoll verhalten. Vielleicht verwirrt ihr diesen Menschen so sehr, dass er an Gott zu zweifeln beginnt. Was hättet ihr dann einem Menschen angetan, für den Jesus sein Leben hingegeben hat! Eure Freiheit soll damit nicht geschmälert oder gering geachtet werden. Doch wenn es um die Liebe geht, dann müssen andere Werte zurücktreten. Das Leben unter der Herrschaft Gottes darf nicht von Essen und Trinken bestimmt werden, sondern ist gekennzeichnet durch Angenommensein, Friede und Freude im Heiligen Geist. Wer dafür sein Leben einsetzt, darf sicher sein, dass er Christus auf seiner Seite hat und auch bei den Menschen geliebt und geachtet ist.

Darum lasst uns mit ganzer Kraft alles dafür tun, dass unter uns Frieden herrscht und dass wir uns gegenseitig auferbauen. Gefährdet doch nicht wegen irgendwelcher Essensvorschriften, was Gott unter euch begonnen hat! Wenn eine Schwester oder ein Bruder nicht damit fertig wird, dass einer von euch Götzenopferfleisch isst oder Wein trinkt, dann sollte man dies in seiner oder ihrer Gegenwart auch nicht tun. Behaltet in diesem Fall doch eure Glaubensüberzeugungen für euch, die es euch erlauben, mit solchen Sachen freier umzugehen. Seid glücklich, dass ihr die innere Freiheit dazu gefunden habt und dass euch euer Gewissen in Bezug auf solche Dinge nicht anklagt. Problematisch ist es nur, wenn jemand im Innersten seines Herzens zweifelt, ob er nun „Unreines" essen darf oder nicht. Er verurteilt sich damit selbst, weil er nicht aus dem Glauben heraus handelt. Alles aber, was nicht aus dem Glauben heraus getan wird, ist Sünde.

Ohne Einheit sind selbst Starke schwach (15,1–13)

15 Wenn einer von uns einen solchen starken Glauben hat, dann schuldet er es den Geschwistern, die noch nicht so weit sind wie er, dass er ihre Schwächen mitträgt. Schließlich lebt auch er nicht nur für sich, sondern wie jeder von uns soll auch er versuchen, so zu leben, dass es den anderen aufbaut und ihm guttut. Denkt an Jesus, der auch nicht nur gelebt hat, wie es ihm am angenehmsten war, sondern der sich hingestellt hat, dass er die Schläge abfing, die eigentlich uns galten. Doch auch das haben die Schriften vorausgesagt, wie alles, was früher geschrieben wurde, uns heute helfen kann, die Zusammenhänge besser zu verstehen, geduldiger ihre Erfüllung abzuwarten, dadurch Trost zu empfangen und neue Hoffnung zu schöpfen.

So bitte ich unseren Vater, den Gott allen Trostes und aller Geduld, dass ihr in eurem Denken eins seid, wie Christus selbst es für euch erbeten hat. Nur einmütig könnt ihr Gott, den Vater unseres Herrn Jesus Christus, aus einem Mund preisen. Darum nehmt einander an, wie Christus euch angenommen hat, zur Ehre Gottes, des Vaters! Vergesst nie, dass Christus den Juden gedient hat, indem er ihnen die Wahrheit Gottes offenbarte. Dadurch wurden die Verheißungen erfüllt, die unsere Vorfahren erhielten. Aber auch die Nichtjuden haben allen Grund, Gott von ganzem Herzen für seine Barmherzigkeit zu danken, denn auch für sie gibt es eine Reihe von Schriftworten*: „Deswegen will ich dich preisen unter den Heiden, deinem Namen möchte ich Loblieder singen." Oder wie es an anderer Stelle heißt: „Freut euch, ihr Heiden zusammen mit seinem Volk!" Oder: „Lobt, alle Heiden, den Herrn! Loben sollen ihn alle Völker!" Selbst beim Propheten Jesaja finden wir eine wichtige Stelle: „Aus dem Stamm Isais wird jemand kommen, der über die nichtjüdischen Völker herrschen wird. Alle diese Völker werden ihre ganze Hoffnung auf ihn setzen." Darum habt ihr allen Grund zur Freude, ja, der Gott aller Hoffnung möge euch noch viel mehr mit ihr erfüllen und euch

* Psalm 18,50; 5. Mose 32,43; Psalm 117,1; Jesaja 11,10

seinen Frieden schenken. Es ist euer Glaube, der euch durch die Kraft des Heiligen Geistes eine unermesslich große Hoffnung schenkt.

Ein Pionier des Glaubens, der ganz besondere Hilfe benötigt (15,14–33)

Liebe Schwestern und Brüder, was euch anbelangt, so bin ich überzeugt, dass ihr selbst genügend Güte und Verständnis habt, um euch gegenseitig zu ermutigen und zu ermahnen. Trotzdem möchte ich euch gern verschiedene grundlegende Dinge noch einmal in aller Deutlichkeit schreiben. Vieles davon wird euch in Erinnerung rufen, was ihr ohnehin schon wisst. Aber ich denke, dass Gott mir dafür den Auftrag gegeben hat, denn der Dienst, den Jesus mir anvertraut hat, besteht ja darin, die Frohe Botschaft unverfälscht an die nichtjüdischen Völker weiterzugeben. Dadurch soll ihr Leben in der Kraft des Heiligen Geistes so verändert werden, dass Gott seine Freude an ihnen hat. Wenn ihr so wollt, dann ist das mein einziges Ruhmesblatt: Jesus Christus selbst hat mich zum Dienst berufen. Darum werde ich es auch nicht wagen, irgendetwas anderes zu erzählen als das, was Christus durch mich in Wort und Tat, mit Zeichen und Wundern tun konnte, um die nichtjüdischen Völker für ihn zu erreichen. All das ist einzig und allein durch die Kraft des Heiligen Geistes geschehen; anders wäre es gar nicht möglich gewesen, die Frohe Botschaft von Jesus Christus von Jerusalem bis Illyrien, von Israel bis Kleinasien zu verbreiten. Dabei waren meine Anstrengungen vor allem darauf ausgerichtet, die Frohe Botschaft dorthin zu bringen, wo man noch nie etwas von Jesus gehört hat. Ich wollte nicht auf fremdem Grund aufbauen, sondern bezog von Anfang an das Schriftwort: „Die noch nie etwas von ihm gesehen haben, denen wird er vor Augen gestellt, und die noch nie etwas von ihm gehört haben, die verstehen, was man ihnen von ihm berichtet"* auf meinen Dienst.

---

* Jesaja 52,15

Das ist auch der Grund, warum ich immer wieder daran gehindert wurde, zu euch zu kommen. Doch jetzt hat sich dies geändert: Es gibt hier kaum noch eine Gegend, die ich nicht schon besucht hätte. Daher wächst die Sehnsucht, endlich zu euch zu kommen. Nun habe ich schon lange vor, nach Spanien zu reisen. Das bestärkt meine Hoffnung, euch doch endlich einmal kennenzulernen, auch wenn es nur auf der Durchreise wäre. Aber wenn wir eine solche Zeit gut nutzen und ich gestärkt durch die Freude über euch wieder weiterreise, dann könnten mich ja einige von euch auf meiner Missionsreise nach Spanien begleiten?!

Doch zunächst kehre ich jetzt nach Jerusalem zurück, um der dortigen Gemeinde zu helfen. Denn die Glaubensgeschwister aus Mazedonien und Achaja haben ein großartiges Zeichen ihrer Verbundenheit mit der Gemeinde in Jerusalem gesetzt: Sie haben eine große Geldsammlung abgehalten, um auf ihre Weise den Armen der Jerusalemer Gemeinde zu helfen. Sie haben sich dabei als Schuldner gegenüber dieser Gemeinde gesehen und nur versucht, mit materiellen Gaben ein wenig auszugleichen, was sie an geistlichen Gaben durch diese erhalten haben. Wenn ich das erledigt und den Ältesten in Jerusalem die gesamte Kollekte ausgehändigt habe, werde ich über Rom nach Spanien reisen. Ich bin zuversichtlich, dass Christus mir die ganze Fülle seines Segens für euch mitgeben wird.

Um eines nur bitte ich euch inständig um Jesu Christi willen und weil euch die Liebe des Heiligen Geistes erfüllt: Helft mir bei meinem Kampf, indem ihr für mich betet, damit ich vor den Juden sicher bin, die in Jerusalem den Ton angeben und einfach nicht bereit sind, sich auf Gott einzulassen. Auch wünsche ich mir sehr, dass sich die Leitenden der Gemeinde in Jerusalem über meinen Dienst vorbehaltlos freuen. Wie entspannt könnte ich mich dann auf die Reise zu euch begeben, um mit euch eine gute und ruhige Zeit zu verbringen. Schon jetzt wünsche ich euch, dass der Gott des Friedens mit euch allen sei. Amen.

Viele, viele liebe Grüße (16,1–27)

16 Phöbe, eine Glaubensschwester, die sich in der Gemeinde von Kenchreä sehr eingesetzt hat, wird zu euch kommen. Ich möchte sie euch sehr ans Herz legen, damit ihr sie mit der ganzen Liebe Jesu aufnehmt und ihr beisteht, egal, in welcher Angelegenheit sie Unterstützung braucht. Sie selbst hat unzähligen Glaubensgeschwistern geholfen, nicht zuletzt auch mir selbst.

Grüßt bitte auch Priska und Aquila, meine Mitarbeiter im Dienste unseres gemeinsamen Herrn. Sie haben für mich ihr Leben riskiert, aber ich bin bei Weitem nicht der Einzige, der ihnen zu Dank verpflichtet ist. Neben ihrer eigenen Hausgemeinde gibt es noch eine ganze Reihe von Gemeinden, die ihnen von Herzen zu danken haben. Grüßt auch meinen über alles geliebten Epänetus, der der Erste war, der in der Provinz Asia zum Glauben an Christus kam. Vergesst mir nicht, Maria zu grüßen, die sich so hingebungsvoll für euch abgemüht hat. Grüßt mir Andronikus und Junias*, die wie ich jüdischer Abstammung sind und die auch schon mit mir im Gefängnis gesessen haben. Sie standen schon vor mir im Dienst Jesu und ich halte sie für ganz ausgezeichnete Apostel. Richtet auch an Ampliatus Grüße aus, zu dem ich durch Jesus eine besonders herzliche Beziehung habe, und das gilt auch für Stachys und unseren Mitarbeiter Urbanus. Grüßt mir ebenfalls Apelles, der sich schon so sehr im Glauben bewährt hat, und alle, die im Haus von Aristobul und von Narzissus wohnen und bereits zu Jesus gehören. Grüßt meinen Landsmann Herodion, ferner Tryphäna und Tryphosa, unsere Schwestern im Glauben, die von ganzem Herzen Jesus dienen. Nicht weniger unermüdlich dient meine geliebte Persis, die ihr nicht vergessen dürft. Grüßt mir ganz besonders Rufus, den der Herr zu seinem Dienst auserwählt

---

* Wahrscheinlich eine Kurzform von „Junianus“, andernfalls könnte dieser Stammesgenosse von Paulus auch „Junia“ heißen und wäre demnach eine Frau. Manche nahmen daher an, Andronikus und Junia könnten ein Ehepaar gewesen sein. Aufgrund des Zusammenhangs (beispielsweise die gemeinsame Gefangenschaft) ist dies allerdings mehr als fraglich.

hat, ihn und seine Mutter, die auch für mich wie eine Mutter geworden ist. Doch es gibt noch so viele andere, die ich ebenfalls grüßen möchte: Asynkritus, Phlegon, Hermes, Patrobas, Hermas und alle Geschwister bei ihnen. Nicht zuletzt grüßt mir noch Philologus und Julia, Nereus und seine Schwester, dann noch Olympas und alle, die sich bei ihnen versammeln. Es grüßen ebenfalls auch alle Gemeinden Christi. Fühlt euch von uns allen herzlich umarmt.

Liebe Schwestern und Brüder, achtet darauf, dass es bei euch wegen der Lehre, die ihr gehört und angenommen habt, nicht zu ärgerlichen Streitigkeiten kommt. Geht Personen, die euch etwas anderes lehren möchten, aus dem Weg. Es geht denen, die ständig etwas anderes verbreiten wollen als das, was für uns alle verbindlich ist, nicht darum, Jesus zu dienen. Nein, ihnen geht es nur um ihr eitles Ich, und sie verstehen es ausgezeichnet, durch Schmeicheleien und eine bestechende Beredsamkeit die Herzen argloser Geschwister zu täuschen. Aber von euch hört man ja überall, dass ihr der Frohen Botschaft treu und gehorsam seid. Darüber freue ich mich aufrichtig. Ich wünsche mir, dass ihr im Umgang mit solchen Personen auch weiterhin so viel Weisheit an den Tag legt und gute Abwehrkräfte gegen dieses schleichende Gift habt. Gott wird euch schon bald den Sieg über alle diese satanischen Angriffe schenken. Die Gnade unseres Herrn Jesus Christus sei an diesem Punkt ganz besonders mit euch!

Mein Mitarbeiter Timotheus möchte euch auch noch ganz herzlich grüßen, ebenso meine jüdischen Freunde Luzius, Jason und Sosipater. Und da wir schon dabei sind, möchte ich, Tertius, mich auch den Grüßen anschließen. Der Herr hat mir geholfen, das Diktat des Paulus gut zu Papier zu bringen. Ja, und da wäre auch noch Gaius, der mir und der ganzen Gemeinde hier sein Haus zur Verfügung stellt. Einen besonderen Gruß schicken euch schließlich noch Erastus, der Kämmerer dieser Stadt, und unser Bruder Quartus.

Was seit ewigen Zeiten den Menschen verborgen war und durch die prophetischen Schriften angekündigt wurde, hat Gott durch Jesus Christus allen Menschen offenbart, damit alle Völker die Möglichkeit haben, sich seiner liebevollen Herrschaft zu unterstellen.

Ihm, der euch durch die Verkündigung Jesu und auch durch meine Worte stärken kann, ihm, dem einen weisen Gott, sei die Ehre durch Jesus Christus von Ewigkeit zu Ewigkeit. Amen.

Der erste Brief an die Gemeinde in Korinth

Fährt man heute bequem auf einem Schiff durch den Isthmos von Korinth, kann man sich kaum vorstellen, dass im Altertum seetüchtige Schiffe über diese Landenge gezogen wurden. Korinth war der pulsierende Umschlagplatz für diese Transporte. Hier gab es etwas zu verdienen. Vor allem für einfache, kräftige Männer, die viel Zeit zwischen Tagen voll schwerster Arbeit hatten. Es wundert daher nicht, dass Paulus in der Sorge um seine von ihm gegründete Gemeinde, auf verschiedene Fragen zum alltäglichen Leben des Einzelnen wie auch der Gemeinde eingehen musste – Fragen, die den Menschen so sehr auf den Nägeln brannten, dass sie ihm von Vertrauensleuten nachgetragen wurden. Zwischen 53 und 55 hat er – vermutlich in Ephesus – diesen Brief geschrieben, höchstens zwei, drei Jahre nach der Gründung der Gemeinde in Korinth.

Paulus grüßt seine Gemeinde – ganz offensichtlich mit gemischten Gefühlen (1,1–17)

1 Paulus, den Jesus Christus zu seinem Apostel bestimmt hat, grüßt gemeinsam mit eurem Bruder Sosthenes die Geschwister der Gemeinde von Korinth, die Jesus aus dem Heidentum heraus berufen hat. Wir grüßen euch mit allen, die überall verstreut leben und Christus als ihren Herrn angenommen haben: Gnade sei mit euch und Friede von Gott, unserem Vater, und unserem Herrn Jesus Christus!

Wenn ich an euch denke, muss ich einfach immer wieder für die Gnade danken, die durch Jesus an euch sichtbar geworden ist. Ihr seid wirklich an allem reich geworden: Gott hat euch gute Lehrmeister gegeben und ihr habt viel geistliche Erkenntnis erlangt, weil ihr gelernt habt, euch auf das zu verlassen, was ihr von Christus erfahren habt. Man merkt es an den Gnadengaben*, die ihr geschenkt bekommen habt: Ihr steht anderen Gemeinden in nichts nach, weil ihr ernsthaft erleben wollt, wie sich Jesus in allem offenbart. Er selbst wird euch die Kraft geben, bis zum Tag seiner Wiederkunft treu am Glauben festzuhalten. Schließlich hat Gott, der die Treue selbst ist, euch zur Gemeinschaft mit seinem Sohn Jesus berufen.

Nun habe ich von Bekannten der Chloe erfahren, dass sich unter euch Gruppen zu bilden beginnen, die sich um verschiedene Leute scharen. Liebe Schwestern und Brüder, ich bitte euch inständig beim Namen unseres Herrn Jesus Christus, darauf zu achten, dass es unter euch keine Spaltungen gibt, sondern dass ihr eines Sinnes seid. Vermeidet es, Unterschieden mehr Bedeutung beizumessen als nötig. Wieso fangt ihr plötzlich an, euch verschiedenen Personen zuzuordnen? Die einen sagen: „Wir gehören zu Paulus“, die anderen erklären, dass sie zu Apollos gehören, und wieder andere halten sich für Jünger

---

* Paulus verwendet hier ein in der Antike nur selten gebrauchtes Wort: „Charisma“. Dies bedeutet so viel wie „umsonst (aus Gnade) Gegebenes“, was sich sowohl auf materielle Güter als auch auf geistliche Fähigkeiten beziehen kann.

des Petrus. Wie schön, dass wenigstens einige noch sagen, sie würden zu Christus gehören. Lässt sich denn etwa Christus zerteilen? Bin ich, Paulus, etwa für euch gekreuzigt worden, oder ihr seid auf meinen Namen getauft worden? Gott sei Dank habe ich bei euch nur Krispus und Gaius getauft, damit nicht noch jemand auf die Idee kommt, er sei auf meinen Namen getauft worden. Ach ja, Stephanus und alle, die in seinem Haus leben, habe ich auch noch getauft, aber sonst fällt mir tatsächlich niemand mehr ein. Denn Jesus hat mir nicht den Auftrag gegeben zu taufen, sondern seine Frohe Botschaft zu verkünden. Und das tue ich, allerdings nicht mit schönen, weisen Worten, damit die Botschaft von dem, was Jesus für uns getan und erlitten hat, nichts von ihrer Kraft verliert.

Vor Gottes Weisheit werden die klügsten Denker still (1,18–31)

Denn dass Gott uns seine Liebe dadurch gezeigt hat, dass Jesus am Kreuz für uns starb, erscheint manchen Menschen einfach absurd. Sie werden sich immer gegen die Liebe Gottes sperren. Für uns ist dagegen das Kreuz Zeichen unserer Errettung und die Kraft Gottes in unserem Leben. So bewahrheitet sich wieder einmal, was die Schrift sagt: „Ich werde die Weisheit derer, die sich für weise halten, in ihr Gegenteil verwandeln, und die Klugheit derer, die meinen, sie wüssten über alles Bescheid, an ihre Grenzen bringen."*

Sagt mir doch, wo gibt es jemanden, der wirklich weise ist oder der sich tatsächlich in der Heiligen Schrift auskennt? Wo sind sie, die in dieser Zeit den Ton angeben? Hat nicht Gott selbst gezeigt, wie absurd die Weisheit dieser Welt ist? Die Menschen hätten ihre Weisheit gebrauchen können, um Gott immer besser kennenzulernen. Doch sie taten es nicht. Darum hat Gott sich dafür entschieden, etwas ebenso Verrücktes wie Unerwartetes verkünden zu lassen, damit

---

* Jesaja 29,14

Menschen allein durch ihr Vertrauen gerettet werden. Denn auf der einen Seite sind da die Juden, die unbedingt irgendwelche Wunder erleben wollen, auf der anderen die Nichtjuden, für die alles einsichtig und logisch sein muss. Wir stehen zwischen beiden und verkünden einen Messias, der ans Kreuz geschlagen wurde. Für die Juden ist das ein richtiges Ärgernis, für die Nichtjuden nichts als Schwachsinn. Für alle aber, die sich Gott gegenüber geöffnet haben – gleichgültig, ob Juden oder Nichtjuden –, ist das, was Jesus für uns erlitten hat, der Inbegriff der Kraft Gottes und seiner unendlichen Weisheit. Denn selbst das Absurdeste bei Gott ist immer noch weiser als alles, was Menschen denken können. Und das Schwache bei Gott ist immer noch unvorstellbar stärker als alle Menschen.

Ihr braucht euch doch nur selbst anzuschauen, meine Schwestern und Brüder: Rein äußerlich betrachtet gibt es unter euch nicht viele Gebildete, auch nicht viele einflussreiche Personen oder welche aus vornehmen Familien. Es sieht eher so aus, als habe Gott die einfachen Gemüter unter den Menschen erwählt, um die zu beschämen, die sich für weise halten. Gott hat eine Vorliebe für das Schwache, um damit das Starke zu beschämen; er liebt es, mit Menschen einfachster Herkunft, ja selbst mit solchen, die von allen verachtet werden, diejenigen zu entlarven, die sich für etwas Besseres halten. Für Gott ist es unerträglich, wenn sich ein Mensch vor ihm aufspielt und sich für großartiger hält als seine Zeitgenossen. Was für ein Segen, dass unsere Weisheit Jesus Christus selbst ist. Dadurch werden wir nicht nur von Gott angenommen, nein, er verändert uns zum Guten, damit wir schon jetzt als Erlöste leben können. Als Menschen, die verstanden haben, was die Schrift sagt: „Wenn wir uns wirklich rühmen wollen, dann haben wir einen Namen, dem aller Ruhm und alle Ehre zustehen!"*

* Jeremia 9,22–23

Nur wer Gott wirklich liebt, beginnt seine Weisheit zu begreifen (2,1–16)

2 Liebe Schwestern und Brüder, erinnert euch daran, wie ich zum ersten Mal zu euch gekommen bin. Habe ich euch damals ausgefeilte Vorträge über das Geheimnis Gottes, das er uns offenbart hat, gehalten? Nein, ich hatte beschlossen, euch von nichts anderem zu erzählen als von dem, was Jesus für uns getan hat, nämlich dass er für uns ans Kreuz ging. Dabei war mir ganz elend zumute: Ich fühlte mich schwach und ich zitterte vor lauter Furcht. Aber ich hielt daran fest, euch nicht mit irgendwelchen hochgeistigen Argumenten überreden zu wollen, sondern euch erleben zu lassen, wie der Geist Gottes und seine Kraft meine Verkündigung bestätigen. Schließlich sollte sich euer Glaube nicht auf meine „Weisheit" stützen, sondern einzig und allein auf die Erfahrung der Kraft Gottes.

Natürlich muss auch über Dinge gesprochen werden, die wirklich Weisheit verlangen. Doch zum einen sind solche Gespräche nur etwas für jemanden, der schon im Glauben gefestigt ist, zum anderen muss man auch hier genau zwischen der Weisheit dieser Welt und ihrer Herrscher und der Weisheit Gottes unterscheiden. Diese Weisheit hat etwas Geheimnisvolles, das sich nicht jedem so ohne Weiteres erschließt. So hat zum Beispiel kein Herrscher dieser Welt sie erkannt. Hätten sie es getan, wäre Jesus, der Herr der Herrlichkeit, von ihnen nicht ans Kreuz genagelt worden. Nein, Gott hat sie seit Urzeiten für Menschen wie uns bestimmt, die darin die Herrlichkeit seiner Liebe entdeckt haben. Das ist geschehen, genau wie es die Schriften vorausgesagt haben: „Was kein Auge gesehen und kein Ohr gehört hat, was sich kein Mensch jemals ausdenken kann, das hat Gott für die vorbereitet, die ihn lieben."*

So können wir nur Gott dafür danken, dass er uns das alles durch seinen Heiligen Geist gezeigt hat. Denn der Geist Gottes erforscht alles, er ist vertraut mit den tiefsten Gedanken Gottes. Wer von uns

* nach Jesaja 64,3

weiß denn schon, welche Sorgen ein anderer Mensch hat, wenn der Geist Gottes es uns nicht zeigt? Genauso verhält es sich auch mit Gott. Niemand weiß auch nur das Geringste über das, was Gott fühlt und denkt. Nur einer weiß all das: der Geist Gottes. Nun haben wir aber genau diesen Geist Gottes empfangen dürfen. Er hat den Geist dieser Welt aus uns verdrängt, damit wir erkennen können, was Gott uns in Jesus Christus geschenkt hat.

Wenn wir über solche Dinge reden, hat das nichts mehr mit menschlicher Weisheit zu tun. Hier hat der Heilige Geist bereits begonnen, uns die Augen für all das zu öffnen, was er unter uns vollbringt. Ein Mensch, der mit seinem Alltagsverstand an diese Dinge herangeht, hält dies alles bloß für Einbildung. Er hält Menschen, die ihr Leben für das Wirken des Heiligen Geistes geöffnet haben, für beschränkt, weil er etwas beurteilt, das er nur verstehen kann, wenn er selbst vom Geist erfüllt ist. Wer vom Heiligen Geist erfüllt ist, bekommt ein wacheres Urteilsvermögen. Gleichzeitig berührt es ihn wenig, wenn ihn jemand für beschränkt hält. Denn wie soll ihm jemand, der Jesus überhaupt nicht kennt, etwas sagen können, das er ernst nehmen müsste? So jemand versteht nichts, weil ihm genau das fehlt, was uns geschenkt wurde: das Denken und Empfinden Jesu.

Was echt ist und trägt, wird in Zeiten der Krise offenbar (3,1–23)

3 Liebe Schwestern und Brüder, damals konnte ich natürlich zu euch nicht so sprechen, als hättet ihr den Heiligen Geist bereits empfangen. Was euer Glaubensleben betrifft, so wart ihr noch wie kleine Kinder, und dementsprechend musste ich auch zu euch noch wie zu Unmündigen sprechen. Ihr habt zu Beginn nichts als Milch bekommen, weil ihr feste Speise noch überhaupt nicht vertragen hättet. Ja, ich bin mir nicht einmal sicher, ob ihr jetzt schon feste Nahrung zu euch nehmen könnt, denn ihr benehmt euch noch so, als

hättet ihr nie den Heiligen Geist empfangen. Denn wie anders könnt ihr mir erklären, dass es unter euch noch so viel Eifersucht und Streit gibt? Entspricht das nicht viel eher dem ungeistlichen Verhalten der Menschen, die nicht zu Christus gehören? Denn wenn der eine sagt: „Ich gehöre zu Paulus", ein anderer aber: „Für mich kommt nur Apollos infrage" – was für ein Geist beherrscht euch da? Wer ist denn Apollos, wer dieser Paulus? Das sind doch nur Menschen, durch deren Dienst ihr zum Glauben gekommen seid. Jeder von uns hat lediglich getan, was ihm von Gott aufgetragen wurde: Ich habe gepflanzt, Apollos hat begossen, doch Gott allein hat das Wachstum geschenkt. Daher gehört ihr weder dem, der gepflanzt hat, noch dem, der euch begossen hat, sondern einzig und allein dem, der euch hat wachsen lassen. Man kann den Pflanzenden nicht vom Begießenden trennen, auch wenn jeder von ihnen seinen eigenen Lohn entsprechend seiner Arbeit empfangen wird. Wir sind nichts anderes als Gottes Mitarbeiter. Ihr seid Gottes Ackerfeld, oder wenn ihr so wollt: Gottes Bauwerk.

Gott ist ein weiser Baumeister. Darum war er mir so gnädig, dass ich in euch ein solides Fundament legen durfte, auf dem dann andere weiterbauen können. Es kann ja kein anderer Grund gelegt werden als der, den Gott schon längst gelegt hat: Jesus Christus. Jetzt kommt es allerdings darauf an, wie jemand auf diesem Fundament weiterbaut. Der eine nimmt wertvolle Steine, Gold und Silber, der andere nur Holz, Heu und Stroh. Am Ende aller Tage wird deutlich werden, welches Material jeder verwendet hat, denn für jedes einzelne Haus kommt so etwas wie eine Feuerprobe. Wessen Haus diese übersteht, der wird seinen Lohn empfangen, wessen Haus dagegen zum Raub der Flammen wird, ist damit schon genug gestraft. Er wird zwar gerettet werden, doch wie jemand, den man aus einem brennenden Haus gezogen hat. Habt ihr vergessen, dass euer Haus, dass ihr als Gemeinde Gottes eigentlich ein Tempel des Heiligen Geistes seid und dass der Geist Gottes in euch wohnt? Wenn jemand diesen Tempel nur mit dem billigsten und schäbigsten Material baut, wird Gott ihm diese Lieblosigkeit eines Tages vor Augen führen. Denn ein Tempel sollte etwas Schönes und Heiliges sein. Wie gesagt, jeder von euch ist ein solcher Tempel, ein Haus Gottes unter den Menschen.

Niemand von euch sollte sich etwas vormachen. Wenn jemand meint, dass die Welt doch eigentlich seine ausgeprägte Weisheit bewundern müsste, der muss erst einmal in den Augen der Menschen als dumm gelten, um wirklich weise zu werden. Denn die Weisheit dieser Welt ist für Gott nichts als Dummheit. Die Heilige Schrift sagt es noch deutlicher: „Gott fängt die Weisen in ihrer eigenen Schlauheit."* Und an einer anderen Stelle: „Der Herr kennt die Gedanken der Leute, die sich für weise halten, und er weiß, dass sie sinn- und nutzlos sind."** Daher bitte ich euch, hört damit auf, euch durch eure Zugehörigkeit zu bestimmten Menschen besonders wichtig zu machen! Denn euch gehört doch sowieso alles: Paulus, Apollos, Kephas, die ganze Welt, selbst Leben und Tod, Gegenwärtiges und Zukünftiges. Alles gehört euch, ihr aber gehört Jesus Christus und dieser gehört Gott.

Paulus macht den Korinthern klar, wer er ist und wer er nicht ist (4,1–21)

4 Bitte seht in uns nichts anderes als ganz normale Menschen, die im Dienst von Christus stehen und für euch die Geheimnisse Gottes gut „verwalten". Und ihr wisst ja, dass man von einem guten Verwalter erwartet, dass er in jeder Hinsicht zuverlässig und seinem Herrn treu ergeben ist. Mir ist es daher auch völlig gleichgültig, ob ihr oder irgendeine andere menschliche Instanz über mich zu Gericht sitzt. Ja, ich beurteile nicht einmal mich selbst. Ich bin mir zwar keiner Schuld bewusst, deswegen aber noch lange nicht gerecht gesprochen. Für mich kommt es einzig darauf an, dass ich vor meinem Richter, unserem Herrn Jesus, bestehen kann. Darum beurteilt nichts

---

* Hiob 5,13
** Psalm 94,11

und niemanden endgültig, bevor nicht der Herr wiedergekommen ist und all das Verborgene, das Dunkle wie auch die guten Entscheidungen unseres Herzens ans Licht gebracht hat. Das ist dann auch der Augenblick, an dem jeder von euch das Lob hören wird, das Gott ihm zugedacht hat.

Was die Zurückhaltung im Beurteilen anbelangt, so habe ich euch das natürlich auch mit Blick auf Apollos und mich geschrieben. Ihr müsst lernen, euch mehr an dem Wort Gottes auszurichten und euch nicht wichtig zu machen. Wurde denn einer von euch vorgezogen? Oder besitzt einer von euch etwas, das nicht ein Geschenk Gottes wäre? Wenn aber jeder von euch beschenkt wurde, warum tun dann manche von euch so, als hätten sie alles ohne die Hilfe von oben geschafft? Ihr seid allein durch Gott satt und reich geworden an seinen Gaben; ihr habt schon erfahren, was es heißt, mit Jesus zu herrschen. Zumindest wäre es sehr hilfreich, wenn ihr schon so weit wärt. Denn wir hätten auch gerne mit euch Anteil an diesem Sieg Jesu, aber Gott hat uns Apostel offensichtlich auf den Verliererplatz gestellt. Wir werden wie Todeskandidaten vorgeführt und geben vor den Menschen wie vor den Engeln ein trauriges Schauspiel ab. Um Christi willen hält man uns für geistig beschränkt, während man staunt, wie verständig ihr durch eure Beziehung zu Jesus geworden seid. Das gilt für alle Bereiche: Wir sind schwach, ihr aber stark; ihr seid überall angesehen, uns behandelt man wie Ehrlose. Bis zum heutigen Tag leiden wir Hunger und Durst, man reißt uns die Kleider vom Leib, um uns zu verprügeln, wir sind auf der Flucht und irren ruhelos in fremden Gegenden umher. Nebenbei müssen wir uns noch durch unserer Hände Arbeit abmühen, um unseren Lebensunterhalt zu verdienen. Wenn man uns angreift und beleidigt, segnen wir. Wenn man über uns lästert und Lügen verbreitet, tun wir genau das Gegenteil und reden gut von unseren Gegnern. In all dieser Verfolgung bleiben wir standhaft, obwohl es so aussieht, als seien wir zum Sündenbock für die Welt geworden, zum Abschaum dieser Generation.

Das schreibe ich euch nicht, meine geliebten Kinder, um euch in irgendeiner Weise zu beschämen, sondern um euch zu ermutigen.

Ihr werdet vielleicht unzählige Erzieher haben, die euch auf dem Weg mit Christus weiterbringen, aber ihr werdet nicht viele Väter haben. Ich nehme für mich in Anspruch, dass ihr mir das Leben verdankt, denn ich habe euch die Frohe Botschaft von Christus gebracht. Darum darf ich euch auch ermahnen und sagen: Folgt meinem Beispiel! Aus diesem Grund habe ich euch auch Timotheus geschickt, der wie ein geliebter Sohn für mich ist und seinem Herrn Jesus treu ergeben. Er soll euch an all das erinnern, was ich euch über das Leben mit Jesus gelehrt habe. Ihr dürft euch darauf verlassen, dass ich in anderen Gemeinden nichts anderes sage.

Es hat mich sehr betroffen gemacht, dass einige sich aufspielten und darüber beschwerten, dass ich nicht selbst gekommen bin. Ich werde – so Gott will – so bald wie möglich zu euch kommen. Dann habe ich allerdings kein Interesse daran, denen zu begegnen, die sich selbst so wichtig genommen haben, sondern ich möchte die Kraft Gottes unter euch erleben. Denn die Herrschaft Gottes besteht nicht in großem Gerede, sondern in der Erfahrung seiner Kraft mitten unter uns. Also überlegt euch, wie ich zu euch kommen soll: mit dem Stock in der Hand oder mit einer Sanftmut, die von der Liebe Jesu getragen wird!?

Harte Worte für ein massives Vergehen (5,1–13)

5 Leider muss ich in diesem Zusammenhang auch etwas ansprechen, das wirklich den Stock verdient hätte. In eurer Gemeinde ist ein Fall von sexueller Beziehung unter Verwandten aufgetreten, wie er nicht einmal bei denen vorkommt, die Gott nicht kennen: Jemand lebt mit der Frau seines Vaters zusammen. Und ihr werdet nicht einmal traurig darüber, sondern findet das auch noch tragbar, sodass der Betreffende immer noch in eurer Gemeinde ein- und ausgeht. Ich bin jetzt nicht persönlich anwesend, aber ihr dürft meinen Urteilsspruch ruhig so annehmen, als wäre ich mitten unter euch: Versammelt euch, verbindet euch mit mir und vor allem mit der

Kraft unseres Herrn Jesus Christus. Und dann schließt den Betreffenden aus eurer Gemeinde aus. Dann ist er Satan schutzlos ausgeliefert, was ihn das Leben kosten kann. Seine Seele ist dann wenigstens gerettet, wenn er Gott am „Tag des Herrn" gegenübertreten muss. Ihr braucht euch also auf eure falsche Nachsichtigkeit wirklich nichts einzubilden. Habt ihr denn vergessen, dass ein kleines Stückchen Sauerteig einen ganzen Backtrog voll Teig durchsäuert? Ihr dürft nicht zulassen, dass sich der Sauerteig falscher Toleranz unter euch breitmacht und euch alle „durchsäuert". Schließlich seid ihr der ungesäuerte Teig für die Brote, die beim Passahfest gegessen werden, denn Christus, unser Passahlamm, ist geschlachtet worden. Darum lasst uns feiern, nicht mit dem alten Sauerteig, geschweige denn mit dem Sauerteig der Bosheit und Schlechtigkeit, sondern mit den ungesäuerten Broten der Reinheit und Wahrheit! Das heißt in diesem Fall: Ihr dürft einfach keinen Umgang mit jemandem pflegen, der zu uns gehört und doch in unerlaubten sexuellen Beziehungen lebt.

Das gilt jedoch nur für euch als Gemeinde, falls es dort einen Unzüchtigen, einen Habsüchtigen, Gewalttätigen oder Götzendiener gibt. Das gilt natürlich nicht für den Umgang mit den Menschen, die nicht zur Gemeinde gehören, denn dann müsstet ihr gleich ganz aus der Welt auswandern. Meine schriftlichen Anweisungen, die ihr hier in den Händen haltet, beziehen sich auf Menschen, die sich gern in der Gemeinde „Bruder" nennen lassen, in ihrem Privatleben aber alles andere als Nachfolger Christi sind. Soll ich sie noch einmal aufzählen: Unzüchtige, Habsüchtige, Götzendiener, Lästerer, Trunkenbolde, Räuber – um nur einige zu nennen. Wer so etwas tut und nicht bereit ist, davon abzulassen und sein Wesen von Gott verändern zu lassen, mit so jemandem dürft ihr nicht einmal mehr Tischgemeinschaft haben. Was die Menschen außerhalb unserer Gemeinde machen, ist ihre Sache. Gott wird wissen, wie er mit ihnen umgehen wird. Ihr tragt jedoch die Verantwortung dafür, wie es innerhalb der Gemeinde zugeht. Darum seid ihr verpflichtet, jemanden, der von seinen falschen Wegen nicht umkehren will, aus eurer Mitte zu entfernen.

Für Paulus unerträglich: Christen, die sich gegenseitig verklagen (6,1–11)

6 Es gibt noch andere Punkte, über die ich mit euch reden muss. Offensichtlich gibt es bei euch tatsächlich jemanden, der in einer Rechtssache gegen einen Bruder der Gemeinde vor ein weltliches Gericht geht, statt die Angelegenheit vor die Ältesten der Gemeinde zu bringen. Wie klein hat doch der Betreffende gedacht! Er hat wohl vergessen, dass die Gemeinde Jesu Christi einmal über die Welt zu Gericht sitzen wird. Glaubte er wirklich, die Gemeinde sei nicht in der Lage, eine solche im Vergleich lächerlich kleine Rechtsangelegenheit zu entscheiden? Wisst ihr denn nicht, dass wir sogar eines Tages Engel richten werden?! Eine Gemeinde sollte also in der Lage sein, solche und ähnliche alltägliche Streitfälle in ihren eigenen Reihen zu klären. Wenn ihr natürlich Personen mit dem Schiedsamt betraut, die dem überhaupt nicht gewachsen sind, müsst ihr euch nicht wundern, dass bei einem Streit unter Brüdern beide vor ein weltliches Gericht gehen müssen, um zu ihrem Recht zu kommen.

Ich finde das beschämend. Gibt es denn unter euch niemanden, der weise genug ist, um bei Rechtsfragen unter Gemeindemitgliedern gute Entscheidungen zu fällen? An sich ist es ja schon ein echtes Armutszeugnis, dass ihr überhaupt Prozesse gegeneinander führen müsst. Warum ist denn von euch offensichtlich niemand bereit, so wie Jesus lieber Unrecht zu erleiden und zurückzustecken? Warum zieht ihr es nicht vor, beraubt zu werden, statt zu berauben, Unrecht zu erleiden, statt Unrecht zu tun?

Habt ihr etwa schon wieder vergessen, dass Menschen, die andere übervorteilen und berauben, das Reich Gottes nicht erben werden?! Macht euch nichts vor! Manche Menschen wollen überhaupt nicht unter die liebevolle Herrschaft Gottes gelangen, weil sie nichts mit ihm zu tun haben wollen, so zum Beispiel Unzüchtige, Götzendiener, Ehebrecher, Männer, die mit anderen Männern verkehren, Diebe und Habgierige, Säufer und Lästerer, gewalttätige Räuber und andere. Einige von euch gehörten früher auch dazu, aber was seid ihr heute! Der

Name unseres Herrn Jesus Christus und die Kraft seines Heiligen Geistes haben nicht nur alle Schuld von euch abgewaschen und euch freigesprochen, sondern auch euer Leben neu gemacht.

Ein folgenschweres Fehlverhalten (6,12–20)

Alles ist mir erlaubt, aber nicht alles hilft mir und anderen weiter. Alles ist mir erlaubt, aber nichts auf der Welt darf mich beherrschen. Was wir essen, wandert in den Magen, und der Magen ist für das Essen da. Für wen das Essen sein Ein und Alles ist, sollte daran denken, dass die Speise samt dem Magen sehr vergänglich ist. Ähnliches gilt für unsere Sexualität. Unser Körper dient nicht nur der Befriedigung unserer Bedürfnisse, sondern er ist zuerst einmal Wohnung unseres Herrn. Unser Leib ist für den Herrn da, wie auch er für unseren Leib da ist. Wir vertrauen darauf, dass Gott, der ja Jesus vom Tod zurückgeholt, auch uns mit derselben Kraft auferwecken wird. Vergesst nie, dass ihr alle Glieder am Leib Jesu seid. Wenn ich nun ein Glied an seinem Körper bin, sollte ich dieses Glied mit einer Hure verbinden? Schließlich wird ja jeder Mann, der zu einer Hure geht, mit ihr „ein Fleisch“. Wenn aber jemand mit Jesus eine Beziehung hat, dann ist er mit ihm „ein Geist“. Ihr könnt also nicht beides tun. Meidet daher jede Art von Unzucht! Nicht jedes Fehlverhalten, das ein Mensch an den Tag legt, betrifft direkt seinen Körper – mit einer Ausnahme: Wer sich sexuell vergeht, der vergeht sich damit an seinem eigenen Leib. Und hier möchte ich euch noch einmal an etwas erinnern, das ich schon früher gesagt habe: Euer Leib ist der Tempel des Heiligen Geistes. Ihn habt ihr von Gott erhalten, darum gehört er nicht mehr euch selbst, und ihr könnt auch mit ihm nicht machen, was ihr wollt. Ihr seid zu einem zu hohen Preis errettet worden! Macht also Gott auch mit eurem Leib Ehre!

Wenn Jesus sowieso bald kommt, lohnt es sich noch, zu heiraten? (7,1–40)

7 Ihr habt in eurem Brief noch die Frage angesprochen, ob man in der Zeit, bevor Jesus zurückkehrt, noch heiraten solle. Nun, grundsätzlich halte ich persönlich es für besser, nicht mehr zu heiraten. Aber viele von euch verkraften das einfach nicht. So ist es also besser, wenn jeder Mann seine Frau und jede Frau ihren Mann hat. Keiner soll sich dem anderen entziehen, da ja jeder sich dem anderen durch den Ehebund zum Geschenk gemacht hat. So gehört in einem gewissen Sinne der Körper der Frau ihrem Mann und der Körper des Mannes seiner Frau. Benutzt den Körper also nicht als Instrument, um bei eurem Ehepartner etwas zu erzwingen oder ihn zu „bestrafen". Seid also auch auf diesem Gebiet füreinander da, es sei denn, ihr vereinbart, eine gewisse Zeit ausschließlich für das Gebet frei zu sein. Übertreibt es aber nicht mit der Enthaltsamkeit, sonst werdet ihr euch mit einem Mal unerwartet starken Versuchungen gegenübersehen. Das alles ist jedoch nur ein persönlicher Rat von mir und keine Weisung eines Apostels Christi. Am liebsten wäre es mir natürlich, wenn alle so ehelos leben könnten wie ich. Aber jeder hat nun mal seine eigene Gnadengabe von Gott bekommen, der eine so, der andere anders.

Trotzdem möchte ich den Unverheirateten und den Witwen gern noch einen Rat geben: Bleibt wie ich unverheiratet, denn der Herr kommt bald zurück. Nur wenn es euch zu viel Kraft kostet, dieses ehelose Leben durchzuhalten, dann heiratet auf jeden Fall. Denn es ist viel besser zu heiraten, als von einem ständigen inneren Feuer verzehrt zu werden. Wer aber verheiratet ist, dem schreibt der Herr – nicht nur ich – vor, dass sich eine Frau nicht von ihrem Mann trennen darf, und wenn sie sich doch getrennt hat, dass sie sich entweder mit ihrem Mann aussöhnt oder unverheiratet bleibt. Ebenso gilt, dass ein Mann seine Frau nicht wegschicken darf. Unter euch gibt es jedoch noch andere Verbindungen, zu denen ich euch meine Ansicht mitteilen möchte. Wenn zum Beispiel ein Mitglied eurer Gemeinde eine ungläubige Frau hat und diese bei ihm bleiben möchte, soll er sich nicht von ihr trennen. Das Gleiche gilt für eine gläubige Frau, deren Mann Nichtchrist ist. Wenn er bei ihr bleiben möchte, so sollte sie die Ehe aufrecht erhalten. Denn der ungläubige Mann wird durch sie in die rettende Nähe Gottes gezogen, und umgekehrt auch die ungläubige Frau durch den christlichen Mann. Wenn dem nicht so wäre, würden eure Kinder von anderen Mächten geprägt, nicht aber vom Geist Gottes. So aber spiegeln sie Gottes Liebe wider, als stammten sie von einem durch und durch gläubigen Paar ab.

Sollte sich der ungläubige Partner aber trennen wollen, dann lasst ihn in Frieden gehen. Liebe Brüder und Schwestern, ihr seid in solchen Fällen nicht sklavisch an irgendein Gesetz gebunden. Gott hat euch zu einem Leben in Frieden berufen! Denn die Uneinigkeit im Glauben kann euch alle Kraft kosten, zumal ihr nie sicher sein könnt, ob euer ungläubiger Partner irgendwann doch noch umkehrt und Jesus als seinen Herrn und Erlöser annimmt. Ihr habt nun einmal die Rettung eures Ehepartners nicht in der Hand.

Die Regel, nach der ihr handeln könnt und die ich in allen Gemeinden so weitergebe, ist einfach: Ein jeder soll entsprechend seiner Berufung leben und mit der Begabung, die Jesus ihm gegeben hat. Wenn jemand nach dem Gesetz beschnitten wurde, soll er nicht versuchen, seine jüdische Vergangenheit zu verleugnen; wenn einer als Nichtjude Christ wurde, soll er nicht meinen, er müsse sich wie seine jüdischen Glaubensbrüder auch beschneiden lassen. Gemessen an unserer Bereitschaft, dem Willen Gottes zu entsprechen und auf seine Anliegen zu achten, ist die Frage, ob wir jüdischen oder nichtjüdischen Ursprungs sind, völlig belanglos. Jeder sollte Gott dort dienen, wo ihn Gottes Einladung erreicht hat. Das heißt: Wenn du Sklave warst, als du Christ wurdest, dann mach dir darüber keine Gedanken. Solltest du jedoch die Gelegenheit bekommen, frei zu werden, dann nutze sie auf jeden Fall. Vergiss nicht, dass du in Jesus Christus schon längst ein Freigelassener bist, und auch dann, wenn du ein freier Mensch bist, doch ein Sklave Christi bleibst. Du wurdest zu einem hohen Preis freigekauft, daher mach dich nicht wieder von Menschen abhängig! Für Gott ist es nicht wichtig, in welchem Stand wir leben. Darum lasst uns, liebe Brüder und Schwestern, an dem Platz bleiben, an dem wir berufen wurden.*

Ich möchte noch einmal auf den Stand der Ehelosigkeit zurückkommen. Hier kann ich euch keine Weisung von Christus weitergeben, sondern nur meine persönliche Meinung. Ich denke aber, dass ihr ihr vertrauen könnt, weil ich von Jesus selbst mit großem Erbarmen auf diesem Gebiet beschenkt wurde.

Wenn ich an all die Not denke, die auf uns zukommen wird, dann denke ich, dass sich jemand leichter tut, der nicht auch noch die Verantwortung für eine Familie trägt. Darum würde ich euch raten: Wenn du noch keine Beziehung zu einem künftigen Ehepartner eingegangen bist, dann verzichte darauf. Jemand, der allerdings schon verheiratet ist, darf sich jetzt nicht einfach von seinem Partner trennen. Natürlich sündigt niemand, der in dieser Zeit noch heiratet. Aber wenn du noch ungebunden bist, dann solltest du dir keinen Partner suchen. Ich möchte euch nur vor Schmerzen bewahren, denn die werden für Verheiratete in der kommenden Zeit weitaus größer sein als für Menschen, die nur für sich allein Verantwortung tragen. Ich kann es euch nur so sagen: Meiner Meinung nach haben wir nicht mehr viel Zeit, darum sollte jeder, der verheiratet ist, nicht erwarten, dass sein Partner alle seine Wünsche und Bedürfnisse erfüllt. Wer über etwas traurig ist, sollte nicht länger an seiner Trauer festhalten; wer gerade Grund hat zur Freude, soll damit rechnen, dass es bald keinen Grund mehr gibt, sich zu freuen; wer sich noch etwas anschafft, sollte darum wissen, dass er es nicht lange behalten wird; und wer von der Welt noch irgendeinen Nutzen erwartet, der soll sich darauf einstellen, dass sie ihm nichts mehr nützen wird. Denn die Gestalt dieser Welt wird vergehen. Was ich mir für euch wünsche, ist einzig und allein, dass ihr sorgenfrei lebt. Wer unverheiratet lebt, braucht sich nur darüber Gedanken machen, wie er Jesus eine Freude

* Besonders in den nachfolgenden Abschnitten wird deutlich, dass Paulus fest mit einer baldigen Wiederkehr Jesu rechnete.

machen kann. Wer dagegen verheiratet ist, muss sich noch um viele andere Dinge kümmern. Manchmal zerreißt es ihn förmlich, wenn er all den verschiedenen Ansprüchen gerecht werden will, vor allem natürlich denen seiner Familie. Ähnlich ist es mit Frauen, die sich für den Stand der Jungfräulichkeit entschieden haben. Sie haben nur eine Sorge: Jesus zu gefallen. Für sie ist es viel leichter, sich von Christus und seinem Geist umgestalten zu lassen. Frauen, die verheiratet sind, müssen ihre Aufmerksamkeit teilen. Für sie ist es auch wichtig, dass sie ihrem Mann gefallen. Das und die vielen alltäglichen Aufgaben nehmen sie stark in Beschlag. Ich sage das nicht, um euch ein schlechtes Gewissen zu machen, sondern weil ich euch helfen möchte, in dieser Zeit die richtige Entscheidung zu fällen. Letztlich ist entscheidend, dass ihr auch in den Augen der Heiden vorbildlich lebt und euch nicht einen Moment von Jesus ablenken lasst.

Also noch einmal: Wenn jemand Zweifel daran hat, ob es richtig ist, jetzt noch eine Frau zu heiraten, obwohl er sich sehr stark zu ihr hingezogen fühlt, dann soll er doch heiraten. Er macht sich da in keiner Weise schuldig. Wenn aber jemand innerlich schon gefestigt ist und auch gelernt hat, mit sich und seinen Wünschen gut umzugehen, dann ist es durchaus in Ordnung, wenn er sich für den Stand der Ehelosigkeit entscheidet. Wer also heiratet, tut nichts Verkehrtes, wer aber auf die Ehe verzichten kann, scheint mir in dieser zu Ende gehenden Zeit die bessere Entscheidung getroffen zu haben.

Ähnliches gilt auch für die Frauen unter euch, denen es nach vielen Jahren der Ehe nun nach dem Tod ihres Mannes wieder freisteht, noch einmal zu heiraten. Natürlich dürfen sie das, allerdings nur, wenn es in Einklang mit Jesu Willen geschieht. Glücklicher aber werden sie sein, wenn sie in ihrem Witwenstand bleiben; zumindest ist das meine Meinung. Möge sie euch trotzdem etwas bedeuten, denn ich nehme an, dass Gott mir auch für solche Fragen seinen Heiligen Geist gegeben hat.

Liebe weiß immer Rat – auch bei schwierigen Fragen (8,1–13)

8 Dann war da noch die Frage, ob es Christen erlaubt sei, das Fleisch zu essen, das von den heidnischen Götzenopfern stammt und auf dem Markt verkauft wird. Für einige von euch ist es Fleisch und sonst nichts, andere hätten größte Bedenken, auch nur einen Bissen davon zu essen. Wie also sollt ihr damit umgehen?

Wir alle wissen, dass Gott uns sehr viel Erkenntnis geschenkt hat, die uns von so manchen beängstigenden Vorstellungen befreit hat. Ein solches Wissen bringt aber auch die Gefahr mit sich, dass man überheblich wird. Lieblos angewandtes Wissen baut nicht auf, wie es die Liebe tut. Wenn jemand sich auf das, was er erkannt zu haben glaubt, etwas einbildet, dann hat er noch nichts verstanden. Erst wenn er begonnen hat, Gott wirklich zu lieben, erkennt er das einzig Wichtige: dass er von Gott erkannt worden ist – dass Gott ihn als Kind angenommen hat. Was nun das Götzenopferfleisch anbelangt, so wissen wir alle, dass es auf dieser Welt keinen Götzen, geschweige denn Götter außer dem Einen gibt. Natürlich gibt es für die Menschen eine Unzahl von Göttern und irgendwelche Herrscher im Himmel oder auf der Erde, doch die existieren nur in ihrer Fantasie. Für uns gibt es nur einen Gott, den Vater, von dem alles kommt und zu dem alles Leben – auch das unsrige – wieder zurückkehrt; und nur einen Herrn, Jesus Christus, durch den alles geworden ist und durch den wir das Leben haben.

Doch diese Gedanken konnten noch nicht bei allen von euch so richtig Fuß fassen. Manche haben immer noch große Probleme mit dem Fleisch, das von den Götzenopfern kommt, weil es sie an früher erinnert, als sie selbst noch Götzendienst betrieben haben. So wehrt sich ihr Gewissen sehr stark gegen alles, was mit dem alten Kult zu tun hat. Ihnen sei gesagt: So wie uns keine Speise der Welt Gott näher bringen kann, so kann sie uns auch nicht von ihm trennen. Wir stehen weder besser noch schlechter vor Gott, ob wir nun solches Fleisch essen oder nicht. Es gibt nur eines, das ihr beachten müsst, und das gebietet uns die Liebe: Achtet auf die unter euch, die im Glauben noch auf schwachen Füßen stehen. Stellt euch vor, dass einer von ihnen euch in einem der Vorhöfe eines heidnischen Tempels beim Essen sieht. Ihr habt, dank eurer fortgeschrittenen Erkenntnis, nicht die geringsten Probleme damit. Der Bruder oder die Schwester aus eurer Gemeinde aber, der das nicht einordnen kann, wird durch euch in einen schweren Gewissenskonflikt gestürzt. Ja, es kann durchaus sein, dass so jemand die Nachfolge Jesu aufgibt, weil er euer Verhalten nicht mit dem vereinbaren kann, was er weiß. So würde jemand, für den Jesus gestorben ist, wieder in sein altes unerlöstes Dasein zurückfallen. Wenn ihr auf diese Weise an eurer Schwester oder eurem Bruder schuldig geworden seid, weil ihr sein empfindliches Gewissen verletzt habt, dann habt ihr euch an Jesus selbst versündigt. Für mich persönlich bin ich deshalb zu dem Schluss gelangt: Ich werde lieber in alle Ewigkeit kein Fleisch mehr essen, falls das Essen von Opferfleisch jemanden zu Fall bringt, als den Glauben meiner Schwester oder meines Bruders zu gefährden.

Alles einsetzen, um viele für Jesus zu gewinnen (9,1–14)

9 Es gibt noch etwas, auf das ich näher eingehen möchte. Es gibt einige, die das Gerücht verbreiten, ich würde für meinen Dienst ordentlich Geld einstecken. Gegen diese Unterstellung muss ich mich verwehren.

Sagt selbst, wie habt ihr mich erlebt? Bin ich nicht frei unter euch aufgetreten? Klar erkennbar als ein Apostel, der selbst Jesus begegnet ist? Auch wenn andere sagen, es sei nicht wahr – ihr wisst, dass ich wirklich ein Apostel bin. Ihr selbst seid die Bestätigung für meinen Dienst, den ich im Namen Jesu an euch getan habe. So sehe ich mich gezwungen, mich im Folgenden gegen diese Angriffe zu verteidigen: Zunächst einmal: Haben wir nicht das Recht, zu essen und zu trinken? Würde etwas dagegen sprechen, wenn wir, wie die anderen

Apostel und die Brüder des Herrn auch, eine Frau hätten, die mit uns reist? Selbst Kephas nimmt dies ganz selbstverständlich für sich in Anspruch. Wie kommen diese Leute darauf, dass ausgerechnet Barnabas und ich nicht das Recht haben sollten, von den Gemeinden unterstützt zu werden, denen wir dienen? Welcher Soldat zieht denn in den Krieg und bezahlt auch noch dafür? Oder wer pflanzt einen Weinberg, ohne auch nur eine einzige Traube zu genießen? Wer weidet eine Herde, ohne sich von ihrer Milch zu ernähren? Sind das nur meine sehr menschlichen Überlegungen oder gibt uns die Heilige Schrift nicht auch einen klaren Hinweis zu dieser Frage? Im Gesetz des Mose finden wir die folgende Stelle: „Du sollst einem Ochsen, der drischt, nicht einen Maulkorb anlegen."* Glaubt ihr, dass Gott diese Vorschrift nur aus Sorge um die Ochsen in sein Gesetz aufnehmen ließ? Mit Sicherheit bezieht sich ein solcher Satz auch auf die, die sich in seinem Dienst abmühen. Auch eine andere Stelle könnte man hier heranziehen: „Ein Mensch, der pflügt oder drescht, soll es in der Hoffnung tun dürfen, dass er auch Anteil an der Ernte bekommt." Wenn wir also unter euch geistliche Gaben gesät haben, wäre es dann zu viel verlangt, wenn ihr uns dafür Gaben zurückgebt, die unserem leiblichen Wohl dienen? Wenn andere bei euch dieses Recht in Anspruch nehmen, müssten wir da nicht an erster Stelle kommen? Vielleicht haben die Leute, die uns dieses Recht streitig machen, vergessen, dass alle, die in einem Tempel Dienst tun, von den Gaben essen, die in den Tempel gebracht werden, und alle, die ständig an den Opferaltären arbeiten, sich das Fleisch teilen, das vom Altar anfällt.

* 5. Mose 25,4

Selbst Paulus rechnet mit Lohn, fragt sich nur, mit welchem (9,15–27)

Nun ist es aber so, dass wir von diesem Recht in keiner Weise Gebrauch gemacht haben. Im Gegenteil: Wir haben doppelte Belastung und Not ertragen, um nur ja nicht die Verkündigung der Frohen Botschaft von Christus zu beeinträchtigen. Nein, ich habe mir nichts von dem erbeten, was mir eigentlich zugestanden hätte. Und habt keine Sorge: Ich habe euch das jetzt nicht geschrieben, damit ihr mich in Zukunft dementsprechend versorgt. Lieber würde ich sterben, als die Ehre zu verlieren, niemals etwas für meine Verkündigungsdienste genommen zu haben. Denn wenn ich die Frohe Botschaft gegen Bezahlung verkündigen würde, wäre mein ganzer Verdienst bei Gott infrage gestellt. Nein, ich kann gar nicht anders: Ich muss die Frohe Botschaft weitergeben. Wehe mir, wenn ich es nicht täte! Ich gebe sie also aus freiem Willen und ohne Bezahlung weiter. Deshalb darf ich auch einen entsprechenden Lohn bei meinem Herrn erwarten. Täte ich es dagegen nur unter Druck oder gegen Bezahlung, dann wäre ich nichts anderes als eine Art Verwalter. Was ist also mein eigentlicher Lohn? Dass ich die Frohe Botschaft wirklich zu einer frohen Botschaft mache, indem ich sie von allen Nebeninteressen frei halte. Dafür verzichte ich gerne auf mein Recht, durch die Verkündigung des Evangeliums auch meinen Lebensunterhalt zu bestreiten.

Weil ich also von allem frei sein wollte und von niemandem abhängig, habe ich mich zum Sklaven aller gemacht, damit ich möglichst viele Menschen für Jesus gewinnen kann: Für die Juden bin ich ein Jude geworden, damit ich die Juden für Christus erreiche. Für diejenigen, die auf die strenge Einhaltung des mosaischen Gesetzes achten, bin ich jemand geworden, der genauso die Gesetze einhält, obwohl er durch Christus längst von dem Zwang des Gesetzes befreit wurde. Warum? Um auch diese Menschen zu Jesus zu führen. Genauso habe ich mich gegenüber den nichtjüdischen Völkern verhalten, die sich nicht an das Gesetz gebunden fühlen: Für sie wurde ich wie einer von ihnen, um sie unter das Gesetz Jesu zu bringen. Ich bin für die Anfänger im Glauben ein Anfänger geworden, um sie zu gewinnen. Allen bin ich alles geworden, um wenigstens einige zu retten. Das alles habe ich gern getan, weil es mich an der Frohen Botschaft Jesu teilhaben lässt.

Ihr wisst doch, dass bei einem Wettkampf in einem Stadion zwar alle laufen und das Letzte geben, aber nur einer den Siegespreis erhält. Also strengt euch an und lauft, damit ihr ihn bekommt! Jeder, der sich auf einen großen Wettkampf vorbereitet, lebt diszipliniert und verzichtet auf vieles, das andere sich leisten können. Athleten tun dies, um einen Siegeskranz zu erringen, der doch irgendwann verwelkt. Wir dagegen strengen uns an, weil es um einen Siegespreis geht, der unvergänglich ist. Ich laufe daher nicht einfach blindlings durch die Gegend, und ich schlage als Boxer auch nicht einfach nur in die Luft, sondern ich trainiere meinen Körper und lerne, mich zu beherrschen, damit ich nicht eines Tages wie ein Wegweiser dastehe, der zwar anderen die Richtung gezeigt hat, selbst aber nie am Ziel angekommen ist.

Es macht Sinn, aus der Geschichte zu lernen (10,1–13)

10 Ich möchte euch in diesem Zusammenhang noch einmal die Geschichte unserer Vorväter in Erinnerung rufen. Ihr wisst, wie das auserwählte Volk der Wolke folgte und durch das Meer zog, wie alle durch die Wolke und die Durchquerung des Schilfmeeres eine Art Taufe empfingen, die Mose an ihnen vollzog; wie sie Brot aßen, das vom Himmel herabkam, und Wasser tranken, das aus einem Felsen sprudelte. Das alles sind Symbole für eine geistliche Wirklichkeit, dass nämlich damals schon Jesus bei ihnen war. Trotzdem hielt das Volk sich nicht an Gott, sondern lehnte sich auf, sodass unzählige von ihnen in der Wüste umkamen. Nur an ganz Wenigen konnte Gott seine Freude haben. Sie waren es, die das Gelobte Land erreichten.

Diese Geschichte wurde nicht zuletzt auch deshalb aufgeschrieben, um uns heute wichtige Dinge zu lehren: Wir müssen lernen, die bösen Wünsche in uns zu beherrschen und das zu tun, was die Israeliten damals nicht fertigbrachten. Als sie genug davon hatten, einem Gott zu folgen, der nicht sichtbar ist, wurden sie zu Götzendienern und schufen sich ihren eigenen Gott. Die Schrift schildert uns, wie das Volk sich niederließ, ein gewaltiges Gelage veranstaltete und dann anfing, vor dem selbstgemachten Gott herumzutanzen. Seid also gewarnt und begebt euch nicht einmal in die Nähe eines Götzenkultes. Auch sollt ihr keine Huren aufsuchen, denn als die Söhne Israels damals mit solchen Dingen anfingen, kamen an einem einzigen Tag dreiundzwanzigtausend von ihnen ums Leben. Und lasst uns uns nicht gegen die Art und Weise auflehnen, wie Jesus uns führt. Damals haben sich viele gegen Gottes Führung aufgelehnt und starben durch den Biss von Giftschlangen. Überhaupt waren die Israeliten schnell bereit, lautstark ihrem Unmut über Gott Luft zu machen. Viele von ihnen kamen durch den Verderber um. Die Menschen von damals erlebten diese Dinge, damit wir heute davon lernen und in gewisser Weise gewarnt sind. Denn uns steht das Ende der Zeiten unmittelbar bevor. Wer also meint, er würde vor Gott einen sicheren Stand haben, der soll nur ja aufpassen, dass er nicht hinfällt. Wenn überhaupt, dann wart ihr bis jetzt nur mit Versuchungen konfrontiert, die noch ein gewisses menschlich zu verkraftendes Maß hatten. Aber auch in Zukunft dürft ihr Gott vertrauen, der treu ist und nicht zulassen wird, dass die Prüfungen eure Kräfte übersteigen. Im Gegenteil, er wird jeder Versuchung ein Ende bereiten, sodass ihr sie bestehen könnt.

Folgenschweres Essverhalten (10,14–33)

Trotzdem oder gerade deshalb, meine lieben Schwestern und Brüder, meidet alles, was euch in die Nähe eines Götzendienstes bringt. Ich bin froh zu wissen, dass ihr versteht, um was es mir geht. Aber urteilt selbst: Wenn wir das Abendmahl feiern und aus dem einen Kelch trinken, verbindet uns dann dieser Kelch nicht mit dem Blut Christi? Und das Brot, das wir brechen, schenkt es uns nicht Gemeinschaft mit dem Leib Christi? Weil es nur ein Brot ist, sind wir, egal, wie viele von dem einen Brot essen, letztlich doch nur ein Leib. Oder denkt einmal an das, woran jeder Israelit wie selbstverständlich glaubt: dass nämlich jeder, der vom Fleisch des Opfers isst, auch Anteil an dem Segen hat, der von dem Opferaltar ausgeht. Warum ich das erwähne? Weil es beim Götzenopfer einen ähnlichen Zusammenhang gibt. Ich will damit nicht sagen, es gäbe hinter dem Götzenbild einen Gott, der dem Opferfleisch Segenskräfte verleihen könnte. Nein, das ganz bestimmt nicht. Aber es ist nicht auszuschließen, dass hinter manchen heidnischen Götzen in Wirklichkeit Dämonen stecken. Solche Opferfeiern gelten also nicht nur irgendwelchen erfundenen Göttern, sondern sehr realen Dämonen. Versteht ihr nun, dass ich nicht möchte, dass ihr euch in irgendeiner Weise in deren Machtbereich aufhaltet?! Ihr müsst einsehen, dass ihr nicht das eine Mal aus dem Kelch unseres Herrn und dann wieder aus dem Kelch irgendeines Dämonen trinken könnt. Ihr könnt also nicht das Mahl des Herrn feiern und euch anschließend in einem der heidnischen Tempel zum Essen niederlassen. Welchen Zweck verfolgt ihr damit? Wollt ihr den Herrn dadurch etwa eifersüchtig machen? Meint ihr allen Ernstes, dass ihr euch so etwas erlauben könnt?

Ihr sagt: „Alles ist erlaubt!" Mag sein, aber nicht alles ist deshalb auch schon gut. Alles ist erlaubt, aber nicht alles fördert die Gemeinde. Niemand von euch sollte nur auf seinen Vorteil bedacht sein, sondern er bemühe sich darum, immer auch an den anderen zu denken.

Wenn ihr also kein Opferfleisch essen wollt, sondern auf dem Fleischmarkt Fleisch kauft, braucht ihr keine sorgfältigen Untersuchungen darüber anzustellen, ob das eine oder andere Stück nicht doch vom Tieropfer aus einem der heidnischen Tempel stammt. So etwas muss euer Gewissen nicht mehr belasten. Denn dem Herrn gehört die ganze Welt und alles, was in ihr ist. Er hat auch die Macht, alles, was irgendwie mit dem Götzendienst in Berührung kam, für uns in jeder Hinsicht genießbar zu machen. Wenn ihr also von einem Ungläubigen zum Essen eingeladen werdet, und ihr wollt gern der Einladung folgen, dann macht euch keine Gedanken darüber, woher das Fleisch stammen könnte, das man euch vorsetzt. Wenn euch natürlich jemand sagt, dies sei Götzenopferfleisch, dann rührt es nicht an, damit derjenige, der euch darauf hingewiesen hat, ins Nachdenken kommt. Nun fragt sich vielleicht der eine oder andere von euch, warum er seine Freiheit opfern soll, nur damit sich bei einem Ungläubigen so etwas wie das Gewissen rührt. Warum soll man mir denn einen Vorwurf machen, wenn ich etwas mit Dank genieße?

Der Grund liegt darin, dass unser Leben immer mehr von der Liebe geprägt werden soll. Selbst wenn wir essen oder trinken oder etwas anderes tun, müssen wir uns fragen, ob dadurch Gott verherrlicht wird. Wenn wir darauf achten, dass wir durch das, was wir essen, weder einen Juden vor den Kopf stoßen noch einen Nichtjuden beleidigen, wenn wir in unserem Handeln immer auch daran denken, ob es die Gemeinde fördert oder ihr schadet, dann verherrlichen wir Gott durch unser Verhalten. Wer so lebt, dem geht es nicht mehr um den eigenen Vorteil, sondern darum, dass er möglicherweise viele durch sein Verhalten für Gott gewinnen könnte.

Regeln für das Zusammenleben in der Gemeinde – ein Zeitgemälde (11,1–16)

11 Folgt meinem Vorbild, so wie ich dem Vorbild von Jesus folge!

Ich freue mich darüber, dass ihr bei allem nach dem fragt, was ich euch anvertraut habe. Ihr haltet wirklich treu an der Lehre fest, die ihr von mir empfangen habt. Einen Punkt möchte ich jedoch noch einmal besonders hervorheben: Ihr wisst, dass Gott der Vater das Haupt Christi, dass Christus seinerseits das Haupt des Mannes, der Mann aber das Haupt seiner Frau ist. Jeder Mann, der betet oder prophetisch spricht und dabei etwas auf dem Haupt trägt, zeigt damit, dass er keine Ehrfurcht vor seinem Haupt hat – vor Christus. Umgekehrt gilt: Wenn eine Frau beim Gebet oder wenn sie in der Gemeinde prophetisch redet, ihr Haupt nicht bedeckt hält, dann erweist sie damit ihrem Mann keine Ehre. Denn dann zeigt sie sich so in der Öffentlichkeit, als würde sie nicht mehr seine Frau sein wollen; wie eine Frau, die ihre Haare nach Männerart kurz schneiden lässt. Konsequent wäre es also, wenn eine Frau, die ihren Mann nicht als ihr Haupt respektiert, nicht nur die Kopfbedeckung weglässt, sondern sich auch eine Männerfrisur zulegt. Wenn ihr das aber zu peinlich ist, dann sollte sie ihren Kopf in der Gemeinde bedeckt halten.

Für uns ist es undenkbar, dass ein Mann, der etwas von dem Glanz widerspiegeln soll, dass Jesus Christus sein Haupt ist, beim Beten seinen Kopf bedeckt. Ähnlich ist es mit der Frau – nur sollte sie ihren Kopf bedecken, weil sie damit zeigen kann, dass sie gern ihren Mann als Haupt der Familie anerkennt. Natürlich könnte man auch auf der Grundlage der Heiligen Schrift argumentieren, dass die Frau aus der Seite des Mannes genommen wurde und nicht umgekehrt, dass sie also für den Mann geschaffen wurde und nicht umgekehrt. Doch jeder von uns weiß, es gibt keine Frau ohne einen Mann und keinen Mann ohne eine Frau. Denn so wie die Frau vom Mann abstammt, so stammt auch der Mann von der Frau ab. Beide aber kommen von Gott und sind in Christus eins.

Für mich ist der entscheidende Grund, warum eine Frau ihren Kopf bedecken soll, der, dass sie damit auch gegenüber der geistlichen Welt ein Zeichen setzt: Sie hat sich freiwillig unter den machtvollen Schutz ihres Mannes gestellt, wenn sie in der Gemeinde betet oder prophezeit. Aber urteilt selbst! Ist es für euch in Ordnung, dass eine Frau in euren Gottesdiensten unverhüllt zu Gott betet? Für mich selbst entspricht es der natürlichen Ordnung, dass die Sitte, den Kopf dabei bedeckt zu halten, sinnvoll ist. Wenn nämlich ein Mann seine Haare lang trägt, dann ist das für ihn eine Schande, während es andererseits bei der Frau so ist, dass zu ihr ganz selbstverständlich langes Haar gehört. Die Natur selbst hat ihr so etwas wie einen natürlichen Kopfschleier gegeben. Wenn aber jemand meint, diese ganze Angelegenheit völlig anders sehen zu müssen, dem möchte ich nur zu bedenken geben, dass wir es nicht gewohnt sind, verheiratete Frauen bei den Gemeindeversammlungen unverhüllt beten zu lassen. Er wird so etwas in keiner der Gemeinden Gottes vorfinden.

Was ein Apostel als unerträglich empfindet (11,17–22)

Wenn es nach mir ginge, könntet ihr über das eben Gesagte unterschiedlicher Meinung sein. Worin ihr aber ganz sicher die Grenze überschritten habt, ist die Art und Weise eurer Zusammenkünfte. Hieran finde ich nicht den geringsten positiven Aspekt. Mir wurde berichtet – und ich sehe keinen Grund, das grundsätzlich anzuzweifeln –, dass bei euren Zusammenkünften gestritten wird, ja, dass es bei euch zu regelrechten Spaltungen gekommen ist. Irgendwie musste es bei euch ja zu solchen Vorgängen kommen, damit deutlich wird, wer von euch sich wirklich bewährt und dem Geist Jesu folgt. Das ist das eine. Noch schlimmer ist jedoch, wie ihr zusammenkommt, um das Mahl des Herrn zu feiern. So, wie ihr es praktiziert, ist es eigentlich unerträglich. Jeder fängt sofort an, das zu essen, was er mitgebracht hat; wer etwas später in die Gemeinde kommt oder nichts mitbringen konnte, den lasst ihr einfach hungrig herumsitzen, während ihr bereits satt und oft sogar schon betrunken seid. Wenn ihr schon so hungrig seid, könnt ihr dann nicht zu Hause essen und trinken und erst danach zur Gemeinde gehen? Oder ist es euch letztlich völlig gleichgültig, wie es den anderen in der Gemeinde geht? Warum verletzt ihr die, welche nicht genug haben, um etwas zum gemeinsamen Mahl beitragen zu können? Was das anbelangt, fehlen mir einfach die Worte! Erwartet nicht auch noch, dass ich euch dafür lobe.

Was braucht es, um am Tisch des Herrn Platz nehmen zu können? (11,23–34)

Denn was ich an euch weitergegeben habe, ist das, was ich vom Herrn selbst empfangen habe. Der Herr Jesus nahm in der Nacht, in der er ausgeliefert wurde, das Brot, sprach das Dankgebet, brach es und sagte dabei: „Das ist mein Leib für euch. Dies tut zur Erinnerung an mich." Ebenso nahm er nach dem Mahl auch den Kelch und sagte: „Dieser Kelch ist der neue Bund in meinem Blut. Dies tut, so oft ihr trinkt, um euch an mich zu erinnern. Jedes Mal, wenn ihr von dem Brot esst und aus dem Kelch trinkt, verkündigt ihr, was der Herr durch seinen Tod für uns getan hat, bis er wiederkommt."

Daher solltet ihr euch einer Sache bewusst sein: Wer dieses Brot isst und aus dem Kelch des Herrn trinkt, durch sein Verhalten aber zeigt, dass er mit Jesus eigentlich gar nichts zu tun haben will, der wird schuldig am Leib und Blut unseres Herrn. Darum soll sich jeder ernsthaft prüfen, bevor er vom Brot isst und aus dem Kelch trinkt. Denn wer sich nicht bewusst ist, dass er hier in besonderer Weise dem lebendigen Jesus Christus begegnet, der zieht sich durch sein Essen und Trinken das Gericht Gottes zu. Deswegen gibt es unter euch auch so viele Schwache und Kranke. Und nicht wenige sind bereits gestorben. Wenn wir uns jedoch selbst richtig beurteilen und dem Erbarmen Gottes unterstellen würden, kämen wir gar nicht erst ins Gericht. So bleibt dem Herrn nichts anderes übrig, als uns zu züchtigen, damit wir nicht zusammen mit der gottlosen Welt verurteilt werden. Darum, meine lieben Schwestern und Brüder, wartet doch aufeinander, wenn ihr zum Essen zusammenkommt! Wenn jemand wirklich sehr hungrig ist, kann er doch zu Hause schon etwas essen. Schließlich soll euch das Mahl des Herrn doch keine Strafe bringen. Was ich euch sonst noch dazu sagen möchte, werde ich mit euch besprechen, wenn ich wieder bei euch bin.

Gottes Geist will uns befähigen, zu tun, was Jesus tat (12,1–5)

12 Liebe Schwestern und Brüder, es gibt noch etwas, über das ich mit euch reden möchte, weil ich nicht will, dass ihr in diesem Punkt unsicher seid. Es geht um die geistlichen Gaben. Erinnert euch daran, wie es euch immer wieder zu den stummen Götzenbildern hingezogen hat, bevor ihr Christen wurdet. Ja, wie ihr regelrecht hingerissen wart. Heute erlebt ihr eine ganz ähnliche Faszination in euren Gottesdiensten, sodass sich mancher sicher schon die Frage gestellt hat, ob euch nicht die alten Kräfte des Götzenkultes wieder ergriffen haben. Doch ich kann euch ein klares Unterscheidungsmerkmal nennen: Wenn jemand vom Heiligen Geist erfüllt ist, kann er unmöglich sagen: „Verflucht sei Jesus." Das Gleiche gilt auch für das Gegenteil: Niemand kann von ganzem Herzen bekennen, dass Jesus der Herr ist, wenn nicht der Heilige Geist in ihm lebendig ist.

Je mehr Einheit herrscht, desto unterschiedlicher können die Gaben des Geistes sein (12,6–31)

Natürlich gibt es zwischen den verschiedenen Gnadengaben Unterschiede, aber es ist derselbe Geist, der sie schenkt. Auch gibt es in den Gemeinden die unterschiedlichsten Aufgaben, doch nur einen Herrn, wie es auch sehr verschiedene Wunderkräfte gibt, die aber allesamt durch den einen Gott geschehen, der alles in allen bewirkt. Jedem offenbart der Heilige Geist aber nur so viel, wie er braucht und wie ihm von Nutzen ist. Dem einen verleiht er die Gabe, wirklich weise zu reden, einem anderen die Gabe der Erkenntnis. Derselbe Geist schenkt dem einen besondere Glaubenskraft, dem anderen die Gabe, Kranke zu heilen; dem einen verleiht er besondere geistliche Kräfte, sodass er imstande ist, für Gott große Dinge zu tun, dem anderen schenkt er die Fähigkeit, prophetisch zu reden. Einige Menschen erhalten von ihm die Gabe, zu erspüren, welcher Geist in einer Gruppe oder bei einzelnen Menschen am Werk ist, andere verschiedene Arten der Zungenrede*, wobei der Geist immer auch Geschwister begabt, eine solche Rede auszulegen. Alles das bewirkt ein und derselbe Geist, der jedem genau das zuteilt, was er für ihn vorgesehen hat.

Es ist wie im menschlichen Körper. Dieser hat zwar viele Glieder, aber obwohl es so viele sind, bilden erst alle zusammen einen Leib. So ist es auch in der Gemeinde, dem Leib Christi. Denn wir sind ja durch den einen Geist in der Taufe zu einem Leib zusammengefügt worden, wobei es keine Rolle gespielt hat, ob wir Juden oder Nichtjuden waren, Sklaven oder freie Bürger. Wir sind alle mit dem einen Geist erfüllt worden. Und so wie der Leib auch nicht nur aus einem Glied besteht, so besteht die Gemeinde aus sehr vielen und sehr unterschiedlichen Gliedern. Könnt ihr euch vorstellen, dass der Fuß plötzlich sagt: „Weil ich keine Hand bin, will ich nichts mit dem Leib zu tun haben?" Würde er deswegen aufhören, ein Teil des Leibes zu sein? Oder wenn das Ohr sich mit einem Mal nicht mehr zum Leib gehörig fühlte, weil es nicht das Auge ist – deswegen gehört es trotzdem weiter zu diesem einen Leib. Denn was wäre das für ein Leib, wenn er nur aus Augen bestehen würde – wo bliebe da das Gehör?! Oder wenn der Leib nur hören könnte – wie könnte der Mensch dann noch Gerüche wahrnehmen? Nun hat aber Gott die Glieder und Organe eines Menschen so zusammengefügt, das keines ohne das andere auskommt. Wenn alles nur ein Körperteil oder ein Organ wäre, gäbe es einfach keinen Leib. Es gibt also nur einen Leib, weil es viele Glieder und Organe gibt, die zusammenwirken. So kann das Auge unmöglich zur Hand sagen: „Ich brauche dich nicht", oder der Kopf zu den Füßen: „Ich komme ohne euch aus." Es ist sogar so, dass die Glieder und Organe, die stärker im Verborgenen für den ganzen Leib da sind, geradezu lebensnotwendige Aufgaben verrichten. Wir spüren dies instinktiv, indem wir gerade auch die Körperteile mit besonderer

---

* Paulus spricht hier ein Phänomen an, das im Griechischen *Glossolalie* genannt wird, die im Deutschen mit Begriffen wie „verzückte Rede", „Sprachengebet", „Zungenrede", „Reden in fremden Sprachen" usw. bezeichnet wird.

Sorgfalt bekleidet halten, die in der Öffentlichkeit zu zeigen als unanständig gelten würde. Eine solche Aufmerksamkeit haben unser Gesicht, unsere Hände oder Füße nicht nötig.

Gott hat nun unseren Leib so zusammengefügt, dass kein Organ und keines der Glieder sich benachteiligt fühlen muss, weil es diese oder jene Funktion ausübt, die in unseren Augen weniger bedeutend oder sogar unansehnlich ist. Manche Organe, die im Verborgenen ihren Dienst tun, hat er sogar mit besonderer Ehrerbietung umgeben, damit im Körper keine Uneinigkeit entsteht. Es ist doch vielmehr so: Wenn eines der Glieder leidet, leiden alle anderen mit; wenn es dagegen geehrt wird, freut sich der ganze übrige Leib darüber.

Haltet euch dieses Bild vor Augen, denn ihr bildet zusammen den Leib Christi, als Einzelne aber seid ihr Glieder an ihm. Das heißt, dass die verschiedenen Dienste in der Gemeinde den verschiedenen Aufgaben der Glieder und Organe in einem Leib entsprechen. Darum hat Jesus Apostel eingesetzt, Propheten, Lehrer, dann Personen, die die besondere Gabe haben, Wunder zu vollbringen oder Kranke zu heilen, wieder andere, die mehr im Hintergrund dienen, während andere die Begabung erhalten haben, einzelne Gruppen zu leiten. In diesem Leib gibt es auch viele, die in Sprachen beten. Ihr seht es ja selbst: Sind etwa alle Apostel? Sind alle Propheten oder Lehrer? Haben etwa alle die Fähigkeit, Wunder zu vollbringen oder Kranke zu heilen? Beten alle in anderen Sprachen oder können alle eine solche Zungenrede auslegen? Natürlich nicht. Alle wirken zusammen, damit der Leib lebendig wird. Wenn ihr etwas tun wollt, dann nur dieses: Strebt nach den größeren Gnadengaben!

Doch ich möchte euch etwas zeigen, das weit über das hinausgeht, was ihr gerade gelesen habt.

Egal, was wir denken, reden, tun: Es kommt allein auf die Liebe an (13,1–13)

13 Wenn ich alle Sprachen der Menschen und sogar der Engel spreche, aber keine Liebe habe, dann bin ich nichts als ein dröhnender Gong oder ein schepperndes Becken.

Und wenn ich die Gabe der Prophetie und der Erkenntnis habe und alle Geheimnisse kenne, wenn ich die Glaubenskraft besitze, Berge zu versetzen, aber in mir keine Liebe ist, dann bin ich ein Nichts.

Selbst wenn ich alles hergebe, was ich besitze, und sogar noch mein Leben, worauf ich eigentlich stolz sein könnte – wenn das alles ohne Liebe geschieht, nützt es mir gar nichts.

Die Liebe hat einen langen Atem und ist voller Güte.

Sie ist nicht eifersüchtig und spielt sich nicht auf.

Die Liebe hat nichts Angeberisches oder etwas, das das Empfinden anderer Menschen verletzt.

Sie schaut nicht auf ihren Vorteil und lässt sich auch durch nichts provozieren.

Sie trägt das Böse nicht nach, erst recht freut sie sich nicht darüber, wenn anderen Unrecht geschieht.

Die Liebe freut sich allerdings sehr über die Wahrheit. Sie erträgt alles, sie glaubt alles, sie erhofft alles – ja, sie erduldet alles.

Die Liebe hört niemals auf. Es wird einmal eine Zeit kommen, in der es keine prophetische Rede mehr geben wird, kein Sprachengebet, keine Gabe der Erkenntnis. Noch erkennen wir die Wirklichkeit nur teilweise und unsere prophetische Rede ist nur Stückwerk. Wenn aber das Vollkommene erscheint, dann verschwindet alles Bruchstückhafte. Als ich noch ein Kind war, redete und dachte ich wie ein Kind und beurteilte alles nach meinem kindlichen Horizont. Als ich ein Mann geworden war, legte ich dieses Kindhafte ab. Was wir jetzt erkennen können, ist etwas Rätselhaftes, das wir wie in einem Spiegel verzerrt wahrnehmen.

Aber es kommt der Tag, da werden wir ihm, unserem Herrn, von

Angesicht zu Angesicht gegenüberstehen. Noch muss ich mich damit zufrieden geben, dass ich immer nur einzelne Stücke erkennen kann. Dann aber werde ich ihn so erkennen, wie ich jetzt schon von ihm erkannt worden bin. Für diese Zeit bleiben uns Glaube, Hoffnung und Liebe, diese drei.

Das Größte aber unter ihnen ist die Liebe.

Die Gaben des Geistes im alltäglichen Gemeindeleben (14,1–40)

14 Bemüht euch also in allem um die Liebe, doch hört auch nicht auf, euch mit allem Eifer nach den geistlichen Gaben auszustrecken. Vor allem geht es mir da um die Gabe der Prophetie. Wenn jemand in fremden Sprachen redet, spricht er nicht zu Menschen, sondern direkt zu Gott. Niemand kann ihn verstehen; geheimnisvoll ist, was sich zwischen ihm und Gott abspielt. Wer dagegen prophetisch redet, spricht unmittelbar zu den Menschen. Dadurch erfahren Einzelne Ermahnung und Zuspruch und die Gemeinde als Ganzes wird auferbaut. Wer in Sprachen betet, baut nur sich selbst auf; wer aber prophetisch redet, dient der gesamten Gemeinde. Natürlich wünsche ich mir, ihr würdet alle in Sprachen beten, aber noch lieber sähe ich es, wenn ihr alle prophetisch reden würdet. Denn man muss die Gabe der Prophetie einfach höher einschätzen als das Sprachengebet, weil sie eine besondere Rolle bei der Stärkung der Gemeinde spielt. Das vermag das Sprachengebet nur zu bewirken, wenn jemand da ist, der es auslegt, damit die Gemeinde dadurch auferbaut wird.

Vielleicht muss ich euch, Schwestern und Brüder, den Unterschied noch anders deutlich machen. Stellt euch vor, ich würde zu euch kommen und nur in Sprachen reden. Was hättet ihr wohl davon? Wäre es euch nicht bei Weitem lieber, ich würde euch irgendeine Erkenntnis, eine prophetische Eingebung oder eine bescheidene kleine Lehre mitteilen? Oder anders ausgedrückt: Wenn sich eine Flöte in ihrem Klang nicht von einer Zither unterscheiden lassen könnte, wie würdet ihr jemals merken, welches Instrument gerade gespielt wird? Oder wenn der Trompeter eines Heerlagers ein Signal gibt, das niemand kennt oder das zu unklar ist, meint ihr, auch nur ein Einziger würde sich in Kampfausrüstung auf den Appellplatz begeben? So ist es auch mit dem Reden in anderen Sprachen. Wenn es keine verständlichen Worte sind, die da jemand von sich gibt, wie soll er dann von den anderen verstanden werden?! Alles, was ihr da sagt, ist in den Wind gesprochen. Es gibt doch so viele Sprachen auf der Welt und jede kann von anderen verstanden werden. Wenn ich natürlich die Bedeutung der Worte nicht kenne, wird derjenige, der mich in dieser fremden Sprache angesprochen hat, für mich ein Ausländer sein. Umgekehrt ist es natürlich genauso.

Macht euch also nicht durch ein unausgelegtes Sprachengebet in eurer eigenen Gemeinde zu so etwas wie Ausländern. Ich weiß, dass ihr mit ganzer Hingabe nach all den Geistesgaben strebt, die eure Gemeinde auferbauen. Bemüht euch darum, dass ihr sie wirklich in Fülle habt.

Darum soll der, der in anderen Sprachen betet, Gott bitten, dass er oder ein anderer das Gesprochene auslegen kann. Denn wenn ich in Sprachen bete, habe ich mit dem Verstand keinen Zugriff auf das, was ich sage.

Was folgt aus all dem? Ich kann mit meinem Verstand beten und ich kann in Sprachen beten; ich kann im Geist singen und ich kann Lieder singen, die einen Text haben, den ich verstehe. Es ist natürlich schon so: Wenn du, erfüllt vom Heiligen Geist, in Sprachen Gott lobst und anbetest, wie soll jemand, der überhaupt nicht weiß, was du da machst, zu deinem Gebet „Amen“ sagen? Er versteht ja nichts von dem, was du Gott sagst. Dein Dankgebet kann noch so großartig sein – wenn der andere kein Wort versteht, hat er nichts davon.

Ich danke Gott, dass ich mehr als ihr alle in Sprachen bete, aber wenn ich in einer Gemeindeversammlung bin, möchte ich lieber fünf Worte mit meinem Verstand reden als zehntausend Worte in Sprachen, damit andere auch etwas davon haben.

Meine lieben Schwestern und Brüder, denkt doch nicht wie

kleine Kinder. Unerfahren dürft ihr nur sein in Bezug auf das Böse um euch herum. Nein, ihr sollt lernen, wie reife Erwachsene zu denken. In der Heiligen Schrift findet ihr eine aufschlussreiche Stelle. Gott sagt darin durch den Propheten Jesaja: „Weil sie nicht auf mich hören, werde ich zu diesem Volk Menschen schicken, die eine völlig andere Sprache sprechen."* Darum kann das Sprachengebet für die Ungläubigen der Punkt werden, an dem sich die Geister scheiden. Anders jedoch beim prophetischen Reden. Wenn ihr in der Gemeinde zusammenkommt und alle in Sprachen beten, kann es durchaus sein, dass der Uneingeweihte oder der Ungläubige alles mit den Worten abtut: „Die sind ja verrückt!" Wenn aber der Heilige Geist in einer Gemeinde durch manche Geschwister redet, dann wird mit einem Ungläubigen oder jemandem, der die Gemeinde nicht kennt, etwas ganz anderes passieren: Er wird das Gefühl haben, als würden ihn alle kennen und das Innere seines Herzens würde vor allen offen daliegen. Das kann ihnen ihre Fehlerhaftigkeit vor Augen führen, sodass sie noch im selben Moment vor Gott auf die Knie gehen und ihn anbeten. Die Betreffenden werden stammelnd bekennen: „Gott ist wirklich mitten unter euch!"

Liebe Schwestern und Brüder, wie könnte also eure Zusammenkunft aussehen? Wenn ihr euch versammelt, dann hat jeder von euch etwas zur Erbauung aller beizutragen: der eine einen Psalm, der andere eine Lehre oder Offenbarung, wieder ein anderer ein Sprachengebet, das von jemandem ausgelegt wird. Wenn mehrere in Sprachen reden wollen, dann sollten es höchstens zwei oder drei sein, und das auch noch geordnet der Reihe nach. Wichtig ist dabei, dass auf jeden Fall jemand anwesend ist, der die verschiedenen Beiträge auslegen kann. Falls es niemanden gibt, der diese Gabe besitzt, sollte man in einer Gemeinde auch auf das laut vorgetragene Sprachengebet verzichten. Es wird ja niemand daran gehindert, in seinem Herzen zu Gott in Sprachen zu beten.

Eine ähnliche Regelung schlage ich auch für den Umgang mit

---

* Jesaja 28,11–12

Prophetien vor. Es sollten normalerweise nicht mehr als zwei oder drei prophetisch begabte Menschen reden. Die Gemeinde ist dabei dazu aufgerufen, das Gehörte kritisch zu hinterfragen. Bekommt jemand eine starke Offenbarung, während er in der Gemeinde ist, so soll er zunächst still sein. Er soll ruhig abwarten, bis er an der Reihe ist, damit alle durch seine Offenbarung ermahnt oder ermutigt werden. Die Gabe der Prophetie ist nicht etwas, das den Einzelnen zu einem willenlosen Werkzeug macht, sondern sie ist und kann von dem Betreffenden je nach Möglichkeit eingesetzt werden. Das ist wichtig, denn Gott möchte nicht, dass in unseren Gemeinden alles drunter und drüber geht, sondern alles vom Frieden Christi geprägt ist.

*Es ist in allen Gemeinden Praxis, dass die Frauen in den Gemeindeversammlungen schweigen sollen, denn es ist ihnen nicht erlaubt zu reden; sie sollen sich vielmehr unterordnen, wie es Vorschrift ist. Wenn sie etwas lernen wollen, sollen sie zu Hause ihre eigenen Männer fragen, denn es gehört sich einfach nicht, dass Frauen in der Gemeindeversammlung den Mund auftun. Ist das Wort Gottes etwa von euch gekommen oder zu euch allein gelangt?

Wenn jemand meint, dass er ein Prophet ist, oder wenn er sich für besonders mit dem Heiligen Geist begabt hält, dann wird er in dem, was ich euch geschrieben habe, den Willen unseres Herrn erkennen. Wenn er diesen Willen nicht anerkennt, dann steht auch seine Anerkennung bei Gott auf dem Spiel. Darum, meine lieben Schwestern und Brüder, strebt von ganzem Herzen danach, prophetisch reden zu können, und hindert auch die nicht, die in anderen Sprachen reden. Alles aber geschehe in einer annehmbaren Form und einer vernünftigen Ordnung.

---

* Die drei folgenden Verse sind uneinheitlich in den griechischen Handschriften überliefert und stehen zum Teil später im Kapitel. Da sie Paulus' Aussagen in Kapitel 11 über die aktive Beteiligung der Frauen am Gottesdienst widersprechen, werden sie in der Forschung oft für einen sekundären Einschub gehalten. Solche Einschübe sind in Handschriften nicht selten.

Wie ist das mit dem Leben nach dem Tod? (15,1–58)

15 Liebe Schwestern und Brüder, ich möchte noch einmal auf die Kernaussagen meiner Botschaft zu sprechen kommen, die ich euch verkündet habe. Ihr habt sie nicht nur angenommen, sondern auch euer Leben darauf gegründet, was die Rettung für jeden von euch bedeutet. Natürlich gilt das nur, wenn ihr wirklich an dem Wortlaut dessen festhaltet, was ich euch verkündigt habe, und nicht einfach nur ohne jede eigene Überlegung rein äußerlich den Glauben angenommen habt.

Ihr wart unter den ersten, denen ich verkünden durfte, was auch ich erfahren habe: Christus ist für uns und unsere Schuld gestorben, wie es die Schriften schon Jahrhunderte zuvor angekündigt haben. Er wurde begraben, und auch das hat die Heilige Schrift bereits im Voraus beschrieben: Jesus ist am dritten Tag auferstanden und erschien Kephas, dann allen zwölf Aposteln. Schließlich erschien er über fünfhundert Brüdern auf einmal, von denen die meisten noch am Leben sind. Weiter erschien er Jakobus, dann den Zwölfen auf einmal. Als Allerletztem endlich erschien er auch mir. Ich bin sozusagen so etwas wie eine Fehlgeburt. Kein Wunder, denn ich bin unter allen Aposteln der unbedeutendste und hätte eigentlich nicht einmal verdient, dass man mich Apostel nennt. Immerhin habe ich die Gemeinde Gottes bis aufs Blut verfolgt. Aber durch die Gnade Gottes bin ich, was ich bin. Und seine Gnade war bei mir hoffentlich nicht ganz umsonst. Vielleicht habe ich mich sogar mehr als alle anderen abgemüht, genauer gesagt, nicht ich, sondern die Gnade Gottes mit mir. Doch die Botschaft von der Auferstehung Jesu ist und bleibt dieselbe, gleichgültig, ob ich sie verkündige oder einer der anderen Apostel. Wichtig ist, dass sie zu einem festen Bestandteil eures Glaubens geworden ist.

Wenn es nun zum Kern der Frohen Botschaft von Christus gehört, dass er von den Toten auferstanden ist, wie können dann einige von euch behaupten, es gäbe gar keine Auferstehung von den Toten?! Diese Personen irren sich gewaltig. Denn wenn es keine Auferstehung von den Toten gibt, dann ist auch Christus nicht auferstanden. Und wenn Christus nicht auferstanden ist, dann haben wir nur leeres Zeug geredet, und euer Glaube ist nicht weniger hohl. Außerdem wären wir nur falsche Zeugen, die die Lüge verbreitet hätten, dass Gott Christus vom Tod auferweckt hätte, obwohl er es doch gar nicht getan hat. Nein, wenn die Toten nicht auferstehen, dann ist auch Christus nicht auferstanden; wenn aber Christus nicht auferstanden ist, dann ist euer Glaube nichts wert, und ihr steckt noch bis zum Hals in euren alten Sünden. Auch wären alle die, die im Vertrauen auf Christus gestorben sind, für immer verloren. Wenn wir nur für das jetzige Leben unsere Hoffnung auf Christus setzen, dann wären wir bemitleidenswerte Menschen.

Doch – Gott sei Dank – ist Christus von den Toten auferstanden, und zwar als Erster von unzählig vielen, die schon gestorben sind. Wie durch einen Menschen der Tod in die Welt kam, so ist jetzt auch durch einen Menschen die Auferstehung von den Toten möglich geworden. Denn so, wie seit dem ersten Menschen alle sterben, so werden durch das, was Christus getan hat, alle Menschen wieder lebendig gemacht werden. Und auch da gibt es eine gewisse Ordnung: Zunächst einmal wurde als Erster Christus wieder lebendig. Dann werden alle die ein neues Leben erhalten, die zu Christus gehören, wenn er wiederkommt. Schließlich kommt das Ende der Welt, wenn er die Herrschaft an seinen Vater übergibt. Bis dahin wird der Vater jede widergöttliche Macht, jeden Herrscher und alle Gewalten vernichtend besiegen. Dieser Kampf ist unumgänglich, bis er alle seine Feinde Jesus zu Füßen gelegt hat. Als letzten Feind vernichtet er den Tod, damit Jesus wirklich Herr über alles und jeden sein kann. Wenn es dann endgültig heißt, dass Gott alles unterworfen hat, dann ist klar, dass dieses „alles“ eine Ausnahme kennt: Jesus (der an diesem Kampf maßgeblich beteiligt war). Wenn aber Gott endlich alles unterworfen ist, dann wird sich auch Jesus dem unterwerfen, der ihm alle Feinde unter die Füße gelegt hat. Dann erst und nur so wird Gott allein der Herr sein – der Herr über alles und alle.

Aber es gibt noch ein weiteres Argument für die Auferstehung von den Toten. Was ist mit all denen, die sich stellvertretend für einen Verstorbenen haben taufen lassen? Wenn die Toten nicht auferstehen, warum haben sie sich dann noch für sie taufen lassen? Oder warum setzen wir Tag für Tag unser Leben aufs Spiel? Wofür? Ich sterbe tausend Tode, und das sage ich ganz offen zu euch, auf die ich wirklich stolz bin, weil ihr zu Jesus Christus gehört.

In Ephesus musste ich mich mit aller Kraft gegen eine aufgebrachte Menge zur Wehr setzen. Doch was für einen Sinn hätte das, wenn nach dem Tod eh alles aus ist? Wenn die Toten nicht auferstehen, dann könnten wir genauso gut feiern, essen und trinken, denn morgen sind wir tot.

Lasst euch um alles in der Welt nicht irre machen. Schlechte Freundschaften können einen schlimmen Einfluss auf uns ausüben. Und ihr habt, ich muss es zu eurer Schande sagen, einige sehr schlechte Freunde; Leute, die Gott nicht kennen. Kommt wieder zurück auf den Boden der Tatsachen, und hört auf, euch gegen Gott zu stellen.

Doch es wird einige geben, die sich weiterhin querlegen. Jetzt wollen sie wissen: „Ja, wie soll das denn gehen, von den Toten auferstehen? Was für einen Leib bekommt man denn dann?" Ihr Unverbesserlichen! Wenn ihr Saatkörner ausstreut, kann doch auch nur dann neues Leben sprießen, wenn das alte vorher stirbt. Wenn ihr sterbt, dann ist das wie bei einem nackten Samenkorn, nehmen wir mal an, ein Weizenkorn. Was ihr sät – also euer Körper –, wird nicht das sein, was durch die Auferstehung neues Leben erhält. Wie bei den verschiedenen Samenarten, so wird auch euer Leib einzigartig sein, eben genau der, den Gott jedem Einzelnen zugedacht hat. Schaut, es ist ja auch nicht Körper gleich Körper. Es gibt Menschen, Rinder und Schafe, Vögel und Fische – und jede dieser Lebensformen unterscheidet sich sehr von der anderen. Doch unvorstellbar größer ist der Unterschied zwischen einem irdischen und einem himmlischen Leib. Der Leib, den wir jetzt haben, ist bereits ein Meisterwerk, aber man kann ihn nicht mit dem vergleichen, den wir einmal erhalten werden. Es ist etwa wie der Unterschied zwischen dem Glanz der Sonne und dem Leuchten des Mondes. Oder wie zwischen einem winzigen, unbedeutenden Stern und dem funkelnden Morgenstern. So müsst ihr euch den Leib vorstellen, den ihr bei der Auferstehung erhalten werdet. Ihr sät etwas Vergängliches, doch der Leib, den ihr bei der Auferstehung erhaltet, ist unvergänglich. Ihr sät etwas, das armselig und hinfällig ist, doch zum neuen Leben erwacht etwas Herrliches. Ihr sät etwas, das schwach und anfällig ist, doch auferstehen wird ein Leib voller Kraft und Dynamik. Ihr sät einen irdischen Leib, doch bei der Auferstehung erhaltet ihr einen vom Geist Gottes durchdrungenen Leib. Wenn es einen irdischen Leib gibt, dann gibt es auch einen geistlichen. Wir können hier ruhig noch einmal an das klassische Beispiel denken, das wir in der Heiligen Schrift finden: Adam. Gott schuf den ersten Menschen als ein lebendiges Wesen, aber ganz und gar irdisch. Ihm stellen wir Jesus als den zweiten Adam gegenüber. Nach seiner Auferstehung hatte er einen ganz anderen, geistlichen Leib. Zuerst war also nicht das Geistliche da, sondern zuerst kam das Irdische, dann erst das Geistliche. Adam, der erste Mensch, war von Gott aus Erde erschaffen worden; Christus, der zweite Mensch, kam vom Himmel. Wir sind beides. Zum einen sind wir durch und durch irdisch, wie der erste Mensch es auch war, dann aber tragen wir auch schon das Bild des himmlischen Menschen in uns, sodass wir eines Tages auch wie er einen himmlischen Leib haben.

Liebe Schwestern und Brüder, versteht ihr, was ich euch damit sagen will? Unser vergängliches Fleisch und Blut kann unmöglich das himmlische Erbe antreten. Vergängliche Wesen können nicht etwas erben, das unvergänglich ist. Wir sind auf einen von Gott umgestalteten Leib angewiesen. Ich möchte es noch deutlicher machen, auch wenn das jetzt etwas geheimnisvoll klingt: Es ist möglich, dass Jesus kommt, bevor auch der Letzte von uns gestorben ist. Wer dann noch lebt, stirbt zwar nicht, dessen Leib wird aber völlig verwandelt werden, und zwar in einem einzigen Augenblick. Es ist der Moment, wenn die letzte Posaune geblasen wird und die Toten zu einem unvergänglichen Leben auferstehen. Dann werden alle, die noch leben, verwandelt werden. Es kann – wie gesagt – nicht anders sein, als dass das

Vergängliche das Unvergängliche anzieht, das Sterbliche die Unsterblichkeit. Wenn aber dieses Vergängliche die Unvergänglichkeit anzieht und dieses Sterbliche die Unsterblichkeit, dann hat sich die große Sehnsucht der Heiligen Schrift erfüllt: Endlich ist der Tod für alle Zeiten besiegt! Tod, hast du noch irgendetwas zu melden? Tod, wo ist denn nun dein Stachel, mit dem du die Menschheit gequält hast?! Der Stachel des Todes ist die Sünde, die Sünde aber schöpft ihre Kraft aus dem Gesetz. Gott aber sei in Ewigkeit dafür gedankt, dass er uns den Sieg über das Gesetz, die Sünde und den Tod geschenkt hat!

Daher, meine geliebten Schwestern und Brüder, bleibt unerschütterlich in eurem Vertrauen und hört nicht auf, das zu tun, was Jesus von euch erwartet. Vergesst nie, dass nichts von dem, was ihr für Jesus tut, vergeblich ist!

Abschließende Worte für die Zeit bis zur Rückkehr des Apostels (16,1–24)

16 Was nun die Geldsammlung für die Gemeinde in Jerusalem anbelangt, möchte ich euch den gleichen Vorschlag machen, den ich schon den Gemeinden in Galatien gemacht habe. Das Beste wird sein, wenn ihr, jeder für sich, jeweils am Sonntag etwas zur Seite legt, und zwar so viel, dass ihr es gut verkraften könnt. Dann müssen wir nicht, wenn ich vorbeikomme, so viel Zeit auf eine Sammlung verwenden. Wenn ich wieder bei euch bin, können wir ja einige von denen, die sich bereits bewährt haben, mit Empfehlungsschreiben von mir und eurer Spende nach Jerusalem schicken. Wenn ihr es aber für wichtig haltet, dass ich diese Männer begleite, werde ich mit ihnen reisen.

Ich plane, zu euch zu kommen, nachdem ich noch einmal durch Mazedonien gereist bin. Wenn es möglich ist, würde ich gerne längere Zeit bei euch bleiben, vielleicht sogar den Winter über. Danach kann ich ja dann wohlausgerüstet meine Reise fortsetzen. Ich halte es nämlich nicht für gut, bei euch nur einen kurzen Zwischenstopp einzulegen. Wenn schon, und wenn mir der Herr die Zeit dazu gibt, dann möchte ich längere Zeit bei euch bleiben. Jetzt werde ich erst einmal bis zum Pfingstfest in Ephesus bleiben. Dort hat sich für die Verbreitung des Glaubens eine große Tür geöffnet, allerdings muss ich mich auch mit einer ganzen Reihe von Personen herumschlagen, die erbittert Widerstand leisten.

Wenn Timotheus zu euch kommt, dann achtet bitte darauf, dass er sich bei euch sicher und geborgen fühlen kann. Er steht wie ich mit ganzer Hingabe im Dienst seines Herrn. Nehmt ihn ernst – auch wenn er noch jung ist! Und achtet darauf, dass er mit allem Nötigen versorgt ist, wenn er dann zu mir reist, denn wir alle hier erwarten ihn. Was Apollos betrifft, so kann ich euch nur mitteilen, dass ich ihn immer wieder gebeten habe, euch gemeinsam mit einigen anderen Brüdern aufzusuchen. Er ist offensichtlich der Auffassung, dass es nicht der richtige Zeitpunkt dafür ist, doch sobald die Gelegenheit günstig ist, wird er sich auf den Weg zu euch machen.

Liebe Schwestern und Brüder, was soll ich noch sagen? Seid wachsam, steht fest im Glauben, werdet innerlich stark! Doch alles, was ihr tut, geschehe in Liebe. Dazu gehört auch, dass ihr euch ganz selbstverständlich der Leitung von Stephanas unterordnet. Immerhin waren er und seine Familie die ersten, die sich in Achaia für ein Leben mit Christus entschieden und ihr ganzes Leben in den Dienst an den Glaubensgeschwistern gestellt haben. Achtet alle, die mit ihnen zusammenarbeiten und für euch in der Leitung der Gemeinde dienen. Zurzeit genieße ich es, dass Stephanas, Fortunatus und Achaikus bei mir sind. Sie entschädigen mich ein wenig dafür, dass ich nicht selbst bei euch sein kann. Mit ihnen zusammen zu sein ist auch eine geistliche Freude, wie ihr sicher aus eigener Erfahrung wisst. Verliert nie eure Hochachtung für sie!

Alle Gemeinden hier in der Provinz Asia lassen euch herzlich grüßen. Diesen Grüßen schließen sich ganz besonders Aquila und Priska mit ihrer Hauskirche an. Alle Glaubensgeschwister hier grüßen euch mit einer herzlichen Umarmung. Vergesst nicht, sie aneinander weiterzugeben!

Wenn jemand Jesus nicht liebt: Was für ein Fluch liegt auf einem solchen Leben! Darum beten wir voller Sehnsucht: Maranatha, unser Herr, komme! Die Gnade unseres Herrn Jesus sei mit euch. Und seid gewiss, dass ich euch liebe in der Liebe unseres Herrn Jesus Christus.

Der zweite Brief an die Gemeinde in Korinth

Man nennt Paulus gern den großen Völkerapostel, ein Titel, der ihm sicher zusteht. Doch leider rückt eine solche bewundernde Bezeichnung den Menschen Paulus auf einen weit entfernten Sockel. Umso dankbarer können wir für diesen Brief sein, der uns einen tiefen Einblick in sein Leben und Denken gewährt. Paulus schreibt als Reaktion auf Bestrebungen in „seiner“ Gemeinde, seine Autorität als Apostel zu untergraben. Man spürt förmlich, wie ihm die ganze Situation zu schaffen macht. Trotzdem behält er das große Ganze im Auge und versucht, die Korinther zu einer Hilfsaktion für die verarmte Jerusalemer Gemeinde zu bewegen (Kapitel 8 und 9). Die drei darauffolgenden Kapitel widmet er einer leidenschaftlichen Abrechnung mit seinen Gegnern, wobei jeden bis auf den heutigen Tag beeindrucken muss, was dieser Mann durchmachen musste.

Begrüßung (1,1–2)

1 Paulus, durch Gottes gnädigen Willen Apostel Jesu Christi, und Timotheus, mein Bruder in Christus, an die Gemeinde Gottes in Korinth. Alle hier in Achaia grüßen ihre Glaubensgeschwister, die durch Gottes Gnade zu ihm gehören. Die Gnade und der Frieden von Gott, unserem Vater, und von unserem Herrn Jesus Christus sei mit euch allen!

Dank sei Gott für alle Hilfe (1,3–7)

Lasst uns von ganzem Herzen unserem Gott, dem Vater Jesu Christi, danken und ihn vor allen Menschen preisen, denn er ist voller Erbarmen und ein Gott des Trostes. Egal, wie groß die Not und die Bedrängnis waren, in denen wir uns befanden, er hat uns immer getröstet. Daher können wir jetzt auch anderen den Trost vermitteln, der allein von Gott kommt. Denn in dem Maß, in dem wir durch Leiden für Christus herausgefordert werden, in diesem überfließenden Maß beschenkt Gott uns auch mit seinem Trost. Egal, ob wir in größte Schwierigkeiten geraten oder Leiden auf uns nehmen müssen, wir werden nicht nur getröstet, sondern erhalten gerade dadurch auch Gottes Heil. Und dass wir durch Gottes Eingreifen getröstet werden, kann auch euch trösten, sodass ihr alle Leiden für Christus geduldig ertragen könnt. Wir hoffen und sind zuversichtlich, dass auch ihr im gleichen Maß, wie ihr leiden müsst, von Gott Trost empfangen werdet.

Wenn ein Mann wie Paulus missverstanden, ja, falsch beschuldigt wird (1,8–24)

Liebe Schwestern und Brüder, wir möchten euch nicht verschweigen, dass man uns in der Provinz Asia so zugesetzt hat, dass es unsere Kräfte überstieg und wir so verzweifelt waren wie noch nie zuvor in unserem Leben. Ja, ich muss gestehen, wir hatten längst aufgegeben und nur noch darauf vertraut, dass Gott uns von den Toten auferwecken würde. Aber Gott hatte offensichtlich noch andere Pläne für uns und so rettete er uns aus der allergrößten Todesgefahr. Daher hoffen wir zutiefst, dass er uns auch noch weiterhin bewahren wird, nicht zuletzt auch deshalb, weil ihr so viel für uns betet. Denn ich bin mir sicher, dass eure Gebete mit dazu beigetragen haben, dass wir gerettet wurden. Jetzt aber haben alle Grund, Gott für das Geschenk unserer Rettung herzlich zu danken.

Wenn ich an die Zeit zurückdenke, die ich bei euch verbracht habe, dann sagt mir mein Gewissen, dass ich die Frohe Botschaft gerade bei euch mit der klaren Einfachheit Gottes und nicht mit meiner aufgeblasenen Vielwisserei verkündet habe. Darüber bin ich sehr froh, und auch darüber, dass dies eine besondere Gnadenzeit war, als ich unter euch zu wirken begann. Daran soll sich nichts ändern, auch wenn ihr jetzt die Botschaft nur in Briefform erhaltet. Ich hoffe, dass ihr alles versteht, wie ihr auch damals alles, na, sagen wir, zumindest teilweise verstanden habt. Ich möchte am Tag des Herrn auf euch stolz sein können, wie auch ihr auf mich.

Ich war eigentlich zuversichtlich, dass ich früher zu euch kommen würde, damit wir gemeinsam noch einmal eine solche Zeit verleben, die von der Gnade Gottes erfüllt ist. Zuerst wollte ich euch auf meinem Weg nach Mazedonien wenigstens einen kurzen Besuch abstatten, um dann bei meiner Rückkehr länger bei euch bleiben zu können. Nach diesem Aufenthalt wollte ich mit einigen von euch nach Judäa weiterreisen. Das waren also meine Pläne, und ihr fragt zu Recht, ob ich sie nicht zu leichtfertig und auf der Grundlage meiner eigenen Wünsche geschmiedet habe – ob ich vielleicht so unzuverlässig bin und „Ja“ sage, aber eigentlich „Nein“ meine. Gott ist mein Zeuge, dass ich immer auch das meine, was ich sage. Denn ich halte mich fest an Jesus Christus, den Sohn Gottes, der euch durch uns, Silvanus, Timotheus und mich, verkündigt wurde. Jesus ist das Ja Gottes an uns, nicht gleichzeitig ein Ja und ein Nein. Denn egal, wie viele Verheißungen Gott auch schenkt, er steht immer zu seinem Wort. Um den Menschen zu zeigen, wie treu Gott ist, und um ihm die Ehre zu erweisen, müssen auch wir zu unserem Wort stehen. So zuverlässig können wir allerdings nur leben, weil Gott selbst uns durch Jesus Christus als ersten Anteil an unserem Erbe seinen Heiligen Geist gegeben hat.

Doch was ist nun passiert, dass ich doch nicht zu euch nach Korinth gekommen bin? Gott ist mein Zeuge, dass es für mich nur einen Grund gab: Ich wollte euch schonen, denn ich bin nicht der Herr über euren Glauben; darin seid ihr mittlerweile gefestigt. Ich möchte im Gegenteil dazu beitragen, dass ihr euch mit der Freude freut, die nur Gott schenken kann.

Paulus sieht ein: Zu viel Härte kann auch mutlos machen (2,1–4)

2 Darum habe ich mir fest vorgenommen, nicht wieder mit so viel niederdrückenden Anschuldigungen zu euch zu kommen. Denn wenn ich euch wegen eures Verhaltens zurechtweise und ihr dann völlig mutlos und traurig seid, wer freut sich dann noch mit mir? Als ich euch damals geschrieben habe, wollte ich damit eigentlich jeden möglichen Anlass zu einer unerfreulichen Zurechtweisung aus dem Weg räumen. Ich wünschte mir, dass die Freude über unser Zusammensein ungetrübt wäre, denn ich möchte mich über euch freuen. Dabei bin ich mir sicher, dass es einen unleugbaren Zusammenhang zwischen meiner Freude und eurer Freude gibt. Deswegen habe ich mir damals alles von der Seele geschrieben, was mich zutiefst beschäftigte, und glaubt mir, das fiel mir unendlich schwer. Manche

Dinge schrieb ich, weil ich mich dazu gedrängt fühlte, aber ich fürchtete mich davor, wie ihr es wohl aufnehmen würdet, und oft liefen mir dabei die Tränen nur so übers Gesicht. Ich wollte euch doch nicht verletzen, sondern ihr solltet dadurch erkennen, dass ich euch ganz besonders liebe.

Letztlich siegt das Erbarmen (2,5–11)

Wenn damals jemand Anlass dafür gegeben hat, dass ich euch alle ermahnen musste, so hat das weniger mir zu schaffen gemacht als vielmehr euch. Doch ich möchte nicht, dass ihr deswegen bedrückt seid. Außerdem bin ich der Meinung, dass der Betreffende durch die Zurechtweisung von einem Großteil eurer Gemeinde genug gestraft wurde und es jetzt an der Zeit ist, ihm zu vergeben und ihn zu ermutigen. Es könnte nämlich sonst sein, dass er in Depressionen versinkt und völlig vom Weg Jesu abkommt. Darum bitte ich euch jetzt inständig, ihm gegenüber die ganze Liebe Christi an den Tag zu legen.

Ich muss zugeben, dass ich euch auch deshalb so kompromisslos geschrieben habe, weil ich herausbekommen wollte, wie weit ihr im Glauben seid und ob ihr bereit seid, in allen Dingen gehorsam zu sein. In Zukunft dürft ihr sicher sein: Wenn ihr als Gemeinde irgendjemandem vergebt, dann werde auch ich ihm vergeben. Umgekehrt gilt dasselbe: Wenn ich jemandem vergebe, dann erwarte ich von euch, dass ihr dem Betreffenden genauso von Herzen vergebt. Wenn ich bisher jemandem vergeben habe, so geschah es immer, weil Jesus mich dazu drängte, und es geschah um euretwillen, denn wenn wir nicht vergeben, hat der Satan leichtes Spiel mit uns. Seine Taktik in dieser Hinsicht ist mehr als offenkundig.

Ein großer Erfolg für die Frohe Botschaft (2,12–17)

Doch zurück zu meiner Reise durch Kleinasien. Als ich nach Troas kam, fand ich offene Herzen und Türen für die Frohe Botschaft von Christus vor. Trotzdem konnte ich mich nicht wirklich darüber freuen, weil ich Titus, meinen Bruder im Herrn, nicht dort traf. Das beunruhigte mich zutiefst und schließlich sagte ich den Geschwistern dort Lebewohl und segelte nach Mazedonien hinüber.

Dort durften wir erneut erleben, was es heißt, zu Christus zu gehören. Wir zogen mit ihm wie in einem Triumphzug durchs Land und konnten überall Menschen für ihn gewinnen. Irgendwie spürten alle, dass wir nicht aus eigener Kraft die Frohe Botschaft verkündeten, sondern dass eine viel größere Macht hinter uns stand. Für die einen war das der entscheidende Grund, warum sie sich für Gott öffneten, für die anderen, warum sie sich endgültig von ihm abwendeten. Für die einen bedeutete ihre Entscheidung Leben in Fülle, für die anderen ein Leben im Schatten des Todes. Vielleicht fragt ihr euch, warum gerade durch unsere Verkündigung so viele Menschen in Bewegung geraten. Ich denke, es liegt einfach daran, dass wir unsere eigenen Interessen, auch die finanziellen, völlig aus unserem Dienst herausgehalten haben. Uns geht es um Gott und um seine Liebe, die er uns in Jesus gezeigt hat, und sonst gar nichts. Irgendwie spüren die Menschen das.

Paulus hat es nicht nötig, sich groß herauszustellen (3,1–3)

3 Fangen wir jetzt schon wieder an, uns selbst zu loben? Oder wollen wir auf diese Weise darauf hinweisen, dass wir – wie gewisse andere Personen – Empfehlungsschreiben von euch oder an euch brauchen? Nein, der einzige Brief, den wir mit uns tragen, ist in unsere Herzen hineingeschrieben, und dieser Brief seid ihr. Dieser Brief kann von jedem gelesen und verstanden werden. Sein Inhalt macht

deutlich, wer diesen Brief diktiert hat: Christus. Wir haben ihn bloß geschrieben, allerdings nicht mit Tinte, sondern mit dem Geist des lebendigen Gottes. Und wir haben ihn auch nicht in steinerne Tafeln eingeritzt, sondern in die Tafeln aus Fleisch: unsere Herzen.

Heilige Schriften ohne Heiligen Geist sind fruchtlos (3,4–18)

Wisst ihr, warum unser Vertrauen auf Gott durch Christus immer stärker wird? Es liegt daran, dass wir aus eigener Kraft nie in der Lage wären, all das zu verkünden. Nein, unsere Fähigkeiten kommen tatsächlich von Gott, der uns dazu berufen hat, Diener eines Neuen Bundes zu sein, eines Bundes, der nicht mehr am Buchstaben klebt, sondern vom Geist Gottes geprägt wird. Denn der Buchstabe tötet; der Geist aber macht lebendig. Erinnert euch an den Augenblick in der Geschichte des Volkes Israel, als Mose die Steintafeln mit dem Gesetz vom Berg Sinai herabbrachte. Die Israeliten konnten ihn nicht einmal ansehen, so spiegelte das Gesicht von Mose Gottes Gegenwart wider. Wenn aber der Dienst am Buchstaben des Gesetzes schon mit so viel Herrlichkeit umgeben war, obwohl er doch nicht zum Leben führen konnte, um wie viel stärker wird der Dienst des Geistes Gottes Herrlichkeit zum Ausdruck bringen. Dieser Dienst führt zum Leben und zur vollkommenen Annahme bei Gott, während der Dienst am Buchstaben des Gesetzes den Menschen zum Tod verurteilt. Könnt ihr euch vorstellen, um wie viel die Herrlichkeit Gottes im ersten Dienst die Herrlichkeit des zweiten überstrahlt?! Es ist so, als gäbe es im Umfeld des Gesetzes überhaupt keine Herrlichkeit mehr. Wenn nämlich ein sehr helles Licht auf ein schwächeres fällt, kann man dieses nicht mehr wahrnehmen. So bleibt nur noch die Herrlichkeit, die das Wirken des Heiligen Geistes in unserer Zeit umstrahlt.

Das ist auch der Grund, warum die Hoffnung, die uns trägt, so groß ist und warum wir keine Angst davor haben, uns zu Jesus zu bekennen. Dabei machen wir es allerdings nicht wie Mose, der sich ein dickes Tuch über seinen Kopf hängte, damit die Israeliten nicht mitbekamen, dass der Glanz der Herrlichkeit langsam wieder verschwand. Aber eigentlich hätten sie auch kein Tuch gebraucht, denn ihre verhärteten Herzen waren mit Blindheit geschlagen. Und das sind sie bis heute noch. Wenn heute irgendwo aus den alten Schriften vorgelesen wird, liegt dasselbe dicke Tuch auf ihren Herzen, sodass sie einfach nichts erkennen und verstehen. Und daran ändert sich auch nichts, es sei denn, Jesus selbst nimmt dieses Tuch weg. Doch erst, wenn Israel sich Gott zuwendet, wird der alles verdunkelnde Schleier weggenommen.

Der Herr ist Geist, und wo der Geist des Herrn ist, da ist Freiheit.

Was für ein Glück ist es für uns, dass wir die Herrlichkeit des Herrn mit aufgedecktem Gesicht sehen können, auch wenn sie jetzt noch so wie in einem Spiegel erscheint. Doch wenn wir sein Bild anschauen, werden wir verwandelt. Wie der Geist des Herrn es für uns vorgesehen hat, wird sich in unserem Leben mehr und mehr seine Herrlichkeit zeigen.

Was ist das Heute gemessen an dem, was uns am Morgen der Ewigkeit erwartet?! (4,1–6)

4 Deswegen haben wir allen Grund, nie den Mut zu verlieren. (Denn wir sind nicht aufgrund unserer moralischen Qualitäten) zu diesem Dienst berufen worden, sondern weil Gott uns überreich mit seinem Erbarmen beschenkt hat. Natürlich vermeiden wir all das, was Gott zuwider ist, irgendwelche dunklen Machenschaften oder Heimlichkeiten. Auch verdrehen wir nicht das Wort Gottes, sondern reden offen mit jedem Menschen über die Wahrheit unseres Glaubens und fordern ihn damit heraus, darauf zu antworten. Sollte jemand allerdings behaupten, die Botschaft von Jesus Christus bleibe dunkel und sei fast nicht zu verstehen, dann zeigt er damit, dass er sich im tiefsten Inneren davor verschlossen hat (und auch nicht möchte, dass Gott ihm aus diesem selbstgebauten Gefängnis heraus-

hilft). So gibt es immer wieder Menschen, die Gott einfach ihrem eigenen Willen überlassen muss, auch wenn dieser den Menschen blind macht gegenüber dem Lichtglanz der Frohe Botschaft von der Herrlichkeit Jesu Christi, der das Ebenbild Gottes ist. (Erst kommt die innere Verweigerung, dann der Unglaube, und am Ende steht ein Mensch, der auf ewig verloren zu gehen droht.)

Würden wir unsere eigene Botschaft verkünden, hätte eine Ablehnung nicht solche dramatischen Folgen. Doch wir verkünden die Botschaft von Jesus Christus als dem Herrn und treten um seinetwillen völlig zurück. An seinem Licht sollen sich die Geister scheiden. Wie sagte doch Gott bei der Erschaffung der Welt: „Aus der Finsternis soll Licht leuchten!" Genau das ist auch in uns geschehen, denn Gott ließ in unseren Herzen sein Licht aufleuchten, damit alle die Herrlichkeit Gottes erkennen können, die uns im Gesicht Jesu Christi so hell entgegenstrahlt.

Paulus dient voller Hoffnung der Frohen Botschaft – egal, was er durchmachen muss (4,7–18)

Natürlich sind wir uns bewusst, dass wir den Menschen diesen Schatz in einem einfachen Behältnis bringen. Aber nur so können alle erkennen, dass alles, auch das Außergewöhnliche, nicht von uns, sondern allein von Gott kommt. Er ist es auch, der uns die Kraft schenkt, durchzuhalten: Wir werden oft bedroht, doch die Menschen können uns nie in die Enge treiben. Nicht selten haben wir mit Zweifeln zu kämpfen, aber wir verzweifeln nie. Man verfolgt uns, doch wir fühlen uns nie verlassen. Man schlägt uns zu Boden, doch man hat uns bis jetzt noch nicht den Todesstoß versetzt. Tag für Tag erleben wir, dass wir dem Tod genauso ausgeliefert sind wie Jesus; Tag für Tag können wir aber auch das Leben Jesu an unserem eigenen Leib erfahren. Denn wenn auch wir Lebenden um Jesu willen ständig mit dem Tod bedroht werden, dann zeigt sich doch an unserem Leib im gleichen Maß die Fülle des Lebens Jesu. Das aber baut wiederum euren Glauben auf, sodass der Satz gültig ist: Je mehr der Tod uns bedroht, desto mehr Leben habt ihr in euch. Wie gut, dass wir alle durch den Heiligen Geist zu einer Hoffnung und einem Glauben gelangt sind. Er bringt mich dazu, solche Dinge voll Vertrauen auszusprechen, denn ich teile mit euch die Gewissheit, dass der, der den Herrn Jesus von den Toten auferweckt hat, auch uns mit ihm auferwecken wird. Der Tag wird kommen, an dem wir gemeinsam vor seinem Thron stehen werden. Denn all das geschieht, damit nicht nur die Gnade unter euch zunimmt, sondern auch die Zahl derer, die zum Glauben finden. Nur so wird euer Dank an Gott immer größer werden – was könnte Gott mehr ehren?!

Darum verliert nie den Mut, auch wenn wir – rein äußerlich betrachtet – nur noch Todeskandidaten sind. Innerlich erleben wir jeden Tag so etwas wie eine Auferstehung. Wie lächerlich gering ist doch alles Leiden, wenn man es mit dem Übermaß an Herrlichkeit vergleicht, das uns erwartet. Achtet darauf, dass ihr nicht auf das schaut, was sich in den Vordergrund drängt und uns Not und Schmerzen bereitet, sondern schaut auf das, was wir nicht sehen können. Was uns in dieser Welt zustößt, dauert immer nur eine bestimmte Zeit. Die Herrlichkeit, die uns dagegen erwartet, wird in Ewigkeit nicht enden.

Mit Paulus dürfen auch wir auf ein ewiges „Zuhause" hoffen (5,1–10)

5 Früher oder später wird unser irdisches Haus abgerissen. Wie tröstlich ist es da zu wissen, dass Gott ein Haus im Himmel für uns vorbereitet hat, das man nicht mit einem Haus vergleichen kann, wie wir es kennen. Ja, manchmal seufze ich und sehne mich danach, endlich in unsere himmlische Wohnung einziehen zu können. Dieser Gedanke bewegt mich umso mehr, weil wir ja nicht ohne alles dastehen, wenn unsere irdische Behausung ausgedient hat. Dann aber entdecke ich in mir auch die ganz normale, menschliche Angst,

die sich dagegen wehrt, das irdische Haus zu verlassen. Am liebsten wäre es mir, wenn das Sterbliche in mir einfach vom Leben verschlungen würde. Aber offensichtlich hat Gott andere Pläne mit uns, denn er hat uns seinen Heiligen Geist verliehen, sozusagen als Anzahlung auf all das, was uns erwartet.

Darum entdecken wir immer wieder einen Mut in uns, der uns selbst erstaunt, obwohl wir wissen, dass wir in diesem Körper leben müssen, der noch weit von der Heimat und Jesus selbst entfernt ist. Wir müssen darauf verzichten, ihn zu sehen, denn noch sollen wir uns im Glauben bewähren. Wie gesagt: Gott schenkt uns immer wieder Mut, aber am liebsten würden wir unser Lebenshaus verlassen, um endlich zu Hause bei unserem Herrn zu sein. Darum bemühen wir uns auch so darum, ihm Freude zu machen, ganz egal, ob wir nun bei ihm sind oder hier in der Fremde. Denn einmal werden wir alle vor dem Richterstuhl Christi stehen. Dann empfängt jeder den Lohn für sein Leben hier auf der Erde: Gutes, wer Gutes tat; Böses, wer Böses tat.

Lasst euch mit Gott versöhnen (5,11–21)

Weil wir uns dessen bewusst sind, nehmen wir Gott sehr ernst und versuchen mit aller Kraft, Menschen für ein Leben mit ihm zu gewinnen. Gott weiß, was uns antreibt, und ich hoffe, dass auch ihr es versteht, weniger mit dem Verstand als vielmehr mit euren Herzen. Doch ich will nicht länger von uns reden. Wenn es etwas gibt, das ihr uns sagen wollt, dann sollt ihr selbst die Gelegenheit dazu bekommen, uns von Angesicht zu Angesicht – und nicht nur still in eurem Herzenskämmerlein – zu sagen, wofür ihr Gott im Hinblick auf uns dankbar seid.

Die Liebe, die Christus uns erwiesen hat, drängt uns geradezu, euch noch einmal etwas Wichtiges ins Gedächtnis zu rufen: Wenn Jesus für alle gestorben ist, dann haben wir alle auch Anteil an seinem Tod. Denn er ist für alle gestorben, damit die Lebenden nicht länger ein Leben führen, das nur um die eigenen Belange kreist, sondern das ihm gehört, der für sie in den Tod gegangen ist. Diesen Gedanken dürfen wir nie vergessen, wenn wir mit Menschen zu tun haben, für die Jesus gestorben ist. So wie wir jetzt in Jesus auch nicht mehr den Menschen sehen, der unter uns gelebt hat, sondern den zur Rechten Gottes erhöhten Herrn, so dürfen wir im Umgang mit Menschen nie mehr außer Acht lassen, wie unglaublich wertvoll sie sind, weil Jesus für sie gestorben ist. Wenn jemand zu Christus gehört (also ihn als seinen Herrn und Erlöser angenommen hat), dann ist er eine neue Schöpfung. Das Alte ist vergangen, es ist wirklich etwas ganz Neues entstanden. Ein solcher Mensch ist mit Gott versöhnt, weil Gott durch Christus alles mit sich versöhnt hat. Auch uns hat er keinen anderen Auftrag gegeben als den, die Botschaft seiner Versöhnung mit den Menschen zu verbreiten. Gott hat durch Christus die Welt mit sich versöhnt und rechnet uns unsere Schuld nicht länger an. Im Gegenteil: Über alles hat er das Wort „Versöhnung“ geschrieben. Gott hat uns in die ganze Welt gesandt, damit wir an seiner Stelle die Menschen buchstäblich anflehen: „Lasst euch mit Gott versöhnen!“ Gott hat Christus, der selbst vollkommen frei von Sünde war, mit all unserer Schuld beladen, damit wir wieder von Gott angenommen werden.

Durch Gnade in allen Lagen bewahrt und bewährt (6,1–13)

6 Und bei all dem durften wir mitarbeiten. Versteht ihr jetzt, warum wir euch immer wieder ermahnen und ermutigen, damit ihr nicht eines Tages feststellt, dass ihr die Gnade Gottes zwar angenommen habt, dass diese aber keine Auswirkungen hatte? Gott selbst spricht davon, dass es besondere Zeiten der Gnade gibt: „Im richtigen Moment habe ich dich erhört, und am Tag der Rettung habe ich dir geholfen. Siehe, jetzt ist der günstigste Moment, das ist der Tag der Rettung!“ Lasst uns niemandem einen Grund geben, sich zu Recht

über uns aufzuregen. Unser Dienst und damit Gott selbst würde dadurch nur in Verruf geraten. Nein, wir wollen den Menschen zeigen, wem wir dienen, indem wir geduldig ausharren, wenn wir angegriffen werden oder in Notlagen geraten; wenn man uns schlägt, ins Gefängnis wirft oder wenn wir von einer aufgebrachten Menge umringt werden. Lasst uns zeigen, wem wir dienen, wenn wir in Schwierigkeiten geraten, in schlaflosen Nächten, wenn Hunger uns zu schaffen macht oder wir auf die Probe gestellt werden. Es gibt so vieles, was anderen zeigen kann, wer Gott ist: die Erkenntnis, die Gott uns schenkt, die Geduld, die Güte, das Wirken des Heiligen Geistes, die ungeheuchelte Liebe, das Festhalten an der Wahrheit. Wir erweisen uns als Diener Gottes durch die Waffen des Geistes, die wir sowohl in der Rechten als auch in der Linken halten. Darum ist es uns letztlich egal, ob wir geehrt oder beschimpft werden, ob man schlecht über uns redet oder überall voller Respekt von uns spricht, ob man uns Verführer schimpft oder ehrliche Zeugen Gottes. Die Folgen sind für uns alle ähnlich: Die einen wollen uns nie gekannt haben, die anderen schenken uns ihre volle Anerkennung; wir werden beinahe umgebracht und leben immer noch; wir werden geschlagen, aber nicht getötet; wir sind oft voller Traurigkeit, verlieren aber nie die tief in uns wurzelnde Freude; wir kommen uns vor wie Bettler, haben aber schon so viele Menschen reich machen dürfen; selbst besitzen wir nichts und haben doch alles.

Liebe Geschwister, so offen, wie wir jetzt zu euch reden, so offen ist auch unser Herz für euch. Wenn irgendetwas Druck auf euch ausübt oder euch einengt, dann kommt das nicht von uns. Vielleicht seid ihr es selbst, die euren Herzen unnötige Lasten auferlegt. Ich rede zu euch, als wärt ihr Kinder, und ich erwarte auch nicht mehr von euch, als dass ihr euer Herz ebenfalls weit für mich und meine Botschaft öffnet.

Gefährdet nicht eure Beziehung zu Gott um irgendwelcher Vorteile willen (6,14–7,1)

Ich empfehle euch, keine gemeinsamen Geschäfte mit Ungläubigen zu machen. Ihr werdet dadurch nur Schwierigkeiten bekommen, denn ein Ungläubiger fühlt sich erfahrungsgemäß nicht so an Recht und Gesetz gebunden wie ihr. Licht und Finsternis können eines Tages unvermittelt und mit Gewalt aufeinanderstoßen. Ihr gehört Christus, wem aber gehört euer nichtchristlicher Geschäftspartner? Vielleicht verehrt er irgendeinen Götzen oder wird von einem bösen Geist beherrscht! Meint ihr, dass das auf die Dauer gutgehen kann? Schließlich seid ihr der Tempel des lebendigen Gottes, so wie er es selbst gesagt hat: „Wohnen will ich unter ihnen und in ihrer Mitte mich aufhalten, ich will ihr Gott sein und sie sollen mein Volk sein. Darum vermischt euch nicht mit anderen Völkern, sondern achtet auf die Einhaltung klarer Grenzen. Lasst die Hände von Dingen, die mir zuwider sind. Dann will ich euch annehmen und für euch wie ein Vater sein. Ihr aber sollt mir wie Söhne und Töchter sein‘, spricht der Herr, der über das All herrscht.“*

7 Geliebte Geschwister, weil Gott diese Verheißung gemacht hat, wollen wir wirklich alles von uns fernhalten, was uns wieder in alte Abhängigkeiten bringen könnte – körperliche, aber auch geistige. Wenn wir ihn ernst nehmen, ja, fürchten, wollen wir ein Leben führen, das ihm gefällt!

Paulus wirbt um das Vertrauen seiner Korinther (7,2–4)

Wir bitten euch: Gebt uns wieder einen Platz in euren Herzen, denn wir haben keinem von euch Unrecht getan oder ihm sogar geschadet.

---

* 3. Mose 26,11.12; Jeremia 32,38; Hesekiel 37,27

Keinen von euch haben wir durch List zu etwas gezwungen, was er nicht wollte. Das sage ich nicht, um euch ein schlechtes Gewissen zu machen, denn das würde ja auch dem widersprechen, was ich euch gerade eben gesagt habe: Ihr habt einen festen Platz in unseren Herzen, den euch auch der Tod nicht nehmen kann. Ich fühle mich euch gegenüber frei, euch alles sagen zu können, und ich bin stolz auf euch. Ihr glaubt gar nicht, was das für ein Trost für mich ist, ja, ihr seid es, wegen denen ich trotz aller Schwierigkeiten und Leiden voller überfließender Freude bin.

Sein erster Brief hat Wirkung gezeigt – bei den Korinthern, aber auch bei Paulus (7,5–16)

Denn gerade hier in Mazedonien hatte ich eine sehr schwere Zeit. Ich kam überhaupt nicht mehr zur Ruhe: Ständig musste ich mich gegen Angriffe von außen zur Wehr setzen. Aber noch schlimmer war die Angst, mit der ich immer wieder zu kämpfen hatte. Aber der Gott, der die tröstet, die am Boden liegen, hat auch uns getröstet, und zwar indem er uns Titus schickte. Doch nicht nur das Wiedersehen mit ihm hat mich wieder aufgerichtet, sondern auch all das, was er von euch zu erzählen wusste. Es hat mich ungemein getröstet und mit einer großen Freude erfüllt, als ich von ihm hören durfte, wie sehr ihr euch danach sehnt, mich zu sehen, wie sehr ihr das Vorgefallene bedauert und mit welchem Eifer ihr euch für mich einsetzt.

Ich weiß, dass ich euch mit meinem Brief sehr erschüttert habe, aber ich bereue es dennoch nicht, ihn geschrieben zu haben. Gut, der Brief hat euch traurig gemacht, aber doch nicht lange. Er hat doch auch dazu geführt, dass ihr euer Verhalten geändert habt, und das ist für mich Grund genug, mich für euch zu freuen. Ich bin sogar davon überzeugt, dass er niemandem von euch geschadet hat, weil es darum ging, Gottes Willen zu erfüllen. Wo immer dieses Ziel im Vordergrund steht, kann uns das zwar im ersten Moment einiges abverlangen, denn Umkehr ist nun mal keine leichte Sache, aber es bringt uns auf dem Weg der Erlösung weiter, und das bereut mit Sicherheit keiner von uns. Wie anders ist es doch, wenn einem in der Welt Zurechtweisung oder sogar Ablehnung begegnet. Sie treibt jeden in eine tödliche Hoffnungslosigkeit.

Ist das etwa bei euch passiert, als ihr meinen ersten Brief gelesen hattet? Hat die Traurigkeit, die euch da erfasste und die sicher auch darauf zurückzuführen war, dass ihr Gottes Willen über den euren stellen musstet, nicht etwas völlig anderes bewirkt? Denkt nur mal daran, welche Bemühungen diese Traurigkeit ausgelöst hat; mit wie viel gutem Willen seid ihr jetzt bereit, für eure Unschuld einzutreten! Das ist die Furcht Gottes, die euch neu erfasste; dann die Sehnsucht, ihm mehr zu gehorchen, und der Eifer, seinen Willen zu tun, der schließlich zur Bestrafung des Betreffenden führte. In allem habt ihr bewiesen, wie wichtig es euch ist, im Einklang mit dem Willen Gottes zu leben.

Selbst wenn ich euch nicht wegen der Person geschrieben hätte, die schweres Unrecht tat, so hat sich der Brief doch schon allein deshalb gelohnt, weil er deutlich macht, wie sehr ihr euch vor Gott, und in diesem Fall auch uns, verantwortlich wisst. Das hat uns wirklich getröstet. Doch noch mehr haben wir uns darüber gefreut, dass Titus uns begeistert berichtete, wie viel Ermutigung er durch euch alle erfahren habe. Ihr habt mich nicht enttäuscht! Ich hatte ihm so viel Gutes über euch berichtet, dass er mich für einen Aufschneider gehalten hätte, wäre an allen meinen Erzählungen nichts Wahres dran gewesen. So aber hat er erlebt, dass alles genau so ist, wie wir es ihm erzählt haben. Auch er hat euch mittlerweile ganz besonders ins Herz geschlossen, weil ihr so entschieden versucht, Jesus gehorsam zu sein. Ja, selbst ihm, meinem jungen Mitarbeiter, und seinen Anordnungen habt ihr euch bereitwillig unterstellt und habt ihn mit Respekt und Ehrerbietung willkommen geheißen. Mit einem Wort: Ich freue mich darüber, dass ich mich in jeder Beziehung auf euch verlassen kann.

Die Sammlung für die Gemeinde in Jerusalem – ein großes Hilfsprojekt (8,1–15)

8 Liebe Schwestern und Brüder, wir möchten euch gern noch davon erzählen, was Gott in seiner Gnade in den Gemeinden Mazedoniens tut. Obwohl unsere Geschwister es hier wirklich nicht leicht haben, sind sie doch voller Freude, und trotz ihrer unglaublichen äußeren Armut legen sie eine überfließende, selbstverständliche Hilfsbereitschaft an den Tag. Sie spenden weit über ihre Möglichkeiten hinaus, ja sie haben mich regelrecht angefleht, ihnen doch das Vorrecht einzuräumen, etwas zum Dienst der Gemeinde in Jerusalem beitragen zu können. Sie sammelten mehr Geld, als wir überhaupt zu hoffen wagten. Doch weit wichtiger als die Summe ist ihre Hingabe. Sie haben weitaus mehr gegeben als nur Geld – sie haben sich selbst verschenkt, zuerst an die Sache Jesu Christi und irgendwie, weil es Gott wohl so wollte, auch an mich. Ihre Hingabe war so groß, dass wir Titus beauftragten, den bei euch begonnenen Liebesdienst der Sammlung auch bald zu Ende zu bringen. Und diese Sammlung wird für euch sprechen. Sie wird zeigen, dass ihr nicht nur überreich mit lebendigem Glauben, mit guter Lehre und tiefen Erkenntnissen gesegnet seid, sondern auch, was euren Eifer und eure Liebe anbelangt. Ich bin mir sicher, dass auch eure Sammlung, die ihr aus Liebe zu den Glaubensgeschwistern in Jerusalem abhaltet, über die Maßen großzügig sein wird. Versteht dies bitte nicht als Aufforderung. Ich möchte einfach erleben, was mir andere voller Begeisterung über die Echtheit eurer Liebe erzählt haben. Denn ihr habt am eigenen Leib erfahren, wie gnädig unser Herr Jesus Christus ist: Er, der reich war, ist um euretwillen arm geworden, damit ihr durch seine Armut reich werdet.

Ich möchte euch noch einmal an das erinnern, was ihr schon im vergangenen Jahr begonnen habt. Lasst eurem Wollen Taten folgen, das will heißen: Fangt jetzt schon an, das, was ihr euch zu spenden vorgenommen habt, Woche für Woche zur Seite zu legen. Bleibt nicht beim bloßen Wollen stehen, sondern packt es ganz konkret an, jeder in dem Maß, wie es ihm möglich ist. Denn es leuchtet ein, dass es nur Freude macht, etwas herzugeben, wenn man auch etwas hat, das man geben kann. Alles andere ist nur frustrierend. Ich würde nicht so viele Worte über das ganze Thema verlieren, wenn es mir nur darum ginge, die Gemeinde in Jerusalem aus ihrer Geldnot zu retten. Nein, mir geht es um das Prinzip des Ausgleichs. Momentan ist es so, dass ihr dank eures Überflusses die Not der Geschwister in Jerusalem ausgleicht. Aber entsprechend werden auch sie euch mit ihrem Überfluss dienen, wenn es euch an etwas fehlt. Um diesen Ausgleich geht es mir und ihn finde ich sogar in der Heiligen Schrift beschrieben: „Derjenige, der viel ernten konnte, hatte keinen Überfluss, und dem, dessen Ernte sehr schlecht ausfiel, mangelte es an nichts."*

Paulus empfiehlt seine Mitarbeiter als vertrauenswürdig (8,16–9,5)

Ich danke Gott dafür, dass er das Herz meines Bruders Titus mit dem gleichen Eifer und der gleichen Liebe für euch erfüllt hat wie meines. Er ist meiner Bitte, doch zu euch zu reisen, sofort gefolgt, ja, er wollte es aus eigenem Antrieb ohnehin tun. Mittlerweile ist er bereits abgereist. Er wird von einem Bruder begleitet, dessen Einsatz für die Verbreitung der Frohen Botschaft in allen Gemeinden hoch gelobt wird. Doch nicht nur das. Er wurde von den Gemeinden ausdrücklich dazu bestimmt, mich zu begleiten, wenn ich die große Sammlung, um die ich mich gerade kümmere, nach Jerusalem bringen werde. Ich bin froh darüber, stellt es für mich doch eine große Entlastung dar. Immerhin handelt es sich um eine große Summe, und leider gibt es immer wieder Personen, die sehr schnell mit Verdächtigungen bei der Hand sind. Es liegt mir viel daran, nicht nur bei Gott, sondern auch bei den Menschen als vollkommen zuverlässig zu gelten.

Zusammen mit diesen beiden schicke ich noch einen weiteren

---

* 2. Mose 16,18

Bruder, mit dem wir nur gute Erfahrungen gemacht haben und der sich bei vielen Aufgaben als ausgesprochen tatkräftig gezeigt hat. Er hat schon viel Gutes über euch gehört und ist daher noch viel eifriger bei der Sache, seit er weiß, dass er zu euch reisen wird.

Ob es nun Titus ist, mein Gefährte und enger Mitarbeiter, oder die Brüder, die von den Gemeinden zu euch gesandt wurden: Sie alle verkörpern etwas von der Herrlichkeit Christi. Deshalb bitte ich euch darum, dass ihr ihnen mit der Liebe begegnet, die ich in so vielen Gemeinden positiv hervorgehoben habe.

9 Ich bin mir bewusst, dass eigentlich all das, was ich euch über die Aufnahme der Glaubensgeschwister geschrieben habe, die zu euch reisen werden, völlig überflüssig ist. Ich kenne nämlich eure Bereitschaft aus eigener Erfahrung und habe sie den Gemeinden in Mazedonien immer als Vorbild vor Augen gestellt. Auch in Achaia hat euer Beispiel Spuren hinterlassen und viele Gemeinden wurden durch euren Eifer angespornt. Warum ich die Brüder vorausschicke, hat einen einfachen Grund: Ich möchte nicht so unerwartet zu euch kommen, dass ihr gar keine Möglichkeit hattet, eure Sammlung durchzuführen. Es wäre für euch und auch für mich peinlich, wenn ihr mit leeren Händen dastehen würdet, nachdem vorher alle Welt von eurer Hingabe und Opferbereitschaft gesprochen hat. Es werden nämlich einige mazedonische Brüder mit mir kommen und die werden sehr schnell spüren, ob eure Kollekte schon bereitgelegt wurde, weil ihr Menschen seid, die in Liebe an jene denken, denen das Geld zum Segen werden soll – oder ob erst noch mühsam das zusammengekratzt wird, was der Einzelne gerade noch erübrigen kann. Ich denke, ihr wisst, dass ich zu den Brüdern aus Mazedonien nicht entschuldigend sagen möchte: „Ihr müsst verstehen, in der jetzigen Lage ...!“ Aber wem sage ich das?!

Was du hergibst, das wird dir erst wirklich gehören (9,6–15)

Auch ihr habt ja sicher längst erfahren, dass gilt: Wer spärlich sät, der wird auch spärlich ernten; wer dagegen mit vollen Händen sät, der wird reich ernten. Jeder soll für sich selbst entscheiden, was er geben will. Wenn er sich dabei unter Druck gesetzt fühlt oder wenn es ihm später um sein Geld leidtut, dann soll er lieber nichts geben. Denn Gott liebt Menschen, die gern und fröhlich geben.

Für Gott ist es kein Problem, euch mit allem zu beschenken, und das noch im Überfluss! Ihr werdet jederzeit genügend für euer Auskommen haben und darüber hinaus noch genug, um damit Gutes tun zu können. Was die Großzügigkeit Gottes betrifft, heißt es in der Schrift: „Er hat seine Gaben ausgestreut, er hat die Armen beschenkt, seine Gerechtigkeit bleibt in Ewigkeit."* So wird der Gott, der dem Säenden das Saatgut gibt und das Brot zum Essen, auch eure Saat vermehren und die Früchte wachsen lassen, die aus eurem Leben mit Christus hervorgehen. Er wird euch mit allem so reich beschenken, dass ihr großzügig und uneigennützig geben könnt. Allein dafür könnte ich Gott ständig danken. Denn was ihr den Geschwistern in Jerusalem gebt, beseitigt nicht nur deren Mangel. Eure Unterstützung wird auch unzählige Dankgebete nach sich ziehen. Durch eure konkrete Hilfe loben in Judäa viele Christen unseren Gott dafür, dass es in weiter Ferne Menschen gibt, die sich auch für die Frohe Botschaft Jesu Christi geöffnet haben. Sie danken ihm dafür, dass deren Hingabe so echt ist wie die Gaben, die sie von diesen Glaubensgeschwistern in Händen halten. Könnt ihr euch vorstellen, wie viele Gebete da gen Himmel steigen?! Ich denke, dass viele sich danach sehnen werden, euch und die übergroße Gnade kennenzulernen, mit der ihr offensichtlich von Gott bedacht worden seid. Dank sei Gott für dieses unbeschreibliche Geschenk!

---

* Psalm 112,9

Immer wieder muss sich Paulus gegen Vorwürfe zur Wehr setzen (10,1–18)

10 Ich möchte euch noch etwas sagen, das mir sehr auf dem Herzen liegt. Ich möchte es diesmal mit der ganzen Sanftmut und Freundlichkeit tun, wie sie uns der Geist Christi verleihen kann. Es gibt Leute, die behaupten, dass ich nur in der Ferne den Mut habe, euch gegenüber die Dinge beim Namen zu nennen, dass ich mich aber, wenn ich bei euch bin, nicht traue, den Mund aufzumachen und zu sagen, was ich denke. Ich bitte euch, zwingt mich nicht dazu, euch das Gegenteil zu beweisen und bei meinem nächsten Aufenthalt bei euch energisch auftreten zu müssen. Ihr werdet euch denken können, dass ich mit gewissen Personen, die irgendwelche bösen Gerüchte über mich verbreiten, Klartext reden werde. Ich bestreite nicht, dass ich immer noch von Gottes Gnade und Vergebung abhänge, aber die Waffen, die Gott mir anvertraut hat, sind geistlicher Natur. Sie können wirkungsvoll für Gott eingesetzt werden. Durch sie können Bollwerke, ganze Gedankengebäude und alle hohen Gebäude, die sich dagegen stellen, dass Jesus Christus als Sohn Gottes erkannt wird, zerstört werden. Diese geistlichen Waffen können sogar das Denken gefangen nehmen und so zu Jesus führen, dass sich der Betreffende im Gehorsam Christus unterordnen kann. Diese Waffen können in schweren Fällen auch dafür gebraucht werden, offensichtlichen Ungehorsam zu bestrafen. Doch so weit sind wir noch lange nicht. Erst wenn sich zeigt, dass ihr als Gemeinde Gott völlig gehorsam seid, werden wir allen dann noch verbleibenden Ungehorsam bestrafen.

Ihr braucht nur die Augen aufzumachen! Wenn jemand davon überzeugt ist, dass er Christ sei, dann sollte er das auch anderen zugestehen, zum Beispiel mir. Ich muss nicht erst auf die Vollmacht hinweisen, die der Herr mir zu eurer Auferbauung gegeben hat. Natürlich werde ich diese Vollmacht nicht gegen jemanden einsetzen – auf der anderen Seite lasse ich mich aber auch von niemandem niedermachen.

Nein, ich wollte euch durch meine Briefe wirklich nicht einschüchtern! Mittlerweile gibt es unter euch welche, die behaupten: „Seine Briefe sind ja ziemlich gewichtig und kraftvoll, aber wenn er selbst da ist, macht er eine schwache Figur, und was er redet, ist nicht viel wert." Ich möchte jeden, der so oder ähnlich denkt, nur warnen: Wenn ich das nächste Mal bei euch bin, werdet ihr keinen Unterschied mehr feststellen können zwischen meinen Briefen und dem, wie ich auftreten und zu euch reden werde.

Eines werde ich allerdings nicht tun: Ich werde mich nicht auf eine Stufe mit Leuten stellen, die sich überall selbst empfehlen. Sie sind so borniert, dass sie sich einzig und allein an sich selbst messen und nur mit sich selbst vergleichen. Genau das werde ich nicht tun. Wenn ich schon meine Arbeit beurteilen soll, dann anhand des Maßstabes, den Gott an mich anlegt. Und hier zählen eher die Tatsachen als unsere Wunschvorstellungen. Dazu gehört, dass ich mit der Frohen Botschaft tatsächlich bis zu euch durchgedrungen bin. Und das, ohne auf der Arbeit anderer aufbauen zu können. So hoffe ich denn auch, dass euer Glaube so wachsen kann, dass er überfließt und ihr in der Lage seid, auch in anderen Gegenden die Frohe Botschaft zu verkünden. Selbst an einem Maßstab gemessen, der von außen angelegt wird, wäre das ein Grund, auf euch wirklich stolz zu sein. Doch wer meint, er müsse auf etwas stolz sein und allen davon erzählen, der sei stolz auf das, was der Herr durch ihn getan hat. Denn nicht der, der sich selbst empfiehlt, hat sich bewährt, sondern der, der sich in den Augen des Herrn bewährt hat.

Kann einem Apostel der Kragen platzen? Er kann (11,1–15)

11 Hoffentlich könnt ihr es ertragen, dass ich jetzt etwas deutlicher werde. Ach ja, natürlich verkraftet ihr mich auch dann. Ich kämpfe ja mit Gottes Eifer um euch. Habe ich euch nicht mit einem einzigen Mann verlobt, Christus? Ihm möchte ich euch als jung-

fräuliche Braut zuführen, aber ich kann die Befürchtung einfach nicht ablegen, ihr könntet noch einmal von eurem kindlich-reinen Vertrauen zu Jesus abgebracht werden. Immerhin ist es ja auch der Schlange im Paradies gelungen, Eva geschickt zu betrügen. Wie aber werdet ihr euch verhalten, wenn jemand zu euch kommt und euch einen anderen Jesus verkündet als den, den wir euch vor Augen gestellt haben? Oder wenn ihr einen ganz anderen Geist empfangt als den, den ihr empfangen habt, oder eine Frohe Botschaft, die sich von der unterscheidet, die wir euch gepredigt haben – werdet ihr das alles ohne Bedenken hinnehmen?

Es gibt einige Überapostel, denen ich jedoch in nichts nachstehe, auch wenn ich nicht zum Predigen ausgebildet wurde. Das tut meinem Wissen über Gott und Jesus jedoch keinen Abbruch, was nicht nur ihr, sondern alle Gemeinden in jeder Hinsicht bestätigen können. Oder habe ich etwa dadurch gesündigt, dass ich mich selbst erniedrigt habe, um euch zu erhöhen? Kann mir jemand vorwerfen, dass ich euch die Frohe Botschaft verkündet und eine Gegenleistung erwartet habe? Andere Gemeinden habe ich regelrecht geplündert und dort Geld für meine Arbeit genommen, damit ich euch unentgeltlich dienen konnte. Als ich bei euch in Not geriet, bin ich keinem von euch zur Last gefallen. Glaubensgeschwister aus Mazedonien haben mir damals ausgeholfen. Doch so wie damals möchte ich es auch in Zukunft halten: Ich möchte keinem von euch finanziell zur Last fallen. Das ist die Wahrheit und Christus ist mein Zeuge. Ich werde nicht zulassen, dass jemand etwas anderes über mich verbreitet, auch nicht hier in Achaia. Warum ich diesen Punkt so ernst nehme? Etwa, weil ich euch nicht liebe? Gott weiß, dass ich euch liebe.

Der Grund ist ein anderer. Es gibt, wie gesagt, einige, die sich den Gemeinden als Apostel aufdrängen, um von ihnen viel Geld zu erhalten. Den Gemeinden fällt natürlich auf, dass ihr Interesse dem Geld gilt. Darum wollen sie mich auf ihr Niveau herunterziehen und sich dessen rühmen, auch nicht mehr zu verlangen, als dieser Paulus es bei den Korinthern getan hat. Daher will ich auch in Zukunft kein Geld von euch annehmen. Die, die dies tun, entlarven sich selbst als falsche Apostel, als betrügerische Arbeiter, die nur vorgeben, Apostel Christi zu sein. Mich wundert das überhaupt nicht, kann sich doch Satan selbst in einen Engel des Lichts verwandeln. Es ist also keine große Sache, dass sich auch seine Diener in Menschen verwandeln, die, rein äußerlich gesehen, von den wahren Nachfolgern Jesu kaum zu unterscheiden sind. Ich kann diese Personen nur warnen: Ihr Ende wird dem entsprechen, was sie getan haben.

Einmal musste Paulus wohl herauslassen, was schon lange in ihm brodelt (11,16–33)

Um es noch einmal ganz deutlich zu sagen: Niemand soll glauben, ich wäre zu dumm, um das alles zu durchschauen. Doch selbst wenn einer von euch es doch täte, dann solltet ihr mich wenigstens als geistig Beschränkten aufnehmen, damit ich endlich mal etwas habe, auf das ich wirklich stolz sein kann. Ihr schüttelt den Kopf, und auch Jesus ist sicher nicht mit dem einverstanden, was ich jetzt sagen werde, aber ich meine es ernst. Schaut, es gibt so viele, die mit ihren Leistungen und Stärken prahlen, ich möchte euch jetzt einmal zeigen, auf was ich wirklich stolz bin. Ihr haltet sicher diese Dummheit von mir aus, weil ihr so „vernünftig" seid und ja auch ertragt, wenn jemand sich über euch erhebt, euch niedermacht, euch ausnutzt, euch Fesseln anlegt, euch ins Gesicht schlägt. Vielleicht sollte ich ja zu meiner Schande gestehen, dass ich einfach zu schwach war, um euch ebenso zu behandeln?!

Nein, ich werde jetzt auch einmal so kühn sein wie die anderen und euch sagen, worauf ich wirklich stolz bin:

Ihr seid Juden? Ich auch. Ihr gehört zum Volk Israel? Ich auch. Ihr seid Nachkommen Abrahams? Ich auch. Ihr seid Diener Christi? Und wenn es noch so verrückt klingt: Ich habe ihm mehr gedient als ihr. Ich habe ganz andere Mühen auf mich genommen als ihr. Wart ihr so oft im Gefängnis wie ich, wurdet so oft zusammengeschlagen, schwebtet so oft in unmittelbarer Todesgefahr? Ich bin von den Juden fünfmal mit 39 Peitschenhieben bestraft worden, dreimal wurde ich mit Ruten geschlagen, einmal sogar gesteinigt. (Auf meinen Missionsreisen) habe ich dreimal Schiffbruch erlitten. Einmal trieb ich eine Nacht und einen Tag auf hoher See. Überhaupt war ich auf diesen Reisen ununterbrochen irgendwelchen Gefahren ausgesetzt – mal waren es Flüsse, die es zu durchqueren galt, dann wieder wurden wir von räuberischen Wegelagerern angegriffen; mal waren es die Juden selbst, die mich bedrohten, dann wieder die Bewohner der wildfremden Gegenden, durch die wir zogen. Mein Leben war immer bedroht, egal, ob ich mich in einer einsamen Wüste, auf dem Meer oder in einer belebten Stadt befand. Überall musste ich mich vor falschen Brüdern in Acht nehmen. Kurzum: Mein Leben ist eine einzige Aneinanderreihung von Gefahren und beschwerlichen Situationen. Oft hatte ich schlaflose Nächte, Hunger und Durst, nicht selten litt ich unter der Kälte, auch weil ich des Öfteren nicht genug zum Anziehen hatte. Neben diesen Mühen, die mein Leben rein äußerlich begleiteten, gab es da noch die tägliche Sorge um die Gemeinden und den damit verbundenen Andrang von Menschen, die von mir Rat, Hilfe oder Gebet erhofften. Wenn einer wirklich schwach ist, dann bin ich es. Und wenn einer versucht werden kann, dann bin ich das passendste Opfer.

Das sind also die Dinge, auf die ich stolz bin: meine Schwachheit. Gott selbst, der Vater unseres Herrn Jesus Christus, er, der in alle Ewigkeit gepriesen sei, weiß, dass dies wahr ist. Ich war nie ein Held. Als der Statthalter des Königs Aretas in Damaskus alle Ausgänge der Stadt bewachen ließ, nur um mich zu ergreifen, wurde ich in einem Korb an der Mauer heruntergelassen, damit ich ihm entkommen konnte. Das nenne ich Schwachheit.

Schwach und doch – oder gerade deswegen – unglaublich begnadet (12,1–13)

12 Ich weiß nicht, ob es etwas bringt, aber ich würde doch gern noch etwas anderes erwähnen. Wenn es wirklich etwas gibt, das ich für mich anführen kann, dann ist es etwas, das mir völlig unverdient geschenkt wurde. Es handelt sich um Visionen und Offenbarungen, die mir Gott schenkte. Ich kenne da einen Christen – sicher wisst ihr, wen ich meine –, der vor vierzehn Jahren in den „dritten Himmel" entrückt wurde. Fragt mich nicht, wie das geschah, ob er dort auch rein körperlich war oder ob er nur eine Vision hatte. Das weiß Gott allein. Er wurde in das Paradies entrückt und vernahm dort unaussprechliche Worte, die kein Mensch gebrauchen darf. Ich finde es heute noch großartig, was diesem Menschen geschenkt wurde. Wenn ich dagegen auf mich schaue, bin ich, wie gesagt, nur stolz auf meine Schwachheit. Natürlich gibt es auch in meinem Leben Dinge, die ich groß herausstellen könnte, ohne dass mir jemand meinen gesunden Menschenverstand absprechen dürfte. Das liegt daran, dass ich die Wahrheit sagen würde. Ich erspare es aber mir und euch, damit sich niemand ein falsches Bild von mir macht, das weit über die Wirklichkeit hinausgeht, sei es, weil er irgendetwas über mich gehört hat, sei es wegen der unglaublich vielen Zeichen und Visionen, die Gott mir geschenkt hat. Gott hat schon vorgesorgt, dass ich deswegen nicht überheblich werde: Ich muss gegen etwas in mir ankämpfen, das wie ein spitzer Dorn in meinem Fleisch sitzt. Ein Engel Satans darf mich ganz offensichtlich ständig mit Fäusten schlagen, damit ich mich in keinem Augenblick über andere erhebe. Im Hinblick auf diesen Stachel habe ich den Herrn schon dreimal angefleht, dass er ihn aus meinem Fleisch herausziehen möge. Doch seine Antwort lautete nur: „Meine Gnade genügt dir, denn meine Kraft kommt gerade in deiner Schwachheit zur Vollendung."

Ich werde also gern auch weiterhin meine Schwachheit beim Namen nennen, damit die Kraft Jesu Christi mich erfüllt. Darum machen mir letztlich meine eigene Schwachheit, die Misshandlungen, die vielen Notlagen, die Verfolgung und das Erleiden von Gewalt nichts aus, weil ich das alles für Christus ertragen darf. Denn wenn ich schwach bin, dann bin ich stark – durch ihn, der mir die Kraft schenkt!

Eigentlich war es dumm von mir, meine Vorzüge selbst in dieser Weise hervorzuheben. Aber ihr habt mich dazu gezwungen, weil ihr keinerlei Anstalten gemacht habt, bei anderen für mich einzutreten. Denn ich stand euren Überaposteln in nichts nach, auch wenn ich selbst nur ein Nichts bin. Ich habe unermüdlich unter euch gewirkt und Zeichen gesetzt, die mich als Apostel auswiesen: Machttaten und Wunder. Nennt mir eine Sache, bei der ihr im Vergleich mit den anderen Gemeinden benachteiligt worden seid! Das Einzige, was mir einfällt, ist, dass ich euch nicht zur Last gefallen bin. Bitte vergebt mir dieses „Unrecht"!

Verunsichert und doch entschlossen: Paulus wird nach Korinth kommen (12,14–13,13)

Ich bereite mich also jetzt zum dritten Mal darauf vor, zu euch zu kommen, und ihr könnt sicher sein: Ich werde euch auch dieses Mal nicht zur Last fallen. Denn ich komme nicht zu euch, um auf eure Kosten zu leben, sondern um mit euch zusammen zu sein. Schließlich ist es immer noch so, dass die Eltern für den Unterhalt ihrer Kinder sorgen und nicht umgekehrt. Kinder müssen keine Schätze für ihre Eltern sammeln. So verhält es sich auch zwischen euch und mir. Ich bringe alles auf, ja, ich opfere mich selbst, um euch alles mitzugeben, was ihr für euer Leben mit Gott braucht. Versteht ihr, dass ich nicht ganz einsehe, warum ich weniger geliebt werden sollte, obwohl ich euch doch mehr als alle anderen liebe? Doch sei's drum! Mag sein, dass ihr mich mit List ein wenig herausfordern wolltet, aber ich habe euch mit euren eigenen Schlingen gefangen. Sagt selbst: Hat auch nur ein Einziger von denen, die ich zu euch geschickt habe, versucht, euch zu übervorteilen? Ich hatte ja Titus und einen weiteren Bruder zu euch gesandt: Haben sie etwa irgendwelche Ansprüche gestellt? Natürlich nicht, in dieser Sache sind wir einer Meinung. Sind wir etwa nicht den gleichen Fußspuren gefolgt?

Sicher denkt ihr, ich würde mich vor euch verteidigen, wie jemand, der auf der Anklagebank sitzt. Doch eigentlich lege ich das alles vor Christus hin. Und ich hoffe, dass es euch irgendwie weiterbringt. Ich werde nämlich die Furcht nicht los, dass ihr euch mittlerweile vielleicht ganz anders entwickelt habt, als ich es mir für euch wünsche. Entsprechend würdet ihr mit mir Schwierigkeiten bekommen, weil ich nicht mehr so bin, wie ihr mich kanntet. Ich fürchte mich davor, dass es vielleicht zu Streit, zu Eifersucht und Wutausbrüchen kommt. Werde ich es wieder mit Selbstsucht, Verleumdungen, üblem Geschwätz und eingebildeten, aufgeblasenen Diskussionen zu tun bekommen, die doch nur für Unruhe sorgen? Ich hoffe, dass ich bei euch nicht wieder von Gott gedemütigt und dass ich nicht wieder traurig werde über die, die gesündigt haben, aber nicht umkehren wollen, obwohl sie bis über beide Ohren in jede Art von Unzucht und Ausschweifung verstrickt sind.

13 Wie gesagt, komme ich jetzt ein drittes Mal zu euch. Und diesmal werde ich die Sache, um die es in erster Linie geht, auf der Grundlage der Aussagen von zwei, drei Zeugen endgültig entscheiden. Ich habe es euch schon damals gesagt, als ich zum zweiten Mal bei euch war, und wiederhole es jetzt noch einmal ganz besonders für die, die ihr falsches Verhalten einfach nicht ablegen wollen: Dieses Mal werde ich sie nicht schonen. Ihr wolltet ja immer einen Beweis dafür sehen, dass Christus durch mich spricht und sich in mir als stark erweist. Das könnt ihr dieses Mal haben. Christus wird sich euch gegenüber durch das, was ich euch zu sagen habe, nicht als schwächlich zeigen. Gut, er war die Verkörperung der Schwachheit, als er am Kreuz hing. Jetzt aber lebt er durch die Fülle der Macht Gottes. Ähnlich geht es auch mir. Weil Gott mir die Augen über mich selbst öffnet, weiß ich, dass ich schwach bin, doch euch gegenüber werde ich mit der Macht Gottes auftreten.

Fragt euch also am besten vorher, ob ihr noch in einer lebendigen Beziehung zu Jesus steht. Oder wisst ihr schon nicht mehr, woran man erkennt, dass Jesus in euch lebt? Ich hoffe für euch, dass ihr euch – was euren Glauben anbelangt – bewährt habt. Wir haben uns jedenfalls von ganzem Herzen darum bemüht. Dabei geht es uns nicht darum, dass ihr untadelig dasteht, nur damit alle sagen können, wir hätten unsere Arbeit gut gemacht. Es geht uns darum, dass ihr das Gute tut, weil es euch ein Anliegen ist, auch wenn es dann so aussieht, als hätten wir nichts dazu beigetragen. Und selbst wenn man das behaupten würde, dann würde ich mich nicht dagegen wehren. Denn letztlich freue ich mich sehr, wenn ihr immer stärker werdet, auch wenn ich dabei eine schwache Figur abgebe. Versteht ihr, warum es mir so wichtig ist, dass ihr euch auf den richtigen Weg zurückbegebt? Das alles schreibe ich euch lieber, bevor ich zu euch komme. Ich möchte wirklich nicht, dass ich, wenn ich bei euch bin, mit all der Strenge gegen euch vorgehen muss, zu der mich der Herr selbst bevollmächtigt hat. Schließlich hat er mir den Auftrag gegeben, Gemeinden aufzubauen, nicht zu zerstören.

Liebe Schwestern und Brüder, lasst euch korrigieren, lasst euch von mir in aller Liebe ermahnen: Bemüht euch von ganzem Herzen darum, dass in eurer Gemeinschaft Einheit und Frieden herrschen. Nur so wird der Gott der Liebe und des Friedens mit euch sein. Grüßt und umarmt einander herzlich und gebt die Grüße der Glaubensgeschwister hier vor Ort an alle weiter.

Die Gnade unseres Herrn Jesus Christus und die Liebe Gottes und die Gemeinschaft des Heiligen Geistes sei mit euch allen!

Der Brief an die Gemeinden in Galatien

Nichts kann einen Lehrer mehr frustrieren als die traurige Erfahrung, dass seine Schüler letztlich noch nicht begriffen haben, um was es geht. Paulus hatte über viele Monate hinweg auf zwei Missionsreisen Gemeinden in Galatien (im Hochland von Kleinasien) gegründet und unterwiesen. Nicht lange nachdem er weitergezogen war, kamen dort vermutlich einige übereifrige Judenchristen vorbei, die noch nicht verstanden hatten, dass man nicht erst Jude werden muss, um Christus nachzufolgen. Die jungen Christen in Galatien waren hin- und hergerissen. Sie waren ohne jüdische Gesetze zum Glauben gekommen – und nun sollten sie doch erst Juden werden, um Christen sein zu können. Dieser Brief wurde von einem äußerst besorgten Paulus offensichtlich ohne Unterbrechung diktiert. Keinen anderen hat er mit einem zweifachen Fluch begonnen. Ja, er zieht alle Register seiner Überzeugungskraft, um seine Galater wieder in die Freiheit der Kinder Gottes zurückzuführen. Verfasst wurde der Brief um 53 nach Christus in Ephesus.

Begrüßung (1,1–5)

1 Diesen Brief schreibt Paulus an die Gemeinden Galatiens. Herzliche Grüße auch von den Brüdern, die bei mir sind.

Die Gnade und der Frieden von Gott, unserem Vater, und unserem Herrn Jesus Christus sei mit euch! Diesem Jesus, der sich für unsere Sünden geopfert hat und der uns nach dem Willen seines Vaters vor einer Welt bewahren möchte, die böse ist, sei alle Ehre für alle Zeit und Ewigkeit. Amen.

Für das, was ich euch jetzt zu sagen habe, ist es wichtig, dass ihr euch daran erinnert, von wem ich meinen Dienst als Apostel übertragen bekommen habe. Es ist wirklich so: Kein Mensch hat mir den Auftrag gegeben, sondern ich erhielt ihn direkt von Jesus Christus und dem Vater, der ihn von den Toten auferweckt hat.

Kein Brief des Paulus macht den Unterschied zwischen Religion und Christentum deutlicher als dieser (1,6–9)

Ich wundere mich sehr über euch und darüber, dass ihr euch so schnell von dem abgewendet habt, der euch durch die Gnade Christi in seine Nachfolge berufen hat. Ihr habt euch einer anderen Lehre zugewandt, obwohl ihr eigentlich wissen solltet, dass es gar keine andere geben kann. Es gibt nur gewisse Personen, die euch verwirren und der Botschaft von Christus eine völlig andere Bedeutung geben. Aber selbst wenn wir oder ein Engel vom Himmel euch eine andere Botschaft verkünden sollten, die dem widerspricht, was ich euch früher über das Leben mit Jesus beigebracht habe, der sei verflucht! Ich wiederhole noch einmal: Jeder, der euch eine andere Lehre bringen will als die, die ihr durch mich empfangen habt, der sei verflucht!

Paulus macht deutlich, mit welcher Autorität er in dieser Frage Klartext reden darf (1,10–2,10)

Ihr könnt sicher sein, dass ich niemanden, weder Menschen noch Gott, in irgendeiner Weise beeindrucken möchte. Auch rede ich niemandem nach dem Mund. Wenn ich das täte, könnte ich wohl kaum noch im Dienst Jesu stehen. Wenn ich euch also sage, dass die Botschaft, die ich euch verkündet habe, keine menschliche Erfindung ist – denn ich habe sie ja nicht von Menschen erhalten, sondern sie wurde mir direkt durch Jesus Christus selbst offenbart –, dann müsst ihr mir das glauben. Ihr habt doch sicher davon gehört, wie ich mich früher als strenggläubiger, gesetzestreuer Jude verhalten habe. Was meinen Eifer für die väterlichen Überlieferungen anbelangte, übertraf ich meine Altersgenossen um ein Vielfaches. Dadurch erlangte ich auch viel Ansehen unter den führenden Juden. Vor allem, als ich anfing, die Gemeinde Gottes mit allen Mitteln zu verfolgen, und versuchte, sie zu vernichten. Doch Gott hatte in seiner Gnade offenbar von jeher etwas anderes mit mir vor. Er wollte mir seinen Sohn so offenbaren, dass ich nicht mehr aufhören würde, die Frohe Botschaft von ihm unter den Völkern zu verbreiten. Daraufhin wandte ich mich nicht an irgendeinen Menschen, ich ging auch nicht nach Jerusalem, um mit den Aposteln Kontakt aufzunehmen, sondern ich zog mich für lange Zeit in die arabische Wüste zurück. Erst danach kehrte ich wieder in die Stadt Damaskus zurück. Und so kam ich erst drei Jahre später zum ersten Mal nach Jerusalem, um Petrus kennenzulernen. Damals blieb ich gut zwei Wochen bei ihm. Andere Apostel lernte ich nicht kennen, mit Ausnahme von Jakobus, dem Bruder des Herrn. Gott ist mein Zeuge, dass sich alles so ereignet hat, wie ich es hier schreibe.

Ich begann dann meine Missionsreisen nach Syrien und Zilizien. In den Gemeinden Judäas aber, wo man mich nicht persönlich kannte, gab es nur noch ein Gesprächsthema: „Der Mann, der uns noch vor einigen Jahren so unbarmherzig verfolgt hat, der verkündet jetzt selbst die Frohe Botschaft. Er verbreitet jetzt den Glauben, den er früher auszurotten versucht hat.“ Und alle dankten Gott für das, was er an mir getan hatte.

2 Erst vierzehn Jahre später kam ich wieder nach Jerusalem. Damals begleiteten mich Barnabas und Titus. Der Grund für diesen Besuch war, dass Gott mir zu verstehen gegeben hatte, ich solle den führenden Männern der Gemeinde den Inhalt meiner Lehren vorlegen, die ich unter den nichtjüdischen Völkern verkündigte, um von ihnen zu erfahren, ob ich vielleicht falsch lag und bislang nur eine nutzlose Lehre verbreitet hatte. Es ging vor allen Dingen darum, ob jemand, der als Nichtjude Christ geworden war, sich vor seiner Taufe beschneiden lassen und das jüdische Gesetz halten muss oder ob er davon befreit ist. Nun, damals hat auch nicht einer darauf gedrängt, Titus beschneiden zu lassen, obwohl er doch ein nichtjüdischer Grieche war.

Es ist also nicht so, wie manche falschen Brüder behaupten, die sich bei euch eingeschlichen haben und denen die Freiheit, die ich euch verkündet habe, von Anfang an ein Dorn im Auge war. Sie wollten mich und damit auch euch dieser Freiheit in Christus berauben und euch unter das Joch des jüdischen Gesetzes zwingen. Aber ich habe nicht einen Augenblick lang nachgegeben, damit für euch die Frohe Botschaft wirklich froh bleibt. Keiner von denen, die in der Jerusalemer Gemeinde Rang und Namen haben, hat mir irgendwelche Auflagen gemacht. Nicht, dass ich viel auf Leute geben würde, die zu hohem Ansehen gekommen sind. Gott lässt sich von niemandem beeindrucken.

Aber es ist mir wichtig, dass die leitenden Brüder mir keinerlei Regeln auferlegt, sondern mir noch einmal ausdrücklich den Dienst an den Nichtjuden anvertraut haben, genauso, wie Petrus seinen Auftrag vor allem unter den Juden sieht. Denn für alle war offensichtlich, dass Gott meine Arbeit unter den Nichtjuden genau so gesegnet hatte wie die von Petrus unter den Juden. Als sie erkannten, dass Gott meinen Dienst gesegnet hatte, besiegelten Jakobus, Petrus und Johannes – die „Säulen“ der Gemeinde – per Handschlag ihren Auftrag, dass

Barnabas und ich zu den Nichtjuden gehen sollten, sie aber zu den Juden. Sie baten lediglich darum, dass wir uns auch um die Armen kümmern sollten, was wir bis heute mit großem Eifer getan haben.

Ein handfester Konflikt zwischen zwei führenden Aposteln (2,11–14)

Später, als ich schon längst wieder in Antiochia war, kam Petrus ebenfalls dorthin. Doch er verhielt sich so unmöglich, dass ich ihm ganz offen die Meinung sagen musste. Es begann alles ganz harmlos: Zunächst hatte er ganz selbstverständlich mit den Nichtjuden unter den Gemeindemitgliedern Kontakt gepflegt und natürlich auch mit ihnen an einem Tisch gesessen. Als dann aber Personen aus dem engeren Umfeld des Apostels Jakobus kamen (– ihr wisst, dass er zur konservativen Richtung in Jerusalem gehört und großen Einfluss hat –), da zog sich Petrus tatsächlich von den nichtjüdischen Geschwistern zurück und achtete wieder auf die strenge Trennung zwischen ihnen und den jüdischen Gemeindemitgliedern. Der Grund war einzig und allein der, dass er fürchtete, von den Judenchristen aus Jerusalem kritisiert zu werden. Und weil Petrus sich plötzlich so verhielt, schlossen sich ihm auch alle anderen an und taten so, als seien sie gesetzestreue Juden. Ja, sogar Barnabas wurde von ihrer Heuchelei angesteckt. Als ich das mitbekam und mir klar wurde, wie sehr dadurch die Wahrheit der Frohen Botschaft gefährdet wurde, stellte ich Petrus vor allen zur Rede: „Du bist doch Jude, oder nicht? Du hast dich aber bislang herzlich wenig darum gekümmert und gelebt wie die anderen nichtjüdischen Christen auch. Und jetzt plötzlich sonderst du dich von diesen ab und gibst ihnen damit zu verstehen, dass sie nur Gemeinschaft mit uns haben können, wenn sie zuvor Juden werden und sich beschneiden lassen?! Mit welchem Recht tust du so etwas?"

Die alles entscheidende Frage: Was lässt uns vor Gott bestehen? (2,15–21)

Ich bestreite ja nicht, dass wir als Juden in Bezug auf Gott eine besondere Stellung innehaben und in der Vergangenheit nicht wie die Heiden ohne das Gesetz leben mussten. Doch wir wissen auch, dass niemand von Gott angenommen wird, nur weil er die Forderungen des Gesetzes erfüllt hat. Nein, Gott nimmt uns an, weil wir unser Vertrauen auf seinen Sohn Jesus Christus gesetzt haben. So bin ja auch ich zu der Überzeugung gelangt, dass Gott uns annimmt, weil wir Jesus vertrauen, und nicht, weil wir alle Forderungen des Gesetzes erfüllt haben. Denn das muss jedem klar sein: Nur durch die Befolgung des Gesetzes kann kein Mensch vor Gott bestehen.

Wenn wir aber nun bekennen, dass wir nur durch unser Vertrauen auf Jesus von Gott angenommen werden, stellen wir uns damit auf eine Stufe mit allen anderen Völkern, denn wir haben ja keine eigene „Leistung" mehr, die wir vorweisen könnten. Wir sind mit einem Mal genauso schuldige Menschen, die durch die unverdiente Gnade angenommen werden, wie alle anderen auch, die das Gesetz nicht kennen. (Vielleicht fragt ihr euch jetzt, ob) Jesus dadurch nicht ungewollt der Sünde Tür und Tor geöffnet hat? Wer so denkt, hat noch nicht verstanden, was Erlösung wirklich bedeutet. Das zeigt sich dann, wenn jemand, der eigentlich als ein von Jesus erlöster Mensch in der Freiheit vom jüdischen Gesetz leben darf, wieder unter das alte Joch zurückkehrt. Im selben Augenblick entlarvt ihn das Gesetz als einen Gesetzesbrecher und nichts ist mehr von der Erlösung vorhanden. Nein, der Tod Jesu hat es mir möglich gemacht, dem Herrschaftsbereich des Gesetzes zu entfliehen. Nur so kann ich wirklich für Gott leben. Ich wurde durch meine Taufe mit in den Kreuzestod Jesu hineingenommen, also lebe im Grunde nicht mehr ich, sondern Christus lebt in mir. Solange ich aber noch auf dieser Welt lebe, lebe ich im Vertrauen auf den Sohn Gottes, der mich geliebt und der sein Leben für mich geopfert hat. Ich möchte unter allen Umständen am kostbaren Geschenk der Gnade Gottes festhalten, denn wenn wir bei ihm nur Anerkennung zu erhalten hoffen, weil wir alle Vorschriften des Gesetzes befolgen, dann ist Christus tatsächlich umsonst gestorben.

Nicht religiöse Leistung, sondern einzig das Vertrauen auf Gott zählt (3,1–9)

3 Ihr naiven Galater, wer hat euch denn so gründlich durcheinandergebracht? Habe ich euch nicht ganz klar gezeigt, dass Jesus durch seinen Tod am Kreuz alles für uns getan hat? Ich möchte nur eines von euch wissen: Habt ihr damals, als ihr zum Glauben kamt, den Heiligen Geist erhalten, weil ihr Gott durch eure Gesetzestreue beeindruckt habt oder weil ihr gehört habt, dass es allein auf euer Vertrauen ankommt? Wollt ihr jetzt allen Ernstes das, was der Heilige Geist in euch begonnen hat, aus eigener Kraft und aus eigenen Anstrengungen zu Ende führen? War denn alles, was ihr damals erlebt habt, vergeblich? Das kann es doch einfach nicht sein! Erinnert euch doch bitte: Warum hat euch Gott seinen Heiligen Geist geschenkt, warum ließ er bei euch Wunder geschehen? Etwa, weil ihr es euch durch euer anständiges Leben verdient habt – oder weil ihr der Botschaft von eurer Erlösung durch Christus Glauben geschenkt habt?!

Wie war es denn bei Abraham? Hat ihn Gott nicht auch allein wegen seines festen Vertrauens angenommen? Ihr seht also, dass diejenigen, die ihr Vertrauen auf Gott gesetzt haben, die eigentlichen Nachkommen Abrahams sind. Gott nimmt den Menschen aufgrund seines Vertrauens an. Darum geht es, und davon hat auch die Heilige Schrift schon im Vorfeld gesprochen, als Abraham das großartige Versprechen gegeben wurde, dass durch ihn alle Völker dieser Erde gesegnet werden würden. Daher werden alle, die ihr Leben im Vertrauen auf Gott leben, zusammen mit Abraham, dem Vater des Glaubens, gesegnet.

Leben unter einem Fluch (3,10–18)

Wer dagegen sein Heil darin sucht, dass er Gott beeindrucken will, indem er sich an alle Gesetzesvorschriften hält, dessen Leben steht tatsächlich unter einem Fluch. Denn hier ist das Gesetz unbarmherzig, es kennt keine Gnade: Verflucht sei, der nicht alle Vorschriften und Satzungen einhält, die im Buch des Gesetzes aufgeschrieben sind. Nun kann sich aber ein Mensch, selbst wenn er sich noch so sehr um die Einhaltung aller Vorschriften bemüht, nicht dadurch das Leben bei Gott verdienen. Selbst die Schrift kennt da nur einen Weg: Nur der Mensch, der Gott wirklich vertraut, wird dadurch für immer angenommen und leben. Beim Gesetz gilt genau das Gegenteil: Du brauchst gar kein Vertrauen, du musst nur alle Vorschriften genau befolgen, dann wirst du dadurch leben. Von diesem Fluch hat uns jedoch Christus freigekauft, indem er den Fluch für uns auf sich nahm. Ihr wisst ja, dass es in der Schrift heißt: „Verflucht ist jeder, den man ans Holz gehängt hat."* Christus hat uns von diesem Fluch befreit, damit alle Völker die Möglichkeit haben, durch Jesus Christus den Segen Abrahams zu erhalten. Allein durch unser Vertrauen empfangen wir den Heiligen Geist, der uns verheißen wurde.

Meine Schwestern und Brüder, lasst mich das ganze Geschehen noch einmal an einem einfachen Beispiel erklären. Wie ist es bei einem rechtskräftigen Testament? Da kann doch niemand hinterher hingehen, es für ungültig erklären oder irgendeine Klausel anhängen, oder? Nicht anders müsst ihr euch das vorstellen, was mit Abraham geschah. Gott hat die Verheißung Abraham und seinem Nachkommen gegeben. Wenn man genau hinsieht, bemerkt man, dass hier nur von einem einzigen Nachkommen die Rede ist, und dieser Nachkomme ist niemand anderer als Christus. Gott hat also Abraham sozusagen ein rechtskräftiges Testament übergeben. Und dieses Testament kann in keiner Weise durch das Gesetz, das Mose erst vierhundertdreißig Jahre später gegeben wurde, für ungültig erklärt wer-

---

* 5. Mose 21,23

den. Dann hätte ja das Gesetz die Macht, eine Verheißung Gottes außer Kraft zu setzen! Denn wenn man sein Erbe nur bekommt, wenn man es sich mühsam verdient hat, dann ist es kein Erbe mehr, das einem ohne Vorbehalt nur aufgrund eines Testaments zugesprochen wird. Gott aber hat Abraham eine Verheißung davon gegeben, was er seinen Nachkommen schenken wolle.

Alles hat seine Zeit, auch das Gesetz (3,19–29)

Bleibt die Frage, welche Rolle das Gesetz überhaupt spielt. Das Gesetz wurde den Menschen gegeben, weil ihr Verhalten regelrecht nach strengen Regeln und Sanktionen schrie. Es wurde den Menschen durch die Hand eines Mittlers von Engeln auferlegt. Ein Mittler vermittelt aber immer zwischen zwei Parteien, die beide davon profitieren. Gott ist jedoch nicht auf eine Vermittlung angewiesen; seine Verheißungen schenkt er in souveräner Freiheit. Das führt uns zu der Frage, ob das Gesetz nicht sogar *gegen* die Verheißungen Gottes erlassen wurde und gewirkt hat. Doch das ist ausgeschlossen. Es wäre nur möglich, wenn das Gesetz die Kraft hätte, lebendig zu machen. Dann gäbe es einen Zugang zu Gott, den die Befolgung der Vorschriften des Gesetzes eröffnet, und einen anderen, der aufgrund von Gottes eigenen Verheißungen geschenkt wird. Letztlich hat das Gesetz nur zeigen können, wie sehr wir alle in Schuld und Sünde gefangen sind und wie sehr wir auf die Erlösung durch Jesus Christus angewiesen sind, die wir allein durch unseren Glauben an ihn erhalten.

Bevor Gott uns durch Christus den Weg des Vertrauens eröffnet hat, waren wir unter der Herrschaft des Gesetzes wie Gefangene, und wir wurden so lange eingeschlossen, bis sich uns der zeigen würde, auf den allein wir unser Vertrauen setzen können. Das Gesetz war sozusagen unser Aufseher – bis zu dem Tag, an dem Christus kam und uns freisprach, und das nur, weil wir ihm vertrauten. Jetzt, wo wir endlich diesen Weg des Vertrauens gehen dürfen, stehen wir nicht mehr unter der Macht des Aufsehers. Weil wir unser Vertrauen auf

Jesus Christus gesetzt haben, hat Gott uns als seine Töchter und Söhne angenommen. Von jetzt an zählt es nicht mehr, ob jemand Jude oder Nichtjude ist, Sklave oder Freier, Mann oder Frau. Von jetzt an sind wir in Christus Jesus alle eins. Wenn ihr aber zu Christus gehört, dann seid ihr Abrahams Nachkommen und, entsprechend der Verheißung, die Gott ihm gegeben hat, auch die Erben.

Das Ende aller Religion: Söhne und Töchter dürfen zu Gott „Abba" sagen (4,1–20)

4 Vielleicht macht das folgende Beispiel dies noch klarer: Stellt euch einen Großgrundbesitzer vor, der einen Sohn hat, selbst aber schon früh verstirbt. Solange der Erbe noch unmündig ist, wird er auf dem Hof seines Vaters nicht anders behandelt als die Kinder der Sklaven, obwohl er doch eigentlich der Besitzer des riesigen Anwesens ist. Sein Vater hat Vormunde und Verwalter eingesetzt, die dem Erben sagen, was er zu tun hat, und zwar bis zu dem Tag, den sein Vater festgelegt hat.

Das ist auch die Situation, in der wir uns befinden. Solange wir unmündig waren, schrieb man uns wie Sklaven jeden Schritt vor. Auch die äußeren Umstände zeigten uns Tag für Tag, wie abhängig wir von allem waren. Doch dann kam auch für uns der große Tag! Gott sandte seinen Sohn, der von einer Frau geboren wurde und sich dem Gesetz unterordnete, um die zu befreien, die unter der Vormundschaft eines gnadenlosen Gesetzes litten. Und das alles, weil wir endlich in unsere Position als Kinder unseres Vaters und Erben seines Besitzes eingesetzt werden sollten.

Ihr könnt selbst nachprüfen, dass ihr euer Erbe angetreten habt, denn Gott hat den Geist seines Sohnes in unsere Herzen gegeben, der uns Gott auf unfassbare Weise anbeten lässt: „Abba, Papa!" Daher seid ihr nicht mehr Sklaven, ihr steht auch nicht mehr unter irgendeiner Vormundschaft, sondern seid Tochter oder Sohn Gottes. Damit aber steht euch auch das gesamte Erbe zu, das Gott uns versprochen hat.

Erinnert euch daran, wie ihr damals, als ihr Gott noch nicht kanntet, euren Göttern dienen musstet, die ja in Wirklichkeit nicht einmal Götter waren. Jetzt aber habt ihr Gott kennengelernt, oder ich sollte vielleicht besser sagen, Gott hat euch als seine Kinder angenommen. Und ausgerechnet jetzt wollt ihr wieder zu den schwachen und armseligen religiösen Vorstellungen zurückkehren, um euer Leben von ihnen beherrschen zu lassen? Wollt ihr allen Ernstes wieder anfangen, alle möglichen heiligen und unheiligen Zeiten zu beachten oder danach zu leben, als seien bestimmte Tage, Monate und Jahre für euer Leben mit Gott wichtiger als andere? Wisst ihr, was ich ehrlich befürchte? Es könnte tatsächlich sein, dass mein ganzer Einsatz für euch völlig umsonst war.

Meine Schwestern und Brüder, ich bitte euch, werdet doch wie ich, so wie ich damals auch einer von euch geworden bin. Erinnert euch: Ihr habt mir bislang noch nie Schwierigkeiten gemacht. Als ich das erste Mal zu euch kam und euch die Frohe Botschaft brachte, war ich sehr krank, und ihr musstet der Versuchung widerstehen, mich wegen dieser Krankheit zu verachten und abzulehnen. Aber ihr habt das Gegenteil getan. Ihr habt mich wie einen Engel Gottes aufgenommen. Nein, was sage ich: wie Jesus Christus selbst. Was ist passiert? Wo sind eure Freude und Begeisterung hin? Ihr hättet euch die Augen ausgerissen, um sie mir zu geben und dadurch irgendwie zu helfen. Bin ich jetzt euer Feind geworden, weil ich versuche, euch die Wahrheit zu sagen?

Die Leute, die euch wieder in das Korsett der Religion zwingen wollen, tun das nur aus scheinbar frommen Motiven. In Wirklichkeit wollen sie euch nur von sich selbst abhängig machen, damit ihr euch dann um sie kümmert. (Das ist in allen Religionen der Welt so.) Natürlich ist es gut, dass sich einzelne Personen um euch kümmern, denn ihr könnt nicht immer warten, bis ich wieder bei euch sein kann. Doch es müssen die richtigen Leute sein, solche, die es wirklich gut mit euch meinen.

Meine lieben Kinder, es kommt mir so vor, als müsste ich euch noch einmal zur Welt bringen. Doch ich erleide gerne alle diese Geburtswehen, bis man wieder erkennen kann, dass Christus der Herr eures Lebens ist. Ich wünsche mir so sehr, jetzt bei euch sein und euch ins Gewissen reden zu können, weil ich wirklich nicht mehr weiß, was ich mit euch tun soll.

Söhne und Töchter Gottes oder Sklaven des Gesetzes (4,21–31)

Sagt mir nur das eine: Wenn ihr euch wieder unter das Gesetz stellen wollt, habt ihr eigentlich die Heilige Schrift schon mal ganz gelesen? Dann wärt ihr auf die Geschichte von Abraham und seinen zwei Söhnen gestoßen. Jeder dieser Söhne stammte von einer anderen Frau: Isaak war der Sohn von Abrahams Frau Sara, die – wie er – natürlich frei war; Ismael hatte er Jahre zuvor mit einer Sklavin gezeugt, nachdem es ganz so ausgesehen hatte, als würde Sara keine Kinder mehr bekommen. Während also der eine auf ganz natürliche Weise zur Welt kam, konnte der andere nur gezeugt werden, weil Gott es Abraham und dessen ebenfalls hochbetagter Frau versprochen hatte.

Diese Geschichte hat neben ihrer stammesgeschichtlichen Bedeutung noch einen tieferen Sinn: Beide Frauen stehen für je eine Ordnung Gottes. Die eine wurde auf dem Berg Sinai erlassen und hat nur zu Knechtschaft geführt. Für sie steht die Sklavin Hagar, denn genau so heißt im Arabischen der Berg Sinai. Entsprechend leben die Juden des irdischen Jerusalem immer noch zusammen mit ihren Kindern in dieser Sklaverei.

Dann gibt es noch ein himmlisches Jerusalem, in dem die Nachkommen der freien Frau Sara leben. Sie ist unsere Mutter und wird in der Heiligen Schrift mit großartigen Worten beschrieben: „Freue dich, die du nie Kinder bekommen konntest, brich in Jubel aus und ruf es allen zu! Die Kinder der Einsamen werden zahlreicher sein als die Kinder derer, die immer ihren Mann an ihrer Seite hatte."*

---

* Jesaja 54,1

Meine Schwestern und Brüder, ihr seid wie Isaak, der Sohn, den Abraham und Sara noch in hohem Alter geschenkt bekamen, ihr seid Kinder der Verheißung. Aber wie damals, so verfolgt auch heute der Sohn, der auf natürliche Weise mit der Sklavin gezeugt wurde, den, dem durch Gottes Verheißung das Leben geschenkt wurde. Doch selbst die Schrift sagt uns sehr unmissverständlich, auf welche Seite wir uns stellen sollen: „Schicke die Sklavin mit ihrem Sohn weg! Denn der Sohn der Sklavin soll auf keinen Fall zusammen mit dem Sohn der Freien erben."*

Darum, liebe Schwestern und Brüder, sind wir nicht die Kinder der Sklavin, sondern die Kinder der Freien!

Die Freiheit, die Gott schenkt, muss immer wieder verteidigt werden (5,1–12)

5 Christus hat uns befreit, damit wir auch in Freiheit leben! Zeigt also Rückgrat und lasst euch nicht wieder das Joch der Knechtschaft auflegen! Ich muss es euch wohl noch einmal ganz deutlich sagen: Wenn ihr euch beschneiden lasst, also den Weg des Gesetzes geht, dann ist das, was Christus für euch getan hat, nutzlos. Begreift doch: Wenn ein Mensch sich für diesen Weg entscheidet, dann muss er ihn auch mit allen Konsequenzen gehen. Er muss alle Forderungen des Gesetzes erfüllen, denn schließlich möchte er sich ja durch seine eigene Leistung die Anerkennung Gottes verdienen. Damit hat er jedoch seine Verbindung mit Christus aufgegeben und ist aus der unverdienten Gnade Gottes buchstäblich herausgefallen. Durch Jesus aber haben wir einen anderen Zugang zu Gott: Durch die Zusage, dass sein Heiliger Geist in uns lebt, und durch unser Vertrauen auf Jesus dürfen wir in der Hoffnung leben, dass wir für alle Zeiten von Gott angenommen sind. Denn wenn wir zu Jesus gehören, ist es völlig gleichgültig, ob einer durch die Beschneidung den Weg des Juden-

---

* 1. Mose 21,10

tums gehen will oder nicht. Es zählt allein der Glaube, der sich dann auch in Taten der Liebe zeigt.

Ihr habt doch so großartige Fortschritte gemacht! Wer hindert euch jetzt daran, der Wahrheit weiter zu folgen? Ihr könnt sicher sein, dass diejenigen, die euch dazu überreden wollen, einen Weg ohne die Gnade einzuschlagen, nicht von Gott dazu beauftragt wurden. Seid vorsichtig: Schon ein wenig Sauerteig kann einen großen Kübel von Teig durchsäuern. Sind erst einmal solche Gedanken unwidersprochen im Umlauf, können sie über kurz oder lang eine ganze Gemeinde in die alte Knechtschaft zurückführen.

Nun, Jesus gibt mir die Kraft, fest darauf zu vertrauen, dass ihr den einmal eingeschlagenen Weg nicht verlassen werdet. Aber ich warne diejenigen unter euch, die euch durcheinandergebracht haben: Wer auch immer ihr seid, man wird euch für den Schaden zur Verantwortung ziehen.

Noch einmal zu eurer Sicherheit: Wenn ich bei der Verbreitung der Frohen Botschaft unter den Nichtjuden darauf drängen würde, dass sie sich erst einmal dem jüdischen Gesetz unterordnen müssen, bevor sie Christen werden können, hätten die Juden ja keinen Grund, mich zu verfolgen. Es müsste sich ja niemand mehr darüber aufregen, dass wir allein durch das, was Christus am Kreuz für uns getan hat, bei Gott Anerkennung finden. Sagt doch den Fanatikern, denen es so wichtig ist, dass ihr euch beschneiden lasst, dass sie sich am besten gleich kastrieren lassen sollten!

Freiheit, die Gott uns schenken will, ist kein Freibrief für alles (5,13–26)

Meine Schwestern und Brüder, ihr seid dazu berufen, euer Leben in Freiheit zu führen. Nehmt diese Freiheit aber bitte nicht als Freibrief dafür, dass ihr euch selbstsüchtig verhalten dürft. Dient einander in Liebe. Denn das ganze Gesetz lässt sich in einem Satz zusammenfassen: Liebe deinen Nächsten wie dich selbst. Wenn ihr euch aber gegenseitig wie wilde Tiere kratzt und beißt, dann passt auf, dass zum Schluss noch jemand von eurer Gemeinde übrig ist. Nein, Spaß beiseite: Wenn ihr euer Leben auf der Grundlage eurer Beziehung zu Jesus lebt, dann werdet ihr nicht mehr den alten Verhaltensmustern folgen müssen. Denn der Geist Jesu durchbricht diese Muster, auch wenn sie ihm noch so hartnäckig widerstehen sollten. Ihr kennt diesen Kampf aus eigener Erfahrung. War es nicht so, dass wir oft das Gute nicht tun konnten, obwohl wir es doch eigentlich tun wollten? Wenn aber der Heilige Geist immer mehr in unserem Leben die Oberhand gewinnt, dann verändert sich unser Verhalten so, dass uns das Gesetz überhaupt nichts mehr zu sagen hat. Wenn also jemand meint, das Pochen auf sein Beschnittensein und seine Zugehörigkeit zum auserwählten Volk würde ihm Gottes Anerkennung verschaffen, so irrt er sich gewaltig. Im Gegenteil: Seine religiöse Ichbezogenheit führt oft zu schlimmen Ausfallerscheinungen: schädliches, zügelloses oder sogar perverses sexuelles Verhalten, Interesse an magischen und okkulten Dingen, gestörte Beziehungsfähigkeit, die sich in Feindschaften, Streit, Eifersucht und Zornausbrüchen zeigen kann, aber auch in einer übertriebenen Selbstsucht, die in jeder Gruppierung zu Neid, Zwistigkeiten und Spaltungen führt. Menschen, die sich vor Gott behaupten wollen, müssen oft ihren Mangel an Freude durch Maßlosigkeit wettmachen, egal, auf welchem Gebiet, häufig aber beim Essen und Trinken.

Ich versichere euch: Jemand, in dessen Leben sich Anzeichen für ein derartiges Verhalten finden, der hat noch keinen Schritt unter die Herrschaft Gottes getan. Das erkennt ihr sofort, wenn ihr sein Leben mit dem eines Menschen vergleicht, der sich der Führung des Heiligen Geistes anvertraut. In dessen Leben finden sich als Frucht des Geistes eine Menge kostbarer Dinge wie Liebe, Freude, Friede, Langmut, Freundlichkeit, Güte, Treue, Sanftmut, Selbstbeherrschung. Versteht ihr, dass ein Mensch, der so lebt, nicht mehr unter dem Gesetz steht?

Durch den Tod Jesu, in den auch wir hineingetaucht wurden, sind wir aus dem Herrschaftsbereich aller unserer egoistischen Wünsche und Vorstellungen sozusagen herausgestorben. Wenn nun der Geist Gottes in unserem Leben das Sagen hat, verändert sich unser Leben Stück für Stück zum Guten. Wir müssen nicht mehr um uns selbst kreisen. Wir müssen den anderen auch nicht länger eigene Leistungen vorzeigen. Jeder von uns wird durch Gott so beschenkt, dass er niemanden mehr beneiden muss.

Das befreiende Gesetz Christi (6,1–18)

6 Meine Schwestern und Brüder, kann es vor diesem Hintergrund unter euch überhaupt noch jemanden geben, der sich falsch verhält oder sogar wirkliche Schuld auf sich lädt? Aber ja. Wir bleiben angefochten, doch wenn einer von euch schwach wird, dann zeigt, dass euch der Geist Jesu Christi geschenkt wurde. Korrigiert einen solchen Bruder oder eine solche Schwester so behutsam, wie ihr nur könnt. Bleibt euch dabei bewusst, dass ihr nicht weniger gefährdet seid als der, den ihr korrigieren müsst. So helfe einer dem anderen dabei, seine Lasten zu tragen. So erfüllt ihr das Gesetz, das Christus uns gegeben hat. Denn wenn jemand sich für etwas Besseres hält – obwohl das keiner von sich sagen kann –, dann betrügt er sich selbst. Ihr könnt immer nur auf das schauen, was jeder von euch persönlich tut. Es führt zu nichts, wenn ihr euch mit anderen vergleicht, schon gar nicht zu mehr Anerkennung bei Gott. Es muss uns genügen zu wissen, dass jeder von uns sein eigenes Päckchen zu tragen hat.

Das bedeutet jedoch nicht, dass wir alle völlig gleich sind. Wenn euch zum Beispiel jemand durch sein Wissen viel mitgeben kann, dann hat er auch das Recht, von euch eine gewisse Unterstützung zu erwarten.

Seid vorsichtig! Gott lässt sich nicht täuschen, denn was der Mensch sät, das wird er auch ernten. Wer sich nur auf sich selbst verlässt, wird daran zugrunde gehen. Wer sich dagegen vom Heiligen Geist führen lässt, wird schon jetzt ein Leben ernten, das in Ewigkeit nicht enden wird. Lasst uns daher nicht müde werden, dem Geist

Gottes in uns alle Möglichkeiten einzuräumen, damit wir Gutes tun können. Wenn wir nicht aufhören, auf ihn zu vertrauen, wird auch für uns einmal die Zeit der Ernte kommen. Solange wir also noch Zeit haben, wollen wir die Güte, die Gott uns erwiesen hat, an alle weitergeben, vor allem aber an die Geschwister in unseren Gemeinden.

Jetzt möchte ich noch ein letztes persönliches Wort anfügen. Ihr seht es an den größeren Buchstaben, die verraten, dass ich diese Worte eigenhändig schreibe. Ihr müsst wissen, was die bewegt, die euch zur Beschneidung und damit auf den Weg des jüdischen Gesetzes zwingen wollen. Diesen Leuten geht es nur um ihr eigenes Ansehen; sie wollen nicht durch die Verbreitung der Botschaft, Jesus habe für uns am Kreuz bereits alles getan, Ärger bekommen oder sogar verfolgt werden. Obwohl sie selbst nicht einmal in der Lage sind, als Beschnittene das Gesetz zu halten, zwingen sie euch diesen unsinnigen Schritt auf, nur um überall damit angeben zu können, dass sie dem jüdischen Volk wieder zahlreiche Nichtjuden zugeführt haben.

Auf diesen Ruhm verzichte ich gern. Wenn ich auf etwas stolz sein möchte, dann auf das, was Jesus am Kreuz für uns erlitten hat. Sein Kreuz macht mir einen Strich durch jede Art menschlicher Geltungssucht, und ich merke auch selbst, dass mir vieles nichts mehr bedeutet, was früher für mich so wichtig war. Es kommt tatsächlich nicht mehr darauf an, ob man beschnitten ist oder nicht, ob man zum auserwählten Volk Gottes gehört oder nicht. Es kommt nur noch darauf an, dass Gott einen neuen Menschen aus uns macht. Wer sein Leben daran ausrichtet, bei dem finden sich Frieden und Barmherzigkeit; alles kostbare Dinge, die ich ihm wünsche, und natürlich auch dem Volk Israel, seinem Volk.

Bitte macht mir in Zukunft nicht mehr solche Sorgen, denn ich trage schon jetzt die Wundmale Jesu an meinem Körper. Die Gnade unseres Herrn Jesus Christus sei mit euch, meine Schwestern und Brüder. Amen.

Der Brief an die Gemeinde in Ephesus

Die Gemeinde ist ein Thema, das nicht nur Paulus bei seinen Missionsreisen immer wieder bewegte, sondern auch die Gemeinden selbst, mussten sie sich doch vom Selbstverständnis bis zu Verhaltensregeln vieles selbst erarbeiten. Verständlich ist daher, dass der Brief an die Epheser schon früh als eine Art Rundbrief diente, der in den meisten neugegründeten Gemeinden hohe Wertschätzung erfuhr. Vor allem der Hymnus am Anfang des Briefes (Kapitel 1) entwirft eine großartige Vision für die Berufung jeder Gemeinde. Verfasst wurde dieser Brief vermutlich in Rom um das Jahr 60. Die Abfassungsverhältnisse des Epheserbriefes sind besonders kompliziert. Nach Mehrheitsmeinung hat ihn ein Schüler von Paulus ausformuliert; die Sprache unterscheidet sich von der von Paulus. Dabei werden aber dennoch Einsichten von Paulus aufgenommen und für eine neue Gemeindesituation formuliert.

Begrüßung (1,1–2)

1 Paulus, den Gott zum Apostel Jesu Christi berufen hat, grüßt alle in Ephesus, die auf die Einladung Gottes eingegangen sind, im Namen Jesu Christi: Die Gnade und der Frieden von Gott, unserem Vater, und dem Herrn Jesus Christus sei mit euch allen.

Dankbares Staunen über Gottes Plan mit uns Menschen (1,3–14)

(Zuerst möchte ich von ganzem Herzen Gott danken:) Gepriesen bist du, Gott, Vater unseres Herrn Jesus Christus, weil du uns durch Christus vom Himmel her mit allem geistlichen Segen beschenkt hast. Du hast uns vor Erschaffung der Welt geliebt, damit wir einmal, befreit von Schuld und ohne eigenen Verdienst angenommen, in Liebe vor dir leben können. Von Anfang an war es dein unbegreiflicher, von unendlichem Wohlwollen getragener Wille, uns durch das, was Jesus Christus am Kreuz getan hat, als deine Kinder anzunehmen. Wie groß ist deine Herrlichkeit, wie unbegreiflich deine Gnade, die du uns durch deinen geliebten Sohn erwiesen hast! Weil er sein Blut vergossen hat, sind wir durch ihn erlöst. Wir wurden von der Last unserer Schuld befreit, alles wurde uns vergeben, weil der Reichtum deiner Gnade unermesslich ist. Wir können dein Erbarmen und deine Gnade nicht erfassen, obwohl du uns Weisheit und Verstand geschenkt hast, das Geheimnis deines liebevollen Willens zu erahnen. Du hast dir vorgenommen, alles, was im Himmel und auf Erden ist, eins werden zu lassen, wenn die Zeit dafür gekommen ist. Und das alles soll unter der Führung von Jesus geschehen. Wir preisen dich dafür, Vater, dass du bei all dem, was du vorhast, auch an uns gedacht hast. Wir, die wir schon jetzt unsere ganze Hoffnung auf Jesus setzen durften und einen festen Platz in deinem Heilsplan haben, preisen deine Herrlichkeit. Amen.

Auch ihr habt einen Platz in diesem Plan Gottes, weil ihr erkannt und angenommen habt, dass die Frohe Botschaft von eurer Erlösung wahr ist. Nachdem ihr zum Glauben an Jesus Christus gekommen seid, wurdet ihr durch den Heiligen Geist, den Gott euch verheißen hat, wie ein kostbarer Brief versiegelt. Euch wurde der Geist Gottes als erster Anteil an eurem Erbe geschenkt. Durch ihn wisst ihr, dass ihr erlöst und somit Gottes Eigentum geworden seid. Was für ein Grund, seine Herrlichkeit immer wieder zu preisen!

Die Menschen werden die Größe Gottes erkennen (1,15–23)

Was ich von euch gehört habe, von eurem Vertrauen auf Jesus und eurer Liebe zu allen Geschwistern, lässt mich immer wieder Gott danken. Wenn ich in meinen Gebeten an euch denke, bitte ich den Vater unseres Herrn Jesus Christus, unseren herrlichen Gott, dass er euch mit seinem Heiligen Geist erfüllt. Ihr sollt immer mehr Weisheit erlangen, um zu erkennen, wer Gott für euch ist. Er öffne die Augen eures Herzens, damit ihr die Hoffnung erfassen könnt, die er euch schenken will. Ihr sollt wissen, welch unermesslicher Reichtum als Erbe auf euch und alle anderen Glaubensgeschwister wartet. Es ist unvorstellbar, was Gott unter uns tun wird. Seine Kraft und seine Möglichkeiten sind unbegrenzt. Denkt nur daran, welche Kraft Jesus aus dem Tod ins Leben zurückgeholt hat! Und nicht nur das: Welche Herrlichkeit hat der Vater ihm geschenkt, der ihn jetzt im Himmel neben sich gesetzt hat. Seine Macht stellt alles in den Schatten, was Menschen auf Erden für mächtig halten. Wenn sein Name genannt wird, werden alle Mächtigen zittern – nicht nur heute, sondern auch noch in ferner Zukunft. Gott selbst wird sie Jesus zu Füßen legen. Er, der größer ist als das All, wird das Haupt der Gemeinde sein; die Gemeinde aber wird in dieser Welt sein Leib sein.

Dieser Christus schenkt tatsächlich ein neues, verändertes Leben (2,1–10)

2 Erinnert euch daran, was mit euch passiert ist. Denkt nur an euer früheres Leben. Durch eure Vergehen und euren Ungehorsam wart ihr bereits dem Tod verfallen. Euer Leben unterschied sich in nichts von dem, das alle Menschen um euch herum führen. Sie merken oft gar nicht, dass sie vom Bösen beherrscht werden, aber wenn man ihren bewussten Ungehorsam gegenüber Gott sieht, ihre unbeherrschbare Triebhaftigkeit bis in die Gedanken hinein oder ihren tief verwurzelten Zorn, dann weiß man, wer in ihrem Leben in Wirklichkeit das Sagen hat. Und genau hier hat Gott eingegriffen. Weil die Liebe, mit der er uns Menschen liebt, so unvorstellbar groß ist, umgibt er uns mit einem unbegreiflichen Erbarmen. Wir alle waren durch eigene Schuld bereits seelisch tot. Gott hat uns mit Christus aus diesem Tod auferstehen lassen. Allein seine unverdiente Gnade hat uns gerettet! Ja, er hat uns nicht nur auferweckt, sondern uns auch mit Jesus Christus Anteil an seiner himmlischen Welt gegeben. Zu allen Zeiten werden Menschen nur eines über Gott sagen können: Das unendliche Ausmaß seiner Gnade, die er uns in Jesus Christus geschenkt hat, ist unvorstellbar. Wir haben seine Güte am eigenen Leib erfahren.

Es ist schon so: Wir sind aus reiner Gnade erlöst worden. Das Einzige, was wir Gott entgegenbringen mussten, war unser Vertrauen. Nichts von all dem, was Gott uns geschenkt hat, haben wir uns selbst verdient. So kann auch niemand auf die Idee kommen, er hätte Gott gegenüber irgendwelche Rechte, weil er sie sich verdient hat. Wir sind so oder so seine ureigenste Schöpfung, ins Leben gerufen durch Jesus Christus, damit wir in dieser Welt all die guten Dinge tun können, die Gott schon im Voraus für uns vorbereitet hat.

Durch Christus in allem und mit jedem versöhnt (2,11–22)

Das alles gilt ganz besonders für euch, meine nichtjüdischen Schwestern und Brüder. Weil ihr nicht zum auserwählten Volk gehört habt, dem nicht nur das Gesetz und der Bundesschluss mit Gott, sondern auch alle Verheißungen anvertraut worden sind, hattet ihr in dieser Welt ohne Gott nichts, auf das ihr eure Hoffnung hättet setzen können. Wie nah seid ihr doch, die ihr früher so weit weg von Gott wart, jetzt durch Jesus eurem Gott gekommen! Dafür hat Jesus Leiden und Tod auf sich genommen. Durch ihn selbst haben wir Frieden, denn jetzt gibt es nicht länger diese unüberwindliche Mauer zwischen Juden und Nichtjuden. Jesus selbst hat sie abgerissen, hat die Feindschaft zwischen ihnen ausgelöscht und beide, Juden wie Nichtjuden, in seiner Person eins werden lassen. Dabei hat er selbst das größte Hindernis beseitigt: das Gesetz mit allen seinen Satzungen und Vorschriften. Durch ihn wurde praktisch ein neuer Mensch geschaffen, einer, der endlich mit Gott versöhnt ist und in Frieden mit ihm leben kann. Dafür hat Jesus am Kreuz sein Leben gegeben. Er ist gekommen, um euch, die ihr noch so weit entfernt von Gott wart, genauso den Frieden zu bringen wie denen, die wie er zum Volk Israel gehören. Durch ihn haben wir alle Zugang zum Vater und sind erfüllt von dem einen Heiligen Geist.

Was folgt daraus? Nun, ihr seid nicht mehr Fremde, die man draußen stehen lassen müsste, weil sie nicht zum auserwählten Volk Gottes gehören. Nein, ihr gehört mitten hinein, gehört voll zu dem neuen Volk, das Gott sich erwählt hat, und seid Teil von Gottes Familie geworden.

Ihr seid Teil des Gebäudes, das auf dem Fundament der Apostel und der Propheten aufgebaut wurde und dessen Eckstein Jesus selbst ist. In ihm wird der gesamte Bau zusammengefügt und wächst durch die Liebe Christi zu einem wunderbaren Tempel empor. Ihr selbst seid ein Teil des Ganzen und bildet mit allen zusammen eine Art Wohnung für den Geist Gottes.

Paulus kennt seinen Auftrag, zum Segen für alle, die nicht jüdisch sind (3,1–13)

3 Das ist auch der Grund, warum ich, Paulus, gerade im Gefängnis sitze. Viele haben etwas dagegen, dass ich meinen Auftrag darin sehe, euch Nichtjuden mit Jesus bekannt zu machen. Gott hat mir den ganz besonderen Auftrag anvertraut, euch zu erreichen. Er hat mir selbst einmal das offenbart, was ich euch eben kurz angedeutet habe. Es ist das eigentliche Geheimnis Christi, das frühere Generationen einfach nicht kennen konnten und das auch bis in unsere Zeit hinein kein Mensch kannte. Jesus selbst hat seinen Aposteln und den Propheten durch seinen Geist gezeigt, dass auch alle Nichtjuden Erben der Verheißung sind und durch die Frohe Botschaft an allem teilhaben, was Gott seinem auserwählten Volk versprochen hat. Dieser gewaltigen geistlichen Umwälzung diene ich mit allem, was ich bin. Gott hat mir dazu seine Gnade geschenkt, die auch in meinem Leben schon so viel verändert hat.

Bis heute kann ich es nicht fassen, dass Gott ausgerechnet mir die Gnade geschenkt hat, den nichtjüdischen Völkern die Frohe Botschaft bringen zu dürfen. Sie alle sollen erfahren, welch unermesslichen Reichtum Christus für uns bereithält und welche Geheimnisse Gott jetzt allen offenbaren möchte. Er, der alles erschaffen hat, hielt sie seit ewigen Zeiten verborgen. Jetzt ist die Stunde gekommen, in der allen Mächten und Gewalten im Himmel und auf der Erde durch die Gemeinde deutlich gemacht werden soll, dass die Weisheit Gottes unendlich groß ist. Sein Plan, den er in Jesus ausgeführt hat, sah von Ewigkeit her vor, dass wir einen völlig neuen, frohen Zugang zu Gott geschenkt bekommen sollten, wenn wir ihm nur von ganzem Herzen vertrauen. Darum bitte ich euch, auf keinen Fall den Mut zu verlieren, weil ich durch meinen Dienst bei euch in Schwierigkeiten geraten bin. Nein, eigentlich müsstet ihr stolz darauf sein.

Paulus betet für uns (3,14–21)

Daher beuge ich meine Knie vor dem Vater, nach dem jedes Geschlecht im Himmel und auf der Erde benannt wird, und bitte ihn:

Vater, schenke ihnen aus dem Reichtum deiner Herrlichkeit die Kraft, die dein Geist zu geben vermag, und stärke sie innerlich. Durch ihren Glauben wohne Jesus in ihren Herzen! Lass sie fest in der Liebe verwurzelt sein und ihr Leben auf diese aufbauen, damit sie gemeinsam mit allen Glaubensgeschwistern in der Lage sind, zu begreifen, wie unvorstellbar groß und weit, wie hoch und wie tief die Liebe Christi ist, die alle Vorstellungskraft übersteigt.

Vater, erfülle sie mit der ganzen Fülle deiner Herrlichkeit!

Gott, der unendlich viel mehr an uns tun kann, als wir uns jemals erbitten oder überhaupt nur ausdenken können – so groß ist die Kraft, die in uns wirkt –, diesem Gott sei die Ehre in der Gemeinde und in Christus Jesus für alle Generationen in alle Ewigkeit. Amen.

Alles auf eine Karte setzen: liebevolle Einheit (4,1–6)

4 So kann ich euch als jemand, der wegen Christus im Gefängnis sitzt, nur ermutigen, ein Leben zu führen, das eurer Berufung entspricht. Ihr seid berufen, so zu leben, wie auch Jesus gelebt hat. Folglich wird euer Leben geprägt sein von seiner Demut, seinem liebevollen Umgang mit Menschen und seiner unerschöpflichen Geduld. Durch ihn habt ihr gelernt, liebevoll miteinander auszukommen. Bemüht euch durch den Frieden, der euch durch Christus verbindet, darum, die Einheit in eurem Denken und euren Herzen zu wahren. Denkt daran: Die Gemeinde ist ein einziger Leib, sie wird von einem Geist beseelt, wie auch ihr zu einer Hoffnung berufen seid. Es gibt nur einen Herrn, einen Glauben, eine Taufe, einen Gott und Vater aller, der über allen und durch alle und in allen ist.

Einheit nicht trotz, sondern wegen der Vielfalt der Gaben, die Gott einer Gemeinde gibt (4,7–19)

Doch was den Einzelnen anbelangt, so kann es große Unterschiede geben. Jeder hat die Gaben von Jesus geschenkt bekommen, die genau ihm entsprechen. Darum heißt es ja in der Schrift: „Als er wieder in den Himmel emporgestiegen ist, hat er gefangen genommen, was die Menschen gefangen hielt. Er hat die Menschen mit seinen Gaben beschenkt."* Wenn also jemand wieder emporgestiegen ist, dann bedeutet das doch, dass er zuvor herabgestiegen sein muss – und zwar bis ganz hinunter auf diese Erde. Jesus ist wirklich der, der zu uns herabgestiegen ist. Doch er ist auch in den Himmel emporgestiegen, um das ganze All mit seiner Herrlichkeit zu erfüllen.

Hat Jesus seine Gemeinde seitdem sich selbst überlassen? Nein, er hat ihr Apostel, Propheten, Evangelisten, Hirten und Lehrer gegeben. Sie sollen dazu beitragen, die Glaubensgeschwister für ihr Leben als Christen zu befähigen, damit der gesamte Leib Christi, die Gemeinde, lebt und sich gesund entfaltet. Wir sollen gemeinsam, was unser Vertrauen auf Jesus und unser Wissen um seine Sohnschaft anbelangt, zu einer Reife gelangen, die der von Jesus entspricht, als er noch auf Erden lebte. Das schenkt uns Sicherheit in dem, was wir glauben, damit wir nicht von allen möglichen Strömungen hin und her geworfen werden. Es gibt so viele falsche Motive bei der Verkündigung des Glaubens, und manche versuchen sogar, die Menschen bewusst irrezuführen, um persönliche Vorteile zu haben. Daher müssen wir aufpassen, dass wir nicht jedem Wind folgen, der aus einer neuen Richtung bläst. Darum lasst uns an der Wahrheit festhalten und in der Liebe wachsen, dann wächst der Leib in allen seinen Teilen immer mehr mit ihrem Haupt Christus zusammen. Das geschieht immer dann, wenn wir uns gegenseitig fördern und unterstützen. Denn wenn viele starke Organe und Glieder sich in einem Leib verbinden, dann wird der ganze Leib in Liebe aufgebaut.

---

* Psalm 68,19

Darum ermahne ich euch noch einmal eindringlich im Namen Jesu: Führt nicht länger ein Leben, wie ihr es gewohnt wart, als ihr Jesus noch nicht kanntet. Damals habt ihr euch mit lächerlichen Dingen abgegeben, euer Denken war alles andere als erleuchtet, und ihr hattet nicht die geringste Ahnung davon, was für ein Leben Gott euch anbieten möchte. Im Gegenteil: Manche von euch ließen diese Botschaft erst gar nicht an sich heran. Durch ihren ausschweifenden Lebensstil war ihr Herz verhärtet, ihre Empfindungen stumpf geworden. Sie wurden von ihrer Habgier beherrscht, die sie auf die Suche nach immer neuen Vergnügungen trieb.

Ist es erkennbar, dass Christus euch mehr und mehr in einen neuen Menschen verwandelt? (4,20–32)

Ich denke, ihr habt bei Christus etwas ganz anderes kennengelernt. Wer zu ihm gehören will – und das habt ihr sicher mehr als einmal gehört –, sollte wissen, dass er mit dem alten Menschen auch seine alten Gewohnheiten mit in das Wassergrab der Taufe versenkt hat. Gebt den verkehrten Wünschen und Sehnsüchten in euch keinen Raum; sie wollen euch nur betrügen. Lasst euer Denken von dem prägen, was den Menschen auszeichnet, den Gott neu in euch geschaffen hat: in Wahrheit von Gott gerecht gesprochen und angenommen zu sein. Darum hört auf, euch gegenseitig etwas vorzumachen! Redet ehrlich miteinander, weil wir voneinander abhängig sind wie die Glieder in einem Leib. Solltet ihr über irgendetwas zornig sein, dann vergesst trotzdem nicht, dass die Liebe das Wichtigste ist. Lasst die Sonne nicht über eurem Zorn untergehen, sondern versöhnt euch spätestens am Ende eines Tages. Dadurch bietet ihr dem Widersacher keine Angriffsfläche. Wer bisher seinen Lebensunterhalt auf unehrliche Weise verdiente, soll damit aufhören und sich vielmehr anstrengen, so viel durch seiner Hände Arbeit zu verdienen, dass er auch noch denen etwas abgeben kann, die gerade Not leiden. Verletzt andere nicht durch lieblose Kritik. Sorgt lieber dafür, dass ihr immer wieder ein gutes Wort habt, das anderen guttut und ihnen in ihrer Situation hilft. Nur so können diese Menschen etwas von der Liebe und Gnade Gottes erfahren.

Vergesst nicht, dass ihr den Heiligen Geist wirklich traurig machen könnt. Er ist euch am Tag eurer Erlösung für immer geschenkt worden. Geht aufmerksam mit ihm um und lasst in eurer Mitte Bitterkeit, Verärgerung, Zorn, Wutausbrüche und üble Beschimpfungen nicht mehr zu. Was er dagegen bei euch sucht, sollte euer Leben bestimmen: Seid gütig zueinander, wohlwollend und immer bereit, jederzeit zu vergeben, weil Gott auch euch durch Christus vergeben hat.

Wie gut, wenn über einen Christen gesagt würde: Ganz der Vater! (5,1–20)

5 Zeigt also in allem, was ihr tut, zu welcher Familie ihr gehört und dass ihr Gottes geliebte Kinder seid. Eure Liebe darf sich ruhig an der Liebe messen, die Christus uns entgegenbringt und die ihn veranlasste, sein Leben für uns zu opfern. Über nichts freut Gott sich mehr als über eine solche Liebe.

Ihr müsst verstehen, dass in einem Leben, das von einer solchen Liebe geprägt ist, kein Platz mehr ist für irgendwelche egoistischen Verhaltensweisen, sei es beim Umgang mit den Gütern dieser Welt, sei es auf dem Gebiet der Sexualität. Weder Habsucht noch perverse Gier lassen sich mit einem Leben in der Liebe Gottes vereinbaren; ja, nicht einmal das oberflächliche, schmutzige Geschwätz samt allen einschlägigen Witzen! Was aus euren Herzen aufsteigt, kann eigentlich nur eines sein: Dank und nochmals Dank. Wer immer noch in einer Welt lebt, die von den genannten egoistischen Verhaltensweisen geprägt ist, der gehört noch nicht zu Jesus. Er betet immer noch andere Götter an, die sein Leben beherrschen. Er muss aufpassen, dass ihm das Erbe des Reiches Gottes nicht entgeht, das Gott ihm durch Christus angeboten hat.

Lasst euch nicht durch leeres Geschwätz täuschen! Gott lässt sich nicht verspotten. Wer sich nicht unter seine liebevolle Herrschaft begibt, den überlässt Gott sich selbst. Nichts könnte für einen Menschen schlimmer sein als das. Wenn ihr also jemanden trefft, der euch einreden will, es sei doch alles gar nicht so schlimm, dann meidet den Umgang mit ihm. Wollt ihr wieder in die alte Dunkelheit zurückfallen, nachdem ihr jetzt erfahren habt, wie das Leben im Lichte Christi aussieht?! Nein, lebt weiter als Kinder des Lichts, denn dann findet ihr auch weiterhin in eurem Leben Güte, Gerechtigkeit und Wahrheit. Wenn ihr etwas vorhabt, dann prüft, ob der Herr Freude daran haben könnte. Verweigert euch allem, was mit der Finsternis dieser Welt zu tun hat und letztlich zu nichts führt. Im Gegenteil: Macht die Menschen auf das aufmerksam, was ihnen mit Sicherheit schaden wird. Manchmal wagt man nicht einmal, über das zu reden, was in Dunkelheit und Heimlichkeit so vor sich geht. Doch wir müssen es trotzdem tun, denn wenn etwas ans Licht gebracht wird, dann besteht die Möglichkeit, dass Gott es durch sein Licht zum Guten verändern kann. Hier müsst ihr eine ganz neue Wachsamkeit entwickeln, denn wie es so schön heißt: „Wache auf, du Schlafender, erhebe dich von deinem Totenlager, und Christus wird dein Licht sein."

Achtet also darauf, wie ihr lebt! Man braucht Weisheit, um in dieser Zeit das Richtige zu tun und die Tage gut zu nutzen. Lasst euch von Gott Weisheit schenken! Nur so werdet ihr verhindern, dass ihr irgendwelche Dummheiten begeht, und eher begreifen, wie ihr euch nach Gottes Willen in dieser oder jener Situation verhalten sollt. Anstatt euch mit Wein zu berauschen, was noch nie zu etwas Gutem geführt hat, solltet ihr euch lieber vom Heiligen Geist erfüllen lassen. Dann erfahrt ihr mehr Freude, als ihr verkraften oder auch nur in Worte fassen könnt: Mal sind es Psalmen, dann Lieder voller Dank, dann wieder ein Gesang, den der Geist Gottes selbst eingibt; jedenfalls wird euch alles recht sein, um Gott, dem Vater, durch Jesus Christus für alles zu danken.

Wo das neue Leben in Christus umsetzen, wenn nicht in Ehe und Familie?! (5,21–6,4)

Genauso wie ihr Christus mit Ehrfurcht begegnet, so sei auch euer Miteinander von gegenseitiger Hochachtung geprägt. Das gilt vor allem für die Ehe, in der die Frau ihre Unterordnung unter Jesus darin zeigen kann, dass sie sich ihrem Mann als geistliches Haupt der Familie unterordnet. So wie dieser sich wiederum Jesus als dem Haupt der Gemeinde unterordnen soll. Wir wissen alle, welcher Segen es für uns als Gemeinde ist, dass wir uns Jesus als unserem Haupt unterordnen. Davon soll auch etwas in jeder Ehe zu spüren sein.

Wenn eure Frauen sich euch, ihr Männer, unterordnet, weil ihr das geistliche Haupt der Familie seid, dann müsst ihr sie auch so lieben, wie Christus seine Gemeinde liebt und sich für sie geopfert hat. Er hat sie sich auserwählt, im Wasser der Taufe gebadet und durch sein Wort wunderbar neu geschaffen. Herrlich steht sie jetzt vor ihm, sie hat weder Flecken noch Runzeln, ja es findet sich nicht ein Fehler an ihr. Das alles ist sein Wille für sie und sein Werk.

So soll auch ein Mann seine Frau lieben, als wäre sie ein Stück von ihm. Wer seine Frau wirklich liebt, zeigt damit, dass er gelernt hat, auch sich selbst zu lieben. Denn wer sich selbst ablehnt und hasst, kann auch seinen Partner nicht wirklich lieben. Normal ist, dass man sich selbst etwas Gutes tut und sich vor allem Schmerzhaften schützt. Christus macht es nicht anders. Er kümmert sich um seine Gemeinde, die ja sein Leib ist, mit großer Liebe und Sorgfalt.

Das alles veranschaulicht uns sehr schön die Schöpfungsordnung. Wenn ein Mensch heiratet, gibt er seine gewohnten familiären Beziehungen auf, um mit seinem Partner ganz eins zu werden. Die Bibel selbst sagt, dass beide „ein Fleisch“ werden. Das allein ist bereits ein großes Geheimnis. Für mich wird das Geheimnis aber noch größer, wenn ich an das Verhältnis denke, das Christus zu seiner Gemeinde haben möchte. Darum ist jede eheliche Verbindung auch ein Bild für die innige Beziehung, die Jesus Christus zu der Gemeinschaft der Glaubenden hat. Folglich sollte jeder Mann seine Frau von Herzen lieben, die Frau sich ihrerseits aber ihm als geistlichem Haupt unterordnen.

6 Wenn in einer Familie Jesus das Sagen hat, dann fällt es Kindern auch leichter, ihren Eltern gern zu gehorchen. Doch auch so rate ich euch, Kinder, gehorsam zu sein. Denn ihr erfüllt damit das einzige Gebot, das eine Verheißung enthält: „Du sollst deinen Vater und deine Mutter ehren, damit es dir gut ergeht und du lange auf Erden lebst."*

Euch Väter aber ermahne ich, eure Kinder durch euer Verhalten nicht verbittert (oder mutlos) zu machen, sondern erzieht sie (liebevoll und konsequent). Vor allem vergesst nicht, dass sie euch nur für eine bestimmte Zeit anvertraut sind und eigentlich Christus gehören.

Auch „die da oben" kann, ja, soll man achten (6,5–9)

Wenn ihr in einem Dienstverhältnis zu jemandem steht, so denkt nicht, es sei unter eurer Würde, anderen zu dienen. Tut es gern und mit großem Respekt gegenüber euren Vorgesetzten und spielt ihnen kein Theater vor, um auf billige Weise ein wenig Aufmerksamkeit zu bekommen. Denkt an Jesus, dem ihr letztlich dient, gleichgültig, welchem Menschen ihr dient. Nur so könnt ihr auch von innen her den Willen Gottes in eurem Dienst erkennen. Denkt an ihn, denn ihr dient nicht Menschen, sondern eurem Herrn. Und was jemand von euch an Gutem empfängt, das werdet ihr ganz bestimmt von Jesus zurückbekommen. Das gilt für eure Vorgesetzten nicht weniger als für euch, die ihr in einem Dienstverhältnis zu ihnen steht. Auch für sie gilt der Anspruch des Herrn, dass sie sich wie Jesus selbst um die kümmern sollen, die für sie arbeiten. Treibt keine Machtspielchen und schüchtert Abhängige nicht durch Drohungen ein. Ihr habt den-

* 5. Mose 5,16

selben Herrn im Himmel wie eure Untergebenen und der lässt sich weder durch einen Rang noch durch eine hohe Position beeindrucken.

Wer in einem Kampf steht, sollte um seine Ausrüstung wissen (6,10–20)

Schließlich wünsche ich mir, dass ihr durch eure Beziehung zu Jesus stark werdet und dass ihr etwas von seiner Kraft in eurem Leben erfahrt. Zieht die volle Waffenrüstung an, die Gott euch anbietet und die allein ausreichend ist, allen Anschlägen des Widersachers zu widerstehen. Denn unser Kampf richtet sich nicht gegen Menschen, sondern gegen die Mächte der Finsternis, gegen die bösen Geister der unsichtbaren Welt. Darum legt die Waffenrüstung Gottes an, damit ihr, wenn ihr angegriffen werdet, dem Teufel widerstehen und das gewonnene Terrain verteidigen könnt. Legt als Gürtel die Wahrheit Gottes an. Zieht dann als Brustpanzer die Gewissheit an, dass ihr von Gott angenommen seid. Eure Schuhe bestehen aus der Bereitschaft, für die Verkündigung der Frohen Botschaft überall hinzugehen und für sie einzutreten. Schützt euch mit dem Schild des bedingungslosen Vertrauens auf Gott, mit dem ihr in der Lage seid, alle glühenden Pfeile des Bösen abzuwehren und auszulöschen. Dann müsst ihr noch den Helm des Heils anziehen, das euch durch Christi Rettungstat am Kreuz geschenkt wurde. Schließlich fehlt nur noch eines, und das ist das Schwert des Geistes. Ergreift es, denn ihr kennt es gut: Es ist das Wort Gottes.

Am wichtigsten ist jedoch, dass ihr immer und überall betet. Gottes Geist wird euch dabei helfen. Bittet beharrlich für alle Glaubensgeschwister. Bitte betet auch für mich, dass ich zur richtigen Zeit den Mut habe, auch das Richtige zu sagen. Die Menschen sollen das Geheimnis der Liebe Gottes erkennen können. Für diese Frohe Botschaft sitze ich hier im Gefängnis, und ich hoffe sehr, dass ich sie auch hier mutig verkünden kann.

Paulus grüßt seine Epheser – nie ohne Segenswünsche (6,21–24)

Ihr fragt euch vielleicht, wie es mir geht und was ich weiterhin vorhabe. Tychikus, mein geliebter Bruder und treuer Nachfolger Jesu, wird euch von allem berichten. Ich habe ihn zu euch geschickt, damit ihr alles Wichtige von ihm erfahrt und er euch trösten kann, wenn euch etwas Sorgen bereitet.

Der Friede sei mit euch, Schwestern und Brüder! Die Liebe und das Vertrauen auf Gott, unserem Vater, und auf unseren Herrn Jesus Christus erfülle euch! Die Gnade sei mit allen, die Jesus Christus in alle Ewigkeit lieben.

Der Brief an die Gemeinde in Philippi

Freude ist eine sehr ernste Sache. Wenn ein Mensch die Freude verliert, wird er kraftlos, mancher sogar destruktiv. Es gab eine Gemeinde, zu der Paulus eine besonders herzliche Beziehung pflegte. Es war die Gemeinde in Philippi, die erste auf europäischem Boden. Es muss einen also nicht verwundern, dass er genau dieser Gemeinde eine Abhandlung über die Freude schrieb. Aber nicht nur das. In Kapitel 2 zitiert Paulus einen alten Hymnus, eines der ersten Christuslieder, die wir besitzen, eine Kostbarkeit der christlichen Literatur.
Obwohl Paulus im Gefängnis sitzt, ermutigt und unterweist er seine Philipper in bewegender Weise.
Auch für uns heutige Menschen mit anderen Fragestellungen ist dieser Brief immer noch ungemein ansprechend.
Abfassungszeit: entweder 54 oder 60, je nach Gefängnisaufenthalt in Ephesus oder Rom.

Begrüßung (1,1–2)

1 Diesen Brief schreiben Paulus und Timotheus, die im Dienst von Jesus Christus stehen. Wir grüßen alle Geschwister in Philippi, die von ganzem Herzen Jesus nachfolgen, und auch alle Leiter und Mitarbeiter der dortigen Gemeinde. Die Gnade und der Frieden von Gott, unserem Vater, und unserem Herrn Jesus Christus seien mit euch.

Wenn Paulus sich über jemanden freut, dann betet er für den Betreffenden (1,3–11)

Ich danke meinem Gott jedes Mal, wenn ich in meinen Gebeten voll Freude an euch denke, für euch alle, weil ihr euch vom ersten Tag an bis heute für die Frohe Botschaft eingesetzt habt. Ich bin ganz sicher, dass der, der mit euch diesen wunderbaren Weg des Glaubens begonnen hat, ihn auch mit euch bis zum Tag Jesu Christi vollenden wird.

Ich habe allen Grund für meine Zuversicht, denn ich habe euch in mein Herz geschlossen. Und so erhaltet ihr natürlich auch Anteil an der Gnade, die ich für mich erwarten kann. Denn ich sitze wieder einmal im Gefängnis und werde die Frohe Botschaft verteidigen müssen, was sie allerdings nur noch stärker macht.

Gott weiß, wie sehr ich mich nach euch allen sehne, und das mit der herzlichen Liebe, mit der Jesus Christus uns alle liebt. Darum bitte ich Gott darum, dass eure Liebe noch tiefer wird und ihr mehr Einsicht und Verständnis erlangt, denn nur so könnt ihr immer besser prüfen, was wirklich wesentlich ist. Eine Liebe, die weiß, was sie tut, wird euer Leben vor allem Bösen bewahren, sodass ihr euch wirklich auf den Tag freuen könnt, an dem Jesus Gericht hält. Wie reich wird dann euer Leben sein mit all dem, was ihr von Gott erhalten habt. Was kann mehr zeigen, wie großartig unser Gott ist?!

Paulus gibt seinen Philippern Einblick in sein „Innenleben" (1,12–26)

Meine Schwestern und Brüder, ich sitze zwar im Gefängnis, doch dies hat auch seine guten Seiten: Die Verkündigung der Frohen Botschaft wurde durch meine Gefangenschaft ungemein gefördert. Alle hier im Prätorium und noch etliche Personen außerhalb haben mittlerweile verstanden, dass ich einzig und allein wegen Christus hier einsitze. Durch meine Ketten wurden die meisten Mitglieder der Jerusalemer Gemeinde aufs Neue ermutigt, ihr Vertrauen auf Christus zu setzen und den Menschen mutiger als je zuvor von Jesus zu erzählen. Es kann sein, dass auch einige darunter sind, die dies eher aus Neid und Streitsucht tun. Doch sie werden von all denen übertroffen, die die Frohe Botschaft von Jesus voller Hingabe verkünden. Dies tun sie aus Liebe; für sie ist es auch keine Frage, dass Gott mir einen ganz besonderen Auftrag zur Verteidigung der Frohen Botschaft gegeben hat. Die anderen verkünden dagegen Christus aus egoistischem Ehrgeiz. Ihre Motivation ist falsch, und sie erreichen damit nur, mir mein Leben in der Gefangenschaft noch schwerer zu machen. Aber was spielt das schon für eine Rolle?! Es ist mir gleichgültig, ob jemand Christus nur zum Schein verkündet oder ob er es tatsächlich ernst meint. Wichtig ist nur, dass die Frohe Botschaft überhaupt verkündet wird. Und genau darüber freue ich mich.

Ja, ich habe tatsächlich allen Grund, mich zu freuen. Ich weiß nämlich, dass durch euer Gebet und durch die Hilfe, die mir der Geist Jesu schenkt, dieses Verfahren zu meinem Besten ausgehen wird. Ich bin fest davon überzeugt, dass es in den kommenden Prozessen keinen Moment geben wird, an dem ich mich schämen müsste, sondern dass Jesus durch mich und das, was mit mir geschieht, groß gemacht wird, sei es durch mein Leben, sei es durch meinen Tod. Denn für mich ist Leben und Christus dasselbe und Sterben demnach nur Gewinn. Manchmal bin ich selbst unsicher darüber, was mir lieber ist: weiterzuleben und Menschen für Jesus zu gewinnen oder etwas anderes. Denn vor mir tun sich zwei Möglichkeiten auf: Am liebsten würde ich aufbrechen, um ganz bei Jesus sein zu können. Das wäre das Allerbeste, was mir passieren könnte. Doch da ist dann noch die andere Möglichkeit: weiterzuleben, um euch noch weiterhin dienen zu können. Ich bin jedoch zuversichtlich, dass ich bleiben werde, um euch in eurem geistlichen Wachstum voranzubringen, damit ihr die Freude erlebt, die der Glauben schenkt. Ihr sollt Grund haben, Gott von Herzen dankbar zu sein, wenn ich wieder zu euch komme, ja ihr sollt gar nicht mehr aufhören, euch zu rühmen, dass ihr in Jesus einen so wunderbaren Herrn gefunden habt.

Es kostet etwas, die Einheit zu wahren, damit die Botschaft Jesu ankommen kann (1,27–2,4)

Nur um das eine bitte ich euch: Führt euer Leben so, wie es der Frohen Botschaft von Christus entspricht. Dabei spielt es keine Rolle, ob ich abwesend bin oder ob ich mitten unter euch lebe und alles mitbekomme. Ich möchte auch weiterhin hören, dass ihr im Glauben fest steht, eines Geistes seid und euch gemeinsam für die Ausbreitung der Frohen Botschaft einsetzt. Es ist wichtig, dass ihr euch in keiner Weise von irgendwelchen Querköpfen einschüchtern lasst. Das wird für diese Leute ein klares Zeichen dafür sein, dass sie noch weit davon entfernt sind, erlöst zu sein, während es für euch ein klares Zeichen von Gott ist, dass ihr errettet seid. Denn ihr habt das Vorrecht, dass ihr nicht nur an Christus glauben, sondern auch für ihn leiden dürft. In gewisser Hinsicht kämpft ihr damit den gleichen Kampf, den ihr bei mir gesehen habt und von dem ihr auch jetzt wieder mitbekommt.

2 Wisst ihr, womit ihr meine Freude über euch vollkommen machen könnt? Ich will es euch sagen, denn ihr seid offen für jede Ermutigung, die Christus euch schenken möchte. Er ist es, der euch mit seiner Liebe tröstet, der uns durch seinen Geist Gemeinschaft untereinander schenkt und der unser Herz mit mitfühlender Barmherzigkeit erfüllt. Ihr würdet mir die größte Freude machen, wenn ihr

euch, von der einen Liebe getragen, um Einmütigkeit bemüht und eins in eurem Denken seid. Tut nichts aus Streitsucht oder weil sich der eine für wichtiger hält als der andere. Im Gegenteil: Seid demütig und bescheiden und achtet den anderen höher als euch selbst. Habt auch nicht ständig nur euren eigenen Vorteil im Blick, sondern das, was für den anderen wichtig ist.

Christus selbst hat uns vorgelebt, was uns zu wirklichen Menschen macht (2,5–11)

Begegnet euch gegenseitig mit der gleichen Liebe und Hochachtung, wie ihr sie Jesus Christus entgegenbringt. Habt ihn als Vorbild vor Augen, der als Sohn Gottes seine Gottgleichheit auch nicht wie einen Raub festhielt, sondern restlos alles hergab und wie ein Knecht wurde: Er wurde ein Mensch wie wir, rein äußerlich ein ganz normaler Mann. Doch er verzichtete auf seine Vorrechte und nahm gehorsam den Tod an, den schrecklichen Tod am Kreuz. Darum hat Gott ihm auch die höchste Stellung im ganzen Universum gegeben. Es gibt keinen Namen, der größer und herrlicher wäre als seiner. Es wird der Tag kommen, da werden vor diesem Namen, den Gott ihm gegeben hat, alle Wesen im Himmel, auf der Erde und unter der Erde auf die Knie gehen, ihn anbeten und bekennen, dass er allein der Herr ist. Nichts wird Gott, unseren Vater, mehr ehren und mehr erfreuen als das.

Solange ihr nicht locker lasst, gibt euch Gott die Kraft zu allem (2,12–18)

Meine geliebten Schwestern und Brüder, ich weiß, dass ihr mir nicht nur gehorcht, wenn ich bei euch bin, sondern auch jetzt während meiner Abwesenheit. Darum möchte ich euch noch einmal von Herzen ermahnen, mit allem Ernst und aller Entschiedenheit auf dem

Weg der Erlösung durch Christus zu bleiben. Denn das will Gott für euch. Er hat euch den Willen geschenkt, Jesus nachzufolgen, und er ist auch in der Lage, euch die Kraft zu geben, dass ihr treu an ihm festhaltet. Auch wenn es euch manchmal schwerfällt: Tut alles ohne Widerwillen und ständiges Hinterfragen. Seid wirklich wie Gottes Kinder, mit klaren Augen, offen und voller Vertrauen. Ich weiß, die Welt um euch herum sieht anders aus. Ihr seid umgeben von einer verkehrten, heruntergekommenen Generation, in der viel Finsternis herrscht. Solange ihr am Wort des Lebens festhaltet, strahlt ihr jedoch in dieser dunklen Welt wie Sterne in der Nacht.

Und ich möchte euch noch einen Grund nennen, warum ihr in allen Lebenslagen an Jesus festhalten sollt: Ich möchte am Tag Christi, wenn es gilt, Rechenschaft abzulegen, stolz auf euch sein können. Ich möchte sicher gehen, dass meine Bemühungen nicht ins Leere gelaufen sind und ich mich nicht umsonst abgemüht habe. Doch wenn ich mein Leben lassen müsste, dann nehmt es als mein Opfer für euren Glauben an. Darüber würde ich mich sehr freuen, und natürlich freue ich mich auch für euch. Doch das Gleiche gilt auch für euch: Auch ihr sollt euch freuen, auch und gerade dann, wenn ich mein Leben verlieren sollte.

Paulus tröstet seine Philipper, indem er ihnen seine zwei engsten Mitarbeiter schickt (2,19–30)

Hoffentlich kann ich bald Timotheus zu euch schicken, damit mich dann seine Berichte über eure Fortschritte ermutigen und mir Kraft schenken. Es gibt tatsächlich sonst niemanden hier, der sich selbstlos um euch und eure Bedürfnisse kümmern würde. Es ist doch so: Irgendwie geht es allen nur um ihre Interessen, ihren Vorteil, aber niemand fragt nach dem Willen Jesu Christi.

Doch ihr wisst, dass Timotheus sich bewährt hat. Er ist für mich wie ein eigener Sohn und er hat sich auch von Anfang an von ganzem Herzen für die Frohe Botschaft eingesetzt. Wenn es sich also irgendwie machen lässt, dann werde ich ihn zu euch schicken. Ich muss nur noch zuvor schauen, wie ich meine Angelegenheiten hier geregelt bekomme. Ich vertraue darauf, dass es mir selbst bald möglich sein wird, euch zu besuchen.

Auf jeden Fall werde ich meinen Bruder und Mitarbeiter Epaphroditus, der so viel mit mir zusammen durchgemacht hat, zu euch zurückschicken. Nachdem er mir damals eure Unterstützung überbracht hatte, als ich in eine echte Notlage geraten war, erkrankte er ja sehr schwer. Sicher habt ihr davon gehört und euch deswegen auch Sorgen gemacht. Auch er hatte große Sehnsucht nach euch. Ja, er war wirklich lebensgefährlich erkrankt, aber Gott hat sich seiner erbarmt ... und auch meiner! Denn er wusste, dass ich diesen Verlust kaum verkraftet hätte. Darum sende ich ihn jetzt sofort zu euch, damit ihr wenigstens schon einmal einen Grund habt, euch zu freuen. Und ich habe eine Sorge weniger.

Nehmt ihn also mit der Liebe auf, die Jesus auch uns erweist, und freut euch über sein Kommen. Und überhaupt sollt ihr alle mit ganz besonderer Aufmerksamkeit behandeln, die für Jesus ihr Leben aufs Spiel gesetzt haben. Er hat es jedenfalls getan, als er versuchte, mir zu helfen, nachdem ihr es nicht persönlich tun konntet.

Es gibt einen Grund, niemals aufzuhören, sich zu freuen (3,1–12)

3 Darüber hinaus kann ich euch nur immer wieder sagen, meine Schwestern und Brüder: Freut euch über das Leben, das ihr führt, weil ihr zum Herrn gehört. Ich werde nicht müde, euch wieder und wieder dasselbe zu schreiben, euch aber schenkt es Sicherheit.

Passt auf! Es gibt Personen mitten unter euch, die euch einen schlechten Dienst erweisen. Sie meinen immer noch, euch zur Beschneidung zwingen zu müssen, doch das ist grundfalsch. Die wahre Beschneidung wird heute nicht mehr an unserem Körper vollzogen, sondern an unserem Herzen. Wenn uns der Heilige Geist erfüllt und wir uns nur noch auf das verlassen, was Jesus für uns getan hat, dann hängt unsere Beziehung zu Gott nicht mehr von irgendwelchen äußeren Riten ab, die man an uns vollzogen hat. Was das anbelangt, könnte ich es mit jedem aufnehmen: Ich wurde am achten Tag nach meiner Geburt beschnitten, gehöre als Mitglied des Stammes Benjamin dem Volk Israel an, bin also durch und durch Jude. Dazu kommt noch, dass ich mich als Pharisäer um die strenge Einhaltung der Gesetzesvorschriften kümmerte, und zwar mit einem solchen Fanatismus, dass ich sogar die Gemeinde Jesu verfolgte. Dabei stand ich, rein vom Gesetz her betrachtet, vor Gott makellos dar. Aber alles, was ich einmal für besonders wichtig und wertvoll gehalten habe, kommt mir jetzt, seit ich Jesus kenne, geradezu lächerlich vor. Ja ich halte es sogar für schädlich, weil es der alles überragenden Erkenntnis Jesu Christi entgegensteht. Für ihn habe ich gern alles aufgegeben und halte so manche großartige Sache meiner religiösen Erziehung für – entschuldigt den Ausdruck – Bockmist. Ich möchte nie mehr die Gemeinschaft mit Jesus verlieren, die ich mir nicht durch meine Gesetzestreue verdient habe, sondern die Gott geschenkt hat, weil ich mein Vertrauen auf ihn gesetzt habe. Ich möchte Jesus immer besser kennenlernen und auch am eigenen Leib die Kraft erfahren, mit der er vom Tod auferweckt wurde. Ja, ich sehne mich danach, mit ihm zu leiden und ihm im Tod ähnlich zu werden. So hoffe ich, auch mit allen, die an Christus glauben, von den Toten aufzuerstehen.

Es ist aber nicht so, als hätte ich mein Ziel schon erreicht oder sei in irgendeiner Weise vollkommen geworden. Im Gegenteil. Aber ich jage dem Siegespreis nach, um ihn eines Tages zu ergreifen, so wie ich jetzt schon von Jesus Christus ergriffen bin.

Paulus hat das beste Ziel auf Erden fest im Auge (3,13–21)

Glaubt mir, meine Schwestern und Brüder, ich kann mich selbst ziemlich gut einschätzen: Ich bin noch nicht am Ziel. Aber eines tue ich: Ich vergesse, was hinter mir liegt, und strecke mich umso mehr nach dem aus, was vor mir liegt. Ich tue wirklich alles, um den Siegespreis zu erringen: in Ewigkeit bei ihm zu sein. Vergesst nie: Gott selbst hat uns bereits vollkommen gemacht. Wenn ihr an diesem Punkt noch Zweifel habt, wird es euch Gott selbst zeigen. Doch lasst unser Leben dem entsprechen, was uns von Gott bereits geschenkt wurde.

Liebe Schwestern und Brüder, ihr könnt ruhig mich oder andere, die ähnlich von Gott ergriffen wurden, als Vorbilder nehmen. Denn bei euch gibt es nicht wenige – und ihr wisst, wie oft ich schon mit euch darüber gesprochen habe –, die mit Jesus Christus als dem Gekreuzigten nichts zu tun haben wollen. Mir kommen die Tränen, wenn ich an sie denke, denn ihr Ende wird schrecklich sein. Weil ihr ganzes Denken nur noch auf das Diesseits gerichtet ist, auf das Leben hier auf dieser Erde, werden sie keinen anderen Gott mehr haben als sich selbst und ihre Wünsche. Ihre einzige Ehre wird darin bestehen, dass sie sich für das rühmen, wofür andere sich nur schämen würden.

Wir aber wollen daran festhalten, dass unsere wahre Heimat dort ist, wo wir unserem Herrn Jesus Christus begegnen werden. Eines Tages wird er unseren armseligen Leib verwandeln und ihn seinem Leib, den er jetzt in der Herrlichkeit Gottes hat, gleichgestalten. Das wird mit derselben Kraft geschehen, mit der er auch seine Herrschaft über das ganze All ausüben wird.

Ein ungewöhnlicher Befehl: Freut euch und noch einmal: Freut euch (4,1–9)

4 Meine geliebten Schwestern und Brüder, ich sehne mich so sehr nach euch, denn ihr seid meine ganze Freude und mein Siegespreis. Steht auch weiterhin fest zu unserem Herrn Jesus.

Euodia und Syntyche, euch möchte ich beide ermahnen, eure Unstimmigkeiten zu beenden und euch durch eure Verbindung mit ihm zu einigen. Dich, meinen bewährten Mitarbeiter, bitte ich, ihnen dabei zu helfen, denn sie haben sich beide gemeinsam mit mir für die Verbreitung der Frohen Botschaft eingesetzt. Auch Klemens und eine Reihe anderer Mitarbeiter waren damals dabei und ihre Namen sind alle bereits im Buch des Lebens verzeichnet.

Freut euch mit Christus zu jeder Zeit! Ich sage es noch einmal: Freut euch! Alle Menschen sollen erfahren, wie gütig ihr seid. Christus wird bald zurückkehren. Macht euch um nichts Sorgen, sondern vertraut eure Bitten, Sorgen und Nöte eurem himmlischen Vater an. Nur vergesst eines nicht: Seid für alles dankbar, und der Friede Gottes, der unsere Vorstellungskraft übersteigt, wird eure Herzen und eure Gedanken in Jesus Christus bewahren.

Liebe Schwestern und Brüder, richtet eure Gedanken darüber hinaus auf alles, was wahr ist, was euch Ehre macht, was rein und liebenswert ist. Die Leute sollen voller Bewunderung und Lob von euch sprechen. Lebt einfach das, was ihr gelernt und von mir übernommen habt, und Gott wird euer Herz mit seinem Frieden erfüllen.

Ein natürliches Zeichen der Liebe und Dankbarkeit: Paulus wurde finanziell von der Gemeinde unterstützt (4,10–23)

Ich muss zugeben, dass ich mich sehr über das Zeichen eurer Fürsorge für mich gefreut habe. Natürlich habt ihr schon immer an mich gedacht, aber ihr hattet doch nie die Gelegenheit zu einer so konkreten

Hilfe. Das sage ich jetzt nicht, weil ich darauf hinweisen will, dass ich noch mehr Unterstützung nötig hätte. Nein, ich habe gelernt, in allen Lebenslagen mit sehr wenig auszukommen. Mittlerweile habe ich beides zur Genüge kennengelernt: nichts in der Tasche zu haben und im Überfluss zu leben, zu hungern und satt zu sein. Alles halte ich aus durch den, der mir Kraft schenkt. Doch abgesehen davon muss ich euch sagen, dass es sehr freundlich von euch war, mich in meiner Notlage nicht alleinzulassen.

Wisst ihr eigentlich, meine lieben Philipper, dass ihr die einzige Gemeinde seid, die mich nach meinem Weggang aus Mazedonien auf meiner Missionsreise finanziell unterstützt hat?! In keiner Gemeinde habe ich seither eine solche Gemeinschaft erlebt, wie sie sich auch in unserem gegenseitigen Geben und Nehmen ausdrückte. Selbst als ich in Thessaloniki war, habt ihr mir häufig etwas für meinen persönlichen Bedarf geschickt. Um es noch einmal zu sagen: Es geht mir nicht darum, dass ich gern ständig Geschenke von euch erhalten würde. Was mich bewegt, ist, dass eure Großzügigkeit ebenfalls eine Frucht ist, die wächst. Aber ihr sollt zumindest wissen, dass ich durch Epaphroditus alles erhalten habe und jetzt geradezu im Überfluss lebe. Ihr habt etwas Großartiges getan und wie bei einem Opfer, das im Tempel verbrannt wird, verbreitet sich der Duft davon überallhin. Auch zu Gott, dem es ein Leichtes sein wird, jede Art von Mangel auszufüllen. Haben wir in Jesus Christus nicht den ganzen Reichtum Gottes schon jetzt mitten unter uns? Dafür sei Gott, unserem Vater, die Ehre in alle Ewigkeit. Amen.

Grüßt alle Mitglieder der Gemeinde im Namen unseres Herrn Jesus Christus. Diesem Gruß schließen sich auch alle Geschwister an, die hier bei mir sind. Ganz besonders möchten euch auch alle grüßen, die am Hof des Kaisers arbeiten.

Die Gnade unseres Herrn Jesus Christus erfülle euer Herz und euren Geist!

Der Brief an die Gemeinde in Kolossä

Kolossä ist eine Stadt im kleinasiatischen (heute türkischen) Phrygien. Kolosser- und Epheserbrief haben viele Gemeinsamkeiten. Offenbar saß Paulus im Gefängnis, als der Brief geschrieben wurde, vielleicht von einem befreundeten Christen nach Stichworten von Paulus. Das könnte erklären, warum sich das Griechisch des Briefes von dem anderer Paulusbriefe unterscheidet. Auch dieser Brief enthält in Kapitel 1 einen wunderbaren Hymnus über Christus als Ebenbild Gottes, das heißt als den „wahren Menschen“, wie Gott ihn gewollt hat. Kolosser- und Epheserbrief beantworten ganz andere Fragen als etwa die Korintherbriefe und betonen etwa die kosmische Bedeutung von Jesus.

1 Diesen Brief schreiben Paulus, den Gott dazu berufen hat, ein Apostel Jesu Christi zu sein, und sein Mitarbeiter Timotheus an alle, die in Kolossä an Jesus Christus glauben und so unsere geliebten Geschwister wurden. Gnade und Friede von Gott, unserem Vater!

Der Apostel betet voller Freude und Dankbarkeit für die Gemeinde in Kolossä (1,3–14)

Wenn wir in unseren Gebeten an euch denken, danken wir immer wieder Gott, dem Vater unseres Herrn Jesus Christus, für all die guten Dinge, die wir über euren Glauben und über eure Liebe zu allen Glaubensgeschwistern gehört haben. Was hat euch dazu bewegt, wenn nicht die Hoffnung auf all das, was im Himmel für euch schon bereit liegt?! Von dieser Hoffnung habt ihr erfahren, als ihr die Frohe Botschaft zum ersten Mal gehört habt. Seit euch und der übrigen Welt diese Botschaft verkündet wurde, ist sie überall gewachsen und hat Frucht gebracht. Ihr habt wirklich erkannt, wie gnädig Gott ist! Das ist nicht zuletzt das Verdienst unseres Mitarbeiters Epaphras, den ich liebe und der sich bei euch mehr denn je als ein treuer Diener Christi erwiesen hat. Er hat euch nicht nur alles Wesentliche beigebracht; er hat uns auch berichtet, welche Liebe der Heilige Geist in euch hat wachsen lassen.

Darum können wir auch seit dem Tag, an dem wir von euch gehört haben, nicht aufhören, für euch zu beten. Ganz besonders bitten wir Gott darum, dass er euch die Gabe schenkt, seinen Willen mit aller Weisheit und Einsicht zu erkennen. Nur dann könnt ihr so leben, wie es Jesus gefällt. Er wird durch euch immer mehr Gutes bewirken können; euer Leben wird fruchtbar werden und letztlich werdet ihr Gott dabei immer besser kennenlernen. Die Größe Gottes, die ihr durch sein Wirken erlebt, wird euch innerlich stark machen. So werdet ihr auch in Zukunft mit Geduld und Durchhaltevermögen gesegnet sein.

Voller Freude danke ich unserem Vater im Himmel, der euch die

Möglichkeit geschenkt hat, das strahlende Erbe seiner Kinder zu empfangen. Gott hat uns aus der Macht der Finsternis befreit und uns unter die Herrschaft seines geliebten Sohnes gebracht. Er ist es, der uns erlöst und die Last unserer Schuld von uns genommen hat.

In Jesus hat sich uns Gott selbst gezeigt (1,15–20)

Wenn wir Jesus anschauen, wissen wir, wie Gott ist, den wir mit unseren Augen nicht sehen können. Er ist der Erstgeborene unter allen Geschöpfen, denn durch ihn wurde alles, was im Himmel und auf der Erde ist, das Sichtbare genauso wie das Unsichtbare, erschaffen. Alle Könige, Herrscher und Gewalten haben ihren Ursprung in ihm und alle werden eines Tages auch vor ihm stehen. Jesus hat vor allem existiert und alles in dieser Welt hat nur durch ihn Bestand.

Doch bei all dem ist er vor allem das Haupt der Gemeinde, er, der von allem der Anfang ist und der auch als Erster von den Toten auferstand. Darum kann kein Zweifel daran bestehen, dass ihm allein in jeder Beziehung der erste Platz zukommt. Gott selbst wollte es nicht anders, als mit seiner ganzen göttlichen Fülle in ihm gegenwärtig zu sein und alles durch Jesus mit sich zu versöhnen. Er hat durch das Blut, das er am Kreuz vergossen hat, endgültig den Frieden zwischen Gott und allen Menschen ermöglicht.

Und eine Gemeinde hat das Unfassbare ergriffen (1,21–29)

War es bei euch etwa anders? Wenn man sich anschaut, wie ihr euch damals verhalten habt: Wart ihr nicht auch weit von Gott entfernt, ja geradezu seine Feinde? Doch Jesus hat euch durch den Tod, den er durchlitten hat, zu Menschen gemacht, die aufrecht vor Gott stehen können, weil sie frei von Schuld, untadelig, ja heilig sind. Ihr dürft euch bloß durch nichts von eurem Glauben und eurer Hoffnung abbringen lassen. Vertraut auf die Frohe Botschaft, die ihr gehört habt und die jetzt allen Menschen auf der ganzen Welt verkündet wird. Ich, Paulus, bin jedenfalls unendlich dankbar dafür, dieser Frohen Botschaft dienen zu können.

Versteht ihr nun, dass ich mich sogar darüber freue, wenn ich in diesem Dienst für Jesus leiden muss?! Ich denke, es ist eine Art stellvertretendes Leiden für euch. Vielleicht kann ich damit an meinem eigenen Leib noch etwas zu den erlösenden Leiden Jesu hinzutun, die er um seiner Gemeinde willen, die ja sein Leib ist, ertragen hat. Ihr zu dienen hat Gott mir aufs Herz gelegt, das heißt, meine Sorge muss es sein, euch das Wort Gottes ohne Abstriche zu verkündigen. Es ist meine Aufgabe, das Geheimnis Gottes, das seit Ewigkeit allen Menschen verborgen war, euch und jetzt auch denen zu offenbaren, die aus allen Völkern zu Gottes Volk hinzugestoßen sind. Allen Menschen, die seiner Einladung folgten, wollte Gott zeigen, wie unvorstellbar groß der Reichtum seiner Gnade und Liebe ist. Und dieses Geheimnis ist niemand anderes als Jesus Christus, der mitten unter euch lebt und der allein unsere Hoffnung auf die Herrlichkeit Gottes ist, die auf uns wartet. Diesen Jesus verkünden wir, wenn wir die Menschen ermutigen und versuchen, ihnen mit Weisheit und Geduld Jesus nahezubringen. Jeder Mensch soll die Möglichkeit haben, durch seine Entscheidung für Jesus Christus selbst ein Mensch zu werden, der in den Augen Gottes vollkommen ist. Dafür mühe ich mich ab; allerdings bin ich dabei nicht auf mich allein gestellt, sondern darf mit der Kraft kämpfen, die er mir schenkt.

Was man einmal erkannt hat, bleibt nicht einfach unangefochten bestehen (2,1–5)

2 Ja, ihr sollt erfahren, dass ich um euretwillen und um der Gemeinde in Laodizea willen in einem großen Kampf stehe. Das geht auch alle die an, die mich persönlich nicht kennenlernen konnten. Möge Gott euch trösten und möge euch das Band der Liebe, das

euch verbindet, umso fester zusammenhalten. Ihr sollt euch immer wieder bewusst werden, welchen Reichtum es darstellt, dass ihr in Bezug auf Gott Gewissheit haben könnt, ja, dass ihr das Geheimnis Gottes kennenlernen durftet: Jesus Christus. In ihm sind wirklich alle Schätze der Weisheit und der Erkenntnis verborgen.

Das betone ich, damit euch niemand mit seiner Überredungskunst hinters Licht führen kann. Denn auch wenn ich persönlich nicht bei euch sein kann, bin ich euch doch in Gedanken ständig nah. Ich sehe, wie ihr alles unter euch geregelt habt und wie unerschütterlich fest euer Glaube an Christus ist. Habe ich nicht allen Grund zur Freude?!

Christsein heißt: Beziehung mit Jesus leben, egal, was passiert (2,6–13)

Ihr habt Jesus Christus als euren Herrn angenommen. Darum lebt euer Leben in Gemeinschaft mit ihm. Ihr könnt euch auf ihn verlassen. Er wird euch innerlich stark machen und den Glauben, den ihr zunächst nur als Lehre übernommen habt, in euch Wurzeln schlagen lassen. Eigentlich müsstet ihr vor Dankbarkeit geradezu überfließen. Achtet darauf, dass euch niemand diesen Schatz raubt, indem er euch durch philosophische Anschauungen, leere Versprechungen und den Hinweis, dass man so zu denken habe, wie man es seit jeher gewohnt ist, um das bringt, was euch durch Christus geschenkt wurde. Denn in ihm wohnt leibhaftig die ganze Fülle Gottes, und er möchte euch mit seiner Herrlichkeit erfüllen, die er als Haupt über alle Herrschaften und Mächte dieser Welt besitzt.

Weil ihr zu Christus gehört, seid ihr „Beschnittene", wenn auch nicht im wortwörtlichen Sinn. Ihr gehört durch Christus zu Gottes auserwähltem Volk, denn ihr wurdet mit ihm in der Taufe untergetaucht (das heißt: Ihr habt seinen Tod für euch angenommen). So seid ihr auch mit ihm zu einem neuen Leben „auferweckt" worden. Ihr habt euer Vertrauen darauf gesetzt, dass Gott, der Jesus von den

Toten auferweckt hat, auch euch aus dem Tod eines Lebens ohne Gott herausholen kann. Und er hat es getan; er hat euch aus aller Gottlosigkeit herausgeholt und euch alle eure Schuld vergeben.

Nie wieder Bedrückung, Anklage, Unfreiheit! (2,14–3,4)

Wenn wir die Gebote – die Bestimmungen darüber, was wir tun oder unterlassen sollen –, als Maßstab anlegen, dann müssten wir sagen, dass der Schuldschein, den jeder von uns mit seinem Leben unterschrieben hat, nicht ausgelöst werden kann. Doch Gott hat diesen Schuldschein einfach von uns genommen und ihn an das Kreuz seines Sohnes genagelt. Damit ist unsere Schuld ein für alle Mal gelöscht, und alle die Mächte, die uns hätten anklagen können, wurden damit entwaffnet und in aller Öffentlichkeit bloßgestellt. Sie führt Jesus in seinem Triumphzug als Gefangene mit.

Versteht ihr nun, dass jetzt nicht wieder jemand kommen und euch die Last neuer Schuld aufbürden darf? Niemand hat das Recht, euch ein schlechtes Gewissen zu machen, weil ihr etwas esst oder trinkt, das Juden niemals anrühren würden. Oder weil ihr die jüdischen Feste, vor allem den Sabbat, nicht einhaltet. Das alles sind doch nur noch Schatten der zukünftigen Welt. Ihr seid der Leib Christi in dieser Welt, das allein zählt. Niemand darf euch den Siegespreis aberkennen, schon gar nicht die unter euch, die sich besonders demütig geben, eine ungute Verehrung der Engel pflegen und sich grundlos für etwas Besonderes halten, weil sie irgendwelche Visionen gehabt haben wollen. Ihr erkennt sie daran, dass es ihnen letztlich nur um sich selbst geht und sie sich nicht Jesus als ihrem Haupt unterordnen. Doch das Haupt ist es, das den ganzen Leib mit all seinen Gelenken und Bändern zusammenhält und dafür sorgt, dass er so wächst, wie Gott es sich vorgestellt hat.

Um es noch einmal zu sagen: Wenn ihr mit Christus gestorben seid, also auch der Welt all dieser niederdrückenden und unfrei machenden Gesetzlichkeiten entronnen seid, warum lasst ihr euch dann wieder neue Vorschriften auferlegen, als würdet ihr noch in dieser Welt leben? Warum lasst ihr euch vorschreiben: „Fass das nicht an! Iss nichts davon! Halt dich davon fern!" Alles Genießbare in dieser Welt kann von uns gegessen und getrunken werden. Aber es gibt offensichtlich immer wieder Menschen, die meinen, besonders weise zu sein. Sie denken sich neue Gebote und Lehren aus und schreiben vor, wie man Gott zu dienen habe – vor allem durch Kasteiungen und schonungslose Härte gegen sich selbst. Das alles tun sie aber nicht, um in irgendeiner Weise Gott zu ehren, sondern nur, um ihr eigenes Ich zu befriedigen.

3 Wenn ihr also mit Christus zu einem neuen Leben auferstanden seid, dann haltet euren Blick fest auf ihn gerichtet, der zur Rechten Gottes sitzt. Ihm allein soll unser ganzes Interesse gelten. Vergesst all die religiösen Anstrengungen, mit denen ihr Gott zu beeindrucken versucht. Ihr seid mit Christus gestorben und euer Leben ist jetzt schon bei Gott, wenn auch noch verborgen. Erst wenn Christus sich hier auf Erden offenbaren wird, dann wird auch deutlich werden, wie groß die Herrlichkeit ist, die euer Leben schon jetzt prägt.

Wie Christen leben, lässt andere erkennen, wer ihr Herr ist (3,5–4,1)

Lasst also nicht zu, dass diese verborgene Herrlichkeit in euch durch eure eigene Schuld zerstört wird. Wer sich bewusst gegen Gott stellt, indem er einfach seinen bösen Neigungen nachgibt, sei es auf sexuellem Gebiet, sei es im Umgang mit anderen oder mit dem Geld, den überlässt Gott sich selbst. Wer beispielsweise habgierig ist, der zeigt damit, dass er einem anderen Götzen dient und nicht dem lebendigen Gott. Kann es für den Menschen etwas Schlimmeres geben? Erinnert euch doch an die Zeit zurück und daran, wie es euch ging, als ihr noch wie alle anderen Menschen solchen Götzen nachgerannt seid!

Sicher wollt ihr nicht mehr in diesen Zustand zurück. Darum legt alles ab, was an ihn erinnern könnte: Zorn, Bitterkeit, Bosheit, üble Nachrede, lockeres, anzügliches Geschwätz. Hört auf, euch gegenseitig etwas vorzumachen, denn ihr habt bei eurer Taufe den alten Menschen mit seinen unguten Verhaltensmustern ausgezogen und den neuen Menschen angezogen, der nach dem Bild dessen umgestaltet wird, der ihn geschaffen hat.

Ist es nicht großartig, dass wir durch die Taufe alle eins geworden sind? Da gibt es keinen Griechen und keinen Juden mehr, keinen Unterschied zwischen beschnitten und unbeschnitten, Barbar und Skythe, Sklave und Freiem. Christus ist für uns alles und er lebt in uns allen!

Ihr seid die Menschen, die Gott auserwählt und gerecht gemacht hat und über alles liebt. Darum zieht Tag für Tag den „neuen Menschen“ an, der voller herzlichem Erbarmen ist, voller Güte, Demut, Sanftmut und Langmut. Geht nachsichtig miteinander um und vergebt einander, wann immer einer dem anderen etwas vorzuwerfen hat. Seid immer bereit zu vergeben, denn schließlich hat Jesus auch euch vergeben. Lasst alles, was ihr tut, von der Liebe bestimmen. Sie ist das vollkommene Band, das alles zusammenhält. Und der Friede Christi regiere in euren Herzen, denn dazu seid ihr berufen, seit ihr zu dem einen Leib gehört. Vergesst auch nie, dass ihr alles Gott verdankt, darum seid dankbar. Erinnert euch gegenseitig immer wieder an alles, was Jesus gesagt und getan hat. Belehrt euch mit der Weisheit, die Gottes Geist schenkt, und ermutigt euch gegenseitig, indem ihr Gott in euren Herzen Psalmen und Loblieder singt. Gottes Gnade lässt neue geistliche Lieder unter euch entstehen.

Lasst alles, was ihr redet oder tut, im Namen Jesu geschehen, und dankt Gott, unserem Vater, durch ihn.

Ihr Frauen, erkennt an, dass eure Männer das geistliche Haupt der Familie sind; entsprechend sollen sich auch die Männer Jesus als dem Haupt unterordnen. Ihr Männer, liebt eure Frauen und lasst nicht zu, dass sich Unversöhnlichkeit und Bitterkeit in eure Beziehung einschleichen. Ihr Kinder, gehorcht euren Eltern gern, denn

Gott wollte es so, weil es gut für euch ist. Ihr Väter, geht mit euren Kindern liebevoll um, damit sie nicht mutlos werden!

Wenn jemand unter euch für einen anderen arbeiten muss, dann soll er es bereitwillig tun, nicht um den Betreffenden zu beeindrucken, sondern weil er in seinem Herzen fest darauf vertraut, dass er damit letztlich Jesus dient. Egal, was ihr tut, ihr arbeitet nicht für Menschen, sondern für den Herrn. Er ist es, der euch mit einem unvorstellbaren Erbe belohnen wird. Dient also dem Herrn Jesus Christus selbst! Wer euch ungerecht behandelt, der wird von Gott seinen Lohn erhalten, denn Gott macht keinen Unterschied zwischen dem, der Befehle erteilen kann, und dem, der die Arbeit tun muss.

4 Und ihr, die ihr es gewohnt seid, euch bedienen zu lassen und anderen zu sagen, was sie zu tun haben, vergesst eines nie: Ihr selbst seid Diener eines Herrn, der weit über euch steht. (Behandelt also die Menschen, die von euch abhängig sind, mit Respekt. Lasst ihnen zukommen, was ihnen zusteht, ohne dass sie darum betteln müssen.)

Menschen, die Gott noch nicht kennen (4,2–6)

Hört nicht auf, immer wieder mit Gott zu reden und ihm für alles zu danken. Vergesst nicht, auch für uns zu beten und dafür, dass Gott uns eine Tür öffnet, damit wir die Frohe Botschaft verkündigen können. Ihr wisst, dass ich deswegen im Gefängnis sitze, und ich wünsche mir nichts mehr, als dass ich den Menschen das Geheimnis der Liebe Gottes vermitteln kann, die dieser uns durch Christus gezeigt hat, wenn ich mich öffentlich verteidigen muss.

Was den Umgang mit den Nichtchristen anbelangt, so erbittet euch von Gott die Weisheit, die Zeit so gut wie möglich zu nutzen. Bleibt immer ehrlich und freundlich, wenn ihr mit den Menschen redet, und wenn sich jemand für unseren Weg mit Gott interessiert, dann bleibt ihm keine Antwort schuldig.

Ein Briefschluss voller liebevoller Mitteilungen und Grüße (4,7–18)

Wie sich meine Situation hier entwickelt hat, wird euch Tychikus, mein geliebter Bruder im Herrn, berichten. Ich schicke diesen treuen Diener Jesu und Mitarbeiter zu euch, damit ihr alles aus erster Hand erfahrt und getröstet werdet. Ihn wird Onesimus begleiten, den ich genauso schätze und liebgewonnen habe und der ja aus eurer Gemeinde stammt. Wie gesagt, sie sind über alles genauestens unterrichtet.

Viele Grüße von Aristarch, der mit mir im Gefängnis sitzt, und Markus, dem Vetter von Barnabas. Seinetwegen hatte ich euch ja schon einige Anweisungen gegeben. Bitte heißt ihn herzlich willkommen.

Auch Jesus, der Justus genannt wird, und alle anderen Juden grüßen euch. Die drei sind meine Mitarbeiter für das Reich Gottes geworden, was mich ganz besonders freut und tröstet. Noch jemand aus eurer Mitte lässt euch grüßen: Epaphras. Er ist ein echter Nachfolger Jesu und betet inständig dafür, dass ihr Jesus immer ähnlicher werdet und immer mehr den Willen Gottes erkennen und leben könnt. Ich kann nur bestätigen, dass er ganz intensiv für die Gemeinden in Laodizea und Hierapolis betet. Unseren Grüßen schließen sich noch Lukas, der Arzt, an, den ich sehr schätze, und Demas.

Grüßt bitte auch alle Schwestern und Brüder aus der Gemeinde in Laodizea, vor allem Nympha und die Gemeinde in ihrem Haus. Und wenn der Brief bei euch gelesen wurde, dann sorgt bitte dafür, dass er auch in der Gemeinde von Laodizea vorgelesen wird, damit diese ebenfalls auf dem Laufenden ist.

Und noch ein besonderer Hinweis für Archippus: Bitte achte darauf, dass du den Dienst, den du übernommen hast, auch sorgfältig erfüllst!

Diesen Gruß schreibe ich, Paulus, eigenhändig. Denkt daran, dass ich Fesseln trage. Die Gnade sei mit euch allen!

Der erste Brief an die Gemeinde in Thessalonich

Wer heute in Saloniki Urlaub macht, ist sich wohl kaum bewusst, auf welch geschichtsträchtigem Boden er in der Sonne liegt. Paulus hat auf seiner zweiten Missionsreise zusammen mit Timotheus diese Gemeinde im damaligen Thessalonich gegründet. Nachdem er sie ungewollt rasch verlassen musste, schickte er nach einiger Zeit Timotheus nach Thessalonich zurück. Als beide dann später in Korinth wieder zusammentrafen, schrieb Paulus diesen sehr persönlich gehaltenen Brief.
Es ist übrigens der älteste uns erhaltene Paulusbrief, etwa um 50 herum verfasst.

1 Paulus, Silvanus und Timotheus schreiben diesen Brief an die Gemeinde von Thessalonich. Gott, unser Vater, und unser Herr Jesus Christus schenken euch Gnade und Frieden.

Für diese Gemeinde ist Paulus besonders dankbar – sie ist ein echtes Vorbild (1,2–10)

Wenn wir in unseren Gebeten zu Gott, unserem Vater, an euch denken, danken wir ihm unaufhörlich für euch. Wir wissen um euer Leben aus der Beziehung zu Jesus, um eure Hingabe, eure Liebe, eure Geduld. Eure Hoffnung auf das Kommen unseres Herrn Jesus Christus ist unerschütterlich. Meine Schwestern und Brüder, wir wissen, dass Gott euch als seine Kinder erwählt hat und euch sehr liebt. Damals, als wir euch die Frohe Botschaft gebracht haben, kamen wir nicht nur mit bloßen Worten zu euch, sondern auch mit Taten, in denen sich die Kraft des Heiligen Geistes zeigte. Wir haben euch auch mit großer Gewissheit von eurer Erlösung erzählt. Aber ihr wisst ja selbst, wie wir damals um euretwegen unter euch aufgetreten sind.

Und ihr seid wirklich unserem Vorbild gefolgt und natürlich erst recht dem unseres Herrn, dessen Botschaft ihr mit der Freude, die der Heilige Geist schenkt, angenommen habt, obwohl dieser Schritt euch ziemlich in Bedrängnis brachte. Ihr seid dadurch zu einem echten Vorbild für alle Christen in Mazedonien und Achaia geworden. Ihr habt mit eurem Glauben nicht nur dort viele Menschen erreicht, sondern auch in allen übrigen Orten hat sich durch euch die Botschaft von Jesus Christus verbreitet. In diesem ganzen Gebiet gibt es für mich praktisch nichts mehr zu tun. Ich habe aus vielen Gemeinden davon gehört, dass ihr euch durch unseren Dienst von euren Götzenbildern ab- und Gott zugewandt habt. Eure Bereitschaft, dem lebendigen und wahren Gott zu dienen, hat sie sehr bewegt. Sie wissen, dass ihr Jesus, den Sohn Gottes, zurückerwartet, den der Vater von den Toten auferweckt hat und der aus dem Himmel herabkommen wird. Er allein kann uns vor dem kommenden Gericht bewahren.

Erinnerungen an die erste gemeinsame Zeit (2,1–12)

2 Liebe Schwestern und Brüder, ihr selbst wisst ja noch gut, wie ich damals zu euch gekommen bin und dass mein Einsatz bei euch alles andere als vergeblich war. Erinnert euch, dass ich zuvor in Philippi viel aushalten musste und misshandelt worden war. Aber genau dadurch haben wir dank unseres Gottes den Mut geschöpft, um bei euch die Frohe Botschaft zu verkünden, koste es, was es wolle. Wir haben euch damals keine neue Lehre gebracht, weil wir irgendeinem Irrglauben aufgesessen waren oder weil wir euch aus egoistischen Motiven betrügen wollten, sondern weil Gott selbst uns mit der Verkündigung der Frohen Botschaft betraut hat. Offensichtlich hielt er uns für geeignet, diese Aufgabe zu erfüllen. Wir tun dies auch nicht, um bei den Menschen Anerkennung zu finden, sondern um ihm zu gefallen, der unsere wahren Absichten kennt. Ihr werdet sicher noch wissen, dass wir niemandem geschmeichelt haben und mit der Verkündigung der Frohen Botschaft keine anderen Interessen verfolgten. Gott ist unser Zeuge, dass wir weder von euch noch von anderen besonders geehrt werden wollten, noch mit dem Hintergedanken verkündigten, uns zu bereichern.

Obwohl wir als Apostel Christi mit einigem Anspruch hätten auftreten können, verhielten wir uns unter euch wie naive Kinder, oder zutreffender: Wir begegneten euch mit der liebevollen Einstellung einer Mutter, die ihre Kleinen umsorgt und hegt. Wir gaben an euch nicht einfach nur die Frohe Botschaft Gottes weiter, sondern setzten uns selbst ein mit allem, was wir sind. Daran seid ihr nicht ganz unschuldig, denn wir haben euch von Anfang an richtig liebgewonnen. Liebe Schwestern und Brüder, erinnert ihr euch noch daran, dass wir uns während der Zeit, die wir bei euch waren, Tag und Nacht abgemüht haben, unseren Lebensunterhalt zu verdienen, um nur ja keinem von euch zur Last zu fallen?

Ihr und natürlich auch Gott seid Zeugen dafür, dass wir uns euch gegenüber, die ihr zum Glauben gekommen wart, in jeder Hinsicht tadellos und fair verhalten haben. Wie ein Vater seine Kinder unterweist und ermahnt, so habe ich jedem Einzelnen von euch gut zugeredet. Ich habe euch ermahnt, ermutigt und beschworen, so zu leben, wie es eurer Beziehung zu Gott entspricht. Er ist es, der euch in sein Reich und in seine Herrlichkeit berufen hat.

Paulus sehnt sich nach der Gemeinde, die sich in Geduld bewährt hat (2,13–20)

Das ist auch einer der Gründe, warum wir nicht aufhören können, Gott für euch zu danken. Ihr habt unsere Botschaft nicht als etwas betrachtet, was wir Menschen uns ausgedacht haben, sondern ihr habt erkannt, dass sie tatsächlich von Gott kommt. Das findet ihr, die ihr an Jesus glaubt, durch all das bestätigt, was sie in euch und eurem Leben bewirkt. Dabei habt ihr ähnliches zu erleiden gehabt wie die Gemeinden Jesu in Judäa. So wie sie durch die Juden, so habt auch ihr durch eure eigenen Landsleute einiges durchmachen müssen. Die Juden haben früher schon die Propheten umgebracht, dann Jesus getötet, und sie verfolgten auch mich mit aller Härte. Was sie tun, ist für Gott unerträglich, aber sie schaffen sich auch unter den anderen Menschen immer mehr Feinde. Sie versuchen mit allen Mitteln zu verhindern, dass ich zu den Nichtjuden gehe, damit auch sie die Frohe Botschaft von ihrer Erlösung durch Jesus Christus hören können. Ich denke, das Maß ihrer Schuld ist nun voll, und es wird jetzt eine Zeit kommen, in der sie den Zorn Gottes zu spüren bekommen.

Liebe Schwestern und Brüder, wir wurden nur für eine kurze Zeit voneinander getrennt – und auch das nur äußerlich. Denn ich sehne mich so sehr nach euch, dass ich mich darum bemühe, euch auch von Angesicht zu Angesicht zu sehen. Wir – vor allem aber ich, Paulus – haben uns schon mehrfach darum bemüht, zu euch zu kommen, aber Satan hat uns jedes Mal daran gehindert. Wer ist denn unsere Hoffnung, unsere Freude und unser Siegeskranz am Tag von Christi Wiederkunft, wenn nicht ihr?! Ihr seid wirklich unsere Freude und unser ganzer Stolz.

Ein geliebter, wertvoller Briefträger (3,1–13)

3 Weil wir die Sorge um euch nicht länger ertragen konnten, hatten wir beschlossen, allein in Athen zurückzubleiben. Wir haben Timotheus zu euch gesandt, der ein echter Mitarbeiter von Gottes Sache ist. Er sollte euren Glauben stärken und euch ermutigen, damit keiner von euch in diesen schwierigen Zeiten ins Wanken gerät, was sein Vertrauen anbelangt. Wie ihr euch erinnert, haben wir euch ja schon damals, als wir selbst noch bei euch waren, angekündigt, dass Schwierigkeiten auf uns zukommen werden. Und genau das ist jetzt passiert. Versteht ihr, dass ich Timotheus zu euch schicken musste, weil ich die Ungewissheit nicht länger ertragen konnte, wie ihr mit all den Anfechtungen eures Glaubens umgeht und ob nicht am Ende alle meine Anstrengungen vergebens waren?

Doch nun ist Timotheus mit einer wunderbaren Nachricht zu uns zurückgekehrt und hat uns von eurem Glauben und eurer Liebe zueinander berichtet. Wie gut zu hören, dass ihr uns nach wie vor in guter Erinnerung behalten habt und euch genauso danach sehnt, uns zu sehen, wie wir euch. Ihr glaubt gar nicht, Schwestern und Brüder, wie sehr uns diese Nachricht angesichts all dessen getröstet hat, was wir hier durchmachen müssen. Es ist so, als würden wir durch euren Glauben neue Lebenskraft bekommen, weil auch ihr unbeirrt an Jesus festhaltet. Wir wissen gar nicht, wie wir Gott nur für all die Freude danken sollen, die wir allein durch euch geschenkt bekommen. Grund genug, Gott Tag und Nacht in den Ohren zu liegen und ihn zu bitten, euch doch endlich wiedersehen zu können. Wir würden euch zu gern dabei helfen, euch in eurem Glauben noch weiterzuentwickeln.

Wir sind zuversichtlich, dass Gott, unser Vater, und unser Herr Jesus Christus für eine Möglichkeit sorgen werden, dass wir wieder zu euch kommen können. Wir bitten ihn darum, dass er euren Glauben stärkt und eure Liebe zueinander und zu allen Menschen ohne Maß wachsen lässt. Es ist dieselbe Liebe, mit der wir euch lieben und die eure Herzen stark machen soll. Denn wenn unser Herr Jesus

Christus mit allen wiederkommt, die treu zu ihm gehalten haben, dann sollt ihr vor Gott, unserem Vater, untadelig dastehen können. Darum bitte ich, amen.

Gemeinschaft mit Jesus verträgt nicht alles, was für die Welt „normal" ist (4,1–12)

4 Meine Schwestern und Brüder, im Übrigen bitten und ermahnen wir euch mit der Liebe, die Jesus auch uns entgegenbringt: Lebt in dem Vertrauen, das wir euch gelehrt haben, und versucht in allem, Gott Freude zu machen. Ihr könnt in allen Bereichen noch Fortschritte machen, daher erinnert euch an das, was ich – eigentlich Jesus durch mich – euch beigebracht habe.

Gottes Wille für euch ist klar und deutlich: Euer Leben soll heil und heilig werden. Nehmt nur einmal den Bereich der Sexualität. Menschen, die Gott nicht kennen, halten sie oft nur für etwas, das man ausleben muss, egal, wie und mit wem. Hütet euch vor dieser Sichtweise und begegnet eurem Partner mit heiligem Respekt und wirklicher Achtung. Auch im Geschäftsleben schließt eine Beziehung zu Jesus jede Art von Habgier aus, die euch einen Bruder übervorteilen lässt oder ihm sogar bewusst Schaden zufügt. Wir haben es euch schon damals gesagt und wiederholen es jetzt aber noch einmal: Gott tritt für die ein, denen man übel mitgespielt hat und die keine Rache üben. Gott hat uns nicht zu einem Leben berufen, das seiner Liebe widerspricht, sondern zu einem, das seine Liebe widerspiegelt. Wenn daher jemand einen anderen schlecht behandelt oder verurteilt, dann hat er das direkt auch Gott angetan, ihm, der euch seinen Heiligen Geist gegeben hat.

Nun, dass ihr eure Brüder und Schwestern lieben sollt, habe ich ja schon erwähnt, und das muss ich auch nicht noch mal sagen. Offensichtlich seid ihr von Gott selbst darin unterwiesen worden, wie man unter Geschwistern echte Liebe lebt. Jedenfalls habt ihr sie in großem Maß den Schwestern und Brüdern in ganz Mazedonien erwiesen. So wollen wir euch bloß noch ermutigen, ein geregeltes Leben zu führen. Betrachtet es als Ehrensache, euren Lebensunterhalt mit eigener Hände Arbeit zu verdienen, damit ihr nicht zuletzt auch für die Nichtchristen ein überzeugendes Beispiel abgebt. Das habe ich euch ja schon damals gesagt. Es würde bei ihnen keinen guten Eindruck hinterlassen, wenn ihr ständig andere Menschen um Unterstützung anbetteln müsstet.

Ein weiser Mensch hat auch das Ende von allem im Auge (4,13–5,11)

Was eure Verstorbenen anbelangt, so möchten wir euch nicht im Unklaren darüber lassen, was mit ihnen geschieht, damit ihr nicht genauso trostlos seid wie all die Menschen, die keine Hoffnung auf ein Leben nach dem Tod haben. Wenn es zum Kern unseres Glaubens gehört, dass Jesus gestorben und auferstanden ist, dann wird Gott auch unsere Verstorbenen durch das, was Jesus getan hat, zu sich führen, wenn sie ihr Vertrauen auf ihn gesetzt haben. Dazu möchten wir euch ein Wort mitgeben, das der Herr uns direkt zukommen ließ: Wir, die wir bei der Wiederkunft des Herrn noch leben, haben den Verstorbenen in keiner Hinsicht etwas voraus. Denn Jesus Christus selbst wird beim Ruf des Erzengels und beim Schall der Posaune Gottes vom Himmel herabkommen, und alle, die zu Jesus Christus gehörten und gestorben sind, werden zuerst auferstehen. Dann werden wir, die wir noch auf dieser Erde übriggeblieben sind, in die Wolken erhoben werden, um ihm zu begegnen. Von diesem Moment an werden wir alle für immer beim Herrn sein. Tröstet euch also gegenseitig mit diesen Worten!

5 Was den Zeitpunkt für diese Ereignisse anbelangt, brauche ich euch, Schwestern und Brüder, ja nicht eigens zu sagen, dass kein Mensch auf der Welt ihn kennt. Ihr wisst, dass der Tag des Herrn genauso überraschend kommt wie ein Dieb in der Nacht. Wenn alle

Menschen nur von Frieden und Sicherheit reden, dann kann dieser Tag sie überfallen, wie bei einer Schwangeren plötzlich die Wehen einsetzen. Dieser Begegnung mit Jesus kann sich dann niemand mehr entziehen. Ihr aber, Schwestern und Brüder, braucht vor diesem Ereignis keine Angst zu haben, denn ihr habt die Finsternis eines Lebens ohne Gott hinter euch gelassen. So kann euch auch dieser Tag nicht wie ein Dieb überraschen, denn ihr alle seid Kinder Gottes geworden, die in seinem Licht leben und sich auf den Tag des Herrn freuen.

Wir gehören nicht mehr der Nacht und der Finsternis, darum lasst uns nicht wie die übrigen Menschen schläfrig sein, sondern hellwach und nüchtern. Denn normalerweise wird nachts geschlafen, und meist sind die Leute, die sich betrinken, auch nur nachts betrunken. Wir aber gehören dem Tag, darum lasst uns wach und nüchtern sein.

Wir haben den Panzer des Glaubens und der Liebe angezogen und als Helm die Hoffnung auf unsere Rettung. Denn Gott möchte an uns nicht sein Gericht vollstrecken, sondern er hat uns dazu bestimmt, durch unseren Herrn Jesus Christus gerettet zu werden. Denn dieser ist für uns gestorben, damit wir, ganz egal, ob wir wach sind oder schlafen, mit ihm zusammenleben. Deswegen hört nicht auf, euch gegenseitig zu ermutigen und einander zu helfen, wie ihr es bisher ja schon tut.

So, vielleicht sogar nur so, kann Gemeindeleben gelingen (5,12–28)

Liebe Schwestern und Brüder, um eines möchten wir euch doch bitten: Bringt denen unter euch, die sich ganz besonders für euch einsetzen, indem sie einer Aufgabe als Leiter nachgehen oder euch ins Gewissen reden, echte Anerkennung, ja Hochachtung entgegen. Lasst sie eure Liebe ganz besonders spüren und seid ihnen dankbar dafür, dass sie diese Aufgabe auf sich genommen haben.

Lebt in Frieden miteinander! Vor allem möchten wir euch ans Herz legen, nicht müde zu werden, die unter euch zu korrigieren, die ein ungeordnetes Leben führen. Tröstet die Ängstlichen und nehmt euch der Schwachen an. Habt mit allen viel Geduld; sie brauchen eure Langmut. Achtet darauf, dass niemand unter euch Böses mit Bösem vergilt, sondern versucht wirklich, jedem Gutes zu tun, zunächst den Glaubensgeschwistern, dann aber auch allen anderen Menschen, denen ihr begegnet. Freut euch zu jeder Zeit! Hört nicht auf, mit Gott zu reden und ihm für alles zu danken. Denn durch Jesus Christus wissen wir, dass Gott genau das und nichts anderes von euch erwartet. Löscht nicht den Heiligen Geist in euch aus! Geht nicht leichtfertig darüber hinweg, wenn jemand prophetisch redet! Alles dürft, ja sollt ihr prüfen, aber nur das Gute behalten. Was sich mit Jesus nicht vereinbaren lässt, haltet von euch fern.

Er aber, der Gott des Friedens, verwandle euch immer mehr in das Bild seines Sohnes, damit euer Körper und eure Seele unversehrt und untadelig bewahrt werden für den Tag, an dem unser Herr Jesus Christus wiederkehrt. Wie gut ist es zu wissen, dass der, der euch berufen hat, treu ist. Er wird vollenden, was er in euch begonnen hat.

Liebe Schwestern und Brüder, betet auch für uns! Grüßt die übrigen Geschwister alle und umarmt sie herzlich. Sorgt bitte dafür, dass dieser Brief allen vorgelesen wird, ich bitte euch um Jesu willen darum.

Die Gnade unseres Herrn Jesus Christus sei mit euch allen!

Der zweite Brief an die Gemeinde in Thessalonich

Dieser Brief gehört zu den rätselhafteren Texten des Neuen Testaments. Leider wissen wir nicht genau, wie er sich auf den 1. Thessalonicherbrief bezieht, und auch die Details der Entstehung und der genauen Verfasserschaft sind in der Forschung umstritten. Einflussreich wurden vor allem die apokalyptischen Passagen, die aber nicht zu Spekulationen über die Zukunft einladen wollen. Im Gegenteil: Der Brief will Christen davor warnen, sich den Ablauf der endzeitlichen Ereignisse zu schlicht und zu geradlinig vorzustellen. Christen hoffen auf die Wiederkunft Jesu, aber sie wissen, dass davor auch andere Dinge geschehen müssen. Auch sonst ist der Brief ein wichtiges Dokument aus den paulinischen Gemeinden und ihrer Geschichte.

1 Mit der Hilfe Gottes, unseres Vaters, und durch unseren Herrn Jesus Christus schreiben wir, Paulus, Silvanus und Timotheus, diesen Brief an die Gemeinde in Thessalonich. Die Gnade und der Friede von Gott, unserem Vater, und unserem Herrn Jesus Christus sei mit euch.

Ein strahlendes Licht vor dunklem Hintergrund (1,3–10)

Wenn wir an euch denken und uns vor Augen halten, wie stark euer Glaube ist und wie sehr eure Liebe zueinander wächst, danken wir Gott von ganzem Herzen. Wir erzählen in allen Gemeinden, in die wir kommen, davon, dass wir stolz auf euch sind, weil ihr trotz aller Verfolgung und aller Leiden so geduldig seid, nicht aufgebt und so vieles ohne Klagen ertragt. Für mich ist all das ein klares Zeichen dafür, wie sehr euch Gott für würdig erachtet hat, in Gemeinschaft mit ihm zu leben, sonst würdet ihr nicht so viel für das Reich Gottes leiden müssen. Eine ganz andere Sache ist es jedoch, wie Gott mit denen verfahren wird, die euch das Leben schwermachen. Ihr, die ihr jetzt leiden müsst, werdet mit uns zusammen an dem Tag endlich von allem Kampf und aller Quälerei befreit sein, an dem sich unser Herr Jesus umgeben von seinen Engeln mit seiner ganzen Macht vom Himmel her offenbaren wird. Alle diejenigen, die Gott nicht kennen und die Frohe Botschaft von Christus nicht annehmen wollten, werden zu einer Erkenntnis gelangen, die wie ein flammendes Feuer brennt: Sie werden für immer aus der Nähe Jesu und all seiner Herrlichkeit und Stärke verbannt – für sie eine furchtbare Strafe. Für die anderen, die ihr Vertrauen auf Jesus gesetzt haben, weil sie meiner Botschaft Glauben geschenkt haben, wird es an jenem Tag ein Fest sein, zu sehen, wie Jesus inmitten seiner Schwestern und Brüder, die ihm treu nachgefolgt sind, seine Herrlichkeit offenbart und von allen bejubelt wird.

„Ihr müsst wissen, dass ununterbrochen für euch gebetet wird" (1,11–12)

Wenn wir an dieses Ereignis denken, dann bitten wir Gott unablässig darum, dass ihr bis zu jenem Tag an der Berufung und an dem Glauben festhaltet, die Gott euch geschenkt hat. Was ihr an gutem Willen aufbringt, das möge er in eurem Glauben und Handeln mit Macht vollenden. Denn so macht ihr dem Namen unseres Herrn Jesus Ehre und dank seiner Gnade fällt auch auf euch der Glanz seiner Herrlichkeit.

Bevor Christus wiederkommt, wird der Gegenwind zum Sturm werden (2,1–14)

2 Da wir gerade von diesem Tag aller Tage sprechen: Liebe Schwestern und Brüder, bitte lasst euch durch nichts erschüttern oder durch irgendeine Prophetie oder sogar durch einen Brief, den ich euch angeblich geschrieben haben soll, verwirren. Lasst euch durch niemanden etwas einreden und verängstigen, der behauptet, es stünde schon fest, wann Christus zurückkehrt. Niemand soll auch nur versuchen, euch zu täuschen. Ihr wisst ja, dass sich vor diesem Tag erst noch viele wieder von Christus abwenden werden. Es wird jemand kommen, der durch und durch vom Bösen beherrscht wird – der Sohn des Verderbens. Er wird sich gegen Gott erheben und sich in maßloser Überheblichkeit selbst einen Gott nennen und behaupten, eure Verehrung und Anbetung zu verdienen. Ja, er wird sich in den Tempel Gottes setzen und behaupten, Gott zu sein. Erinnert ihr euch nicht mehr daran, wie ich mit euch darüber gesprochen habe, als ich bei euch war? Da dieser Mensch noch nicht aufgetreten ist und all dies noch nicht getan hat, wird Jesus jetzt noch nicht wiederkommen.

Ihr habt euch gefragt, warum die Gesetzlosigkeit so zunimmt. Das hängt alles mit dem zusammen, der sich aus unserer Mitte erheben wird. Sobald er sich gezeigt hat, wird ihn der Herr Jesus vernichten – und dazu genügt schon ein Hauch seines Mundes. Allein schon seine Wiederkunft wird alles auslöschen, was sich je gegen Gott erhoben hat. Doch bis zu diesem Augenblick stellt dieser von Satan beherrschte Mensch eine große Gefahr dar. Er wird unglaubliche Zeichen und Wunder vollbringen – wenn auch nur zum Schein –, sodass sich diejenigen vollkommen täuschen lassen, die die Wahrheit über Jesus Christus einfach nicht annehmen wollten. Wer nicht gerettet werden will, der wird in diesem Moment unweigerlich verloren sein. Denn jetzt trifft diese Menschen das Schlimmste, was ihnen je zustoßen kann: Gott überlässt sie ihrem irregeleiteten Verstand. Sie werden der Lüge Glauben schenken und dadurch selbst das Urteil über sich sprechen. Dieses Schicksal erwartet all jene, die der Wahrheit nicht geglaubt haben, sondern lieber weiter an ihrem alten, ichbezogenen Leben festhalten wollten.

Wir aber können Gott gar nicht genug für euch, geliebte Schwestern und Brüder, danken und dafür, dass ihr durch meinen Dienst die Ersten wart, die Gott von Anfang an als seine Kinder annehmen konnte. Ihr seid gerettet und euer Leben hat sich durch den Heiligen Geist und den Glauben an die Wahrheit in so wunderbarer Weise verändert. Dazu hat euch Jesus berufen, und nichts anderes haben wir euch zu verkündigen versucht, damit auch ihr Anteil habt an der Gnade und Liebe unseres Herrn Jesus Christus.

Egal, was passiert, Gott wird die Seinen nicht ohne Trost und Hoffnung lassen (2,15–17)

Darum, meine Schwestern und Brüder, haltet an eurem Glauben fest, und verlasst euch auf das, was ihr gelernt habt, sei es durch alles, was ich euch persönlich beigebracht habe, sei es durch die Briefe, die ich euch geschrieben habe. Er aber, unser Herr Jesus Christus, und Gott, unser Vater, der uns schon immer geliebt und uns in seiner Gnade so viel Trost und Hoffnung geschenkt hat, ermutige eure Herzen und stärke sie, damit euer Reden und Handeln immer von seiner Liebe geprägt sind.

Paulus und seine Mitarbeiter sind auf Gebet angewiesen (3,1–5)

3 Zum Schluss möchte ich euch noch bitten, dafür zu beten, dass wir immer mehr Menschen mit dem Wort Gottes erreichen und die Leute beginnen, es genau so zu schätzen, wie ihr es tut. Und noch etwas: Wir brauchen wirklich euer Gebet, damit wir vor diesen bösartigen Menschen hier gerettet werden! Glaube scheint wirklich nicht jedermanns Sache zu sein. Aber der Herr ist treu und er wird uns und euch Kraft geben und vor dem Bösen bewahren. Durch Jesus vertrauen wir auch darauf, dass ihr tun werdet, was ich euch geraten habe. Er wird eure Herzen immer wieder auf das eine Wesentliche richten: dass ihr Gott lieben und geduldig auf die Wiederkunft Jesu warten sollt.

Auf Gott zu vertrauen heißt nicht, die Hände in den Schoß zu legen (3,6–18)

Liebe Schwestern und Brüder, wir möchten euch noch einmal ans Herz legen, euch von denen fernzuhalten, die ein liederliches Leben führen, weil sie sich in keiner Weise um das kümmern, was ich euch anvertraut habe. Ihr wisst selbst, dass ich euch in dieser Hinsicht kein schlechtes Vorbild gewesen bin. Als ich bei euch war, habe ich nicht auf anderer Leute Kosten gelebt, sondern mich Tag und Nacht abgerackert, um meinen Lebensunterhalt zu verdienen, um nur ja keinem von euch zur Last zu fallen. Ich hätte zwar durchaus das Recht gehabt, von euch eine Unterstützung zu erwarten, doch es war mir wichtig, euch ein Beispiel zu geben, dem ihr folgen könnt. Wisst ihr noch, was ich euch sagte, als ich noch bei euch war? „Wer nicht arbeiten will, der soll auch nicht essen!“ Ich habe nämlich gehört, dass es doch einige unter euch gibt, die sich einen faulen, arbeitsscheuen Lebensstil angewöhnt haben und sich nur unnütz herumtreiben. Mit der Autorität, die Jesus mir verliehen hat, möchte ich die Betreffenden ermahnen und sie auffordern, redlich und ohne großes Aufsehen einer Arbeit nachzugehen und so ihr selbstverdientes Brot zu essen. Ihr aber, meine Schwestern und Brüder, sollt nicht müde werden, Gutes zu tun.

Wenn jemand dem, was ich in diesem Brief angesprochen habe, überhaupt nicht folgen will, dann schließt ihn aus der Gemeinschaft aus. Vielleicht schämt er sich dann und ändert sein Verhalten. Behandelt ihn dennoch nicht wie einen Feind, denn er ist nach wie vor euer Bruder, auch wenn ihr ihn ermahnen müsst.

Er aber, der Herr des Friedens, schenke euch zu jeder Zeit und auf alle nur mögliche Weise seinen Frieden. Der Herr sei mit euch allen!

Hier schreibe ich, Paulus, noch mit eigener Hand, was ich immer am Ende meiner Briefe tue, einen Gruß an euch: Die Gnade unseres Herrn Jesus Christus sei mit euch allen!

Der erste Brief an Timotheus

Der 1. und 2. Brief an Timotheus werden zusammen mit dem Brief an Titus als „Pastoralbriefe“ bezeichnet. Sie sind im Gegensatz zu den vorausgegangenen Briefen an die Hirten (lat. pastores) gerichtet und enthalten viele praktische Anweisungen, die für die Leitung einer Gemeinde hilfreich sein können. Gerade dieser vielfache Bezug auf die Leitungsaufgaben in einer Gemeinde macht die besondere Bedeutung der Pastoralbriefe aus. Es ist in der Forschung Konsens, dass sie gegenüber 1. Korinther einen vielfach veränderten Typ von Gemeinde ansprechen – Christen der 2. und 3. Generation. Für uns verkörpern sie die Weiterentwicklung paulinischer Gedanken in den paulinischen Gemeinden. Gerade die Ermutigung und Herausforderung dieser drei Briefe zu einem unerschrockenen Auftreten als Christ gehen uns auch heute mehr denn je an.

1 Paulus, der nach dem Willen Gottes ein Botschafter Jesu Christi ist, unseres Retters und unserer Hoffnung, schreibt diesen Brief an Timotheus, seinen bewährten Sohn im Glauben: Gnade, Barmherzigkeit und Friede von Gott, unserem Vater, und Christus Jesus, unserem Herrn!

Falsches Denken ist Gift für die persönliche Beziehung zu Gott (1,3–11)

Du weißt, als ich nach Mazedonien aufbrach, habe ich dir ans Herz gelegt, in Ephesus zu bleiben. Du solltest darauf achten, dass gewisse Personen nicht anfangen, eine völlig verdrehte Botschaft zu verbreiten. Manche beschäftigten sich plötzlich mit alten Mythen und endlosen Geschlechtsregistern, was sie nur in immer tiefere Grübeleien verstrickte, statt sie im Glauben entsprechend dem Heilsplan Gottes voranzubringen. Das Ziel allen Denkens und Lehrens ist aber nichts anderes als die Liebe, die aus einem reinen Herzen und einem guten Gewissen kommt. Gefragt ist ein ungeheuchelter Glaube, doch genau den findet man bei den Leuten nicht, die sich leerem Geschwätz und hohlen Gedankengebäuden zugewandt haben. Dabei behaupten einige sogar von sich, Gesetzeslehrer zu sein, obwohl sie nichts von dem verstanden haben, worüber sie reden, und vollmundig behaupten, dass es gesichertes Wissen sei. Das Gesetz ist nur dann gut, wenn man es so anwendet, wie es gemeint war. Dabei müssen wir daran festhalten, dass das Gesetz nicht für den gilt, der von Gott gerecht gesprochen wurde. Das Gesetz trifft in seiner ganzen Härte jedoch all die Menschen, die sich ihm bewusst widersetzen oder sich ihm nicht unterordnen wollen. Und die Liste dieser Personen ist lang: Gottesleugner, sündige, gottlose, verdorbene Menschen, Vatermörder, Muttermörder, Gewaltverbrecher, Unzüchtige, Männer, die mit Männern verkehren, Menschenhändler, Betrüger, Meineidige, um nur ein paar zu nennen. Dazu gehören noch andere, deren Leben der gesunden Botschaft widerspricht, die ich euch gelehrt habe. Gott hat mich damit betraut, euch etwas ganz anderes, unvergleichlich Herrlicheres vor Augen zu stellen.

Paulus weiß, dass er sein Apostelamt einzig der Gnade Gottes verdankt (1,12–17)

Ich danke meinem Herrn Jesus Christus von ganzem Herzen dafür, dass er mich aus meiner Schwäche herausgeholt hat und mich für vertrauenswürdig genug hielt, um mir seinen Dienst anzuvertrauen. Schließlich hatte ich ihn ja früher verspottet und verfolgt – es war ein großes Vergehen gegenüber Gott. Aber er hat mich überreich mit seinem Erbarmen beschenkt, vielleicht auch, weil ich in meinem Unglauben nicht wusste, was ich tat. Gott schenkte mir seine Gnade in überreichem Maß in meinem Herrn Jesus Christus und seiner Liebe.

Es gibt eine Botschaft, die unseren ganzen Glauben verdient und die wir tief in unser Herz aufnehmen sollten. Sie lautet: Jesus Christus ist in die Welt gekommen, um alle zu retten, die sich weit von Gott entfernt hatten. Und ich bin der Schlimmste von ihnen. Ich wurde offensichtlich deshalb mit so viel Erbarmen beschenkt, damit Jesus an mir zeigen konnte, wie unvorstellbar geduldig er mit uns fehlerhaften Menschen ist. So diene ich nun als Vorbild für alle, die zum Glauben an ihn kommen sollen, damit sie ewiges Leben haben. Daher möchte ich den König der Ewigkeiten, den unvergänglichen, unsichtbaren, einzigen Gott ehren und preisen bis in alle Ewigkeit. Amen.

Ganz offensichtlich: Gott selbst hat Timotheus in seinen Dienst berufen (1,18–20)

Timotheus, mein Sohn, eines möchte ich dir ans Herz legen: Halte an deinem Vertrauen auf Gott fest und bewahre dir ein reines Gewissen. Ich weiß, dass du einen wunderbaren Kampf führst, was ja nicht zuletzt in zahlreichen prophetischen Worten, die sich auf dich bezogen, angekündigt worden war. Es gibt einige, die in deinem Alter sind, die es lächerlich fanden, sich um ein Leben zu bemühen, das vor Gott Bestand hat; sie alle haben im Glauben Schiffbruch erlitten. Darunter auch Hymenäus und Alexander, die ich aus der Gemeinde ausgeschlossen habe, damit sie mit ihrem Lebenswandel und ihrer ständigen Lästerei der Gemeinde nicht noch mehr Schaden zufügen. Damit sie zur Besinnung kommen und ihr Verhalten ändern.

Wer eine Gemeinde leitet, tut es auf seinen Knien (2,1–7)

2 Ich möchte dich noch einmal an das erinnern, was in erster Linie eure Aufgabe als Gemeinde ist: zu beten. Ob Bitten, Fürbitten, Lob- oder Dankgebete – betet intensiv für alle Menschen, vor allem für die Regierenden und die Personen, die eine verantwortungsvolle Position in eurer Gesellschaft innehaben. Es geht darum, dass ihr ein ungestörtes, ruhiges Leben führen könnt, in dem eure Beziehung zu Gott zum Tragen kommen kann und Menschen eure Lebensart schätzen lernen können. Denn genau das wünscht sich Jesus Christus, unser Gott und Retter, von uns. Er will, dass alle Menschen gerettet werden und die Wahrheit für ihr Leben erkennen können. Es gibt nur einen Gott und nur einen Mittler zwischen Gott und den Menschen, und das ist der Mensch Jesus Christus, der für uns alle als Lösegeld gegeben wurde – als Zeugnis für alle Zeiten. Mein Auftrag ist es, als Apostel und Verkündiger der Frohen Botschaft wirklich so etwas wie ein Lehrer für alle Völker zu sein, um ihnen den Glauben und die Wahrheit über Gott zu bringen. Darum habe ich auch die Autorität, von euch einiges zu erwarten.

Gott lässt sich nicht durch Äußerlichkeiten beeindrucken (2,8–15)

So sollen die Männer, gleichgültig, an welchem Ort, ihre Hände zum Gebet erheben, allerdings nicht, wenn es in ihrem Herzen ganz anders aussieht und sie von Zorn oder Zweifel beherrscht sind. Von den Frauen erwarte ich, dass sie weniger Mühe darauf verwenden, sich nur äußerlich mit besonderen Frisuren, Gold, Perlen oder kostbarer Kleidung schön herzurichten, sondern dass sie sich mit einem gewinnenden Verhalten schmücken, einer lebendigen Beziehung zu Gott und einem Handeln, das dieser entspricht. Sie haben es nicht nötig, sich bewusst in den Vordergrund zu drängen, sondern können sich zurücknehmen und mehr in der Stille wirken.* Die Frau hat einen unersetzlichen Auftrag, darf sie doch Kindern das Leben schenken und diese von Anfang an mit Liebe und mit ihrem Glauben umgeben.

Was die Nervenbahnen für den Körper sind, sind die leitenden Dienste für die Gemeinde (3,1–13)

3 Gottes Wort ist zuverlässig, doch zuverlässig muss es auch weitergegeben werden. Wenn daher jemand ein Leitungsamt anstrebt, dann will er eine bedeutende Aufgabe übernehmen. Von einem solchen Mann wird einiges erwartet: Zunächst muss er unbescholten sein, nur einmal verheiratet, nüchtern, besonnen, von den Menschen geachtet, gastfreundlich, zum Lehren befähigt, frei von jeder Sucht und Unbeherrschtheit, nicht streitsüchtig, sondern zu jedermann freundlich, nicht geldgierig. Er muss seine Rolle als geistliches Haupt der Familie wahrnehmen, was man leicht am Verhalten

---

* In den nun folgenden Versen 13 und 14, die an dieser Stelle ausgelassen wurden, argumentiert Paulus ganz nach jüdischer Tradition, dass Adam als Erster erschaffen wurde und Eva es war, die sich täuschen lassen und deshalb diese Zurücksetzung „verdient" hat.

seiner Kinder erkennen kann. Denn wie soll jemand für die Gemeinde Gottes sorgen können, wenn er nicht einmal seine Vaterrolle richtig auszufüllen versteht? Es sollte auch kein Neubekehrter in dieses Amt gewählt werden, denn die Gefahr ist groß, dass er sehr schnell in die Falle des Widersachers tappt: den Stolz. Nicht zuletzt sollte man darauf achten, was die Leute außerhalb der Gemeinde von diesem Mann halten. Eine gezielte Kampagne von außen kann ihn nämlich menschlich und glaubensmäßig zu Fall bringen.

Ähnliches gilt auch für die Diakone. Auch sie müssen Männer sein, die allgemeine Achtung genießen, aufrichtig sind und kein ausschweifendes Leben führen. Auch sollten sie nicht hinter dem Geld her sein, haben sie doch bereits einen viel größeren Schatz gewonnen, indem ihnen das Geheimnis des Glaubens anvertraut und ihr Gewissen von aller Schuld befreit wurde. Natürlich sollen auch sie geprüft werden, bevor sie ihren Dienst beginnen, damit man nichts gegen sie vorbringen kann.

Ähnliches betrifft auch ihre Frauen. Sie sollen nicht weniger geachtet sein als ihre Männer. Wie steht es mit ihrer Wahrheitsliebe, ihrer Besonnenheit und ihrer Vertrauenswürdigkeit in allen Bereichen? Auch die Diakone sollen nur einmal verheiratet sein, ihre Kinder gut erzogen haben und ein wahres Haupt für ihre Familie sein. Denn es bleibt nicht aus, dass man aufmerksam auf sie und ihre Familie schaut. Versehen sie ihren Dienst gut, verleiht ihnen das nicht nur eine besondere Stellung innerhalb der Gemeinde, sondern auch ein wachsendes, frohes Vertrauen auf den Glauben an Jesus Christus.

Ein einfaches Glaubensbekenntnis – und doch schon angefochten (3,14–4,16)

All dies schreibe ich dir, obwohl ich hoffe, schon bald zu dir zu kommen. Sollte es aber noch etwas länger dauern, dann weißt du zumindest, was du den Geschwistern in der Gemeinde über den richtigen

Lebenswandel sagen sollst. Immerhin gehört diese Gemeinde dem lebendigen Gott und stellt in dieser Welt eine tragende Säule, ja eine Grundfeste der Wahrheit dar.

Wir sind uns alle einig, dass das Geheimnis, das wir in unserem Gott verehren, gewaltig ist: Gott selbst ist Mensch geworden, sein Geist hat seine Göttlichkeit bestätigt; er erschien den Engeln, wurde den Völkern verkündet, und in der ganzen Welt begannen die Menschen, ihren Glauben auf ihn zu setzen. Schließlich wurde der Mensch Jesus in die Herrlichkeit Gottes aufgenommen.

4 Aber der Heilige Geist warnt uns ausdrücklich davor, dass in späteren Zeiten einige vom Glauben abfallen werden. Meist fängt es damit an, dass sie auf fromme, aber falsche Lehren hereinfallen. Die einen wollen andere daran hindern, zu heiraten, andere machen Vorschriften, welche Speisen man essen darf und welche nicht, obwohl Gott sie doch alle den Glaubenden zum Verzehr gegeben hat, damit diese sie in einer dankbaren Haltung genießen können. Die Wahrheit ist, dass alles von Gott Geschaffene gut und nichts verwerflich ist, was mit Dankbarkeit genossen wird. Denn alles wird durch das Wort Gottes und das Gebet geheiligt. Doch woher kommen diese frommen Verdrehungen? Letztlich sind da Menschen den Einflüsterungen und irrigen Lehren der Dämonen erlegen.

Wenn du also deine Geschwister auf diese Gefahren aufmerksam machst, dann bist du wirklich ein zuverlässiger Diener Jesu Christi. Du zeigst damit, dass du dich in der Nachfolge Jesu mit den Worten des Glaubens und einer soliden Lehre ernährt hast. Bei dir können solche verdrehten Lehren und schwachsinnigen Geschichten nicht Fuß fassen. Wenn wir schon etwas einüben sollen, dann das Gespräch unseres Herzens mit Gott. Irgendwelche körperlichen Übungen bringen uns für unsere Beziehung zu Gott fast nichts. Doch unser tief empfundenes Gebet ist für alles von großem Nutzen. Außerdem ruht auf ihm die Verheißung nicht nur für das jetzige, sondern auch für das zukünftige Leben.

Das Wort Gottes verdient wirklich unser ganzes Vertrauen und ist es wert, in allem angenommen zu werden. Darum mühen wir uns ab und kämpfen, weil wir unsere ganze Hoffnung auf den lebendigen Gott gesetzt haben, der alle Menschen retten will, ganz besonders natürlich alle, die ihm schon ihr Vertrauen entgegenbringen.

Das ist die Lehre, die du ruhig mit Nachdruck vortragen kannst. Niemand soll dich geringschätzen, weil du noch so jung bist. Sei in allem, was du redest und wie du lebst, für die Glaubenden ein Vorbild. Sie sollen deinen Glauben, deine Liebe und deine Reinheit sehen. Bis ich zu euch komme, bitte ich dich, dafür zu sorgen, dass die Briefe und die Heiligen Schriften vorgelesen werden, dass die Geschwister ermutigt werden und genügend Lehre bekommen. Vernachlässige nicht die Gnadengabe, die dir durch die Handauflegung der Ältesten und ein prophetisches Wort verliehen wurde. Praktiziere diese Gnadengabe immer wieder, damit auch deutlich wird, welche Fortschritte du mit ihr machst. Achte auf dich selbst und auf das, was du anderen beibringst. Entferne dich nicht innerlich von denen, für die du da bist. Wenn du so lebst, wirst du nicht nur dich retten, sondern auch alle, die auf dich hören.

Eine Gemeinde hat in dieser Welt viele Aufgaben – somit auch ihr Leiter (5,1–25)

5 Fahre einen älteren Mann nicht schroff an, sondern sprich zu ihm eher wie mit deinem Vater, auch wenn es eine Ermahnung sein muss. Gegenüber jüngeren Männern verhalte dich wie gegenüber deinen eigenen Brüdern, gegenüber älteren Frauen wie gegenüber deiner eigenen Mutter, gegenüber den jüngeren wie gegenüber deinen Schwestern, wobei du hier eher auf etwas Zurückhaltung achten solltest.

Witwen, die ihren Witwenstand vor Gott angenommen haben, sollt ihr nicht nur mit Achtung begegnen, sondern ihr sollt auch für sie sorgen. Letzteres gilt jedoch nur für solche, die keine Kinder oder Enkel haben. Wenn eine Witwe allerdings Nachkommen hat, so sollen diese lernen, aus Dankbarkeit gegenüber ihren Vorfahren für sie zu sorgen. Sie dürfen sich da voll im Einklang mit Gottes Willen wissen.

Eine Witwe nun, die bewusst allein geblieben ist, hat ihre ganze Hoffnung auf Gott gesetzt und versieht einen wunderbaren Dienst des Gebetes und der Fürbitte, oft Tag und Nacht. Aber die Witwe, die sich um nichts kümmert und die es sich nur gut gehen lässt, ist bereits lebendig tot.

Das sind Richtlinien, die du vorbringen sollst, damit auch an diesem Punkt in der Gemeinde kein Grund zur Klage besteht. Sollte es tatsächlich jemanden unter euch geben, der sich nicht darum bemüht, seine Hausgenossen zu versorgen, dann hat er noch nicht begriffen, worum es beim Glauben geht, und ist letztlich schlimmer als ein Ungläubiger.

Eine Witwe kannst du nur dann zu diesem besonderen Witwenstand zählen, wenn sie älter als sechzig Jahre ist, nur einmal verheiratet war und einen guten Ruf hat. Dazu gehört, dass sie Kinder aufgezogen hat, gastfreundlich war und sich nicht zu schade war, in der Gemeinde auch einfache Dienste zu übernehmen. Es ist ein Ruhmesblatt für sie, wenn sie immer wieder Menschen in Not beigestanden und auch sonst Gutes getan hat, wo sie nur konnte.

Jüngere Witwen sollst du noch nicht in diesen besonderen Witwenstand erheben. Man kann noch nicht absehen, wohin sie sich entwickeln werden. Manche von ihnen wollen sich erst noch einmal austoben, was sich aber wohl kaum mit einem Leben mit Jesus vereinbaren lässt. Denn wie schnell schleicht sich dabei ein schlechter Lebensstil ein: Manche solcher Frauen haben mit einem Mal keine Lust mehr zu arbeiten, sie lassen sich von allem und jedem einladen, sind schrecklich neugierig und reden viel, in den seltensten Fällen etwas Wertvolles, meist sogar nur Oberflächliches.

Allen jüngeren Witwen lege ich daher ans Herz, doch zu heiraten, wenn sie das Alleinsein nicht aushalten, und wieder Aufgaben in ihrer Familie zu übernehmen, vielleicht sogar noch einmal Kinder zu bekommen. In ein geordnetes Leben kann der Widersacher nicht so schnell eindringen. Leider hat uns die Erfahrung gelehrt, dass Frauen ohne diesen Schutz oft zu regelrechten Nachfolgern Satans wurden.

Wenn eine Gläubige in ihrer Verwandtschaft Witwen hat, dann soll sie für diese sorgen, damit die Gemeinde damit nicht belastet wird und sich um die völlig alleinstehenden Witwen kümmern kann.

Achtet die Ältesten unter euch hoch, die ihren Dienst versehen, so gut sie können. Das gilt vor allem für diejenigen, die euch in Wort und Lehre unterweisen. Steht nicht in der Heiligen Schrift: „Du sollst dem Ochsen, der drischt, nicht das Maul verbinden!"* Und an anderer Stelle: „Der Arbeiter ist seinen Lohn wert."** Wenn jemand gegen einen Ältesten etwas vorbringt, weise es ab. Es sei denn, seine Kritik kann sich auf zwei, drei andere Zeugen berufen. Wer Schuld auf sich lädt, ohne es einzusehen und umzukehren, den sollst du vor der ganzen Gemeinde zurechtweisen. Das macht allen klar, wie sehr es uns um einen Lebensstil gehen muss, der sich mit dem Vorbild von Jesus vereinbaren lässt.

Timotheus, ich beschwöre dich vor Gott und Christus und den auserwählten Engeln, dass du dich bei allem, was du tust und lehrst, weder von Vorurteil noch von Sympathie bestimmen lässt. Lege nicht zu vorschnell jemandem die Hände auf, um ihm ein Amt zu übertragen. Halte dich frei von dem Einfluss, den das schuldhafte Verhalten anderer auf dich ausüben kann.

Ein persönlicher Rat: Trink nicht nur Wasser, sondern auch ein wenig Wein. Das tut deinem Magen gut und verhindert, dass du weiterhin so oft krank bist.

Die Schuld mancher Menschen ist offenkundig und geht ihnen ins Gericht voraus, anderen folgt sie nach. Genauso ist es auch mit dem Guten, das jemand tut. Einiges davon wird jedem bekannt sein, anderes wird verborgen sein und erst viel später erkannt werden.

---

* 5. Mose 25,4
** Lukas 10,7; Matthäus 10,10

So verschieden die Menschen in einer Gemeinde – so unterschiedlich der Umgang mit ihnen (6,1–21)

6 Wer in großer Abhängigkeit von einer Herrschaft seine Arbeit leistet, sollte trotzdem seinem Herrn alle nur mögliche Wertschätzung entgegenbringen, damit dieser nicht den geringsten Grund hat, das Christentum als lächerlich und nichtssagend abzutun. Wer dagegen einen gläubigen Herrn hat, soll sich nicht plötzlich aufspielen, weil beide ja in Christus Brüder sind, sondern ihm mit noch mehr Eifer dienen, weil beide an Jesus glauben und von ihm geliebt sind und sich deshalb auch gegenseitig nur das Beste tun wollen. Auch das ist etwas, das du der Gemeinde beibringen solltest.

Wenn jemand etwas anderes vertritt und sich nicht auf die gesunde Lehre unseres Herrn Jesus Christus und das, was einer lebendigen Beziehung zu ihm entspricht, einlässt, dann hast du es mit jemandem zu tun, der zu aufgeblasen ist, um etwas zu verstehen. Er hat eine krankhafte Neigung zu Streitfragen und Wortgefechten. Und aus all dem entsteht nichts Gutes: Neid, Streit, übles Gerede, bösartige Verdächtigungen. Mit solchen in ihrem Verstand durch und durch verdorbenen Menschen gibt es ständig Reibereien. Sie besitzen schon lange keine Wahrheit mehr und meinen, man könne mit Frömmigkeit auch noch Geschäfte machen.

Ja, man kann durchaus davon leben, wenn sich unsere Frömmigkeit mit Genügsamkeit verbindet. Wir haben in diese Welt nichts hineingebracht und werden aus ihr auch nichts mit hinausnehmen können. Wir sollten also damit zufrieden sein, dass wir etwas zum Essen und zum Anziehen haben. Wer dagegen reich werden will, läuft Gefahr, in eine der Schlingen zu geraten, die der Wunsch nach Besitz mit sich bringt. So unvernünftig und schädlich diese Versuchung ist, so sicher bringt sie einen Menschen zu Fall, ja sie bedeutet für ihn oft den Untergang. Denn die Geldgier ist eine Wurzel, aus der viel Böses erwächst. Einige haben wegen ihr den Glauben aufgegeben und sich damit selbst die größten Schmerzen zugefügt.

Du aber, Mann Gottes, lass die Finger davon! Wenn du an irgendetwas reich werden willst, dann an Gerechtigkeit, Frömmigkeit, Glauben, Liebe, Geduld und Sanftmut. Kämpfe den guten Kampf des Glaubens, ergreife das ewige Leben, zu dem dich Gott berufen hat und zu dem du dich vor so vielen Zeugen bekannt hast.

Ich gebe dir vor Gott, der alles ins Leben rief, und vor Jesus Christus, der vor Pontius Pilatus für die Wahrheit eingestanden ist, den Auftrag, die Botschaft von Jesus Christus bis zu seiner Wiederkunft unverfälscht und rein zu bewahren. Dann, zu dem Zeitpunkt, den er vorherbestimmt hat, wird sich der einzige, wunderbare Herrscher, der König aller Könige, der Herr aller Herren zeigen. Er allein ist unsterblich, er allein lebt in unzugänglichem Licht, und noch nie hat ihn ein Mensch gesehen, weil er ihn gar nicht sehen kann. Diesem einen Herrn sei Ehre und ewige Macht! Amen.

Sage denen, die in dieser Welt reich sind, dass sie sich nichts auf ihren Reichtum einbilden sollen und sich von ihrem Besitz schon gar nicht alles erhoffen sollen. Nichts ist unsicherer. Sie sollen lieber ihr ganzes Vertrauen auf Gott setzen, der uns immer noch genügend zukommen lässt, was wir genießen können. Sie können zudem besonders viel Gutes tun, freigebig sein und offen für die Menschen um sie herum. So werden sie reich an allem, was Gott gefällt, und legen sich damit einen guten Grundstock für die Zukunft, um einmal das wirkliche Leben ergreifen zu können.

Mein lieber Timotheus, bewahre, was dir anvertraut wurde, und geh dem leeren Geschwätz und den ewigen Streitereien mit Personen aus dem Weg, die von den geistigen Strömungen unserer Zeit hoffnungslos beeinflusst sind. Einige haben sich ja zu dieser Geistesrichtung bekannt und sind, was den Glauben anbelangt, prompt auf Abwege geraten.

Die Gnade unseres Herrn Jesus Christus sei mit euch allen!

Der zweite Brief an Timotheus

1 Paulus, durch den Willen Gottes Botschafter Jesu Christi, schreibt diesen Brief an Timotheus, seinen geliebten Sohn, mit dem er die Verheißung eines Lebens mit Christus teilt: Gnade, Barmherzigkeit und Friede von Gott, unserem Vater, und Christus Jesus, unserem Herrn!

Wie die eigenen Vorfahren zu Gott standen bleibt nicht ohne Einfluss auf die persönliche Beziehung zu Gott (1,3–5)

Wenn ich in meinen Gebeten an dich denke, danke ich Gott Tag und Nacht für dich. Gott diene ich mit ganzer Hingabe, wie es auch meine Vorfahren getan haben. Ich erinnere mich deiner Tränen und sehne mich danach, dich wiederzusehen. Was für eine Freude wird das für mich sein! Wenn ich dabei an deinen ungeheuchelten Glauben denke, dann bin ich überzeugt, dass du diesen Glauben von deiner Großmutter Loïs und deiner Mutter Eunike übernommen hast.

Paulus ermutigt Timotheus, denn der wird dies noch sehr brauchen können (1,6–10)

Darum möchte ich mit diesem Brief die Gnadengabe Gottes neu in dir entfachen, die du erhalten hast, als ich dir meine Hände aufgelegt habe. Gott hat uns doch nicht einen Geist der Verzagtheit, sondern der Kraft, der Liebe und der Besonnenheit gegeben.

Schäme dich also nicht, für Jesus einzutreten, und halte auch die Verachtung aus, die man dir entgegenbringt, weil du mit mir, einem Gefängnisinsassen, in enger Verbindung stehst. Gott gibt uns die Kraft, für die Frohe Botschaft einiges auf uns zu nehmen. Er hat uns gerettet und eine ganz besondere Berufung geschenkt, nicht weil wir sie durch irgendetwas verdient hätten, sondern weil er uns schon von ewigen Zeiten an seine Gnade in besonderer Weise zeigen wollte.

Und diese Gnade ist niemand anders als Jesus Christus selbst, der jetzt als unser Retter bei uns erschien. Er hat den Tod zunichte gemacht, und durch alles, was er sagte und tat, unvergängliches Leben ans Licht gebracht.

Paulus weiß, was einen Verkündiger der Frohen Botschaft erwarten kann (1,11–18)

Gott hat mich als Apostel und Lehrer beauftragt, diese Botschaft vor allem zu den Heidenvölkern zu bringen. Und für sie leide ich gern. Verstehst du, dass ich mich nicht im Geringsten dafür schäme, hier im Gefängnis zu sitzen? Ich weiß ja, auf wen ich mein Vertrauen gesetzt habe, und ich bin überzeugt, dass er stark genug ist, alles, was er mir anvertraut hat, bis zum Tag seiner Wiederkunft zu bewahren.

Timotheus, halte dich also ruhig an die Worte, die du von mir gehört hast. Sie sind eine gesunde Lehre, getragen von dem Glauben an Jesus Christus und seine Liebe. Bewahre du dieses kostbare Gut durch den Heiligen Geist, der in uns beiden lebendig ist.

Sicher hast du schon mitbekommen, dass sich in der Provinz Asia alle von mir abgewandt haben, unter ihnen auch Phygelus und Hermogenes. Der Herr segne ganz besonders die Familie von Onesiphorus, weil er mir so viel Gutes getan hat und keine Scheu hatte, zu mir zu kommen, obwohl ich doch in Ketten liege. Er kam nach Rom und hat so lange nach mir gesucht, bis er mich gefunden hat. Der Herr möge ihm in seiner Barmherzigkeit am Tag seiner Wiederkunft vergelten, was er mir Gutes getan hat. Und natürlich auch alles, was er in Ephesus getan hat. Aber das weißt du ja selbst am besten.

Timotheus soll wissen, dass Leiden für Jesus sehr viel Sinn macht (2,1–13)

2 Ich wünsche dir, mein Sohn, dass du stark wirst durch die Gnade, die Jesus dir schenkt. Die Lehre, die du in der Gegenwart verschiedener Zeugen von mir gehört hast, vertraue zuverlässigen Menschen an, die auch in der Lage sein werden, sie an andere weiterzugeben. Als guter Soldat Christi halte einfach aus, was dir zugefügt wird. Und denk daran: Kein Söldner gibt sich noch mit alltäglichem Kleinkram ab, sondern möchte durch seinen Einsatz dem Herrn gefallen, der ihn in Dienst genommen hat. Auszeichnungen erhält er nur, wenn er es auch wirklich verstanden hat, gut zu kämpfen. Wenn ein Bauer die Erträge seiner Arbeit genießen will, muss er zuvor hart gearbeitet haben. Denk darüber nach, was ich dir damit sagen will. Ich bin mir sicher, dass dir der Herr in jeder Hinsicht die nötige Einsicht schenken wird.

Halte dir immer Jesus Christus vor Augen, der ein Nachkomme Davids war und von den Toten auferstand. Diese Frohe Botschaft habe ich überall verkündet und einiges dafür erleiden müssen – jetzt sogar diese Ketten, als sei ich ein Schwerverbrecher! Aber was für ein Glück: Das Wort Gottes lässt sich nicht fesseln. Darum ertrage ich das alles für die Menschen, die Gott liebt, damit sie an der Rettung durch Jesus mit all seiner Herrlichkeit teilhaben können. Du kannst dich auf das Wort verlassen: Wenn wir mit Jesus gestorben sind, dann werden wir auch mit ihm leben; wenn wir geduldig ausharren, dann werden wir auch mit ihm herrschen; wenn wir uns von ihm lossagen, wird Jesus unseren Willen respektieren; wenn wir ihm jedoch untreu werden, so bleibt er uns dennoch treu, denn er kann sich ja nicht selbst verleugnen.

Ein Krebsgeschwür der jungen Gemeinden (2,14–26)

Noch einmal möchte ich dir eindringlich ans Herz legen, dich nicht auf fruchtlose Diskussionen einzulassen, denn sie führen zu nichts, können aber den Glauben in denen zerstören, die euch zuhören. Erweise dich als Mitarbeiter Gottes, für den unser Herr sich nicht zu schämen braucht, und bring die Wahrheit so vor, dass sie die Dinge ohne viele Worte wieder klarstellt. Lass dich nicht auf Wortgefechte ein. Denn sie führen letztlich zu einer wachsenden Gottlosigkeit, weil falsche Ideen wie ein Krebsgeschwür langsam das Gesunde auffressen.

Zu denen, die ständig mit neuen Theorien die Gläubigen verunsichern, gehören auch Hymenäus und Philetus. Sie sind, was die Wahrheit anbelangt, bereits gewaltig auf Abwege geraten. Sie behaupten, dass unsere Auferstehung schon geschehen sei, und bringen damit den Glauben der einfachen Leute ins Wanken.

Doch das Fundament, das Gott gelegt hat, steht fest. Du erkennst es an folgendem Gütesiegel: Gott kennt die Seinen, und wer zu ihm gehört und den Namen des Herrn anruft, der hat sich von aller Falschheit und Ungerechtigkeit distanziert. Leider gibt es in einem großen Haus nicht nur goldene und silberne Gefäße, sondern auch hölzerne und solche aus Ton. Die einen werden zu ehrenvollen Anlässen benutzt, die anderen stellt man weg, weil sie innen und außen voller Schmutz sind. Wenn ihr als Gemeinde wirklich ein Gefäß sein wollt, das dem Herrn Ehre macht, dann müsst ihr euch von den schmutzigen Töpfen trennen. Nur so könnt ihr wirklich zu einem Gefäß werden, mit dem er arbeiten kann und das für jedes gute Werk vorbereitet ist.

Timotheus, ich wünsche mir, dass du auch ein solches Gefäß wirst. Darum lass dich nicht von all dem einfangen, was dich aufgrund deiner Jugend besonders reizt, sondern bemühe dich darum, immer mehr ein Mann nach dem Herzen Gottes zu werden: gerecht, voller Vertrauen und Liebe und in Frieden mit allen, die den Herrn mit ehrlichem Herzen verehren. Noch einmal: Lass dich nicht auf die dummen und geistlosen Streitfragen ein. Du weißt selbst, dass jede Diskussion darüber nur im Streit endet. Aber als Diener eines solchen Herrn hast du es nicht nötig, herumzustreiten. Du wirst gegen jedermann freundlich sein, den Leuten in deinen Lehren das Richtige vermitteln können, geduldig das Böse ertragen und mit Sanftmut versuchen, die Querköpfe zum Umdenken zu bewegen. Du wirst die Hoffnung nicht aufgeben, dass Gott sie eines Tages die Wahrheit erkennen lässt und sie wieder umkehren. Vielleicht merken sie dann, dass sie der Schlinge des Teufels gerade noch einmal entkommen sind, der sie bereits seinem Willen gefügig gemacht hatte.

Paulus lässt seinen Jünger nicht ins offene Messer laufen (3,1–17)

3 Eines sollst du wissen: In den letzten Tagen dieser Welt werden besonders schwere Zeiten kommen. Die Menschen werden sich auf ungute Weise verändern. Sie werden selbstsüchtig, geldgierig, eingebildet, stolz und sehr destruktiv. Kinder gehorchen ihren Eltern nicht mehr, es gibt kaum noch Dankbarkeit; Lieblosigkeit und Unversöhnlichkeit bestimmen einen gottlosen Lebensstil. Die Menschen werden in wachsendem Maß unbeherrscht, gewalttätig, verleumderisch, verräterisch. Sie haben kein Interesse mehr am Guten, sondern verurteilen vorschnell alles und jeden. In ihrer Überheblichkeit lieben sie das Vergnügen mehr als Gott; sie wahren zwar noch den Schein der Frömmigkeit, aber die Kraft einer lebendigen Beziehung zu Gott leugnen sie. Hüte dich davor, die Gemeinschaft mit solchen Menschen zu suchen! Meistens ist auch ihr Privatleben aus der Bahn geraten. Sie schleichen sich gern in Häuser ein, um sich an leichtgläubige Frauen heranzumachen, die Geld haben, aber ihrem eigenen triebhaften Verlangen keinen Widerstand mehr entgegensetzen. Solche Menschen machen zwar ständig neue Erfahrungen, lernen aber nie dazu. Sie können auf diese Weise einfach nicht zur Erkenntnis der Wahrheit gelangen. Im Gegenteil. So wie sich Jannes

und Jambres* Mose entgegengestellt haben, so stellen auch diese sich gegen die Wahrheit. Das zeigt, wie sehr auch der Verstand in Mitleidenschaft gezogen wird, wenn der Glaube im Leben eines Menschen nicht das Sagen hat. Doch dieser Weg ist zum Scheitern verurteilt, was allen deutlich macht, wie dumm es letztlich ist, sich gegen die Wahrheit Gottes zu stellen.

Ich hoffe, ich habe dir ein anderes Beispiel gegeben, dem du nachfolgen konntest: Stimmte nicht meine Lebensführung mit dem überein, was ich lehre und mein ganzes Streben mit meinem Glauben? Hast du nicht meine Langmut, Liebe und Geduld miterlebt, vor allem, als ich in Antiochia, in Ikonion und Lystra verfolgt wurde? Was für Nachstellungen war ich ausgesetzt, und doch hat mich der Herr aus allen errettet!

Natürlich werden böse Menschen auch Fortschritte machen. Sie werden eben noch schlimmere Betrüger, die andere Menschen verführen, so wie sie selbst verführt wurden. Doch lass dich davon nicht beeindrucken, sondern bleib bei dem, was du gehört und im Glauben angenommen hast. Du weißt, von wem du all das übernommen hast, und weil du von klein auf die Heiligen Schriften kennengelernt hast, sind sie dir jetzt eine große Hilfe. Sie schenken dir die Weisheit, auf deine Rettung durch den Glauben an Jesus Christus zu vertrauen. Jede Schrift, die Gottes Geist eingegeben hat, gibt einer Lehre erst die Überzeugungskraft, die Menschen die Wahrheit über sich selbst erkennen und ihre Schuld einsehen lässt und sie dazu bringen kann, dass sie ihr Leben ändern. So hilft die Heilige Schrift mit, Menschen für ein Leben mit Gott vorzubereiten, damit sie einmal wirklich wie Menschen nach dem Herzen Gottes handeln können.

* Jannes und Jambres sind nach altjüdischen Erzählungen zwei ägyptische Zauberer, die mit ihren Tricks das offensichtliche Wunder des Mose entkräften wollen.

Ein Auftrag wie ein Vermächtnis (4,1–8)

4 Noch einmal möchte ich dir mit allem Nachdruck vor Gott und Jesus Christus, der bei seiner Wiederkunft die Lebenden und Toten richten wird, ans Herz legen: Verkündige die Frohe Botschaft, mach den Mund auf, wenn sich eine gute Gelegenheit dazu bietet, und rede auch, wenn andere meinen, es wäre jetzt nicht angebracht. Gerade dann bist du herausgefordert, zurechtzuweisen, zu ermahnen und den Einzelnen mit aller Geduld und guten Argumenten zuzureden. Denn es wird eine Zeit kommen, in der die Menschen die gesunde Lehre nicht mehr ertragen werden, sondern sich immer neue Lehrer kommen lassen, die mehr nach ihrem Geschmack sind und ihnen das erzählen sollen, was sie gern hören. Sie werden kein Ohr mehr für die Wahrheit haben, sondern sich irgendwelchen Mythen hingeben. Lass dich von all dem nicht beeindrucken, auch wenn es dir manchmal wehtut. Du hast eine Frohe Botschaft zu verkünden, das ist dein Auftrag, und ihm allein musst du letztlich gerecht werden.

Es dauert nicht mehr lange, und ich werde mein Leben als Opfer hingeben. Ja, ich spüre, dass ich schon bald Abschied nehmen muss. Daher kann ich jetzt sagen, dass ich einen guten Kampf gekämpft und das Ziel des Laufes erreicht habe. Gott half mir, ihm die Treue zu halten, und so denke ich, dass ich schon in naher Zukunft den Siegeskranz erhalten werde, der in der ewigen Annahme durch Gott besteht. Jesus, der Herr und gerechte Richter, wird ihn mir an jenem Tag geben. Doch – Dank sei ihm – nicht nur mir, sondern allen, die voller Liebe und Sehnsucht auf sein Erscheinen gewartet haben.

Ein Stück Paulus „live" – es zeigt uns den großen Völkerapostel ganz menschlich (4,9–22)

Bitte beeil dich daher, so schnell wie möglich zu mir zu kommen. Denn Demas hat mich verlassen und ist nach Thessalonich gereist. Er scheint diese Welt mehr zu lieben als alles andere. Kreszenz ging zurück nach Galatien, Titus nach Dalmatien. Lukas ist als Einziger noch bei mir geblieben. Nimm bitte auch Markus mit auf deine Reise. Er könnte mir viele nützliche Dienste erweisen. Tychikus hingegen habe ich selbst nach Ephesus geschickt.

Noch etwas: Bring doch bitte den Mantel und die Bücher mit, die ich in Troas bei Karpus zurückgelassen habe. Vor allem aber sind mir die Pergamentrollen wichtig.

Alexander, der Schmied, hat mir das Leben wirklich schwergemacht. Ich denke, dass der Herr ihm vergelten wird, was er mir angetan hat. Jedenfalls musst du dich vor diesem Mann hüten. Er hat sich dem entgegengestellt, was ich lehrte, wo er nur konnte. Bei meiner ersten Verteidigung hat mir niemand beigestanden, sondern sie haben mich alle im Stich gelassen. Möge es ihnen nicht als Schuld angerechnet werden! Aber der Herr hat mir beigestanden und mich innerlich stark gemacht, damit alle Versammelten die Frohe Botschaft hören konnten. Das allein hat mich aus dem Rachen des Löwen gerettet. Ich bin zuversichtlicher denn je, dass der Herr mich vor all diesen bösen Anschlägen bewahren und in sein himmlisches Reich „hineinretten" wird. Ihm sei die Ehre von Ewigkeit zu Ewigkeit! Amen.

Grüße Priska und Aquila und die ganze Familie von Onesiphorus. Erastus blieb ja in Korinth, Trophimus aber habe ich in Milet zurücklassen müssen, nachdem er schwer erkrankt war. Sieh zu, dass du noch vor dem Winter kommen kannst. Ganz herzliche Grüße an dich auch von Eubulus, Pudens, Linus und Klaudia und allen hier versammelten Geschwistern. Der Herr sei mit dir! Seine Gnade sei mit euch allen!

Der Brief an Titus

Titus gehörte neben Timotheus zu den engsten Mitarbeitern des Apostels Paulus. Umso mehr erstaunt der distanzierte Ton, in dem Titus hier auf seine Pflichten und Rechte als „episkopos" (Bischof) der Gemeinden auf Kreta hingewiesen wird. Der Brief ist vielleicht eine Art Gemeindeordnung, die auch an andere Gemeinden geschickt wurde. Gemeinsam mit 1. und 2. Timotheus liefert uns Titus ein Bild der Themen, die Christen der 2. und 3. Generation bewegt haben. Verfasst hat er dieses Lehrdokument vermutlich zwischen den beiden Briefen an Timotheus.

Hatte Titus jemals Zweifel an der Autorität des Paulus? Bei diesem Briefanfang scheint es fast so (1,1–4)

1 Ich, Paulus, der als Botschafter Jesu Christi Gott dient, schreibe diesen Brief an Titus, meinen im gemeinsamen Glauben bewährten Sohn. Meine Aufgabe ist es, den Glauben derer zu fördern, die Gott auserwählt hat, damit sie immer mehr zur Erkenntnis der Wahrheit gelangen, was ihre Beziehung zu Gott anbelangt. Dabei vertraue ich der Hoffnung auf ein Leben in Ewigkeit, das unser treuer Gott uns schon vor ewigen Zeiten verheißen hat. Jetzt aber hat er es durch sein eigenes Wort offenbart. Mir hat er – Gott, unser Retter – selbst die Verkündigung dieses Wortes anvertraut. So grüße ich dich, Titus: Die Gnade und der Frieden von Gott, unserem Vater, und Jesus Christus, unserem Retter, sei mit dir!

Wer darf und kann eine Gemeinde leiten? (1,5–9)

Ich ließ dich auf Kreta zurück, damit du erledigst, was noch getan werden muss. Zum einen sollst du in jeder Stadt Älteste einsetzen, wie ich es dir aufgetragen habe. Es sollen Männer sein, die unbescholten sind und nur einmal verheiratet; auch ihre Kinder sollen gläubig sein. Keinem von ihnen soll man vorwerfen können, dass er einen liederlichen Lebensstil hat oder sich nicht unterordnen kann. Denn ein Leiter ist so etwas wie ein Haushalter Gottes für die Gemeinde. Darum sollte er nicht eigenmächtig handeln, nicht jähzornig, dem Alkohol verfallen oder gewalttätig sein. Er sollte sich nicht immerzu fragen, was für ihn dabei herausspringt, sondern gastfreundlich sein und gern Gutes tun. Ein Leiter sollte besonnen und beherrscht vorgehen und versuchen, allen gegenüber gerecht zu sein. Seine Beziehung zu Gott muss auf einem soliden Fundament stehen, der als glaubwürdig bezeugten Lehre. Nur so kann er alle ermahnen und die zurechtweisen, die der gesunden Lehre zu widersprechen versuchen.

Die jungen Gemeinden hatten Probleme mit allen möglichen Irrlehren (1,10–16)

Denn offensichtlich gibt es viele, die sich nicht unterordnen wollen und dafür lieber aufgeblasene Theorien verbreiten, die andere vom richtigen Weg abbringen. Hier tun sich vor allem Geschwister jüdischer Abstammung hervor, denen man tatsächlich so schnell wie möglich den Mund stopfen sollte, weil sie sonst noch mehr Schaden anrichten und ganze Familien vom rechten Glauben abbringen. Sie lehren Sachen, die einfach falsch sind, nur um sich damit auf üble Weise zu bereichern. Hinzu kommen Eigenschaften des kretischen Volkes, die einer von ihnen – sozusagen ihr eigener Prophet – folgendermaßen beschrieben hat: „Die Kreter lügen, was das Zeug hält, sie sind gefährlich und roh und dabei durch und durch faul!" Ich denke, daran hat sich noch nicht viel geändert. Darum musst du in deinen Unterweisungen wirklich streng sein, damit sie durch den Glauben gesund heranwachsen und nicht auf das hören, was sich die Juden unter ihnen mal wieder ausgedacht haben. Erneut versuchen sie, die Wahrheit der Frohen Botschaft durch ihre selbstgemachten Gebote zu verdrängen. Alles ist rein für die, die ein reines Herz haben. Doch für Menschen, die ihren schlechten Lebenswandel nicht ablegen wollen und die Gott kein Vertrauen entgegenbringen, ist nichts rein. Selbst ihr Verstand und erst recht ihr Gewissen sind verkommen. Sie behaupten zwar, Gott zu kennen, aber ihr konkretes Leben spricht eine ganz andere Sprache. Was sie tun, kann man nur verabscheuen. Sie sind nicht im Mindesten bereit, gehorsam zu sein, und so auch nicht in der Lage, irgendetwas Gutes zu tun.

Weil Gottes Güte unter uns erschienen ist, kann nicht jeder so weiterleben wie bisher (2,1–3,11)

2 Du aber predige, wie es der gesunden Lehre entspricht. Die älteren Männer ermahne, maßvoll zu sein. Sie sollen sich so verhalten, dass man sie respektiert und ihre Besonnenheit schätzt. Auch in ihrem Glauben, ihrer Liebe und ihrer Geduld sollten sie sich weiterentwickeln. Genauso sollst du auch zu den älteren Frauen sprechen. Ihre Haltung sollte etwas davon widerspiegeln, wie Jesus ist. Vor allem sollten sie nicht schlecht über andere reden und auch nicht zu viel Wein trinken. Sie haben so viel an die jüngere Generation weiterzugeben! Sie können den jüngeren Frauen beibringen, wie man seinen Mann und die Kinder liebt, wie man ohne großes Aufhebens ein Haus gut führen und den Mann als geistliches Haupt der Familie anerkennen kann. Frauen, die so leben, geben niemandem einen Grund, über die Frohe Botschaft zu spotten.

Ermutige die jüngeren Männer durch dein Vorbild, beherrscht und maßvoll zu leben. Lehre die Wahrheit unverfälscht und mit Würde. Wenn dann jemand kommt und irgendetwas Schlechtes über euch sagen will, wird er durch das Gute beschämt werden, das er vorfindet.

Selbst Menschen, die in völliger Abhängigkeit von ihren Herrschaften leben, haben die Möglichkeit, Zeugnis für die großartige Botschaft von Jesus Christus, ihrem Retter, abzulegen, indem sie ihren Herren gern dienen und danach streben, diesen durch eine große Bereitwilligkeit Freude zu machen. Sie sollen sich nicht auf Kosten des Herrn bereichern wollen, sondern sich durch ihre Zuverlässigkeit und Treue auszeichnen.

Denn in der Person von Jesus Christus ist bei uns die Gnade Gottes leibhaftig erschienen, die allen Menschen das Heil bringt und die uns so verändert hat, dass wir nie mehr ohne Gott leben wollen. Das bedeutet auch, dass wir nicht mehr nach allem gieren müssen, was die Welt für erstrebenswert hält, sondern unser Leben so besonnen leben, dass es Gott Freude macht. Wir leben nun mal in der Erwar-

tung und beglückenden Hoffnung, dass die Herrlichkeit unseres Gottes in Jesus Christus, unserem Retter, noch einmal in dieser Welt erscheint. Er hat sich für uns geopfert, um uns von einem Leben fern von Gott zu erlösen. In ihm hat er sich ein Volk geschaffen, das nur ihm gehört und das darauf brennt, für ihn Gutes in dieser Welt zu tun.

Das alles sollst du den Geschwistern immer wieder vor Augen führen. Halte sie auch mit allem Nachdruck zu einem Leben an, das der Liebe unseres Gottes entspricht. Niemand soll dich deswegen verachten.

3 Erinnere sie auch daran, sich den staatlichen Obrigkeiten bereitwillig unterzuordnen und bereit zu sein, die guten Werke zu tun, die Gott für sie schon vorbereitet hat. Sag ihnen, dass sie über niemanden herziehen, vielmehr Streit um jeden Preis vermeiden sollen. Mehr noch, sie sollen allen Menschen mit Freundlichkeit und Sanftmut begegnen. Denn wie stand es denn um uns, bevor wir Jesus kennenlernten? Waren wir nicht auch voller Unvernunft, ungehorsam und irregeleitet? Waren wir nicht unserem ungezügelten Verlangen ausgeliefert, voller Bosheit und Neid, wurden gehasst und haben ebenso andere gehasst?

Als aber die Güte und Menschenliebe unseres Gottes und Erlösers unter uns erschien, hat er uns durch das Bad der Taufe gerettet und wie durch eine neue Geburt durch seinen Heiligen Geist innerlich neu gemacht. Das alles hat er nicht getan, weil wir es durch unsere guten Taten verdient hätten, sondern weil er sich über uns erbarmen wollte. Und so hat er seinen Heiligen Geist durch Jesus Christus, unseren Retter, in reichem Maß über uns ausgegossen, damit wir, da wir nun durch seine Gnade gerechtgesprochen wurden, Erben eines Lebens würden, das in Ewigkeit nicht mehr enden wird.

Auf diese Botschaft kannst du dich verlassen, und wenn du zu den Glaubensgeschwistern sprichst, sollen sie durch deine feste und wohlbegründete Lehre ermutigt werden, ein Leben zu führen, das die Liebe Gottes widerspiegelt. Das wäre großartig und würde auch anderen unwahrscheinlich weiterhelfen. Meide jedoch alles wie die Pest, was dich in endlose Diskussionen über dumme Streitfragen, Geschlechterregister, Gesetze und andere Zankobjekte hineinziehen möchte! Sie führen zu nichts. Wenn jemand versucht, die Gemeinde zu spalten, dann weise ihn ein-, zweimal zurecht. Wenn er keine Einsicht zeigt, schütze die Gemeinde vor ihm, denn sein Denken hat sich so verkehrt, dass er gar nicht mehr merkt, welche Schuld er auf sich lädt. Ein solcher Mensch spricht über sich selbst das Urteil.

Letzte Anweisungen und Grüße (3,12–15)

Ich schicke dir Artemas oder Tychikus. Wenn sie eingetroffen sind, dann beeile dich bitte, zu mir nach Nikopolis zu kommen, denn dort möchte ich den Winter verbringen. Bitte rüste Zenas, den Gesetzeslehrer, und Apollos für ihre Reise so gut du kannst aus, damit es ihnen unterwegs an nichts fehlt. So langsam sollten aber auch die Gemeindemitglieder auf Zypern lernen, ganz konkret Gutes zu tun, wenn irgendwo ein Mangel zu beheben ist, damit sie am Ende nicht ohne Frucht dastehen.

Ich soll dich herzlich von allen grüßen, die hier bei mir sind. Grüße alle, die mit uns durch den Glauben in Liebe verbunden sind.

Die Gnade unseres Herrn Jesus Christus sei mit euch allen!

Der Brief an Philemon

Dieser kleine Brief ist eine Perle unter den Briefen des Paulus. Er zeigt ihn als einen wunderbaren Menschen, der alles versucht, um einem entlaufenen Sklaven (Onesimus) die Rückkehr zu seinem Herrn, der ein wohlhabender Christ in Kolossä gewesen sein musste, zu ermöglichen. Gleichzeitig bedeutet dieser Brief so etwas wie eine erste Infragestellung der damals noch selbstverständlichen Sklaverei.

Diesen Brief schreiben Paulus, der für Jesus Christus im Gefängnis sitzt, und der Bruder Timotheus an Philemon, unseren geliebten Mitarbeiter, an unsere Schwester Aphia und an Archippus, unseren Mitstreiter mitsamt seiner Hausgemeinde. Gnade sei euch und Friede von Gott, unserem Vater, und unserem Herrn Jesus Christus!

Paulus dankt für einen guten Mann, der zudem noch Güter hat (4–9)

Ich danke meinem Gott, wann immer ich in meinen Gebeten an dich denke, weil ich von der Liebe und dem Vertrauen gehört habe, die du unserem Herrn Jesus und allen Geschwistern entgegenbringst. Deine Gemeinschaft mit Jesus zeigt sich auch in allem, was man an Gutem in deinem Leben erkennen kann. Ich habe mich sehr gefreut und bin sehr getröstet worden, als ich von der Fürsorge erfuhr, mit der du, mein Bruder, so viele in der Gemeinde beschenkt hast.

Wie kann man jemand bewegen, gegen sein gutes Recht Nachsicht zu üben? (10–25)

Trotzdem muss ich mit dir über etwas reden. Es betrifft deinen entlaufenen Sklaven Onesimus. Ich könnte dir in der Autorität, die mir Jesus verliehen hat, einfach sagen, wie du dich zu verhalten hast. Aber um der Liebe willen komme ich als Bittsteller zu dir – ich, Paulus, ein alter Mann, der nun aber für die Sache Jesu Christi im Gefängnis sitzt.

Ich bitte dich für Onesimus, der wie ein Sohn für mich wurde, als ich bereits in Ketten lag. Damals konntest du mit ihm nichts anfangen, doch das hat sich jetzt grundlegend geändert. Heute ist er für dich genauso wertvoll wie für mich. Als ich ihn zu dir zurückgeschickt habe, kam es mir so vor, als hätte ich mein Herz weggeschickt. Eigentlich wollte ich ihn bei mir behalten, damit er mir diene und nicht länger dir. Denn du weißt ja, dass ich wegen der Frohen Botschaft wieder in Ketten liege. Doch ich wollte es nicht ohne dein Einverständnis tun, damit du dich nicht gezwungen fühlst, mir diesen Dienst zu erweisen, sondern es, wenn überhaupt, dann aus freien Stücken tust. Denn es ist ja durchaus möglich, dass er für eine kurze Zeit von dir getrennt wurde, damit du ihn für immer behalten kannst – aber nicht mehr als einen von dir abhängigen Diener, sondern als einen geliebten Bruder. Wenn er das schon für mich wurde, wie viel mehr ist er das erst für dich – zum einen rein menschlich gesehen, zum anderen auch in Hinblick auf euren gemeinsamen Herrn. Wenn dir also an der Gemeinschaft mit mir etwas liegt, dann nimm ihn auf, wie du auch mich aufnehmen würdest! Sollte dir durch seine Flucht in irgendeiner Weise Schaden entstanden sein und er dir etwas schulden, dann stell es ruhig mir in Rechnung. Ich versichere dir hiermit eigenhändig, dass ich für den Schaden aufkommen werde. Ich will hier gar nicht davon reden, dass du mir eigentlich auch etwas schuldest – nämlich dich selbst?! Ja, mein Bruder, darum möchte ich deine Großzügigkeit schon ein wenig strapazieren. Sei so gut und mach mir um Jesu willen diese Freude.

Ich schreibe dir in dem Vertrauen, dass du meine Bitte nicht nur aus Gehorsam erfüllen, sondern weit über das hinausgehen wirst, was ich von dir erwarte. Und so möchte ich die Gelegenheit nutzen und dich bitten, mir ein Quartier zur Verfügung zu stellen, denn ich hoffe, dass eure Gebete erhört werden und ich euch schon bald wiedersehen kann. Epaphras, der hier gemeinsam mit mir wegen Christus im Gefängnis sitzt, lässt dich herzlich grüßen, ebenso meine übrigen Mitarbeiter Markus, Aristarch, Demas und Lukas.

Die Gnade unseres Herrn Jesus Christus sei mit euch allen.

Der Brief an die Hebräer

Das geschliffene Griechisch, die solide Kenntnis des Alten Testaments und anderer Schriften lässt als Autor jemanden vermuten, der ein gebildeter Judenchrist war. Dieser wiederum schrieb, wie die Adressatenangabe (an die Hebräer) zu Anfang schon sagt, für Christen, die aus dem Judentum stammten. Obwohl wir nur so wenig über den Autor und die Adressaten wissen, müssen wir diesem Brief eine ganz besondere Stellung einräumen. Er schenkt uns einen tiefen Einblick in das reiche geistliche Leben in der jungen Christengemeinde, vermittelt aber auch schon die erstaunliche Erkenntnis, dass es in der Christenheit gegen Ende des ersten Jahrhunderts so etwas wie Ermüdungserscheinungen gab. Das Wetterleuchten kommender Verfolgung prägt dabei entscheidende Passagen in diesem Brief. Seine Leser sollen gestärkt werden, auch in schwierigen und bedrohlichen Situationen zu Jesus Christus zu stehen.

In Jesus erfüllen sich alle Verheißungen Gottes (1,1–5)

1 In alter Zeit hat Gott oft und auf verschiedene Weise durch Propheten zu unseren Vorfahren gesprochen. Am Ende der Zeit sprach er jedoch durch seinen Sohn zu uns, den er als Erben des Alls eingesetzt hat. Durch ihn hat er all die Welten geschaffen, er ist der Abglanz der Herrlichkeit Gottes und trägt alle seine Charakterzüge. Er trägt das All durch sein machtvolles Wort, hat uns von unserer Schuld befreit und sich zur Rechten Gottes gesetzt.

Selbst die gewaltigsten Engel sind nicht mit Jesus vergleichbar (1,6–14)

Die Macht der Engel lässt sich in keiner Weise mit der seinen vergleichen, so wie auch der Name, den er geerbt hat, alle anderen Namen unendlich übertrifft. Zu welchem Engel hat Gott jemals gesagt: „Mein Sohn bist du, heute habe ich dich gezeugt"? Oder: „Ich werde sein Vater und er mein Sohn sein"? Und noch eine Stelle: Als er den Erstgeborenen auf der Welt einführt, gibt er ihm das Wort mit: „Vor ihm sollen sich alle Engel Gottes niederwerfen." Von den Engeln sagt er, dass er sie zu einem Lufthauch machen kann, und von den Geistern, die ihm dienen, dass sie zu einer Feuerflamme werden können. Was seinen Sohn betrifft, finden wir jedoch ganz andere Aussagen: „Dein Thron, o Gott, steht von Ewigkeit zu Ewigkeit und der Stab der Gerechtigkeit ist das Zepter deines Reiches. Du liebst die Gerechtigkeit und hasst es, wenn sich Menschen nicht um deinen Willen kümmern. Deswegen hat Gott dich wie keinen anderen mit dem Öl der Freude gesalbt." Und noch eine Stelle: „Du, Herr, hast ganz am Anfang die Erde geschaffen und auch der Himmel ist ein Werk deiner Hände. Doch all das wird einmal vergehen. Du aber bleibst. Himmel und Erde werden einmal wie ein altes Kleid verrotten, und du wirst sie wie einen Mantel zusammenrollen, wie ein Kleid, das man auswechselt. Du aber wirst ewig derselbe bleiben und immer und ewig leben."

Oder zu welchem der Engel hat Gott jemals gesagt: „Setze dich an meine rechte Seite, bis ich dir deine Feinde als Schemel unter deine Füße gelegt habe!“?

Sind Engel nicht Geistwesen, die in einem heiligen Dienst stehen und ausgesandt wurden, um denen zu dienen, denen Gott Rettung schenken will?

Es gibt nur einen, der von sich sagen konnte, er sei der Weg zum Vater (2,1–18)

2 Aus diesem Grund ist es umso nötiger, dass wir auf das achten, was wir gehört haben, damit wir nicht am Ziel vorbeischießen. Denn wenn schon das Wort, das durch Engel vermittelt wurde, als unumstößlich gilt und der Ungehorsame ihm gegenüber mit gerechten Konsequenzen rechnen muss, um wie viel mehr müssen wir mit schlimmen Folgen rechnen, wenn wir achtlos an dem großen Heilsangebot vorübergehen, das der Herr uns gemacht hat? Was Jesus uns gebracht hat, wurde uns von Gott auf beeindruckende Weise seinem Willen entsprechend durch Zeichen, Wunder und verschiedene Machttaten, nicht zuletzt durch die Ausgießung seines Heiligen Geistes, bestätigt. Außerdem: Wem hat Gott die zukünftige Welt als Herrschaftsbereich anvertraut? Mit Sicherheit nicht den Engeln. Darüber finden wir sogar eine Aussage in den Psalmen: „Was ist der Mensch, dass du an ihn denkst, oder der Sohn des Menschen, dass du auf ihn achtest? Du hast ihn nur für kurze Zeit niedriger gemacht als die Engel, dann aber mit Herrlichkeit und Ehre gekrönt und ihm alles unter die Füße gelegt.“ Wenn Gott ihm alles untergeordnet hat, dann meint er auch wirklich „alles“. Natürlich sehen wir jetzt noch nichts von dieser unumschränkten Herrschaft Jesu, denn er wurde ja für kurze Zeit niedriger gemacht als die Engel. Jesus musste Leid und Tod durchstehen, weil die Liebe Gottes zu jedem Menschen ihn diesen Weg gehen ließ. Doch genau darum wird er jetzt auch mit Ehre und Herrlichkeit gekrönt.

Gott, der alles erschaffen hat, wollte durch die Leiden seines Sohnes seinen Heilsplan vollenden. Nur so konnte Jesus wie ein Anführer unzählige Menschen zur Herrlichkeit Gottes führen. So stammen von einem alle ab: Jesus, der die Menschen vor Gott gerecht gemacht hat und auch alle die, die durch ihn erlöst wurden. Aus diesem Grund schämt er sich auch nicht, sie Schwestern und Brüder zu nennen. Auch dazu finden wir entsprechende Stellen in der Heiligen Schrift: „Ich will deinen Namen meinen Brüdern verkünden, inmitten der Gemeinde will ich dich preisen." Oder an anderer Stelle: „Ich werde mein ganzes Vertrauen auf ihn setzen." Und schließlich: „Siehe, ich und die Kinder, die Gott mir gegeben hat ..." Weil nun aber alle diese Kinder Geschöpfe aus Fleisch und Blut sind, wurde auch er ein Mensch aus Fleisch und Blut, mit allem, was das mit sich bringt. Dadurch konnte er durch seinen Tod den vernichtend schlagen, der die Macht über den Tod hat, und das ist Satan selbst. Nur so kann er alle befreien, die ein Leben lang durch die Angst vor dem Tod geknechtet wurden. Jesus hat sich also nicht irgendwelcher Engelwesen angenommen, sondern der leibhaftigen Nachkommen Abrahams. Darum musste er in allem seinen Geschwistern gleich werden, auch um aus seinem Verstehen heraus auf neue Weise barmherzig mit ihnen zu sein. So wurde er für Gott zu einem treuen Hohepriester, der die Schuld des Volkes auf sich nahm. Worin er auf die Probe gestellt wurde und worunter er gelitten hat, darin kann er auch denen helfen, die selbst mit Versuchungen zu kämpfen haben.

Man kann sie nicht einmal miteinander vergleichen: Mose und Jesus (3,1–6)

3 Daher haltet euch, meine Schwestern und Brüder, die ihr von Gott geliebt und zu einem Leben mit ihm berufen seid, immer wieder das Vorbild Jesu vor Augen. Lasst uns an dem Bekenntnis festhalten, dass er von Gott gesandt wurde und unser Hohepriester ist. Er war dem treu, der ihn als Haupt der Gemeinde eingesetzt hat, so wie

dieser vor langer Zeit auch Mose seinem ganzen Haus vorstehen ließ. Doch die Aufgabe, die Jesus übernommen hat, ist weitaus herrlicher als das Bewundernswerte, das Mose getan hat. Der Unterschied ist wie der zwischen dem, der ein Haus erbaut hat, und dem Haus selbst. Wem gebührt da wohl alle Ehre? Jedes Haus wird von irgendjemandem erbaut. Es gibt aber nur einen, der alles erschaffen hat, und das ist Gott. Mose hat ihm aufrichtig gedient und seinem ganzen Haus treu vorgestanden, sodass wir heute noch in den Heiligen Schriften darüber lesen. Doch Christus hat das Haus als Sohn übernommen; dieses Haus aber sind wir, solange wir ihm mit Zuversicht begegnen und mit Stolz an dem festhalten, worauf wir hoffen.

Wer nicht auf Jesus hört, kommt aus seiner Wüste nie heraus (3,7–19)

Versteht ihr nun, warum uns der Heilige Geist immer wieder ermutigen möchte? Er sagt: „Heute, wenn ihr seine Stimme hört, dann verschließt nicht eure Herzen wie eure Vorfahren damals, als sie in der Wüste so verbittert waren. Damals haben mich eure Vorfahren herausgefordert, obwohl sie doch erlebt hatten, dass ich vierzig Jahre lang für sie gesorgt hatte. Deshalb wurde ich wütend über dieses Volk und sagte mir: ‚Sie halten die Augen ihres Herzens geschlossen, damit sie meine Wege nicht erkennen können.' In meinem Zorn schwor ich mir, sie niemals in meine Ruhe (gemeint ist damit das beglückende ewige Leben in der Gegenwart Gottes) kommen zu lassen."

Passt auf, Schwestern und Brüder, dass ihr nicht ebenfalls die Augen eures Herzens verschließt und es in euch nur noch finster ist. Mangelndes Vertrauen führt dazu, dass ihr euch vom lebendigen Gott abwendet. Darum ermahnt euch gegenseitig jeden Tag, solange ihr noch Zeit dazu habt, euer Herz nicht zu verschließen und euch nicht durch eigene Schuld von Gott trennen zu lassen. Was ihr durch eure Beziehung zu Jesus von der Wirklichkeit Gottes bereits in eurem Leben umgesetzt habt, das solltet ihr euch bis zum Ende bewahren.

Wenn es an dieser Stelle heißt: „Verschließt eure Herzen nicht wie damals, als ihr in der Wüste so verbittert wart“ – wer war da der Adressat dieser Ermahnung? Waren es nicht alle, die mit Mose aus Ägypten ausgezogen waren? Und wo waren die, die vierzig Jahre Gottes Zorn herausgefordert hatten? Lagen die Gebeine dieser Aufrührer nicht überall in der Wüste verstreut? Und wem hat er geschworen, ihn niemals in seine Ruhe kommen zu lassen, wenn nicht denen, die einfach nicht auf ihn hören wollten? Wir sehen also, warum sie nirgendwo ankamen: Sie alle hatten kein Vertrauen zu Gott.

Das Land der Ruhe (4,1–13)

4 Wir sollten also überaus sorgfältig darauf achten, dass keiner von uns zurückbleibt, wenn es um die Erfüllung der Verheißung geht, zu Gott in sein Land der Ruhe zu kommen. Denn auch wir haben wie unsere Vorfahren eine Frohe Botschaft empfangen. Damals hat es den Israeliten nichts genutzt, die Worte Gottes gehört zu haben, denn sie glaubten ihnen nicht. Doch wir, die wir unser Vertrauen auf Jesus gesetzt haben, können bei ihm Ruhe finden. Natürlich steht da noch immer das Wort: „In meinem Zorn habe ich mir geschworen, sie niemals in meine Ruhe kommen zu lassen.“ Bedeutet das, dass überhaupt niemand mehr zu Gott kommen kann? In der Schrift heißt es: „Gott ruhte am siebten Tag von allen seinen Werken.“ Alles hat Gott bei der Grundlegung der Welt geschaffen, doch am siebten Tag ruhte er. Und um diese Ruhe geht es. Von ihr wurden damals die Israeliten ausgeschlossen, die sich gegen Gott aufgelehnt hatten. Doch wenn es heißt, dass einige nicht in dieses Land der Ruhe kommen konnten, dann bedeutet das doch auch, dass es anderen möglich war. Schließlich haben damals ja alle die Verheißung erhalten, aber nicht alle haben sich als ungehorsam erwiesen. Doch Gott ist kein Gott der Vergangenheit, sondern des „Heute“. Darum lässt er uns auch durch die Schrift sagen, wie wir eben schon gehört haben: „Heute, wenn ihr seine Stimme hört, verschließt nicht eure Herzen!“

Hätte Josua damals das ganze Volk zu Gott führen können, würde dieser keinen anderen Tag mehr erwähnen. Also dürfen wir immer noch auf die Sabbatruhe Gottes hoffen. Denn Gott selbst ist in diese Ruhe eingegangen, weil er sich von seinen Werken ausruhen wollte. Lasst uns also alles dafür tun, in diese Ruhe hineinzukommen; niemand soll durch Ungehorsam das Ziel verfehlen.

Denn das Wort Gottes ist lebendig und voller Kraft. Es schneidet wie ein zweischneidiges Schwert und durchdringt alles: Seele und Geist, Mark und Bein. Es macht deutlich, was in unseren Herzen vor sich geht, was wir denken und planen. Es gibt nichts, das vor ihm verborgen bleiben könnte. Alles liegt dem offen, vor dem wir einmal Rechenschaft ablegen müssen.

Ein bewegender Gedanke: Christus als unser – einziger – Hohepriester (4,14–5,10)

Wie gut ist es da, einen solchen Hohepriester zu haben, der die Himmel durchschritten hat, Jesus, den Sohn Gottes! Lasst uns an dem Bekenntnis zu ihm festhalten. Denn wir haben keinen Hohepriester, der nicht mit uns gelitten hätte und uns in unserer Schwachheit nicht verstehen könnte. Ja, er wurde – genau wie wir – in allem auf die Probe gestellt, hat aber alle Anfechtungen besiegt. Lasst uns also voller Vertrauen zu ihm gehen, der auf dem Thron der Gnade sitzt, und von ihm Barmherzigkeit und Gnade empfangen. Nichts kann uns jetzt mehr weiterhelfen, nur das!

5 Denn jeder Hohepriester ist trotz seiner hervorragenden Stellung nur ein Mensch, und doch ist er dazu eingesetzt, zwischen Gott und den Menschen zu vermitteln. So bringt er Gott Gaben und Opfer für die Sünden der Menschen dar, wobei er voller Verständnis ist für die Unwissenden und Irrenden, weiß er doch selbst nur zu gut, wie es um ihn steht. Weil er schwach ist und selbst immer wieder schuldig wird, muss er nicht nur für das Volk, sondern auch für seine

eigenen Sünden Opfer darbringen. Einen solchen Dienst, auch wenn er voller Würde ist, sucht sich niemand selbst aus, sondern dazu wird er wie Aaron berufen.

So hat sich auch Christus nicht selbst die Würde des Hohepriesters angemaßt. Er wurde dazu von dem berufen, der zu ihm gesagt hat: „Mein Sohn bist du, heute habe ich dich gezeugt." An einer anderen Stelle heißt es: „Du bist Priester wie Melchisedek und du wirst es in alle Ewigkeit bleiben."* Doch wie sah sein Priestersein aus? Als Jesus noch lebte, hat er in seinen Gebeten unter Tränen zu Gott geschrien, der allein ihn vor dem furchtbaren Tod erretten konnte, und er wurde wegen seiner Hingabe an den Vater erhört, wenn auch in einem anderen Sinn. Jesus musste im vertrauenden Gehorsam all die Leiden durchstehen, um für alle, die Gott gehorchen, zum Herrn und Erlöser zu werden, nachdem er seine Aufgabe vollendet hatte. Darum hat Gott ihn Hohepriester genannt, weil sein Dienst im Priester Melchisedek schon vorgebildet war.

Wenn Erwachsene immer noch Babybrei löffeln (5,11–6,12)

Eigentlich müsste ich darauf noch viel genauer eingehen, weil das alles sehr schwierig in Worte zu fassen ist und ihr schon gar nicht mehr richtig zuhören könnt. Eigentlich müsstet ihr schon längst selbst in der Lage sein, andere zu lehren. Stattdessen muss euch, was das Wort Gottes anbelangt, noch jemand die Grundbegriffe beibringen. Ihr braucht tatsächlich immer noch Milch anstelle von fester Nahrung. Kinder, die noch mit Milch gefüttert werden, können einfach noch nicht richtig reden und verstehen, darum nennt man sie unmündig. Wenn jedoch jemand erwachsen ist, dann nimmt er normalerweise feste Nahrung zu sich und kann zwischen Gut und Böse unterscheiden.

---

* Psalm 110,4

6 Darum wollen wir jetzt endgültig die „Lehren über Christus für Anfänger“ beiseite lassen. Wir wollen nicht schon wieder auf die Grundlagen unseres Glaubens zu sprechen kommen wie zum Beispiel die Umkehr von unserem bisherigen Leben, dass wir unser Vertrauen auf Gott setzen müssen, die Lehre von der Taufe und dem Gebet unter Auflegung der Hände. Auch Themen wie die Auferstehung von den Toten oder das ewige Gericht sind jetzt nicht dran. Wenn Gott will, werden wir zu einem späteren Zeitpunkt wieder darauf zu sprechen kommen. Jetzt wollen wir uns einer Lehre zuwenden, die euch als Erwachsene ernst nimmt.

Es geht um die Abwendung vom Glauben. Wir halten es für unmöglich, dass jemand, der einmal durch den Heiligen Geist erleuchtet wurde und etwas von dieser himmlischen Gabe geschmeckt hat, der die Kräfte der zukünftigen Welt in seinem Leben am Werk sah, noch einmal zur Umkehr gebracht werden kann, nachdem er sich von Gott losgesagt hatte. Eigentlich wäre das, als würde er sich über Jesus lustig machen und den Sohn Gottes noch einmal nur für sich persönlich kreuzigen.

Nehmt zum Beispiel den Ackerbau: Sobald genügend Regen fällt, kann sich eine Pflanze entfalten und dem, der sie gesät hat, den entsprechenden Nutzen bringen. So erhält der Bauer Anteil am Segen Gottes und dankt ihm dafür. Doch der gleiche Regen kann auch ganz andere Gewächse hervorbringen: Dornen und Disteln, die man zu nichts gebrauchen kann und die sich wie ein Fluch ausbreiten. Am Ende kann man mit ihnen nur ein Feuer machen. Was man ernten kann, hängt also davon ab, was man gesät hat.

Was euch betrifft, geliebte Schwestern und Brüder, bin ich allerdings davon überzeugt, dass bei euch mehr als nur Disteln gewachsen sind, auch wenn es eben etwas anders geklungen hat, und dass ihr alles besitzt, was ihr zu eurer Rettung benötigt. Denn Gott ist nicht ungerecht und vergisst all das Gute, das ihr getan habt und welche Fürsorge ihr in seinem Namen den Geschwistern im Glauben erwiesen habt, indem ihr ihnen gedient habt. Wir wünschen uns aber, dass jeder von euch eine ähnliche Hingabe an den Tag legt, damit sich am Ende eure Hoffnungen voll erfüllen und ihr in der Nachfolge Jesu nicht träge werdet. Ihr sollt dem Vorbild derjenigen immer mehr folgen, die durch ihren Glauben und ihre Geduld bereits Erben der Verheißungen wurden.

Was Gott verspricht, das hält er auch (6,13–20)

Gott hat ja Abraham eine Verheißung gegeben und ihm geschworen – bei sich selbst, denn er hat ja niemand mehr über sich: „Ja, ich möchte dich mit Segen überschütten und deine Nachkommenschaft so zahlreich machen wie Sand am Meer."* Abraham harrte geduldig aus und erlebte so die Erfüllung der Verheißung. Menschen brauchen immer ein höheres Wesen, das sie als Zeuge anführen können und das am Ende das Gesagte durch einen Eid bekräftigt. Darum wollte Gott auch in unmissverständlicher Weise den Erben seiner Verheißung klarmachen, dass seine Entscheidungen sich in alle Ewigkeit nicht verändern und immer gültig bleiben. Darum hat er sich mit einem Eid verbürgt, damit wir durch diese zwei zuverlässigen Tatsachen – seinen unabänderlichen Willen und sein Versprechen – Mut schöpfen. Weil Gott uns niemals täuschen kann, können wir Zuflucht bei ihm suchen und an der Hoffnung festhalten, die er uns geschenkt hat. Diese zuversichtliche Hoffnung ist wie ein sicherer Anker für unsere Seele, der sozusagen bereits im Allerheiligsten festgemacht ist, wohin Jesus uns vorausgegangen ist als der ewige Hohepriester nach dem Vorbild von Melchisedek.

---

* 1. Mose 22,16–17

Der Priester Melchisedek gibt eine erste Ahnung von dem einzigen Hohepriester: Jesus (7,1–10)

7 Denn dieser Melchisedek war selbst König von Salem (dem heutigen Jerusalem) und Priester des höchsten Gottes, der Abraham entgegenging und ihn segnete, nachdem dieser von einem siegreichen Feldzug gegen die Könige der umliegenden Reiche zurückgekehrt war. Damals schon gab Abraham ihm den Zehnten von allem. Wenn man nun den Namen „Melchisedek" übersetzt, bedeutet er „König der Gerechtigkeit". Aber auch der Name der Stadt, deren König er war, hat eine Bedeutung, sodass er gleichzeitig auch König des „Friedens" war. Nach allem, was wir von ihm wissen, hatte er weder Vater noch Mutter, damit also auch keinen Stammbaum, von ihm ist weder der Zeitpunkt seiner Geburt noch seines Todes bekannt. So scheint er Priester für alle Zeit gewesen zu sein. Hat er mit all dem nicht ein großartiges Bild für den Sohn Gottes abgegeben?!

Überlegt nur einmal, was das für ein Mann gewesen sein muss, wenn ihm unser Stammvater Abraham schon von der ersten Siegesbeute an den Zehnten gegeben hat! Ihr wisst, dass die Söhne von Levi, denen das Priesteramt im Volk Israel übertragen worden war, die Aufgabe hatten, vom gesamten Volk den gesetzlich vorgeschriebenen Zehnten einzufordern. Ihre eigenen Stammesgenossen mussten den Zehnten abliefern, obwohl Abraham ihr gemeinsamer Vater war. Ganz anders Melchisedek. Er stammte nicht von Abraham ab, erhob aber trotzdem von diesem den Zehnten. Und er segnete den, dem Gott die Verheißungen gegeben hatte. Damit hat Abraham anerkannt, dass Melchisedek über ihm steht, denn nur der Geringere lässt sich ohne Widerrede von einem Höheren segnen.

Trotz dieser offensichtlichen Unterordnung Abrahams unter Melchisedek war dieser doch nur ein sterblicher Mensch. Von Jesus, unserem Hohepriester, wird jedoch bezeugt, dass er lebt. Selbst Levi, der ja später den Zehnten für sich erheben konnte, hat sich diesem Melchisedek gebeugt, denn er ist als Nachkomme Abrahams Melchisedek sozusagen schon einmal begegnet.

Jesus ist Hohepriester nicht auf Grund irgendwelcher Priestertraditionen (7,11–19)

Wenn wir also durch das levitische Priestertum mit seinen zahllosen Vorschriften und Geboten die Möglichkeit gehabt hätten, auf ewig bei Gott sein zu dürfen, warum hätte Gott dann mit Melchisedek eine andere Art von Priestertum einsetzen sollen, die nichts mit der Ordnung Aarons zu tun hat? Schließlich verändern sich ja auch die Gesetze, wenn sich etwas in der Priesterordnung grundsätzlich ändert. Jesus gehörte offensichtlich dieser anderen Priesterordnung an, denn er gehörte zu einem Stamm, der nichts mit dem Dienst am Altar zu tun hatte. Wir alle wissen, dass Jesus zum Stamme Juda gehört und Mose diesen Stamm mit keinem Wort beauftragt hat, in irgendeiner Weise Priesterdienst zu leisten. Noch deutlicher wird der Unterschied zwischen Jesus, dem Hohepriester nach der Ordnung des Melchisedek, und denen, die durch menschliche Satzungen in diese Position kamen: Jesus wurde es dank der Kraft eines unzerstörbaren, ewigen Lebens und nicht durch ein Gesetz. Denn Gott hat ihm zugesichert: „Du bist Priester nach der Ordnung des Melchisedek für alle Ewigkeit."* Ihr seht also, dass das frühere Gesetz außer Kraft gesetzt wurde, weil es sich als kraft- und nutzlos erwiesen hat und niemanden wirklich in die Gemeinschaft mit Gott führen konnte. Gott hat uns in Jesus eine weitaus bessere Hoffnung geschenkt, durch die wir uns Gott nähern können!

Christus wurde durch einen Schwur Gottes selbst als Hohepriester eingesetzt (7,20–28)

Letztlich hat der alten Priesterkaste die mit einem Schwur besiegelte Zusicherung Gottes gefehlt und alle wurden ohne diese Priester. Doch welch ein Unterschied zur Einsetzung Jesu! In der Schrift selbst

---

* Psalm 110,4

können wir nachlesen: „Geschworen hat es der Herr und er wird es nicht bereuen: ‚Du bist Priester nach der Ordnung des Melchisedek für alle Ewigkeit.‘“* Insofern verbürgt Jesus sich auch für einen neuen, besseren Bund. Von der Priesterschaft des Alten Bundes kann man zwar sagen, dass sie sehr zahlreich war, aber auch nur deswegen, weil der Tod sie daran gehindert hat, länger zu wirken. Sein Priestertum bleibt jedoch unverändert bestehen, weil es ihm für die Ewigkeit anvertraut wurde. Er kann somit jetzt und in ferner Zukunft alle Menschen retten und zu seinem Vater führen, weil sein Leben nie endet und er immer für sie eintreten kann.

Das ist der Hohepriester, den wir wirklich nötig gebraucht haben, der heilig und untadelig vor Gott steht und für uns eintritt und der nicht, wie jeder andere Hohepriester, jeden Tag erst einmal für seine eigenen Sünden Opfer darbringen muss. Erst danach opfert er auch für das Volk. Jesus hat das alles längst getan, als er sich selbst für unsere Schuld als Opfergabe darbrachte. Menschliche Gesetze können nur schwache Menschen als Hohepriester einsetzen, doch Jesus wurde durch ein mit einem Schwur bestätigtes Wort Gottes eingesetzt, das ihn in alle Ewigkeit zu dem machte, der er ist.

Als von Gott eingesetzter Hohepriester ist Jesus in einmaliger Weise unser Vermittler (8,1–13)

8 Fassen wir zusammen: Das Entscheidende ist, dass unser Hohepriester im Himmel zur Rechten der Majestät Gottes sitzt. Jetzt dient er unmittelbar im Heiligtum und an der Stätte der Wahrheit, die nicht von Menschen, sondern allein von Gott errichtet wurde. Denn jeder Hohepriester wird dafür eingesetzt, dass er Gott Gaben und Opfer darbringt. Darum ist es unumgänglich, dass er auch etwas hat, was er opfern kann. Wenn Jesus noch auf Erden wäre, könnte er überhaupt nicht Priester sein, weil es bereits andere gäbe, die nach

* Psalm 110,4

dem jüdischen Gesetz dazu berechtigt sind. Diese dienen allerdings nur dem schattenhaften Abbild der himmlischen Wirklichkeit. Selbst als Mose das Bundeszelt nach den Anweisungen Gottes errichtete, war das nur ein Abbild dessen, was Gott ihm auf dem Berg gezeigt hatte. Wie unvergleichlich anders ist da der Dienst, der Jesus übertragen wurde. Er durfte Mittler eines Bundes sein, der allein schon dadurch den alten Bund vergessen lässt, weil er mit größeren und herrlicheren Verheißungen verbunden ist.

Wäre an dem ersten Bund nichts auszusetzen gewesen, hätte es keines neuen Bundes bedurft. Aber Gott selbst hat angekündigt, dass er den Alten Bund durch etwas völlig Neues ablösen möchte. Durch den Propheten Jeremia kündigte er ihn an: „‚Siehe, es werden Tage kommen', spricht der Herr, ‚da werde ich mit dem Haus Israel und mit dem Haus Juda einen neuen Bund schließen. Diesen Bund wird man nicht mit dem vergleichen können, den ich mit ihren Vätern geschlossen habe an dem Tag, als ich sie bei der Hand nahm und aus Ägypten herausführte. Sie haben immer wieder diesen Bund gebrochen, bis ich mich nicht mehr um sie gekümmert habe.' Weiter sagte der Herr: ‚Das ist nun der Neue Bund, den ich mit dem Haus Israel einmal schließen werde: Ich werde mein Gesetz in ihr Denken hineinlegen und meine Gebote in ihr Herz schreiben. So werde ich ihnen wieder ihr Gott sein und sie werden mein Volk sein. Und keinem wird es mehr einfallen, seinen Nächsten zu belehren und seinem Bruder zu sagen: Erkenne den Herrn, weil alle mich kennen werden, vom Kleinen bis zum Großen. Das werde ich tun, weil ich gegenüber ihren Verfehlungen gnädig sein und ihnen nicht länger ihre Schuld vorrechnen möchte.'"*

Wenn Gott also einen Neuen Bund schließen wollte, dann hat er damit den ersten für überholt erklärt. So steht dieser wie alles, was alt und schwach geworden ist, vor seinem nahen Ende.

---

* Jeremia 31,31–34

Wie war das noch mit dem Opfer im Alten Bund? (9,1–22)

9 Natürlich beinhaltete auch schon der erste Bund Vorschriften, wie man einen Gottesdienst feiert oder wie das Heiligtum Gottes hier auf der Erde aussehen soll. Man hatte zunächst einmal das Zelt aufgerichtet, in dem sich der große Leuchter und der Tisch befanden, auf dem die Schaubrote ausgelegt wurden. Dieser Bereich wurde bereits „heilig" genannt. Erst hinter einem zweiten Vorhang kam man dann in das sogenannte „Allerheiligste", ein Zelt, in dem ein goldener Räucheraltar und die Bundeslade standen. Diese war auf allen Seiten mit Gold überzogen, und in ihr befanden sich neben einem goldenen Krug, in dem das Manna aus der Wüste aufbewahrt wurde, noch der Stab Aarons, der wieder zu blühen begonnen hatte, und natürlich die Gesetzestafeln des Bundesschlusses vom Berg Sinai. Die Lade wurde mit einem sogenannten Sühnedeckel verschlossen, auf dem zwei herrliche Kerubim – in Gold gefasste Engelsfiguren – saßen. Ich will an dieser Stelle nicht noch mehr auf die Einzelheiten eingehen.

Nachdem das Bundeszelt so eingerichtet war, gingen die Priester Tag für Tag in das erste Zelt, um dort zu beten und verschiedene gottesdienstliche Handlungen vorzunehmen. Das Allerheiligste allerdings betrat nur der Hohepriester, und das auch nur einmal im Jahr, um dort für sich selbst und all die unbewussten Sünden des Volkes ein Sühneopfer zu bringen.

Solange das erste Zelt mit all seinen Satzungen und Kultvorschriften noch Bestand hatte, konnte der Heilige Geist nicht deutlich machen, dass es noch einen ganz anderen Zugang ins Allerheiligste, in die Nähe Gottes, gab. Denn das erste Zelt ist ein zutreffendes Symbol für die gegenwärtige Zeit, in der immer noch Gaben und Opfer dargebracht werden, die aber doch nicht die Kraft haben, den Menschen von seiner Schuld zu befreien. Alle Speise- und Getränkevorschriften, alle Waschungen und tausend andere Vorschriften dienen nur dem religiösen Ich. Sie sind in dem Augenblick überflüssig, in dem die Ordnung des Neuen Bundes in Kraft tritt.

Und das passierte, als Jesus Christus als neuer Hohepriester kam und uns den Zugang in ein weitaus größeres und vollkommeneres Zelt eröffnete, das nicht von Menschen gemacht, ja nicht einmal von dieser Welt ist. Er hat sich den Zugang zum Allerheiligsten nicht durch das Blut von Böcken und Kälbern verdient, sondern ein für alle Mal durch das Blut, das er selbst vergossen hat. Nur so konnte er uns für alle Zeiten erlösen. Denn wenn schon im Alten Bund das Blut von Böcken und Stieren und die Asche einer jungen Kuh diejenigen von ihren Sünden befreiten, die damit besprengt wurden, um wie viel mehr reinigt das Blut Christi, der vom Geist erfüllt sich selbst Gott als fehlerloses Opferlamm dargebracht hat, unser Gewissen von allem Unguten! Nur so werden wir dem lebendigen Gott mit befreitem Herzen dienen können.

Darum wurde er zum Mittler eines Neuen Bundes, da er durch seinen Tod ein für alle Mal die Übertretungen, die während des Alten Bundes geschehen sind, sühnt, die Menschen erlöst und sie so fähig macht, das verheißene Erbe anzutreten, das Gott ihnen geben will. Oder um es an einem anderen Beispiel zu erläutern: Wenn jemand möchte, dass ein Testament geöffnet wird, muss er nachweisen, dass der Verfasser des Testaments gestorben ist. Denn erst, wenn der Verfasser des Testaments gestorben ist, erhält das Dokument seine Rechtsgültigkeit. Umgekehrt ist es nahezu wertlos, solange der Schreiber des Testaments noch lebt. Daher kam auch der erste Bund nicht ohne Blut und Tod aus. Nachdem Mose dem ganzen Volk jedes Gebot mitgeteilt hatte, nahm er das Blut der Kälber und Böcke, vermischte es mit Wasser und wickelte scharlachrote Wolle um einen Ysopstengel. Damit besprengte er das Gesetzesbuch und das gesamte Volk, wobei er erklärte: „Dies ist das Blut des Bundes, den Gott euch angeboten hat." Er besprengte auch das Zelt und alle Geräte, die man für den Gottesdienst brauchte. Nach Auffassung des Gesetzes wird durch Blut fast alles gereinigt und ohne Blutvergießen ist keine Vergebung möglich.

Jesus, Hohepriester und Opfergabe in einem (9,23–28)

Es macht durchaus Sinn, dass die Abbilder der himmlischen Dinge durch dieses Mittel gereinigt werden. Doch für die himmlischen Dinge selbst reicht dieses Opferblut nicht aus. Denn Christus ist ja nicht in ein Allerheiligstes eingetreten, das Menschen errichtet haben und das nur ein schwaches Abbild des wahren Heiligtums ist, sondern er trat in den Himmel selbst ein, um vor dem Angesicht Gottes für uns einzutreten. Er muss sich auch nicht immer wieder als Opfer darbringen wie ein normaler Hohepriester, der Jahr für Jahr in das Allerheiligste eintritt, um sich und alle anderen mit fremdem Blut reinzuwaschen. Wenn es so wäre, dann hätte Jesus sich seit Grundlegung der Welt schon oft opfern müssen. Nun aber hat er am Ende der Zeiten durch sein Opfer auch der Sünde ein Ende gemacht. Und so, wie der Mensch nur einmal sterben muss und dann vor Gottes Gericht kommt, so hat sich auch Christus nur ein einziges Mal für uns geopfert, wobei er die Schuld der ganzen Welt auf sich genommen hat. Wenn er zum zweiten Mal kommen und denen erscheinen wird, die auf ihn warten, wird das Thema Schuld und Sühne keine Rolle mehr spielen.

Ein einziges Opfer besiegelt unser Schicksal bis in alle Ewigkeit (10,1–18)

10 Was uns wirklich durch Christus geschenkt wurde, erkennen wir daran, dass das Gesetz mit allen seinen Vorschriften nur ein Schatten dessen ist, was es darstellen will. Jahr für Jahr werden Opfer gefeiert, die doch den Einzelnen, der dabei ist, niemals wirklich in die Nähe seines Gottes bringen können. Das erklärt auch, warum man mit all diesen Riten aufgehört hat. Keiner von denen, die diese Gottesdienste feierten, wurde für immer von seiner Schuld befreit und fühlte sich nicht mehr schuldig. Sie wurden nur Jahr für Jahr

noch mehr an ihre Sünden erinnert. Irgendwann merkte auch der Letzte, dass das Blut von Stieren und Böcken nicht von Schuld befreien kann.

Darum kam Christus in die Welt und sprach: „Opfer und Opfergaben hast du nicht gewollt, doch du hast mir einen Leib geschenkt, das soll das Opfer sein; an Brand- und Sündopfern hast du kein Gefallen gehabt. Da habe ich gesagt: Siehe, ich komme, um so, wie über mich schon im Voraus geschrieben wurde, deinen Willen, o Gott, zu erfüllen."* Er hat also gesagt: Opfer und Opfergaben, Sündopfer und Brandopfer hast du nicht gewollt. Gott hatte also kein Gefallen an dem, was ihm gemäß der Vorschriften dargebracht wurde. Er geht dann weiter, indem er sagt: „Siehe, ich komme, deinen Willen zu tun." Hat er damit nicht das erste Opfer aufgehoben, um allein dem zweiten Opfer Geltung zu verschaffen? Diese Bereitschaft, sich selbst ganz und gar hinzugeben, hat uns ein für alle Mal gereinigt und mit Gott versöhnt.

Um es noch einmal zu sagen: Jeder Priester versieht Tag für Tag seinen Dienst und bringt Opfer dar, die den Menschen trotzdem niemals von seiner Schuld befreien können. Jesus aber hat sich für alle Sünden der Menschen als Opfer dargebracht und sitzt nun zur Rechten Gottes, um den Tag abzuwarten, an dem ihm alle seine Feinde als Schemel unter seine Füße gelegt werden. Denn er hat durch das eine Opfer ein für alle Mal denen Zugang zu Gott ermöglicht, die durch sein Blut geheiligt wurden. Doch der Heilige Geist möchte uns noch mehr zeigen. Erinnert euch an das prophetische Wort: „Dies ist der Bund, den ich in jenen Tagen mit ihnen schließen werde", spricht der Herr, „ich werde mein Gesetz in ihr Denken legen und meine Gebote in ihr Herz schreiben. Ich werde niemals mehr an ihre Sünden und ihre Gesetzlosigkeit denken."** Wo Gott aber Vergebung schenkt, müssen keine Opfer mehr für irgendwelche Sünden dargebracht werden.

---

* Psalm 40,7–9

** Jeremia 31,33–34

An dem festhalten, was Jesus für uns getan hat, koste es, was es wolle (10,19–31)

Also, meine lieben Schwestern und Brüder, damit habt ihr durch das Blut Jesu freien Zutritt ins Allerheiligste. Er hat uns einen neuen und lebendigen Weg eröffnet, der mitten durch den Vorhang hindurchführt. Der Vorhang vor dem Allerheiligsten ist aber niemand anders als Jesus selbst, der zugleich der neue Hohepriester im Haus Gottes ist. Darum lasst uns wirklich mit ehrlichem Herzen und voller Vertrauen und Zuversicht vor Gott treten. Unsere Herzen sind von allem befreit worden, was uns belastet hat, und selbst unser Körper wurde mit reinem Wasser rein gewaschen. Lasst uns ohne Abstriche an unserem Bekenntnis festhalten, das so voller Hoffnung ist, denn treu ist der, der uns die Verheißungen gegeben hat. Lasst uns aufeinander Acht geben und uns immer wieder gegenseitig zur Liebe und zu guten Taten anspornen. Bleibt den sonntäglichen Versammlungen nicht fern, wie es sich manche unter euch schon zur Gewohnheit gemacht haben, sondern weist euch ruhig auch gegenseitig zurecht, wenn es nötig ist. Das gilt umso mehr, je näher der Tag der Wiederkunft Christi kommt.

Wenn jemand sich vorsätzlich gegen Gott stellt, nachdem er die Wahrheit schon erkannt hat, dann gibt es kein Opfer mehr, das ihn von dieser Schuld befreien könnte. Das Gericht mit seinem alles verzehrenden Feuer ist alles, was ein solcher Feind Gottes dann noch zu erwarten hat. Früher wurde jemand, der sich gegen das Gesetz des Mose auflehnte, aufgrund von zwei, drei Zeugenaussagen hingerichtet. Glaubt ihr nicht, dass die Strafe für jemanden, der alles, was der Sohn Gottes für ihn getan und erlitten hat, mit Füßen tritt, noch weitaus schrecklicher ausfallen wird? Wie soll der gerechte Gott mit jemandem umgehen, der sich über das Blut Jesu lustig macht, durch das er unverdientermaßen ein Leben in der Herrlichkeit Gottes angeboten bekommen hat, oder der den Geist der Gnade für Schwachsinn hält? Wir kennen doch alle die Aussage Gottes: „Mein ist die Rache, ich werde vergelten.“ Oder an anderer Stelle heißt es: „Der Herr wird sein Volk richten."* Wie schrecklich wird es für Menschen sein, in die Hände dieses Gottes zu fallen, wenn sie seine Liebe so sehr verachten.

Glaube wird sich immer bewähren müssen – zu unserem Glück (10,32–39)

Erinnert euch doch an früher, als ihr zum Glauben gekommen seid und dann für Jesus viel zu erleiden hattet. Wie geduldig habt ihr da so manche Kämpfe durchgestanden, Beleidigungen und Verleumdungen ertragen und durch eure Not öffentlich bloßgestellt! Oder ihr habt die unterstützt, die solch schwere Zeiten durchgemacht haben. Denn ihr habt auch mit den Gefangenen gelitten, und ihr habt es mit Freuden hingenommen, wenn man euch allen persönlichen Besitz wegnahm. Damals hattet ihr erkannt, dass es noch einen weitaus wertvolleren Besitz gab, den man euch nicht nehmen konnte. Werft also eure frohe Zuversicht nicht einfach weg. Sie wird euch einmal einen großen Lohn bringen.

Was ihr jetzt wirklich braucht, ist Geduld. Haltet an eurem Glauben fest, damit ihr euer verheißenes Erbe in Empfang nehmen könnt. Denn es dauert wirklich nicht mehr lange, bis der kommen wird, auf den wir alle warten. Er wird sich nicht unbegründet Zeit lassen.

Heißt es nicht in seinem Wort: „Wen ich wegen seines Vertrauens angenommen habe, der wird leben. Wenn er aber feige zurückweicht, fällt es mir schwer, mich über ihn zu freuen."** Wir aber wollen keine Menschen sein, die feige zurückweichen und dadurch riskieren, auf ewig unsere Erlösung zu verlieren, sondern wir wollen an unserem Glauben festhalten, damit wir das ewige Leben gewinnen.

---

* 5. Mose 32,35–36
** Habakuk 2,3–4

Wir sind nicht die Ersten, die Gott von ganzem Herzen vertrauen (11,1–12,3)

11 Was ist aber nun Glaube? Ist es nicht das zuversichtliche Rechnen mit dem, was man erhofft, und ein festes Vertrauen auf das, was man nicht sieht? Hierfür finden wir in der Geschichte unserer Vorfahren eine ganze Reihe von Beispielen. Nur weil wir Glauben haben, können wir annehmen, dass Gott die ganze Welt allein durch sein Wort erschaffen hat, dass aus Unsichtbarem plötzlich Sichtbares wurde. Glaube muss es gewesen sein, der Abel Gott ein würdigeres Opfer darbringen ließ als Kain. Gott hat diesen Glauben, mit dem Abel ihm seine Gaben darbrachte, angenommen. Und obwohl Abel vor so langer Zeit umgebracht wurde, spricht uns heute noch seine Hingabe an.

Was hat Henoch vor dem Tod bewahrt und ihn verschwinden lassen, weil Gott ihn für eine gewisse Zeit zu sich geholt hat, wenn nicht sein Vertrauen?! Denn bevor er „entrückt" wurde, hat Gott ihm bestätigt, wie sehr er sich über ihn freut. Eines muss uns klar sein: Ohne Glauben ist es unmöglich, Gott zu gefallen. Wer auf Gott zugeht, muss darauf vertrauen, dass es ihn gibt und dass er jeden, der nach ihm sucht, mit seiner Liebe belohnen wird.

Auch Noah musste Gott blindlings vertrauen, als der ihm den Auftrag gab, mitten auf dem trockenen Land die Arche zu bauen, um seine Familie zu retten. Er war gottesfürchtig und tat es und zeigte damit allen anderen, dass ihr eigener Unglaube sie zum Untergang verurteilte. Noah selbst erwarb sich durch sein Vertrauen das Erbe, von Gott angenommen zu sein.

Mit Abraham war es nicht anders. Nur weil er Gott, der ihm befohlen hatte, in ein neues Land zu ziehen, voller Vertrauen gehorchte, verließ er Ur, ohne zu wissen, wohin sein Weg ihn führen würde. Das Einzige, was er wusste, war, dass er nur so sein Erbteil erhalten würde. Allein sein Glaube schenkte ihm genügend Kraft, sich als Nomade in einem fremden Land in Zelten niederzulassen. Er musste genau wie Isaak und Jakob an der Verheißung festhalten, dass dies das ihnen versprochene Land war, denn eigentlich hatte er eine Stadt erwartet, die auf festen Fundamenten errichtet war, weil ihr Schöpfer und Baumeister Gott selbst war.

Doch noch erstaunlicher ist, dass Abraham niemals aufhörte, an die Treue Gottes zu glauben, auch als er und seine Frau Sara schon weit über das Alter hinaus waren, in dem man Kinder bekommen kann. Darum wurden ihm so zahlreiche Nachkommen geschenkt wie der Sand am Meer und die Sterne am Himmel, obwohl beide, wie gesagt, eigentlich kein Kind mehr hätten zeugen können.

Alle diese Menschen starben, ohne die Erfüllung der Verheißungen selbst miterlebt zu haben. Sie konnten sie nur aus der Ferne erahnen, sie voller Freude begrüßen und bekennen, dass sie nur Gäste und Fremdlinge auf dieser Erde waren. Was sie damit zum Ausdruck brachten, lässt sich am besten so beschreiben: Sie waren auf der Suche nach ihrem wahren Vaterland. Wenn sie nur an das Land gedacht hätten, in dem sie vorher gelebt haben, hätten sie ja jederzeit dorthin zurückkehren können. So aber haben sie nach einem besseren gesucht, das sie letztlich im Himmel gefunden haben. Darum hat Gott auch „keine Scheu", zu bekennen, dass er ihr Gott ist, und er wird ihnen ganz sicher eine wunderbare Stadt bereitet haben.

War es nicht der Glaube, der Abraham die schwere Prüfung durchstehen ließ, als er seinen einzigen Sohn Isaak Gott als Opfergabe darbringen sollte? Schließlich hatte Gott Abraham ja versprochen, dass er durch Isaak eine große Nachkommenschaft haben würde. Doch Abraham war von der Größe und Allmacht Gottes so überzeugt, dass er diesem zutraute, seinen Sohn auch wieder vom Tod zu erwecken. Und weil sein Vertrauen so groß war, erhielt er seinen Sohn von Gott zurück.

Isaak brauchte Glauben, um seine beiden Söhne Jakob und Esau mit Blick auf zukünftige Dinge zu segnen.

Als er schon im Sterben lag, veranlasste sein Glaube Jakob, die beiden Söhne Josefs zu segnen, und er betete Gott schwer auf seinen Stock gestützt an.

Auch Josef erhielt durch den Glauben die Kraft, schon an den

Auszug des Volkes Israel aus Ägypten zu glauben und anzuordnen, dass seine Gebeine mitgenommen werden.

Auch das Leben von Mose war von Anfang an vom Glauben getragen. Wie sonst hätten seine Eltern den Mut aufgebracht, ihn drei Monate lang im Haus zu verstecken? Sie sahen, dass er ein ungewöhnliches Kind war, und hatten keine Angst vor den Anordnungen des Königs. Mit diesem starken Glauben wuchs auch Mose auf. Er wollte auch nicht „Sohn der Tochter des Pharao" genannt werden, auch wenn ihm das viele Nachteile einbrachte. Er zog es stattdessen vor, mit seinem eigenen Volk zu leiden, statt sich im Palast des Pharao verwöhnen zu lassen. Hierin ist er Christus sehr ähnlich, der ja auch allen Reichtum hinter sich gelassen hat, um mit und für sein Volk zu leiden. Mose jedenfalls wusste, dass Gott ihn dafür belohnen würde. Darum verließ er im Vertrauen auf Gott Ägypten, ohne sich vor dem Zorn des Pharao zu fürchten. Er hielt an dem unsichtbaren Gott fest, als würde dieser ihm lebendig vor Augen stehen. Später teilte Gott ihm mit, wie er die Erstgeborenen seines Volkes vor dem Engel des Todes bewahren konnte, indem er die Hauspfosten mit Blut bestreichen ließ. Noch heute feiern wir in Erinnerung daran das Passahfest.

Was für ein Glaube gehörte dazu, unmittelbar vor den Ägyptern das Rote Meer zu durchschreiten! Kaum hatten sie das andere Ufer erreicht, wurden die Ägypter schon beim ersten Versuch, ihnen zu folgen, von den Wassermassen verschlungen.

Glaube spielte eine große Rolle, als die Israeliten sieben Tage lang um Jericho herumzogen, denn wieso sollten allein dadurch die Mauern der Stadt zusammenbrechen? Aber sie stürzten tatsächlich ein.

Rahab, die Hure, vertraute dem fremden Gott der Kundschafter und hielt diese bei sich versteckt. Das bewahrte sie und ihre Familie vor dem Untergang.

Welche Beispiele soll ich noch anführen? Mir fehlt einfach die Zeit, noch mehr über all die Glaubenshelden wie Gideon, Barak, Simson, Jiftach, David und Samuel und die Propheten zu erzählen. Sie alle haben Königreiche niedergerungen, für Gerechtigkeit gesorgt, von Gott Verheißungen erhalten. Sie verschlossen hungrigen Löwen das Maul, löschten gewaltige Feuer und entkamen immer wieder der scharfen Schneide des Schwertes. Sie waren schwach und wurden doch stark, wuchsen im Krieg über sich hinaus und brachten fremde Heere ins Wanken. Frauen bekamen ihre Liebsten zurück, die schon gestorben waren; andere ließen sich für ihren Glauben foltern und versuchten nicht, sich zu retten, indem sie ihren Glauben aufgaben. Sie wussten, dass ihnen die Auferstehung bevorstand. Andere machten mit öffentlicher Verspottung und Geißelung Bekanntschaft, wurden in Ketten und in Kerker gesteckt, wurden gesteinigt, zersägt, mit dem Schwert hingerichtet. Manche von ihnen zogen umher mit nichts am Leib außer einem Schaffell oder einer Ziegenhaut. Sie litten an allem Mangel, wurden überall verfolgt und gequält, kurzum: Die Welt hatte diese Menschen nicht verdient. Sie mussten sich meistens in öden Gegenden aufhalten, irrten durch das Gebirge und verkrochen sich in Höhlen und Erdspalten. Aber Gott liebte sie wegen ihrer Treue und ihres Glaubens. Doch sie bekamen trotzdem damals das verheißene Erbe noch nicht. Gott hatte einen besseren Plan: Erst jetzt sollen alle die Möglichkeit haben, in Christus vollendet zu werden, damit auch wir noch dabei sein können.

12 Darum sollten wir, die wir geradezu von einer Wolke von Glaubenszeugen umgeben sind, alles ablegen, was uns behindern könnte, vor allem auch die Sünde, die uns so leicht zu Fall bringen kann, und mit Ausdauer in dem vor uns liegenden Wettkampf laufen. Dabei sollten wir unsere Augen nicht von dem abwenden, der unseren Glauben in Bewegung setzt und vollendet, nämlich Jesus. Er selbst hat mit dem Blick auf die vor ihm liegende Freude das Kreuz ausgehalten und die Erniedrigung hingenommen und sitzt jetzt zur Rechten von Gottes Thron. Haltet euch immer wieder das Vorbild von Jesus vor Augen, der alles ertragen hat, was gottlose Menschen ihm angetan haben, damit ihr nicht müde werdet und den Mut sinken lasst.

Wie ein liebender Vater seine Kinder erzieht (12,4–29)

Ihr habt im Kampf gegen die Sünde noch nicht bis aufs Blut widerstanden! Und ihr habt die Ermahnung vergessen, die Gott euch als euren Kindern zuspricht: „Mein Sohn, fühle dich gesegnet, wenn Gott dich nicht so lässt, wie du bist. Er will dich zurechtweisen, damit du nicht müde wirst und aufgibst. Denn weil Gott dich liebt, muss er dich manchmal hart anfassen. Und manches muss dir, wenn du wirklich sein Kind sein willst, mit Strenge ausgetrieben werden."* Wenn Gott euch also in gewisser Weise „züchtigt", dann haltet es aus. Nur so erfahrt ihr auch, dass er sich wirklich wie ein Vater um euch als seine Töchter und Söhne kümmert. Wer nie gezüchtigt wurde, an dem scheint den Eltern entweder nichts zu liegen oder er ist überhaupt nicht das Kind dieses Vaters oder dieser Mutter. Wenn Kinder streng, aber mit Liebe erzogen wurden, werden sie nie die Achtung vor ihren Eltern verlieren. Grund genug, uns gern dem Vater aller Väter unterzuordnen, um ihn immer mehr zu achten und dadurch ewig zu leben. Eltern erziehen ihre Kinder nur für die kurze Zeit, in der sie auf dieser Welt leben. Gott jedoch möchte uns erziehen, damit wir einmal vollkommene Gemeinschaft mit ihm haben können.

Natürlich macht alles, was uns Schmerzen bereitet, zunächst einmal keine Freude. Im Gegenteil, wir fühlen uns eher dadurch niedergeschlagen und manchmal sogar verletzt. Doch später werden wir die Frucht göttlicher „Erziehungsmaßnahmen" genießen können, die sich in einem Leben zeigt, das von Gott gesegnet ist.

Darum richtet euch wieder auf, macht eure weichen Knie wieder fest und lasst eure Hände nicht länger schlaff herabhängen. Es wird Zeit, dass ihr einen neuen, geraden Weg einschlagt, damit nicht das Erlahmte endgültig gelähmt sein wird, sondern damit man euer Leben mit Gott wieder „gesund" nennen kann. Sorgt euch darum, dass ihr mit jedem in Frieden lebt und in der Liebe wachst, denn ohne sie könnt ihr nicht dem Herrn begegnen. Achtet darauf, dass niemand

* Sprüche 3,11–12

der Gnade Gottes den Rücken zukehrt und dass seine Bitterkeit wie eine giftige Pflanze alle anderen gefährdet, denn es gibt Menschen, die mit ihrer Schlechtigkeit und durch ihre Gier alles verderben können, wie es ja auch Esau getan hat, der für ein einziges Mittagessen sein Erstgeburtsrecht verkauft hat. Erinnert euch nur daran, was dann geschah: Als er dennoch versuchte, sich unter Tränen den Segen zu holen, hat ihn der sterbende Isaak nicht mehr segnen können. Es gab keine Möglichkeit mehr, das Ganze noch einmal rückgängig zu machen.

Begreift doch, wie groß der Unterschied zum Alten Bund ist: Jetzt müsst ihr euch nicht mehr einem unsichtbaren Gott nähern, der unnahbar hinter einer Wand aus Feuer, dunkelster Finsternis und Sturm herrscht wie damals am Berg Sinai. Damals verlangte das Gesetz so viel von den Israeliten, dass die Menschen baten, sein Wort nicht mehr hören zu müssen. Sie konnten einfach nicht mehr ertragen, was es ihnen auftrug. Selbst wenn ein Tier den Berg berührte, sollte es sofort gesteinigt werden. Was Moses damals auf dem Berg begegnet sein muss, war so groß und unfassbar, dass er selbst zugab: „Ich bin zutiefst erschrocken und zittere jetzt noch am ganzen Leib."*

Wie anders doch bei euch: Ihr könnt den Berg Zion einfach betreten und in die Stadt des lebendigen Gottes, das himmlische Jerusalem, hineingehen. Ihr seid von vielen Tausenden von Engeln umgeben und nehmt an einer Festversammlung der Gemeinschaft all derer Teil, deren Namen als „Erstgeborene" im Himmel verzeichnet sind. Ihr dürft vor Gott hintreten, der Richter über alle Menschen sein wird, vor ihn und alle, die schon in der Herrlichkeit bei ihm leben. Vor allem aber begegnet ihr Jesus, dem Mittler des Neuen Bundes, der euch alle durch sein Blut zu einer Opfergabe gemacht hat, die Gott unvergleichlich angenehmer ist als etwa das Opfer, das Abel gebracht hat.

Passt auf, dass ihr nicht wie die Israeliten damals Gott ablehnt, der in der heutigen Zeit durch Jesus zu euch gesprochen hat. Erinnert

---

* 5. Mose 9,19

euch daran, wie es denen ergangen ist, die damals den abgewiesen haben, der ihnen die göttlichen Weisungen brachte. Um wie viel schlimmer werden die bestraft werden, die den abweisen, der aus dem Himmel kam und uns mit seiner Botschaft erschütterte. Jetzt aber hat er verheißen: „Ich werde noch einmal alles erschüttern, dann aber nicht nur die Erde, sondern auch die Himmel!"* Wenn Jesus gesagt hat „noch einmal", dann bedeutet das auch, dass alles, was Gott erschaffen hat, noch einmal erschüttert wird. Doch vieles kann auch nicht mehr erschüttert werden. Dazu gehört unter anderem auch sein Reich, die neue Welt, die uns erwartet und die nie mehr ins Wanken gebracht werden kann. Darum haben wir allen Grund, dankbar zu sein. Zeigen wir Gott unsere Dankbarkeit, indem wir ihm gern, ohne Scheu und voller Ehrfurcht dienen. Denn Gottes Liebe ist wie ein verzehrendes Feuer.

Christen brauchen immer wieder Ermahnung, Ermunterung und Ermutigung (13,1–19)

13 Begegnet einander mit herzlicher Liebe. Vergesst nie, gastfreundlich zu sein, denn auf diese Weise haben manche unter euch schon Engel beherbergt, ohne es zu wissen. Denkt an die Gefangenen so, als würdet ihr selbst Fesseln tragen. Kümmert euch um die Menschen unter euch, die misshandelt wurden, als hättet ihr alles am eigenen Leib erfahren. Haltet die Ehe als ein kostbares Gut hoch und schützt sie durch eure Treue. Denn Gott wird mit Ehebrechern und Leuten, die in unerlaubten Beziehungen leben, hart ins Gericht gehen. Lasst andere durch euren Lebenswandel erfahren, dass ihr einem größeren Gott dient als dem Geld. Seid mit dem zufrieden, was ihr habt. Hat uns Gott nicht versprochen: „Niemals werde ich aufhören, mich um dich zu kümmern, und ich werde dich auch niemals

* Haggai 2,6

verlassen"*?! Gott hat uns immer wieder mit solchen Worten ermutigt, dass wir sagen können: „Der Herr steht mir zur Seite, was sollte mir noch Angst machen?! Was können Menschen mir antun?"**

Kümmert euch um die Leiter eurer Gemeinden, vor allem auch um die, die euch die Frohe Botschaft weitergeben. Allerdings solltet ihr ruhig auf ihren Lebenswandel achten und erst, wenn er wirklich ihrem Glauben entspricht, auch ihrem Vorbild nacheifern.

Jesus Christus bleibt immer derselbe, gestern und heute und in alle Ewigkeit. Lasst euch nicht durch neue, verdrehte und fremde Lehren in die Irre führen. Denn es ist wichtig, dass euer Herz durch die Gnade stark wird, nicht durch die Einhaltung irgendwelcher Speisevorschriften, die keinem, der sich nach ihnen richtet, irgendetwas bringen.

Wir dürfen Opferspeisen von einem Altar essen, dem sich zu nähern nicht einmal die Priester das Recht hatten, die im Zelt vor dem Allerheiligsten ihren Dienst taten. Die Tiere, deren Blut der Hohepriester ins Allerheiligste brachte, um das Sündopfer darzubringen, wurden außerhalb des Lagers verbrannt. Auch das ist ein Sinnbild dessen, was mit Jesus geschah: Damit er das ganze Volk durch sein eigenes Blut von seiner Schuld befreien konnte, wurde er außerhalb der Mauern Jerusalems umgebracht. Darum lasst uns vor die irdische, vergängliche Stadt zu ihm gehen und seine Erniedrigung mit ihm ertragen. Denn wir gehören nicht auf Dauer in diese Stadt, sondern wir sind unterwegs in die zukünftige, unvergängliche, die auf uns wartet. Darum sieht unser Opfer auch anders aus als alles, was Gott vorher dargebracht wurde. Wir wollen Gott zu jeder Zeit und in jeder Lebenslage Dank sagen, ihn loben und seinen Namen preisen. Darüber hinaus wollen wir nicht vergessen, das Gute, das wir empfangen haben, an andere weiterzugeben und unserer Gemeinschaft zu dienen. Das sind die eigentlichen „Opfer", über die Gott sich wirklich freut.

Gehorcht denen, die eure Gemeinden leiten, und ordnet euch ih-

---

* Josua 1,5
** Psalm 118,6

nen gern unter. Denn sie sind für euch verantwortlich und müssen einmal für ihren Dienst besondere Rechenschaft ablegen. Helft ihnen, damit sie mit Freude und nicht unter Seufzen und Stöhnen ihren Dienst tun. Letztlich kommt das auch euch wieder zugute.

Betet auch für uns! Wir sind zwar überzeugt, dass wir kein schlechtes Gewissen zu haben brauchen, weil wir uns sehr um einen Lebenswandel bemühen, der Gott gefällt, aber wir brauchen trotzdem Tag für Tag euer Gebet. Das lege ich euch deswegen so sehr ans Herz, weil ich hoffe, euch dann umso schneller wiedersehen zu können.

Letzte, ernste Worte und herzliche Grüße von „allen Christen in Italien" (13,20–25)

Ich bete dafür, dass der Gott des Friedens, der unseren Herrn und wunderbaren Hirten Jesus aus dem Tod herausgeführt hat, nachdem dieser den neuen, ewigen Bund mit seinem Blut besiegelt hatte, euch die Kraft gibt, das Gute zu tun. Nur so seid ihr fähig, seinen Willen zu erfüllen. Tut alles in der Kraft unseres Herrn Jesus Christus, den wir bis in alle Ewigkeit loben und ehren wollen. Amen.

Liebe Schwestern und Brüder, ich möchte euch noch einmal bitten, für meine Ermahnungen offen zu sein. Ich habe euch ja nur wenige Worte geschrieben. Ihr sollt auch wissen, dass unser Bruder Timotheus freigelassen wurde. Ich hoffe, schon bald gemeinsam mit ihm zu euch kommen zu können. Grüßt alle Leiter und alle Geschwister in euren Gemeinden. Es grüßen euch alle Christen hier aus Italien. Die Gnade unseres Herrn Jesus Christus sei mit euch allen!

Der Brief von Jakobus

Für Menschen, die ein Problem damit haben, dass alles oft sehr theoretisch ist, schrieb ein Mann diesen Brief, von dem wir nicht einmal genau wissen, wer er ist. So gibt es im Neuen Testament verschiedene Personen mit dem Namen Jakobus. Wahrscheinlich verweist der erste Vers des Briefes auf Jakobus den Herrenbruder, einen leiblichen Bruder von Jesus, der in den Evangelien mehrfach genannt wird und der nach dem Weggang von Petrus die Leitung der Jerusalemer Urgemeinde innehatte. Ob er selbst den Brief formuliert hat oder das einem Schüler überließ, wissen wir nicht; das Griechisch des Briefes ist sehr gut. Vielleicht richtet sich der Brief gegen in den Gemeinden falsch verstandene Parolen aus den Paulusbriefen. Jedenfalls betont er das praktische Christentum und ist daher eine wichtige Stimme aus dem frühchristlichen Chor verschiedener Theologien.

1 Jakobus, der Gott und dem Herrn Jesus Christus dient, grüßt die zwölf Stämme des neuen Volkes Gottes, die überall zerstreut leben.

Wer sich bewähren muss, wächst im Glauben (1,2–8)

Meine Schwestern und Brüder, versteht es als einen echten Anlass zur Freude, wenn ihr auf verschiedene Weise immer wieder herausgefordert werdet. Wenn euer Glaube auf seine Echtheit hin geprüft wird, wächst in euch die Fähigkeit, geduldig immer mehr zu ertragen. Erst die Geduld bringt alles, was ihr tut, in seine endgültige Form, damit ihr am Ende in allem vollendet seid und es euch an nichts mehr mangelt.

Sollte jemand von euch spüren, dass ihm Weisheit fehlt, dann soll er sie ganz einfach und ohne sich über den Mangel zu beschweren von Gott erbitten. Und Gott, der gern gibt, wird sie ihm schenken. Wenn der Betreffende darum bittet, dann soll er dies jedoch voller Vertrauen tun. Wenn er zweifelt, gleicht er einer Woge auf dem Meer, die je nach Wind in eine andere Richtung getrieben wird. Ein solcher Mensch soll nicht glauben, dass er irgendetwas von Gott erhält, solange er zwei Seelen in seiner Brust hat und sich nicht einmal sicher ist, ob sein Weg der richtige ist.

Wenn Arme reich und Reiche arm sind (1,9–12)

Meine Schwestern und Brüder, wenn einer von euch arm ist, soll er stolz darauf sein, durch Gott unendlich reich zu sein. Wenn jemand es zu Reichtum und Ansehen gebracht hat, soll er sich vor Augen halten, wie wenig dies in Wahrheit zählt, wenn er doch eines Tages wie das Gras verdorren und verschwinden wird. Eine Blume verdorrt durch die Hitze der Sonne und ihre Schönheit vergeht. Dies sollte dem Betreffenden immer wieder verdeutlichen, dass auch ihm trotz eines äußerlich erfolgreichen Lebens letztlich der gleiche Weg bestimmt ist.

Den Menschen kann man glücklich nennen, der gelernt hat, Bewährungsproben mit Geduld durchzustehen. Weil er sich bewährt hat, wird er den Siegeskranz des Lebens erhalten, den Gott all denen versprochen hat, die ihn lieben.

Gott versucht niemanden (1,13–18)

Wenn jemand auf die Probe gestellt oder versucht wird, soll er niemals sagen, er werde von Gott versucht, denn Gott kann weder selbst zum Bösen versucht werden noch stellt er auch nur ein einziges seiner Geschöpfe auf die Probe. Jeder trägt den Grund, warum er in Versuchung geführt wird, in sich selbst. Es sind seine selbstsüchtigen Begierden, die ihn ziehen und locken, bis sie schließlich die Oberhand gewonnen haben und den Menschen dazu bringen, gegen Gottes Willen zu handeln. Wenn ein solches Verhalten für einen Menschen mit der Zeit normal wird, trennt er sich von Gott und stirbt innerlich.

Lasst euch also nicht in die Irre führen, meine geliebten Schwestern und Brüder! Jede gute Gabe und jedes vollkommene Geschenk kommt von oben, von unserem Vater, der im ewigen Licht wohnt. Er ändert sich nicht, und kein Schatten fällt auf uns, weil seine Einstellung zu uns ständig wechseln würde. Nein, sein Wille steht fest, und aus seinem freien Willen heraus hat er uns durch sein Wort der Wahrheit, Jesus, neues Leben geschenkt. Unter allen seinen Geschöpfen stellen wir so etwas wie eine erste Frucht dar.

Für Gott von offensichtlich höchstem Interesse: unser ganz gewöhnliches Alltagsleben (1,19–27)

Meine geliebten Schwestern und Brüder, seid schnell bereit, zuzuhören, aber haltet euch zurück mit dem, was ihr jemandem sagen wollt, vor allem, wenn ihr euch über irgendetwas geärgert habt. Glaubt nicht, dass Gott euch annehmen kann, solange ihr Zorn und Bitterkeit in euch herumtragt. Deswegen legt ruhig jede Spur von Bosheit endgültig ab, erst recht, wenn sie ausufert, und nehmt stattdessen das Wort neu an, das in euch eingepflanzt wurde und allein die Kraft hat, euch zu retten.

Doch eines ist unumgänglich: Ihr müsst nach dem Wort handeln. Es reicht nicht, wenn ihr es nur gehört habt. Damit würdet ihr euch nur selbst betrügen. Ein Mann, der das Wort Gottes nur hört, aber nicht entsprechend handelt, gleicht jemandem, der sich im Spiegel anschaut, und sobald er weggegangen ist, wieder vergisst, wie er ausgesehen hat. Doch wenn jemand in das vollkommene Gesetz der Freiheit hineingeschaut hat und kein vergesslicher Leser war, sondern das Gesehene mit geduldiger Beharrlichkeit in die Tat umgesetzt hat, dessen Leben kann man glücklich nennen. Wenn jemand sich für einen wahren Gottesverehrer hält, aber nie gelernt hat, seine Zunge im Zaum zu halten, betrügt er sich selbst und sein ganzes frommes Getue ist umsonst. Eine Frömmigkeit, die unserem Gott und Vater wirklich Freude macht, sieht ganz anders aus: zum Beispiel Witwen und Waisen in ihrer Not beizustehen und sich von dem egoistischen Denken der Welt nicht verführen zu lassen.

„Lernt, die Menschen mit Gottes Augen zu sehen" (2,1–13)

2 Meine Schwestern und Brüder, wenn ihr an Jesus Christus, den Herrn der Herrlichkeit, glaubt, dürft ihr euch nicht mehr von Menschen beeindrucken lassen. Zum Beispiel kommt ein Mann in

eure Gemeindeversammlung, der vornehm gekleidet ist und an dessen goldenen Ringen man ablesen kann, dass er es zu etwas gebracht hat. Gleichzeitig kommt aber auch ein Armer in heruntergekommener Kleidung – wie werdet ihr euch verhalten? Werdet ihr nicht zu dem wohlhabenden Mann sagen: „Bitte sehr, nehmt doch hier vorne Platz!", und zu dem anderen Mann: „Du, lass die Sitze frei für die anderen Leute, du kannst dich ohne Weiteres hinten hinstellen." Wenn so etwas bei euch vorkommt, ist euer Leben dann nicht ein einziger Widerspruch? Was für böse Urteile habt ihr dann bereits in euren Herzen gefällt?! Hört mir gut zu, meine geliebten Schwestern und Brüder! Hat Gott nicht völlig anders gehandelt? Hat er nicht die Menschen, die in den Augen der Welt nichts wert sind, auserwählt, um sie durch den Glauben reich zu beschenken und sie zu Erben seines Reiches zu machen?! Schließlich hat er das all denen zugesagt, die ihn lieben. Wie aber könnt ihr dann einen Armen links liegen lassen? Habt ihr vergessen, dass es immer nur die Reichen sind, die euch Gewalt antun und euch bei jeder Gelegenheit vor Gericht zerren?! Sind sie es nicht, die sich über euch lustig machen und den guten Namen der Gemeinde in den Schmutz ziehen?

Doch ihr könnt sicher sein, dass ihr richtig handelt, wenn ihr das königliche Gesetz erfüllt, das uns die Schrift überliefert: „Du sollst deinen Nächsten lieben wie dich selbst."* Wenn ihr aber Menschen unterschiedlich behandelt – je nachdem, ob sie arm sind oder reich –, dann begeht ihr eine Sünde und müsst euch vor Gott verantworten, da ihr seine Gebote übertreten habt. Es ist dabei ganz egal, ob ihr alle anderen Gebote gehalten habt. Wer in einem Punkt Gottes Gesetz bricht, hat praktisch das gesamte Gesetz übertreten. Gott hat uns beispielsweise das Gebot gegeben: „Du sollst keinen Ehebruch begehen." Von ihm stammt aber auch: „Du sollst nicht morden!"** Wenn nun jemand zwar seinem Ehepartner treu ist, aber einen anderen umbringt, hat er dennoch das gesamte Gesetz übertreten.

---

* 3. Mose 19,18
** 2. Mose 20,13–14

Redet und handelt also wie Menschen, die sich einmal vor dem Gesetz verantworten sollen, das frei macht, denn die Barmherzigkeit wird über dieses Gericht triumphieren. Doch das Gericht wird unbarmherzig gegen die vorgehen, die selbst keine Barmherzigkeit gezeigt haben.

Erst durch tätige Liebe wird Glaube sichtbar (2,14–26)

Meine Schwestern und Brüder, was nutzt es jemandem, wenn er behauptet, er habe einen tiefen Glauben, sein Leben aber nichts davon widerspiegelt? Meint ihr, dass sein „tiefer Glaube" einen solchen Menschen retten kann? Stellt euch vor, es kommt jemand zu euch, der fast nichts zum Anziehen hat und noch dazu völlig ausgehungert ist, und ihr würdet ihn mit einem frommen Spruch abspeisen, etwa so: „Der Herr schenke euch seinen Frieden, wärmt und sättigt euch an seiner Liebe!" Wenn ihr ihm dann aber nicht das gebt, was er zum Leben braucht, was nutzt ihm das und was nutzt es euch?

Ein Glaube, der sich nicht in tätiger Liebe äußert, ist tot. Es gibt ihn einfach nicht.

Jeder von uns, der sich etwas auf seinen Glauben einbildet, aber in seinem Leben fast keine guten Werke vorzuweisen hat – muss er sich da nicht fragen lassen, wie er seinen Glauben rechtfertigt? Wenn es in seinem Leben nichts gibt, das er allein aus Liebe zu Gott und den Menschen getan hat? Jeder, der sein Leben für andere lebt, kann im Gegensatz dazu mit Leichtigkeit zeigen, dass er an Gott glaubt, dessen Herz für die Armen schlägt. Es ist großartig, wenn du glaubst, dass es nur einen einzigen Gott gibt, aber das allein reicht nicht aus. Denn auch die Dämonen glauben alles Mögliche über Gott – und zittern vor ihm.

Es wird also gut sein, o Mensch, dass dir klar wird: Ein Glaube, der nichts bewirkt, ist sinn- und nutzlos. Wurde Abraham nicht auch deswegen von Gott angenommen, weil er tatsächlich aufgrund seines Glaubens gehandelt hat, also zum Beispiel seinen Sohn auf den

Berg gebracht und sogar auf den Altar gelegt hat? Du siehst also, dass der Glaube immer mit unserem Handeln zusammenwirken muss, um seine volle Gestalt zu erhalten.

Auf diese Weise wurde auch der Glaube Abrahams vollkommen, vom dem es in der Heiligen Schrift heißt: „Abraham vertraute Gott, und das brachte ihm dessen Anerkennung ein. Ja, Gott selbst nannte ihn ‚Freund'." Ihr seht also, dass der Mensch vor Gott nur aufgrund seines ganzen Lebens – Glauben und Handeln – Anerkennung findet. Oder nehmt das Beispiel der Hure Rahab. Hatte sie viel Glauben? Wurde sie von Gott nicht deshalb angenommen, weil sie die israelitischen Kundschafter bei sich versteckte und ihnen dann die Flucht ermöglichte?

So wie der Leib ohne die Seele tot ist, so gibt es auch keinen Glauben ohne das entsprechende Handeln.

Wenn ein Mensch seiner Zunge das Zaumzeug anlegen kann, verdient er mehr als nur Bewunderung (3,1–12)

3 Meine Schwestern und Brüder, achtet darauf, dass es unter euch nicht zu viele gibt, die lehren wollen, denn Lehrer müssen ja mit einem strengeren Gericht rechnen. Und wir versagen immer wieder auf vielen Gebieten. Wenn bei jemandem aber das Leben mit dem übereinstimmt, was er redet, dann kann man ihn fast schon als vollkommen bezeichnen. Wenn er gelernt hat, seine Zunge im Zaum zu halten, dann gelingt ihm das auch gegenüber dem übrigen Körper. Eigentlich ist es wie bei Pferden: Wenn man einem Pferd die Trense ins Maul legt, um es gefügig zu machen, kann man damit das ganze große Tier lenken.

Oder denken wir nur an ein Schiff: Es ist riesig und wird von rauen Winden über das Meer getrieben, und doch wird es nur von einem ganz kleinen Ruder dorthin gelenkt, wohin der Steuermann es haben will. Genauso ist es mit unserer Zunge. Sie ist zwar nur ein kleines Organ, kann aber ungeheuer viel anrichten. Wir alle wissen, dass schon ein kleiner Funke genügt, um einen ganzen Wald in Brand zu setzen. Auch unsere Zunge kann ein solches Feuer entfachen! Von allen unseren Körperteilen kann unsere Zunge am meisten Unheil anrichten. Wir laden nicht nur uns schwere Schuld auf, sondern zerstören auch noch das Miteinander in unserem Umfeld. Fragt sich, woher die Zunge selbst ihr Feuer bekommt. Hinter dem Missbrauch der Gottesgabe, reden zu können, steckt niemand anderer als der Menschenverderber selbst. Die allermeisten Tiere lassen sich vom Menschen bändigen – selbst Vögel, Kriech- und Meerestiere –, doch kein Mensch kann die Zunge zähmen. Sie ist ein ungebändigtes Übel, das tödliches Gift verbreitet. Mit unserer Zunge preisen wir Gott, unseren Vater, und mit ihr ziehen wir gleichzeitig über Menschen her, obwohl doch jeder Mensch nach dem Ebenbild Gottes von ihm aus Liebe erschaffen wurde. Meine Schwestern und Brüder, es gibt nicht den geringsten Grund, sich so zu verhalten! Fließt etwa bei einer Quelle aus ein und derselben Öffnung gutes Trinkwasser und ungenießbares Schmutzwasser? Trägt etwa ein Feigenbaum auch Oliven oder ein Weinstock Feigen? Genauso ist es unmöglich, dass eine Salzwasserquelle Süßwasser hervorsprudeln lässt.

Echte Weisheit verändert das Leben eines Menschen von innen (3,13–18)

Gibt es jemanden unter euch, den man als weise und verständig bezeichnen könnte? Dann soll er das anhand seines guten Lebenswandels in aller Zurückhaltung unter Beweis stellen. Wenn jedoch einer innerlich voller Eifersucht, Bitterkeit oder Streitsucht ist, dann soll er sich nichts auf seine Weisheit einbilden; er belügt sich nur selbst. Seine „Weisheit" hat nichts mit der zu tun, die Gott verleiht, sondern sie ist nichts anderes als menschliche Schläue und vom Bösen inspirierte Gerissenheit. Denn sobald sich im Leben eines Menschen Eifersucht und Streitsucht finden lassen, ist es auch von Chaos und

Schlechtigkeit geprägt. Die Weisheit, die Gott schenkt, verändert das Leben eines Menschen: Es wird vor allem aufrichtig sein, lauter, friedliebend, freundlich, gehorsam, voll von Barmherzigkeit, vorurteilsfrei und ohne jede Heuchelei. Kurzum: Ein solches Leben wird viele gute Früchte bringen. Eine dieser Früchte ist die Gerechtigkeit, die Gott dort schenkt, wo jemand selbst Frieden stiftet.

Unser unerlöstes Herz – Quelle allen Unfriedens (4,1–12)

4 Woher kommen denn all die Kriege und Streitigkeiten unter den Menschen? Ist das alles nicht auf all die Leidenschaften und Begierden zurückzuführen, die die Menschen innerlich so zerrissen machen? Wir wollen etwas haben, bekommen es aber nicht; wir würden am liebsten jemanden vor Eifersucht umbringen, aber das Objekt unserer Eifersucht entzieht sich uns; wir kämpfen und kämpfen und bekommen doch nicht, was wir unbedingt haben wollen. Wisst ihr, warum das so ist? Weil wir entweder Gott überhaupt nicht darum bitten oder weil es bei dem, um was ihr bittet, nur um euch und um eure selbstsüchtigen Begierden geht.

Ihr seid ein treuloses Geschlecht, das einfach verdrängt hat: Wer sich gut mit der Welt stellen will, die Gott zuwider ist, der macht sich selbst zum Feind Gottes. Man kann nicht den Gott Mammon zum Freund haben wollen, ohne sich dabei selbst als jemand zu entlarven, der letztlich mit Gott nichts zu tun haben will. Glaubt mir, die Heilige Schrift meint es ernst, wenn sie sagt: „Gottes Geist, der in uns Wohnung genommen hat, sehnt sich voller Eifersucht nach ganzer Gemeinschaft mit uns." Könnt ihr euch eine größere Gnade vorstellen? Darum heißt es unmissverständlich: „Gott weist die von sich, die nicht wahrhaben wollen, wie arm und hilfsbedürftig sie in Wirklichkeit sind, und er schenkt denen seine ganze Gnade, die in Demut wissen, wie sehr sie von dieser Gnade abhängig sind." Habt also Freude daran, Gott gegenüber gehorsam zu sein. Im gleichen Moment verstärkt euren Widerstand gegen den Teufel und er wird vor euch fliehen. Wenn ihr die Nähe zu Gott sucht, dann wird auch er euch ganz nah sein.

Lasst euch eure Schuld von den Händen abwaschen, und seht zu, dass euer Herz von seiner Unentschlossenheit befreit wird. Ihr habt allen Grund, über euch zu jammern und so traurig zu sein, dass ihr weinen müsst. Euer oberflächliches Gelächter verwandle sich in Traurigkeit und eure falsche Freude an den falschen Dingen in Niedergeschlagenheit. Erkennt doch endlich, wer ihr vor Gott seid, dann wird er euch den Wert zeigen, den ihr in seinen Augen habt.

Schwestern und Brüder, redet nicht schlecht übereinander! Wenn jemand meint, sich über den anderen erheben und ihn beurteilen zu müssen, verstößt er gegen Gottes Gesetz. Er spielt sich selbst als Richter auf. Aber es gibt nur einen, der Gesetze erlassen kann und Richter ist: Jesus. Er allein kann retten und er allein kann verurteilen. Wer bist du also, dass du dir herausnimmst, deinen Nächsten beurteilen zu können?!

Das Schlimme am Reichtum: Er macht überheblich (4,13–5,6)

Oder was ist mit euch, die ihr überall damit angebt, dass ihr schon heute oder morgen in diese oder jene Stadt gehen, dort ein Jahr bleiben und gute Geschäfte machen werdet, obwohl ihr doch nicht einmal wisst, was der morgige Tag bringt und wie euer Leben dann aussehen wird?! Ihr seid doch bloß eine kleine Nebelschwade, die irgendwo mal auftaucht, um dann sofort wieder zu verschwinden! Warum könnt ihr nicht ehrlich sagen: „Wenn der Herr will, dann werden wir leben und dieses oder jenes unternehmen?“ Warum müsst ihr immer so tun, als hättet ihr alles im Griff? Diese ganze Überheblichkeit ist ein Grundübel bei euch. Hier gilt vor allem: Wenn jemand um das Gute weiß, das Gott durch ihn tun will, es aber nicht tut, lädt er Schuld auf sich.

5 Los, ihr Reichen, fangt schon einmal an, über all die schlimmen Dinge zu jammern und zu klagen, die auf euch zukommen werden! Euer Reichtum verrottet und eure Kleider werden von Motten zerfressen. Euer Gold und euer Geld werden ihren Wert verlieren und dieser Verlust wird euch anklagen. Er wird euch innerlich wie ein Feuer verzehren. Denn ihr habt kurz vor dem Ende der Welt noch auf Kosten anderer Menschen Schätze zusammengerafft. Der Lohn, den ihr den Arbeitern vorenthalten habt, die eure Felder abgeerntet haben, schreit zum Himmel, und Gott, der Herr aller Heerscharen, hört sehr wohl die verzweifelten Rufe der Wehrlosen. Ihr habt es euch auf der Erde nach Herzenslust gutgehen lassen und habt euch noch am Schlachttag gemästet. Ihr habt den Unschuldigen verurteilt und getötet, ihn, der euch keinerlei Widerstand geleistet hat.

Ermahnungen eines Hirten, der voll Sorge auf die Zeichen der Zeit schaut (5,7–13)

Meine Schwestern und Brüder, harrt geduldig aus, bis der Herr wiederkommt. Stellt euch einen Bauern vor, der geduldig auf das Heranreifen seiner kostbaren Ernte wartet, der im Herbst dankbar ist für den Regen, der die Saat aufgehen lässt, und im Frühjahr für den Spätregen, damit die Frucht wachsen kann. Habt auch so viel Geduld wie er und ermutigt euch gegenseitig, weil die Ankunft des Herrn nicht mehr lange auf sich warten lässt. Liebe Schwestern und Brüder, beklagt euch nicht übereinander, damit ihr nicht an eurem eigenen Maßstab gemessen und verurteilt werdet. Versteht doch, dass die Ankunft unseres Richters schon unmittelbar bevorsteht. Die Propheten, die im Namen Gottes aufgetreten sind, können euch ein Vorbild in Sachen Geduld und Leidensbereitschaft sein. Dürfen sich die nicht glücklich schätzen, die in schweren Zeiten geduldig ausgeharrt haben? Ihr braucht ja nur an Hiob zu denken und daran, wie wunderbar ihn Gott am Ende belohnt hat. Unser Gott ist voller Erbarmen und Liebe.

Vor allem aber, meine Schwestern und Brüder, schwört nicht, weder beim Himmel noch bei irgendetwas auf der Erde, egal, um welche Art von Eid es sich handelt. Euer Ja sei ein Ja und euer Nein sei ein Nein. Nur so könnt ihr Gottes Gericht entgehen.

Wenn jemand von euch von einem Unglück getroffen wurde, suche er Trost und Hilfe im Gebet. Wenn jemand zuversichtlich ist und keinen Grund zur Sorge hat, drücke er seine Dankbarkeit Gott gegenüber durch Loblieder aus.

Gebet für Kranke (5,14–20)

Sollte jemand unter euch krank sein, dann bitte er die Ältesten der Gemeinde, dass sie mit ihm beten und ihn im Namen des Herrn mit Öl salben. Und das vertrauensvolle Gebet wird den Kranken wieder gesund machen, und der Herr wird dafür Sorge tragen, dass er wieder aufstehen kann. Falls er in irgendeiner Weise Schuld auf sich geladen hat, wird Gott ihm vergeben. Bekennt also einander eure Verfehlungen und betet füreinander, damit ihr geheilt werdet! Das Gebet eines Menschen, der mit Gott in enger Verbindung steht, kann unglaublich viel bewirken. Denkt nur an Elija, der ja eigentlich auch nur ein Mensch wie wir war, und auf dessen Gebet hin es drei Jahre und sechs Monate nicht mehr regnete. Und als er wieder betete, öffnete sich der Himmel, und es begann zu regnen und die Erde brachte wieder ihre Frucht hervor.

Meine Schwestern und Brüder, wenn einer von euch sich weit von der Wahrheit entfernt hat und ein anderer bringt ihn dazu, wieder zu Jesus zurückzukehren, dann soll der wissen, dass er einen Menschen vor dem ewigen Tod bewahrt und damit eine Menge Sünden seines eigenen Lebens ungeschehen gemacht hat.

Der erste Brief von Petrus

Dieser Brief wurde vielleicht aus Anlass einer Taufe geschrieben. Eine Taufe in unserer Zeit ist meist so etwas wie eine fröhliche Familienfeier. Im 1. Jahrhundert war sie dagegen ein öffentlicher Bekenntnisakt, der in eine Gemeinschaft mit dem Sterben und Leben Jesu hineinführte. In diesem Rahmen werden viele Fragen des Glaubens und der christlichen Praxis angesprochen. Da der Brief keinerlei Hinweise auf den Umgang des Autors mit dem irdischen Jesus zeigt, dürfte er im Namen und in der Autorität von Petrus geschrieben worden sein, vielleicht um unter dem Eindruck seines Todes in Rom sein Erbe zu festigen. Das entsprach verbreiteter antiker Praxis in den Schulen und Lehrstätten. Auch zum Verhalten der Christen in der Öffentlichkeit hat der Brief einiges zu sagen. Verfasst wurde dieses Lehrschreiben höchstwahrscheinlich in Rom (Deckname Babylon, siehe Kapitel 5, Vers 13) in den letzen Jahren des Apostels, also zwischen 64 und 67.

1 Petrus, ein Botschafter Jesu Christi, schreibt diesen Brief an alle Auserwählten Gottes, die wie Fremdlinge überall in Pontus, Galatien, Kappadozien, Asia und Bithynien verstreut leben müssen. Gott, unser Vater, hat euch dazu bestimmt, durch den Heiligen Geist Gehorsam zu lernen und durch das Blut Jesu von eurer Schuld befreit zu werden. Möge euch die Gnade und der Friede Gottes immer reichlicher zuteil werden!

Die Hoffnung der Christen – Jesus lieben, ohne ihn gesehen zu haben (1,3–12)

Gepriesen sei der Gott und Vater unseres Herrn Jesus Christus, der uns in seiner großen Barmherzigkeit ein neues Leben geschenkt hat. Er hat uns durch die Auferstehung Jesu von den Toten eine lebendige Hoffnung auf ein Erbe geschenkt, das für uns im Himmel aufbewahrt wird, und zwar in einem makellosen, unzerstörbaren und unvergänglichen Zustand. Bis dahin werdet ihr durch die Kraft Gottes bewahrt und habt durch euer Vertrauen auf Gott das Tor für eure Rettung weit aufgemacht. Das wird jetzt am Ende der Zeit ganz besonders deutlich. Ihr habt also allen Grund zu jubeln, auch wenn ihr jetzt noch manchmal durch verschiedene Anfechtungen niedergedrückt werdet. Doch nur so kann die Echtheit eures Glaubens gezeigt werden, wie auch die Echtheit von Gold durch ein Feuer erprobt wird. Es wird sich zeigen, dass er kostbarer als Gold ist, das doch einmal seinen Wert verliert. Die Ehre, ja die Herrlichkeit unseres Herrn Jesus Christus werdet ihr sehen, wenn er sich der ganzen Menschheit zeigen wird. Obwohl ihr ihn nicht gesehen habt, liebt ihr ihn und bringt ihm euer ganzes Vertrauen entgegen. Wie werdet ihr erst jubeln, weil ihr von unaussprechlicher Freude und Herrlichkeit erfüllt seid, wenn ihr am Ziel eures Glaubens, der endgültigen Erlösung, angekommen seid. Was haben nicht alle Propheten unternommen, gesucht und geforscht, um herauszubekommen, wann wohl der Zeitpunkt sein würde, an dem dieser Jesus kommen und durch Leiden zur Herrlichkeit gelangen würde. Die Gnade, die euch zuteil wurde, hatten sie bereits vorausgesehen, und auch der Weg Jesu war ihnen durch den Heiligen Geist offenbart worden. Dabei haben sie von Anfang an gewusst, dass all das ihnen nicht für sich selbst gezeigt wurde, sondern dass sie euch damit dienten, denen die Botschaft jetzt verkündet wurde. Euch hat man eine Frohe Botschaft gebracht, die euch durch den Heiligen Geist vom Himmel gesandt wurde. Und glaubt es ruhig: Selbst die Engel brennen darauf, all das mitzubekommen, was an euch geschieht.

Weil wir Gott lieben, sind wir bereit, uns von ihm verändern zu lassen (1,13–2,3)

Darum bringt euer Denken wieder in Ordnung, seid nüchtern und hofft auf die große Gnade, die euch begegnen wird, wenn Jesus Christus sich an seinem Tag der Menschheit offenbart. Seid die gehorsamen Kinder eures himmlischen Vaters und lasst euch nicht wieder von euren alten, früher mal aus Unwissenheit erzeugten bösen Neigungen einfangen, sondern folgt dem Vorbild dessen, der euch in eine ganz besondere Nähe zu Gott berufen hat. Versucht in allem wie er zu werden, denn was lest ihr in der Heiligen Schrift? „Heilig sollt ihr sein, weil auch ich heilig bin."* Solange ihr also auf dieser Erde wie in der Fremde seid, achtet voller Ehrfurcht darauf, wie ihr lebt. Wenn ihr also zu Gott, unserem Vater, betet, der uns alle entsprechend unserem Leben richten wird, ohne auf die Person zu achten, dann sollt ihr wissen, dass ihr nicht mit vergänglichen Dingen wie Gold oder Silber freigekauft wurdet. Nein, ihr wurdet durch das kostbare Blut des unschuldigen und makellosen Lammes Christi von eurem sinnlosen, von euren Vätern ererbten Leben befreit. Gott hatte diesen Weg schon vor Erschaffung der Welt gewählt, doch uns allen hat er ihn jetzt erst offenbart. So auch euch, die ihr euren Glauben darauf gesetzt habt,

---

* 3. Mose 19,2

dass Gott Jesus von den Toten auferweckt und mit Herrlichkeit beschenkt hat. So sind euer Vertrauen und eure Hoffnung gänzlich auf Gott ausgerichet.

Ihr habt die Wahrheit mit offenem Herzen angenommen. Das hat euch verändert, was ihr unschwer an der ungeheuchelten Liebe erkennt, die ihr einander entgegenbringt. Darum hört nicht auf, einander aufrichtig zu lieben. Ihr seid ja durch das lebendige und zuverlässige Wort Gottes – Jesus Christus – noch einmal zu einem neuen Leben geboren worden, das man in keiner Weise mit eurem früheren, sehr vergänglichen, vergleichen kann. Denn der Mensch ohne Gott ist wie Gras und seine ganze Herrlichkeit ist bestenfalls mit einer Blume vergleichbar. Doch Gras verdorrt nun mal, und selbst die schönste Blume verwelkt irgendwann, das Wort unseres Herrn aber bleibt bis in Ewigkeit gültig. Und das habt ihr angenommen, als euch die Frohe Botschaft verkündet wurde.

2 Als das geschah, bekamt ihr eine erste Ahnung von der Güte unseres Herrn. Und schon verlangtet ihr wie neugeborene Kinder nach einer völlig anderen, echten „geistigen Milch“. Vorbei war es mit der alten Bosheit, dem falschen Getue, dem zerfressenden Neid und dem Verleumden anderer.

Ein Haus, in dem es sich leben lässt (2,4–10)

Ihr hattet nun ein Fundament für euer Leben gefunden, Jesus, den Eckstein, der von den Menschen zwar als unbrauchbar ausgemustert worden war, den Gott aber als kostbaren Stein zurückgeholt hat. So lasst euch selbst mit ihm zusammen als lebendige Steine zu einem geistlichen Haus zusammenfügen. In diesem Haus seid ihr gleichzeitig die auserwählte Priesterschaft, die Gott durch Jesus Christus geistliche Opfer darbringt, an denen Gott seine Freude hat. Das beschreibt bereits eine Stelle in der Heiligen Schrift: „Siehe, ich lege auf Zion einen Stein, der an der äußersten Ecke zu liegen kommt und den ich als besonders kostbar auserwählt habe. Wer auf ihn sein Vertrauen setzt, wird niemals zugrunde gehen."*

Das gilt für euch, die ihr an Jesus glaubt. Für alle anderen wird der Stein, den die Bauleute ausgemustert haben, zu einem Stein, an dem sie sich stoßen werden, und zu einem Stück Fels, das sie ärgern wird. Das geschieht freilich nur, weil sie dem Wort nicht gehorchen wollten.

Ihr aber seid ein von Gott auserwähltes Volk, eine königliche Priesterschaft, sein Eigentum, damit ihr einer gottlosen Welt verkündet, wie herrlich Gott an euch gehandelt hat, als er euch aus der Finsternis heraus in sein wunderbares Licht gerufen hat. Es ist noch gar nicht so lange her, da hattet ihr noch nichts mit Gott zu tun und wusstet nicht, wie gnädig er ist; jetzt aber seid ihr sein Volk und überreich mit Erbarmen beschenkt.

In dieser Welt, aber doch nicht wie sie (2,11–25)

Meine lieben Freunde, als sein Volk seid ihr Fremde und Gäste in dieser Welt. Darum möchte ich euch ans Herz legen, auch dementsprechend zu leben. Lasst die Gier nach Leben nicht die Oberhand gewinnen, sie kann das Gute in euren Herzen niederkämpfen. Lebt unter den Ungläubigen so, dass sie im Umgang mit euch merken, dass all das Schreckliche, das man euch andichtet, nur Verleumdung ist. Sie sollen durch eigene Beobachtung eures vorbildlichen Lebenswandels von der Wahrheit überzeugt werden. Es wäre doch wunderbar, wenn sie mit euch zusammen Gott am Tag der Wiederkunft Christi preisen könnten!

Weil ihr einen wirklichen Herrn habt, könnt ihr euch auch in die menschlichen Ordnungen einfügen. Der Kaiser ist auch für euch derjenige, der die oberste Gewalt hat. Er setzt Statthalter ein, damit Verbrecher bestraft werden. Doch Menschen, die gut gehandelt haben,

---

* Jesaja 28,16

werden belohnt. Denn Gott will, dass wir durch das Gute, das wir tun, die Ignoranz der unvernünftigen Menschen Lügen strafen. Man soll an uns erkennen können, dass wir unsere Freiheit nicht als Deckmantel für unsere Bosheit benutzen, sondern dass wir Menschen sind, die Gott dienen. Begegnet daher allen mit ehrlichem Respekt, angefangen beim Kaiser; eure Glaubensgeschwister aber liebt. Doch nur einer verdient ehrfürchtige Achtung: Gott.

Alle, die ihr euer Leben in großer Abhängigkeit von euren Herrschaften führen müsst, dient ihnen mit Respekt, egal, ob es gute und freundliche Menschen sind oder launische.

Denn es ist eine ganz besondere Gnade, wenn jemand leiden muss, oft ungerecht behandelt wird und doch alles aushält, weil er sich von Gott geliebt weiß. Wenn ihr etwas Böses getan habt und dafür bestraft werdet, ist das nicht unbedingt sehr ehrenhaft, auch wenn ihr die Bestrafung standhaft über euch ergehen lasst. Aber wenn ihr gut gehandelt habt und trotzdem leiden müsst und wenn ihr dabei noch geduldig ausharrt, dann ist das Gnade bei Gott. Denn ihr seid dazu berufen worden, den Spuren Jesu zu folgen, der euch in seinem Leiden ein Vorbild dafür hinterlassen hat, was es heißt, unschuldig bestraft zu werden. Obwohl er nicht das Geringste getan und in allem die Wahrheit gesagt hatte, wurde er verurteilt. Er wurde übel beschimpft und doch schwieg er zu allen Vorwürfen. Man folterte ihn und doch drohte er keinem. Er übergab alles dem, der einmal ein gerechtes Gericht halten wird. An seinem eigenen Leib hat er auf diese Weise unsere Schuld mit an das Kreuz genommen, damit wir, nachdem unsere Sünden mit ihm gestorben sind, frei für Gott leben können. Durch seine Striemen seid ihr geheilt! Ihr wart wie herumirrende Schafe, doch jetzt habt ihr euch dem Hirten zugewendet, der auch weiterhin eure Seelen leiten wird.

Ob in Ehe oder Gemeinschaft: Immer ist das Zusammenleben der Ernstfall des Glaubens (3,1–12)

3 Was für unser Verhalten in der Gesellschaft von Bedeutung ist, gilt auch ganz besonders für die Ehe. Oft kann ein Mann nicht durch Worte für den Glauben gewonnen werden, doch wenn er beobachtet, wie das Leben seiner Frau sich zum Guten hin verändert hat (wie sie seine Autorität innerhalb der Familie geradezu sucht und fördert), dann fällt ihm der Schritt zu Gott hin leichter. Dabei ist es wichtig, dass sich eine Frau nicht auf Äußerlichkeiten stützt, indem sie sich aufwendige Frisuren machen lässt, sich über und über mit goldenem Schmuck behängt und teure Kleider trägt. Sie sollte sich auf das verlassen, was auch in den Augen Gottes kostbar ist: Alles, was ihr Wesen wertvoll macht, Sanftheit, Liebe, Bescheidenheit ... Mit all dem haben sich die großen Frauen der Geschichte geschmückt, die ihre Hoffnung auf Gott setzten und sich ihren Männern unterordneten. Sara nannte Abraham sogar ihren Herrn. Ihr seid Töchter dieser Frauen, wenn ihr euch durch nichts einschüchtern lasst und nicht aufhört, Gutes zu tun.

Entsprechend gilt auch für euch Männer: Ihr seid herausgefordert, euren Frauen mit Liebe und Wertschätzung zu begegnen. Vergesst im alltäglichen Miteinander nie, dass sie als die körperlich Schwächeren auf euch angewiesen sind und dass sie genauso Miterben des von Gott verheißenen ewigen Lebens sind wie ihr. Wenn ihr eure Frauen nicht gut behandelt, könnt ihr auch euer Gebet vergessen, es ist wirkungslos!

Für euch alle aber gilt: Bemüht euch um Einigkeit, habt Mitgefühl für die Schwächeren, liebt eure Geschwister, seid nachsichtig und lernt, euch zurückzunehmen. Das bedeutet auch, dass ihr Böses nicht mit Bösem oder Beschimpfung nicht mit Beschimpfung vergelten sollt. Im Gegenteil: Segnet jeden, denn auch ihr seid berufen worden, einmal den ganzen Segen Gottes zu empfangen. Wenn einer von euch sein Leben liebt und noch viele gute Tage erleben möchte, der soll sich eher auf die Zunge beißen, als etwas Böses oder sogar Unwahres über jemand anderen weiterzuerzählen. Ein solcher Mensch wende sich entschlossen vom Bösen ab und bemühe sich darum, Gutes zu tun. Er suche überall nach Frieden, ja jage ihm förmlich nach. Denn die Augen des Herrn ruhen auf dem, der auf Gottes Versöhnungsangebot eingegangen ist, und seine Ohren hören auf seine Gebete. Wer jedoch nichts mit Gott zu tun haben will, der wird erleben, dass Gott sich gegen ihn wendet.

Nach dem Beispiel Jesu hinnehmen, was uns an Widerstand gegen den Glauben herausfordert (3,13–22)

Doch wer kann euch etwas Böses antun, wenn ihr von Herzen Gutes tut? Vielleicht müsst ihr wirklich leiden, weil man euch ungerecht behandelt. Dann dürft ihr euch glücklich schätzen. Lasst euch von niemandem Furcht einjagen oder verwirren, sondern spiegelt unseren Herrn Jesus Christus in euren Herzen wider. Seid jederzeit bereit, jedem, der es von euch erwartet, Rede und Antwort zu stehen, wenn er euch nach der Hoffnung fragt, die euch trägt. Begegnet ihnen auf ruhige, respektvolle Weise. Ihr braucht euch nicht zu verteidigen, weil ihr kein schlechtes Gewissen habt. Euer von Christus geprägter Lebenswandel bringt auf die Dauer alle die zum Schweigen, die euch üble Dinge nachgesagt und öffentlich beschimpft haben. Es ist doch allemal besser, Gutes zu tun und dadurch, wenn Gott es so fügt, leiden zu müssen, als Böses zu tun.

Hat Christus nicht für unser aller Schuld gelitten, er, der völlig unschuldig war, und das für uns, die wir viel Schuld auf uns geladen haben, damit er uns zu seinem Vater bringen kann? Als Mensch wurde er zwar getötet, doch sein Geist ließ sich nicht umbringen. So hat er auch in diesem Geist alle Verstorbenen besucht, die in der Unterwelt wie Gefangene lebten, und hat ihnen verkündet, dass auch ihnen die Erlösung offensteht. Und das waren unter anderem all die Menschen, die zur Zeit Noahs Gottes Geduld maßlos herausgefordert haben. Damals spotteten sie über die Arche, in die sich schließlich nur acht Menschen hineinbegaben und so vor der Sintflut gerettet wurden. Das ist auch ein wunderbares Bild für die Taufe. In ihr geht es ja nicht darum, sich den Schmutz vom Körper zu waschen, sondern durch den Tod und die Auferstehung Jesu ein von jeder Schuld befreites Gewissen zu bekommen. Wie gut zu wissen, dass er sich zur Rechten Gottes gesetzt hat, nachdem er in den Himmel aufgefahren ist, und sich alle Engel, Mächte und Gewalten unterworfen hat.

Wir verdanken Jesus ein neues Leben, neu in jeder Hinsicht (4,1–6)

4 Weil Jesus als Mensch gelitten und am Kreuz die Sünde vernichtet hat, schützt euch mit derselben Gesinnung, wie er sie hatte. Lasst euch nicht von allen möglichen Begierden hin- und hertreiben, solange ihr noch in dieser Welt lebt, sondern lasst euer Leben vom Willen Gottes bestimmen. Denn es ist schon schlimm genug, was ihr in eurem früheren Leben alles getrieben habt, als ihr Gott noch nicht kanntet. Damals waren Ausschweifungen, Trinkgelage, sexuelle Begierde und Trunksucht, Völlerei und götzendienerisches Anbeten von Bildern fast an der Tagesordnung! Jetzt sind alle eure alten Freunde sehr verunsichert, weil ihr mit einem Mal nicht mehr an ihrem zweifelhaften Lebenswandel teilhabt. Darum beschimpfen sie euch und versuchen, euch zu verleumden. Aber auch sie werden sich am Ende vor dem verantworten müssen, der schon bald die Lebenden und die Toten richten wird. Denn dazu wurde ja den bereits Verstorbenen die Frohe Botschaft verkündet: damit auch sie zur Rechenschaft gezogen werden, als wären sie noch Menschen aus Fleisch und Blut, obwohl sie schon Geistwesen sind wie alle in der Welt Gottes.

Wer weiterdenkt, bleibt wachsam. Das gilt für alle Zeiten (4,7–11)

Denkt daran: Das Ende steht unmittelbar bevor. Seid wachsam und nüchtern! Hört nicht auf zu beten. Vor allem aber erweist euch weiterhin gegenseitig Liebe, weil die Liebe eine Menge Sünden zudeckt. Seid von Herzen gastfreundlich, ohne euch über die zusätzliche Arbeit zu beklagen. Jeder diene den anderen mit der Begabung, die Gott ihm in seiner Gnade geschenkt hat. Erweist euch als Menschen, die mit dem, was Gott ihnen anvertraut hat, gut umzugehen verstehen. Wenn jemand vor der Gemeinde spricht, soll er immer damit rechnen, dass Gott durch ihn sprechen möchte. Wenn jemand den anderen dient, soll er es aus der Kraft heraus tun, die Gott ihm anbietet. In all dem soll Gott durch Jesus Christus verherrlicht werden. Ihm sei die Herrlichkeit und die Macht in alle Ewigkeit. Amen.

Petrus fasst zusammen, was ihn bewegt (4,12–19)

Liebe Geschwister, wundert euch nicht über die Härte der Prüfungen, die ihr erleben müsst. Sie sind nichts Ungewöhnliches und auch nichts völlig Unerwartetes. Freut euch vielmehr, dass ihr in hohem Maß mit Christus leidet. Umso größer wird auch euer Jubel sein, wenn seine Gnade und Liebe an euch offenbar wird. Wenn man euch beschimpft, weil ihr euch zu Jesus Christus bekennt, dann schätzt euch glücklich, weil der Geist der Herrlichkeit Gottes auf euch ruht.

Möge jedoch unter euch niemand leiden, weil er als Mörder, Dieb oder Verbrecher bestraft wird oder weil er sich in fremde Angelegenheiten einmischt. Für ein solches Leiden kann man sich nur schämen. Ihr braucht euch aber nicht zu schämen, wenn ihr bestraft werdet, weil ihr zu Christus gehört. Mit diesem Namen werdet ihr immer Gott verherrlichen! Denn jetzt ist die Zeit für das Gericht beim Hause Gottes. Was aber wird mit denen sein, die ihr Herz einfach nicht für die Frohe Botschaft öffnen wollten? Welches Ende werden sie nehmen? Wenn schon der Mensch, der nur anständig gelebt hat, sich seiner Zukunft bei Gott nicht gewiss sein kann, was wird dann erst mit denen geschehen, die sich gegen Gott gewandt und schwere Schuld auf sich geladen haben? Daher sollen auch die, die jetzt leiden müssen, weil sie zu Christus gehören, sich nichts darauf einbilden, sondern nach dem Willen Gottes, unseres Schöpfers, ihren Glauben dadurch unter Beweis stellen, dass sie Gutes tun.

Letzte Ermahnungen und Grüße (5,1–14)

5 Ihr Leiter der Gemeinden! Ich habe die gleiche Aufgabe wie ihr und bin noch dazu ein Zeuge der Leiden Christi. Gott wird auch mich an der Herrlichkeit, die an ihm offenbar werden soll, teilhaben lassen.

Aus diesem Grund möchte ich euch ans Herz legen, die Herde Gottes sorgfältig zu weiden – nicht weil man euch dazu gezwungen hat, sondern weil ihr es gern tut. Spielt euch nicht als Herren über eure Gemeinden auf, sondern seid ein Vorbild für eure Herde. Wenn sich unser erster Hirte aller Welt zeigen wird, werdet auch ihr den unvergänglichen Kranz der Herrlichkeit erhalten. Genauso möchte ich auch euch Jüngeren sagen: Ordnet euch gern den Leitern eurer Gemeinden unter. Begegnet einander mit ehrlicher Demut. Gott weist nämlich die Hochmütigen von sich, Demütige aber überhäuft er mit seiner Gnade.

Beugt euch also unter die gewaltige Hand Gottes, damit er euch erhöht, wenn es an der Zeit ist. Werft alle eure Sorgen auf ihn, denn er sorgt sich um euch. Seid nüchtern und wachsam, denn euer Widersacher, der Teufel, schleicht wie ein hungriger Löwe um euch herum und sucht nach jemandem, den er verschlingen könnte. Widersteht ihm standhaft durch euer Vertrauen auf Gott. Vergesst dabei nie, dass eure Glaubensgeschwister in aller Welt die gleichen Kämpfe auszustehen haben wie ihr. Aber der Gott, der euch Gnade schenkt und durch Jesus Christus zu seiner ewigen Herrlichkeit berufen hat, wird euch ans Ziel bringen. Er wird euch Kraft geben und innerlich stark machen, damit ihr diese kurze Zeit der Leiden besteht. Ihm gehört die Macht in Ewigkeit. Amen.

Ich habe euch meine Gedanken durch Silvanus, den treuen Bruder, aufschreiben lassen. Ich möchte euch dadurch ermutigen und euch bezeugen, dass Gott euch seine Gnade schenken will. Es grüßen euch die Gemeinde hier in Babylon*, die Gott ebenfalls erwählt hat, und Markus, den ich wie meinen Sohn liebe.

Grüßt einander mit herzlicher Umarmung! Friede sei mit euch allen, die ihr mit Jesus Christus verbunden seid!

* Es handelt sich um Rom, das im Spätjudentum gern (als Zentrum der verhassten Weltmacht der Römer) als „Babylon", die widergöttliche Stadt, bezeichnet wurde.

Der zweite Brief von Petrus

Dieser Brief gilt in der Forschung fast einmütig als das jüngste Dokument im Neuen Testament; oft wird er erst in das 2. Jahrhundert datiert. Auch er steht unter dem Namen von Petrus und behandelt Fragen und Probleme der Christen in schwierigen Zeiten. Viele Missverständnisse und irrige Lehren waren im Laufe der Jahre entstanden; der Brief will hier an die Botschaft der Apostel erinnern. Interessant auch, dass er nebenbei zeigt, wie schwer man sich in den Gemeinden mit dem Erbe der Paulusbriefe tat. In gewisser Hinsicht stellen die Briefe, die unter den Namen von Petrus, Jakobus, Johannes und Judas verfasst sind, ein Gegengewicht zu den Paulusbriefen dar. Erst sie alle zusammen zeigen das große Spektrum frühchristlicher Theologie angesichts der Lebensfragen, die Menschen hatten und haben.

1 Simon Petrus, Diener und Botschafter Jesu Christi, schreibt diesen Brief an alle, die wie wir durch die Liebe unseres Gottes und Retters Jesus Christus zum Glauben an ihn gelangt sind. Die Gnade und der Friede Gottes mögen euch immer reichlicher zuteil werden, je besser ihr Gott und unseren Herrn Jesus kennenlernt.

Gott beschenkt uns mit der Fähigkeit, so zu leben, dass er Freude an uns hat (1,3–14)

Gott hat uns in seiner Güte und Allmacht alles geschenkt, was wir zum Leben mit ihm brauchen. Er ließ uns erkennen, wer uns da berufen hat: er selbst in seiner Herrlichkeit und Kraft. Er ist es auch, der uns die kostbaren und großartigen Verheißungen geschenkt hat, durch die wir einmal an seinem göttlichen Wesen teilhaben dürfen. Daher haben wir uns entschieden von allem abgewandt, was in einer Welt voller Lebensgier nur ins Verderben führt.

Ihr habt in dieser Beziehung wirklich Eifer bewiesen und euer Glaube hat bereits eine Menge Gutes hervorgebracht. Da findet sich in eurem guten Verhalten eine tiefe Erkenntnis Christi; diese hat dazu geführt, dass ihr mehr Selbstbeherrschung erlangt habt, von der es wiederum nur ein kleiner Schritt ist zu einer Geduld, die alles erträgt und vieles erhofft. Geduld wiederum wirkt sich auf eure Beziehung zu Gott aus. Ihr wisst, dass er euch auch dann noch liebt, wenn eure Geduld durch Leiden auf eine harte Probe gestellt wird. Wer sich allerdings so geliebt weiß, der liebt auch seine Geschwister in der Gemeinde, ja er wird überhaupt in einen Menschen verwandelt, der durch und durch Liebe ist. Und so sind wir wieder am Anfang: Wenn alle diese guten Eigenschaften euer Leben prägen, wird es alles andere als wirkungslos und unfruchtbar sein. Es führt zu einer noch tieferen Erkenntnis unseres Herrn Jesus Christus. In wessen Leben diese Eigenschaften allerdings nicht anzutreffen sind, der ist blind für die Wirklichkeit und hat zudem vergessen, wie Gott ihn von der ganzen Schuld seines früheren Lebens befreit hat.

Darum, meine Schwestern und Brüder, bemüht euch mit Hingabe darum, eure Berufung und Erwählung bei Gott festzumachen. Wenn ihr das tut, werdet ihr niemals vom richtigen Weg abkommen, und euch werden die Türen zum Reich unseres Herrn und Erlösers Jesus Christus weit offen stehen.

Petrus empfindet sein Schreiben wie ein Testament (1,15–21)

Deswegen werde ich auch nicht aufhören, euch immer wieder an alle diese Dinge zu erinnern, obwohl ihr die Wahrheit schon zur Genüge kennt und in ihr gefestigt seid. Trotzdem halte ich es für richtig, euch immer wieder wachzurütteln, solange ich lebe, indem ich euch an diese Grundwahrheiten erinnere. Ich weiß allerdings, dass ich bald meine Zelte in dieser Welt abbrechen werde. Jedenfalls hat Christus mich das wissen lassen. Jetzt bemühe ich mich darum, dass ihr nach meinem Tod noch etwas in Händen haltet, das euch immer wieder das Wichtigste ins Gedächtnis ruft.

Denn ihr habt kein ausgeklügeltes Gedankengebäude übernommen, sondern konntet euch auf Augenzeugen der machtvollen Ankunft unseres Herrn Jesus Christus und seiner Hoheit verlassen. Gott selbst, unser Vater, hat uns die unglaubliche Ehre zuteil werden lassen, seine herrliche und erhabene Stimme zu hören, als er zu Jesus sagte: „Dies ist mein geliebter Sohn, meine ganze Freude."* Diese Stimme haben wir gehört, als wir mit ihm auf dem heiligen Berg waren. Sie kam direkt aus dem Himmel. Gibt es ein zuverlässigeres Wort als diese prophetische Zusage?! Ihr tut gut daran, euch daran festzuhalten, denn es ist wie ein Licht, das an einem finsteren Ort leuchtet. Wir brauchen solche Lichtpunkte, bis der Tag Jesu anbricht und er wie ein Morgenstern in euren Herzen aufgeht. Zuvor sollt ihr aber nicht vergessen, dass niemand eine Weissagung der Heiligen Schrift

---

* Matthäus 17,5

eigenmächtig auslegen darf, denn diese sind ja nicht zufällig jemandem eingefallen, sondern der Heilige Geist hat Menschen dazu bewegt, Gottes Gedanken für uns auszusprechen.

Die große Sorge der Männer der ersten Stunde: Irrlehren (2,1–3,7)

2 Es sind aber zu allen Zeiten im Volk Gottes falsche Propheten aufgetreten, und auch ihr werdet nicht vor Irrlehrern bewahrt bleiben, die sehr geschickt und fast unbemerkt ihre falschen, zerstörerischen Lehren einfließen lassen. Sie verleugnen Christus, den Herrn, obwohl er doch für sie ein so hohes Lösegeld bezahlt hat. Sie werden jedoch nicht lange wirken können, denn sie werden sich selbst ins Verderben stürzen. Vorher aber werden viele ihren lockeren Lebensstil nachahmen, weshalb wir Christen in der Öffentlichkeit einen schlechten Ruf bekommen. Hinter ihrem Versuch, durch ihre selbsterdachten Theorien eine eigene Anhängerschaft zu sammeln, steckt meistens nichts anderes als Geldgier. Sie werden ihre Anhänger gehörig ausbeuten. Doch das Urteil über sie wurde schon längst gefällt und ihr Untergang lässt nicht lange auf sich warten.

Denn wenn Gott schon die Engel, die sich gegen ihn aufgelehnt haben, nicht verschonte, sondern für die Zeit bis zum Gericht in die finsteren Höhlen der Hölle verbannte, so wird er ganz bestimmt nicht die verschonen, die sich wider besseres Wissen gegen ihn gestellt haben. Schließlich ist die Geschichte voll von Beispielen dafür: Denkt nur an die Sintflut, bei der Gott die Welt der Gottlosen nicht verschont, sondern nur Noah, der zu Gott stand, und sieben weitere Personen seiner Familie gerettet hat. Oder erinnert euch an die Städte Sodom und Gomorra, die er zum Untergang verurteilte und die buchstäblich in Schutt und Asche versanken. Wir sollten darin ein warnendes Beispiel sehen, wie es auch in Zukunft Menschen ergehen kann, die sich Gott widersetzen. Auch hat er einige gerettet, Lot und seine Familie, der von den gesetzlosen, völlig der Ausschweifung hingegebenen Einwohnern viel zu erleiden hatte. Tag für Tag musste er ihr schlimmes Verhalten mit ansehen, was diesen aufrechten Mann zutiefst quälte.

Doch der Herr rettet die, die ihn lieben, aus jeder Anfechtung. Wer aber Unrecht tut, den bewahrt er sich für den Tag des Gerichts auf. Dort werden sie ihre Bestrafung erhalten. Ebenso wird es denen ergehen, die in ihrer Lebensgier nur noch dem nachjagen, was ihnen Befriedigung verspricht, und die sich dabei nicht unter die liebevolle Herrschaft Gottes beugen wollen. Sie werden zunehmend frecher und überheblicher auftreten, ja, sie schrecken nicht einmal mehr davor zurück, über göttliche Dinge herzuziehen. Engel, die ihnen an Stärke und Macht haushoch überlegen sind, würden es nicht wagen, gegen Jesus auch nur ein lästerliches oder kritisches Wort zu sagen.

Doch diese Menschen verhalten sich wie Tiere ohne jegliche Vernunft, die nur geboren werden, um gefangen und geschlachtet zu werden. Sie ziehen über Dinge her, von denen sie überhaupt nichts verstehen, weil sie durch und durch verdorben sind. Sie werden für ihr verabscheuungswürdiges Leben mit dem Untergang bezahlen müssen. Doch ihr ganzes Vergnügen besteht darin, am helllichten Tag in Saus und Braus zu schwelgen und sich an Ausschweifungen zu beteiligen. Einige von ihnen kommen sogar zu euren gemeinsamen Mahlzeiten. Dabei haben sie nur Augen für Frauen, die vielleicht dazu bereit sind, ihnen zu Willen zu sein. Auch hat die Habgier alles andere aus ihrem Herzen vertrieben. Gottes Fluch wird sie treffen, die in die Irre gegangen sind und dem Weg von Bileam, Beors Sohn, gefolgt sind. Auch er liebte unrechtes Gut und wurde wegen seiner falschen Einstellung von seinem Lasttier zurechtgewiesen. Normalerweise können Tiere ja nicht reden, doch dieses sprach mit menschlicher Stimme und hinderte so den Propheten daran, in seinem Unverstand noch weiterzugehen.

Menschen, die sich nicht um Gottes Willen kümmern, sind wie Quellen, die kein Wasser mehr geben, wie Nebelwolken, die vom Sturmwind hin- und hergetrieben werden. Für sie ist die dunkelste Finsternis vorbereitet. Denn sie reden nur hochtrabende Worte, hinter denen sich nur das Verlangen verbirgt, mit dem alten, von Begierde getriebenen Leben weitermachen zu können. Damit stellen sie für alle, die gerade erst ihr Leben im Glauben begonnen haben, eine gefährliche Versuchung dar. Sie versprechen diesen Freiheit, sind aber selbst Sklaven des Verderbens geworden, weil sie besiegt und von Neuem abhängig wurden. Denn wenn jemand einem gottlosen und genusssüchtigen Leben entkommen ist, weil er Jesus als seinen Herrn und Erlöser kennengelernt hat, sich dann aber wieder in das alte Leben verstrickt und seinen Trieben unterliegt, ist er schlimmer dran als zuvor. Für ihn wäre es auf jeden Fall besser gewesen, wenn er den Weg der unverdienten Annahme durch Gott nicht kennengelernt hätte, als sich wieder von dem ihm anvertrauten Gesetz der Liebe abzukehren. Irgendwie erinnert das an das Sprichwort: „Ein Hund kehrt immer zu dem zurück, was er erbrochen hat." Oder das andere: „Das ist so, als würde sich ein frisch gebadetes Schwein wieder im Schlamm wälzen."

3 Meine geliebten Geschwister, das ist nun schon der zweite Brief, den ich euch geschrieben habe. Auch in diesem wollte ich euch an die Worte der Propheten erinnern und natürlich auch an das, was unser Herr und Erlöser Jesus durch eure Apostel an euch weitergegeben hat.

Euer Verstand soll so wach sein, dass ihr erkennen könnt, was für Menschen in diesen letzten Tagen unter euch auftreten werden: Es wird Personen geben, die sich über alles lustig machen, weil sie schon lange nicht mehr Jesus, sondern nur noch ihren eigenen Trieben folgen. Einer ihrer Hauptangriffspunkte ist: „Was ist denn nun mit der Verheißung seiner baldigen Ankunft? Unsere Glaubensväter sind bereits gestorben, und doch ist immer noch alles so, wie es seit Anbeginn der Schöpfung war." Menschen, die Gottes Wort infrage stellen, haben eines vergessen: Am Anfang war nicht nur die Erde voller Wasser, sondern auch der Himmel. Beide wurden allein durch das Wort Gottes auseinandergehalten. Als Gott dieses dann zurückzog, stürzte die Wasserflut auf die Erde und überschwemmte die damalige Welt, die dadurch zugrunde ging. Das ist ein Bild für den jetzigen Himmel und die jetzige Erde. Beide werden wiederum durch sein Wort auseinandergehalten. Doch diesmal wird es Feuer sein, das am Tag des Gerichts auf die Menschen herabfällt, die sich Gott entgegenstellen oder nichts mit ihm zu tun haben wollen.

Noch einmal ermahnt Petrus: Seid wachsam! (3,8–18)

Eines aber, geliebte Geschwister, muss euch klar sein: Bei Gott ist ein Tag wie tausend Jahre und tausend Jahre sind für ihn wie ein Tag. Unser Herr zögert nicht, seine Verheißung zu erfüllen – manche von euch meinen ja sogar, er hätte sich verspätet –, sondern er wartet voller Geduld, weil er nicht will, dass auch nur einer von uns verloren geht, sondern alle die Gelegenheit erhalten, zu ihm umzukehren.

Der Tag des Herrn wird völlig überraschend kommen, so wie ein Dieb in der Nacht. Sein Kommen wird von gewaltigen Ereignissen begleitet sein: Der Himmel wird unter unvorstellbarem Lärm zerbersten, alle Elemente werden sich durch ein gewaltiges Feuer einfach auflösen, und die Erde selbst (mit allem, was Menschen darauf geschaffen haben) wird es in dieser Form nicht mehr geben. Versteht ihr daher, warum ihr ein Leben führen sollt, das auf das Gute ausgerichtet ist und euch innig mit eurem Vater im Himmel verbindet?! Was sonst könnte mehr dazu beitragen, dass alle Menschen sich ihrem Erlöser zuwenden und der Tag seiner Ankunft nicht so lange auf sich warten lässt? Könnte euch irgendetwas besser durch diese Ereignisse hindurchgelangen lassen, wenn der Himmel in Brand gesetzt wird und die Elemente in der Glut des Feuers zusammenschmelzen und verzehrt werden? Sicher nicht. Und außerdem hat er uns einen neuen Himmel und eine neue Erde verheißen, in denen die Gerechtigkeit Gottes wohnen wird.

Meine geliebten Geschwister, ihr wisst ja um diese kommenden Ereignisse. Daher lebt so, dass ihr keine Angst zu haben braucht, plötzlich eurem Herrn gegenüberzustehen. Lasst im Gegenteil Frieden euer Herz erfüllen. Nehmt die Zeit bis zu diesem Tag als Zeichen für die Langmut unseres Herrn, die für viele Menschen noch die Rettung bedeuten kann. Nichts anderes hat euch auch unser geliebter Bruder Paulus geschrieben. In den meisten seiner Briefe kommt er auf dieses Thema zu sprechen. Nun, er wurde von Gott mit besonders viel Weisheit gesegnet. Vielleicht stolpert man deshalb in seinen Briefen über manches, das nicht einfach zu verstehen ist und das jemand, der sich nicht auskennt oder der im Glauben noch nicht gefestigt ist, völlig verkehrt auslegt – leider immer zu seinem eigenen Schaden.

Also, meine geliebten Geschwister, da ihr bereits im Voraus wisst, was auf euch zukommen wird, sollt ihr darauf achten, dass ihr euch nicht durch Menschen, die sich nicht um das Wort Gottes kümmern, in die Irre führen lasst und aus der festen Zuversicht eures Glaubens sozusagen herausfallt. Wachst immer mehr in ein Leben in der Gnade hinein. Lernt euren Herrn und Erlöser Jesus Christus immer besser kennen. Ihm sei die Ehre jetzt und alle Tage bis in Ewigkeit! Amen.

Der erste Brief von Johannes

Selbst wenn dieser bewegende Brief nicht von Johannes selbst, sondern von einem seiner Schüler oder Mitarbeiter verfasst worden sein sollte, so ist doch seine Nähe zur Frohen Botschaft nach Johannes unverkennbar. Vor allem fällt sein liebevoller Stil auf, mit dem die Leser bzw. Hörer angesprochen werden, auch dann, wenn es um den Umgang mit Irrlehren oder die Überwindung eines unchristlichen Lebensstils geht. Außerdem ist der 1. Johannesbrief ein wichtiges Zeugnis für den Glauben an Jesus als den Sohn Gottes, was die Gemeinden um die Jahrhundertwende wohl immer wieder nötig hatten.

Ein Wort, das lebendig macht (1,1–4)

1 Was von Anfang an geschehen ist, was wir gehört und mit unseren eigenen Augen gesehen und mit unseren Händen angefasst haben, das möchten wir euch verkündigen, damit ihr im Glauben mit uns verbunden seid. Alles, was wir euch zu sagen haben, handelt von dem, der das Leben selbst ist. Er hat sich uns gezeigt und wir dürfen ihn verkündigen. Wir können bezeugen, dass er das Leben ist, das seit Ewigkeit beim Vater war und sich erst jetzt offenbart hat. Mit Gott, unserem Vater, und seinem Sohn Jesus Christus sollt auch ihr Gemeinschaft haben. Wir schreiben euch diesen Brief, damit wir uns miteinander freuen können und unsere Freude vollkommen sei.

Leben im Licht Gottes (1,5–10)

Und das ist sie, die Botschaft, die wir von ihm gehört haben und an euch weitergeben wollen: Gott ist Licht und es gibt keine Spur von Finsternis in ihm. Wenn wir behaupten, wir hätten wirklich Gemeinschaft mit ihm, scheuen aber das Licht, dann belügen wir uns und andere und unser Leben ist von Unwahrheit geprägt. Wenn wir aber gern in seinem Licht leben, so wie er ganz von Licht umgeben ist, dann haben wir Gemeinschaft miteinander und das Blut seines Sohnes Jesus reinigt uns von unserer Schuld. Wenn einer von uns behauptet, er sei darauf nicht angewiesen, weil er sich keiner Schuld bewusst ist, dann belügt er sich selbst und hat den Sinn für die Wirklichkeit verloren. Wenn wir dagegen Gott gegenüber unsere Schuld eingestehen, was eines der Zeichen dafür ist, dass wir im Licht leben, dann ist Gott treu und gerecht und vergibt uns unsere Schuld, ja er beseitigt sogar noch die Spuren in unserem Leben, die unser falsches Verhalten hinterlassen hat. Wenn wir dagegen behaupten, wir hätten nichts Unrechtes getan, dann stellen wir ihn als Lügner hin. Deutlicher können wir nicht zeigen, dass wir keine Gemeinschaft mit ihm haben.

Christen soll man erkennen können (2,1–8)

2 Meine Kinder, ich schreibe euch dies, damit ihr nichts tut, was Gott missfällt. Sollte es einem von uns trotzdem passieren, dann dürfen wir die Gewissheit haben, dass beim Vater jemand ist, der uns hilft und für uns eintritt: Jesus Christus, der selbst ohne Schuld ist und darum nicht nur für unsere Sünden, sondern für die der ganzen Welt das Lösegeld bezahlt hat. Durch ihn sind wir mit Gott versöhnt.

Und dass wir Jesus wirklich kennen, erkennen wir daran, dass wir uns an das halten, was er uns aufgetragen hat. Wenn jemand behauptet, er hätte eine Beziehung zu Jesus, und schert sich doch nicht um das, was Jesus gesagt hat, dann ist er ein Lügner und sein Leben ein einziger Betrug. Wenn jemand sich aber fest an das hält, was Jesus gesagt hat, dann ist in ihm tatsächlich die Liebe Gottes bereits vollkommen. Daran erkennen wir, dass unsere Beziehung zu ihm innig und lebendig ist. Wer also behauptet, er würde in enger Verbindung mit Jesus stehen, der sollte so leben, wie Jesus gelebt hat.

Geliebte Geschwister, ich schreibe hier nicht über irgendwelche neuen Gebote, sondern über das eine, das euch von Anfang an vertraut ist: Es ist die Frohe Botschaft, die ihr bereits gehört habt. Andererseits ist das, was ich euch zu sagen habe, doch wiederum neu. Und es ist wahr, weil die Finsternis vergeht und das wahre Licht schon da ist.

Gefährlicher Selbstbetrug (2,9–17)

Wer nun behauptet, dass er in diesem Licht lebe, aber gleichzeitig seinen Bruder nicht ausstehen kann, der lebt eigentlich immer noch in tiefster Finsternis. Wer seinen Bruder liebt, der bleibt im Licht, und es gibt nichts, was an ihm auszusetzen wäre. Doch wer seinen Bruder verachtet oder sogar hasst, der steckt noch so tief in der Finsternis, dass er wie ein Blinder im Dunkeln umhertappt.

Meine Kinder, ich schreibe euch, weil euch im Namen Jesu eure Schuld vergeben wurde und ihr nun den Vater kennt. Ich schreibe euch, ihr Väter, weil ihr Christus kennt, der von Anfang an da gewesen ist. Ich schreibe euch, ihr jungen Männer, weil ihr durch das Wort, das in euch lebendig ist, stark seid und so das Böse besiegt habt.

Liebt nicht die Welt und das, was in ihr ist und Gott entgegensteht. Wenn jemand etwas liebt, das Gott verabscheut, dann liebt er den Vater nicht wirklich. Denn es gibt vieles in der Welt, das Gott zuwider ist: Habsucht, Sensationslust und Angeberei mit dem, was man besitzt oder kann. Diese Welt wird mit Sicherheit einmal untergehen. Doch wer sich um das bemüht, was Gott will und was ihm Freude macht, der wird in Ewigkeit leben.

Unsere Wachsamkeit gilt auch dem kommenden Antichrist (2,18–29)

Meine Kinder, das Ende der Zeit ist nah. Ihr wollt wissen, woran wir das erkennen? Nun, ihr habt gehört, dass das Ende der Zeit nah ist, wenn der Antichrist auftritt. Doch mittlerweile gibt es nicht nur einen, sondern gleich mehrere. Sie kommen zwar aus unseren Reihen, haben jedoch nie wirklich zu uns gehört. Wenn ihre Beziehung zu uns echt gewesen wäre, hätten sie sich niemals von uns getrennt. (Auf diese Weise zeigt sich aber, dass nicht jeder, der sich Christ nennt, auch wirklich einer ist.) Ihr dagegen seid durch die Handauflegung mit dem Heiligen Geist erfüllt worden und könnt darum auch diese Unterschiede erkennen. Ich schreibe euch dies nicht, weil ihr die Wahrheit nicht erkannt habt, sondern im Gegenteil, weil ihr sie kennt und genau wisst, dass sich Lüge und Wahrheit gegenseitig ausschließen.

Wer ist denn der Lügner, wenn nicht jemand, der abstreitet, dass Jesus der Messias ist? Und genau das ist der Antichrist: ein Mensch, der den Vater und den Sohn ablehnt. Wer nämlich den Sohn ablehnt, der will auch nichts mit dem Vater zu tun haben; wer sich dagegen zum Sohn bekennt, der bekommt durch ihn auch diese wunderbare Beziehung zum Vater. Achtet darauf, dass ihr alles, was ihr von Anfang an gehört habt, wie einen Schatz in euch bewahrt. Wenn das, was ihr gehört habt, in euch lebendig ist, dann stimmt auch eure Beziehung zum Vater und zum Sohn. Und dann steht euch auch die Verheißung zu, die er uns geschenkt hat: das ewige Leben.

Ich musste euch unbedingt etwas über die Leute schreiben, die versuchen, euch in die Irre zu führen. Dabei hättet ihr es überhaupt nicht nötig, von irgendjemandem belehrt zu werden, weil ihr mit der Kraft des Heiligen Geistes erfüllt seid, den Gott in euch hineingelegt hat. Er schenkt euch ein klares Verständnis von allem, und seine Worte sind zuverlässig, weil er niemals die Unwahrheit sagt. Verlasst euch also auch in Zukunft auf ihn.

Ja, meine Kinder, verlasst euch auf den Heiligen Geist, damit wir Jesus voller Vertrauen entgegengehen können, wenn er wiederkommt und sich der Menschheit offenbart. Bemüht euch darum, dass ihr keinen Grund habt, euch schämen zu müssen. Ihr wisst, dass Jesus durch und durch gerecht ist. Wenn jemand so lebt, dass sein Denken und Handeln mit dem Willen Gottes übereinstimmen, dann erkennt ihr daran, dass er durch Gott eine neue Schöpfung wurde.

Das unfassbare Geschenk: Wir sind Kinder dieses Vaters (3,1–15)

3 Könnt ihr eigentlich ermessen, wie groß die Liebe unseres Vaters ist, die er uns schenkt? Wir dürfen uns Kinder Gottes nennen! Und wir heißen ja nicht nur so, wir sind es tatsächlich! Darum ist es für Menschen, die Gott nicht kennen oder nicht kennen wollen, unmöglich, zu erkennen, dass wir seine Kinder sind. Meine geliebten Geschwister, wir sind zwar Kinder unseres himmlischen Vaters, aber ihr könnt euch nicht einmal vorstellen, was das eigentlich bedeutet. Eines wissen wir jedoch schon: Wenn Jesus sich der ganzen Mensch-

heit offenbaren wird, werden wir so sein wie er, denn dann werden wir ihn so sehen, wie er ist, in seiner ganzen Herrlichkeit. Wer seine Hoffnung darauf setzt, wird alles dafür tun, dass sein Leben immer mehr zu dem passt, dem er einmal begegnen wird.

Wer sich dagegen mit seinem Verhalten gegen Gott auflehnt, stellt sich damit außerhalb dessen, was Gott uns aufgetragen hat. Denn jeder Ungehorsam, jede Lieblosigkeit ist Schuld vor Gott. Ihr wisst ja, dass Jesus gekommen ist, um uns von unserer Schuld zu befreien, weil er nichts Böses erträgt. Jeder, der in einer innigen Beziehung zu ihm lebt, kann sich nicht mehr von ihm distanzieren und etwas Böses tun. Tut er es doch, dann zeigt es ihm nur allzu deutlich, dass er Jesus noch nicht wirklich begegnet ist und ihn noch nicht verstanden hat.

Meine Kinder, lasst euch von niemandem in die Irre führen! Wer gut handelt, ist gut, wie auch Jesus gut ist; wer dagegen bewusst Böses tut, gehorcht letztlich dem, dessen Existenz daraus besteht, Böses in diese Welt zu bringen: dem Teufel. Jesus aber ist auf diese Erde gekommen, um das ganze Machwerk des Teufels restlos zu zerstören. Jeder, der durch Gott ein neuer Mensch wurde, handelt nicht mehr lieblos oder böse, weil bereits etwas vom Wesen Gottes in ihm lebt. Ja, er kann es gar nicht mehr, weil er ein Kind Gottes wurde. Daran zeigt sich, ob jemand zur Familie Gottes gehört oder ob er ein Kind des Teufels ist: Jeder, der bewusst Böses tut und nicht bereit ist, seine Schwester oder seinen Bruder anzunehmen und zu lieben, ist niemals ein Kind Gottes.

Denn von Anfang an haben wir die Botschaft gehört, dass wir einander lieben sollen, weil wir von Gott unendlich geliebt sind. Unter uns kann und darf es keinen Kain mehr geben, der seinen Bruder regelrecht abgeschlachtet hat. Wenn wir uns fragen, warum er es getan hat, dann gibt es eine klare Antwort: Im Gegensatz zu seinem Bruder war vorher schon vieles von dem, was er tat, böse.

Liebe Schwestern und Brüder, wundert euch also nicht, wenn euch gottlose Menschen ebenfalls hassen! Wir dürfen wissen, dass wir bereits vom Tod gerettet wurden und ewiges Leben haben, denn wir lieben die Menschen um uns herum. Denn wer liebt, gegen den kann der Tod nichts ausrichten. Wer aber Menschen hasst, der ist für Gott wie jemand, der auch Menschen mordet, und ihr wisst, dass kein Menschenmörder ewiges Leben hat.

Liebe zu Gott ist immer auch sehr praktisch (3,16–24)

Wir haben daran erkannt, wie sehr Gott uns liebt, dass er sein Leben für uns eingesetzt hat. Sind wir es ihm dann nicht schuldig, dass wir auch unser Leben für unsere Geschwister einsetzen? Wenn ihr reichlich zum Leben habt und seht jemanden, der wirklich in Not ist, kümmert euch aber nicht im Geringsten um ihn: Glaubt ihr, dass Gott es bei euch aushält? Darum, meine Kinder, lasst uns nicht nur von Liebe zu anderen reden, sondern sie im Alltag auch wirklich in die Tat umsetzen!

Dann werden wir selbst merken, wie richtig und zuverlässig unser Glaube ist und unser Herz wird sich in Gottes Gegenwart beruhigen. Doch selbst wenn unser Herz uns anklagen würde, dürfen wir doch wissen, dass Gott barmherziger ist als unser Herz und er alles weiß. Geliebte Geschwister, wenn uns dagegen nicht einmal unser Gewissen verurteilt, dann dürfen wir wirklich frohes Zutrauen zu Gott haben. Worum wir ihn dann bitten, das empfangen wir von ihm, weil wir seine Gebote halten und so zu leben versuchen, dass er seine Freude daran hat.

Doch was sind seine Gebote? Gott verlangt von uns, dass wir unser ganzes Vertrauen auf den Namen seines Sohnes Jesus Christus setzen und einander so lieben sollen, wie er es uns aufgetragen hat. Wer diese seine Gebote hält, der bleibt mit Gott auf innige Weise verbunden, er in Gott und Gott in ihm. Woran wir erkennen, dass er in uns lebt? Natürlich an seinem Geist, den er uns gegeben hat.

Es gibt klare Erkennungsmerkmale für alles, was sich gegen Gott stellen will (4,1–6)

4 Geliebte Geschwister, schenkt nicht jedem euer Vertrauen, der behauptet, dass er von Gottes Geist erfüllt sei, sondern prüft erst, ob wirklich der Geist Gottes aus ihm spricht oder nicht, denn mittlerweile gibt es bereits eine Unmenge von falschen Propheten in dieser Welt. Woran erkennt man nun den Geist Gottes? Jeder Geist, der bekennt, dass Jesus als Mensch auf diese Welt gekommen ist, stammt von Gott. Umgekehrt könnt ihr sicher sein, dass jeder, der die Menschwerdung Gottes in Jesus ablehnt, von einem Geist inspiriert wird, der nichts mit Gott zu tun hat. Es ist der Geist des Antichristen, von dessen bevorstehender Ankunft ihr ja bereits gehört habt. Er kommt nicht erst, er ist bereits in dieser Welt!

Meine Kinder, vor ihm und seinen Anhängern braucht ihr keine Angst zu haben, denn ihr habt sie bereits besiegt. Ihr gehört zu Gott, und der, der in euch lebt, ist größer als alles, was sich in dieser Welt als mächtig aufspielt. Sie gehören zu dieser widergöttlichen Welt, darum können sie über nichts anderes reden als das, was die Welt ihnen anbietet. Aber es reicht aus, um bei vielen ein offenes Ohr zu finden.

Wir gehören dagegen zu Gott, und wer selbst Gott erkannt hat, der hört auch auf uns. Wer keine Beziehung zu Gott hat, wird alles ablehnen, was wir sagen. Daran könnt ihr den Geist der Wahrheit vom Geist des Irrtums unterscheiden.

Wir können lieben, weil wir unendlich geliebt sind (4,7–5,4)

Geliebte Geschwister, lasst uns einander lieben, weil die Liebe ein Geschenk Gottes ist und jeder, der ein Mensch voller Liebe ist, durch Gott zuvor eine neue Schöpfung wurde. Gott ist ihm nah und vertraut. Wer nicht liebt, kennt Gott einfach noch nicht, denn Gott ist

Liebe. Wie sehr Gott uns liebt, hat sich darin gezeigt, dass er seinen einzigen Sohn in die Welt gesandt hat, damit wir durch ihn das ewige Leben haben. Die Liebe besteht also nicht darin, dass wir Gott geliebt haben, sondern dass er uns zuerst geliebt und uns seinen Sohn gesandt hat, damit dieser durch seinen Tod die Schuld von uns nahm.

Meine geliebten Geschwister, wenn Gott uns so geliebt hat, dann müssen wir diese Liebe einfach aneinander weitergeben. Kein Mensch hat Gott jemals gesehen, aber es gibt ein sicheres Zeichen, an dem wir ihn erkennen können. Wenn wir einander lieben, dann erfahren wir, dass Gott in uns lebt und dass er es ist, der unsere Liebe der seinen immer ähnlicher macht. Ebenso erkennen wir am Wirken seines Geistes, den er uns geschenkt hat, dass wir mit ihm verbunden sind und er in uns lebt.

Wir haben es miterlebt und bezeugen es: Gott, unser Vater, hat seinen Sohn als Erlöser in die Welt gesandt. Wer also bekennt, dass Jesus der Sohn Gottes ist, in dem bleibt Gott und er bleibt mit Gott verbunden. Diese Liebe, die Gott zu uns hat, durften wir erkennen. Auf sie haben wir unser ganzes Vertrauen gesetzt.

Gott ist Liebe, und wer in der Liebe bleibt, der bleibt mit Gott so verbunden wie Gott mit ihm. Weil diese Liebe uns ganz erfüllt, können wir ihm am Tag des Gerichts voller Zuversicht und Freude begegnen, weil er uns ihm immer ähnlicher gemacht hat, als wir noch in dieser Welt lebten. Da gibt es nichts mehr, was wir fürchten müssten, denn wer liebt, bei dem hat Angst keinen Platz, sondern die vollkommene Liebe vertreibt die Angst. Wer sich immer noch vor einer möglichen Strafe fürchtet, in dem ist die liebevolle Beziehung zu Gott noch nicht stark genug ausgeprägt. Unsere Liebe ist immer nur eine Antwort, weil er uns zuerst geliebt hat. Wenn also jemand behauptet, er sei voller Liebe, hasst aber gleichzeitig einen anderen, dann belügt er sich und andere. Denn wenn jemand schon seinen Bruder nicht lieben kann, den er doch vor Augen hat, wie soll er dann Gott lieben können, den er nicht sieht?! Nein, Gottes Gebot ist eindeutig: Wer Gott lieben will, der muss auch seinen Mitmenschen lieben.

5 Gott hat eine neue Schöpfung aus uns gemacht. Das zeigt sich einerseits an unserem Glauben daran, dass Jesus der Messias ist. Andererseits zeigt es sich an unserem Handeln, das von der Liebe Gottes geprägt ist. Aus Liebe hat Gott uns dieses neue Leben geschenkt, darum können wir nicht anders, als ihm dafür mit unserer Liebe zu antworten. Ob wir das tun, zeigt sich daran, wie wichtig uns Gottes Wille ist und wie liebevoll unsere Beziehungen zu unseren Geschwistern im Glauben sind. Denn unsere Liebe zu Gott zeigt sich am deutlichsten daran, dass wir das tun, was er uns aufgetragen hat. Was er von uns erwartet, ist wirklich nicht zu schwer, denn wer ein Kind Gottes wurde, muss nicht mehr verbissen gegen die böse Welt kämpfen. Jesus hat die Welt bereits besiegt und wir haben durch unseren Glauben Anteil an seinem Sieg.

Gott selbst bezeugt uns, dass wir in Jesus das Leben haben (5,5–12)

Wer also besiegt „die Welt", wenn nicht der, der sein ganzes Vertrauen darauf setzt, dass Jesus der Sohn Gottes ist? Jesus hat ja zwei Taufen empfangen – nicht nur die Taufe im Wasser, sondern auch die Taufe mit seinem eigenen Blut. Der Geist der Wahrheit, der Heilige Geist, bezeugt uns, dass wir dadurch erlöst wurden. So sind es letztlich drei, die uns die Erlösungstat Jesu bezeugen: das Wasser, das Blut und der Heilige Geist. Alle drei bilden eine Einheit.

Wenn bei Menschen schon zwei Zeugen ausreichen, damit eine Aussage vor Gericht Gültigkeit hat, wie viel überzeugender ist hier das Zeugnis Gottes über seinen eigenen Sohn! Wer an den Sohn glaubt, spürt in seinem Innersten, dass Gott diesen Glauben bestätigt. Wer nicht glaubt, stellt Gott damit als Lügner hin, weil er dessen dreifaches Zeugnis, das er für seinen Sohn abgelegt hat, einfach nicht annimmt.

Was für ein Zeugnis hat uns Gott gegeben: Er hat uns durch seinen Sohn ewiges Leben geschenkt! Wer mit dem Sohn eine lebendige

Beziehung eingegangen ist, der hat das wahre, unzerstörbare Leben; wer mit dem Sohn Gottes nichts zu tun haben will, hat dieses Leben nicht.

Den Vater zu bitten ist das Privileg der Kinder (5,13–21)

Das musste ich euch schreiben, damit ihr, die ihr an den Sohn Gottes glaubt, euch sicher sein könnt, dass ihr ewiges Leben habt. Weil wir zu ihm gehören, können wir ihn voller Freude und Zuversicht um alles bitten, was seinem Willen entspricht. Er hört uns auf jeden Fall. Weil wir nun wissen, dass er uns hört, wenn wir mit unseren Anliegen zu ihm kommen, wissen wir auch, dass er auf seine Weise unsere Bitten erfüllen wird.

Wenn jemand mitbekommt, dass jemand ungut handelt, sollte er bei Gott für den Betreffenden eintreten, damit Gott diesem hilft, besser zu leben. Das gilt jedoch nicht für eine Schuld, die schwer ist, ja die den Tod nach sich zieht. Irgendwie ist jedes ungute Handeln Sünde, aber nicht jede Sünde führt zu einem Sterben der Beziehung zu Gott.*

Wir haben erfahren, dass jemand, der durch Gott eine neue Schöpfung wurde, sich nicht bewusst gegen Gott stellt und ihm ungehorsam sein will. Jesus selbst ist es, der ihn davor bewahrt, sodass der Widersacher keine Chance hat, ihn zu Fall zu bringen. Noch liegt die ganze Welt im Machtbereich des Bösen; ausgenommen sind alle, die sich unter die Herrschaft Gottes begeben haben. Wir wissen aber auch, dass der Sohn Gottes gekommen ist, um uns Gott so zu zeigen, wie er wirklich ist. Durch Jesus Christus dürfen wir seitdem in einer unvorstellbaren Nähe zu Gott leben.

---

* Von Anfang an herrschte unter den Christen die Überzeugung, dass es Sünden gibt, die keine ewige Verdammnis nach sich ziehen, aber eben auch solche, die in Zeit und Ewigkeit den Menschen von Gott trennen – wenn der betreffende Mensch nicht umkehrt.

Jesus Christus ist wahrhaft Gott und für uns das ewige Leben.

Meine Kinder, lasst niemanden neben Jesus auch nur annähernd die gleiche Verehrung zukommen!

Der zweite Brief von Johannes

Auch wenn dieser Brief unter dem Namen von Johannes um die Jahrhundertwende unter den damaligen Gemeinden seine Runde gemacht hat, es muss ein anderer Verfasser gewesen sein. Jemand mit hoher Autorität, die er einsetzt, um die Gemeinden vor Irrlehrern zu bewahren. So wichtig ihm das Liebesgebot ist, den Irrlehrern gegenüber zieht er eine harte Grenze.

Der „Älteste“ schreibt diesen Brief an seine erwählte Gemeinde und deren Kinder, die ich wirklich lieb habe und nicht nur ich allein, sondern alle, die die Wahrheit erkannt haben. Ich liebe euch als Gemeinde genau wegen dieser Wahrheit, die uns miteinander verbindet und die bis in alle Ewigkeit bei uns bleiben wird. Gnade sei mit uns, wahrhaftig und voller Liebe, Barmherzigkeit und Frieden von Gott, dem Vater, und von Jesus Christus, seinem Sohn.

Liebe als die Erfüllung aller Gebote (4–6)

Ich habe mich sehr darüber gefreut, von deinen Kindern gehört zu haben, dass unter ihnen eine ganze Reihe aufrichtig Jesus nachfolgen, wie unser Vater es ihnen aufgetragen hat. Und jetzt bitte ich dich, meine verehrte, liebe Gemeinde, um etwas, das ich dir schon viel früher geschrieben habe und das daher für dich auch nichts Neues ist: Lasst uns einander lieben. Die Liebe aber zeigt sich darin, dass wir Gottes Anliegen ernst nehmen. Und das Gebot, an dem wir unser Dasein ausrichten sollen, ist: Lebt ein Leben, das von der Liebe Gottes durchdrungen ist.

Für Irrlehrer damals: Der Sohn Gottes durfte nicht Mensch werden (7–13)

Leider gibt es eine ganze Reihe von Personen, die versuchen, die Gemeinden vom richtigen Weg abzubringen, um so eine eigene Anhängerschaft zu gewinnen. Viele von ihnen leugnen, dass Jesus Christus wirklich Mensch war. Hinter all dem steht der große Verführer, der Antichrist. Achtet darauf, dass ihr nicht wieder verliert, was ihr euch mit unserer Hilfe erarbeitet habt. Schließlich sollt ihr nicht um euren vollen Lohn betrogen werden.

Jeder, der über das hinausgeht, was Jesus gelehrt hat, oder seine Lehre infrage stellt, hat nichts mit Gott, unserem Vater, zu tun. Wer sich dagegen auf das verlässt, was Jesus uns mitgeteilt hat, bleibt nicht nur in seiner Beziehung zum Vater, sondern auch in der zu seinem Sohn fest gegründet. Wenn jemand zu euch kommt und nicht ganz klar sagen kann, wer Jesus Christus für ihn und uns alle ist, rate ich euch, auf Distanz zu gehen und euch nicht einmal auf ein belangloses Gespräch einzulassen. Denn wer sich auf solche Menschen näher einlässt, gerät unweigerlich in den Sog ihrer falschen Ansichten.

Ich hätte euch noch vieles zu sagen, aber ich möchte es nicht mit Feder und Tinte tun. Ich hoffe, bald wieder zu euch kommen und dann mit euch zusammen über all das reden zu können. Ich denke, dass wir dadurch alle sehr viel Freude geschenkt bekommen.

Es grüßen dich die Kinder deiner ebenso von Gott erwählten Schwestergemeinde.

Der dritte Brief von Johannes

In der Sammlung der neutestamentlichen Briefe findet sich tatsächlich auch dieser private Brief. Gerade weil er sehr persönlich gehalten ist, gewährt er uns doch einen unverstellten Einblick in das Leben der Gemeinden am Ende des ersten Jahrhunderts. Da gab es Wanderprediger, schon fest gefügte Gemeinschaften, aber noch keine allgemein verpflichtende Gemeindeordnung. Diese Aufgabe haben damals wohl Männer (Älteste, auch episkopoi *– „Aufseher") übernommen, die in das Leben verschiedener Gemeinden korrigierend oder ermutigend hineinsprechen konnten.*

Ein gutes Vorbild ... (1–8)

Der „Älteste“ schreibt diesen Brief an seinen geliebten Bruder Gaius, den ich wirklich von Herzen gern habe.

Geliebter Bruder, ich wünsche dir, dass es dir in jeder Hinsicht gut geht und du gesund bist. Damit meine ich natürlich auch dein Seelenleben. Denn ich habe mich sehr gefreut, als einige Brüder vorbeikamen und über deinen Glauben nur das Beste zu berichten hatten. Sie meinten, du würdest wirklich treu zur Wahrheit der Frohen Botschaft stehen und nach ihr leben. Ich freue mich über nichts mehr, als immer wieder mitzubekommen, wie meine „Kinder“ die Wahrheit von Gottes Wort in ihrem Leben umsetzen.

Geliebter Bruder, es spricht für deine Treue zu Gott, wie sehr du dich um die Geschwister im Glauben kümmerst, noch dazu um solche, die von auswärts zu euch kamen. Einige von ihnen haben hier vor der Gemeinde von deiner Liebe berichtet. Ich denke, es wäre gut, wenn du sie auch für die weitere Reise mit allem Nötigen ausstattest, wie es Gottes würdig ist, denn für ihn sind sie aufgebrochen und auf Reisen gegangen. Darum haben sie auch keinerlei Unterstützung von den Nichtchristen angenommen. Es ist wirklich unsere Aufgabe, solche Diener Gottes aufzunehmen, damit auch wir dadurch ein wenig zur Verbreitung der Wahrheit über unseren Gott beitragen können.

... und ein schlechtes (9–10)

Ich habe der Gemeinde schon einen Brief geschrieben, doch Diotrephes, der bei euch unbedingt eine führende Rolle spielen will, lehnt uns ab. Ich werde ihn daher zur Rede stellen, wenn ich zu euch komme. Vielleicht muss ich ihn daran erinnern, wie viel Unheil er mit seiner üblen Nachrede und seinen ständigen Angriffen gegen mich schon angerichtet hat. Doch das ist noch nicht alles. Auch im Umgang mit den Geschwistern handelt er vollkommen eigenmächtig. Schlimm genug, dass er bestimmte Brüder nicht bei sich aufnimmt; er hindert auch noch alle daran, die es tun wollen (und wenn sie es doch tun), dann schließt er sie sogar aus der Gemeinde aus.

Was folgt daraus? (11–15)

Geliebter Bruder, folge nicht seinem schlechten Beispiel, sondern lass dich immer wieder vom Guten faszinieren. Wer Gutes tut, weil er sich von Gott geliebt weiß, lebt aus seiner Beziehung zu Gott; wer dagegen bewusst böse handelt, kennt Gott nicht.

Über Demetrius haben alle nur Gutes zu sagen und Gott selbst bestätigt dies als wahr. Auch wir möchten uns für ihn verwenden, und du weißt, dass ich mich in meinem Urteil nicht beeinflussen lasse.

Ich hätte dir noch so vieles mitzuteilen, aber ich will es jetzt nicht mit Feder und Tinte tun. Ich hoffe aber sehr, dich bald wiederzusehen und unter vier Augen mit dir reden zu können.

Der Friede Christi sei mit dir! Grüßen lassen dich alle deine Freunde hier. Grüße du auch alle unsere Freunde vor Ort ganz persönlich.

Der Brief von Judas

Interessant an diesem Brief ist sein Verfasser. Offensichtlich war er selbst nicht so bekannt und musste sich legitimieren, indem er darauf hinwies, dass er der Bruder des Jakobus und deshalb auch ein Bruder Jesu war. Auch ihm liegt die Einheit der Gemeinde am Herzen, die er durch Irrlehrer, die die Gemeinden zu unterwandern suchen, gefährdet sieht. Um seine Warnung zu verstärken, greift er sogar auf außerbiblische jüdische Erzählungen zurück („Himmelfahrt des Mose"), die seinen Lesern offensichtlich bekannt gewesen sein müssen. Verfasst wurde der Brief vor dem 2. Petrusbrief, weil dieser den Brief von Judas mehrfach fast wörtlich zitiert.

Judas, ein Diener Jesu Christi und Bruder von Jakobus, schreibt diesen Brief an die von Gott geliebten Geschwister und alle, die Gott dazu berufen hat, seine geliebten Kinder zu sein. Jesus Christus wird euch helfen, an eurer Berufung festzuhalten. Mögen euch die Barmherzigkeit, der Friede und die Liebe Gottes immer mehr erfüllen.

Es geht um die Lehre von der Kostbarkeit der Gnade Gottes (3–10)

Geliebte Geschwister, es liegt mir sehr am Herzen, euch etwas über unsere gemeinsame Rettung zu schreiben. Ich möchte euch ermutigen, mit ganzer Hingabe für den uns anvertrauten Glauben einzutreten. Denn die Gemeinde wird tatsächlich von Menschen unterwandert, denen es gar nicht um Gott geht und deren Akten längst auf dem Tisch des Richters liegen. Sie haben die wunderbare Lehre von der unermesslichen Gnade Gottes auf den Kopf gestellt und als Freibrief für alle möglichen Ausschweifungen missbraucht. Natürlich lehnen sie die alleinige Herrschaft unseres Herrn Jesus Christus ab.

Obwohl ihr das alles schon wisst, möchte ich euch noch einmal ins Gedächtnis rufen, dass der Herr sein Volk damals aus der ägyptischen Sklaverei errettet hat. Doch er ließ keinen von denen, die diese Rettung miterlebt hatten, ihm aber später den Glauben aufkündigten, das Gelobte Land betreten. Wegen ihres Unglaubens kamen sie alle vorher in der Wüste um.

Ein anderes Beispiel betrifft bestimmte Engel, die, wie wir im Buch Henoch lesen, ihre eigene Herrscherwürde nicht bewahrt, sondern den ihnen zustehenden Platz verlassen haben. Sie werden mit ewigen Fesseln an einem finsteren Ort für den großen Tag des Gerichts festgehalten.

Und noch ein Beispiel, das euch zeigen kann, wie ernst wir Gott nehmen müssen, wenn wir meinen, wir könnten uns über seinen Willen hinwegsetzen: Ähnlich wie die eben genannten Engel haben auch die Bewohner von Sodom und Gomorra auf perverseste Weise ihre Sexualität missbraucht. Ihr Untergang im Feuer ist ein Symbol für das ewige Feuer, das Menschen erwartet, die sich voller Bosheit gegen Gottes erklärten Willen stellen.

Merkt ihr nicht, dass die Leute, die euch auf Irrwege zu führen versuchen, trotz all ihrer frommen Visionen ein moralisch verwerfliches Leben führen, sich in keiner Weise der Herrschaft Jesu unterstellen wollen und für seine Herrlichkeit nur abfällige Bemerkungen übrig haben? Denkt an den Erzengel Michael: Als der sich der Legende nach mit dem Teufel um den Leichnam von Mose stritt und es zu einem heftigen Wortwechsel kam, wagte er es nicht, den Teufel zu beschimpfen und zu verurteilen, sondern er sagte nur knapp: „Der Herr wird dich zurechtweisen!"

Solche Menschen spotten jedoch über alles, was sie nicht kennen, und was sie gut verstehen – nämlich das, was unvernünftige Tiere auch können –, das wird ihnen den Untergang bringen.

Menschen unter der Herrschaft des Bösen (11–19)

Man kann sie nur warnen, denn sie sind auf demselben Weg unterwegs, auf dem auch Kain gegangen ist, ja sie verfallen dem gleichen Irrtum, dem auch Bileam verfallen war, nur weil sie sich davon einen Vorteil versprechen. Sie werden umkommen, wie auch Korach durch seinen Widerstand gegen Gott umgekommen ist. Diese Menschen sind die übelsten Schandflecke bei euren Festessen (die der Gemeinschaft untereinander und der Liebe zu Gott dienen); ihnen macht es überhaupt nichts aus mitzuessen. Sie weiden sich selbst, sind aber nur regenlose Wolken, die vom Wind schnell vorübergetrieben werden. Sie stehen da wie Bäume im Herbst, die keine Frucht gebracht haben, bis ins Mark abgestorben sind und kein Wurzelwerk mehr haben. Man könnte sie auch mit den wilden Wogen des Meeres vergleichen, die nur mit ihrem widerwärtigen Verhalten ein bisschen Schaum schlagen und damit die Wellen krönen. Sie sind wie Irrlichter, auf die bereits die ewige Finsternis wartet.

Auch diesen Menschen hat Henoch vorausgesagt: „Siehe, es kommt der Herr mit vielen tausend Erlösten, um über alle Gericht zu halten und jeden für das zu bestrafen, was er bewusst gegen Gott getan oder in seiner Unbelehrbarkeit geredet hat."* Oft sind diese Menschen mit nichts zufrieden, jammern über ihr Schicksal und richten ihr Leben nur nach dem aus, was ihnen gerade passt. Sie schwingen überall große Worte, aber wenn sie einmal ihrer Bewunderung für jemanden Ausdruck verleihen, dann tun sie dies nur, weil sie sich davon einen Vorteil versprechen.

Ihr aber, geliebte Geschwister, vergesst nicht, was euch von den Aposteln unseres Herrn Jesus Christus vorausgesagt wurde: Am Ende der Zeit wird es immer mehr Menschen geben, die sich über den Glauben lustig machen und sich in ihrem Lebenswandel nur an dem Lustprinzip orientieren, ohne auch nur eine Sekunde nach Gott zu fragen. Das sind auch die Geschwister, die in unseren Gemeinden immer wieder Spaltungen verursachen, denen es dabei jedoch nur um handfeste Vorteile geht. Sie alle haben sich dem Heiligen Geist gegenüber verschlossen.

Leben, wie es Gott gefällt (20–25)

Ihr aber, geliebte Geschwister, baut euer Leben auf dem gottgeschenkten Glauben auf, indem ihr in der Kraft des Heiligen Geistes betet und euch so in der Liebe Gottes bergt. So könnt ihr voller Zuversicht die Barmherzigkeit unseres Herrn Jesus Christus erwarten, die euch das Tor zum ewigen Leben öffnet. Wie aber sollt ihr mit denen umgehen,

* Henoch 1,9. Das Buch Henoch zählt zu den sogenannten Apokryphen. Darunter versteht man Texte, die beim Entstehungsprozess der Bibel nicht in den Kanon aufgenommen wurden: meist aus inhaltlichen Gründen oder weil sie nicht allgemein in den Gemeinden verbreitet waren. Das Buch Henoch wurde aber in der äthiopischen Kirche bewahrt, sodass wir es noch besitzen (daher in der Forschung „äthiopischer Henoch"), außerdem wurden in Qumran große Fragmente des Textes entdeckt. Auch Teile einer griechischen Fassung sind erhalten. Alle diese apokryphen Schriften liegen auch in guten deutschen Übersetzungen vor.

die euch in der Gemeinde solche Sorgen machen? Die einen, die bloß von ihren eigenen Zweifeln umgetrieben werden, behandelt verständnisvoll und mit großem Einfühlungsvermögen. Die anderen könnt ihr retten, indem ihr sie dem Feuer des Gerichts entreißt. Den dritten schließlich könnt ihr nur mit äußerster Vorsicht Verständnis entgegenbringen. Ihre Neigung, ein ausschweifendes Leben zu führen, muss auf eure harte Ablehnung stoßen.

Ihm aber, der die Möglichkeit hat, euch vor dem Scheitern zu bewahren und euch als von Schuld befreite Menschen mit unvorstellbarer Freude vor seine Herrlichkeit zu stellen, ihm, dem alleinigen Gott, der uns durch Jesus Christus erlöst hat, sei Ehre, Majestät, Kraft und Vollmacht. So war es schon immer, so ist es jetzt und wird es in alle Ewigkeit sein. Amen.

Die Offenbarung des Johannes

Das letzte Buch des Neuen Testaments ist auch gleichzeitig das eigenartigste. Es hat im Laufe der Geschichte die unterschiedlichsten Reaktionen bei seinen Lesern hervorgerufen. Während viele sich noch sehr von dem angesprochen fühlen, was in den sieben Sendschreiben an die Gemeinden Kleinasiens steht, scheiden sich bei der anschließenden großen Vision die Geister. Einige sind von der gewaltigen Schau begeistert, vermittelt sie doch eine Ahnung von einer zukünftigen Welt, die wir uns nicht einmal annähernd vorstellen können. Andere haben ihre liebe Not mit dem dort Gesagten, fließen doch Unmengen Blut und die Vergeltung an den Ungläubigen wird immer und immer wieder vollzogen. Spätestens hier wird deutlich, dass der Verfasser der Offenbarung nicht der Autor des Johannesevangeliums sein kann. Zu auffallend sind die sprachlichen und theologischen Unterschiede.
Viele Theologen rechnen daher dieses letzte Buch des Neuen Testamentes einem prophetisch begabten Jünger aus dem Kreis um Johannes zu.

Die gewaltigen Bilder und Symbole des Buches wollen aus ihrer Zeit heraus verstanden werden, etwa aus der Auseinandersetzung mit dem Kaiserkult. Einen „Fahrplan der Zukunft" will das Buch nicht bieten, sondern eine Wesensschau der Welt und des kommenden Gottesreiches, und das in überwältigenden Bildern.

Die Botschaften und ihre Empfänger (1,1–20)

1 Dieses Buch ist die Offenbarung Jesu Christi, die ihm von Gott gegeben wurde, damit er sie denen mitteile, die ihm auf Erden dienen und die wissen sollen, was schon in naher Zukunft geschehen wird. Darum hat Jesus seinem Diener Johannes einen Engel gesandt. Johannes selbst hat das Wort Gottes treu bezeugt und hier als Augenzeuge der Ereignisse um Jesus aufgeschrieben, was er gesehen und erlebt hat.

Wer diese prophetischen Worte liest oder sie hört und entsprechend handelt, der darf sich glücklich schätzen. Denn die Zeit ist nah, in der sich all das Gesagte erfüllen wird.

Ich, Johannes, möchte zunächst jeder der sieben Gemeinden in der Provinz Asia eine Botschaft von Gott mitteilen. Ich wünsche euch die Gnade und den Frieden von dem, der ist und der da war und der kommen wird, dazu von den sieben Geistwesen, die vor seinem Thron stehen, und von Jesus Christus, dem treuen Zeugen. Er stand als Erster vom Tod auf und herrscht über die Könige der Welt. Ihm, der uns geliebt und erlöst hat, der uns durch sein Leiden und Sterben nicht nur von unserer Schuld befreit hat, sondern uns für Gott, seinen Vater, zu einem königlichen Volk von Priestern gemacht hat, ihm sei die Ehre und die Macht von Ewigkeit zu Ewigkeit! Amen.

Gebt Acht, er wird auf Wolken kommen, und alle Menschen werden ihn mit eigenen Augen sehen, selbst die, die ihn damals umgebracht haben. Ja, ihr werdet erleben, dass alle Völker der Erde bei seinem Anblick jammern und klagen werden.

„Ich bin das Alpha und das Omega, der Anfang und das Ende", spricht der Herr, „der allmächtige Gott, der ist und der war und der kommen wird."

Ich, Johannes, habe als euer Bruder genauso gelitten wie ihr, aber ebenfalls das Glück erfahren, einem solchen König dienen zu dürfen, auch wenn das hieß, geduldig auf sein Kommen zu warten. Ich wurde auf die Gefängnisinsel Patmos verbannt, weil ich das Wort Gottes verkündet und für Jesus Zeugnis abgelegt habe.

Es war am Tag des Herrn, und ich betete gerade, als ich hinter mir eine Stimme vernahm, die mir mit der Lautstärke einer Posaune etwas zurief: „Was du jetzt hören und sehen wirst, das schreibe auf und schicke es an die sieben Gemeinden in der Provinz Asia: Ephesus, Smyrna, Pergamon, Thyatira, Sardes, Philadelphia und Laodizea!"

Ich wandte mich um, um zu sehen, wer mich da angesprochen hatte, und sah sieben goldene Leuchter und zwischen ihnen eine Gestalt, die dem Menschensohn glich. Er war mit einem Gewand bekleidet, das bis zu den Füßen reichte und von einem goldenen Gürtel zusammengehalten wurde. Seine Haare waren so hell wie schneeweiße Wolle und seine Augen glichen Feuerflammen. Seine Füße sahen aus, als hätte man Golderz in einem Ofen glühend erhitzt. Seine Stimme klang wie der Donner eines Wasserfalles. In seiner rechten Hand hielt er sieben Sterne und aus seinem Mund kam ein scharfes, zweischneidiges Schwert. Seine gesamte Gestalt strahlte so stark wie die Sonne.

Kaum hatte ich seine Erscheinung wahrgenommen, da fiel ich ihm wie tot zu Füßen. Doch er legte seine rechte Hand auf mich und sagte nur: „Fürchte dich nicht! Ich bin der Erste und der Letzte, ich war tot, doch jetzt bin ich lebendig und werde bis in alle Ewigkeit leben, denn ich allein verfüge über die Schlüssel des Todes und des Totenreichs. Schreib also auf, was du gesehen hast, was jetzt gerade geschieht und was in Zukunft sein wird." Die sieben Sterne stehen übrigens für die sieben Engel der Gemeinden und deren Symbol sind die sieben Leuchter.

Der Brief an die Gemeinde von Ephesus (2,1–7)

2 Schreibe dem Engel der Gemeinde von Ephesus: Dies sagt euch der, der die sieben Sterne in seiner rechten Hand hält und der mitten unter den sieben goldenen Leuchtern steht. Ich weiß, wie sehr du dich abmühst und voller Geduld ausharrst. Ja, ich habe sehr wohl gesehen, dass du das Böse in deiner Mitte nicht duldest. Du hast alle geprüft, die sich als Apostel ausgeben, es aber in Wirklichkeit gar nicht sind, und hast sie als Lügner überführt. Ja, du hast wirklich Ausdauer bewiesen und viel für mich durchgemacht, aber nie aufgegeben. Doch eines vermisse ich sehr: Du liebst mich nicht mehr so wie zu Anfang. Erinnere dich an das Gute, das du damals hattest, und wie weit du dich von ihm entfernt hast. Darum ändere dein Denken, und verhalte dich wieder so, wie du es damals getan hast. Wenn du jedoch alles so weiterlaufen lässt und gar nicht daran denkst, etwas in deiner Beziehung zu mir zu ändern, dann werde ich kommen und den Leuchter von deiner Seite wegnehmen.

Noch einmal: Es ist unbestritten, dass das meiste, was du tust, großartig ist. Ich denke nur an deine entschiedene Ablehnung der Nikolaiten, deren Denken und Handeln auch mir zuwider ist.

Wer Ohren hat zu hören, der höre auf das, was der Geist Gottes den Gemeinden zu sagen hat. Wer siegt, dem werde ich vom Baum des Lebens, der im Paradies steht, zu essen geben.

Der Brief an die Gemeinde in Smyrna (2,8–11)

Dem Engel der Gemeinde in Smyrna schreibe: Dies sagt dir der Erste und der Letzte, der tot war und wieder lebendig wurde. Ich weiß, in welcher Armut du lebst und wie schwer man dir das Leben macht. Doch du darfst dich freuen, denn in Wirklichkeit bist du reich. Leute, die von sich behaupten, sie seien Juden, in Wirklichkeit aber zur Synagoge Satans gehören, sagen schlimme Dinge über dich. Fürchte dich nicht, gleichgültig, was du noch zu erleiden hast. Der Teufel wird die Menschen dazu bringen, einige von euch ins Gefängnis zu werfen, um euch den Glauben auszutreiben. Doch haltet durch, denn selbst diese Leidenszeit wird nicht allzu lange dauern. Ja, haltet treu zu mir, selbst wenn es euch das Leben kosten sollte, denn dann werde ich euch die Krone des Lebens geben können.

Wer Ohren hat zu hören, der höre auf das, was der Geist Gottes den Gemeinden zu sagen hat. Denkt daran: Wer durchhält und den Sieg erringt, dem kann der zweite Tod nichts mehr anhaben.

Der Brief an die Gemeinde von Pergamon (2,12–17)

Dem Engel der Gemeinde von Pergamon schreibe Folgendes: Dies sagt der, der das scharfe, zweischneidige Schwert führt: Dort, wo du wohnst, befindet sich bekanntlich der Thron Satans. Trotzdem hältst du an meinem Namen fest und hast auch dann den Glauben an mich nicht verleugnet, als man Antipas, meinen treuen Zeugen, in deiner Stadt umbrachte. Ja, in dieser Stadt wohnt wirklich der Satan.

Doch auch dir muss ich etwas sagen: Weißt du noch, wie Bileam Balak dazu verführte, die Söhne Israels zu ermuntern, an den Tempelfesten teilzunehmen, bei denen nicht nur Götzenopferfleisch gegessen, sondern sich auch mit Tempeldirnen eingelassen wurde? Wie Bileam, so versuchen auch die Nikolaiten, euch weiszumachen, ein unmoralisches Leben sei durchaus mit Gott vereinbar. Es wird Zeit, dass ihr eure Einstellung ihnen gegenüber ändert. Wenn ihr es nicht tut, dann werde ich selbst kommen und sie mit dem Schwert meiner Worte bekämpfen.

Wer Ohren hat zu hören, der höre auf das, was der Geist Gottes den Gemeinden zu sagen hat. Wer siegt, dem werde ich von dem verborgenen Manna zu essen geben und er wird von mir einen neuen Namen – eingraviert auf einem Marmorplättchen – erhalten, den außer ihm selbst niemand kennt.

Der Brief an die Gemeinde in Thyatira (2,18–29)

Dem Engel der Gemeinde in Thyatira schreibe: Dies sagt dir der Sohn Gottes, dessen Augen wie Feuer leuchten und dessen Füße wie Golderz sind. Wie vertraut ist mir alles, was du tust, deine Liebe, dein Vertrauen, dein selbstloses Dienen, dein geduldiges Ausharren und deine Werke, die alles aus deiner ersten Zeit noch übertreffen.

Aber du musst verstehen, ich kann nicht dulden, dass du diese „Isebel" gewähren lässt. Sie nennt sich zwar Prophetin, verführt aber in Wirklichkeit viele von denen, die mir nachfolgen, zur Teilnahme an götzendienerischen Tempelgelagen, bei denen Opferfleisch gegessen wird und es immer wieder zu sexuellen Ausschweifungen kommt. Ich habe ihr genug Zeit gegeben, die Verkehrtheit ihres Handelns einzusehen und umzukehren, doch sie denkt nicht daran. Vor allem verhält sie sich weiterhin so freizügig, weshalb ich sie aufs Krankenbett werfen werde. Und wenn diejenigen, die sich mit ihr eingelassen und Ehebruch begangen haben, nicht umdenken und sich von ihrem Einfluss befreien, werde ich zulassen, dass sie in große Schwierigkeiten geraten, was auch noch ihre Kinder in Mitleidenschaft ziehen wird. Ja, für manche wird es sogar den Tod bedeuten. Dadurch werden auch alle übrigen Gemeinden begreifen, dass ich sie auf Herz und Nieren prüfe und jeden entsprechend seinem Verhalten behandele. Und für euch anderen in der Gemeinde von Thyatira, die ihr euch nicht auf die Verführung der „Isebel" eingelassen und noch nicht die Abgründe Satans kennengelernt habt, gilt: Ich werde euch keine Einschränkungen auferlegen. Haltet, bis ich komme, nur an dem fest, was ihr schon habt! Und wer siegt und bis ans Ende an dem festhält, was ich für ihn getan habe, dem werde ich Macht über Völker geben, die er mit großer Strenge regieren wird, und wenn nötig, mit Härte bestrafen kann. Er wird ähnlich seine Macht ausüben, wie auch ich Macht von meinem Vater empfangen habe. Auch er soll für diese Völker strahlen wie der Morgenstern.

Wer Ohren hat zu hören, der höre auf das, was der Geist Gottes den Gemeinden zu sagen hat.

Der Brief an die Gemeinde in Sardes (3,1–6)

3 Dem Engel der Gemeinde in Sardes schreibe: Dies sagt der zu dir, dem die sieben Geistwesen dienen und der die sieben Sterne in seinen Händen hält: Ich weiß alles, was du tust. Du hast dir einen Namen gemacht und bist davon überzeugt, dass du eine lebendige Gemeinde bist, aber ich muss dir sagen, dass du doch tot bist. Wach endlich auf und kümmere dich um die wenigen, deren Glaube noch nicht gestorben ist, damit sie wieder zu Kräften kommen. Denn ich habe bei dir nichts gefunden, was meinem und eurem Vater Freude machen würde. Darum erinnere dich daran, wie du zum Glauben gekommen bist und was du über ihn gehört hast. Halte dich daran fest und wende dich von deinem bisherigen Weg ab. Wenn dir dein Weg weiterhin egal ist, werde ich wie ein Dieb in der Nacht zu dir kommen, und du wirst es nicht bemerken. In eurer Gemeinde gibt es nur wenige, die sich wie Menschen verhalten haben, die ihrem Herrn nachfolgen. Für sie wird der Tag kommen, an dem sie mit mir zusammen und in weiße Gewänder gekleidet sein werden als Zeichen dafür, dass ich sie als würdig erachtet habe. Wer siegt, wird mit weißen Gewändern bekleidet, und ich werde dafür sorgen, dass sein Name nie mehr aus dem Buch des Lebens gelöscht wird. Ja, mehr noch: Ich werde mich vor meinem Vater und allen seinen Engeln zu ihm stellen.

Wer Ohren hat zu hören, der höre auf das, was der Geist Gottes den Gemeinden zu sagen hat.

Der Brief an die Gemeinde in Philadelphia (3,7–13)

Dem Engel der Gemeinde in Philadelphia schreibe Folgendes: Dies sagt dir der Heilige und Wahrhaftige, der den Schlüssel Davids besitzt, mit dem er öffnen wird, was niemand mehr verschließen kann, und mit dem er zuschließt, was niemand mehr öffnen wird. Ich weiß alles, was du tust, und ich möchte dir sagen, dass ich vor dir eine Türe geöffnet habe, die niemand mehr zuschließen kann. Warum? Weil du nur wenig Kraft hattest und doch treu an meinem Wort festgehalten und dich überall zu mir bekannt hast. Dafür möchte ich dir ein Geschenk machen: Es werden Anhänger Satans, die sich und andere belügen, indem sie vorgeben, fromme Juden zu sein, jedoch alles andere als das sind, zu dir kommen und sich dir zu Füßen werfen, weil sie erkannt haben, wie sehr ich dich liebe. Weil du auf mein Wort hin mit so großer Geduld ausgeharrt hast, werde ich dich auch durch die Zeiten hindurchtragen, in denen du wie alle Bewohner der ganzen Erde auf die Probe gestellt wirst. Ich komme bald. Du aber halte an dem fest, was dir geschenkt wurde, damit dir niemand mehr deinen Siegeskranz nehmen kann. Wer siegen wird, den werde ich zu einer Säule im Tempel meines Gottes machen und er wird nie mehr fortgehen müssen. Auf ihn werde ich den Namen meines Gottes und den Namen seiner Stadt schreiben. Es ist das neue Jerusalem, das aus dem Himmel zu uns herabkommt, direkt von meinem Gott. Und meinen neuen Namen werde ich auch auf ihn schreiben.

Wer Ohren hat zu hören, der höre auf das, was der Geist Gottes den Gemeinden zu sagen hat.

Der Brief an die Gemeinde in Laodizea (3,14–22)

Und dem Engel der Gemeinde in Laodizea schreibe: Dies sagt der, der das „Amen" Gottes ist, der treue und wahrhaftige Zeuge, der Ursprung von allem, was unser Gott erschaffen hat. Ich kenne deine Einstellung und dein Verhalten: Du bist weder Fisch noch Fleisch. Wenn du doch kalt wärst oder heiß! So aber bist du weder heiß noch kalt, du bist lauwarm, darum bist du ungenießbar, und ich muss dich aus meinem Mund ausspucken. Du behauptest großspurig, du seist so reich, dass dir eigentlich nichts mehr fehlen würde, bist aber in Wirklichkeit unglücklich und bemitleidenswert, blind und nackt. Daher rate ich dir, dir wahren Reichtum zuzulegen und von mir im Feuer gereinigtes Gold zu kaufen, sodass du wirklich reich wirst und weiße

Kleider kaufen kannst, damit du nicht mehr so nackt herumläufst und die Leute dein ganzes Elend sehen. Nicht zuletzt kannst du von mir auch noch eine Augensalbe bekommen, die du auf deine Augen streichen kannst, damit du endlich mit ihnen sehen kannst. Alle, die ich liebe, weise ich zurecht und züchtige sie, wenn es notwendig ist. Bemühe dich also mehr und ändere dein verkehrtes Denken.

Merkst du es denn nicht: Ich stehe vor deiner Tür und klopfe an; wenn du meine Stimme hörst und mir die Tür öffnest, dann werde ich bei dir eintreten und mit dir zusammen essen und du mit mir.

Was darf der erwarten, der bis zum Ende siegreich bleibt? Ich werde ihm neben mir einen Platz auf meinem Thron geben. Genau das habe ich getan, als ich mich nach meinem Sieg zu meinem Vater auf seinen Thron setzte.

Wer Ohren hat zu hören, der höre auf das, was der Geist Gottes den Gemeinden zu sagen hat.

Blick in den Thronsaal Gottes (4,1–11)

4 Danach sah ich am Himmel eine weit geöffnete Tür, und dieselbe Stimme, die mich schon zuvor mit der Lautstärke einer Posaune angeredet hatte, rief mir von oben herab zu: „Komm herauf zu mir, damit ich dir zeigen kann, was in Zukunft geschehen wird."

Im selben Augenblick wurde ich im Geist dorthin versetzt, und ich sah mitten im Himmel einen Thron, auf dem jemand saß. Wie soll ich nur sein Aussehen beschreiben?! Der dort auf dem Thron saß, glich einem Jaspisstein und einem Karneol. Über seinem Thron wölbte sich ein Regenbogen, der wie ein Smaragd funkelte.

Weiter sah ich noch vierundzwanzig andere Throne neben ihm, auf dem vierundzwanzig Älteste saßen, die weiße Gewänder trugen und auf ihren Häuptern goldene Kronen. Von dem Thron in der Mitte gingen Blitze, eine laute Stimme wie ein Donner aus. Vor dem Thron brannten sieben Fackeln, die sieben Geister Gottes, ansonsten sah ich ein gläsernes Meer, das sich wie ein Kristall vor dem Thron ausbreitete. Direkt vor dem Thron in der Mitte eines Kreises standen vier Wesen, die vorne und hinten mit Augen bedeckt waren. Und das erste von ihnen sah aus wie ein Löwe, das zweite wie ein junges Rind, das dritte hatte ein menschliches Gesicht und das vierte glich einem fliegenden Adler. Jedes dieser vier Wesen hatte sechs Flügel und war, wie gesagt, ringsum mit Augen bedeckt. Sie gönnten sich Tag und Nacht keine Ruhe und beteten Gott unablässig an: „Heilig, heilig, heilig ist der Herr, Gott der Allmächtige, der war und ist und kommen wird!" Und jedes Mal, wenn die vier Wesen dem, der auf dem Thron saß, ihre Dankbarkeit in Lob- und Dankgebeten ausdrückten, fielen die vierundzwanzig Ältesten auf ihr Angesicht nieder vor dem, der auf dem Thron sitzt und bis in alle Ewigkeit lebt. Sie beteten ihn an, indem sie ihre Kronen vor ihm niederlegten und bekannten: „Würdig bist du, unser Herr und Gott, alle Herrlichkeit und Macht zu empfangen, weil du das All geschaffen hast, ja dass du es überhaupt gewollt hast."

Ein Buch mit sieben Siegeln (5,1–14)

5 In der rechten Hand dessen, der auf dem Thron saß, sah ich ein Buch, das von vorne bis hinten beschrieben war und das man mit sieben Siegeln versiegelt hatte. Da sah ich einen Engel, der kräftiger als die anderen zu sein schien und mit lauter Stimme in die Runde fragte: „Wer ist würdig, diese Siegel zu brechen und das Buch zu öffnen?" Niemand, weder im Himmel noch auf der Erde, konnte die Siegel lösen, geschweige denn in das Buch hineinsehen. Ich wurde maßlos traurig und fing an zu weinen, weil nicht ein Einziger da war, der würdig gewesen wäre, die Siegel aufzubrechen und in das Buch hineinzuschauen. Da sagte einer der Ältesten zu mir: „Du musst nicht weinen, denn es gibt jemanden, der dieses Buch mit seinen sieben Siegeln öffnen wird: Es ist der Löwe aus dem Stamm Juda, der Sohn Davids, der über alles gesiegt hat."

Da sah ich in der Mitte zwischen dem Thron und den vier Wesen und den vierundzwanzig Ältesten ein Lamm stehen, das aussah, als hätte man es geschlachtet. Es trug sieben Hörner und sieben Augen, welche auch wieder die sieben Geister Gottes symbolisieren, die über die ganze Erde ausgesandt werden. Und es trat zu dem hin, der auf dem Thron saß, und nahm aus dessen rechter Hand das Buch entgegen.

Und als es das Buch genommen hatte, fielen die vier Wesen und die Ältesten vor dem Lamm nieder. Jeder hatte eine Harfe und eine goldene Schale in seiner Hand, die voller duftendem Räucherwerk war. Ich verstand, dass diese Schalen die Gebete der vielen Christen darstellten. Und begleitet von den Harfen, begannen sie, ein neues Lied zu singen: „Würdig bist du, das Buch entgegenzunehmen und seine Siegel zu öffnen, weil du das unschuldige Lamm bist, das geschlachtet wurde, und so durch dein eigenes Blut die Menschen für Gott erkauft hast. Diese Menschen stammen aus allen Völkern und Nationen, sie sprechen die unterschiedlichsten Sprachen, doch du hast sie für unseren Gott zu einem einzigen königlichen Volk von Priestern gemacht. Sie werden deine liebevolle Herrschaft auf Erden weiterführen."

Da vernahm ich eine große Zahl von Engeln und konnte es nicht fassen, als ich sie sah: Es müssen Zigtausende gewesen sein, die in einem riesigen Rund um den Thron, die vier Wesen und die Ältesten herumstanden und wie aus einem Mund sangen: „Würdig ist das Lamm, das geschlachtet wurde, nun die Macht an sich zu nehmen, den Reichtum und die Weisheit, die Stärke und die Ehre, die Herrlichkeit und das Lob." Und jedes Geschöpf im Himmel, auf der Erde, auf dem Meer und unter der Erde hörte ich einstimmen in diesen gewaltigen Lobgesang: „Dem, der auf dem Thron sitzt, und dem Lamm gebühren das Lob und die Ehre, die Macht und die Herrlichkeit in alle Ewigkeit!" Und die vier Wesen hörte ich sagen: „Amen." Und die Ältesten fielen nieder und beteten Gott an.

Das Lamm darf sechs Siegel öffnen (6,1–17)

6 Da sah ich, wie das Lamm das erste von den sieben Siegeln aufbrach. Im selben Augenblick gab eines der vier Wesen mit donnernder Stimme einen Befehl: „Komm hervor!" Da sah ich jemanden auf einem weißen Pferd sitzen, der einen Bogen und die Krone des Siegers trug. Er zog aus, um zu siegen, und nichts konnte seinen Siegeszug aufhalten.

Und als das Lamm das zweite Siegel öffnete, hörte ich das zweite der vier Wesen ebenso energisch befehlen: „Komm hervor!" Und heraus kam ein feuerrotes Pferd, auf dessen Rücken jemand saß, der sich das Recht herausnahm, den Frieden von der Erde zu nehmen. Er brachte die Menschen dazu, sich gegenseitig abzuschlachten. Sein Erkennungszeichen war ein großes Schwert.

Und als das Lamm das dritte Siegel öffnete, hörte ich das dritte Wesen die Anweisung erteilen: „Komm heraus!" Da erschien ein Reiter auf einem schwarzen Pferd, der eine Waage in der Hand hielt. Und ich hörte, wie jemand aus der Mitte der vier Wesen sagte: „Für den Lohn eines Arbeitstages gibt es nur noch eine Handvoll Weizen oder das Dreifache an Futtergerste. Während die einen hungern, brauchen die anderen ihre Vorräte an Öl und Wein nicht anzutasten."

Und als er das vierte Siegel öffnete, vernahm ich den barschen Befehl des vierten Wesens: „Komm hervor!" Da bemerkte ich einen Reiter auf einem fahlgrauen Pferd. Sein Name war Tod und das ganze Totenreich schien ihm nachzufolgen. Er besaß die Macht über ein Viertel der gesamten Menschheit. Er tötete durch Gewalt und Kriege, durch Hungersnöte und Krankheiten, ja selbst durch die Tiere der Erde.

Und als das Lamm das fünfte Siegel öffnete, da sah ich unterhalb des Adlers all die Menschen, die um der Frohen Botschaft willen umgebracht worden waren. Sie wurden getötet, weil sie bis zuletzt zu Jesus gehalten haben. Sie alle schrien wie aus einem Mund: „Oh Herr, du heiliger und wahrhaftiger Gott, wie lange dauert es noch, bis du die Menschen auf der Erde richtest und die bestrafst, die unser Blut vergossen haben?“ Da erhielt jeder von ihnen ein weißes Gewand und man sagte ihnen, dass sie noch ein wenig warten sollen, bis das Schicksal ihrer Mitstreiter und Glaubensbrüder erfüllt sei, die noch getötet werden würden.

Und als das Lamm das sechste Siegel öffnete, erlebte ich ein großes Erdbeben. Gleichzeitig verfinsterte sich die Sonne und der Mond wurde rot wie Blut. Selbst die Sterne des Himmels fielen auf die Erde, wie ein Feigenbaum seine Spätfeigen abwirft, wenn er von einem starken Wind durchgeschüttelt wird. Der Himmel selbst verschwand wie eine Pergamentrolle, die man zusammenrollt. Jeder Berg und jede Insel mussten ihre angestammten Plätze verlassen. Und alle Menschen vergingen vor Angst: Selbst die Könige und Machthaber dieser Erde, die Adeligen wie die hohen Militärs, die Reichen und Starken, die Freien wie die Sklaven versuchten, sich in den Höhlen der Berge zu verstecken. Sie schrien die Berge an: „Fallt über uns zusammen und verbergt uns vor dem Angesicht dessen, der auf dem Thron sitzt. Schützt uns vor dem Zorn des Lammes! Weil jetzt der große Tag seines Zorns gekommen ist, vor dem niemand bestehen kann!“

144.000 – Zahl der Vollendung* (7,1–17)

7 Danach bemerkte ich vier Engel, die an den vier Enden der Erde standen und die vier Winde festhielten, damit diese weder über die Erde noch über das Meer oder durch die Bäume wehen konnten. Von dort, wo die Sonne aufgeht, sah ich einen anderen Engel näherkommen, der das Siegel des lebendigen Gottes trug. Er rief den anderen vier Engeln, die alle Möglichkeit hatten, der Erde und dem Meer Schaden zuzufügen, mit lauter Stimme zu: „Fügt weder der Erde noch dem Meer, noch der Natur Schaden zu, bis wir alle, die Gott von ganzem Herzen dienen, mit einem Siegel auf der Stirn versehen haben.“

---

* Die heilige Zahl 12 im Quadrat mal 1.000 bedeutete für Juden damals die absolute Fülle und Heiligkeit.

Da hörte ich die Zahl derer, die mit einem solchen Siegel bezeichnet wurden: Es waren 144.000. Aus jedem Stamm Israels gab es eine Menge Bezeichnete: Aus dem Stamm Juda 12.000, aus Ruben 12.000, aus Gad 12.000, aus Ascher 12.000, aus Naftali 12.000, aus Manasse 12.000, aus Simeon 12.000, aus Levi 12.000, aus Issachar 12.000, aus Sebulon 12.000, aus Josef 12.000, und aus dem Stamm Benjamin wurden ebenfalls 12.000 mit dem Siegel Gottes bezeichnet.

Danach sah ich eine unüberschaubar große Schar von Menschen, die niemand mehr zählen konnte. Sie kamen aus allen Völkern und Stämmen und sprachen die unterschiedlichsten Sprachen. Sie waren mit weißen Gewändern bekleidet, hielten Palmzweige in den Händen und standen vor dem Thron und vor dem Lamm. Mit lauter Stimme riefen sie: „Unsere Rettung kommt allein von unserem Gott, der auf dem Thron sitzt, und dem Lamm." Alle übrigen Engel standen in einem weiten Kreis um den Thron, die Ältesten und die vier Wesen herum und fielen vor dem Thron auf ihr Angesicht nieder. Sie beteten Gott mit folgenden Worten an: „Amen. Das Lob und die Herrlichkeit, die Weisheit und der Dank, die Ehre, Macht und Stärke gebühren unserem Gott von Ewigkeit zu Ewigkeit. Amen."

Da erhob sich einer der Ältesten und sagte zu mir: „Was glaubst du wohl, wer diese Menschen in den weißen Gewändern sind? Woher kommen sie denn?" Da entgegnete ich: „Ich habe keine Ahnung, aber Ihr, mein Herr, wisst es sicher." Er erklärte mir: „Das sind alle diejenigen, die in der großen Verfolgung ihr Leben ließen und ihre Kleider im Blut des Lammes reingewaschen haben. Deswegen stehen sie vor dem Thron Gottes und dienen ihm in seinem Tempel Tag und Nacht. Und der auf dem Thron sitzt, wird ihnen nahe sein. Sie werden keinen Hunger und keinen Durst mehr haben. Sie werden nicht mehr durch die Hitze der Sonne zu leiden haben, weil das Lamm sie direkt vor dem Thron lagern lässt und sie an die Quelle des Wassers des Lebens führt. Hier wird Gott alle ihre Tränen abwischen."

Das siebte Siegel wird aufgebrochen (8,1–6)

8 Und als das Lamm das siebte Siegel öffnete, herrschte tiefes Schweigen im Himmel, das etwa eine halbe Stunde dauerte. Da sah ich, wie den sieben Engeln, die unmittelbar vor Gott stehen, sieben Posaunen gegeben wurden. Ein anderer Engel trat hinzu und stellte sich an den Altar. Er trug eine goldene Räucherpfanne, in die er eine große Menge an Räucherwerk hineinlegte, das Symbol für die Gebete aller Christen auf Erden. Das alles legte er auf den goldenen Altar vor dem Thron Gottes. Und der Rauch der unzähligen Gebete stieg aus der Hand des Engels zu Gott empor. Doch dann nahm der Engel die Räucherpfanne vom Altar und füllte sie mit dem Feuer des Altares. Dann schleuderte er die feurige Glut auf die Erde herab und es kam dort zu Blitz und Donner, Grollen und Erdbeben. Daraufhin machten sich die sieben Engel mit ihren sieben Posaunen bereit, um mit ihren Instrumenten Signale zu blasen.

Die ersten vier Posaunen (8,7–13)

Als der Erste in die Posaune blies, fiel Hagel vermischt mit Blut und Feuer zur Erde. Ein Drittel der festen Erdoberfläche, ein Drittel aller Bäume und alle grünen Grasflächen verbrannten.

Beim Signal der zweiten Posaune wurde etwas, das so groß war wie ein Berg und feurig glühte, in das Meer geworfen. Und ein Drittel des Meeres verwandelte sich in Blut, ein Drittel aller im Meer lebenden Geschöpfe kam dabei um, und selbst ein Drittel aller Schiffe wurde zerstört.

Als der dritte Engel sein Signal blies, fiel ein großer Stern, der wie eine Fackel brannte, vom Himmel auf ein Drittel aller Flüsse und Quellen herunter. Und der Name dieses Sterns war „Wermut". Diesmal verwandelte sich ein Drittel aller Flüsse in Wermut, und viele Menschen starben daran, dass das Wasser giftig geworden war.

Als nun der vierte Engel in die Posaune blies, verlosch ein Drittel von Sonne, Mond und Sterne, sodass sie weniger Licht gaben. Tagsüber war der Verlust an Helligkeit sehr zu spüren. Das Gleiche galt für die Nacht.

Da sah ich einen Adler hoch oben am Himmel fliegen und hörte ihn mit lauter Stimmer herunterrufen: „Wehe euch, die ihr jetzt noch auf der Erde lebt, wenn erst die übrigen drei Engel ihre Posaunen blasen!“

Die fünfte Posaune (9,1–12)

9 Und schon blies der fünfte Engel sein Signal. Da sah ich einen Engel wie einen Stern vom Himmel auf die Erde fallen, dem der Schlüssel zu einem abgrundtiefen Schacht gegeben worden war. Er öffnete diesen Schacht, und sofort stiegen aus diesem dicke Rauchwolken, als sei er ein gewaltiger Ofen. Die Luft war schließlich so mit Rauch erfüllt, dass die Sonne sich verfinsterte.

Aus diesen Rauchschwaden sprangen plötzlich Heuschreckenschwärme heraus, die genauso gefährlich waren wie Skorpione, und überzogen die Erde. Sie hatten den Befehl, nicht dem Gras, den Bäumen oder sonstigem Grün auf der Erde Schaden zuzufügen, sondern allein die Menschen anzugreifen, die nicht das Siegel Gottes auf ihrer Stirn trugen. Es ging nicht darum, diese Menschen zu töten, sondern sie nur fünf Monate lang zu quälen. Die von ihnen gebissenen Menschen hatten etwa so viele Schmerzen auszuhalten wie nach einem Skorpionbiss.

In dieser Zeit werden viele versuchen, sich das Leben zu nehmen, aber es wird ihnen nicht gelingen. Sie werden sich danach sehnen, sterben zu dürfen, doch der Tod wird vor ihnen fliehen.

Die Heuschrecken darf man sich aber nicht so vorstellen, wie Heuschrecken normalerweise aussehen. Diese hier waren so groß wie Pferde, die man für den Krieg aufgezäumt hat. Auf ihren Köpfen trugen sie Kränze, die aussahen, als seien sie aus Gold. Und die Gesichter der Tiere glichen denen von Menschen. Ihre Haare waren so lang, wie Frauen sie tragen, und ihre Zähne hätten auch einem Löwen alle Ehre gemacht. Um ihren Leib trugen sie eiserne Brustpanzer, und der Lärm, den sie mit ihren Flügeln machten, erinnerte mich an unzählige Pferde mit Kriegswagen, die an mir vorbeirasten. Ihre Schwänze glichen denen von Skorpionen und das Gift ihrer Stacheln konnte die Menschen fünf Monate lang krank machen. Befehligt wurden sie vom Engel des Abgrunds, dessen Name auf Hebräisch „Abbadon", im Griechischen „Apollyon" lautet.

Dies war die erste Plage, doch auch vor den anderen beiden hatte der Adler gewarnt.

Die sechste Posaune (9,13–21)

Und so blies der sechste Engel in seine Posaune. Da vernahm ich eine Stimme aus den vier Hörnern des goldenen Altars, der vor Gott stand, die dem sechsten Engel mit der Posaune zurief: „Lass die vier Engel los, die an dem großen Fluss gefangen sind!" Kaum waren die vier Engel losgebunden, machten sie sich bereit, in einer einzigen Stunde an einem bestimmten Tag in einem bestimmten Monat eines bestimmten Jahres ein Drittel der Menschheit zu vernichten. Und ich hörte die Zahl der Soldaten des Reiterheeres, die diesen Befehl ausführen sollten: Sie ging in die Millionen. Und dann sah ich die Pferde und ihre Reiter, die verschiedenfarbige Panzer trugen: feuerrote, hyazinthfarbene und schwefelgelbe. Die Pferde hatten Köpfe wie Löwen und aus ihren Mäulern kamen Feuer, Rauch und Schwefeldampf. Diese drei Plagen, die aus den Mäulern der Pferde kamen, rafften ein Drittel der Menschheit dahin. Alles, was sie ausspien, war genau so tödlich wie das Gift in ihren Schwänzen, die selbst Köpfe wie Giftschlangen trugen und den Menschen schrecklichen Schaden zufügten.

Trotz all dieser Plagen dachten die Überlebenden nicht daran, ihr Verhalten zu ändern. Sie beteten weiterhin Dämonen und Götzenbilder an, völlig gleichgültig, ob diese aus Gold, Silber, Eisen, Stein oder Holz waren. Tote Götzen, die weder sehen noch hören, noch umhergehen können! Sie hören nicht auf, sich gegenseitig umzubringen, Okkultismus zu praktizieren oder auf Kosten anderer einen ausschweifenden Lebenswandel zu führen.

Ein kleines Buch verursacht große Schmerzen (10,1–11)

10 Da sah ich einen anderen, besonders starken Engel vom Himmel herabkommen, der mit einer Wolke bekleidet war und über dessen Haupt ein Regenbogen stand. Sein Gesicht strahlte wie die Sonne und seine Füße glichen regelrechten Feuersäulen. Dieser Engel hielt in seiner Hand ein geöffnetes Büchlein, während er seinen rechten Fuß auf das Meer setzte, den linken aber auf das feste Land. Dann stieß er ein lautes Brüllen wie ein Löwe aus. Kaum war dieser Schrei verklungen, ließen die sieben Donner ihr Grollen los. Als dieser furchtbare Lärm endlich vorüber war, wollte ich alles aufschreiben. Doch da hörte ich eine Stimme aus dem Himmel, die mir befahl: „Behalte für dich, was die sieben Donner gesagt haben, und schreibe es nicht auf!"

Immer noch sah ich den Engel, der sowohl auf dem Meer als auch auf dem festen Land stand. Da erhob dieser seine rechte Hand zum Himmel und schwor bei dem, der in alle Ewigkeit lebt, der Himmel und Erde geschaffen hat und alles, was im Himmel, auf Erden und im Meer lebendig ist: „Wenn der siebte Engel seine Stimme erhebt und seine Posaune ertönen lässt, dann wird Gott seinen geheimen Plan vollenden, den er den Propheten verkündigt hat. Die Frist ist abgelaufen."

Wieder hörte ich die Stimme aus dem Himmel zu mir reden: „Geh zu dem Engel, der auf dem Land und dem Meer steht, und nimm das Buch, das er geöffnet in seiner Hand hält." Daraufhin ging ich zu dem Engel und bat ihn, mir das Büchlein zu geben. Er gab es mir mit den Worten: „Nimm es und schlucke es hinunter! Es wird süß wie Honig schmecken, aber dann wird es dir bitter im Magen liegen. Und ich nahm das Büchlein aus der Hand des Engels und verschlang es. Es schmeckte tatsächlich wie Honig, doch kaum hatte ich es gegessen, stieß es mir bitter auf. Da sagte jemand zu mir: „Du sollst über viele fremde Völker und Stämme und deren Könige weissagen!"

Zwei machtvolle Zeugen für Gott werden auftreten und Gottes Pläne verkünden (11,1–14)

11 Daraufhin gab mir jemand ein Rohr, das aussah wie ein Stab, und befahl mir: „Erhebe dich und miss den Tempel Gottes samt dem Altar und allen, die Gott darin anbeten! Den äußeren Hof des Tempels kannst du auslassen, weil er für die Menschen gedacht ist, die Gott nicht kennen und die Heilige Stadt zwei Jahre lang furchtbar behandeln werden. Ich werde meine zwei Zeugen, die nur mit Säcken bekleidet sein werden, beauftragen, 1.260 Tage zu weissagen. Beide sind für mich wie zwei Ölbäume und zwei Leuchter, die vor dem Herrn der Erde stehen. Wenn jemand ihnen Schaden zufügen will, kommt aus ihrem Mund ein Feuer, das ihre Feinde auf der Stelle vernichtet. Wer sie angreift, hat den Tod verdient. Diese beiden Zeugen haben die Vollmacht, den Himmel zu verschließen, sodass kein Tropfen Regen fällt, solange sie weissagen. Sie können, wann immer sie es für richtig halten, Wasser in Blut verwandeln und die Erde mit allen möglichen Plagen überziehen. Doch wenn ihre Zeit um ist, wird das Tier aus dem Abgrund auftauchen, einen Krieg gegen sie entfachen und siegen. Beide Zeugen werden umgebracht werden. Und ihre Leichen werden auf den Straßen der großen Stadt liegen, die man auch geistlich gesehen ‚Sodom' oder ‚Ägypten' nennen kann und in der auch ihr Herr gekreuzigt wurde."

Und Menschen aus allen Ländern, Nationen und Völkern sahen ihre Leichen dreieinhalb Tage dort liegen, weil ein Verbot erlassen worden war, sie zu beerdigen. Und die Menschen auf der Erde waren froh und erleichtert über die Nachricht, dass man diese zwei Propheten zu Tode gefoltert hatte. Man schickte sich aus diesem Anlass auf der ganzen Welt gegenseitig Geschenke. Doch nach dreieinhalb Tagen kehrte Gottes Lebensgeist wieder in sie zurück und sie erhoben sich wieder. Alle, die das sahen, wurden von Entsetzen gepackt. Ihre Furcht wurde noch größer, als sie hörten, wie die beiden durch eine Stimme aus dem Himmel gerufen wurden: „Kommt herauf zu mir!“ Und ihre erbitterten Feinde mussten mit ansehen, wie sie in den Himmel emporgehoben und von einer Wolke aufgenommen wurden. In jener Stunde kam es zu einem gewaltigen Erdbeben und ein Zehntel der Gebäude der Stadt stürzte zusammen. Dabei kamen 7.000 Menschen um. Die übrigen Bewohner der Stadt überkam eine heilige Furcht und sie kehrten zum Gott des Himmels und der Erde zurück.

Das war das zweite schlimme Ereignis. Doch das dritte ließ nicht lange auf sich warten.

Die siebte Posaune (11,15–19)

Schon erhob der siebte Engel seine Posaune und stieß hinein. Da erhoben sich im Himmel laute Stimmen, die riefen: „Nun ist die Welt zum Herrschaftsbereich und Eigentum unseres Herrn, des Gesalbten, geworden, und er wird in Ewigkeit über sie regieren.“

Und die vierundzwanzig Ältesten, die vor Gott auf ihren Thronen sitzen, fielen auf ihr Angesicht nieder und beteten Gott an: „Wir danken dir, Herr, unser Gott, Allmächtiger, der du bist und der du warst, dass du die Macht ergriffen und die endgültige Herrschaft über die Erde angetreten hast. Die Völker haben lange genug gegen dich gewütet, jetzt ist die Zeit deines Zorns gekommen. Jetzt wird Gericht gehalten über die Toten. Auch deine treuen Knechte werden ihren Lohn erhalten. Darunter werden ebenso Propheten sein wie einfache Gläubige; Menschen, die Gott in Ehrfurcht dienen, egal, ob sie in dieser Welt groß waren oder unbedeutend blieben. Ja, unser Gott, jetzt ist die Zeit gekommen, in der du die vernichtest, die unsere Erde zerstört haben.“

Da wurde im Himmel der Tempel Gottes geöffnet, sodass man

die Bundeslade sehen konnte. Gleichzeitig zuckten aus diesem Tempel Blitze hervor, Donner grollte, Hagel prasselte herab, und die Erde begann zu beben.

Vision von einer Frau mit einem Drachen (12,1–18)

12 Da tauchte eine gewaltige Erscheinung am Himmel auf: eine Frau, die mit der Sonne bekleidet war und auf dem Mond stand. Auf ihrem Haupt trug sie eine Krone aus zwölf Sternen. Sie war hochschwanger und stöhnte unter den Geburtswehen, die sie quälten. Und dann sah man noch eine weitere Erscheinung am Himmel: Es war ein feuerroter Drache mit sieben Köpfen und zehn Hörnern. Auf jedem seiner Köpfe trug er ein Diadem. Mit einer einzigen Bewegung seines Schwanzes fegte er ein Drittel aller Sterne vom Himmel und schleuderte sie zur Erde. Nun näherte sich der Drache der Frau, die unmittelbar vor der Geburt stand, und es war deutlich, dass er das Kind verschlingen wollte, sobald es geboren war. Da gebar sie einen Sohn, der einmal alle Völker mit eiserner Strenge regieren sollte. Doch kaum war das Kind geboren, wurde es von Gott weggenommen und zu seinem Thron gebracht. Die Frau aber floh in die Wüste, in der Gott ihr einen Ort vorbereitet hatte, an dem sie 1.260 Tage ernährt wurde.

Am Himmel aber entbrannte ein Krieg: Michael und seine Engel bekämpften den Drachen. Dieser wehrte sich mit einem riesigen Aufgebot seiner Geister, doch er konnte nicht länger standhalten und räumte für immer den Himmel. Dann wurde der große Drache, die alte Schlange, die auch Teufel oder Satan genannt wird und der die ganze Welt verführt hat, mitsamt seinen willfährigen Geistern auf die Erde geworfen. Da vernahm ich vom Himmel eine laute Stimme: „Jetzt ist die Rettung endgültig da. Unser Gott hat die Herrschaft angetreten. Jetzt wird sein Christus mit Vollmacht auftreten, denn derjenige, der unsere Brüder Tag und Nacht vor unserem Gott angeklagt hatte, wurde vernichtend geschlagen. Er wurde durch die Kraft des

Blutes des Lammes und die Kraft des Wortes der Zeugen besiegt, die sich nicht an ihr Leben geklammert haben, als man es ihnen nahm, weil sie an Christus festhielten. Darum freut euch, ihr Himmel und alle, die darin wohnen! Doch wehe der Erde und dem Meer. Der Teufel wurde auf euch herabgeworfen! Er ist schrecklich wütend und weiß, dass er nur noch wenig Zeit hat."

Als der Drache sah, dass er auf die Erde heruntergeworfen worden war, verfolgte er die Frau, die den Knaben geboren hatte. Doch Gott gab der Frau die Flügel des großen Adlers, damit sie in der Wüste an den Ort fliegen könnte, wo sie geschützt vor dem Drachen eine Zeitlang versorgt werden würde. Doch der Drache stieß aus seinem Rachen eine ungeheure Menge Wasser aus, einen Fluss, mit dem er die Frau einfach wegspülen wollte. Da half die Erde der Frau: Ein Abgrund tat sich auf und verschlang den ganzen Fluss, den der Drache in ihre Richtung ausgestoßen hatte. Das machte den Drachen nur umso wütender, und er wandte sich nun gegen ihre Nachkommenschaft – die Menschen, die sich an das halten, was Gott gesagt und Jesus durch sein Leben bezeugt hat.

Und er begab sich an den Strand des Meeres.

Der Drache überträgt seine Macht dem Antichristen (13,1–10)

13 Da sah ich, dass ein Tier dem Meer entstieg, das zehn Hörner und sieben Köpfe hatte. Auf jedem seiner Hörner trug es ein Diadem und auf jedem seiner Köpfe einen Namen, der Gott beleidigte. Das Tier glich einem Panther und seine Füße waren wie die Pranken eines Bären. Alle Köpfe hatten ein Maul wie das eines Löwen. Und diesem Tier gab der Drache all seine Kraft, seinen Thron und seine Herrschaftsgewalt. Einer seiner Köpfe, der aussah, als sei er schwer verwundet, wurde auf der Stelle von seiner tödlichen Wunde geheilt.

Und die Menschen überall auf der Welt liefen dem Tier voller Bewunderung nach. Sie beteten den Drachen an, weil dieser seine Macht dem Tier übertragen hatte, und sie beteten auch das Tier selbst an: „Wer kann sich mit dem Tier messen, wer wagt es, ihm entgegenzutreten?"

Das Tier selbst besaß ein großes Maul, mit dem es große Reden schwang, meist aber Gott beleidigte. Das durfte es dreieinhalb Jahre lang tun. In dieser Zeit stieß es ungeheure Beleidigungen gegen Gott und den Himmel und alle aus, die in ihm wohnen. Ja, es durfte sogar die Gläubigen bekämpfen und besiegen. Es erhielt die Befehlsgewalt über alle Stämme, Völker und Nationen, und alle Menschen, die nicht seit Grundlegung der Welt in dem Buch des Lammes stehen, das geschlachtet wurde, verehrten es wie einen Gott.

Wer Ohren hat zu hören, der höre gut zu. Wenn die Zeit gekommen ist, ins Gefängnis zu gehen, dann sollten wir gehen. Wenn die Zeit gekommen ist, dass wir hingerichtet werden, dann sollten wir den Tod auf uns nehmen. Was allein zählt, ist unser geduldiges Ausharren und unser festes Vertrauen auf Gott.

Ein falscher Prophet im Dienst des Antichristen (13,11–18)

Erneut sah ich ein Tier aufsteigen, dieses Mal aus der Erde. Es hatte zwei Hörner wie ein kleiner Widder, redete aber mit der Stimme eines Drachen. Es übte die gesamte Macht des ersten Tieres aus, welches ihm dabei zusah. Und es zwang alle Bewohner der Erde, das erste Tier anzubeten, dessen tödliche Wunde geheilt worden war. Dabei beeindruckte es die Menschen durch gewaltige Zeichen und Wunder. So ließ es vor den Augen aller Feuer vom Himmel auf die Erde fallen und verführte sie durch solche Wunder, zu denen es in der Gegenwart des Tieres die Macht besaß. Schließlich befahl es den Menschen, ein Standbild des Tieres anzufertigen, dessen tödliche Wunde geheilt und das wieder lebendig geworden war. Und es besaß auch die Fähigkeit, die Statue selbst lebendig werden zu lassen. Diese begann zu reden und verlangte, dass alle, die sie nicht anbeteten, umgebracht würden.

Das Tier zwang alle Menschen dazu, die Kleinen wie die Großen, die Armen genauso wie die Reichen, die Mächtigen ebenso wie die Bediensteten, sich ein Kennzeichen auf die rechte Hand oder die Stirn machen zu lassen, ohne das niemand kaufen oder verkaufen konnte. Wer also das Zeichen des Tieres oder die Zahl seines Namens nicht trug, war aus dem Leben der Gesellschaft ausgeschlossen.

Um dies zu verstehen, ist Weisheit gefragt. Wer Verstand hat, kann selbst die Zahl des Tieres berechnen. Es ist die Zahl eines Menschen: 666.

Ein unbeschreiblicher Lobgesang für das Lamm (14,1–5)

14 Da sah ich mit einem Mal das Lamm auf dem Berg Zion stehen. Bei ihm standen 144.000, auf deren Stirn sein Name und der seines Vaters stand. Erneut vernahm ich eine Stimme aus dem Himmel, die wie das Rauschen eines Wasserfalls oder wie ein heftiger Donner klang. Gleichzeit klang die Stimme wie von vielen, die zu ihren Harfen sangen. Es war ein neues Lied, das sie vor den Thron, die vier Wesen und die Ältesten brachten. Niemand konnte dieses Lied lernen, mit Ausnahme der 144.000, die das Lamm durch sein Opfer von der Erde „losgekauft" hatte. Diese hatten jungfräulich gelebt und folgten dem Lamm, wohin auch immer es ging. Sie wurden sozusagen als Erstlingsgabe für Gott und das Lamm von der Erde losgekauft. Ihr ganzes Wesen war durch und durch lauter.

Die Stunde des Gerichts ist nahe (14,6–13)

Dann erblickte ich einen anderen Engel, der hoch am Himmel flog, um allen Stämmen, Völkern und Nationen die ewig gültige Frohe Botschaft zu verkünden. Mit lauter Stimme rief er ihnen zu: „Begegnet Gott mit Ehrfurcht und gebt ihm alle Ehre, weil die Stunde gekommen ist, in der er Gericht hält. Betet den an, der Himmel und Erde, das Meer und die Quellen des Wassers geschaffen hat."

Ihm folgte ein zweiter Engel, der ausrief: „Gefallen ist Babylon, die große Stadt, die alle Völker von dem Wein der Treulosigkeit, der den Menschen aggressiv macht, hat trinken lassen."

Hinter diesen beiden Engeln flog ein dritter über den Himmel, der ebenfalls mit lauter Stimme rief: „Wer das Tier und sein Bild anbetet und das Kennzeichen auf seiner Stirn oder seiner Hand annimmt, der wird den Wein des Zornes Gottes zu schmecken bekommen. Ihm wird davon unverdünnt eingeschenkt werden. Seine Qualen werden sich wie Feuer und Schwefel anfühlen, wenn er das Lamm und seine heiligen Engel erkennt. Und ihr Schmerz wird wie Rauch aufsteigen, unaufhörlich, Tag und Nacht. Wer das Tier und sein Standbild anbetet und wer an seinem Körper das Kennzeichen des Tieres trägt, wird in alle Ewigkeit keine Ruhe mehr finden."

In dieser Zeit müssen alle Gläubigen geduldig ausharren, sich an das halten, was Gott gesagt hat, und auf Jesus vertrauen. Wieder hörte ich eine Stimme aus dem Himmel, die mir auftrug: „Schreib auf: Gesegnet sind die Menschen, die von jetzt an sterben und an Jesus festgehalten haben. Ja, spricht der Geist, sie sollen von ihren Mühen ausruhen, denn all das Gute, das sie mit Gottes Hilfe tun konnten, wird für sie sprechen."

Eine schreckliche Ernte (14,14–20)

Da sah ich eine weiße Wolke, auf der jemand saß, der dem Menschensohn glich. Er trug auf seinem Haupt eine goldene Krone und hielt in seiner Hand eine scharfe Sichel. Und ein anderer Engel trat aus dem Tempel und rief dem, der auf der Wolke saß, zu: „Schick deine Sichel hinunter auf die Erde, weil die Ernte bereits reif und trocken dasteht." Da warf der auf der Wolke Sitzende seine Sichel auf die Erde und diese wurde in einem Zug abgeerntet.

Daraufhin trat ein anderer Engel aus dem himmlischen Tempel heraus, der selbst eine scharfe Sichel trug. Ein weiterer Engel kam vom Altar. Er hatte die Macht über das Feuer und rief dem Engel mit der scharfen Sichel zu: „Schick deine scharfe Sichel hinab und schneide die Trauben des irdischen Weinstocks, weil seine Beeren reif geworden sind." Und das tat der Engel auch: Er warf seine Sichel über die Erde und erntete den irdischen Weinstock ab. Die Trauben warf er in die große Kelter des Zornes Gottes. Die Kelter selbst wurde außerhalb der Stadt getreten, und es floss so viel Blut aus ihr heraus, dass es noch in einer Entfernung von über dreihundert Kilometern bis an das Zaumzeug eines Pferdes reichte.

Die letzten sieben Plagen der Menschheit (15,1–16,21)

15 Schließlich sah ich noch eine weitere Erscheinung am Himmel, die groß und wunderbar war: sieben Engel, die die letzten sieben Plagen brachten. Erst danach würde sich der Zorn Gottes legen.

Ich sah ein gläsernes Meer, das innerlich glühte. Alle, die über das Tier und sein Bild gesiegt hatten und sich die Zahl seines Namens nicht hatten aufzwingen lassen, standen an dem gläsernen Meer und spielten auf Harfen, die Gott ihnen gab. Dazu sangen sie das Lied von Mose, dem Diener Gottes, und das Lied von dem Lamm, in dem es heißt: „Groß und wunderbar sind alle deine Werke, Herr, allmächtiger Gott. Gerecht und wahr sind alle deine Wege, König der Völker! Wer sollte dich nicht fürchten, Herr, und wer sollte deinen Namen nicht preisen? Denn du allein bist heilig. Darum werden alle Völker kommen und dich anbeten, weil offenbar wurde, was du für uns getan hast."

Danach sah ich, wie der Tempel im Himmel, das Bundeszelt, für alle zum Zeugnis geöffnet wurde und die sieben Engel, die zuvor die sieben Plagen über die Welt gebracht hatten, heraustraten. Sie waren in reines, glänzendes Leinen gekleidet und mit goldenen Schärpen über der Brust gegürtet. Eines von den vier Wesen gab den sieben Engeln je eine goldene Schale, die mit dem Zorn des lebendigen, ewigen Gottes gefüllt war. Dabei füllte sich der Tempel mit dem Rauch der Herrlichkeit Gottes. Seine machtvolle Gegenwart war so stark spürbar, dass niemand in den Tempel hineingehen konnte, bis die sieben Plagen der sieben Engel ausgeführt waren.

16 Da hörte ich, wie jemand aus dem Tempel heraus den sieben Engeln mit lauter Stimme befahl: „Geht jetzt und leert die sieben Schalen des Zornes Gottes auf die Erde aus!" Und der erste Engel goss seine Schale über die Erde aus. Da befielen alle Menschen, die das Zeichen des Tieres trugen und sein Bild anbeteten, schreckliche, bösartige Geschwüre.

Der zweite goss seine Schale ins Meer: Da wurde das Meerwasser zu Blut, wie von einer Leiche, und alle lebendigen Wesen im Meer starben.

Der dritte goss seine Schale in alle Quellen, Bäche und Flüsse, und auch hier wurde das Wasser zu Blut. Und ich hörte den Engel, der dies mit dem Wasser getan hatte, sagen: „Gerecht bist du, der du warst und der du bist, du bist der Heilige. Das ist dein Gericht: Alle, die das Blut der Märtyrer und Propheten vergossen haben, verdienen es, nur noch Blut zu trinken." Und ich vernahm eine Stimme vom Altar her: „Ja, Herr, allmächtiger Gott, wahrhaftig und gerecht sind deine Gerichte!"

Der vierte Engel goss seine Schale über die Sonne, dadurch wurde sie so stark, dass sie mit ihrem Feuer die Menschen versengte. Die Menschen litten sehr unter den Verbrennungen, doch sie dachten nicht daran, zu dem Gott umzukehren, der sie vor dieser Plage hätte retten können, sondern lehnten sich weiterhin gegen ihn auf.

Der fünfte nun goss seine Schale über den Thron des Tieres. Da verfinsterte sich dessen Reich und die Menschen zerbissen sich ihre Zungen vor Schmerzen. Doch statt zu Gott umzukehren und sich von ihm von allen Qualen, vor allem auch den Geschwüren heilen zu lassen, wurden sie nur noch überheblicher und gaben ihm allein die Schuld an ihrem Elend.

Der sechste Engel goss seine Schale in den großen Fluss Euphrat, was diesen austrocknen ließ. Das wiederum bereitete den Königen aus dem Osten den Weg. Da sah ich wieder den Drachen, das Tier und den falschen Propheten. Aus dem Mund eines jeden von ihnen sprang ein unreiner Geist, der wie ein Frosch aussah. Es waren ganz eindeutig die Geister von Dämonen, die außergewöhnliche Zeichen und Wunder taten. Damit erreichten sie, dass alle Herrschenden der gesamten Erde sich am großen Tag des allmächtigen Gottes zu einem gewaltigen Krieg versammelten. Dieser Tag kommt plötzlich und unerwartet wie ein Dieb. Glücklich darf sich der schätzen, der wachsam auf diesen Tag wartet und seine Kleidung dafür anbehalten hat, damit er nicht zu seiner eigenen Schande nackt herumlaufen muss. Die Könige versammelten sich an einem Ort, den man auf Hebräisch „Harmagedon" nennt.

Der siebte Engel endlich goss seine Schale in die Luft. Da hörte man vom Tempel her aus der Richtung des Thrones eine laute Stimme, die rief: „Jetzt ist es geschehen!" Und es blitzte und donnerte, und die Erde bebte in einem solchen Ausmaß, wie man es noch nie zuvor erlebt hat, seit es Menschen auf dieser Welt gibt. Die große Stadt zerfiel in drei Teile und die übrigen Städte der Völker wurden dem Erdboden gleichgemacht. Die große Stadt Babylon hatte Gott nicht vergessen; sie sollte den Kelch seines aufwallenden Zornes bis zur Neige trinken. Alle Inseln waren bereits versunken und selbst von den Bergen war nichts mehr zu sehen. Hagelkörner mit Zentnergewicht krachten auf die Erde und erschlugen die Menschen. Doch die Menschen verfluchten nur Gott wegen dieser schrecklichen Plage des Hagels. Keiner von ihnen kehrte zu ihm um.

Gericht über Babylon, die große Hure (17,1–18,24)

17 Da trat einer der sieben Engel, die gerade die goldenen Schalen ausgegossen hatten, auf mich zu und sprach zu mir: „Komm hierher, ich möchte dir das Gericht über die große Hure zeigen, die an den vielen Wassern sitzt und sich mit allen Herrschenden dieser Erde eingelassen hat. Die Bewohner dieser Erde sind von dem Wein ihrer Schlechtigkeit regelrecht betrunken gemacht worden." Und er führte mich im Geist in eine einsame Gegend.

Da sah ich eine Frau auf einem scharlachroten Tier sitzen, das über und über mit Namen beschrieben war, die Gott beleidigten. Es hatte sieben Köpfe und zehn Hörner. Sie war in ein purpur- und scharlachrotes Gewand gekleidet, das mit Goldfäden durchwirkt und mit kostbaren Steinen und vielen Perlen geschmückt war. In ihrer Hand hielt sie einen goldenen Becher, der bis zum Rand mit all dem Widerlichen und all ihrem zweifelhaften Lebenswandel gefüllt war. Und auf ihrer Stirn war ihr geheimnisvoller Name geschrieben: Babylon, die Große, Mutter aller Huren und aller Greuel auf dieser Erde. Und ich sah, dass die Frau trunken war von dem Blut der Gläubigen und Märtyrer Jesu. Mein Entsetzen und meine Verwunderung waren groß.

Da fragte mich der Engel: „Warum bist du so verwundert? Ich werde dir das Geheimnis der Frau und des Tieres mit den sieben Köpfen und den zehn Hörnern, das sie trägt, erklären. Das Tier, das du gesehen hast, war zwar da, aber es wird nicht mehr sein. Es wird wieder aus dem Abgrund heraufkommen, doch nur, um endgültig vernichtet zu werden. Das wird die Bewohner der Erde, deren Namen nicht im Buch des Lebens verzeichnet sind, das seit Grundlegung der Welt geführt wird, in noch größere Verwunderung versetzen. Sie werden sich beim Blick auf das Tier fragen, warum es zuerst da war, als würde es ewig leben, dann aber doch für immer verschwindet. Um das zu verstehen, braucht man tatsächlich Weisheit und Verstand. Die sieben Köpfe symbolisieren die sieben Berge, auf denen die Frau sitzt. Gleichzeitig stehen sie auch für sieben Könige. Fünf von ihnen sind gefallen, einer ist noch im Amt, der andere wird erst noch kommen. Wenn er kommt, darf er nur kurze Zeit bleiben. Und das Tier, das einmal war, dann aber nicht mehr existiert, ist selbst so etwas wie der achte König. Man kann es aber auch zu den sieben zählen. Jedenfalls steht sein Untergang schon vorher fest. Die zehn Hörner, die du gesehen hast, beziehen sich auf zehn Könige, die die Herrschaft noch nicht erlangt haben, doch gemeinsam mit dem Tier werden sie kurze Zeit königliche Macht ausüben. Dann werden sie einmütig ihre Macht und Herrschergewalt an das Tier abtreten. Gemeinsam werden sie gegen das Lamm Krieg führen, doch das Lamm wird sie besiegen. Denn das Lamm ist der Herr aller Herren, der König aller Könige, der von treuen, auserwählten Menschen umgeben ist, die er berufen hat."

Und der Engel fuhr fort, mir alles zu erklären: „Erinnerst du dich an die Gewässer, an denen du die Hure sitzen sahst? Sie stehen für Scharen von Völkern, Stämmen und Nationen. Die zehn Hörner, die du gesehen hast, ja, das ganze Tier wird die Hure mit einem Mal hassen, sie vernichten, indem es ihr die Kleider herunterreißt und ihr Fleisch frisst. Den Rest wird es im Feuer verbrennen. Denn Gott wollte, dass es seinen Plan ausführt und dass die Herrschaft der Hure auf das Tier übergeht, bis sich seine Worte erfüllt haben. Die Frau aber, die du gesehen hast, ist ein Symbol für die große Stadt, der alle Könige der Erde untertan sind."

18 Kurz darauf sah ich einen anderen, mächtigen Engel vom Himmel herabkommen, der die Erde mit seinem Glanz erhellte. Er rief mit lauter Stimme: „Babylon, die große Stadt, ist gefallen! Sie ist die Behausung von Dämonen, ein Gefängnis für jeden unreinen Geist, ein Käfig für alle bösartigen, schreckenerregenden Tiere.

Das ist geschehen, weil alle Völker und Könige der Erde von dem Wein ihres zweifelhaften Lebenswandels getrunken haben. Ja, alle haben sich mit ihr eingelassen, und alle, die Handel treiben, sind durch die Verbindung mit ihr, ihrer Macht und ihrem aufwendigen Lebensstil reich geworden."

Da vernahm ich eine andere Stimme aus dem Himmel: „Mein Volk, verlasse diese Stadt, damit du nicht in den Strudel ihrer Schuld und der Plagen, die ihr folgen, hineingesogen wirst. Ihr sollt nicht auch noch unter der Strafe leiden müssen, die diese Stadt erwartet, deren Sünden sich bis zum Himmel angehäuft haben. Gott hat ihre Vergehen nicht vergessen. Ihr wird vergolten, wie sie allen den kleinsten Fehler vergolten hat, nur wird es diesmal in doppeltem Maß geschehen. Der Becher des Leides, den sie anderen eingeschenkt hat, wird nun doppelt gefüllt werden. In dem Maße, wie sie sich selbst Glanz verschafft und ein ausschweifendes Leben geführt hat, wird sie nun Qual und Trauer ertragen müssen. Denn noch immer hält sie sich in ihrem Herzen für die eigentliche Herrscherin. Sie denkt gar nicht daran, sich als Witwe zu sehen, die eigentlich trauern müsste. Darum werden Plagen, Tod, Trauer und Hunger plötzlich über sie hereinbrechen und sie wird schlussendlich im Feuer untergehen. Gottes Gericht über diese Stadt ist gerecht und unumstößlich.

Die Könige der Erde, die sich mit ihr eingelassen haben, werden über ihren Untergang völlig aufgelöst sein und sich selbst am allermeisten bedauern. Denn dank ihr führten sie ein luxuriöses Leben, und jetzt konnten sie nur noch aus der Ferne zusehen, wie der Rauch der Vernichtung über ihrer Stadt aufstieg. Keiner wagte es, näher an den Ort der Zerstörung heranzugehen, denn jeder fürchtete sich davor, demselben Schicksal begegnen zu müssen. Sie stammelten nur: „Furchtbar, furchtbar, du herrliche, große und starke Stadt Babylon! In einer einzigen Stunde ist das Gericht über dich gekommen!"

Und alle auf Erden, die mit ihr Handel getrieben hatten, weinten und trauerten, denn niemand nahm jetzt mehr ihre Waren ab. Und was hatten sie nicht alles anzubieten! Gold, Silber, wertvolle Steine, Perlen, feine Leinwand, purpurne oder scharlachrote Stoffe, Seide,

Citrus-Holz, verschiedenste Geräte aus Elfenbein oder Edelholz, Erze, Eisen, Marmor, Zimt, Haarsalbe, Räucherwerk, Myrrhe, Weihrauch, Wein, Öl, Feinmehl, Weizen, Rinder, Schafe, Pferde, Wagen, Sklaven. Das Obst, nach dem du dich immer so gesehnt hast, erreicht dich jetzt nicht mehr, und alles Kostbare und Glänzende ging mit dir zusammen unter. Nichts von alledem wird man jemals wiederfinden.

Die Kaufleute und Händler, die an dir reich geworden waren, werden deinen Untergang von Ferne beobachten, denn auch sie haben Angst, sie könnten in deine Bestrafung mit hineingezogen werden. Auch sie jammern und klagen: „Das ist ja furchtbar, ganz schrecklich! Diese wunderbare große Stadt, deren Bewohner sich immer in feinstes Leinen, in Purpur und scharlachrotes Tuch zu kleiden wussten, die sich mit viel Gold umgaben, mit wertvollen Steinen und Perlen schmückten, ist mitsamt ihrem großen Reichtum in einer einzigen Stunde dem Erdboden gleichgemacht worden!"

Jeder, der in der Nähe der Stadt wohnt, und jeder, der zu Land oder zur See an ihr vorüberfuhr, starrte wie gebannt auf den Rauch der Stadt, die gerade zu Asche verbrannte. Alle waren erschüttert und sagten zueinander: „Gab es jemals eine Stadt, die mit dieser großen Stadt vergleichbar war?" Weinend und jammernd streuten sie Asche auf ihre Köpfe und klagten: „Schrecklich, furchtbar, du wunderbare, große Stadt! Durch dich sind alle reich geworden, die mit Schiffen die Meere befuhren, weil du so viel Kostbares aus fernen Ländern gebraucht hast. Aber jetzt ist innerhalb von einer Stunde nichts mehr von dir übrig. Für euch alle im Himmel, für die Gläubigen, die Apostel und die Propheten, ist das ganze Schauspiel eher ein Grund zur Freude, weil Gott sein Strafgericht an ihr vollzogen hat für all das, was sie euch angetan hat."

Kaum hatte die Stimme vom Himmel das gesagt, da packte ein starker Engel einen Stein, der so groß und schwer wie ein Mühlstein war, und warf ihn ins Meer. Dabei sagte er: „Mit der gleichen Wucht wird Babylon, die große Stadt, niedergeworfen werden, und man wird von ihr nichts mehr finden. Wo sie stand, wird man keine Musik mehr hören; Sänger, die sich mit der Harfe begleiten, Musiker, Flötenspieler und Posaunenbläser haben für immer ausgedient. Auch wird es dort keinen einzigen Handwerker mehr geben, ja man wird nicht einmal das Geräusch einer einzigen Getreidemühle hören. Nachts werden in dieser Stadt keine Lichter mehr angezündet, kein Bräutigam wird seiner Braut in ihren zerstörten Mauern noch etwas zuflüstern. Deine Bewohner, die Handel trieben, waren die erfolgreichsten auf der ganzen Erde. Durch dich wurden alle Völker verführt und in deinen Straßen floss das Blut der Propheten und Gläubigen – all derer, die um des Glaubens willen auf Erden hingeschlachtet wurden."

Der Himmel feiert den Sieg (19,1–10)

19 Danach hörte ich eine große Schar im Himmel laut ausrufen: „Halleluja! Gepriesen sei unser Gott! Von ihm kommt das Heil, ihm gehören die Herrlichkeit und die Macht, denn sein Gericht ist unbestechlich und gerecht. Er hat die große Hure zur Rechenschaft gezogen und verurteilt, die die ganze Erde mit ihrer Hurerei verdorben hat, und so auch das Blut seiner Knechte gerächt, das an ihren Händen klebte!" Und noch einmal stimmten alle ein: „Halleluja! Ihr Rauch wird sich in Ewigkeit nicht verziehen, sondern weiter über ihr aufsteigen."

Die vierundzwanzig Ältesten aber und die vier Wesen fielen nieder und beteten Gott an, der auf dem Thron saß, und stimmten in den Lobgesang ein: „Amen. Halleluja!" Vom Thron her hörte man eine Stimme, die hinzufügte: „Lobt unseren Gott, ihr alle, die ihr ihm in Ehrfurcht dient, Kleine wie Große!" Und schon hörte ich wieder diese gewaltige Schar, deren Stimmen wie ein rauschender Wasserfall oder wie ein starkes Donnern klangen. Sie riefen: „Halleluja! Der Herr, unser Gott, der Allmächtige, hat seine Herrschaft angetreten. Lasst uns fröhlich sein und jubeln und ihm allein alle Ehre geben, weil der Hochzeitstag des Lammes gekommen ist. Seine Braut ist schon vorbereitet, sie ist in feinstes Leinen gekleidet, das in seiner Reinheit strahlt. Dieser Stoff symbolisiert das gute Handeln aller Gläubigen."

Der Engel, der zuletzt gekommen war, sprach mich an: „Schreib das auf! Gesegnet sind alle, die zum Hochzeitsmahl des Lammes geladen sind. Dies sind wirklich und wahrhaftig die Worte Gottes." Da fiel ich vor seinen Füßen nieder, um ihn anzubeten. Er aber verbot es mir: „Tu nur das nicht! Ich bin auch nur ein Diener Gottes wie du und deine Brüder, die an Jesus glauben. Du darfst nur Gott allein anbeten! Jesus selbst bezeugt dir, was der Geist dir offenbart hat."

Der Sieg des Reiters auf dem Schimmel (19,11–21)

Wieder sah ich den Himmel offen und jemanden, der auf einem weißen Pferd saß. Er wurde der Treue und Wahrhaftige genannt, der in Gerechtigkeit richtet und einen Krieg gegen die Feinde Gottes führt. Seine Augen waren wie Feuerflammen und auf seinem Haupt trug er viele Kronen, auf denen Namen geschrieben waren, die außer ihm niemand kennt. Er war mit einem Mantel bekleidet, der in Blut getaucht war. Da wurde sein Name genannt: „Das Wort Gottes".

Und die Heere des Himmels, die ebenfalls in reines, feinstes Leinen gekleidet waren, folgten ihm auf weißen Pferden. Aus seinem Mund trat ein scharfes Schwert hervor, mit dem er die Völker schlagen und mit eiserner Strenge regieren würde. Er ist es auch, der die Kelter tritt, in die all jene geworfen werden, die Gott übermäßig gereizt und zornig gemacht haben. Auf seinem Mantel und auf seinem Oberschenkel steht der Name: „König der Könige, Herr aller Herren."

Da sah ich einen Engel, der in der Sonne stand und mit lauter Stimme allen Vögeln, die hoch am Himmel flogen, befahl: „Kommt hierher und versammelt euch zu dem Fest, das Gott euch bereitet hat und an dem ihr euch satt fressen könnt. Denn ihr sollt hier das Fleisch von Königen und Machthabern fressen, von Menschen, die sich für stark hielten, dazu das Fleisch von Pferden samt denen, die auf ihnen saßen, ganz egal, ob es Freie waren oder Sklaven, Große oder Kleine!"

Mit einem Mal bemerkte ich, dass sich das Tier gemeinsam mit allen Königen der Erde und deren Heeren bereits versammelt hatte, um gegen den Reiter auf dem weißen Pferd und dessen Heer in die Schlacht zu ziehen. Kaum war dieser Kampf entbrannt, da wurde das Tier und mit ihm der falsche Prophet, der durch das Tier außergewöhnliche Fähigkeiten erhalten hatte, gepackt und bei lebendigem Leib in den brennenden See aus Schwefel geworfen. Immerhin hatte dieser Prophet die meisten Menschen dazu verführt, sich das Kennzeichen des Tieres aufprägen zu lassen und sein Bildnis anzubeten. Das übrige Heer wurde durch das Schwert des Reiters getötet, aus dessen Mund es gekommen war. Alle Vögel kamen herbei und fraßen sich an ihrem Fleisch satt.

Jesus regiert tausend Jahre auf dieser Erde (20,1–6)

20 Erneut sah ich einen Engel vom Himmel herabkommen, der den Schlüssel des Abgrundes und eine große Kette in seiner Hand hielt. Er ergriff den Drachen, die alte Schlange, die niemand anders ist als der Teufel oder Satan selbst, und fesselte ihn für tausend Jahre. Dann warf er ihn in den Abgrund und verschloss und versiegelte das Tor, damit dieser in den folgenden tausend Jahren nie wieder die Völker verführen könnte. Danach erst soll er noch einmal für eine kurze Zeit losgelassen werden.

Da sah ich wieder die Throne der Ältesten, auf die sie sich nun setzten, weil ihnen das Gericht übertragen worden war. Und schon traten alle die hervor, die um ihrer Treue zu Jesus und um des Wortes Gottes willen umgebracht worden waren. Sie hatten weder das Tier noch sein Bildnis angebetet, noch hatten sie sich das Kennzeichen des Tieres auf die Stirn oder auf die Hand prägen lassen. Sie waren wieder lebendig und herrschten mit Jesus tausend Jahre. Alle anderen, die bereits gestorben waren, wurden erst nach den tausend Jahren wieder zum Leben erweckt.

Die Auferstehung der Blutzeugen ist also die erste Auferstehung. Jeder, der sie erleben darf, kann sich glücklich schätzen. Sein Leben ist in den Augen Gottes besonders kostbar. Über diese Menschen hat der zweite Tod keine Macht, sondern sie werden als Priester Gottes und Christi tausend Jahre lang mit ihm regieren.

Und noch einmal kommt es zur Schlacht – zur alles entscheidenden (20,7–10)

Sobald die tausend Jahre vorüber sind, wird Satan aus seinem Gefängnis herausgelassen, und er wird alles daransetzen, alle Völker der ganzen Welt zu verführen. Er wird die beiden Könige Gog und Magog dazu bringen, in den Krieg gegen Gott zu ziehen, und die Soldaten dieses Heeres werden so zahlreich sein wie Sand am Meer. Sie werden auf einer großen Ebene zusammenströmen und das Lager der Glaubenden samt ihrer geliebten Stadt umzingeln. Dann wird Feuer vom Himmel fallen und das gesamte Heer vernichten. Und das ist der Augenblick, in dem auch der Teufel, der sie dazu verführt hat, diesen Krieg zu führen, in den brennenden Schwefelsee geworfen wird, in dem bereits das Tier und der falsche Prophet Tag und Nacht gequält werden. Diese Qual wird in Ewigkeit nicht enden.

Das letzte Gericht – auch über die schon lange Verstorbenen (20,11–15)

Nach all diesen Ereignissen fiel mein Blick unvermittelt auf einen großen, weißen Thron, auf dem jemand saß, vor dessen Angesicht Himmel und Erde das Weite suchten und nicht mehr gefunden wurden. Mit einem Mal traten alle Toten, Hohe und Niedrige, vor diesen Thron. Neben verschiedenen anderen Büchern wurde vor allem eines geöffnet: das Buch des Lebens. Und über alle Toten wurde das Urteil auf der Grundlage dessen gefällt, was in den Büchern über ihr Leben stand. Und das Meer gab seine Toten frei und auch das Totenreich. Ein jeder wurde auf der Grundlage dessen gerichtet, wie er sich im Leben verhalten hatte. Zuerst wurde der Tod samt seinem Reich in den Feuersee geworfen. Dieser Feuersee ist der eigentliche, der zweite Tod. Wenn jemand nicht im Buch des Lebens stand, wurde auch er in den Feuersee geworfen.

Ein neuer Himmel und eine neue Erde (21,1–8)

21 Nachdem das Gericht vorüber war, sah ich einen neuen Himmel und eine neue Erde, denn den ersten Himmel und die erste Erde mitsamt ihren Meeren gab es ja nicht mehr. Und aus dem Himmel, direkt von Gott, sah ich die Heilige Stadt, das neue Jerusalem herabkommen, vorbereitet und geschmückt wie eine Braut für ihren Bräutigam. Dazu hörte ich eine laute Stimme, die direkt vom Thron kam: „Schaut her, die Wohnung Gottes unter den Menschen. Gott wird bei den Menschen wohnen, die zu ihm gehören. Er wird ihr Gott sein und jede ihrer Tränen wegwischen. Es wird keinen Tod mehr geben, keine Trauer, kein Geschrei noch irgendein Leid, denn das, was einmal war, wird endlich vorüber sein."

Und der, der auf dem Thron saß, sagte: „Schaut, ich werde alles neu machen!" Und dann sagte er zu mir: „Schreib alles auf; meine Worte sind wahr und glaubwürdig. Jedes von ihnen ist in Erfüllung gegangen. Ich bin das Alpha und das Omega, der Anfang und das Ende. Ich werde jedem, der Durst hat, vom Wasser des Lebens zu trinken geben – umsonst. Wer bis zum Ende standhält, dem werde ich von dem Wasser geben. Ich werde sein Gott sein und er wird mein Sohn oder meine Tochter sein. Die Feigen aber und die Treulosen, Menschen, die Gräueltaten vollbrachten, gemordet und vergewaltigt haben, die schwarze Magie praktizierten und fremden Göttern dienten, alle, deren Leben durch und durch verlogen war, werden im Feuersee endgültig für immer ausgelöscht werden."

Eine überirdisch schöne Stadt für alle Erlösten (21,9–22,5)

Da kam einer der sieben Engel, die zuvor die sieben goldenen Schalen mit den letzten großen Plagen der Menschheit getragen hatten, und sprach mich an: „Komm hierher, ich möchte dir die Braut des Lammes zeigen." Und er führte mich im Geist auf einen mächtigen, hohen Berg, von wo aus er mir die Heilige Stadt Jerusalem zeigte, die direkt vom Himmel auf die Erde hinabgekommen war. Sie war von der Herrlichkeit Gottes erfüllt. Der Glanz ihres Lichtes glich einem überaus kostbaren Stein, wie etwa einem Jaspisstein, der wie ein Kristall geschliffen wurde. Diese Stadt hatte eine hohe Mauer und zwölf Tore. Auf jedem der Tore stand der Name eines Engels: Es waren die Namen der zwölf Stämme Israels. Drei Tore zeigten nach Osten, drei nach Norden, drei nach Süden und drei nach Westen. Die Mauer der Stadt hatte zwölf Grundsteine, auf denen die Namen der zwölf Apostel standen.

Der Engel, der mit mir redete, hielt ein goldenes Rohr als Messstab in seiner Hand, um damit die Stadt, ihre Tore und Mauern zu vermessen. Die Stadt war quadratisch angelegt. Länge wie Breite betrugen etwa 12.000 Stadien*, ebenso groß war ihre Breite und entsprechend auch ihre Höhe. Die Höhe der Mauer betrug 144 Ellen**. Der Engel hatte als Maß die menschliche Elle genommen, nicht etwa die eines Engels.

Die Mauer war aus Jaspis errichtet worden und die Stadt selbst war aus reinstem Gold, das so klar war wie Glas. Die Grundsteine der Mauern in der Stadt waren mit verschiedensten Halbedelsteinen geschmückt: Der erste trug einen Jaspis, der zweite einen Saphir, der dritte einen Chalzedon, der vierte einen Smaragd, der fünfte einen

---

* etwa 2.200 km, für antike Menschen symbolisch für eine unvorstellbar große Stadtfläche. Es ist interessant, dass der Seher Johannes den Himmel nicht mit Naturbildern beschreibt, sondern mit solchen der Stadtkultur. Natürlich können beide Bilder ihre Berechtigung haben.

** etwa 65 Meter

Sardonyx, der sechste einen Karneol, der siebte einen Chrysolith, der achte einen Beryll, der neunte einen Topas, der zehnte einen Chrysopras, der elfte einen Hyazinth, der zwölfte einen Amethyst. Die zwölf Tore selbst waren Perlen; jedes einzelne Tor bestand aus einer Perle. Und die Straßen der Stadt waren aus reinstem Gold, das so rein war wie klares Glas.

In dieser Stadt konnte ich allerdings keinen Tempel entdecken, denn der Herr, unser Gott, der Allmächtige, und das Lamm sind für seine Bewohner der Tempel. Auch ist die Stadt nicht auf Sonne und Mond angewiesen, damit sie Tag und Nacht Licht hat, sondern in ihr ist es allein durch die Herrlichkeit Gottes hell. Das Lamm selbst ist das Licht, in dem die unzähligen Menschen aus allen Völkern leben. Und die Könige der Erde bringen prachtvolle Geschenke in die Stadt, deren Tore Tag und Nacht nicht geschlossen werden. Durch sie hindurch strömen die Herrlichkeit und die Verehrung der Völker in die Stadt hinein. Dabei ist es ausgeschlossen, dass irgendetwas Unreines oder ein schlechter, verlogener Mensch in die Stadt gelangt. In diese Stadt kommt nur der hinein, den das Lamm im Buch des Lebens verzeichnet hat.

22 Daraufhin zeigte der Engel mir den Fluss mit dem Wasser des Lebens, der kristallklar aus dem Thron Gottes und des Lammes strömt. Zu beiden Seiten des Flusses, der neben der großen Straße der Stadt fließt, stehen die Bäume des Lebens, die zwölfmal im Jahr Früchte tragen. Ihre Früchte und Blätter dienen als Heilmittel für die vielen Menschen aus allen Völkern. Alles, was einmal von einem Bannfluch getroffen wurde, gibt es in dieser Stadt nicht mehr, denn der Thron Gottes und des Lammes wird mitten in ihr stehen, und alle werden ihm dienen. Alle Bewohner der Stadt werden sein Angesicht sehen und seinen Namen auf ihrer Stirn tragen. Es wird tatsächlich keine Nacht mehr geben. Man wird weder das Licht einer Lampe noch das der Sonne benötigen, denn der Herr, unser Gott, wird über allen leuchten. Und alle werden in alle Ewigkeit Anteil an seiner Herrschaft haben.

Letzte Mahnung: Verlass dich auf diese Worte und gib sie weiter (22,6–16)

Wieder sprach mich der Engel an: „Diese Worte sind wahr und zuverlässig. Gott selbst, der Herr, dessen Geist durch jeden seiner Propheten spricht, hat mich, seinen Engel, gesandt, um allen, die ihm dienen, zu zeigen, was schon bald geschehen wird. ‚Denn siehe', so spricht er selbst, ‚ich werde bald kommen. Glücklich darf sich der schätzen, der an den Worten der Weissagung dieses Buches festhält.'"

Ich, Johannes, habe das alles gesehen und gehört. Als nun die Vision vorüber war, fiel ich vor dem Engel nieder, der mir das alles gezeigt hatte, um ihn anzubeten. Er aber verbot es mir: „Tu das nicht! Ich bin auch nur ein Diener Gottes wie du und deine Brüder, die Propheten und alle, die auf das Wort Gottes vertrauen. Du darfst nur Gott allein anbeten!"

Weiter sagte er zu mir: „Halte die Worte der Weissagung dieses Buches nicht vor den Menschen verborgen. Denn die Zeit, in der das alles geschieht, ist nahe. Wer jetzt immer noch böse handelt, der kann es auch weiterhin tun. Wer meint, sich beschmutzen zu müssen, braucht damit nicht mehr aufzuhören. Doch wer nach dem Willen Gottes lebt, sollte damit nicht aufhören. Erst recht nicht jemand, der sein Leben Gott ganz gewidmet hat."

Der Herr spricht: „Siehe, ich komme bald, und ich bringe den Lohn mit, um jedem das zu geben, was er verdient hat. Ich bin das Alpha und das Omega, der Erste und der Letzte, der Anfang und das Ende. Gesegnet sind die, die ihre Kleider gewaschen haben und dadurch das Anrecht erhielten, in die Stadt hineinzugehen und vom Baum des Lebens essen zu dürfen. In dieser Stadt ist kein Platz mehr für niederträchtige, verdorbene Menschen, die schwarze Magie lieben, über Leichen gehen, Götzen dienen und durch und durch verlogen sind. Ich, Jesus, habe meinen Engel gesandt, um euch Gemeinden das alles mitzuteilen. Ich bin der Sohn Davids, der strahlende Morgenstern."

Sehnsucht nach dem Kommen Jesu (22,17–21)

Der Geist aber ruft zusammen mit der Braut*: „Komm!"

Und wer das alles hört, der sage: „Komm!" Wer Durst hat und trinken möchte, der nehme vom Wasser des Lebens. Er bekommt es geschenkt!

Ich bezeuge jedem, der die Worte der Weissagung dieses Buches hört: Wenn jemand etwas hinzufügt, wird Gott ihm die Plagen schicken, von denen in diesem Buch die Rede war. Und wenn jemand von den Worten der Weissagung dieses Buches etwas wegnimmt, dem wird Gott auch seinen Anteil am Baum des Lebens und das Wohnrecht in der Heiligen Stadt, wie sie in diesem Buch beschrieben wurde, wegnehmen.

Jesus, der dies alles bezeugt, sagt: „Ja, ich komme bald!"
Und wir antworten: „Amen. Komm, Herr Jesus!"
Die Gnade unseres Herrn Jesus sei mit euch allen!

---

* Die Braut steht symbolisch für die Gemeinde.

Was andere über diese Übertragung des Neuen Testaments sagen

„Ich lernte Fred Ritzhaupt in den 80ern, zu Zeiten des geistlichen Aufbruchs in Ravensburg, kennen. Schon damals hatte er die Fähigkeit, die Frohe Botschaft von sprachlichen Hürden und religiösem Ballast zu befreien. Fred ist ein alter Fuchs, immer für eine Überraschung gut. Seine bescheidene, humorvolle und doch provokante Art und seine Fähigkeit, auch komplexe Gedanken einfach und klar darzustellen, hat schon viele begeistert und spiegelt sich auch in seiner Übertragung des Neuen Testaments wider.

Die Vaterbeziehung zu Gott ist für ihn der Schlüssel, um Jesus zu verstehen – ein Zugang zu Gott, der auch für meine Frau Andrea und mich entscheidend ist.

Im Vorwort erklärt Fred seine Motivation, noch eine weitere Bibelübersetzung vorzulegen, mit dem Hinweis auf die vielen Bilder biblischer Szenen, die im Laufe der Zeit gemalt wurden und immer wieder etwas Neues erhellen. Ich möchte sein Bild in meiner Sammlung nicht missen."

Albert Frey, Musiker & Songwriter

„Man spürt seiner Übertragung ab, wie sehr Fred Ritzhaupt Jesus liebt. Den Leserinnen und Lesern diesen Jesus groß zu machen – dieses Herzensanliegen teilt er mit den Verfassern des Neuen Testaments, deren Werke er in kongenialer Weise in die deutsche Sprache überträgt."

Dr. Klaus Douglass, Pfarrer

„Die Bibel ist das Buch der Bücher. Bücher wollen gelesen werden. Damit die Bibel nicht als Schmuckstück oder Bücherstütze missbraucht wird, lohnt es sich, sie immer wieder in neuen Worten zu lesen.

Die Ritzhaupt-Übertragung hilft Einsteigern, weil sie sprachlich modern ist. Sie hilft erfahrenen Lesern, weil sie Altbekanntes neu sagt oder Erläuterungen im Text einfügt, die uns helfen zu verstehen.

Die Ritzhaupt-Übertragung ersetzt nicht traditionelle Übersetzungen, aber sie ergänzt diese und motiviert zum Lesen."

Ansgar Hörsting, Präses der Freien Evangelischen Gemeinden

„Eine beachtliche Leistung, vor allem weil es sich um eine eigenständige, literarisch qualitätsvolle Übersetzung auf der Basis des griechischen Textes handelt. Ritzhaupt verwendet ein Vokabular, das einerseits der biblisch-kirchlichen Tradition verbunden bleibt (also auf modische Allüren etc. verzichtet), andererseits aber die frische Lebendigkeit einer heute üblichen Umgangssprache zeigt.“
Univ. Prof. Mag. Dr. Roman Kühschelm, Wien

„Ich habe die Bibel in Kuba am Strand gelesen – und dauernd gingen mir die Kronleuchter auf.“
Klaus Schönberg, Pastor

„‚Willkommen daheim‘ – die ich vollständig gelesen habe – unterscheidet sich in Sprache und Stil von allen vorliegenden Übersetzungen durch ruhige Sachlichkeit, aber auch Lebendigkeit und viel originelle und innovative Vorgehensweisen. Manche neue Formulierung trifft in genialer Präzision den griechischen Grundtext, und viele ungewohnte Wendungen erlauben eine Neuentdeckung vertrauter Passagen. Insofern wird sie ein Publikum ansprechen, das bisher keine oder wenig Lektüreerfahrung mit der Bibel hat, aber auch dem langjährigen Bibelleser (wie mir) hat sie neue Einsichten und beglückende Begegnungen mit biblischen Texten ermöglicht.“
PD Dr. Marco Frenschkowski, Pfarrer und Dozent für Neues Testament an der Universität Mainz

„Seit ich das Buch der Bücher vor vielen Jahren entdeckt habe, sammle ich es in allen möglichen Sprachen und Ausgaben. Denn unterschiedliche Übersetzungen können inspirieren, alte Wahrheiten mit neuen Augen zu betrachten.

Das jüngste Stück in meiner Sammlung: Fred Ritzhaupts Übertragung des Neuen Testamentes. Seine Wortwahl ist klar, verständlich und lebensnah, eben zum (Aus-)Leben gedacht. Und wieder bewegt mich die jahrtausendealte Geschichte von Jesus ganz neu: Sie offenbart nämlich nicht nur, wer der Sohn Gottes ist, sondern auch, wer wir sind.“
Elisabeth Mittelstädt, Herausgeberin der Zeitschrift LYDIA

„Ich habe auf einem Seminar und im Gottesdienst aus der Übertragung von Fred Ritzhaupt vorgelesen. Danach kamen erstaunlich viele Zuhörer auf mich zu und fragten, aus welcher Bibel ich denn gelesen hätte. Am liebsten hätte ich gesagt, es wäre meine eigene Übersetzung. Aber so frisch und ausgewogen würde ich das nicht hinbekommen. So bin ich bei der Wahrheit geblieben und habe meine erste Werberede für ‚Willkommen daheim' gehalten. Diese Bibel ist für den Nachttisch, nicht fürs Bücherregal."
Pfarrer Stefan Pahl, Leitender Geschäftsführer von mc²

„Mein Traum ist immer wieder, dass die Menschen durch das Lesen des Neuen Testamentes Jesus Christus als Herrn und Heiland ihres Lebens entdecken und ihm nachfolgen wollen. Nach der Luther-Ausgabe, der Zürcher Bibel, der Elberfelder Übersetzung oder Ähnlichem brauchen wir das ganze Neue Testament auch als Traktat. Dieses Traktat sollte die Gute Nachricht von Jesus Christus für suchende und fragende Menschen verstehbar und annehmbar machen. Die Übertragung in der Form eines Romanes von Fred Ritzhaupt macht es dem interessierten Menschen leichter, für sein Leben die Relevanz des Wortes Gottes zu entdecken."
Pastor Wilfried Bohlen, World Vision Deutschland

„Das Neue Testament in der neuen Übertragung von Fred Ritzhaupt würde ich Freunden und Bekannten schenken, die Erst- oder Wiedereinsteiger in der Bibel sind. ‚Willkommen daheim' – das wünsche ich jenen, die noch wenig über den barmherzigen Gott wissen, der auf sie wartet und sich nach Gemeinschaft mit ihnen sehnt.
Kirchenrat Hans-Martin Steffe, Amt für Missionarische Dienste, Baden

„Die Bibelübertragung von Fred Ritzhaupt bietet mehr als nur eine neue Übersetzung. Ritzhaupt hört tief in die Originaltexte hinein, stellt Zusammenhänge her, überwindet Verständnisbarrieren geschickt durch kleine verbindende Hinweise. Eine wunderbare Ergänzung für regelmäßige Bibelleser und Einsteiger oder wer auch immer einen frischen Blick auf die alte Wahrheit werfen will."
Jörg Ahlbrecht, Willow Creek Deutschland